KB212470

삼국유사 인문학 탐구

삼국유사 인문학 탐구

한국불교사학회 한국불교사연구소 고영섭 편

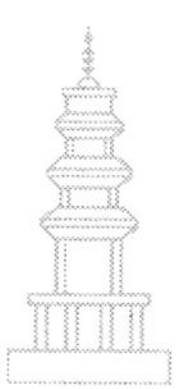

박문사

서문

일연의 『삼국유사』는 환국(환인)－배달국(환웅)－조선(단군)을 이어온 고중세 한국의 정신과 역사를 담아낸 경전이자 고전이다. 경전이란 변하지 않는 법식과 도리이자 성인의 말씀을 기록한 서물이다. 동시에 고전이란 오랫동안 많은 사람들에게 널리 읽히고 높이 평가된 저술이자 작품이다. 이처럼 『삼국유사』는 상고 이래 한국인들의 정신적 유전자를 담고 있는 수트라이자 바이블이다.

일연의 『삼국유사』는 고려 후기에 국사였던 인각 일연(1206~1289)에 의해 찬술된 불경이자 성경이다. 불경이란 진리의 당체인 중도 연기의 세계관을 담고 있는 최고의 성전이다. 성경이란 성인의 말씀을 적은 책이자 종교적으로 신앙의 최고의 법전이다. 일연은 붓다의 중도 연기의 세계관 전달과 그 불법(佛法)의 실현을 위해 이 사서를 경전으로 승화시켜 냈다.

이 사서에는 고중세 한국인들의 씨줄인 문학 역사 철학 종교 예술의 이야기를 담고 있다. 동시에 그 날줄인 정치 경제 사회 문화 과학의 이야기를 담고 있다. 또한 당대 사람들의 펄펄 살아 뛰는 이야기, 적나라한 인간들의 이야기, 자기를 넘어서는 어떠한 보편적 인간의 삶의 이야기, 나의 존재성을 연(緣)이라는 타자를 통해서 규정하는 원리(緣起) 등등을 담고 있다. 이처럼 『삼국유사』는 '우리 정신사를 오롯이 담아내고 있는 경전'이자 '우리 고대사를 혼자서 담당하고 있는 사서'이다.

제1부 '역사와 신화'의 제1장 「신이 서사와 영이 서사의 대립과 견제 –『삼국유사』 신화 읽기의 한 시각」에서는 신이와 영이의 차원 그리고 양자의 상호 작용이 만들어내는 신화 중 영이의 담론 전략을 통해 건국사나 왕권에 부대한다고 하는 천명으로서의 신이 서사를 견제함으로써 신이의 세계관과 영이의 세계관이 서로 균형을 잡아갈 수 있도록 한 『삼국유사』의 편목 구성의 담론 전략이 『삼국유사』의 세 번째 차원에서 작동하는 신화라고 보았다. 제2장 「『삼국유사』의 고승과 성사 – 일연의 역사인식과 관련하여」에서는 학덕이 높은 고승으로서의 성사들의 살림살이와 사고방식을 '대안사서'인 『삼국유사』 안에다 담아내면서 집단 지성이자 문화 영웅인 성사의 가풍과 사상을 적극적으로 기록하였다고 보았다.

제2부의 '인물과 신행'의 제1장 「『삼국유사』의 원효와 의상 – 대중 속으로 들어간 보살(성사)과 여래(법사)」에서는 '불기(不羈) 가풍'과 '각승(角乘) 가풍'을 보여준 원효는 12개 조목, '화엄(華嚴) 행자'와 '원교(圓敎) 법사'의 가풍을 보여준 의상은 10개 조목에서 각기 자신의 살림살이와 사고방식을 보여주었다고 하였다. 제2장 「『삼국유사』의 가족과 여성」에서는 가족 영역에서 가족 형성 과정의 중요한 요소인 결혼 선택의 조건과 가족 유형의 특징 관련 기록 조사를 통해 결혼 선택의 조건을 내용 분석하여 범주화한 결과 다양한 인성의 측면이 강조되었다고 보았다. 제3장 「『삼국유사의 경전과 경문」에서는 『삼국유사』는 많은 문헌과 자료가 인용되어 있으며 방대한 불교 삼장(三藏)은 내용이 심오하며 불교와 관련된 "사복불언"(蛇福不言)조나 "염불사"(念佛師) 등을 포함하여 아무런 전거도 밝히지 않은 항목이 70여 건이 된다고 보았다. 제4장

「『삼국유사』의 신앙과 수행」에서는 『삼국유사』에 수록된 불교 신앙 기사들을 전수조사의 형식으로 검토하고 이들 기사 안에서 확인되는 미륵신앙, 미타신앙, 관음신앙, 사리 및 경전신앙, 신중신앙으로 구분하여 각 신앙의 내용과 특징에 대해 살펴보았다. 제5장 「『삼국유사』의 사찰과 분포」에서는 『삼국사기』와 『삼국유사』의 사찰분포를 비교해 사(寺), 원(院), 수(藪), 사(社), 암(庵, 嵓, 岩), 방(房)을 포함해 『삼국유사』의 사찰수를 207개로 확정하였고, 『삼국사기』의 사찰 수는 54개이며, 신라가 41개, 전고려가 4개, 백제가 8개라고 보았다.

제3부의 '주체와 의례'의 제1장 「『삼국유사』의 은사와 일사—「피은」편과 관련하여」에서는 『삼국유사』가 보여주는 은사와 일사의 삶은 시종일관 이름 석자라는 겉껍데기에 목숨을 걸고 사는 출사자(出仕者)와 출가자(出家者)에게 허명과 허상을 일깨워 주었다. 은사와 일사는 이름 석자에서 벗어나야 해탈적 앎을 얻을 수 있고, 이름 석자를 버려야만 열반적 삶을 살을 수 있다고 시사해 주고 있다. 해탈은 자유에 닿아있고 열반은 자재에 닿아있기 때문에 해탈의 앎과 열반의 삶은 소통될 수 있으며, 지성적 앎과 지성적 삶도 마찬가지라고 밝혔다. 제2장 「『삼국유사』의 불탑과 장례」에서는 『삼국유사』속 불탑과 장례, 특히 화장에 관한 기록은 예상보다 적지만, 불교 수용 후 불교식 장례와 불교적 사후세계관에 대한 인식이 자리 잡았다고 밝혔다. 제3장 「『삼국유사』의 불상과 신성」에서는 후발의 불상신앙이 선발의 사리신앙에 의거했던 인도와 중국과 달리 한국의 불상신앙은 사리신앙에 의거하지 않고 다양한 신이담에 의해 신성성을 획득하였지만 경제적 신이담에 대한 기록이 빠져 있어 벤야민의 아우라 개념을 원용해 그 의미를 밝혔다. 제4

장 「『삼국유사』의 시가와 향가—찬시와 향가 속 '꽃'의 양상을 통해 본 상징과 층위」에서는 시가(찬시) 10편, 향가 3편에서 오브제로 원용된 '꽃'이 불법의 전법과 홍법, 불교의 자비 등 근본적인 사상을 통해 전법을 전형화하고 불찬(佛讚)에 바탕을 둔 상징적 층위를 형성하고 있다 밝혔다. 제5장 「『삼국유사』의 음악과 악기」에서는 『삼국유사』에는 구전으로 전해져온 구지가부터 물계자의 신라금과 더불어 일연이 살았던 고려 후반기의 악기에 이르기까지 매우 폭넓은 음악적 소재와 배경이 있다고 밝혔다.

제4부의 '음식과 생명'의 제1장 「『삼국유사』 속 명절 제의와 음식」에서는 제의성에서 시작된 오기일과 중양절이 점차 제의성이 탈각되고 약화되면서 나반, 약반, 향반, 차와 수리취떡 등의 음식이 세시풍속의 식생활로 정착되어가는 과정을 살폈다. 제2장 「『삼국유사』의 동물과 식물—고대 한국인들의 불교적 자연관과 생명관을 중심으로」에서는 59종의 동물(곤충 6종 포함)과 55종의 식물이 수록되어 있다고 하였다. 제3장 「육당 최남선의 『삼국유사』 인식과 「삼국유사 해제」」에서는 『삼국유사』를 '조선 상대를 혼자 담당하는 문헌', '조선의 생활과 문화의 근원과 고형을 보여주는 유일의 책'으로 파악한 육당이 이 서물의 핵심과 특장을 「해제」 안에 잘 담아두고 있다고 보았다.

편자는 「삼국유사」라는 시 속에서 『삼국유사』는 '우리의 길라잡이'이고, '우리의 대안사서'이며, 우리의 고대사를 혼자 받치고, 우리의 정신사를 홀로 지키며, 넓은 가슴 큰 마음 되비쳐주는, '우리들 한겨레의 업경대'라고 노래한 적이 있다.(고영섭 저, 『삼국유사 인문학 유행』, 박문사, 2015).

또 편자는 「일연의 독백 – 『삼국유사』 서시」에서는 『삼국유사』를 기념비와 금자탑을 넘어 '불타지 않는 탑'(고영섭 시집, 『바람과 달빛 아래 흘러간 시 _ 시로 쓰는 삼대목』, 연기사, 2010)이라고 하였다. 『삼국유사』는 우리 민족이 온몸으로 쌓아올린 불타지 않는 탑이다. 이러한 불후의 탑에 대해 좀더 깊고 보다 넓은 이해의 지평이 마련되기를 기대해 본다.

한국불교사학회 한국불교사연구소가 개최해 오고 있는 『삼국유사』의 인문학적 탐구의 노력을 앞으로도 좀더 지속하려고 한다. 학회 발표에 참석해 주시고 이 책에도 참여해 주신 여러 필자들께 감사드린다. 아울러 인문학 서적의 판매 불황에도 불구하고 한국불교사학회 한국불교사연구소 편저를 펴내 주신 윤석현 사장님, 이 책의 편집을 맡아주신 최인노 과장께 감사를 드린다. 이 책이 보다 널리 읽혀 우리 민족의 경전이자 고전인 『삼국유사』의 가치와 의미가 좀더 널리 알려지기를 기대해 본다.

2025년 1월 24일

동국대학교 만해관 321호 書窟庵에서

還淨거사 高榮燮 근지

차례

일러두기

1. 이 책은 우리 민족의 경전인 『삼국유사』에 대한 인문학적 탐구를 시도한 학술서이다.
2. 『삼국유사』의 「왕력」 「기이」1, 「기이」2, 「흥법」, 「탑상」, 「의해」, 「신주」, 「감통」, 「피은」, 「효선」편 등 5권 9편 138조목에 대한 최초의 '주제'별 전수조사를 통한 인문학 연구 결과들을 집성하였다.
3. 신이와 영이, 고승과 성사, 원효와 의상, 가족과 여성, 경전과 경문, 신앙과 수행, 사찰과 분포, 은사와 일사, 불탑과 장례, 불상과 신성, 시가와 향가, 음악과 악기, 명절 제의와 음식, 동물과 식물 등에 대한 주제별, 기호별 전수조사를 거쳐 이루어졌다.
4. 이후에도 『삼국유사』의 주제별, 기호별 전수조사를 통한 인문학적 연구를 지속하여 결과물을 간행할 예정이다.

제1부

신화와 역사

제1장

신이 서사와 영이 서사의 대립과 견제

—『삼국유사』 신화 읽기의 한 시각 —

조현설

1. 이(異)와 신화

신화라는 개념어가, 뮈토스(μῦθος, mythos)의 번역어로 한자문화권에서 공유되었다는 것은 잘 알려진 사실이다.[1] 19세기 말 구메 쿠니다케[久米邦武], 다카야마 린지로[高山林次郎] 등은『고사기』의 신대(神代)나 신또[神道]를 설명하기 위해 '신와[神話]'를 사용했다.[2] 그 과정에서 '신화'는 한자어의 의미에 따라 '신에 관한 이야기'로 개념이 축소되거나 왜곡되는 효과가 발생한다. 뮈토스는 본래 로고스의 상대 개념으로, '꾸며진 이야기'를 뜻한다. 서구 근대가 뮈토스를 로고스와 대립하는 개념으로

1 조현설,「동아시아 신화학의 여명과 근대적 심상지리의 형성」,『민족문학사연구』 16, 민족문학사연구소, 2000.

2 田兆元,『神話敍事與社會發展硏究』, 西安: 陝西師範大學出版總社, 2019, p.9.

설정하고, 로고스중심주의(logocentrism)를 앞세워 뮈토스를 구축(驅逐)함으로써 뮈토스의 개념을 변형시켰듯이[3] 동아시아에서는 이를 신화로 번역함으로써 또 다른 의미의 변형을 초래한 바 있다.

따라서 신화라는 근대적 개념을 통해 『삼국유사』에 접근할 경우 오독에 이를 수도 있다. 『삼국유사』의 편찬자들에게는 신화라는 개념이 없었으므로 일단 신화는 괄호 안에 두고 『삼국유사』의 생생한 목소리를 청취할 필요가 있다는 뜻이다. 여기서 심독(審讀)하지 않을 수 없는 것이 『삼국유사』 기이편의 서문이다. 이 서문은 기이편의 서문이지만 동시에 『삼국유사』 전체를 관통하는 '이(異)'의 세계관을 담고 있는 『삼국유사』의 서문이기도 하기 때문이다.

> 서문에 이른다. "대저 옛 성인은 예악으로 나라를 일으키고 인의로 가르침을 베풀면서 괴력난신에 대해서는 말하지 않았다. 그러나 제왕이 장차 일어날 때에는 부명에 응하거나 도록을 받아 반드시 보통 사람

3 뮈토스와 로고스의 관계에 대한 서구 지성사의 흐름을 간단히 정리할 수는 없으나 낭만주의나 민족주의 경향이 뮈토스를 다시 소환하기 전까지 로고스중심주의로 경사되어 있었다는 것은 부인할 수 없다. 이와 관련하여 브루스 링컨의 다음과 같은 시각을 참조할 만하다. "신화와 대한 플라톤의 경멸적 태도는 계몽주의 시대를 지배했고, 이로부터 스스로를 '서양 문명'이라고 부르는 실체의 지배담론이 산출되었다. 이는 모든 좋은 것이 그리스에서 유래했다고 여겨지게 만들고, '**뮈토스**에서 **로고스**로' 옮겨간 전이를 그 이후로 내내 유럽을 특징짓고 구별해줄 역동성, 진보, 과학, 합리성이라는 패러다임의 주제가 되게 만드는 창조 신화다.(…) 플라톤식의 태도는 신화를 '원시적 심성'의 주요 요소로 여긴 초기 인류학자들의 작업에도 만연해 있다. 앤드류 랭, 제임스 조지 프레이저 경, 뤼시앙 레비브륄Lucien Lévy-Bruhl 같은 이들은 뮈토스에서 로고스로 옮겨가는 진보에 관한 서사를 지어냈고, 이는 식민지 개척자들이 피식민지 백성들보다 우월하다는 것을 증명하는 데 일조했다."(브루스 링컨, 김윤성 외 옮김, 『신화 이론화하기』, 이학사, 2009, p.344.)

과 다름이 있은 연후에야 능히 큰 변화에 올라타 대기를 잡아 대업을 이룰 수 있었다. 그러므로 황하에서 그림이 나오고 낙수에서 글이 나와 성인이 일어난 것이다. 무지개가 신모를 휘감아 복희를 낳았으며 용이 여등에게 감응하여 염제를 낳았으며 황아는 궁상의 들에서 놀다가 자칭 백제의 아들이라는 신동과 교통하여 소호를 낳았고, 간적은 알을 삼켜서 설을 낳았으며 강원은 발자국을 밟아 기를 낳았고, 요는 잉태된 지 십사 개월 만에 태어났으며 용이 대택에서 교접하여 패공을 낳았으니 이후의 일들에 대해서야 어찌 다 기록할 수 있으랴! 그러니 삼국의 시조가 모두 신이한 데서 나왔다고 하여 어찌 괴이하다 할 수 있겠는가! 이 '기이'가 여러 편의 첫머리에 실린 뜻이 바로 여기에 있는 것이다."[4]

이 서문은 삼국의 역사를 서술하면서 왜 그 편목을 '기이(紀異)'로 삼았는가, 그리고 왜 이(異)를 기록하지 않을 수 없는가에 대한 논증의 성격을 지니고 있다. 기이의 기는 역사 서술 형식 가운데 기사본말체(紀事本末體)의 기이다. 기이는 이에 대해 기록한다는 뜻이다. 무지개에 감응하여 태어난 복희씨, 여등이 용과 관계를 맺어 낳은 신농씨, 황아가 자칭 백제의 아들과 교접하여 낳은 소호씨, 간적이 알을 삼키고 낳은 은

4 敍曰: 大抵古之聖人, 方其禮樂興邦, 仁義設敎, 則怪力亂神, 在所不語. 然而帝王之將興也. 膺符命, 受圖籙, 必有以異於人者, 然後能乘大變, 握大器, 成大業也. 故, 河出圖, 洛出書, 而聖人作, 以至虹繞神母而誕羲, 龍感女登而生炎, 皇娥遊窮桑之野, 有神童自稱白帝子, 交通而生小昊, 簡狄呑卵而生契, 姜嫄履跡而生弃, 胎孕十四月而生堯, 龍交大澤而生沛公, 自此而降, 豈可殫記. 然則三國之始祖, 皆發乎神異, 何足怪哉. 此紀異之所以漸諸篇也. 意在斯焉.[국사편찬위원회, 한국사데이터베이스 소재『삼국유사』(https://db.history.go.kr/), 국문 번역은 필자가 부분 수정, 이하 같음.]

나라 시조 설, 강원이 거인의 발자국을 밟고 낳은 주나라 시조 기, 임신 한 지 열네 달 만에 태어난 요 임금, 어머니가 큰 연못에서 용과 교합하여 낳은 한 고조 유방의 사례가 모두 이(異)에 해당한다.

그런데 기이의 이는, "그러한즉 삼국의 시조가 다 신이하게 출현했다는 것이 어찌 괴이하랴?"[5]는 반문을 근거로 삼으면 '신이(神異)'다. 한자문화권의 문화적 전통에서 '이'에는 여러 용례가 있는데 신이 외에도 괴이(怪異) · 영이(靈異) · 기이(奇異) · 수이(殊異) 등등이 그런 사례들이다. 이들 가운데 이의 밝은[陽] 측면이 신이 혹은 영이, 어두운[陰] 측면이 괴이다. 수이나 기이는 음양으로 엄밀히 분류되지 않고, 맥락에 따라 가변적인 것으로 보인다. 『삼국유사』의 서문과 유사한 변증의 구조를 갖추고 있는, 이규보의 장편한문서사시 「동명왕편」(1193)의 서문[6]을 참조하자면 신이 · 영이는 성신(聖神), 괴이는 환귀(幻鬼)에 해당한다. 공자의 '불어괴력난신(不語怪力亂神)'이 '금과옥조'라고 하더라도 그것은 환귀에 해당하는 것일 뿐이므로 성신에 대해서는 말할 수 있다는 뜻이다.

필자가 보기에 『삼국유사』는 기이편에서는 신이, 나머지 편목에서는 불교적 영이의 세계를 이야기하고 있다. 〈흥법〉 · 〈탑상〉 · 〈의해〉 · 〈신주〉 · 〈감통〉 · 〈피은〉 · 〈효선〉 등의 편목으로 분류되어 있지만 탑 · 불상 · 사찰 · 고승 · 이승 등에 얽힌 불교적 영이의 세계를 다루고 있다는 점은 다르지 않다. 이들 편목들은 구전 설화 가운데 불교적 맥락으로 재구성한 설화를 수록하고 있기 때문이다.[7] 일연을 비

5 然則三國之始祖, 皆發乎**神異**, 何足怪哉?

6 越癸丑四月, 得舊三國史, 見東明王本紀, 其神異之迹, 踰世之所說者. 然亦初不能信之, 意以爲鬼幻, 及三復耽味, 漸涉其源, **非幻也, 乃聖也, 非鬼也, 乃神也**. 況國史直筆之書, 豈妄傳之哉!(『東國李相國全集』 卷第三, 「東明王篇竝序」)

롯한 편집자들은 『삼국유사』에 신(神)의 이야기인 '신화'를 수습하려고 했던 것이 아니다. 그들은 다만 『삼국사기』를 의식하면서 국가의 건립과 왕권, 그리고 불교의 전래와 확산에 수반된 '다름'의 세계를 형상화하려고 했을 뿐이다. 신화와 『삼국유사』을 접점을 거론할 때 놓치지 말아야 할 시각이다.

그렇다면 『삼국유사』는 신화와 무관한가? 이 질문 앞에서 우리가 다시 물어야 할 것은 '『삼국유사』는 왜 이(異)의 세계를 형상화했는가?'라는 질문이다. 기이편 서문의 논리대로 국가를 세울 영웅의 탄생은 범인의 그것과 '다르다[異]'는 것이고, 나아가 불교가 삼한 땅에 출현하여, 마침내 삼한이 불국토가 된 내력도 다르지 않았다는 것이다. 다시 말해 국가와 왕권의 출현, 그리고 불교의 정착에는 반드시 하늘이 마련한 정당한 이치가 있고, 그것이 신이 · 영이를 통해 발현되었다는 뜻이다. 이를 근대적 학술 언어로 바꾸면 '『삼국유사』는 국가 건립과 불국토화의 이데올로기를 이야기 형식으로 기술한 텍스트'가 된다. 바로 이 지점에서 『삼국유사』는 신화와 만날 수 있다. 근대의 신화학이 도달한 바 신화는 '2차적인 기호학적 체계'[8]이거나 '서사 형식의 이데올로기'[9]이기 때문이다. 『삼국유사』의 신이와 영이는 신령(神靈)의 세계에 대한 꾸며진 이야기의 효과일 뿐만 아니라 편찬자들의 이데올로기를 신령

7 『삼국유사』에 '영이(靈異)'라는 어휘는 권3의 '탑상편'에서 권5 '감통편'까지 7회 나타나는데 불상이나 승려, 용왕과 같은 불교 수호신의 영이로 표현되어 있다. 그 외에도 만파식적의 영이, 서연산(서악) 신모의 영이, 승려 승전의 화엄 강설을 들은 돌들의 영이라는 표현도 보인다. 이 논문에서 사용하는 영이는 『삼국유사』에 쓰인 표현과도 직접적인 관계가 있지만 이를 넘어 불교와 관련하여 나타나는 여러 '이(異)'를 통칭하는 개념이다. 일본의 불교설화집인 『日本靈異記』(823년 전후)에도 용례가 보인다.

8 롤랑 바르트, 이화여자대학교 기호학연구소 옮김, 『현대의 신화』, 동문선, 1997.

9 브루스 링컨, 앞의 책, p.12.

을 매개로 삼아 형상화한 결과이기 때문이다.

따라서 『삼국유사』와 신화의 접점은 하나가 아니다. 먼저 신이 차원의 신화가 있다. 우리가 흔히 시조신화나 건국신화, 나아가 왕권신화로 부르는 기이편의 신화가 그것이다. 다음으로는 고승전이나 사찰연기담 등, 한문 양식으로는 지괴(志怪)나 전기(傳奇) 등으로 부르는 영험전의 차원에서 작동하는 신화가 존재한다. 세 번째는 앞선 두 차원의 신화가 상호 작용을 통해 만들어 내는 『삼국유사』 전권(全卷) 차원의 의미작용에서 발생하는 신화다. 편자들의 처지에서 보면 『삼국유사』는 신화가 아니라 신이담 · 영이담일 뿐이지만 그것이 꾸며낸 이야기라는 점에서는 고대적 뮈토스와 만날 수 있고, 그 이야기가 꾸며진 것이 아니라 진실한 신령의 세계에 대한 이야기로 인식되더라도 그 이야기에는 2차적 의미, 즉 모종의 이데올로기를 담지하고 있기에 '신화(myth)'로 부를 수 있다는 것이다. 이런 복합성에 대한 인식이야말로, 『삼국유사』의 신화를 독해할 때 염두에 두어야 할 긴요한 대목이라고 생각한다.

2. 수직적 신이(神異) 서사

『삼국유사』에서 신화로 흔히 호명되는 서사 형식은 시조신화와 건국신화다. 시조신화는 한 집단의 시조에 관한 신화이고, 건국신화는 고대국가의 건국주에 대한 신화다. 고주몽이나 박혁거세처럼 시조가 건국주가 되는 경우가 많으므로 시조에 대한 신이담이 건국의 신이담과 연속되어 있거나 변형되는 경우가 일반적이다. 그래서 양자를 합하여 건국시조신화라는 개념어도 사용했지만 시조신화와 건국신화는 형식이 전혀 다른 별개의 신화 형식이다. 필자는 이전에 그 차이를 구조의 문제를 통해 풀어본 바 있는데[10] 여기서는 이를 세계관의 문제, 곧 인간과 자연의 관계를 보는 서로 다른 관점의 문제로 확장해 보고자 한다.

『삼국유사』의 건국신화를 대표하는, 기이편의 첫 기사인 단군신화를 사례로 들어보자.

> 고기에 이르기를 옛날 환인의 서자 환웅이 있었는데 자주 천하에 뜻을 두고 인간세상을 탐구하자 환인이 아들의 뜻을 알고 아래로 삼위와 태백을 보니 널리 인간을 이롭게 할 만하므로 천부인 셋을 주고 보내 다스리게 하였다. 환웅이 무리 삼천을 거느리고 태백산 정상 신단수 밑에 내려와 신시라 이르니 이를 환웅천왕이라 한다. 풍백 · 우사 · 운사를 거느리고 곡식 · 수명 · 질병 · 형벌 · 선악 등 무릇 인간의 삼백 육십여 가지의 일을 주관하며 세상을 다스려 교화하였다.
>
> 이때 곰 한 마리와 범 한 마리가 같은 굴에 살면서 늘 신웅에게 사람이 되기를 기원하였다. 이에 신웅이 신령스러운 쑥 한 타래와 마늘 스무 개를 주면서 말하였다. "너희들이 이것을 먹고 백일 동안 햇빛을 보지 않으면 곧 사람의 모습이 될 것이다." 곰과 범이 그것을 받아먹고 금기를 지킨 지 삼칠일 만에 곰은 여자의 몸을 얻었으나 범은 금기를 어겨 사람의 몸을 얻지 못하였다. 웅녀는 혼인할 사람이 없었으므로 매일 단수 아래서 잉태를 빌었다. 환웅이 이에 잠시 변하여 웅녀와 혼인

10 이에 대해 자세한 것은 필자의 『동아시아 건국 신화의 역사와 논리』, 문학과지성사, 2003을 참조하라.

하니, 임신하여 아들을 낳아 단군왕검이라 하였다.[11]

'고기'의 기록을 옮겨 놓은 위의 고조선 건국신화에는 두 가지 위계가 보인다. 단군신화는 단군의 조선 건국이 하늘의 뜻이라는 점을 설득하기 위해 천신 환인이 아들을 인간세상에 보내 신시(神市)를 건설하는 데서 시작한다. 그리고 천부지모의 신성혼을 통해 단군왕검을 탄생케 함으로써 '환인-환웅-단군'이라는 3대의 혈통을 수립한다. 이 혈보(血譜)는 건국주의 계보가 신성(神聖)하다는 것을 뜻하고, 천신의 피를 받은 단군과 그 후손들과 고조선 인민들의 수직적 위계가 천부적이라는 것을 뜻한다. 이것이 홍익인간이라는 고조선의 드러난 건국 이념 뒤에 숨어 있는 건국 이데올로기다.

두 번째 위계는 환웅-웅녀 사이에 수립된다. 환웅은 신시의 환웅천왕이고, 여러 신들을 거느리는 상위의 신이다. 웅녀는 웅녀로 불리기 전 혈거(穴居)하던 짐승이다. 표면적으로 보면 신과 동물이라는 구분과 위계가 전제되어 있다. 신화학적으로 환웅은 환웅을 숭배하던 집단이 모시던 천신(天神)이고, 곰은 웅신(熊神)을 숭배하던 집단이 모시던 수신(獸神)이어서 양자는 수평적 관계지만 단군신화에서 양자의 관계는 수직적으로 조정되어 있다. 곰은 호랑이와 더불어 인간이 되기를 간구하는, 인간보다 못한 존재로 표현되어 있고, 웅녀로 변신한 뒤에는 잉태

11 古記云, 昔有桓因庶子桓雄, 數意天下貪求人世, 父知子意, 下視三危太伯, 可以弘益人間, 乃授天符印三箇, 遣往理之. 雄率徒三千, 降於太伯山頂神壇樹下, 謂之神市, 是謂桓雄天王也. 將風伯雨師雲師, 而主穀主命主病主刑主善惡, 凡主人間三百六十餘事, 在世理化. 時有一熊一虎同穴而居, 常祈于神雄願化爲人. 時神遺靈艾一炷蒜二十枚, 曰爾輩食之不見日光百日, 便得人形. 熊虎得而食之, 忌三七日熊得女身, 虎不能忌而不得人身. 熊女者無與爲婚, 故每於壇樹下, 呪願有孕, 雄乃假化而婚之, 孕生子, 號曰, 壇君王儉.

를 간구하는 여성으로 형상화되어 있다. 이런 웅녀의 형상 때문에, 여성주의적 관점에서 건국신화는 여성(여신)을 타자화하는 신화, 여성(여신)이 자신의 이야기를 잃어버리는 신화[12]로 해석되기도 했다. 단군 출산 이후의 웅녀한테는 무관심한, 다시 말해 단군 출산의 도구로만 동원된 웅녀의 형상이 그 유력한 좌증이다.

그러나 시조신화의 인간-동물의 관계상은 다르다. 단군신화에는 드러나 있지 않지만 본래 웅녀 이전의 곰은 압록강 유역에 거주하고 있던, 중국 역사서에 예맥(濊貊)으로 나타나는 종족, 『조선왕조실록』에도 기록되어 있는 '우지개'라는 집단과 관계가 있고, 인류학적으로는 현재의 우데게이족과도 연관이 있는 종족의 시조신이다.[13] 시조신은 대개 시조모[여신]로 상징화되어 있다. 피를 나눈 형제이자 조상신인 곰은 이들 집단의 숭배와 의례의 대상이자 사냥의 대상이다.

필자는 이전에 시조신화와 건국신화의 배후에 있는 사냥의 차이에 대해 논의한 바 있는데[14] 시조신화를 생산한 수렵사회에서 사냥은 인간과 동물 사이의 호혜 관계에 기초한 살해 행위였다. 시조신화에 등장하는 곰은 형제나 어머니인 동시에 신이다. 따라서 곰 살해는 형제나 어머니인 신을 죽이는 행위지만 그것이 가능한 이유는 사냥감으로 선택된 곰이 그들이 보낸 '선물'이기 때문이다. 이런 사회에서는 신화와 의례가 자신들의 행위를 정당화하는 준거가 된다. 선물로 자신을 내어준 곰 종족에 대해, 제의를 통해 답례를 베풂으로써 선물은 순환되고 인간 종족과 곰 종족, 바꿔 말하면 인간과 자연은 호혜적 관계 속에

12 조현설, 「웅녀·유화 신화의 행방과 사회적 차별의 체계」, 『구비문학연구』 9, 한국구비문학회, 1999.
13 조현설, 「곰과 범, 우데게이와 단군의 고리」, 『신화의 언어』, 한겨레출판, 2020.
14 조현설, 「세 신화 세 현실」, 『겨레어문학』 33, 겨레어문학회, 2004.

서 평화롭게 잘 살아가는 것이다. 이러한 선물의 순환 관계에는 위계가 없다. 인간 종족은 우월하고 곰 종족은 열등하다는 위계 말이다. 이런 위계는 단군신화가 반영하고 있는바 국가 사회 이후에 수립된 것이다.

왕권신화는 건국신화의 연장이다. 하나의 사례만 검토해 보자. 통일 이후 신문왕대(681~692)에 신이한 사건이 발생한다. 감은사 앞 바다의 작은 산 위에 있던 대나무를 거두어 만파식적을 만든 사건이다. "이 피리를 불면 적병이 물러가고 병이 나으며, 가뭄에는 비가 오고 장마에는 날씨가 개며, 바람이 잦아지고 물결이 평온해졌"으므로 "만파식적으로 부르고 나라의 보물이라 칭하였다."[15]라는 것이다. 이 신이한 국보는 사실 왕권의 어떤 형식을 함축하고 있다. 신문왕이 대나무의 신이를 확인하려고 배를 타고 산에 들어갔을 때 "용이 검은 옥대를 바쳤"고, 왕이 용한테 "이 산과 대나무가 혹은 갈라지기도 하고 혹은 합해지기도 하는 것은 무엇 때문인가?"라고 묻자 용이 "비유하자면 한 손으로 치면 소리가 나지 않고, 두 손으로 치면 소리가 나는 것과 같아서, 이 대나무라는 물건은 합한 후에야 소리가 납니다. 성왕께서 소리로써 천하를 다스릴 좋은 징조입니다. 대왕께서 이 대나무를 가지고 피리를 만들어 불면 천하가 화평할 것입니다. 이제 대왕의 아버님께서는 바다 속의 큰 용이 되셨고, 유신은 다시 천신이 되셨는데, 두 성인이 같은 마음으로, 이처럼 값으로 따질 수 없는 보배를 보내 저를 시켜 이를 바치는 것입니다."[16]라고 대답했기 때문이다.

---

15 吹此笛則兵退病愈, 旱雨雨晴, 風定波平. 號万波息笛稱爲國寶.(紀異 第二,「萬波息笛」)

16 王泛海入其山, 有龍奉黑玉帶來獻. 迎接共坐問曰, "此山與竹或判或合如何." 龍曰 "比如一手拍之無聲, 二手拍則有聲, 此竹之爲物合之然後有聲. 聖王以聲理天下

용의 전언에 명시적으로 드러나듯이 만파식적을 구성하는 두 쪽은 용신(龍神) 문무왕과 천신(天神) 김유신이다. 말하자면 둘이 화합해야 천하를 태평케 하는 소리가 울린다는 뜻이다. 김흠돌과 대문의 반란, 달구벌 수도 이전 실패 등으로 표현된 당대 귀족권의 반발을 잠재우고 왕권의 안녕을 꾀하려면 두 세력이 하나가 되어야 한다는 이데올로기, 원문의 표현대로 '이성동심(二聖同心)'의 이념을 상징적으로 형상화해 낸 것이 만파식적 신화이다. 이에 대해 일찍이 역사학자 김상현은 '유교적 예악사상의 강조를 통한 무열왕권의 정당화 및 중대전제왕권의 강화'[17]라는 적절한 분석을 내놓은 바 있다.

그런데 더 주목해야할 대목이 있다. 『삼국유사』 편집자는 이 왕권신화의 출발점을 신문왕이 즉위년에 부왕을 위해 창건한 감은사에 두고 있다는 사실이다. 이런 서사의 배치가 숨기고 있는 바는 만파식적의 획득이 감은사에서 비롯되었다는 '이야기'이다. 『삼국유사』의 해당 항목은 '감은사 창건'과 '만파식적 출현'을 인과 관계로 구성하고 있다. 이런 구성 방식은 3장에서 재논의하겠지만 단군신화를 편집하는 과정에서 편집자들이 환인을 제석천으로 해석함으로써 고조선의 건국을 불교적 세계 내부로 끌어들이는 방식과 유사하게 만파식적이라는 왕권의 신화를 감은사라는 불교적 영토 내부로 수렴하는 데 목표가 있다. 달리 말하면 왕권의 신이를 불교의 영이 아래 두는 위계적 구도를 보여주고 있다는 것이다. 이런 관점에서 보면 기이편에 구축된 수직적 신이의 세계는 불교적 영이의 세계 안에, 그리고 그 아래 배치된 형식으

之瑞也. 王取此竹作笛吹之天下和平. 今王考爲海中大龍, 庾信復爲天神, 二聖同心, 出此無價大寶令我獻之."(紀異 第二, 「萬波息笛」)

17 金相鉉, 「萬波息笛 說話의 形成과 意義」, 『한국사연구』 34, 한국사연구회, 1981.

로 존재한다.[18]

3. 수평적 영이(靈異) 서사

건국신화 외에도 『삼국유사』에는 동물이 등장하는 이야기가 있어 신이 서사의 비교 대상으로 삼을 만하다. 대표적인 사례가 권5의 감통편에 실려 있는 「김현감호」이다. 이 작품은 인간 김현과 본체가 호랑이인 호녀의 결연과 분리, 그리고 사찰 연기로 귀결되는 서사 구도를 지니고 있다. 「김현감호」는, 그간 『삼국유사』에 수록된 어느 작품보다도 풍부한 문학사적 논의를 받은 바 있다.[19] 그러나 인-물(人物)의 관계

---

18 『삼국유사』의 자장을 벗어난 것이기는 하지만 기이편에 수록된 신이 서사의 수직적 세계관을 유가적 족보의 신화와 비교해 볼 만하다. 세보(世譜) · 파보(派譜) · 가승(家乘) · 세계(世系) · 가보(家譜) · 가승보(家乘譜) · 속보(續譜) · 대동보(大同譜) 등 다양한 이름으로 존재하는 족보는 고려시대 귀족 계층에서 시작된 것으로 알려져 있는데 태조 왕건의 조상 6대의 계보를 신이 서사로 구성한 『고려사』 「고려세계」가 그 적절한 사례다. 족보는 시조, 또는 중시조를 중심으로 펼쳐진 혈족의 계보를 표현한다. 이런 계보학의 바탕에는 제사의 종교인 유가의 세계관이 표현되어 있다. 이런 족보의 신화는 토템의례와 연결된 시조신화의 변형이지만 세계관으로는 전혀 다르다. 시조의 탄생담, 혹은 시조 또는 중시조와 관련된 일화들이 족보의 배후에는 있는데 이 '다름[異]'은 권력의 욕망과 다르지 않다. 신라 6부의 조상들이 모두 산에서 내려오는 등 특별한 탄생의 형식을 지닌 것은 그래서다. 족보를 배경으로 한 조상 제사에서 조상과 후손의 관계는 수평적이지 않다. '조상을 잘 모셔야 복을 받는다'는 유가 윤리에 증여론이 개입할 여지는 있지만 조상 제사는 그 이상의 욕망, 제사를 통해 집안을 결속하여 이를 대외적으로 드러냄으로써 수직적 위계를 추구한다. 이것이 조선 사회를 지탱했던 종법 질서의 기초다. 이런 점에서 족보의 이데올로기는 건국신화의 그것과 다르지 않다. 이런 건국신화에서 왕권신화, 그리고 족보의 신화로 이어지는 수직적 세계관을 『삼국유사』는 불교적 영이 안으로 융섭하려고 했던 것이다.

19 임형택, 「羅末麗初의 '傳奇' 文學」, 『한국한문학연구』 5, 한국한문학회, 1980; 김종철, 「서사문학사에서 본 초기소설의 성립문제」, 『다곡이수봉선생화갑기념논

라는 시각, 동물시조신화와의 관계라는 시각에서의 논의는 빈한한 것으로 보인다.

『삼국유사』의 편자는 김현과 호녀의 기이한 연기담을 수록하면서 이 작품의 서사적 참조 대상으로 신도징 설화를 뒤에 병렬해 놓았다. 편자는 양자의 대비를 통해 「김현감호」의 다름을 드러내려고 했을 것이다. 그런데 신도징 이야기는 『태평광기(太平廣記)』에도 수록되어 있는바 삼국시대에 문헌을 통해 수용되어 유통되었을 가능성이 높다.

「김현감호」와 마찬가지로 인남수녀(人男獸女)의 결연으로 시작하는데 만남의 장소가 다르다. 지방의 관리가 되어 부임하던 신도징이 행로에서 만난 눈보라를 피해 들어간 초가집에서 늙은 부모와 함께 살던 열너댓 살쯤 되어 뵈는 딸을 만나는 것이다. 여자가 마음에 들었던 신도징은 그날로 청혼하여 아내와 함께 임지에 부임한다. 지괴나 전기가 전형적으로 그려내고 있는 기연(奇緣)이다. 김현과 달리 신도징은 아내의 실체가 호랑이임을 눈치채지 못한다. 총명하고 살림을 잘하는 아내와 일남일녀를 낳았고, 임기를 무사히 마친다. 신도징의 기연과 행복한 삶은 그가 관직을 그만두고 본가로 돌아가는 길에서 결정적인 전환을 맞는다.

> 마침내 함께 그 집에 찾아갔는데 사람은 없었다. 아내는 그리워하는 마음이 커서 하루가 다하도록 울다가 문득 벽 구석에 걸린 호피 한 장을 보고는 크게 웃으면서 말했다. "이 물건이 아직 있는 것을 몰랐

총』, 1988; 박희병, 「한국고전소설의 발생 및 발전단계를 둘러싼 몇몇 문제에 대하여」, 『관악어문연구』 17, 관악어문학회, 1992; 임재해, 「說話의 現場論的 研究」, 영남대학교 박사학위논문, 1986; 송효섭, 「三國遺事의 幻想的 이야기에 대한 記號學的 研究」, 서강대학교 박사학위논문, 1989.

> 네." 드디어 호피를 뒤집어쓰자 바로 호랑이로 변해 으르렁거리며 할퀴더니 문을 박차고 나갔다. 신도징은 놀라 피했다가 두 아이를 데리고 호랑이가 간 길을 찾아 산림을 바라보며 며칠을 크게 울었는데 끝내 간 곳을 알지 못했다.[20]

신도징 부부는 아내가 살던 옛집을 찾아갔으나 있는 것은 벽에 걸린 호랑이 가죽 한 장뿐이었다. 그 호피의 주인은 바로 아내였다. 호피를 통해 자신의 본연을 자각하게 된 호녀에게 인간 남편과 자식들은 무의미한 것으로 묘사되어 있다. 호녀는 뒤도 돌아보지 않고 산림으로 떠났고 남은 것은 인간 신도징의 통곡뿐이다. 이런 인간과 동물의 결연담에서 독자가 느끼는 감정은 세계의 기이함이다. 설화 양식으로는 전설, 한문 양식으로 전기(傳奇)로 분류되는 이야기의 전형적인 성격이다.

이 같은 인간과 동물의 결연-분리 서사는 동물시조신화의 일반적 형식에 속한다. 어원커족 기원신화의 사냥꾼은 암곰과 자식을 뒤에 두고 도망치고, 부랴트족 기원신화의 고니도 결국 날개옷을 입고 천상으로 회귀한다. 그러나 시조신화에서는 둘의 분리가 끝이 아니라 새로운 연결점이 된다. 인간-동물의 결연에서 태어난 자녀를 통해 어원커족, 부랴트족이라는 새로운 종족이 탄생하기 때문이다. 그러나 신도징 전기에서는 그런 창조가 이뤄지지 않는다. 분리로 인한 고통만이 '대곡(大哭)'이라는 두 글자 속에 압축되어 있을 뿐이다. 비극으로 마무리되

20 遂與訪其家, 不復有人矣. 妻思慕之甚, 盡日涕泣, 忽壁角見一虎皮, 妻大笑曰: "不知此物尙在耶." 遂取披之, 卽變爲虎, 哮吼拏攫, 突門而出. 澄驚避之, 携二子, 尋其路, 望山林, 大哭數日, 竟不知所之.(「金現感虎」)

는 이물(異物)과의 결연담은, 공주의 「곰나루 전설」에서 잘 확인할 수 있듯이, 신화적 세계관이 더 이상 통용되지 못하는 국가 이후의 사회에서 형성된 이야기이다. 요컨대 동물은 인간과 동서(同棲)할 수 없다는 인간중심적 인식, 동물을 사냥감으로만 여기는 국가적 사회의 공통관념을 담고 있는 이야기가 신도징 전기라고 할 수 있다.

그런데 『삼국유사』의 편자, 혹은 「김현감호」의 작자는 신도징 전기를 전혀 다른 작품으로 재창조한다. '인간－동물'의 '결연－분리' 서사의 맥락에서 보면, 신도징 전기는 『태평광기』에 실린 여러 동류(同類)의 전기처럼 본래 동물시조신화라는 신이의 전통 속에 있던 이야기였다. 그러나 신도징의 전기에 와서 신이 서사가 아니라 기이 서사로 변형된 이야기가 「김현감호」에 와서는 불교적 영이 서사로 재창작된 것이다.

필자는 이전에 '신화적 사유와 불교의 연속성', 그리고 '무불(巫佛)의 일체화'라는 시각에서 이 텍스트를 한 차례 다룬 바 있다.[21] '일사오리(一死五利)', 곧 "제 목숨이 짧은 것은 천명이고 제가 바라는 것이어요. 또 그것은 낭군에게는 경사스러운 일이고 우리 종족에게는 행복이고 이 나라 사람들에겐 기쁨이어요. 한번 죽어 다섯 가지 유익이 있으니 어찌 마다하겠어요."[22]라는 호녀의 발언 안에 무불의 일체화가 실현되어 있고, 동물시조신화의 세계관에 보이는 인간 종족과 동물 종족 사이의 선물의 순환이라는 호혜적 관계가 김현과 호녀 사이에도 존재하는데 그 동력은 대승불교적 사유에서 오고, 그 점에서 신화적 사유와 불교는

21 조현설, 「무불의 접화와 화해의 서사」, 『민족문학사연구』 50, 민족문학사연구소, 2012.

22 郎君無有此言. 今妾之壽夭, 盖天命也, 亦吾願也, 郎君之慶也, 予族之福也, 國人之喜也. 一死而五利備, 其可違乎?(「金現感虎」)

연속적이라고 했다.

이제 이런 문제의식에서 더 나아가 불교적 영이의 시각에서 문제를 심구해 볼 필요가 있겠다. 이를 위해서는 흥륜사와 호원사, 범망경(梵網經 Brahmajala Sutta)과 대성응물(大聖應物)[23]이라는 불교 코드를 더 천착해야 봐야 한다.

김현과 호녀의 인연은 흥륜사에서 시작되어 호원사에서 결실을 맺는다. 여성주의적 시각에서는 이를 결실이 아니라 호녀의 비극적 죽음을 윤리적 이념으로 포장한 것[24]이거나 가부장적 플롯의 강화[25]라고 해석했지만 신도징 전기와 달리 「김현감호」가 사찰을 부각한 데는 작가의 의도가 있는 것으로 보인다. 흥륜사는 미륵불을 주불로 모시던 신라 불교 초창기의 사찰이고,[26] 호원사는 비로자나불을 주불로 모시던, 신라 불교 전성기의 사찰이다. 흥륜사는 신라 무교의 성소였던 천경림에 세워진, 탑돌이로 상징되는 기복과 치병, 그리고 점찰법회를 열던 무교와 잘 어우러진 공간이었으나 호원사는 범망경을 늘 강하던 화엄불교의 공간이었다. 호원사는 호녀의 산림과 김현의 저자가 접속하는 공간, '삼형지악(三兄之惡)'으로 표상된 양자의 적대를 넘어 호혜성이 생성되는 공간이다. 산림이 산림을 넘어서고 저자가 저자를 넘어서 어우

23 蓋大聖應物之多方, 感現公之能致精於旋遶, 欲報冥益耳, 宜其當時能受禧佑乎? (「金現感虎」)

24 정출헌, 「삼국의 여성을 읽는 두 '남성'의 시각」, 『동양한문학연구』 19, 동양한문학회, 2004.

25 김경미, 「가부장적 서사장치의 강화, 〈김현감호〉의 플롯 연구」, 『한국고전연구』 45, 한국고전연구학회, 2019.

26 及真智王代, 有**興輪寺**僧真慈一作貞慈也, 每就**堂主弥勒像**前發原誓言: '願我**大聖**化作花郎, 出現於世, 我常親近睟容, 奉以□周旋.'(「弥勒仙花 未尸郎 真慈師」); 良啚因此篤信釋氏, 一生無怠, 塑成**興輪寺**吳堂主, **彌陁尊像**, 左右菩薩, 并滿金畫其堂.(「密本摧邪」)

러지는 축제의 공간이다. 형식적으로 본다면, 이 공간의 경험이 호녀의 입에서 '일사오리'의 결단을 발하게 하고, 김현의 입에서 '천행'이라는 인식[27]을 이끌어 낸 것이다. 일사오리와 천행이라는 인식 안에 불교적 영이가 표출되어 있다.

흥륜사와 호원사 사이에 대성의 응물이 있다. 흥륜사가 사건이 촉발되는 공간이라면 호원사는 사건의 의미가 완성되는 공간이다. 그 사이에 사건의 운영자로서 대성이 있고, 대성의 응물이 있는 것이다. 물론 「김현감호」의 전체 서사 구도에서 대성응물은 저자의 사건에 대한 평가와 해석 대목에 적시되어 있다. 그러나 내용적으로 보자면 이 해석은 대성이 호녀로 응신하여 김현으로 하여금 호원사를 설립하고 범망경을 강하는 불교적 영이의 세계로 인도한 것이다. 따라서 대성응물이 흥륜사와 호원사 사이에 있다고 해도 무방하다는 뜻이다.

대성은 누구일까? 불교에서 대성은 불보살을 지칭한다. 인-물의 만남이 흥륜사 탑돌이에서 비롯되었으므로, 호녀로 응물한 존재는 흥륜사의 주불인 미륵불일 수 있다. 이를 관음보살로 보는 견해[28]가 있고, 이는 『삼국유사』에 나타나는 다양한 관음보살의 화신을 참조한 해석일 수 있으나 특별한 논거는 없다. 탑돌이에 나온 호녀의 처지에서 보면 호녀의 비원은 인간이 되어 김현과 같은 사내와 인연을 맺는 것이었을 가능성이 가장 농후하므로 호녀의 비원은 후생에서나 가능한 것이다. 금생의 인-물 야합은 후생을 위한 과정이다. 그렇다면 후생의 붓다인 미륵불이 응물했다고 해석하는 편이 더 합리적이다. 김현의 처지에서도 다르지 않다. 김현의 탑돌이는, 인연을 만나기 위한 행위일 수

---

27 異類而交, 盖非常也. 旣得從容, 固多天幸.(「金現感虎」)

28 정출헌, 앞의 논문, pp.307-308.

도 있지만 인연을 통해 그가 다다른 지점을 고려하면 금생의 출세에 목적이 있었다. 금생에서의 출세는 이루었지만 호녀와의 참된 만남은 호원사라는 사찰 이름대로 호원이 성취되는 후생에서 가능한 것이다. 따라서 이 경우에도 흥륜사의 주불인 미륵불의 응물이 적절하다. 일사오리와 천행을 가능케 한 미륵불의 응물이야말로 신이를 넘어선 불교적 영이의 현현인 것이다.

그런데 『삼국유사』의 편자는 「김현감호」라는, 논란을 불러일으키는 제목하에 김현－호녀의 서사와 신도징－호녀의 서사를 대비해 놓고, 논찬을 덧붙여 놓았다. 신도징의 서사에는 감호가 없지만 김현의 서사에는 감호가 있는데, 그것이 바로 대성의 응물에 기인한 것이라는 창작 의도를 담은 구성이다. 그렇다고 하더라도 제목은 호녀의 살신성기가 김현을 감동케 한 것이지 어떻게 김현이 주어가 될 수 있는가, 하는 물음을 촉발한다. 그래서 '김현이 호랑이와 정을 통하다'[29] 혹은 '김현이 호랑이에 감동되다'[30]와 같은 문장구조에 어긋나는 해석도 이뤄졌다. 이런 논란을 극복하기 위해 정출헌은 "김현의 탑돌이가 관음보살을 감동시킴으로써 관음보살이 호녀로 변신하여 도움을 주었"으므로 제목 그대로 '김현이 호랑이를 감동시키다'로 해석해야 한다고 했다.[31] 진일보한 해석이지만 한 걸음 더 나아가야 한다.

「김현감호」는, 호원사를 세우고 범망경을 강하는 결말부의 김현의 실존에 호응하는 제목으로 봐야 한다. 탑돌이에 참여한 호녀는 대성의 응물이기도 하지만 육도윤회의 수레바퀴 안에 있는 호랑이 자신이기

29 조동일, 『삼국유사 설화의 뜻풀이』, 집문당, 1990.
30 고운기 옮김, 『삼국유사』, 홍익출판사, 2001.
31 정출헌, 앞의 논문, p.308.

도 하다. 탑돌이하는 호녀의 비원에 대성이 감응하여 김현과 인연을 맺게 함으로써 호녀는 마침내 자신을 제단에 희생물로 바치는 일사오리의 자각에 도달한 것이고, 이 호녀의 자각이 김현의 살신성기라는 자각으로 전이된 것이다. 그 결과 김현은 사재를 털어 호원사를 짓고 호녀의 명복을 빌면서 살신성기의 은혜를 죽을 때까지 갚는다. 김현의 호원사 건립과 법망경을 강하는 행위가 바로 김현감호인 것이다.

이 작품의 원래 제목은 고려 초에 편찬된 『수이전(殊異傳)』에 실려 있는 「호원(虎願)」일 것이다. 이것이 『삼국유사』의 「김현감호」로 변형되면서 주어가 바뀌었다. 그러나 「김현감호」의 맥락에서 다시 「호원」을 살피면 제목의 '호원', 김현이 세운 호원사(虎願寺)의 '호원'은 결국 탑돌이를 하던 호녀의 원이고, 그 호녀의 원은 응물한 대성의 원이고, 사찰을 건립한 김현의 원이다. 그리고 이 모든 것은 대성의 감응에 의해 빚어진 원이다. 이렇게 완성된 순환의 고리가 대성의 응물에서 비롯된 불교적 영이 서사의 세계인 것이다.

불교적 영이의 실체를 더 탐색하려면 또 하나의 영이담을 경유할 필요가 있다. 권5의 효선편에 수록되어 있는 「대성효이세부모신문왕대」가 그것이다. 불국사를 세웠다는 김대성의 두 생애에 걸친 효행 이야기다.

> 모량리의 가난한 여자 경조에게 아이가 있었다. 머리가 크고 정수리가 평편하여 성과 같아서 이름을 대성이라 하였다. 집이 가난하여 키울 수가 없어 부자 복안의 집에서 품팔이를 하였다. 그 집에서 밭 몇 묘를 나눠주어 입고 먹는 비용으로 삼았다. 그때 고승 점개가 육륜회를 흥륜사에서 배설하고 복안의 집에 와서 권화하자 복안이 베 50필을

시주하였다. 점개가 빌기를 "시주께서 보시를 좋아하시니 천신이 항상 보호하고 지킬 것이며, 하나를 보시하여 만 배를 얻을 것이고, 안락하며 장수할 것이옵니다."라고 하였다. 대성이 그 말을 듣고 뛰어가 어머니에게 말하기를 "제가 문에서 스님의 외우고 노래하는 말을 들으니 하나를 보시하면 만 배를 얻는대요. 생각해보니 제가 전생에 쌓은 선이 없어 지금 가난한 것인데 지금 또 보시하지 않으면 내세에 더 어려울 거예요. 제 품팔이 밭을 법회에 보시하여 뒷날의 응보를 도모하는 것이 어떨까요?"라고 하였다. 어머니가 "좋다."라고 했다. 이에 밭을 점개에게 보시하였다.

얼마 지나지 않아 대성이 죽임을 당하였는데 이날 밤 재상 김문량의 집에 하늘의 말이 들리기를 "모량리의 대성이란 아이를 이제 너의 집에 맡기노라."라고 하였다. 그 집의 사람들이 놀라서 사람을 시켜 모량리를 조사해 보니 대성이 정말 죽었는데 하늘의 소리가 들린 때와 같았다. 임신하여 아이가 태어났는데 왼손을 쥐고 펴지 않다가 이레째에 폈는데 금간자에 '대성'이라는 두 자가 새겨져 있어 그것으로 이름을 삼고 그 어머니를 맞이하여 집에서 함께 봉양하였다. 이미 장성하여 대성은 사냥을 좋아하였다. 하루는 토함산에 올라 곰 한 마리를 잡고 산 밑 마을에서 잤다. 꿈에 곰이 귀신으로 변하여 꾸짖기를 "너는 어째서 나를 죽였느냐? 내가 되려 너를 먹어야겠다."라고 하였다. 대성이 두렵고 부끄러워 용서를 청하자 귀신이 말하길 "나를 위해 절을 세울 수 있겠느냐?"라고 하였다. 대성이 맹세하며 "네."라고 대답하였다. 이윽고 깨고 보니 땀이 이불을 적시고 있었다. 그 후로는 사냥을 금하고 곰을 위해 곰을 잡았던 곳에 장수사를 세웠다.[32]

이야기는 김대성의 전생담과 현생담으로 엮여 있다. 전생에서는 가난해서 부잣집 고용살이를 하던 소년 대성이 자신이 지닌 전 재산을 점개의 법회에 보시했는데 그 인과(因果)로 인해 국상 김문량의 아들로 금생에 다시 태어나는 응보(應報)를 받았다는 이야기이다. 일연이 이 설화를 『삼국유사』의 효선편에 수습한 까닭은 "착한 보시의 영험을 가히 믿지 않겠는가?"[33]라는 반문에 잘 드러나 있다. 일연은 보시와 윤회의 관계를 설명하고 설득하기 위해, 그래서 두 부모를 섬기는 효행이 가능했다는 불교적 효행의 윤리를 설파하기 위해 이 이야기를 『삼국유사』에 실었을 것이다.

그런데 「김현감호」의 맥락에서 흥미로운 화소는 김대성의 곰 사냥이다. 전생의 보시 덕에 금생에서 권력자의 자제로 태어난 김대성은 사냥을 즐긴다. 사냥은 김대성의 특별한 취향이라기보다는 당대 귀족 자제들의 문화였을 것이다. 놀이로서의 사냥에는 사냥의 대상에 대한 신비가 없다. 곰을 포함한 짐승의 획득이 자연의 선물이라는 인식이 없다. 전렵(田獵)과 같은 국가적 사냥 의례가 상징적으로 현시하듯이 국가 사회의 사냥 문화에는 증여관계가 부재한다. 인간과 동물 사이의

32 牟梁里之貧女慶祖有兒, 頭大頂平如城, 因名大城. 家窘不能生育, 因役傭於貨殖福安家, 其家俵田數畝, 以備衣食之資. 時有開士漸開, 欲設六輪會於興輪寺, 勸化至福安家, 施布五十疋. 開咒願曰: "檀越好布施, 天神常護持, 施一得萬倍, 安樂壽命長." 大城聞之, 跳踉而入, 謂其母曰: "予聽門僧誦倡, 云施一得萬倍, 念我定無宿善, 今玆困匱矣, 今又不施, 來世益艱, 施我傭田於法會, 以圖後報何如?" 母曰: "善." 乃施田於開. 未幾城物故, 是日夜, 國宰金文亮家, 有天唱云: "牟梁里大城兒, 今託汝家." 家人震驚, 使檢牟梁里, 城果亡, 其日與唱同時. 有娠生兒, 左手握不發, 七日乃開, 有金簡子彫大城二字, 又以名之, 迎其母於第中兼養之. 旣壯, 好遊獵. 一日登吐含山, 捕一熊, 宿山下村, 夢熊變爲鬼訟曰: "汝何殺我, 我還啖汝." 城怖請容赦, 鬼曰: "能爲我創佛寺乎?" 城誓之曰: "喏." 旣覺, 汗流被蓐. 自後禁原野, 爲熊創長壽寺於其捕地.(「大城孝二世父母神文王代」)

33 善施之驗可不信乎?(「大城孝二世父母神文王代」)

호혜적 관계가 인간 집단의 욕망에 의해 깨어져 있다. 거기에는 사냥한 짐승에 대한 답례의 의례가 없고, 있는 것은 더 많은 사냥감에 대한 욕망뿐이다. 이 욕망이 양자의 호혜 관계를 깨뜨린다.

'아힘사(अहिंसा)'라는 불살생(不殺生)의 사상이 있다. 다르마 계 종교의 주요 사상인 아힘사는 불교에 수용되어 첫 계율인 불살생계(不殺生戒)가 된다. 신라 원광법사가 제안한 세속오계(世俗五戒)의 '살생유택(殺生有擇)'처럼 현실적인 계율로 변형되기도 했지만 본래 일체의 생명을 해치지 않는 것이 불살생의 사상이다. 이런 계율에 따르면 전쟁 자체가 불가능하다. 그리고 전쟁이 없으면 국가 체제는 성립되지도 유지되지도 않는다. 그러므로 국가라는 현실과 동거한 역사적 불교와 달리 불교 사상 자체에는 국가가 있을 수 없다. 『삼국유사』의 편자가 김대성의 사냥놀이를 악업 쌓기로 진단한 이유가 여기에 있다. 불살생계를 어겼기 때문이다.

그런데 살해되어 웅귀(熊鬼)가 된 곰은, 김대성이 식은땀을 흘리며 용서를 빌자 자기를 위해 절을 세워달라고 요구한다. 김대성은 사냥을 금하고 장수사를 건립함으로써 약속을 이행한다. 약조를 지킴으로써 김대성은 살생에 대해 '개인적 속죄'를 한 셈이지만 『삼국유사』 효선편의 맥락에서 보면 문제는 그 이상이다. 김대성의 '엽웅(獵熊)－건사(建寺)'라는 서사적 과정 안에 원시적 호혜 관계의 그림자가 작동하고 있기 때문이다. 앞서 말한 대로 비국가적 사회의 곰 사냥 의례에서 인간과 곰은 '살해(선물)－제의(답례)'를 통해 호혜적 관계를 유지한다. 이런 수평적 관계가 유희로서의 사냥에 의해 깨어진 것이므로 웅귀의 요구는 결국 호혜적 관계를 복원해 달라는 요구인 셈이다. 그렇다면 호혜적 관계의 회복을 요구하는 웅귀의 정체는 무엇인가?

호혜적 관계의 회복을 요구하는 '웅귀'는 곰 사냥에서 '살해된 웅(熊)'과 같을 수 없다. 죽었으므로 귀화(鬼化)했다고 간단하게 말할 수 없다. 물론 웅귀가 붓다의 응물이라는 언급은 문면에 보이지 않는다. 그러나 김대성으로 하여금 곰을 사냥했던 자리에 장수사를 짓게 한 존재라면 그 존재를 부정적인 이미지를 지닌 '귀물'로 치부할 수 없다. 그 역할로만 보면 김현으로 하여금 호원사를 짓도록 인도한 호녀와 다를 바 없기 때문이다.

「김현감호」에도 사냥이 등장한다. 호녀가 성안에 들어와 호환을 일으키자 원성왕이 작록을 내걸고 호랑이 사냥을 공고한다. 하지만 이 공고에 응한 김현의 호랑이 사냥은 호녀와의 약속에 의해, 호녀의 선물로 이뤄진 사냥이므로 악업을 쌓는 행위라고 할 수 없다. 호녀와 김현의 관계는 수평적인 것이고 양자의 호혜적 관계는 시조신화의 세계관의 연속선에 놓여 있다. 그러나 김대성의 사냥에는 곰의 선물 행위가 없다. 김현은 사냥의 즐거움을 위해 사냥을 했을 뿐이다. 그래서 악업을 쌓고 쌓았다. 김대성과 곰 사이의 깨어진 호혜 관계는, 시조신화가 아니라 건국신화의 세계관의 연속선에 놓여 있다.

그런데 여기에 거대한 반전이 있다. 김대성의 악업에 의해 출현한 웅귀가 사찰 건립을 요구하고, 김대성이 이에 응함으로써 악업은 선업으로 전환된다. 이런 서사적 반전의 시각에서 보면 김대성의 곰 사냥 이야기에는 국가 사회의 이념이 투사되어 있지만 장수사 건립 이야기에는 유희 혹은 군사훈련을 목표로 하는 사냥이 부당하다고 심문하는 반국가적 이념이 투사되어 있다. 「대성효이세부모신문왕대」는 한 편의 영이 서사 안에서 두 세계관의 각축을 보여준 뒤 효 윤리와 살생의 현실을 보시와 사찰 건립이라는 세 번째 세계관, 곧 불교의 세계관으로 결구하는 서사적 반전을 구축해 놓고 있다.

김대성은 악업을 통해 장수사에, 김현은 선업을 통해 호원사에 이른 셈이지만 결국 같은 목적지에 도달한 것이다. 이를 신화의 관점에서 보면 건국신화의 세계관을 부정하고 시조신화의 세계관에 귀의한 것이라고 할 수 있을 터인데 이를 불교의 관점에서 다시 살피면 같다고 할 수는 없다. 금생에서 이뤄진 김현과 호녀의 비극적 이별은 후생에서의 행복한 재회로 이어질 것이다. 금생에서 비극적으로 살해된 곰은 장수사의 설립과 비원으로 인해 후생에서 인간으로 윤회할 수 있을 것이다. 삼생의 시간관에 따르는 믿음과 기대가 있기 때문이다.

시조신화와 짝을 이루는 의례적 사냥에서 선물은 한 집단과 다른 집단 사이에 공간적으로 순환한다. 이웃의 곰 종족이 자기들 가운데 하나를 선물로 내어주면 인간 종족은 그에 상응하는 답례를 한다. 그러나 불교에서 선물의 순환은 인연설에 따라 시간의 차원에서 이뤄진다. 김현과 김대성의 영이 서사는 사찰 건립에서 끝나지만 사찰의 존재는 후생을 통해 선물이 순환하리라는 약속이다. 호원사와 장수사는 이 삼생의 순환을 보증하는 이정표로 세워진 것이다. 윤회를 매개한 선물의 순환 서사를 신이 서사와 차별화되는 불교적 영이 서사라고 불러도 좋겠다.

4. 『삼국유사』의 담론 전략과 신화

『삼국유사』 편찬을 전후한 시기는 전란의 시대였다. 특히 몽골의 말발굽 아래 공동체가 유린당하던 위기의 시대였다. 이런 시대에 공동체의 역사가 지닌 유구성, 혹은 국가의 신성성을 내세우는 것은 정신의 위기를 극복하는 에너지인 자부심 획득을 위해 대단히 긴요한 일일 것이다. 『삼국유사』가 첫머리에 '기이(紀異)'라는 이름으로 고조선과 고조선을 계승한 여러 나라의 건국신화와 역사를 수록한 것은 그 때문일 것이다. 기이편은 삼국사를 '신이'라는 벼리로 당겨 신이의 연대기를 구축했다.

『삼국유사』의 편자들은 신이의 연대기를 통해 현실적인 국가와 권력의 정당성을 추인한다. 더구나 고조선 건국신화에서 알 수 있듯이 환인(桓因)을 불교의 제석천(帝釋天)으로 해석함으로써 건국을 불교적으로 정당화하기까지 한다. 불교의 본령은, 화엄사상이 말하는 공(空)과 같은 개념을 통해 왕의 권력을 부정하는 것인데 일연과 편자들은 그것을 끝까지 밀어붙이지 않는다. 일연은 국존(國尊)으로 추앙될 정도로 최고의 지위에 오른 불교계의 지도자였으므로 현실을 인정하지 않을 수 없는 지점이 있었을 것이다.

『삼국유사』가 『삼국사기』의 유가적 역사관에 대한 견제 내지 보완의식을 가지고 있었다는 것은 공인된 사실이다. 필자가 보기에 『삼국유사』는 유가적 역사관에 대한 두 가지 대화의 방식을 가지고 있다. 하나는 삼국의 역사를 다루는 기이편의 천명론(天命論)에 불교를 기입함으로써 천명의 주체를 불교의 신불로 대체하는 방식이다. 다른 하나는 기이편 외의 '흥법'에서 '효선' 편까지의 영이 서사를 통해 기이편의 신이 서사를 견인하는 방식이다. 두 가지 방식은 서로 얽혀 있다고 생각한다.

「김현감호」를 다시 소환해 보자. 호녀가 내세운 '일사오리론'는 유가적이다. 첫째 유익으로 내세운 것이 천명(天命)이다. 물론 문맥은 '첩이 젊은 나이에 죽는 것이 천명'이어서 '하늘이 정한 목숨'을 뜻하는 것으로 보이지만 이어지는 유익과 연결해 보면 그것은 단순한 수명의 문제가 아니다. 유익의 범위는 호녀 자신에서 낭군으로, 종족에서 국가로 확산된다. 공자는 안에 있는 도덕적 명(命)과 밖에 있는 화복(禍福)을 분리해 인식한다. 따라서 군자가 곤궁한 것은 천명과 무관하다. 곤궁을 하늘 혹은 신의 탓으로 돌릴 필요가 없다는 것이다.[34] 그러므로 호녀의 요절은 하늘의 탓이 아니라 호녀 스스로 선택한 희생이고, 바로 그 선택이 다섯 가지 유익을 생성하는 호녀의 천명이라는 것이다.

그런데 앞에서 분석한 대로 「김현감호」의 서사는 여기서 마무리되지 않는다. 호녀가 내세운 일사오리론을, 아니 그런 윤리를 체현한 호녀 자신을 대성의 응물로 재해석함으로 유가적 천명론을 불가의 영이론으로 융섭한다. 건국주의 탄생과 왕가의 성쇠에 얽힌 신이의 역사에 불교를 기입하는 것만으로는 충분하지 않다. 불교는 국가 권력과 이론적으로 불화하는 종교이기 때문이다. 이를 다시 보완하는 것이 김대성이나 김현의 이야기에 표현된 불교적 영이의 세계다. 영이는 신이의 수직적 · 위계적 세계관에 대해 수평적 · 평등적 세계관이다. 불교적 영이를 드러내는 방식을 통해 『삼국유사』의 편자들은 기이의 역사를 인정하는 동시에 기이의 역사에 드러나는 비불교적 요소를 불교적 영이 서사를 통해 견인함으로써 양자의 균형을 조율하려고 했던 것이다. 필자는 이것이 일연을 비롯한 『삼국유사』 편찬자들의 담론 전략이었다고 생각한다. 이런 점에서 『삼국유사』는 신이 서사와 영이 서사가

34 연덕희, 「商代부터 공자까지 '命'론의 발전사 및 커뮤니케이션의 구조-운명론, 초기 · 후기 천명론의 구조와 구성요소를 중심으로-」, 『한국철학논집』 76, 한국철학회, 2023, pp.185-188.

경쟁하고 화해하는 담론의 현장을 보여주는 텍스트라고 할 수 있겠다.

서두에서 『삼국유사』의 신화는 세 가지 차원에서 나타난다고 말한 바 있다. 신이와 영이의 차원, 그리고 양자의 상호 작용이 만들어내는 신화가 있다고 했다. 우리는 그간 『삼국유사』의 신이 서사만을 신화로 해석했다. 일본의 번역을 경유하여 수용된 편협한 신화학의 결과다. 굳이 신화로 봐야 한다면 영이의 서사도 신이의 서사와 마찬가지로 신화다. 『삼국유사』의 영이 서사는 시조신화에 보이는 자타불이(自他不二)의 세계관을 이으면서도 이를 삼생(三生)의 시간관으로 펼쳐놓고 있기 때문이다. 시조신화의 세계관에서 동물의 살해는 동물이 자신을 선물로 줄 때만 가능하다고 여기는 데 비해 국가적 사회 이후 발생한 불교는 선물이 아닌 동물을 살해하더라도 선업을 쌓으면 후생에서 보은할 수 있다고 보기 때문이다. 이런 영이의 담론 전략을 통해 건국사나 왕권에 부대한다고 하는 천명으로서의 신이 서사를 견제함으로써 신이의 세계관과 영이의 세계관이 서로 균형을 잡아갈 수 있도록 『삼국유사』는 편목을 구성하고 있는바, 이런 담론 전략이야말로 『삼국유사』의 세 번째 차원에서 작동하는 신화라고 할 수 있다.

제2장

『삼국유사』의 고승과 성사

– 一然의 역사인식과 관련하여 –

고영섭

1. 서언

『삼국유사』(5권)는 『삼국사기』(50권)와 함께 우리 고대사를 집대성한 역사서이다. 우리 역사 중 고구려, 백제, 신라의 세 나라 시대만을 담고 있는 단대사(斷代史)인 『삼국사기』와 달리 『삼국유사』는 고구려, 백제, 신라뿐만 아니라 고조선, 부여, 가야, 대발해, 마한, 진한, 변한, 옥저, 동예 등을 비롯해 심지어 일연이 살았던 본조(本朝) 즉 고려시대까지 아우르는 우리 민족 최초의 통사(通史)라는 점에서 주목된다. 이 책은 우리의 문학, 역사, 철학, 종교, 예술 등의 씨줄과 정치, 경제, 사회, 문화, 과학 등의 날줄로 엮었다는 점에서 한국의 정신문화와 민족문화의 백과사전이라고 할 수 있다. 나아가 우리의 고대문화를 아우른 수다라(修多羅)이자 바이블(Bible)이라고 할 수 있다.

인각 일연(麟角一然, 1206~1289)은 선사이자 사가였다. 그는 김부식의 『삼국사기』가 지니고 있는 단대사로서의 한계와 역사 인식의 한계를 깊이 체인하였다. 그 한계는 김부식이 유교사관에 입각해 삼국 당시 가장 두드러진 활동을 한 고승들을 『삼국사기』의 전기에서 완전히 배제한 점,[35] 역사의 전환점을 가져온 불교 관련의 주요 내용을 대부분 빠뜨리고 있는 점, 고구려, 백제, 신라 중심의 역사만을 기록했을 뿐 정작 우리민족의 시원인 고조선과 부여 및 가야, 삼한, 옥저, 동예, 대발해 등의 역사를 기록하지 않았다는 점, 불교문화의 주역이었던 불교문화 영웅들을 인물 전기에 전혀 편입시키지 않은 점 등을 비판하면서 '대안사서'로서 『삼국유사』를 편찬하였다. 이러한 문제의식 아래 책명인 『삼국유사』의 '유사'(遺事)[36]에는 『삼국사기』에 대응하여 '빠진 일들을 기록하겠다'는 소극적인 의미만이 아니라 오히려 우리 역사가 '남긴 일들을 기록하겠다'는 적극적인 의지를 담아[37] 『삼국유사』라는 이름으로 찬술해 내었다.

일연은 출가한 승려였다. 승려란 진리를 추구하기 위해 출가한 사람이다. 출가란 세간에서 이루어지는 가정생활을 떠나는 것이다.[38] 경전

35 고려 왕실은 1215년에 覺訓에게 『海東高僧傳』 편찬을 명하였지만 現行本으로 볼 때 이 점을 온전히 보완하였다고는 보기 어렵다.

36 최근 『삼국유사』의 편찬이 一然의 제자인 混丘 無極과 그 제자들에 이루어졌고, '一然撰'이 분명한 권5부분을 제외한 나머지 부분이 원고형태로 되어 있다가 1361년 이전에 이 최종 정리본을 『삼국유사』로 題名하였다는 맥락에서 '遺事'의 제명도 일연에 의해 이루어진 것이 아님을 논구하고 있다. 하지만 이 글에서는 이러한 재검토를 확정적으로 받아들이기에는 좀더 논의가 필요하다는 점에서 기존의 견해와 같이 一然의 題名으로 보고 논의를 전개하고자 한다. 윤선태, 「『三國遺事』의 後人夾註에 대한 再檢討」, 『한국고대사연구』 제78호, 한국고대사학회, 2015.6 참고.

37 주보돈, 「『삼국유사』를 통해본 일연의 역사 인식」, 『영남학』 제63호, 영남학연구원, 2017, pp.131-134.

38 불교의 七衆弟子 중에서 재가의 優婆塞와 優婆夷를 제외한 比丘, 比丘尼, 式叉摩

에서는 출가를 '집에 의탁하다가[信家, 正信] 집이 없는 곳[非家]을 향해 집을 떠나는 것[出家]'이라고 하였다. 출가는 '몸은 출가했으나 마음은 출가하지 않은 경우', '마음은 출가했으나 몸은 출가하지 않은 경우', '몸과 마음 모두 출가한 경우'로 대별된다.[39] 일연은 가지산문(迦智山門)의 선사이자 고려의 국사(國師)로서 절도 있는 삶을 평생 동안 살았다. 이러한 그에게 있어 이상적인 출가인상 혹은 모범적인 승려상은 그의 뇌리 속에 강하게 남아 있었던 것으로 짐작된다. 『삼국유사』 5권 9편 138조목에는 수백 승려들의 이름과 살림살이가 기술되어 있다. 이들의 전기와 설화에는 일생을 절도 있게 살았던 일연의 역사 인식에 기초한 승려상이 투영되어 있다.

「왕력편」을 제외한 8편의 편목 중 「기이편」에는 비교적 승려들에 대한 기술이 적다. 이와 달리 「흥법편」 이하 「효선편」에는 무수한 승려들이 등장하고 있다. 일연은 각 편과 조목에서 고승과 성사, 대사와 대덕, 사문과 사와 승, 법사와 화상, 선사와 율사, 거사와 부인 등 그들의 역할에 초점을 맞추어 기술하고 있다. 일연에게는 엄밀하지는 않지만 고승으로서 성사 및 법사/화상, 선사/율사, 사문/사/승의 구분 의식이 있었던 것으로 이해된다. 『삼국유사』에는 이러한 구분이 적지 않게 사용되고 있으며 여기에는 문화 영웅이자 사회적 리더로서 승려상을 수립하고자 하는 일연의 역사관이 투영되어 되어 있다. 이 글에서는 이러한 점에 주목하여 『삼국유사』의 고승[40]으로서 성사를 이해해 보고자 한다.

那, 沙彌, 沙彌尼의 5衆을 出家衆 혹은 出家五衆이라고 한다.

39 소승의 比丘, 대승의 菩薩僧으로서 몸과 마음이 모두 출가한 이, 대승의 菩薩居士로서 維摩詰과 賢護와 같이 마음은 출가했으나 몸은 출가하지 않는 경우가 있다.

40 고승은 학덕과 덕행 및 지위가 높은 승려를 가리킨다. 고승은 聖師(일본의 聖/히지리), 大師, 禪師, 法師(講師), 律師 등으로 분류된다. 한 고승이 여러 僧稱으로 불

2. 일연의 神異史觀과 '聖' 관념 인식

일연은 『삼국유사』 「기이편」 서문에 드러나 있는 것처럼 신이사관(神異史觀)을 보여주고 있다. 그의 「기이편」 서문의 마지막 구절은 이러한 인식을 잘 보여주고 있다. 이 구절의 번역은 "이것이 기이를 제편(諸篇)의 첫머리에 두게 된 까닭이다"[41] 혹은 "이런 신이함의 기록이 모든 편을 점차 적시도록 한다"[42] 등으로 각기 연구자마다 다르다. 후자의 해석에 의하면 일연이 인식한 '신이함'은 「기이편」에만 한정하지 않고 「왕력편」을 제외한 나머지 전편에 흐르고 있다. 일연이 사용하는 '기이'(紀異)는 '삼국사기[記/紀]와는 다르다[異]'는 의미[43]에서 쓴 것으로 볼 수 있으며, '기신이'(紀神異) 즉 '신이함을 기록하다'를 줄인 표현이라고 할 수 있다.[44]

그렇다면 신이함에 대한 일연의 인식은 무엇이었을까? 신이함은 『도덕경』에 의거하여 말하면 도를 형용하는 '눈에 보이지 않고'[夷], '귀에 들리지 않고'[希], '손에 잡히지 않는'[微] 그 무엇이라고 할 수 있다.[45] 우리에게 보이는 세계와 들리는 세계 그리고 잡히는 세계는 물리적인

린 경우도 있다. 원광, 안함, 자장, 원효, 의상 등이 대표적이다. 성사는 고승 중에서도 개인적 종단적 범주를 넘어서 국가적 민족적 요청을 감당한 인물이라고 할 수 있다. 제목에서는 '고승'과 '성사'라 했지만 본문에서는 '고승으로서 성사'란 의미로 사용하였다. '고승'은 학덕과 덕행 및 지위가 높은 승려의 '통칭' 혹은 '총칭'이므로 고승의 상위범주 안의 하위범주로서 성사를 다루고 있기 때문이다.

41 이병도, 권상로, 이재호, 리상호, 이민수 등의 번역을 필두로 하여 이후의 번역본들도 대개 이러한 해석을 이어가고 있다.

42 주보돈, 앞의 글, 앞의 책, p.153.

43 김영태, 『자세히 살펴본 삼국유사』, 서울: 도피안사, 2009; 김영태, 『한국 고대 왕조사 탐색』, 서울: 동국대학교출판부, 2013.

44 一然, 『三國遺事』, 「紀異」敍. "此紀異之所以漸諸篇也, 意在斯言."

45 『道德經』 제14장.

현실 세계라고 할 수 있다. 반면 신이한 세계는 기이하고 신이해서 가시적이지 않고 물리적이지 않은 것이다.

그러면 신라인들과 고려인들의 '성' 개념 인식은 어떠하였을까? 신라인들의 '성' 개념 인식을 고려인이었던 일연이 기술한 '성' 개념 인식과는 연속되는 것일까? 아니면 불연속 되는 것일까? 만일 연속되지 않고 불연속 된다면 일연이 말하고자 하는 '성'(聖) 관념은 어떤 것이었을까? 그리고 그가 인식한 '신이함'이란 어떤 것이었을까? 『삼국유사』의 기록에 근거해 보면 일연은 부처와 보살의 현신(現身)을 통해서 '신이함' 내지 '성' 관념을 드러내고자 했던 것으로 짐작된다.

신라 전통에서 '성' 관념은 다양하게 전개되어 왔다. 이미 시조인 박혁거세와 황후인 알영에 대해서도 '이성'(二聖)이라 기술하고 있다.[46] 혁거세는 하늘의 사자인 백마의 호위를 받고 자주색 알에서 태어났으며 알영(아리영)은 계룡의 왼쪽 옆구리에서 태어났기에 '두 성스런 아이'[二聖兒]라 불렸다. 제7대 벌휴(伐休)니사금의 경우 "왕은 바람과 구름을 점쳐 홍수와 가뭄, 그 해의 풍년과 흉년을 미리 알았다. 또한 사람의 사악함과 정직함을 알았으므로 사람들은 그를 '성인'(聖人)이라 불렀다." 왕의 미래 예측 능력과 사람 성정의 통찰 능력 등을 '성인'이라 부른 근거였다고 할 수 있다. 이처럼 신라 상대 초기의 '성' 관념은 천지자연과의 신령스런 소통 능력이나 그런 능력의 소지자를 '성' 혹은 '성인'으로 기렸다.

불교의 전래와 수용 및 공인과 유통 이후에는 '성' 관념의 변화가 이루어졌다. 특히 골품제가 확립되면서 '성'(聖) 개념은 다양하게 변주되

46 一然, 『三國遺事』, 「紀異」, '新羅始祖 朴赫居世'.

었다. 왕실은 샤카무니 붓다의 종족과의 관련성을 통해 형성된 것으로 이해되는 골품제를 통해 '성' 관념을 새롭게 정착시켰다. 상고기와 중고기 이전까지만 해도 나라를 건국한 성골(聖骨)들만이 왕위 계승을 하였다. 특히 처음으로 시호(諡號)를 쓴 제22대 지증왕 이래 불교식 연호와 왕명을 쓴 법흥왕부터 진덕여왕까지는 '성' 관념을 독점할 수 있었고 '성골'이 될 수 있었음을 의미한다.

그런데 중고기 뿐만 아니라 하대 혹은 하고기 이후에는 진골과 사위, 나아가 여인도 왕위 계승을 하였다. 그리고 이들도 '성' 관념을 쓸 수 있게 되었으며, '성' 관념은 왕 중심에서 존중받는 장군과 승려로도 점차 이동하게 되었다. 김유신[47]과 무열왕도 '이성'(二聖)으로 높여졌다. 왕이 아닌 평범한 인간까지 '성화'(聖化)될 수 있었던 것은 가야계 김유신이 삼국통일 때 보여준 전공과 승려들의 사회적 지위가 높아지고 존중받게 되면서부터라고 할 수 있다. 이처럼 신라인들의 '성' 관념은 불교의 수용 이후 점차 변화 확대되어 왔음을 알 수 있다.

대개 진신인 '성'(聖)은 화신인 '속'(俗)의 현신으로 나타난다. 『삼국유사』 속의 성(聖)인 부처와 보살은 속(俗)인 승려와 거사, 노인과 여인 등으로 나타난다. 그런데 범부들의 눈에서 비늘이 떨어지지 않는 한 '성'에서 '속'으로 전환되는 것은 눈에 보이지 않고 손에 잡히지 않는다. 효성왕 앞에 나타난 누추한 모양의 비구승은 진신 석가의 화현이었고,[48] 경흥 앞에 나타난 거사는 문수보살의 화현이었으며[49], 자장 앞에 나타난 늙은 거사 또한 사자보좌를 탄 문수보살의 현신이었고,[50] 낙산 이대

47 第54대 경명왕은 庚信公을 추존하여 興武大王으로 추봉하였다.
48 一然, 『三國遺事』, 「感通」, '眞身受供'.
49 一然, 『三國遺事』, 「感通」, '憬興遇聖'.
50 一然, 『三國遺事』, 「義解」, '慈藏定律'.

성인[51] 또한 관음보살과 정취보살의 현신이었다.

이러한 현신은 대승불교의 불신관에서 비롯되었다. 대승이전 불교에서는 역사적 붓다인 변화신(千百億化身 釋迦牟尼佛)과 비역사적 붓다인 자성신(淸淨法身 毗盧遮那佛)의 이신설(二身說)이 제시되었다. 그런데 대승불교가 전개되면서 역사적 붓다와 비역사적 붓다를 아우른 새로운 불신으로서 수행의 과보로 붓다의 몸을 받는 '수용신'(圓滿報身 盧舍那佛, 阿彌陀佛)이 제시되었다.[52] 그리하여 붓다와 보살은 승려와 거사, 노인과 여인 등의 다양한 현신을 통하여 중생의 고통을 뿌리 뽑아 주었다.

『삼국유사』에서 엿볼 수 있는 것처럼 학덕이 높은 고승과 법력이 깊은 성사는 붓다와 보살의 현신으로 이해되었다. 이들은 학덕과 법력으로 성과 속의 경계를 넘나들었다. 아래 도표는 일연의 『삼국유사』 속에 투영된 승려 분류와 표기 사례를 보여주고 있다. 고승으로서 성사로 분류되지 않은 대사/대덕/장로와 법사/화상, 선사/율사, 사문/사/승(釋)의 분류는 분류의 유사성과 편의성을 위해서 이루어진 것이다.[53]

51 一然, 『三國遺事』, 「塔像」, '洛山 二大聖 觀音 正聚 調信'.

52 天台 智顗, 『法華文句』(『대정장』 제34책). "淸淨法身 毗盧遮那佛, 千百億化身 釋迦牟尼佛, 圓滿報身 盧舍那佛."

53 대사/대덕/장로는 선교를 아우르는 큰 스승, 법사/화상은 교법을 대표하는 큰 학승, 선사/율사는 계율을 잘 지키는 큰 수좌, 사문/사/승은 출가자 일반을 객관화한 표현으로 이해할 수 있을 것이다.

〈표 1〉 중종 임신본(정덕본) 『삼국유사』의 승려 분류 및 표기 사례

卷	편	高僧	聖師	大師/大德/長老	法師/和尙	禪師/律師	師/僧 (釋/沙門
三國遺事(卷第一)	王曆第一						
	紀異第二			/1/			
三國遺事卷第二	紀異계속			2/4/	/1		
三國遺事卷第三	興法第三	1	11		/4		
	塔像第四	2	2	2/ /1	3/3	6/4	/4/
三國遺事卷第四	義解第五	3	1	/18/1	10/2	1/2	/9/
三國遺事卷第五	神呪第六	2		1/6/	2/	1/	1/1/
	感通第七			2/1/	1/		/ /2
	避恩第八	1	11	/1/1			
	孝善第九		2	/1/			

* 성사 란의 원효는 '홍법', '의해', '피은'편에 중복 표기.

흔히 불교 전통에서는 승려들의 주요 직함과 역할을 통해 경교를 강의하는 강사, 참선 수행을 하는 선사, 계율을 강론하는 율사, 염불을 독송하고 의례를 집전하는 염불사 등으로 불러 왔다. 물론 이 직함과 역할은 어느 한 분야에만 국한되지는 않아 왔다. 강사를 하면서도 선사를 했으며, 선사를 하면서도 율사를 하기도 하였고, 율사를 하면서도 염불사를 하기도 하였다. 불교의 지향이 성불에 있고 대중들의 요청에 부응하려면 이들 직함에 구애 없는 다양한 이타행을 해야만 했기 때문이다.

삼국 혹은 사국 시대에는 이러한 주요 전공에 의해 직함이 특화되어 있었던 것으로 이해된다. 왕에게 불려가서 '향가(鄕歌)만 알고 범성(梵聲)은 익숙하지 못하다'고 한 월명사(月明師)의 경우에서도 알 수 있듯이 당시 승려들은 주요 역할과 책무에 의해 구분되었다. 고려 후기의 일

연은 신라 당시에 전문 영역을 넘나드는 이들에 대한 각별한 관심이 있었던 것으로 짐작된다. 이 때문에 그는 하나의 직함과 역할에 구애를 받지 않은 승려들에 대한 관심이 남달랐던 것으로 이해된다. 승려들 중 특히 고승으로서 성사는 종래의 형식에 구애받지 않고 새로운 삶의 모델을 만들어낸 문화 영웅이자 사회적 리더였다.

이들에 대한 이러한 일연의 의식은 고려시대에 실시한 승과제와도 일정한 관련이 있다고 할 수 있다.[54] 승과가 실시되기 이전인 고려 태조 때에는 '해회'(海會)라는 승려 선발제도가 있었다.[55] 혜종과 정종을 거쳐 4대 광종 9년에는 후주(後周)에서 귀화한 쌍기(雙冀)의 건의에 의해 노비안검법(奴婢按檢法)과 과거제(科擧制)가 실시되었다. 노비안검법은 당시 지방호족의 사유재산으로 편입되었던 노비들 중 후삼국 통일 이전에 본디 평민이었던 이들을 복귀시키는 법제였다. 고려 건국 과정에 협력하였던 지방호족들이 전 방위에서 왕권을 압박해 오자 광종은 왕권을 강화하기 위해서 지방호족들의 사유재산을 합법적으로 축소하는 정책을 추진하였다. 노비도 사유재산의 하나였다.

과거제는 문과인 제술과(製述科, 進士科)와 명경과(明經科) 및 무신을 등용하는 무과와 잡과인 의(醫)·복(卜)과와 함께 이어지다가, 인종 때에

54 金煐泰, 『한국불교사』, 서울: 경서원, 1997, pp.226-227. 신라시대와 고려시대의 僧職으로는 僧錄司가 있었다. 고려시대에는 兩街나 左街僧錄과 右街僧錄 혹은 左右兩街都僧統라는 명칭이 보이고 있다. 僧錄司에는 左右의 兩街가 있었고, 그 兩街에 각각의 都僧錄이 있고 그 아래에 副僧錄과 僧正이 있었다. 都僧錄은 그 街의 승려와 교단의 모든 일을 관리하고 모든 불교행사를 주관하였다. 兩街의 僧錄 위에는 都僧統이 있어서 僧錄司 전체를 대표하고 兩街를 총괄하여 관장하였다. 이 밖에도 釋教都僧統, 五教都僧統, 國統의 이름도 보인다. 그 외 특이한 승직인 都唯那娘과 僧官(大書省, 政官) 등도 있었다.

55 「伽倻山 普願寺 法印國師碑」. "龍德元年, 置海外選緇徒."

크게 정비되었다. 제술과는 시(詩)·부(賦)·송(頌)·책(策) 등의 사장(詞章, 文藝)으로써 인재를 뽑았고, 명경과는 유교의 경전으로, 잡과는 법률·의학·천문·지리 등 기술 과목으로 선발하였다. 승과 또한 광종 때부터 이들 문과인 제술과와 명경과 및 무과 그리고 잡과인 의·복과와 함께 실시되었다. 승과에는 예비시험과 본시험이 있었다. 예비시험은 각 산문이나 종파 내에서 행하는 것이다. 여기에 합격하면 본 시험인 대선(大選)에 응시할 수 있었다.

대선은 국가에서 행하는 것으로서 선종선(禪宗選)과 교종선(敎宗選)이 있었다. 선종대선은 주로 광명사에서 선종계통의 승려들을 대상으로 실시하였다. 교종대선은 왕륜사에서 각 교종의 승려를 대상으로 실시하였다. 선종과 교종의 각 대선에 합격하면 대선이라는 초급법계가 주어졌다. 이를 기초로 승려들은 선종법계와 교종법계에 따라 차례로 승진할 수 있었다. 다만 구산선문의 참학승도(參學僧徒)였던 선사들은 광종 때에는 승과에 응시하지 못하였다. 선종(宣宗) 원년(1084) 정월에 이르러 보제사(普濟寺) 승려 정쌍(貞雙) 등이 구산문의 참선하는 참학승도도 진사과처럼 3년에 한 번씩 선발시험(選試)에 응할 수 있게 해달라고 요청하자 왕이 허락하였다.[56] 당시 선종과 교종의 법계는 아래와 같았다.

선종법계 : 대선－대덕－대사－중대사－삼중대사－선사－대선사[57][58]

교종법계 : 대선－대덕－대사－중대사－삼중대사－수좌－승통

56 『高麗史』「世家」 10.

57 「禪覺王師 懶翁碑」. 여기에는 '大禪師'－'禪師'－'首座'의 법계가 시설되어 있다. 조선시대에는 고려시대 법계와는 조금 다르다.

58 「億政寺 大智國師 粲英碑」. 大禪師－小禪師－中德－大選의 법계가 시설되어 있다. 또 조선시대에는 中德－大禪師－都大禪師(都大師) 등의 법계도 보이고 있다.

교학(敎學) 계통의 종파나 선수(禪修) 계통의 종파가 모두 대선과(大禪科)에 합격하면 대선(大選)이 되었고, 대덕(大德, 고려말 조선초에는 中德)에서 대사(大師)를 거쳐 중대사(重大師)－삼중대사(三重大師)로 올라갈 수 있었다. 이후 선종은 선사와 대선사로 승진하였고, 교종은 수좌(首座)와 승통(僧統)으로 승진하였다. 선종과 교종 모두 법계가 삼중대사(三重大師) 이상인 선사와 대선사, 수좌와 승통의 법계를 가진 이들 중에서 왕사와 국사의 후보가 될 수 있었으며, 최종적으로는 왕의 책봉에 의해 왕사와 국사에 오를 수 있었다.

왕사와 국사는 왕의 정치와 학문 및 인격 도야를 위한 스승이며 최고의 고문이었다. 이 승과는 고려 일대는 물론 조선시대의 중엽까지 계속되었다.[59] 일연에게는 이러한 승과에 의한 법계 인식이 어느 정도 있었을 것으로 이해된다. 하지만 『삼국유사』가 고대의 역사를 다루고 있다는 점에서 보면 그의 고승으로서 성사 인식에는 법계와 무관한 인식 지평도 있었을 것으로 추정된다. 그렇다면 그것은 과연 무엇이었을까?

3. 고승으로서 성사의 정의와 의미

흔히 『고승전』의 입전 사례와 같이 고승[60]의 범주 속에서 성사(聖師)

59 김영태, 『한국불교사』, 서울: 경서원, 1997, p.225. 연산군 때 폐지되었다가 명종 때 복원된 뒤 다시 폐지되었다.

60 梁나라 慧皎는 後漢 明帝의 永平 10년(67)에서 梁나라 武帝 天監 18년(519)에 이르기까지 전후 453년간에 걸쳐 몸과 마음을 바쳐 전교와 홍법에 힘쓴 승려들의 事跡들을 통해 중국 불교의 유전의 전말과 경위를 수록한 『고승전』(14권)을 최초로

는 범사(凡師)에 상응하는 표현이다. 성사는 혜안(慧眼)과 법안(法眼)과 교화인도[化導]의 세 가지 힘을 갖춘 이를 가리킨다. 반면 범사는 위의 세 가지 힘을 갖추지 못한 이를 일컫는다.[61] '성'(聖) 즉 '아리야'(梵, ārya' 巴, ariya)의 의미는 일상적 세속적 가치의 기준에서 '세속'과 상이한 성질을 일컫는다. 대개 종교행사적인 측면에서 말해 보면 일상행사를 중지하는 단식(斷食), 안식일(安息日) 등을 가리킨다.[62]

인도사상사와 불교사상사에서 '성'(聖) 개념의 시원은 인도 아리안의 이주로부터 시작된 카스트제의 성립까지 거슬러 올라간다. 기원전 13세기에 서북인도를 침입한 아리안들은 인도의 편잡(五河)지방에 정착하면서 선주민을 노예로 삼고 자칭 바라문(婆羅門)이라 하였다. 이 바라문 이외에 크샤트리아, 바이샤, 수드라 등의 3계급을 더 시설한 뒤 제사를 관장하는 바라문을 최고계급으로 삼았다. 그리고 이 종족은 '성'(聖)의 관념을 독점하고 특권계급과 서로 결합하였다. 이후 불교가 수용되면서 '성'(聖)의 관념에는 커다란 변화가 일어났다.[63]

석존은 사성계급을 타파하고 가세(家世)와 신분(身分)과 재산(財産)에 의해 성스러움을 삼는 것이 아니라 '정도'(正道)로써 성스러움을 삼았다. 그는 '탐구의 정도' 혹은 '실천의 정도'로써 성스러움을 삼았기 때문에 석존의 '출가 구도'는 '성스런 구함'[聖求, ariya-pariyesa]이라고도 일컬

편찬하였다. 서문인 권14를 제외한 권1에서 권13까지 譯經, 義解, 神異, 習禪, 明律, 亡身, 誦經, 興福, 經師, 唱導의 10과를 세워 正傳 257인, 附傳 2백여 인의 고승의 전기를 수록하였다. 이후 이에 준해서 道宣의 『속고승전』, 贊寧의 『송고승전』을 필두로 하여 『원승전』, 『대명고승전』, 『대청고승전』 등이 간행되었다.

61 天台, 『摩訶止觀』 권5의 2.

62 불광사전편찬위원회, 『불광대사전』 제6책, 대만: 불광산사, 1988; 慈怡 編著, 『불광대사전』 제12책, 북경: 북경도서관출판사, 2004, pp.5576-5577.

63 불광사전편찬위원회, 『불광대사전』, pp.5576-5577.

었다. 이 때문에 팔정도는 곧 팔성도, 사제는 곧 사성제라고 불렀다. 이처럼 '성'은 '성자(聖者)의 물결에서 이루어지는 진리'의 뜻을 상징하였다. 이외에도 성지(聖智), 성해탈(聖解脫), 성계(聖戒), 성성문(聖聲聞) 등의 용례가 있으며 이들은 모두 '성'(聖)으로서 관사를 삼았다.

한편 동아시아에서 '성'(聖)의 개념은 '신'(神)의 개념과 상통하였다. 공자의 『예기』에는 '작자위성'(作者謂聖) 즉 '문명의 패러다임을 만들어 낸 사람을 '성'(聖)이라고 하였다. 삶의 유형이나 패턴을 만들어 낸 이를 '성' 혹은 '성자'(聖者)라고 불렀다. 노자의 『도덕경』에는 나이가 좀 들어서 '남의 말을 잘 듣는 이'[耳+口+王]라는 의미를 '성'이라고 하였다. 유교의 '성'이 문명이라는 제도와 질서 속의 문화적 특성이라면, 도가의 '성'은 성찰이라는 자연과 무위 속의 정신적 특성이라고 할 수 있을 것이다. '신'(神)은 현실적 인간의 가시적이고 물리적인 능력을 넘어서는 공능을 일컬었다.

불교 경론에서 사용된 '성사'(聖師)는 '비바시여래대성사', '시기여래대성사'(尸棄如來大聖師), '비사부여래대성사'(毘舍浮如來大聖師) 등등의 경우에 보이는 것처럼 '붓다' 혹은 '석존'(釋尊) 또는 '보살'의 다른 표현으로 쓰여 왔다. 이후 동아시아로 전래된 불교전통에서 '성사'는 고승의 범주 속에서 '최고의 승려'를 일컫게 된다. '성사'는 고승의 범주에 들기도 하지만 학덕과 덕행 및 지위가 높은 승려인 고승 중에서도 특히 법력을 갖춘 '성스러운 승려'를 일컫는 호칭으로 통용되어 왔다.

이를테면 덕이 아주 뛰어난 어진 임금 혹은 황제를 일컫는 '성군'(聖君)/'성제'(聖帝), 한 방면에 대해 더할 수 없이 뛰어난 스승을 일컫는 '성사'(聖師), 많은 사람들이 드높이 받들어 존경하는 영웅을 일컫는 '성웅'(聖雄), 나라의 개국조 혹은 시조신으로서의 '성모'(聖母), 오대산 월정사의 다섯 부류 '성중'(聖衆)에서처럼 '성'(聖)은 불교나 특정 분야를 넘어서서 국가적이고 민족적인 함의를 머금고 있다.[64]

이처럼 국가적 난국, 민족적 난경을 이겨내고 국가와 민족의 영웅 또는 개국조 및 시조모 그리고 호법신중이 되었던 이들에게 존경심과 경외감을 표현하였다. 그리하여 '임금/황제 중의 임금/황제'인 '성군'(聖君)/'성제'(聖帝), '대사 중의 대사'인 '성사'(聖師), '영웅 중의 영웅'인 '성웅'(聖雄), '어미 중의 어미'인 '성모'(聖母), '무리 중의 무리'인 '성중'(聖衆)'은 '해당 범주 속에서 최고의 존재'를 일컫는 것으로 이해할 수 있게 되었다.

왕명에서도 '성'(聖)을 딴 시호는 신라의 경우에는 '실성왕', '성덕왕', '원성왕', '소성왕', '문성왕', '진성여왕', 백제의 경우에는 '성왕'이 있다. 실권을 가진 왕 이외에도 제37대 선덕왕의 아버지인 효방(孝方)해간은 개성(開聖)대왕, 제39대 소성왕의 어머니는 성목(聖穆)태후, 제43대 희강왕의 아버지인 정정(憲貞)각간은 흥성(興聖)대왕, 제53대 경명왕의 장인인 대존(大尊)각간은 성희(聖僖)대왕으로 추봉되어 시호에 '성'자를 쓴 예가 있다.

『삼국유사』에서 일연은 '금당십성'(金堂十聖)[65] 조목의 아도, 염촉, 혜숙, 안함, 의상, 자장, 혜공, 원효, 사파, 표훈 10인을 '성자' 혹은 '성인'으로 인식하고 있다. 이 조목에서 '성인' 혹은 '성사'라고 덧붙인 것은 선덕여왕 당시의 재상 김양도(金良圖)의 금당 낙성 이후 경덕왕과 혜공왕 직

64 우리 역사에서 '聖師'에 상응하는 표현으로는 '聖帝', '聖君', '聖雄', '聖母', '聖衆'의 경우가 있다. '聖師 元曉'에 상응하는 '聖君 世宗', '聖雄 李舜臣', '仙桃聖母', '五類聖衆' 등의 표기가 여기에 해당한다.

65 이 조목은 중종 임신본에 의하면 '東京興輪寺金堂十聖'은 「興法」편에 귀속되어 있다.

후에 어느 누가 신라인들의 '성자 이해' 또는 '성자 인식'을 감안해 십성을 조성해 모셨기 때문이라고 이해할 수 있다. 일연은 이들에 대해 '성인' 혹은 '성자'라는 구체적인 표현은 하지 않았지만 조목명에 '십성'(十聖)을 덧붙임으로써 이들 10인을 신라적 '성사' 혹은 국가적 '성인'의 지위로 드높이고 있기 때문이다.[66]

> "동쪽 벽에 앉아 서쪽을 향한 분(泥塑)은 아도, 염촉, 혜숙, 안함, 의상이요, 서쪽 벽에 앉아 동으로 향한 분은 자장, 혜공, 원효, 사파, 표훈이다."[67]

이 조목의 경우에는 중앙의 주불이 나타나 있지 않다. 하지만「신주편」의 '밀본최사' 조목에 의하면 선덕여왕 당시의 승상 김양도의 후원으로 불사를 하면서 미타불(異本, 미륵불)을 주존으로 하였다고 적혀 있다. 당시에는 주불을 중심으로 좌우 보살상을 조성하고 아울러 금색으로 벽화를 그렸다고 전한다. 그 뒤 주존을 중심으로 디귿자(ㄷ)를 그리면 동쪽 벽에 앉아 서쪽을 향한 아도, 염촉, 혜숙, 안함, 의상의 소상을 시설(施設)하였고, 서쪽 벽에 앉아 동으로 앉은 자장, 혜공, 원효, 사파, 표훈의 순서로 시설한 것으로 짐작된다. 경덕왕 때 활약했던 의상의 제자 표훈이 금당 안에 입전된 것에 근거해 보면 당시 금당에 모셔진

66 이런 부분은 조선시대의 국립대학인 成均館에 해동 출신 18인의 성리학자를 모신 것과도 상통한다. 동국 18현 중 文廟에 配享된 東方 5賢인 寒暄堂 金宏弼, 一蠹 鄭汝昌, 靜庵 趙光祖, 晦齋 李彦迪, 退溪 李滉과 東國 18賢인 氷月堂 薛總, 孤雲 崔致遠, 晦軒 安裕, 圃隱 鄭夢周, 寒暄堂 金宏弼, 一蠹 鄭汝昌, 靜庵 趙光祖, 晦齋 李彦迪, 退溪 李滉, 河西 金麟厚, 栗谷 李珥, 牛溪 成渾, 沙溪 金長生, 愼獨齋 金集, 重峰 趙憲, 尤庵 宋時烈, 同春堂 宋浚吉, 玄石 朴世采 등이 이들이다.

67 一然, 『三國遺事』, 「興法」, '東京興輪寺金堂十聖'.

10명은 모두 통일 신라인들의 역사적 평가를 거친 인물들이라고 볼 수 있다.

이들은 신라 출신의 승려(성인) 8인(아도, 혜숙, 안함, 의상, 자장, 혜공, 원효, 표훈)과 거사(현인) 2인(염촉, 사파)을 신라의 흙과 물과 기술로 빚어 모셨다. 이것은 경덕왕－혜공왕 대에 조성한 토함산 석불사의 본존불을 중심으로 시위하는 붓다의 10대 제자를 방불케 하고 있다. 특히 '금당십성'에서 표훈이 마지막에 자리한 것을 보면 이 '금당십성'의 조성은 적어도 경덕왕 대에 활동했던 표훈의 입적 이후 혜공왕 대에 불사를 완수한 것으로 추정된다. 여기에 투영된 신라인들의 '성인' 혹은 '성자' 의식을 받아들인 일연의 '성승' 인식은 대단히 주체적이고 능동적이며, 동시에 정신적이고 민족적이라고 할 수 있다.[68]

일연은 또 「남백월산양성성도기」에서 두 주역인 '노힐부득'과 '달달박박'을 '양성'(兩聖)이라고 표현한 기록을 그대로 수용하여 관음보살을 통해 아미타불과 미륵불로 현신시키고 '성인' 즉 '성사'의 모습으로 승화시키고 있다. 이것은 '성의 속화'가 아니라 '속의 성화'라고 할 수 있다. 다음은 『삼국유사』에 기록된 승려 분류와 표기 용례를 살펴보자.

68 아마도 금당은 선덕여왕 때의 재상 김양도가 조성한 것이지만 의상의 제자 표훈이 들어가 있는 점을 고려하면 적어도 김양도 이후 경덕왕과 혜공왕 대에 '토함산 석불사'의 대불(석굴암) 조성할 때에 붓다의 10대 제자상을 조성하면서 신라 최초의 사찰인 흥륜사에다 금당 십성(十聖)을 조성한 것이 아닐까 생각해 보게 된다.

〈표 2〉 승려 분류와 표기의 용례

구분	법명	비고
高僧 (2)	明朗, 緣會	
聖師 (22+6회/2)	普德, 我道*, 猒觸*, 惠宿*, 安含*, 義湘*, 慈藏*, 惠空*, 元曉+ *, 蛇巴*, 智通, 觀機#, 道成#, 搬師#, 楪師#, 道義#, 子陽#, 成梵#, 金物女#, 白牛師#, 神琳, 表訓*	^努肹夫得, ^怛怛朴朴
大師/大德 /長老 (4/31/3)	聰智, 能俊, (釋)秀立, 懷鏡 / 地仁, 慈藏, 明朗, 悟眞, 智通, 表訓, 眞定, 眞藏, 道融, 良圓, 相源, 能仁, 義寂, 眞門, 永深, 融宗, 佛陀, 憬興, 勝莊, 太賢, 法海, 國敎, 義安, 安惠, 朗融, 廣學, 大緣, 降魔, 表訓, 釋忠, 眞表 / 有緣, 玄會, 孔宏	중국 승려法經, 彦琮
師/僧(釋) /沙門 (3/15/2)	歡喜, 忠談, 月明/ 普德, 圓光, 寶壤, 良志, 惠空, 惠宿, 眞表, 勝詮, 心地, 善律, 生義, 法惕, 丘德, 溫光, 秀立/ 廣德, 嚴莊	
法師/和尙 (7/12)	慈藏, 圓測, 元曉, 義湘, 密本, 大矩, 寶壤/ 我道, 普德, 無上, 開原, 負簣(惠空), 陽孚, 兢讓, 黙, 神卓, 寶壤, 無衣子(慧諶), 小融(淸眞夢如)	중국 (智)儼화상
禪師/律師 (7/3)	覺猷, 心鑑, 普耀, 慧照, 信元, 阿行, 一然/ 慈藏, 眞表, 一相	중국 종남산 元香禪師/道宣

\+ 성사 란의 밑줄(6+1)은 '성사'
@ 성사 란의 *표기(10)는 동경 흥륜사 금당 10성
& 성사 란의 #표기(9)는 포산의 9성
$ 성사 비고란의 ^표기는 남백월산 2성
% 대덕 란의 밑줄(10)은 의상의 제자 10대덕

불교사에서 고승은 '학덕과 덕행 및 지위가 높은 승려'를 가리킨다. 혜교의 『고승전』을 필두로 하여 이후의 여러 『고승전』류도 이러한 정의를 그대로 계승하고 있다. 『삼국유사』 속의 '고승' 표기에서 9가지 용례 중 7개는 모두 『고승전』의 제명을 인용한 것이고 명랑과 연회의 경우에만 고승이라고 표기하고 있다.[69] 고승은 학덕과 덕행 및 지위가 높

69 『大正藏』 본(제49책 史傳部)의 『삼국유사』에 실린 '고승'은 '校訂三國遺事敍'에 나오는 『大唐西域求法高僧傳』과 『唐續高僧傳』의 2개의 용례는 저술 이름이고

은 승려를 가리키며, 이들 중에서 다시 성사, 대사, 대덕, 장로, 사, 승(釋), 사문, 법사, 화상, 선사, 율사 등으로 구분해 볼 수 있다. 물론 원효, 관기, 도성, 표훈 등의 경우처럼 여러 구분 영역에 걸쳐 있는 이들도 있다.

일연이 두 음절로 분명히 '성사'로 표현하고 있는 인물은 보덕, 원효, 관기, 도성, 신림, 표훈 6인이다. 이들 6인은 '성사'(聖師)라는 두 음절로서 분명히 호명하고 있다. 그런데 '성사'라는 두 음절의 표현을 명시적으로 하지 않았지만 '낭지승운 보현수' 조목에서는 '지통'과 '원효'를 '대성'(大聖) 내지 '이성'(二聖)이라고 일컫고 있다. 이 점을 고려하면 일연은 이들 6인에다 지통을 더한 7인을 성인 혹은 성사로 규정하고 있음을 알 수 있다.

또 일연은 신라의 '금당 10성'으로서 아도(我道), 염촉(猒觸), 혜숙(惠宿), 안함(安含), 의상(義湘), 자장(慈藏), 혜공(惠空), 원효(元曉), 사파(蛇巴), 표훈(表訓)을 제시하고 있다. 그런데 일연은 이들을 담는 조목 이름을 '동경 흥륜사 금당 십성'이라고 붙여 이들도 성자임을 분명히 하고 있다. 이들 10성 이외에도 일연은 관기와 도성이 머물렀던 포산(비슬산)의 9성을 불러내고 있다.

그리하여 일연은 관기, 도성, 반사, 첩사, 도의, 자양, 성범, 금물녀, 백우사를 제시하여 이들 9인을 '성승' 혹은 '성사'의 반열에 올려놓고 있다. 한편 남백월산의 노힐부득(미륵불)과 달달박박(미타불)은 통칭해서 '이성'(二聖) 혹은 '양성'(兩聖)으로 표기하고 있다.[70] 그리고 관음의 화신

『三國遺事』 원문에 없는 덧붙인 '교정 서문'이므로 통계에서 제외하였다.

70 일연은 '낙산 이대성 관음 정취 조신' 조목의 낙산의 관음보살과 정취보살을 '이대성'(二大聖)으로, '관동풍악산발연수석기' 조목의 미륵보살과 지장보살을 '양성'(兩聖)으로 기술하고 있다.

인 여인은 '성랑'(聖娘)으로 기리고 있다. 이들 모두는 '성' 혹은 '대성'으로 약칭했지만 '성인' 혹은 '성승' 또는 '성사'의 표기임을 확인할 수 있다. 특히 원효는 7인 성사, 금당 10성, 2대성에 모두 들어가고, 관기와 도성은 7인 성사, 9인 성사에 모두 들어간다. 표훈은 7인 성사, 금당 10성에 모두 들어가기에 성사의 표기 용례에서 22회로 적었지만 사실은 3회 중복된 원효, 2회 중복된 관기와 도성 및 표훈 등 중복을 뺀 나머지 5회를 더하면 총 27회가 된다.

『삼국유사』 속의 '대사'는 총지(聰智), 능준(能俊), 수립(秀立), 회경(懷鏡)을 일컫고 있다. '대덕'은 지인(地仁), 자장(慈藏), 명랑(明朗)과 의상의 10대 제자들인 오진(悟眞), 지통(智通), 표훈(表訓), 진정(眞定), 진장(眞藏), 도융(道融), 양원(良圓), 상원(相源), 능인(能仁), 의적(義寂), 그리고 진문(眞門), 영심(永深), 융종(融宗), 불타(佛陀), 경흥(憬興), 태현(太賢), 법해(法海), 의안(義安), 안혜(安惠), 낭융(朗融), 광학(廣學), 대연(大緣), 항마(降魔), 표훈(表訓), 석충(釋忠)을 일컫고 있다. '장로'(長老)로는 유연(有緣), 현회(玄會), 공굉(孔宏) 등을 들고 있다. 표훈의 경우에는 '성사'라고도 호명하고 있으며, 자장은 흥륜사 '금당 10성' 속에 포함되어 있기도 하다.[71]

'사'(師)로는 황룡사 초대주지 환희(歡喜), 충담(忠談)과 월명(月明)을 들고 있다. 승(僧)/석(釋)[72]으로는 보덕(普德), 원광(圓光), 보양(寶壤), 양지(良志), 혜공(惠空), 혜숙(惠宿), 진표(眞表), 승전(勝詮), 심지(心地), 선율(善律), 생의(生義), 법척(法惕), 구덕(丘德), 온광(溫光), 수립(秀立)을 거론하고 있다. 사문(沙門)으로는 광덕(廣德), 엄장(嚴莊)을 들고 있다.

'법사'(法師)로는 원광(圓光), 자장(慈藏), 원측(圓測), 원효, 밀본(密本),

71 法經, 彦琮은 중국 승려로 분류한다.

72 '僧' 혹은 '釋'은 고승전의 객관적 서술방식 혹은 출가자 표기방식으로 쓰이고 있다.

보양(寶壤)을 거론하고 있다. 화상(和尙)으로는 아도(我道), 보덕(普德)을 필두로 해서 무상(無上), 개원(開原), 부궤(負簣, 惠空), 대구(大矩), 보양(寶壤), 묵(黙), 양부(陽孚), 긍양(兢讓), 신작(神卓)을 들고 있다. '자장'은 '금당 10성'에도 들어 있으며 '법사'로도 불리고 있다. '원효'는 '성사'와 '법사'로도 불리며, 흥륜사 '금당 10성'에도 들어 있다.

'선사'(禪師)로는 각유(覺猷), 심감(心鑑), 보요(普耀), 혜조(慧照), 신원(信元) 등의 나말여초 '선사'들과 고려시대의 아행(阿行), 일연(一然)[73] 등의 선사들도 들고 있다. 율사(律師)로는 일상(一相), 자장(慈藏), 진표(眞表)를 거론하고 있다. 자장은 10성에도 들어있으며 '대덕'으로도 거론되고 있다.

다만 이들 중 무상, 개원, 부궤(혜공)는 승려를 일컫는 일반적인 명칭으로서 '화상'으로 적고 있다. 그런데 양부, 긍양, 신작, 조계 소융(小融, 淸眞夢如)은 화상으로 적혀 있지만 실제로는 선사로서 활동하였다는 점도 염두에 두어야 할 것이다. 일연은 고승의 범주 속에서 성사의 의미를 여타의 대사와 대덕과 장로, 법사와 화상, 선사와 율사, 사/승/사문과는 구분하고 있음을 알 수 있다. 그것은 아마도 '대사 중의 대사' 즉 '최고의 반열에 오른 대사'를 '성사'로 표기한 것이 아닌가 짐작된다.

4. 고승으로서 성사의 유형과 역할

일연은 고승 중에서 특히 '성사' 즉 '성승'에 대한 인식에 대해 남달랐던 것으로 이해된다. 성사는 일상의 격을 분연히 넘어선 '은자'(隱者) 즉

73 『삼국유사』의 찬술과정으로 볼 때 권제5의 "國尊 曹溪宗 迦智山下 麟角寺 住持 圓鏡冲照大禪師 一然 撰"이란 구절에서 우리는 이 책의 저자가 일연임을 알 수 있다.

벼슬하지 않고 속세를 떠나 숨어사는 사람인 '은사'(隱士) 또는 '일사'(逸士) 혹은 '은인'(隱人)과 맥이 닿아 있다. 『삼국유사』의 「피은」편은 이러한 은사들을 발굴하여 기술하고 있다. 이러한 노력 속에는 일연 자신의 '성사 인식' 즉 '은사 인식'이 깊이 투영되어 있다고 할 수 있다.

일연 스스로 짚신(미투리)을 짜서 팔아 어머니를 봉양했던 당나라 황벽 희운(黃蘗希運)의 문하의 선사이자 은사였던 진존숙(陳尊宿, 道蹤 또는 道明)의 가풍을 흠모했던 것도 이러한 맥락에서 이해할 수 있다. 일연이 보여주고 있는 고승의 범주 속에서 성사는 크게 1) 은사 일사의 삶, 2) 풍류 도인의 삶, 3) 국사 왕사의 삶의 유형과 역할로 나눠볼 수 있지 않을까 한다. 그는 이들을 대체적으로 '성사'로 일컫고 있다. 이러한 일연의 의식은 『삼국유사』의 '편목' 분류에도 반영되어 있다.

1) 은사 일사의 삶

은사(隱士) 혹은 일사(逸士)는 숨어서 사는 선비이자 승려를 일컫는다. 일연은 출사하여 얻는 명예보다 출가(出家) 혹은 은일(隱逸)하여 닦는 구도를 더 높게 평가하였다. 이 때문에 불교에서는 이들을 '수행자'라고 불렀다. 유교에서는 '유일지사'(遺逸之士)라고 불렀다.[74] 일연은 「피은편」에서 이들을 집중적으로 다루고 있지만 나머지 편들에서도 은사 혹은 일사의 삶을 기술하고 있다.

'낭지승운 보현수' 조목에서 일연은 의상의 제자가 된 지통(智通)을 성인으로 기리고 있다. 지통은 스승 낭지와 인연을 맺었고 풍류 도인인 원효와도 일정한 교류를 하였다.

74 高榮燮, 『삼국유사 인문학 유행』, 서울: 박문사, 2015, p.639.

용삭 초년에 사미 지통이 있었는데, 이량공(伊亮公)의 집 종이었다. 7세 때 까마귀가 와서 노래하기를 "영취산에 가서 낭지사(朗智師)의 제자가 되라" 하므로 지통이 듣고서 이 산을 찾아와 동네 나무 밑에서 쉬고 있었다. 홀연 이상한 사람이 나오더니 말하였다. "나는 보현대사(普賢大士)인데 너에게 계품(戒品)을 주려고 왔다". 그는 곧 계를 주고는 사라져 버렸다. 그러자 지통은 심신이 훤히 트여 지증(智證)이 두루 통하였다. … (중략) … 지통이 신기한 까마귀에 대한 일을 말하자 그가 빙그레 웃으며 말하였다. "내가 낭지이다. 지금 이 법당 앞에서도 까마귀가 와서 알리기를 '어느 성스러운 아이가 법사의 제자가 되려고 곧 올 것이니 나가 영접하라' 하기에 와서 맞이하노라." 이에 손을 잡고 탄식하여 말하였다.

"신령한 까마귀가 '너에게는 가라'하고 '나에게는 맞이하라' 알려 주니 이게 무슨 상서로운 일인가. 아마 산신령이 은밀히 돕는 것이리라." 전하는 말에 이 산신령은 변재천녀(辨才天女)라고 한다. 지통이 듣고 눈물을 떨구며 인사드리고 스승에 대한 예를 올렸다. 얼마 후 계를 주려 하므로 지통이 말하였다. "저는 동네 나무 밑에서 이미 보현대사(普賢大士)로부터 주는 경계를 받았습니다." 낭지가 감탄하며 말하였다. "잘했도다. 너는 이미 대사의 만분계(滿分戒, 具足戒)를 친히 받았는데 나는 살아오면서 조석으로 은근히 보살을 만나고자 하여도 정성이 감동하지 못하였다. 이제 너는 이미 계를 받았으니 나는 너에게 미치지 못한다." 그리고는 오히려 지통에게 예를 올렸다. 이에 그 나무를 보현수(普賢樹)라고 하였다.[75]

75 一然, 『三國遺事』, 「避恩」, '朗智乘雲 普賢樹'.

지통 역시 관기와 도성 및 나머지 7인과 같은 은사이자 일사였다. 그는 보현대사로부터 계품을 받고 지증(智證)이 통하여 신통력을 확보하였다. 그리하여 지통은 스승 낭지도 얻지 못한 신통력을 얻은 뒤 낭지로부터 예를 받았다. 이후 그는 지혜와 증득의 신통력을 통해 은사 일사로서 이타행과 보살행을 베풀었다. 그 뒤 지통은 의상의 소백산 추동에서 이루어진 화엄경 강론법회의 내용을 기술한 『추동기』를 남겼다. 『추동기』는 의상이 소백산 추동에서 강론했던 『화엄경문답』임이 확인되었다. 일연은 은사 일사로서 지통의 가풍을 기록했듯이 은사 일사로서의 지통의 가풍은 포산의 관기와 도성 그리고 나머지 7인의 성사들을 놓치지 않고 상세히 기술하고 있다.

'포산이성' 조목에는 관기와 도성뿐만 아니라 나머지 7명을 더해 모두 9명의 성사가 등장하고 있다. 먼저 일연은 관기와 도성을 성사로 기렸다.

신라 때 관기와 도성 두 성사는 어떤 사람인지 알지 못하나 함께 포산에 숨어 살았다. 관기는 남쪽 재에 암자를 짓고 살았고, 도성은 북쪽 굴에 거처하여 서로 십 여리 쯤 떨어져 있었는데 이들은 구름을 헤치고 달빛에 휘파람을 불며 매양 서로 찾아갔다. 도성이 관기를 오게 하려면 산 중의 나무들이 모두 남쪽으로 향하여 굽어 마치 영접하는 형상을 하여 관기가 그것을 보고 도성에게로 갔고, 관기가 도성을 맞을 때에도 또한 그와 같이 나무가 북쪽으로 굽어 도성이 관기에게 갔다. 이와 같이 여러 해를 거듭하였다. 도성은 처소의 뒷산 높은 바위 앞에 항상 조용히 앉아 있었는데, 하루는 바위틈에서 몸이 솟구쳐 올라간 곳을 알지 못하였다. 어떤 이는 말하기를 수창군에 이르러 죽었다고 한다. 관기도 역시 뒤를 이어 죽었는데 지금은 두 성사의 이름으로 터이름을 삼았으니 그 터가 지금도 남아 있다.[76]

일연은 나무조차 영통하여 관기와 도성을 알아보는 모습을 떠올리며 이들 두 성사를 찬시로 기렸다. "달빛 밟고 구름 해쳐 서로 찾았으니 / 두 늙은이 풍류 몇 백 년 되었나./ 풍연(風烟)은 가득한데 고목만 남았으니/ 눕고 펴는 그림자만 맞아주는 듯하다." 그는 이들 두 풍류 도인의 걸림없는 무애의 가풍을 높이 기렸다.

이후에 태평흥국 7년 임오년(982)에 승려 성범(成梵)이 비로소 이 절에 와서 머물러 만일미타도량(萬日彌陀道場)을 열어 50여년을 부지런히 도를 닦았는데 특이하게 상서로운 조짐이 여러 번 있었다. 그 때 현풍에 사는 신도 20여명이 해마다 모임을 만들어 향나무를 주워 절에 바쳤다. 항상 산에 들어가 향나무를 거두어 쪼갠 다음 물에 씻고 발 위에 널어 놓으면, 밤에는 촛불처럼 빛이 났다. 그러므로 고을 사람들이 그 향나무에 시주하여 빛을 얻은 해[歲]라고 축하하였다. 이것은 두 성인의 감응이요, 혹은 산신령이 도와줌이라 함이니 산신령의 이름은 정성천왕(靜聖天王)이다. 일찍이 가섭불(迦葉佛) 때에 부처님의 부탁을 받고 맹세하여 말했다. "이 산중에는 일찍이 아홉 성인에 대한 기록이 있다. 자세하지는 않지만 관기(觀機)·도성(道成)·반사(搬師)·첩사(楪師)·도의(道義)·자양(子陽)·성범(成梵)·금물녀(金勿女)·백우사(白牛

76 一然, 『三國遺事』, 「避恩」, '包山二聖'.

師) 등이다.[77]

일연은 이들 아홉 명의 성인 가운데에서 반사(搬師)와 첩사(牒師)를 특히 흠모하였다. '반'(搬)은 음이 '반'(般)으로서 우리말 비나무[雨木]를 가리킨다. '첩'(牒)은 음이 첩(牒)으로서 우리말로 갈나무라 한다. 이들 두 성사는 오랫동안 바위 사이에 숨어 살며 세상과 사귀지 않고 모두 나뭇잎을 엮어 옷을 만들어 입었다. 추위나 더위를 견디고 습기를 막고 부끄러움만 가릴 따름이라 이렇게 이름을 붙였다.[78] 일연은 일찍이 포산에 살면서 두 성사의 미담을 7언 10구의 시로 남기고 있다.

일연은 다음과 같이 노래하였다. "자초 싹과 둥글레 뿌리로 배 채우고/ 입은 옷 나뭇잎은 베옷이 아니어라./ 솔바람은 솔솔 불고 돌길은 울퉁불퉁한데/ 숲 속 저문 날에 나무꾼 돌아오네./ 깊은 밤 밝은 달을 향해 앉았으니/ 반쯤 열려진 옷깃 바람 따라 나부끼네./ 부들자리에 누워 마음 놓고 잠드니/ 꿈에도 티끌 같은 세상 넋도 아니 가네./ 구름 무심히 지나가고 두 암자 터만 남은 터에는/ 사슴만 뛰놀고 사람 자취 드물었네."[79]

일연은 싹과 뿌리로 배를 채우고 나뭇잎으로 몸을 가리며 살아간 반사와 첩사를 높이 기리고 있다. 그는 무상한 세월은 멈추지 않고 걸림이 없는 무애의 도인들의 두 암자 빈터에는 사슴만 뛰놀고 있다며 회상

77 一然, 『三國遺事』, 「避恩」, '包山二聖'.
78 一然, 『三國遺事』, 「避恩」, '包山二聖'.
79 一然, 『三國遺事』, 「避恩」, '包山二聖'.

하고 있다. 일연은 7언 10구의 시를 통해 이들 은사 일사의 삶을 높고 깊게 기리고 있다.

따라서 자연 속에서 이루어지는 은사 일사의 삶은 저자 속에서 이루어지는 무애 자재의 삶과는 연속되면서도 불연속된다고 할 수 있다. 일연에게 비춰진 은사 일사의 삶은 탈속과 절연을 보여주는 삶으로만 형상화된 것은 아니었다. 이들의 삶은 주로 자연 속에서 이루어지지만 그 삶은 저자 속에서 이루어지는 무애 자재의 삶과도 상통하고 있다. 일연에게 비춰진 은사 일사의 삶을 사는 성사는 그가 이해한 고승일 뿐만 아니라 그가 가고자 했던 이상적 선지식이었다. 일연의 『삼국유사』 「피은」편에 집성된 인물들은 그의 성사관의 한 축을 이루는 은사 일사로서의 삶을 잘 보여주고 있다.

2) 풍류 도인의 삶

풍류 도인의 무애 자재한 삶은 일상의 격에 걸림 없이 사는 자유로움을 일컫는다. 풍류에는 천신신앙과 산신신앙과 무속신앙에 훈습되어 있는 천지인(天地人) 삼재(三才)사상이 투영되어 있다. 삼재사상은 불도유 삼교가 이 땅에 들어오기 이전부터 이미 우리나라에 퍼져 있었던 사유체계였다. 유교와 도교의 이교와 '현묘의 도'를 추구하는 풍류의 관계는 중국 남북조시대의 고승이었던 도안(道安)의 저술 속에 편집된 '근본에 돌아가서 본의를 나타낸다'[歸宗顯本]는 글에서 확인할 수 있다.

여기서는 "'이 땅에서 내려오는[遺] 가풍[風]과 그 나머지[餘] 흐름[流]'이 기울고 추락하여 육경(六經)이 이 때문에 편수(編修)되었으며, 빼기고 자랑하는 기풍이 더욱 늘어남에 (『노자』) 두 편이 이 때문에 찬술되었다"

고 풍류의 근거를 제시하고 있다. 동도(東都)의 일준(逸俊)동자가 서경(西京)의 통방(通方)선생에게 물은 내용에서 확인할 수 있는 것처럼 풍류를 삼교와의 관계에 포함(包含)시켜 이해해 보면 풍류의 맥이 어디에 닿고 있는지를 알 수 있다.[80]

이러한 삼재사상을 담고 있는 풍류와 불도유 삼교는 최치원의 「난랑비서」[81]가 보여주는 것처럼 긴밀하게 접목되고 있다. 여기서 '현묘의 도'로 표현되는 풍류는 고조선 이래 이 땅 고유의 사상이라고 할 수 있다. '현묘한 도'는 불도유 삼교가 이 땅에 전래되기 이전부터 있어 왔던 '풍류도'의 다른 표현이다. '풍류도'에는 이미 삼교의 가르침이 포함되어 있고 그것으로 뭇삶들을 제접하고 교화해 왔다는 것이다.

이처럼 고조선의 해체 이후 '이 땅에서 내려오는[遺] 가풍[風]과 그 나머지[餘] 흐름[流]'의 줄임말로 짐작[82]되는 풍류(風流)는 천지인(天地人) 삼재(三才)의 철학을 기반으로 형성된 사상이라고 할 수 있다. 그 내용은 다름이 아니라 '들어와 집안에 효도하고 나아가 나라에 충성하는 것'과

80 道安, '歸宗顯本第一', 「二敎論」, 『廣弘明集』 권8. "有東都逸俊童子, 問於西京通方先生, 曰: '僕聞風流傾墜, 六經所以緝修, 誇尙滋彰, 二篇所以述作, 故優柔弘潤於物, 必濟曰儒, 用之不匱於物, 必通曰道. 斯皆孔老之神功, 可得而詳矣. ……"

81 金富軾, 『三國史記』, 권4, 眞興王 37년(576) 조. "나라에 현묘한 도(國有玄妙之道)가 있으니 풍류(曰風流)라고 한다. 교(敎)를 시설한 근원[設敎之源]은 『선사』(仙史)에 상세히 갖춰져 있다[備詳仙史]. 그 실제는 곧 삼교를 포함하고[實內包含三敎] 뭇삶을 제접하고 교화하는 것[接化群生]이다. 이를테면[且如] 들어와 집안에 효도하고[入則孝於家] 나아가 나라에 충성하는 것은[出則忠於國] 노나라 사구(孔子)의 주지(主旨)와 같고[魯司寇之旨也], 함이 없이 세상일을 처리하고[處無爲之事] 말이 없는 가르침을 실행하는 것은[行無言之敎] 주나라 주사(老子)의 종지(宗旨)와 같으며[周柱史之宗也], 모든 악한 일들 짓지 말고[諸惡莫作] 모든 착한 일들 높여 실행하는 것[諸善奉行]은 축건 태자(釋尊)의 교화[竺乾太子之化]와 같다."

82 高榮燮, 「탄허 택성의 삼현학과 불교학」, 『한국불교학』 제64집, 한국불교학회, 2014.

'함이 없는 일에 처하고 말이 없는 가르침을 행하는 것' 그리고 '모든 나쁜 일들 짓지 말고 모든 좋은 일들 높여 실행하는 것'이다. 이러한 풍류도 사상은 보덕과 원효에게서도 확인된다.

그 때 보덕화상이 반룡사(盤龍寺)에 있었는데 좌도(左道)가 들어와 정도(正道)와 맞서면 나라의 기틀이 위태로워질 것을 우려하여 여러 번 간하였으나 듣지 않았다. 이에 신통력으로 방장(方丈)을 날려 남쪽에 있는 완산주 고대산(孤大山)으로 옮겨갔다. 이때가 영휘(永徽) 원년 경술년(650) 6월이었다. 얼마 후 나라는 멸망하였다. 지금 경복사에 있는 비래방장(飛來方丈)이 그 때의 방장이라고 한다. 진락공(眞樂公, 李資玄)이 그를 위해 남긴 시가 당(堂)에 남아 있고, 문열공(文烈公, 金富軾)이 (보덕화상)전(傳)을 지어 세상에 남겼다. … (중략) … 태안 8년 임신년(1092)에 우세승통(祐世僧統, 義天)이 고대산 경복사의 비래방장에 이르러 보덕성사(普德聖師)의 진영에 예를 올리고 시를 남겼다.

'열반 방등의 가르침은/ 우리 성사로부터 전수되었네/ 애석하구나 방장이 날아온 뒤/ 동명왕의 옛 땅이 위태롭게 되었구나.'[83]

보덕은 고구려 후기의 열반학과 방등학의 대가였다. 당시 고구려 보장왕 시기 실권자인 연개소문에 의해 도교가 적극 수용되면서 불교의 박해가 시작되었다. 연개소문은 불의하게 왕을 교체했다는 부담을 해소하기 위해 당나라의 국교인 도교를 적극적으로 수용하고 도사와 『도덕경』을 수용하는 등 당나라와의 친밀한 외교적 노력을

83 一然, 『三國遺事』, 「興法」, '寶藏奉老 普德移庵'.

기울였다.

당시 고구려는 종래에 불교가 했던 역할과 불교인이 했던 소임을 도교와 도사로 교체하였다. 이에 보덕은 좌도(左道)인 도교가 정도(正道)인 불교와 맞서면 나라가 위태로워진다며 몇 차례 주청을 올렸다. 하지만 그의 주청은 받아들여지지 않았다. 결국 보덕이 자신을 따르던 고매한 제자 11명과 함께 완주 고달산 경복사로 내려오자 고구려는 곧 멸망하였다고 일연은 기술하고 있다.

보덕의 제자 무상화상(無上和尙)은 그의 제자 김취(金趣) 등과 금동사를 세우고, 적멸(寂滅)과 의융(義融)은 진구사를, 지수(智藪)는 대승사를, 일승(一乘)은 심정(心正)과 대원(大原) 등과 함께 대원사를, 수정(水淨)은 유마사를, 사대(四大)는 계육(契育)과 중대사를, 개원화상(開原和尙)은 개심사를, 명덕(明德)은 연구사를 세웠다고 전한다. 결국 보덕은 고구려를 떠나 백제의 고토를 무대로 무애의 풍류 도인으로서 살림살이를 만들어 나갔다. 일연 또한 보덕의 행장과 법력 그리고 걸림없는 풍류 도인의 가풍을 환기시키며 보덕을 기리고 있다.

원효는 파계하여 설총을 낳은 뒤로는 속인의 의복으로 갈아입고 스스로 소성거사(小姓居士)라고 했다. 우연히 광대들이 춤추며 놀리는 큰 뒤웅박을 얻으니, 그 모양이 기괴하므로 그 모양대로 도구를 만들어 『화엄경』에서 설한 "일체의 무애인이 한 길로 생사의 길에서 벗어난다"는 뜻을 취하여 이름을 무애(無碍)로 짓고, 노래를 만들어 세상에 유행시켰다. 원효는 이것을 가지고 수많은 부락을 돌며 노래하고 춤추며 교화시키고 돌아왔으니, 뽕나무를 키우는 노인이나 옹기장이, 무지한 무리들도 모두 불타의 이름을 알며 나무아미타불을 부르게 된 것은 실

로 원효의 공이 컸다.[84]

원효는 아유다 공주와의 인연으로 속세로 돌아와 설총을 낳은 뒤 걸림없는 삶을 살았다. 그는 『화엄경』 「보살명난품」에 의거하여 "일체의 무애인이 한 길로 생사의 길을 벗어난다"는 구절에 근거하여 무애인이 되었다. 원효는 머리에 무애박을 쓰고, 어깨와 다리로 무애무를 추며, 입으로는 무애가를 불렀다. 이러한 일련의 무애 시리즈는 그를 무애자재의 삶을 사는 풍류 도인으로 불리게 했다.

원효가 일찍이 분황사에 머물면서 『화엄경소』를 짓다가 제4 「십회향품」에 이르러 마침내 붓을 놓았으며, 또 일찍이 송사로 인해서 몸을 백송으로 나누었으므로 모두 성사의 법위(法位)가 초지에 이른 것이라 한다. 또 해룡의 권유로 조서(詔書)를 받들고 길에서 『금강삼매경소』를 지으며, 붓과 벼루를 소의 두 뿔 사이에 두고 다녔기 때문에 각승(角乘)이라고도 한다. 또한 본각과 시각의 미묘한 뜻을 나타낸 것이며, 대안법사(大安法師)가 배열하여 종이를 붙였으니, 소리[音]를 알고 화답한 것이라 한다. 성사가 입적하니 설총이 유해를 잘게 갈아 산 모습[眞容]을 빚어 분황사에 봉안하고 죽을 때까지 경도하는 뜻을 표하였다. 언젠가는 설총이 옆에서 절을 하니, 소상이 홀연히 돌아보았는데, 지금까지도 돌아본 채 있다고 한다. 원효가 거처하던 혈사(穴寺) 곁에 설총의 집터가 있다고 한다.[85]

---

84 一然, 『三國遺事』, 「義解」, '元曉不羈'.
85 一然, 『三國遺事』, 「義解」, '元曉不羈'

원효는 『화엄경소』의 절필과 『금강삼매경소』의 재집필, 설총의 신성혼정과 소상의 회고(廻顧)로서 무애 자재한 대중교화의 가풍을 보여 주었다. 그리하여 그의 무애 자재한 풍류 도인으로서 가풍은 살아서나 죽어서나 지속되었다. 원효가 보여준 자유인의 모습은 일연에게 성사의 가풍으로 다가왔다. 그리하여 일연은 성사 원효의 걸림 없는 몸짓을 '불기'(不羈)의 가풍, '무애'(無碍)의 가풍이라고 명명하였다. 그것은 성과 속을 넘나드는 자유인의 몸짓이었다.

최치원은 한 화랑의 비에 풍류의 내용과 성격에 대한 기록을 남겼다. 그의 「난랑비서」에서 '낭'(郎)은 화랑이며 '난'(鸞)은 봉황과 유사한 새로서 임금을 상징하고 있으므로 아마도 화랑 출신 임금의 별칭으로 이해된다. 그렇다면 「난랑비」는 제48대 경문왕의 비로 보아도 큰 어려움이 없을 듯하다.[86] 경문왕은 화랑정신을 특별히 부각시킨 왕이다. 최치원은 이 사실을 화랑 출신인 경문왕에 대해 특별히 기리고 있는 「대숭복사비문」(大崇福寺碑文)을 통해 뒷받침해 주고 있다.

> 선대왕(경문왕)께서는 무지개 같은 별이 화저(華渚)에 빛을 떨치듯이 오산(鰲岑)에 자취를 내리셨다. 처음 국선도(玉鹿)에서 명성을 날리셨으니 특별히 현풍(玄風, 風流)을 떨치시었다.[87]

그런데 여기서 주의할 점은 최치원이 「난랑비서」에서 화랑의 실천윤리적 관점을 중심으로 풍류사상을 파악했다고 하여 이것을 화랑정

86 장일규, 「최치원의 삼교융합상과 그 의미」, 『신라사학보』 제4집, pp.269-270.
87 최영성 역주, 『역주 최치원전집』1, 아세아문화사, 1999, p.203. "先大王, 虹渚騰輝, 鰲岑降跡, 始馳名於玉鹿, 別振玄風."

신에만 국한시켜 이해하는 것은 온당하지 않다. 오히려 최치원이 애써 강조하고자 했던 것은 불 · 도 · 유 삼교의 차원을 넘어선, 보다 높은 경지에 있는 풍류도의 사상적 현묘함과 위대함이었다. 여기서 주목되는 것은 풍류도에는 삼교사상의 중요한 요소가 본디부터 있으며, 풍류도 자체는 불교나 도교나 유교가 아니라는 점을 시사한 것은 풍류도의 독특한 특성을 드러낸 것[88]이라는 점이다.

살펴본 것처럼 이러한 삼교사상에 구애받지 않았던 보덕과 원효와 지통, 관기와 도성, 반사와 첩사는 걸림없이 살았던 무애의 풍류 도인이었다. 이들은 제도와 질서의 틀에 붙들리지 않고 제도와 질서를 넘나들면서 자연과 더불어 살았다. 이렇게 걸림 없이 살았던 이들을 일연은 '성사'라는 이름으로 불러내었다. 그 호명 속에는 스스로는 국사 자리를 마다하면서까지 노모를 모시러 인각사로 내려오는 자신의 현실과 무애 자재한 풍류 도인으로 살고 싶었던 자신의 이상이 소통되지 못하는 안타까움이 뒤섞여 있다. 이처럼 『삼국유사』 속의 성사 기술에는 일연의 승려 인식이 투영되어 있다.

3) 국사 왕사의 삶

신라시대에 국사 왕사제도는 법제적으로 확립되지는 않았던 것으로 짐작된다. 하지만 국사와 왕사에 준하는 제도는 있었던 것으로 추정된다.[89] 삼국통일 이후 문무왕이 승하하면서 진평왕에게 경흥법사

---

88 최영성, 「최치원의 '난랑비서'를 통해 본 韓國上古思想－풍류사상의 재해석을 중심으로－」, 『2013 유쾌한 인문학: 제1탄 한국의 사상』 자료집, 한바탕 전주, 전주시평생학습센터, 2013, p.7.

89 一然, 『三國遺事』, 「避恩通」, '緣會逃名 文殊岾懔', 제38대 元聖王이 고승 緣會를 불러 國師에 책봉하였다는 기록을 통해서 알 수 있다. 一然, 『三國遺事』, 「感通」,

를 국로(國老)에 추대하라고 유촉(遺囑)하면서[90] 국사에 준하는 전통이 신라에서 처음으로 확립되었다.

대성이 자라서 사냥하기를 좋아하더니 하루는 토함산에 가서 곰 한 마리를 잡고 산 아랫마을에서 잤다. 꿈에 곰이 귀신으로 변하여 책망하였다. "네가 어찌하여 나를 죽였느냐. 내가 너를 잡아먹겠다." 대성이 두려워하여 용서해 주기를 청하니 귀신이 말하였다. "나를 위해서 절을 지어줄 수 있겠느냐?" 대성이 그렇게 하겠다 맹세하고 꿈을 깨니 땀으로 요가 흠뻑 젖었다. 그 뒤로는 사냥을 금하고 곰을 위하여 곰을 잡았던 그 자리에 장수사(長壽寺)를 세웠다. 이 일로 해서 감동하는 바가 있어 자비심과 원력이 더욱 두터워졌다. 이에 이승의 두 어버이를 위하여 불국사(佛國寺)를, 전생의 부모를 위하여 석불사(石佛寺)를 창건하고, 신림(神琳), 표훈(表訓) 두 성사에게 각각 주지를 맡도록 하였다. 대성은 큰 불상을 세워 기르신 은혜를 갚았으니, 한 몸으로 전세와 현세의 두 부모에게 효도한 것이다. 이는 예전에도 듣기 어려웠던 일이니 착하게 보시한 영험을 어찌 믿지 않겠는가?[91]

경덕왕 때 재상 김문량(김대성)은 자신이 죽인 곰 귀신의 요청에 의해 곰을 위해서 장수사를 지어 주었다. 이어 그는 전세의 부모를 위해 석불사를 짓고, 현세의 부모를 위해 불국사를 지었다. 그리고 신림과 표훈 두 성사를 각각 머물게 하였다. 이들 두 성사는 이곳에 머물며 국가

'正秀師救氷女'. 제40대 哀莊王이 正秀법사를 불러 國師에 책봉한 기록도 있다.

90 一然, 『三國遺事』, 「感通」, '憬興遇聖'.

91 一然, 『三國遺事』, 「孝善」 제9, '大城孝朗二世父母, 神文〈王〉代'.

대찰인 불국사와 석불사에 주석하면서 국정의 대소사를 자문하였다.

왕이 하루는 표훈대덕을 불러 명하였다. "짐이 복이 없어 후사를 얻지 못하니 원컨대 대덕께서 상제께 청하여 아들을 두게 해 주시오." 표훈이 하늘로 올라가 천제에게 고하고 돌아와 말하였다. "천제께서 '딸을 구하면 가능하나 아들은 당치 않다' 합니다." 왕이 말하였다. "딸을 아들로 바꿔 달라 하시오." 표훈이 다시 하늘로 올라가 청하였다. 천제가 말하였다. "할 수는 있으나 만일 아들을 얻으면 나라를 위태롭게 할 것이다." 표훈이 내려오려 하니 천제께서 다시 말하였다. "하늘과 인간 사이에는 서로 어지럽힐 수가 없는 것인데, 지금 대사는 이웃 마을처럼 왕래하면서 천기(天機)를 누설하니 이후로 다시 오는 것을 금하노라." 표훈이 돌아와서 천제가 말한 대로 이야기하니 왕이 말하였다. "나라가 위태롭게 되더라도 아들을 얻어 후사를 삼고 싶소." 그 후 달이 차서 왕후가 태자를 낳으니, 왕은 매우 기뻐하였다. 태자가 여덟 살 때 왕이 죽고 태자가 즉위하니 이가 혜공대왕(惠恭大王)이다. 왕이 너무 어리기 때문에 태후가 조정에 나서니, 정사가 다스려지지 않았고, 도적이 벌떼처럼 일어도 막지 못하였으니, 표훈대사의 말이 들어맞은 것이다. …(중략)… 그리하여 나라가 크게 어지러워져 왕은 끝내 선덕왕(宣德王) 김양상(金良相, 金敬信)에게 죽임을 당하였다. 표훈대사 이후로 신라에는 성인이 다시는 나타나지 않았다 한다.[92]

표훈은 경덕왕의 후사가 딸임에도 불구하고 왕의 요청에 의해 천상

92 一然, 『三國遺事』, 「紀異」 제2, '景德王 · 忠談師 · 表訓大德'.

으로 올라가 천제에게 달을 아들로 바꿔달라고 청하였다. 천제는 하늘과 인간 세상을 어지럽히며 천기를 누설하는 표훈을 더 이상 올라오지 말하고 하면서 아들을 점지해 주었다. 그런데 표훈이 국사로서 해야 할 일은 아들을 원하는 경덕왕에게 선덕여왕과 진덕여왕의 예를 들며 아들 혹은 딸이 중요한 것이 아니라 누가 나라를 잘 다스리느냐가 중요하다고 주청했어야 하지 않았을까? 그가 불자라면 딸의 인연을 아들의 연연으로 바꿔 달라는 경덕왕의 청을 완곡하게 거절하는 것이 불자로서의 바른 길이었을 것이다.

하지만 표훈은 국가 대사인 후계를 준비하기 위한 경덕왕의 청을 거부하지 못했다. 결국 그는 경덕왕의 요청을 받아 천제에게 순리를 거역하는 역할을 감행하였다. 이러한 표훈의 행적을 일방적으로 비판만 할 것인가. 아니면 표훈의 행위를 상황적으로 변명을 할 것인가. 그가 개인이 아니라 나라와 임금의 최측근 사문으로서 국사에 준하는 소임을 맡아 불가능한 일을 가능하게 한 것은 그의 법력에 의해서였다고 할 수 있지 않을까? 표훈은 이러한 역할을 기꺼이 함으로써 나라와 왕실의 미래에 대비하였고 국사 왕사에 대응하는 역할을 하였다.

결국 이러한 일은 전세 부모를 위한 사찰인 석불사에 주석한 신림과 현세 부모를 위한 사찰인 불국사에 주석한 표훈의 법력에 의해 가능한 일이었다. 재상 김문량(대성)과 이들 신림과 표훈 성사의 역할은 일연에게도 깊은 인상으로 자리를 잡고 있었던 것으로 이해된다. 일연은 신림과 표훈을 국가적 대사와 민족적 난경을 해결해 낸 국사 왕사의 이름으로 불러냈던 것이다.

고승 연회는 일찍이 영취산에 숨어 살며 『연화경』을 읽고 보현관행을 닦았다. 뜰 앞에는 항상 두어 줄기 연꽃이 있어 사시사철 시들지 않았다. 원성왕이 그 이상하고 상서로움을 듣고 불러서 국사(國師)를 삼고자 하였다. 연회사(緣會師)는 그 소문을 듣고 암자를 버리고 도망하여, 서쪽 고개를 지나는데 바위 옆에 한 노인이 밭을 갈고 있다가 물었다. "법사께서는 어디로 가십니까?" 법사가 대답하였다. "내가 들으니 잘못 알고 나를 벼슬로 얽어매려 하므로 피하여 가는 중입니다." 노인이 듣고 말하였다. "법사의 이름은 여기서도 팔 만한데 왜 멀리 가서 팔려 하시오? 이름 팔기가 싫지는 않은가 보군."

연회는 자기를 업신여기는 말이라 하여 듣지 않고, 몇 리쯤 가다가 시냇가에서 한 노파를 만났다. "법사께서는 어디로 가십니까?" 법사는 역시 전과 같이 대답하였다. 노파가 말하였다. "앞에서 사람을 만난 적이 있소?" "어떤 노인이 나를 몹시 업신여기기에 화를 내고 왔습니다." 노파가 말하였다. "그분은 문수대성인데, 말씀을 아니 듣고 어찌할 셈이오?"

연회가 그 말을 듣고 놀랍고 두려워 급히 노인에게 되돌아와서 이마를 조아리며 사과하고 말하였다. "성자의 말씀을 어찌 감히 듣지 않으리까. 이제 돌아왔습니다만, 시냇가 그 노파는 누구십니까?" "변재천녀이시오." 말을 마치고 노인은 사라졌다. 이에 암자로 다시 돌아와 조금 있으니 사신이 조서를 받들고 왔다. 연회는 어쩔 수 없이 받아야 할 것임을 알고 조서에 응하여 대궐에 나아가니 국사(國師)로 봉하였다. 이에 연회법사가 노인을 만난 곳을 문수점(文殊岾)이라 하고, 노파를 만난 곳은 아니점(阿尼岾)이라 하였다.[93]

93 一然, 『三國遺事』, 「避隱」 제8, '緣會逃名 文殊岾景'.

제40대 애장왕 대에 승려 정수(正秀)가 황룡사에 머물렀다. 어느 겨울에 눈이 쌓이고 날이 저물었는데, 삼랑사(三郎寺)에서 돌아오는 길에 천엄사(天嚴師) 문 밖을 지나게 되었다. 어느 구걸하는 여인이 아기를 낳고 거의 얼어 죽게 된 것을 보았다. 법사가 불쌍히 여겨 한참 동안 안고 있으니 생기가 돌았다. 이에 옷을 벗어 덮어 주고 알몸으로 본사에 달려와 거적을 덮고 밤을 지샜다. 한밤중에 궁궐의 뜰에 하늘에서 외치는 소리가 났다. "황룡사 정수를 왕사로 봉하게 하라." 왕이 급히 사람을 시켜 조사하게 하니 사실이 왕에게 알려졌다. 따라서 왕이 예의를 갖춰 (정수를) 궁중으로 맞아들여 국사(國師)로 삼았다.[94]

신림과 표훈 그리고 연회와 정수는 왕사에 준하는 혹은 국사로서의 삶을 살았지만 그 틀에 머물지 않았다. 표훈은 천기를 누설하여 딸로 점지될 예정인 아이를 바꾸어 아들로 태어나게 하였다. 이 일 때문에 신라에는 성인이 다시 나타나지 않았다고 한다. 하지만 비록 표훈이 천기를 누설하고 이후 신라에 성인이 나지 못하게 하였다 하더라도 그는 경덕왕과 왕실의 미래를 위해 기꺼이 자신의 삶을 헌신하였다.

영취사 용장전에 머물던 연회는 『연화경』을 읽고 보현관행을 닦으며 사시사철 시들지 않는 두어 줄기 연꽃을 피우는 은사였다. 이 소문을 들은 원성왕이 국사로 책봉하려고 하자 도망을 쳤으나 문수대성과 변재천녀의 일깨움을 받고 어쩔 수 없이 왕의 조서를 받고 국사가 되었다.

황룡사에 머물던 정수 또한 아기를 낳고 거의 얼어 죽게 된 구걸하는

94 一然, 『三國遺事』, 「感通」 제7, '正秀師救氷女'.

여인과 아기를 불쌍히 여겨 한참 동안 안아줌으로써 생기를 돌게 하고 자신의 옷을 벗어 덮어준 뒤 알몸으로 본사에 달려와 거적을 덮고 밤을 지샜다. 이러한 그의 보살행과 이타행은 하늘과 임금을 감동하게 하여 국사가 되었다.

이처럼 일연은 혼신의 힘을 다해 은사 일사로서의 삶, 풍류 도인으로서의 삶, 국사 왕사로서의 삶을 살았던 '성사'의 삶을 기록해 내었다. 이러한 일련의 작업을 통해 그는 원나라에 국권을 잃고 고통 받는 당시 고려인들에게 고대 사국 당시의 문화 영웅이자 사회적 리더였던 성사들의 자유로운 삶과 평화로운 삶을 환기하고 복원해 내려고 하였다. 불교적 인간 또는 이타적 인간 혹은 보살적 인간으로서 성사의 삶은 곧 일연 자신이 갈망했던 이상적 인간형이었기 때문으로 이해된다.

5. 문화 영웅과 사회적 리더로서 고승 성사 이해

일연이 호명한 고승으로서 성사는 당대의 문화를 만들어내는 문화 영웅이었다. 이들은 새로운 문화를 만들어 내었고 불가능한 일들을 가능한 일로 만들어 내었다. 특히 지통은 보현대사로부터 계품을 받고 지증(智證)을 통하여 신통력을 확보하였으며, 스승 낭지도 얻지 못한 신통력을 얻은 뒤 낭지로부터 예를 받았다. 이후 그는 지혜와 증득의 신통력을 통해 은사 일사로서 이타행과 보살행을 베풀었다. 이와 달리 관기와 도성, 반사와 첩사 등은 은사 일사로서 걸림 없는 자연 속에서 이루어지는 자유인의 모습을 보여 주었으며, 국가의 존망을 예측하기도 하고(보덕), 문화 영웅으로서 왕비의 병을 고치고(원효), 사회적 리더로서 국가의 고민을 해결해 내기도 하고(신림, 표훈), 높은 자리에 연연하지 않으면서 묵묵히 이타행과 보살행을 펼쳤다(연회, 정수).

대개 문화 영웅은 『예기』의 '작자위성'(作者謂聖) 즉 '문명의 패러다임을 만들어낸 이'를 가리킨다. 공자가 '자신은 요-순-우-탕-문-무-주공과 같은 성인들의 말씀을 단순히 기술할 뿐 창작하지 않는다'며 '술이부작'(述而不作)의 겸양을 보였지만, 사실 그는 성인들의 말씀을 '기술하면서 창작하였다'[述而作]. 고중세에도 그랬고 지금도 그렇지만 문화의 창작자, 즉 문명의 창작자는 '성자' 혹은 '성인'이라고 불려왔다. 이들은 새로운 삶의 패러다임을 만들어냈기에 '문화 영웅'이라고 불린다. 세종이 그러했고 정조가 그러했다.[95] 고대 삼국 혹은 사국시대에는 공인이었던 승려들도 문화 영웅이었다. 그중에서도 일연이 고승으로서 '성사'를 지목하고 평가한 보덕, 원효, 지통, 관기, 도성, 반사, 첩사, 표훈, 신림, '국사'로 책봉된 경흥, 연회, 정수 등은 그 시대의 문화 영웅이자 사회적 리더였다고 할 수 있다.[96]

보덕은 『열반경』과 『유마경』의 경설을 통해 여론을 만들어내고 문화를 만들어내었다. 그는 『열반경』의 1) 석존이 열반에 들어가더라고 결코 죽어 없어진 것이 아니라 사실은 영원의 생명에 빛나는 금강불괴(金剛不壞)의 몸이라는 것, 2) 불성은 모든 중생이 누구나 다 가지고 있는 것이라는 사실을 역설하였다. 그가 『열반경』의 '불신상주'설과 '일체중생 실유불성'설의 메시지를 강조한 것은 당시 고구려 황실이 도교의 불로장생(不老長生) 사상을 선양하는 것에 대응하기 위한 것으로 읽을

95 아마도 오늘날은 컴퓨터를 만든 '빌 게이츠'와 스마트폰을 만든 '스티브 잡스' 같은 사람도 문화 영웅이라 할 수 있을 것이다.

96 물론 이들을 발견하고 이들의 가치를 그를 널리 알린 一然 또한 문화 영웅이자 사회적 리더였다.

수도 있을 것이다. 다시 말해서 불신의 상주설은 도교가 무위정치의 이념을 표방하면서도 도가의 불로장생설을 주장하는 것에 대한 비판으로 읽을 수 있고, 불성의 실유설은 도교의 현세이익적인 오두미도에 대한 민중들의 광신에 대한 비판으로 읽을 수 있기 때문이다.

하지만 보덕이 사실상 『열반경』의 메시지를 강조한 것은 도교에 대한 공격적인 의미보다는 '일체중생은 모두 불성을 지니고 있으며', '선성의 뿌리를 끊어버린 일천제(一闡提)조차도 언젠가는 성불할 수 있다'는 메시지를 강조함으로써 인간에 대한 드넓은 이해를 보여주려는 데에 있다. 고구려는 고대국가의 기반을 공고히 할 때부터 이미 불교의 보편적 정신을 정초로 삼아왔기 때문이었다.

또 보덕은 『유마경』 속에서 그릇된 견해를 가지고 있는 이교도를 경책하기 위해서 "또 그대는 왜 시자(侍者)가 없느냐고 물었습니다. 모든 악마와 온갖 교도들은 나의 사자(使者)입니다. 왜냐하면 악마들은 생사의 세계를 바라고 있고 보살도 생사를 버리지 않으며, 이교도는 여러 가지 그릇된 견해를 바라고 있으나 보살은 그릇된 견해에 동요하지 않기 때문입니다"고 역설하고 있다.[97] 여기서 여러 가지 그릇된 견해를 바라는 이교도의 추동에도 흔들리지 않는 보살의 부동심을 강조하고 있다.[98]

교의적으로는 삼론학의 반야개공(般若皆空)의 사상에 의한 대승보살의 실천도를 내세우고 있으며, 재가신도의 종교적 덕목을 선양하는 것을 두드러진 특색으로 삼고 있다. 바로 이점은 고요한 승원에 머물며

97 高榮燮, 『한국불교사』(강의안, 2006; 2018).

98 『승만경』과 함께 대승불교의 재가주의를 선양하는 이 경전은 방등교의 대표적인 경전이다.

삼론학을 정초했던 승랑과 달리 보덕이 불교의 대중화를 위해 헌신했음을 보여주는 증좌가 된다. 보덕의 『유마경』 강설은 1) 당시 승려들로 하여금 대승보살의 실천도를 재삼 환기시켰으며, 2) 연개소문 세력에 의해 도교가 진흥되고 있음에도 불구하고 불교계가 이것을 방관하거나 야합하면서 불사(佛寺)를 도관(道館)으로 제공하는 현실에 대한 강력한 반성을 촉구한 것이라고 할 수 있을 것이다.[99]

이것은 불교 본래 정신의 환기와 더불어 오두미도와 『도덕경』 등에 미혹되는 일부 재가불자들의 신행형태에 대한 강한 자성의 요구로도 읽혀진다. 이러한 보덕의 노력에도 불구하고 현실은 개선되지 않았다. 결국 보덕은 암자를 날려 완주 고달산 경복사로 제자들과 함께 이주하였다. 이러한 여론 조성을 통해 보덕은 문화 영웅과 사회적 리더로서 역할을 한 고승으로서 성사의 지위에 자리매김되었다. 또 지통도 『추동기』의 작성과 지혜를 통해 은사 일사로서 삶의 태도와 방법을 보여줌으로써 성사로 인식되었다.

원효 또한 무덤 속에서의 '개인적 깨달음'과 분황사 골방에서의 '사회적 깨달음'을 통해 새로운 문화를 만들어낸 문화 영웅이자 사회적 리더가 되었다. 그는 왕실 불교를 넘어 대중불교의 기반을 놓았으며 『대승기신론소』를 통해 마음의 지형도를 촘촘하게 제시하였다. 『화엄경소』를 쓰다가 절필한 뒤 『금강삼매경소』를 재집필하면서 국가적 위기와 민족적 난경을 해소하는 지혜의 활로를 열었다. 그리하여 그는 불교가 가야할 길과 민족이 가야할 길을 보여준 성사로서 평가되었다.

관기와 도성, 반사와 첩사 등도 무소유와 무집착과 무분별한 은사 일

99 高榮燮, 『한국불교사』(강의안, 2006; 2018).

사의 삶의 진솔함을 보여줌으로써 성사로 이해되었다. 김문량(대성)과 신림과 표훈 등도 국가적 대사와 민족적 난경을 해결하기 위해 헌신하면서 보살행과 성사의 모습을 보여주었다. 김대성은 국가 대찰인 불국사와 석불사 조성을 통하여 민족정신의 구심력을 키웠고, 표훈은 경덕왕의 후사를 위해 천기를 누설하면서까지 현실화시켜 내었다.

일연은 고승으로서 성사들이 보여준 은사 일사의 삶, 풍류 도인의 삶, 국사 왕사의 삶이 문화 영웅이자 사회적 리더로서 보여준 그들의 삶의 방법이자 태도였음을 환기시켜 내고 있다. 그는 고승으로서 성사의 삶이 불교나 특정 사회를 넘어서 국가적 위기와 민족적 난경을 이겨낼 수 있는 본받아야 할 삶의 원형임을 확신하였다. 이 때문에 일연은 성사로서의 이상적 삶을 보여준 문화 영웅들의 가풍을 발견하고 그들이 보여주었던 사회적 리더로서 역할을 고려 당대의 현장 속에 뿌리 내리고자 하였다. 그리하여 13세기 말 고려시대의 고승상을 『삼국유사』 속의 신라시대의 고승상을 통해 환기하고 복원하려고 하였다.

6. 결어

일연은 고승으로서 성사의 삶을 보여준 이들을 발견하고 그들을 문화 영웅으로서 기리기 위해 헌신하였다. 그는 이상적인 삶의 모델을 보여준 성사들이 당대의 문화 영웅이었으며 그들은 사회적 리더로서 남다른 모습을 보여주었다고 파악하였다. 그리하여 일연은 그들의 행장을 발굴하고 그들의 전기를 기술함으로써 『삼국유사』의 분량을 확장시켰으며, 『삼국사기』가 담아내지 못한 주체적 인간의 삶, 능동적 인간의 삶을 후세에 남겨주기 위해 노력하였다.

일연이 기술한 『삼국유사』에는 고승으로서 성사의 삶을 살았던 많은 이들이 실려 있다. 그 중에서도 지통, 관기, 도성, 관기, 도성, 반사, 첩사, 보덕, 원효, 신림, 표훈, 연회, 정수 등은 새로운 삶의 방식을 제시한 그 시대의 문화 영웅들이었으며 동시에 새로운 여론을 만들어내는 사회적 리더였다. 일연은 이러한 점에 주목하여 『삼국유사』 속의 붓다와 보살들의 현신으로서 고승과 성사의 삶에 주목하였다. 그 결과 그는 문화 영웅이자 사회적 리더로서 고승으로서 성사의 은사 일사로서의 삶, 풍류 도인으로서의 삶, 국사 왕사로서의 삶을 조명해 냄으로써 『삼국사기』가 담아내지 못한 인간 이해의 깊이와 세계 인식의 넓이를 담아낼 수 있었었다.

엄밀하지는 않지만 일연에게는 고승으로서 성사 및 대사/대덕/장로, 법사/화상, 선사/율사, 사문/사/승의 구분 의식이 있었던 것으로 이해된다. 『삼국유사』에는 이러한 구분이 적지 않게 사용되고 있으며 여기에는 문화 영웅이자 사회적 리더로서 승려상을 수립하고자 하는 일연의 역사관이 투영되어 되어 있다. 그는 신이사관(神異史觀)에 입각하여 『삼국사기』에 '빠진 일들을 기록하겠다'는 소극적인 의미만이 아니라 오히려 우리 역사가 '남긴 일들을 기록하겠다'는 적극적인 의지를 담아 『삼국유사』를 찬술하였다. 그리하여 일연은 학덕이 높은 고승으로서 성사의 정의와 의미를 담아내면서 자신이 생각하는 불교와 불교인상을 제시하고자 하였다.

일연은 김부식이 유교사관에 입각해 삼국 당시 가장 두드러진 활동을 한 고승들을 『삼국사기』의 전기에서 완전히 배제한 점, 역사의 전환점을 가져온 불교 관련의 주요 내용을 대부분 빠뜨리고 있는 점, 고구려, 백제, 신라 중심의 역사만을 기록했을 뿐 정작 우리 민족의 시원인 고조선과 부여 및 가야, 삼한, 옥저, 동예, 대발해 등의 역사를 기록하지 않았다는 점, 불교문화의 주역이었던 불교문화 영웅들을 인물 전기에 전혀 편입시키지 않은 점 등을 비판하면서 '대안사서'로서 『삼국유사』를 찬술하였다. 그리고 그는 그 안에다 집단 지성이자 문화 영웅인 성사의 살림살이와 사고방식을 적극적으로 기록할 수 있었다.

제2부

인물과 신행

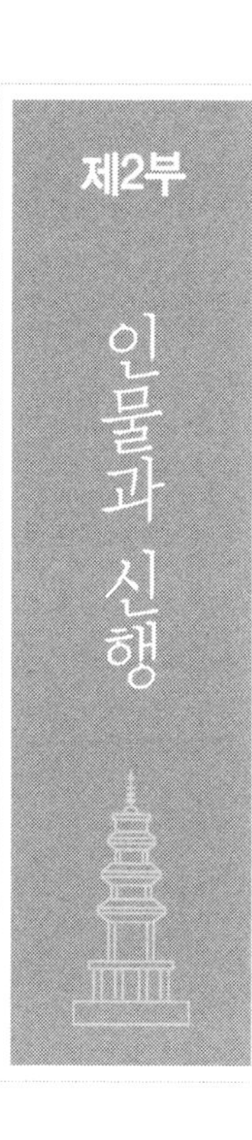

제1장

『삼국유사』의 원효와 의상

– 대중 속으로 들어간 '菩薩'(聖師)과 '如來'(法師) –

고영섭

1. 풀어내는 말

『삼국유사』(1281~1283)[100]는 한국인의 경전이자 수트라이다. 이 책에

100 권상로, 「『삼국유사』를 읽는 이들에게」, 一然 · 권상로 역해, 『삼국유사』, 서울: 동서문화사, 1978(2010), p.18. 퇴경은 "『사기』의 상징적인 수정과 『유사』의 원형대로의 기록에는 커다란 탄력의 차이가 있어, 앞의 것이 뜨거운 물에서 건져낸 나물과 같은 데 비해, 뒤의 것은 논에 있는 미나리처럼 싱싱하다. 西述聖母와 正明國母, 政見母主 중 '성모 신앙'만 하더라도 『사기』는 이를 모른 체하고 지나갔는데, 『유사』는 이를 거두어 두고 있는 것이다. 우리 고대사의 신화학상, 성모의 지위가 얼마나 무겁고 크다는 것을 아는 사람이면 이것을 눈물겹게 고마워하지 않을 수 없을 것이다." "한 마디로 말해서, 옛 역사를 원형대로 보고 싶어한다면 『삼국유사』의 고마움을 깊이 느끼지 않을 수 없을 것이며, 고마워한다면, 그 까닭이 바로 괴탄하고 헛된 것에 있다는 것을 생각하지 않으면 안될 것이다. 『삼국유사』가 괴탄하지 않았다면 거기에 무슨 독특한 것이 있겠는가. 실로 괴탄하고 뒤섞여 어수선하다는 평을 듣게 되는 것이야말로 바로 『유사』로 하여금 고대사 연구에 독보적 위치를 차지하게 만든 점이 아닐 수 없다."

는 한국인들의 유전인자가 새겨져 있다. 찬자인 인각 일연(麟角一然, 1206~1289)은 전통과 역사에 대한 남다른 인식이 있었다. 그는 고조선[왕검조선]부터 고려 후기에 이르기까지 이 땅의 신화와 인물, 역사와 문화, 신앙과 수행, 서지와 기록, 민속과 설화, 시가와 향가, 기후와 풍토 등을 『삼국유사』에 담아내었다.[101] 일연은 우리 민족의 고전인 『삼국유사』에 고승과 성사, 왕과 왕비, 귀족과 서민, 관리와 노비 등 당대 역사의 주체들에 대해 섬세하고 폭이 넓게 담아내었다. 그리고 그가 담아낸 것들은 이후 한국인들의 정체성과 인식틀이 되었다.[102]

일연은 이 나라의 대표적 철학자이자 사상가인 분황 원효(芬皇元曉, 617~686)와 부석 의상(浮石義湘, 625~702)에 대해 주목하였다. 이들은 앞 시대의 원광(圓光), 안함(安含)[103], 자장(慈藏)에 이어 신라불교가 무르익은 시기에 활동한 대표적 고승들이다.[104] 일연은 『삼국유사』의 5권 9편 138 조목[105] 중 12 조목에서 원효, 10 조목에서 의상에 대해 기술하였다.[106] 대개 원효와 의상은 한국의 '대표적 고승' 혹은 '역사의 라이벌'이

101 최남선, 「삼국유사 해제」, 『新訂三國遺事』, 서울: 삼중당, 1943 · 1946. 필자는 『삼국유사』를 "우리 고대사를 혼자 감당하는 사서"로 평가하였다. 이후 『삼국유사』는 한국정신문화대백과사전이며 국학 혹은 한국학의 소의경전으로 평가받고 있다.

102 『삼국유사』와 『삼국사기』는 도쿠가와 이에야스[德川家康]의 요청에 의해 일본에 전래된 이래 1903년에 간행된 일본 동경대학 文科大學史誌 총서의 1번과 2번을 차지하고 있다.

103 안함은 安弘과 異名 同人으로 추정된다.

104 文雅 圓測(613~696)은 3세에 출가하고 15세에 신라를 떠나 당나라를 무대로 활동하고 있었다.

105 138개 조목 이름의 命名은 일연 자신이 시인의 안목과 학자의 안목으로 명명한 것으로 이해된다.

106 一然이 元曉와 義湘 이외에 주목한 가장 많이 다룬 조목은 '皇龍寺'(3개, 皇龍寺 丈六, 皇龍寺 九層塔, 皇龍寺鐘 芬皇寺 藥師 奉德寺 鐘)와 '五臺山'(4개, 臺山 五萬眞身, 溟州 五臺山 寶叱徒太子 傳記, 臺山 月精寺 五類聖衆, 五臺山 文殊寺 石塔記)이다. 이런 점에서 일연은 원효와 의상 이외에 皇龍寺와 五臺山을 무대로 활동했

라는 이름으로 사람들의 입에 널리 오르내려 왔다. 전국 유명 산악에는 원효봉과 의상봉이 있으며, 유명 사찰에는 분황사와 부석사, 유명 암자에는 원효암과 의상암, 유명 동네에는 원효리와 의상리 등이 있다. 이러한 명명은 원효와 의상의 살림살이와 사고방식이 넓었기 때문이다. 동시에 이들이 대중적인 인물이자 전국적인 인물이기 때문에 붙여진 이름이다.

원효와 의상은 8년 차이의 도반이다. 도반이란 진리의 길을 함께 가는 짝이다. 붓다는 일찍이 진리의 길을 가는 데에 '도반은 절반이 아니라 전부'라고 했다. 이것은 불교의 궁극인 성불의 길에서 도반이 절대적으로 중요하다는 뜻이다. 원효에게 의상은 진리의 길을 걷는 아우이자 스승이었다. 의상에게 원효는 구도의 길을 걷는 형님이자 스승이었다. 대개 이들 사이를 세간에서는 선배와 후배, 형님과 아우라고 부르지만 출세간에서는 한 스승 밑에서 공부하는 사형(師兄)과 사제(師弟)라고 부른다. 원효와 의상은 출가 당시 은사는 알 수 없지만 붓다라는 스승 밑에서 공부했던 사형이자 사제로서 서로를 상승시켜 준 도반이었다.[107]

지금까지 원효[108]와 의상[109]에 대한 개별 연구들은 적지 않았다. 학자

던 慈藏(條目 이름 이외 11개 조목)에 대해서도 주목했다는 사실을 알 수 있다.

107 국내에서 출가한 원효와 의상의 스승이 누구인지에 대해서는 잘 드러나 있지 않다. 元曉는 皇龍寺에서 丱채之年에 출가할 때 스승이 누구였는지 자세하지 않다. 일본 자료에 의하면 그가 진흥왕을 수행했던 '法藏'의 제자라는 기록이 보이지만 확실하지 않다. 義湘도 유가사찰이었던 皇福寺에서 丱歲로 출가할 때 스승이 누구였는지에 대해서 자세히 알 수 없다.

108 金煐泰, 「전기와 설화를 통해 본 원효의 생애」, 『불교학보』 제22집, 동국대 불교문화연구원, 1978; 최병헌, 「고려 불교계에서의 원효 이해－의천과 일연을 중심으로」, 『원효연구논총』, 국토통일원조사연구실, 1987; 金相鉉, 「고려시대의 원효 인식」, 『정신문화연구』, 한국정신문화연구원, 1993; 진성규, 「조선시대의 원효 인식」,

들은 저마다 원효와 의상의 전모에 대해서 깊고 넓게 연찬하였다. 최근에는 이들에 대한 상호 관계를 조명하려는 시도들이 이루어지고 있다. 하지만 정작 일연 『삼국유사』에 실린 원효와 의상을 함께 살펴본 연구[110]는 본격적으로 이루어지지 않았다. 이 글에서는 『삼국유사』의 원효와 의상 관련 기록의 전수조사[111]를 통해 찬자 일연이 붓다의 중도(자비) 연기(지혜)를 자내화한 '실천적 지성인' 혹은 '지성적 실천가'였던 원효와 의상을 어떻게 이해하고 인식하였는지에 대해 구명해 보고자 한다.

2. 일연의 원효와 의상 인식

『삼국유사』의 원효와 의상 관련 기록의 전수조사에 의하면 원효는 12개 조목, 의상은 10개 조목에서 관계 기사를 확인할 수 있다.[112] 이 숫

『중앙사학』 제10집, 중앙대 사학연구소, 1995); 석길암, 「史實의 記述과 이미지의 記述－'元曉不羈'조 읽기의 한 방법」, 『신라문화제학술논문집』 제33집, 경주시 · 신라문화선양회; 동국대학교 신라문화연구소, 2012.

109 高翊晉, 「의상의 화엄사상」, 『한국의 불교사상』, 서울: 동국대출판부, 1987; 김두진, 「의상, 그 생애와 사상」, 『의상』, 서울: 민음사, 1998; 정병삼, 「의상, 시대적 삶과 실천」; 高榮燮(b), 「의상 화엄은 성기사상이 아닌가」, 『동아시아불교문화』 제38집, 동아시아불교문화학회, 2021.12.

110 高榮燮(d), 「분황 원효와 인각 일연의 화엄학과 선학 이해: '角乘 가풍'과 '莖草 선풍'을 중심으로」, 『불교철학』 제12집, 동국대학교 세계불교학연구소, 2023.4.

111 어느 심사위원은 고려전기 현종대부터 문종대까지의 시기에 최치원과 원효 및 의상이 어떻게 재평가되고 있는가라는 문제는 검토되지 않은 것으로 보인다며 이러한 부분에 대한 검토가 다음 연구에서 이루어졌으면 하는 바람을 가져본다고 하였다. 감사드린다. 이 연구는 『삼국유사』를 중심으로 이루어졌지만 다음 연구에서는 이 문제에 대해서 다뤄볼 생각이다.

112 一然, 『三國遺事』(중종 임신본; 『한불전』 제6책; 『大正藏』 제49책, 史傳部1). 동

자는 목차 속의 '원효불기'(元曉不羈)와 '의상전교'(義湘傳敎) 및 조목 이름의 '원효불기'와 '의상전교'를 뺀 통계이다.

여기서 주의할 것은 하나의 조목 안에는 1개뿐만 아니라 2개 내지 3개 등의 이야기가 있는 경우도 있다는 점이다. 그리고 원효와 의상 관련 기사 부분은 한 조목 안에서도 여러 군데에서 확인되고 있다. 이러한 점에 주목해 『삼국유사』를 보게 되면 원효와 의상에 대해 달리 보게 된다.

일연이 『삼국유사』의 전체 138개 조목에서 신라불교의 난숙기에 활동했던 원효(12개)와 의상(10개)에 대해 여러 차례 기술한 까닭은 어디에 있을까? 그가 1) 이들 인물이 보여준 인간 이해와 세계 인식에 깊이에 탄복해서였을까? 2) 원효와 의상이 남긴 저술의 세계와 수행의 깊이에 대한 높깊은 이해와 남다른 존경 때문일까? 3) 두 인물이 화쟁국사(和諍國師)와 원교국사(圓敎國師)로 추존될 정도로 신라의 대표적 국사로서 보여준 면모 때문일까? 4) 이들이 고려 후기의 불교계가 직면한 현실을 극복하기 위해 불교 대중화의 역할 모델로서 호명하고 소환했기 때문일까? 이 두 사람은 불자들에 의해 각기 '보살의 후신'과 '여래의 화신'으로 호명되었다.

여기서 논자는 먼저 『삼국유사』의 원효 관련 기록의 전수조사를 통해 그 이유와 내용에 대해 살펴보기로 한다.

경대 SAT DB(u-tokyo.ac.jp). 원효와 의상은 도반이다 보니 같은 조목에서 함께 거론되고 있는 경우가 있지만 두 사람 관련 기록 통계에서는 각기 분리해서 집계하였다.

〈표 1〉 원효 관련 기록 전수 조사

번호	권차와 편차 및 조목명	원효	기타
1	제1권 紀異 제2 太宗春秋公	(T2039)._49.0969c02－0971c17: 庾信先遣然起兵川等一人問其會期, 唐帥蘇定方紙畫鸞犢二物廻之, 國人未解其意, 使問於元曉法師, 解之曰, 速還其兵, 謂畫犢畫鸞二切也.	
2	제3권 興法 제3 原宗興法 猒髑滅身	(T2039)._49.0987c23－0988a01: 大淸之初。梁使沈湖將舍利。天壽六年。陳使劉思幷僧明觀奉內經幷次。寺寺星張塔塔雁行。竪法幢。懸梵鏡。龍象釋徒。爲寰中之福田。大小乘法。爲京國之慈雲。他方菩薩。出現於世[謂芬皇之陳那浮石寶蓋以至洛山五臺等是也.]。西域名僧。降臨於境。由是併三韓而爲邦。掩四海而爲家。故書徳名於天10鋇之樹。影神迹於星河之水。豈非三聖威之所致也[謂我道法興厭髑也]。	
3	제3권 興法 제3 寶藏奉老 普德移庵	(T2039)_.49.0989a02－0989a09: 大安八年辛未, 祐世僧統, 到孤大山景福寺飛來方丈禮普聖師之眞. 有詩云. 涅槃方等教, 傳受自吾師 云云. 至可惜飛房後, 東明古國危. 跋云, 高麗藏王感於道教, 不信佛法. 師乃飛房南至此山. 後有神人, 現於高麗馬嶺, 告人云, 汝國敗亡無日矣. 具如國史, 餘具載本傳與僧傳.	
4	제3권 興法 제3 東京 興輪寺 金堂 十聖	(T2039)_49.0989a19－0989a19: 西壁坐甲向泥塑・表訓・蛇巴・元曉・惠空 慈藏.	
5	제3권 塔像 제4 前後所將舍利	(T2039)_49.0994b26－0994c18: 浮石本碑. 湘武德八年生, 丱歲出家. 永徽元年, 庚戌與元曉同伴欲西入, 至高麗有難而廻.	
6	제3권 塔像 제4 洛山 二大聖 觀音 正聚 調信[113]	(T2039)_49.0996c03－0997c08: 後有元曉法師, 繼踵而來, 欲求瞻禮.	

113 논자는 이 조목을 '十聖의 塑像'이라는 측면에서 「塔像」편 속의 조목으로 보지 않고, 오히려 신라 불법 흥기의 주역들이라는 점에서 「興法」편 속의 조목으로 보고 있다.

번호	권차와 편차 및 조목명	원효	기타
7	제4권 義解 제5 二惠同塵	(T2039)_49.1004c05－1005a10: 今迎日縣吾魚寺. 諺云, 恒沙人出世, 故名恒沙洞 時元曉撰諸經疏, 每就師質疑, 或相調戱, 一日二公, 沿溪掇魚蝦而啖之, 放便於石上, 公指之戱曰, 汝屎吾魚, 故因名吾魚寺, 或人以此爲曉師之語濫也. 鄕俗訛呼其溪曰芼矣川.	
8	제4권 義解 제5 元曉不羈	(T2039)_49.1006a08－1006b27: 聖師元曉, 俗姓薛氏. 祖仍皮公, 亦云赤大公. 今赤大淵側, 有仍皮公廟. 父談捺乃末, 初示生于押梁郡南, 今章山郡. 佛地村北栗谷娑羅樹下, 村名佛地, 或作發智村, 俚云佛等乙村.	
9	제4권 義解 제5 義相傳敎	(T2039)_49.1006c03－1007a25: 法師義湘 …… 年二十九世, 依京師皇福寺落髮, 未幾西圖觀化. 遂與元曉道出遼東, 邊戍邏之爲諜者, 囚閉者累旬, 僅免而還. 事在崔侯本傳及曉師行狀等.	
10	제4권 義解 제5 蛇福不言	(T2039)_49.1007a29－1007b15: 京師萬善北里有寡婦女, …… 因乎蛇童, 下或作蛇福 又巴(叉)福等皆言童也. 一日其母死. 時元曉住高仙寺, 曉見之迎禮. 福不答配而曰, 君我昔日馱經牸牛, 今已亡矣 偕藏何如. 曉曰諾. 遂與到家, 令曉布薩授戒, 臨尸祝曰, 莫生兮其死也故, 莫死兮其生也苦. 福曰詞煩, 更之曰, 死生苦兮, 二公輿歸活里山東麓, 曉曰, 葬智惠虎於智惠林中, 不亦宜乎. …… 曉乃還.	
11	제5권 感通 제7 廣德 嚴莊	(T2039)_49.1012b26－1012c17: 莊愧赧而退, 便詣元曉法師處, 懇求津要. 曉作錚淨觀法誘之, 莊於是潔己悔責, 一意修觀, 亦得西昇. 錚淨觀在曉師本傳, 海東僧傳中. 其婦乃芬皇寺之婢, 蓋十九應身之一德.	
12	제5권 避隱 제8 朗智乘雲 普賢樹	(T2039)_49.1015b01－1015c16: 元曉住磻高寺時, 常往謁智, 令著初章觀文及安身事論, 曉撰訖, 師隱士文善奉書馳達, 其篇尾述偈云. 西谷沙彌稽首禮, 東岳上德高巖前. 磻高在靈鷲之西北, 故西谷沙彌乃自謂也. 吹以細塵補鷲岳, 飛以微滴投龍淵. 云云.	
통계	12개 조목		

위의 전수조사에서 알 수 있는 것처럼 화쟁국사 원효는 『삼국유사』의 12개 조목에서 존재감을 보여주고 있다. 「기이」편 1개, 「흥법」편 3개, 「탑상」편 2개, 「의해」편 4개, 「감통」편 1, 「피은」편 1개에 그에 대한 관련 기록이 실려 있다. 이들 12개 조목의 내용을 간단히 정리해 보면 아래와 같다.

1) 태종 춘추공－김유신의 군사고문으로서 암호를 풀이해 매복에서 벗어나게 하였다.
2) 원종흥법 염촉멸신－여러 곳의 보살이 세상에 나타나기도 하였는데 분황사의 진나, 부석사의 보개, 낙산사의 오대 등이다.[114]
3) 보장봉로 보덕이암－고구려 보장왕이 도교를 받들자 보덕이 방장을 날려 완주 고달산으로 옮겨오자 원효가 의상과 그에게 와서 열반교와 방등교를 배웠다는 의천(義天)의 시가 실려 있다.[115]
4) 동경 흥륜사 금당 십성－흥륜사 금당의 서쪽 벽에 앉아 동쪽으로 향한 소상(塑像)은 표훈 사파 원효 혜공 자장이다.
5) 전후소장사리－원효는 의상과 도반이 되어 서쪽의 당나라를 향

114 이 조목에서 원효와 의상이라고 직접 표기하지는 않았으나 '芬皇寺'는 원효의 주석 사찰, '浮石寺'는 의상의 주석 사찰이라는 점과 이들을 일컫는 '陳那' 보살의 후신과 '寶蓋' 여래의 화신이라는 점에서 포함시켰다.

115 원효와 의상이 완주 고달산으로 옮겨온 보덕을 찾아와 열반교와 방등교를 배웠다는 사실은 의천의 시 「到孤大山景福寺飛來方丈禮普聖師之眞」에서 확인되고 있다. 원효의 사교판에서 볼 때 一乘分教와 一乘滿教에 분류되지 않고 三乘別教와 三乘通教로 분류되는 열반교와 방등교를 배우기 위해 이들이 이곳까지 찾아왔는지에 대해서는 재론의 여지가 있다. 하지만 一然은 義天의 시를 인용해 실음으로써 이 기록을 사실로 인정하고 있음을 알 수 있다. 일연은 의천의 시 1구의 '涅槃方等教'와 2구의 '傳受自吾師'에서처럼 원효와 의상이 우리 보덕성사로부터 열반교와 방등교를 전수받았다고 쓰고 있다.

해 유학을 떠났다.

6) 낙산 이대성 관음 정취 조신 – 원효는 낙산의 관음보살의 자취를 밟아 예배하였다.

7) 이혜동진 – 원효는 매양 오어사의 혜공법사를 찾아가 질의하고 교유했다.

8) 원효불기 – 원효는 일정한 격식과 형식에 걸림이 없었다.

9) 의상전교 – 도반 의상과 요동으로 건너가다 변경 수라에게 잡혔다 겨우 벗어나 돌아왔다.

10) 사복불언 – 사복 모친의 명복을 빌기 위해 포살 수계하고 돌아왔다.

11) 광덕 엄장 – 광덕의 왕생 이후 그 부인과 살았던 엄장에게 청정관을 가르쳐 주었다.

12) 낭지승운 보현수 – 반고사에 머물 때 낭지의 권유를 받고 책 두 권을 써서 은자인 문선에게 시와 함께 전하게 했다.

일연은 12개 조목에서 원효의 출자와 수학 및 수행과 교화에 대해 기술하고 있다. 이들 조목들은 원효와 원효와 관련된 인물들 사이에서 일연이 주목한 부분이 무엇이었는지를 보여주고 있다. 일연은 '실계'와 '절필'을 통해 대중 속으로 나아간 원효의 보살적 삶에 주목하였다. 그는 당시 고려 불교계가 직면한 과제를 해결하기 위한 대안으로 신라 불교와 원효의 삶을 눈여겨 보았다. 그리하여 일연은 원효에게서 '불기 가풍'과 '각승 가풍'을 불러내고자 하였다.

일연은 원효의 살림살이와 사고방식을 고려 불교계의 현실에 접목하고자 하였다. 이러한 그의 노력은 이후 원효 형상의 정립과 유포에 커다란 영향을 미쳤다. 오늘 우리가 알고 있는 원효 관련 '사실'과 그에 관한 '기억'은 대부분이 일연에 의해 정립되고 유포된 것으로 파악되기 때문이다.

논자는 원효에 이어 『삼국유사』의 의상 관련 기록에 대해 전수조사를 해 보았다. 의상 관련 이야기는 모두 10개 조목에서 확인되었다. 일연이 『삼국유사』의 전체 138개 조목에서 의상(10개)에 대해 여러 차례 기술한 까닭은 어디에 있을까? 1) 의상이 보여준 인간 이해와 세계 인식에 깊이 탄복해서였을까? 2) 의상이 남긴 저술의 세계와 수행의 깊이에 대한 높깊은 이해와 남다른 존경 때문일까? 3) 원효와 달리 엄격한 지계와 열정적인 후학 지도에 깊이 감명 받은 탓에서일까? 4) 고려 후기의 불교계가 직면한 현실을 극복하기 위해 역할 모델로서 의상을 호명하고 소환한 탓일까? 아마도 여러 기록을 종합적으로 살펴볼 때 일연은 '서도관화'와 '전교'를 통해 대중 속으로 나아간 의상의 여래의 삶에 주목하였던 것으로 짐작된다.

〈표 2〉 의상 관련 기록 전수조사

번호	권차와 편차 및 조목명	의상	기타
1	제2권 紀異 제2 文虎王 法敏	(T2039)_49.0972a08－0973a17: 以薛邦爲帥欲伐新羅. 時義相師西學入唐來見仁問, 仁問以事諭之. 相乃東還上聞, 王甚憚之. 會群臣問防禦策, 角干金天存奏曰, 近有明朗法師入龍宮, 傳秘法而來, 請詔問之. 朗奏曰, 狼山之南有神遊林, 創四天王寺於其地, 開設道場則可矣. …… 又欲築京師城郭, 既令眞[具]吏. 時義相法師聞之. 致書報云, 王之政敎明則雖草丘盡[畫]地而爲城, 民不敢踰, 可以潔災進福. 政敎苟不明, 則雖有長城, 災害未消, 王於是正罷其役.	

번호	권차와 편차 및 조목명	의상	기타
2	제3권 興法 제3 原宗興法 猒髑滅身	(T2039)._49.0987c23－0988a01: 大淸之初。梁使沈湖將舍利。天壽六年。陳使劉思幷僧明觀奉內經并次。寺寺星張塔塔雁行。竪法幢。懸梵鏡。龍象釋徒。爲寰中之福田。大小乘法。爲京國之慈雲。他方菩薩。出現於世[謂芬皇之陳那浮石寶蓋以至洛山五臺等是也.]。西域名僧。降臨於境。由是併三韓而爲邦。掩四海而爲家。故書德名於天10鎭之樹。影神迹於星河之水。豈非三聖威之所致也[謂我道法興厭髑也]。	
3	제3권 興法 제3 寶藏奉老 普德移庵	(T2039)_.49.0989a02－0989a09: 大安八年辛未, 祐世僧統, 到孤大山景福寺飛來方丈禮普聖師之眞. 有詩云. 涅槃方等教, 傳受自吾師 云云. 至可惜飛房後, 東明古國危. 跋云, 高麗藏王惑於道教, 不信佛法. 師乃飛房南至此山. 後有神人, 現於高麗馬嶺, 告人云, 汝國敗亡無日矣. 具如國史, 餘具載本傳與僧傳.	
4	제3권 興法 제3 東京 興輪寺 金堂 十聖	(T2039)_49.0989a19－0989a19: 西壁坐甲向泥塑 · 表訓 · 蛇巴 · 元曉 · 惠空 慈藏.	
5	제3권 塔像 제4 前後所將舍利	(T2039)_49.0993b29－0994b23: 相傳云昔義湘法師入唐到終南山至相寺智儼尊者處. 隣有宣律士, 常受天供, 每齋時天廚送食. …… 湘公致敬訖. (T2039)_49.0994b26－0994c18: 按此録義湘傳云永徽初入唐謁智儼然據浮石本碑. 湘武德八年生, 丱歲出家. 永徽元年庚戌, 與元曉同伴欲西入, 至高麗有難而廻, 至龍朔元年辛酉入唐, 就學於智儼. ……	1조목 내 두 기록
6	제3권 塔像 제4 洛山 二大聖 觀音 正聚 調信	(T2039)_49.0996c03－0997c08: 昔義湘法師始自唐來還, 聞大悲眞身住此海邊幅內故. 故因名洛山, 蓋西域寶陀洛伽山, 此云小白華, 乃白衣大士眞身住處, 故借此名之. …… 師以所受二珠, 鎭安于聖殿而去.	
7	제4권 義解 제5 義相傳教	(T2039)_49.1006c03－1007a25: 法師義湘, 考日韓信金氏. 年二十九依京師皇福寺落髮, 未幾西圖觀化. …… 湘乃之, 殊禮迎際, 從容謂日, 吾昨者之夢, 子來投我之兆, 許爲入室. 雜花妙旨, 剖析幽微儼喜, 逢郢質克發新致,	

번호	권차와 편차 및 조목명	의상	기타
		可謂鉤深索隱, 藍茜沮本色. 旣而本國丞相金欽純一作仁問良圖等, 往囚於唐, 高宗將擧東征, 欽純等密遣湘誘而先之. …… 世傳湘乃金山寶蓋之幻有也. …… 湘乃顧謂曰, 世人見此, 必以爲怪, 不可以訓世, 餘如崔後所撰本傳.	
8	제4권 義解 제5 勝詮髑髏	(T2039)_49.1009a08－1009b02: 始賢首與義湘同學, 俱禀儼和尙慈訓, 首就於師說, 演述義科, 因詮法師還鄕寄示, 湘仍寓書. 云云別幅云. …… 師旣還, 寄信于義湘, 湘乃目閱覽文, 如耳聆儼訓, 探討數旬, 而授門弟子, 廣演斯文, 於在湘傳.	
9	제5권 避隱 제8 朗智乘雲 普賢樹	(T2039)_49.1015b01－1015c16: 通曰, 法師住此其已久. 如曰法興王 通後丁未之歲, 始寓足焉, 不知今機. 通到山之始, 乃文武王卽位元年辛酉歲也, 計已一百三十五年矣. 通後詣義湘之室, 升堂覩奧, 頗資玄化, 寔爲錐洞記主也.	
10	제5권 孝善 제9 眞定師 孝善雙美	(T2039)_49.1017c02－1018a02: 法師眞定羅人也. …… 嘗在行伍間 聞人說義湘法師在太伯山說法利人, 即有嚮慕之志, 告於母曰, 畢孝之後, 當投於湘法師, 落髮學道矣. …… 三辭三勸之, 定重違其志, 進途宵征, 三日達于太白山, 投湘公剃染爲弟子, 名眞定. 居三年, 母之訃音至, 定跏趺入定, 七日乃起. …… 旣出定以後, 事告於湘, 湘率門徒歸于小伯山之錐洞, 結草爲廬, 會徒三千, 約九十日, 講華嚴大典, 門人智通隨講, 撮其樞要成兩卷, 名錐洞記, 流通於世, 講畢, 其母現於夢曰, 我已生天矣.	
통계	10개 조목		

위의 전수조사에서 알 수 있는 것처럼 의상 관련 조목은 10개 조목이다. 이들은 각기 「기이」편 1개, 「흥법」편 3개, 「탑상」편 2개, 「의해」편 2개, 「피은」편 1, 「효선」편 1개이다. 이들 조목의 내용을 간단히 정리해 보면 아래와 같다.

1) 문호왕 법민－의상은 김인문의 첩보를 듣고 문무왕에게 알려주었고 경사의 성곽 축성을 정도의 역설로 중단시켰다.
2) 원종흥법 염촉멸신－여러 곳의 보살이 세상에 나타나기도 하였는데 분황사의 진나, 부석사의 보개, 낙산사의 오대 등이다.
3) 보장봉로 보덕이암－고구려 보장왕이 도교를 받들자 보덕이 자신이 머물던 암자(방장)을 날려 완주 고달산으로 옮겨오자 의상이 원효와 그에게 와서 열반교와 방등교를 배웠다는 시가 실려 있다.[116]
4) 동경 흥륜사 금담 십성－흥륜사 금당의 동쪽 벽에 앉아 서쪽으로 향한 소상(塑像)은 아도 염촉 혜숙 안함 의상이다.
5) 전후소장사리－도반 원효와 함께 유학을 시도해 종남산 지상사의 지엄화상에게 공부했다.
6) 낙산 이대성 관음 정취 조신－의상이 낙산에서 관음보살에게 구슬 두 꾸러미를 받아 관음성전에 진안(鎭安, 奉安)한 뒤 떠났다.
7) 의상전교－황복사에서 출가하고 당나라 유학을 다녀왔으며 금산보개여래의 화신으로 불렸다.
8) 승전촉루－의상과 함께 수학한 법장이 제자 승전에게 자신의 『화엄주소』를 보내 감수를 요청했다.
9) 낭지승운 보현수－낭지의 제자였던 지통이 의상에게 나아가 깊은 뜻을 얻고 『지통기』를 지었다.
10) 진정사 효선쌍미－홀어머니를 모시던 진정이 의상 문하로 출가

116 두 사람이 함께 두 차례의 유학을 시도했기 때문에 의상 관련 기록 또한 원효와 다르지 않다. 一然은 義天의 시를 인용해 실음으로써 이 기록을 사실로 인정하고 있는 지점에 주목하여 '寶藏奉老 普德移庵' 조목을 원효와 의상 관련 기록에 포함시켰다.

하여 수행한 뒤 의상의 『화엄대전』 강론을 듣고 어머니가 천상에 태어남으로써 효행과 선행을 나란히 빛냈다.

일연의 원효 관련 기록과 마찬가지로 의상 관련 기록도 적지 않다. 그는 10개 조목에서 의상의 출자와 수학 및 수행과 교화에 대해 기술하고 있다. 당시에 씌어졌던 원효행장과 의상전기(부석본비 일부 수록)가 온전히 남아있지 않은 현실에서 일연이 남긴 『삼국유사』의 이들 조목의 기록은 의상 형상의 정립과 유포에 일정한 영향을 미쳤음을 알 수 있다. 오늘 우리가 알고 있는 대부분의 의상 형상이 일연에 의해 정립되고 유포된 것임을 알 수 있기 때문이다.

3. 『삼국유사』의 원효 인식

일연은 「원효불기」와 나머지 11개 조목 속에서 원효의 70년 생평 기록을 압축해 싣고 있다. 그는 이 전기 속에서 원효의 생평을 '불기'와 '성사', '실계생총'과 '소성거사', '종내절필'과 '개식불타지호', '화독화란'과 '관음 친견', '분황지진나'와 '각승'과 '회고상'으로 수렴해 내고 있다. 이처럼 일연은 원효의 살림살이와 사고방식을 12폭의 일대기로 촬요해 내었고, 이것은 이후 원효 이해의 기본 정보로 자리를 잡아왔다.

1) '무애가풍'과 '소성거사'

(1) '불기'와 '성사'

일연은 『삼국유사』를 찬술하면서 특히 「의해」편(14조목) 집필에 심혈을 기울였다. 그는 먼저 양나라 혜교의 『고승전』, 당나라 도선의 『속고승전』, 송나라 찬녕의 『송고승전』의 편명과 각훈의 『해동고승전』 및 송나라 지반의 『불조통기』의 편명을 면밀히 살폈다.

그런 뒤에 일연은 해당 인물의 여러 전승들을 종합하여 같은 이야기를 재수록 하지 않았다. 그는 기존 사서에서 빠진 부분과 그와 다른 이야기를 담아내어 이야기꾼으로서 발군의 역량을 발휘하고 있다. 특히 일연은 「의해」 편이 이전의 「흥법」 편과 「탑상」 편의 인물들과도 긴밀하고 「의해」 편에서 수록하지 못한 인물들은 「신주」 「감통」 「피은」 「효선」 편에 담아냄으로써 『삼국유사』 전체에 수록된 인물들과도 밀접한 연관을 맺게 하였다.[117]

「의해」 편에 수록된 이들 모두가 극성했던 신라불교의 대표적인 종장들이며 신라불교의 드높은 성취를 남긴 인물이라는 점에서 이 편명의 주요 특징을 잘 보여주고 있다. 일연이 중국의 삼대 고승전들을 참고하였다는 것은 그 또한 삼대 고승전들을 의식하면서 『신라고승전』을 쓰고자 했음을 시사해 주고 있다. 「의해」 편은 『삼국유사』의 중심 편목으로서 민족의 사표 발굴과 선양에 힘쓴 편목이며, 『삼국유사』의 찬술 이유를 가장 잘 담아낸 편명이라고 할 수 있다.[118]

신라의 고승열전 편찬, 개성적인 기술 태도 견지, 찬시 창작 수록을 통해 역사의 주역인 인물에 대해 집중적으로 다루고 있는 점, 그리고 이들이 모두 신라불교를 대표하는 주요한 고승인 점, 나아가 이들이 동아시아에서 펼친 불교적 영향이 오늘날 한국불교의 지형도를 형성하

117 高榮燮(d), 「일연 『삼국유사』 「의해」편의 중심 내용과 주요 특징 – '鄕歌' 계승 의지와 '讚詩' 창작 수록과 관련하여 – 」, 『문학 사학 철학』 제73호, 대발해동양학한국학연구원 한국불교사연구소, 2023.6.

118 高榮燮(d), 2023.6.

고 있는 점에서 그 의미와 가치가 매우 크다고 할 수 있다. 종래 선행연구에서는 『삼국유사』의 편목이 이들 고승전들의 편목과 다르다는 것만을 강조했을 뿐 정작 이러한 고승전들을 의식하고 참고하면서 일연 또한 『신라고승전』을 쓰고자 했다는 지점에 대해서는 크게 주목하지 않았다. 논자는 일연이 삼대 고승전을 의식하면서 이와 다른 고승전 편찬을 기획했다는 지점에 주목하였다.[119]

일연은 신라의 전기에 해당하는 「의해」편에서 원효'의 가풍을 '불기'(不羈) 즉 '도덕이나 관습 따위에 구속을 받지 않다'는 언표로 부각시키고 있다. 그는 각 조목에서 '불기' 즉 '거리낌이 없음'의 의미로 그의 가풍과 선풍을 평가하였다. 이것은 일정한 격식이나 형식에 구애받지 않았던 원효의 걸림 없는 가풍을 표현한 것이다.[120] 일연은 이같은 그의 대중교화 방식을 대개 '막히거나 거리낄 것이 없다'는 뜻에서 '무애행'이라고 불렀다.

원효의 소상이 그가 주석했던 분황사, 고선사, 흥륜사의 세 곳에 봉안되어 있었다는 사실은 그의 위상을 반영하는 것으로 이해된다. 분황사의 소상은 아들 설총이 조성한 것으로 고려 후기까지 봉안되어 있었다. 8세기 중반 이후 어느 때에 흥륜사 금당에 10성의 소상이 봉안되어 고려 후기까지도 전해지고 있었는데, 이 중에는 원효의 상도 포함되어 있었다. 고선사에 봉안했던 소상은 거사 모습의 소상이었고. 원효의 입적 100여 년이 지난 9세기 초에 조성된 것이었다.[121]

그런데 대중을 교화하기 위해서는 일정한 방편이 필요하다. 불교에

---

119 高榮燮(d), 2023.6.

120 高榮燮(c), 2023.4.

121 金相鉉, 「고려시대의 원효 인식」, 『정신문화연구』 제54집, 한국정신문화연구원, 1994.3; 金相鉉, 『원효연구』, 서울: 민족사, 2000.

서는 이것을 선교방편이라고 한다. 선교는 중생을 교화하는 수단과 방법이 훌륭함을 일컫는다. 방편은 어떠한 목적을 이루기 위한 수단과 방법을 가리킨다. 일연은 이러한 원효의 자유자재한 선교방편의 가풍을 '불기(不羈) 가풍'이라고 명명했다.

대개 학덕이 높고 지위가 높은 이를 고승이라고 한다. 학덕은 학문과 덕행을 가리키고, 지위는 있는 자리나 처지(계급)를 가리킨다. 일연은 원효를 '고승'이자 '성사'(聖師)로 드높여 호명하고 있다. 성사는 한 방면에서 더할 수 없이 뛰어난 스승을 일컫는 표현이다. 이 때문에 성사는 오랜 세월 동안 백성들 속에서 덕화가 온축되어온 만세의 사표를 가리키는 칭호이다.[122]

불교의 전래와 수용 및 공인과 유통 이후에는 '성'(聖) 관념의 변화가 이루어졌다. 신라 전통에서 '성'(聖) 관념은 다양하게 전개되어 왔다. 이미 시조인 박혁거세와 황후인 알영에 대해서도 '이성'(二聖)이라 기술하고 있다.[123] 혁거세는 하늘의 사자인 백마의 호위를 받고 자주색 알에서 태어났으며 알영(아리영)은 계룡의 왼쪽 옆구리에서 태어났기에 '두 성스런 아이'[二聖兒]라 불렀다. 제7대 벌휴(伐休)니사금의 경우 "왕은 바람과 구름을 점쳐 홍수와 가뭄, 그 해의 풍년과 흉년을 미리 알았다. 또한 사람의 사악함과 정직함을 알았으므로 사람들은 그를 '성인'(聖人)이라 불렀다." 즉 왕의 미래 예측 능력과 사람 성정의 통찰 능력 등을 '성인'이라 부른 근거였다고 할 수 있다. 이처럼 신라 상대 초기의 '성' 관념은 천지자연과의 신령스런 소통 능력이나 그런 능력의 소지자를 '성' 혹은

122 高榮燮(b), 「『삼국유사』의 고승과 성사 이해」, 『한국불교사연구』 제13호, 한국불교사학회 한국불교사연구소, 2018; 高榮燮(c), 「분황 원효와 인각 일연의 화엄학과 선학 이해」, 『불교철학』 제12집, 동국대학교 세계불교학연구소, 2023.4.

123 一然, 『三國遺事』, 「紀異」, '新羅始祖 朴赫居世'.

'성인'으로 기렸다.[124]

이러한 인식 속에서 중고기에 골품제가 확립되면서 '성'(聖) 개념은 다양하게 변주되었다. 왕실은 샤카무니 붓다의 종족과의 관련성을 통해 형성된 골품제를 통해 '성' 관념을 새롭게 정착시켰다. 상고기와 중고기 이전까지만 해도 나라를 건국한 성골(聖骨)들만이 왕위 계승을 하였다. 이것은 처음으로 시호(諡號)를 쓴 제22대 지증왕 이래 불교식 연호와 왕명을 쓴 법흥왕부터 진덕여왕까지는 '성' 관념을 독점할 수 있었고 '성골'이 될 수 있었음을 의미한다.[125] 일연이 원효를 '불기'의 가풍을 지닌 '성사'로 표현한 것은 이러한 측면에 대한 깊은 이해에서 나온 호칭이라고 생각된다.

이렇게 본다면 우리는 일연이 원효를 '거사'가 아니라 '성사'로 호명한 이유에 대해 짐작해 볼 수 있을 것이다. 성사는 한 방면에서 더할 나위 없이 뛰어난 만인의 사표를 일컫는 표현인 것이다. 일연은 『삼국유사』에서 원효뿐만 아니라 많은 성사를 찾아내어 높이 기리고 있다. 그에게 성사는 고려 당대의 불교 현실을 극복해갈 역할 모델이자 그 시대를 이끌고 갈 문화영웅이었다. 그 대표적 인물로 일연은 원효를 내세웠다.

(2) '실계생총'과 '소성거사'

원효가 스스로 소성거사라고 한 것은 과부공주인 요석과 인연을 맺음으로써 비구의 계율을 깨뜨리고 설총을 낳았기 때문이다. 이것은 출가자 원효가 스스로 비구계를 반납하고 환계하여 거사가 되었음을 공식화한 것이다.

---

124 高榮燮(b), 2018.
125 高榮燮(b), 2018.

원효가 이미 계를 잃고 설총은 낳은 뒤로는 속인의 의복으로 갈아입고 스스로 소성거사라 했다. 우연히 광대들이 춤추며 놀리는 큰 뒤웅박을 얻으니, 그 모양이 기괴하므로 그 모양대로 도구를 만들어 『화엄경』에 말한 "일체의 무애인이 한 번에 생사의 길에서 벗어난다"는 뜻을 취하여 무애(無导)라 하고, 노래를 지어 세상에 유행시켰다.[126]

불교의 율장에 의하면 독신을 지향하는 출가 수행자가 이성과 관계를 맺는다는 것은 파계를 의미했다. 원효는 스스로 불음계를 범했기에 계를 반납하고[還戒] 거사가 된 것이다. 그는 출가 이전 결혼한 것이 아니라 출가 이후에 음계를 범했기 때문에 더 이상 비구라고 할 수 없게 된 것이다. 결국 그는 거사가 되었고 설총의 아버지가 되었다. 이것을 일연은 "요석궁 달밤에 봄잠 자고 갔는데"[127]라는 싯구로 형상화 하였다.

일연은 당대 최고의 고승 원효가 계를 잃고 설총을 낳은 뒤 스스로 소성거사라고 한 것에 대해 분명하게 기록하였다. 또 그에 앞서 고려시대 이규보(1168~1241)는 소성거사 원효를 기리는 「소성거사(小性居士) 찬(贊) 병서(并序)」를 남겼다.

내가 종령 수좌(宗聆首座[128])의 족암(足庵)에서[予於聆首座足庵]:

126 一然, 『三國遺事』, 「義解」, '元曉不羈'.
127 一然, 『三國遺事』, 「義解」, '元曉不羈'. "月明瑤石春眠去."
128 李奎報, 『동국이상국집』 권19. 1170년에 무신난이 일어나자 李仁老는 출가하여 '宗聆首座'로 불린 적이 있었다. 이 무렵 足庵에 머물던 그는 小性居士眞影을 봉안하고 있었고 이것을 본 李奎報가 贊을 지었던 것이다. 그는 1175년에 다시 환속하였다.

소성거사(小性居士)의 진영을 보고[見小性居士眞]
삼가 두 번 절하고 나서 찬(贊)을 짓는다[敢再拜作贊云].

머리털을 깎아 삭발을 하면 원효대사요[剃而髡則元曉大師]
머리털을 길러 두건을 쓰면 소성거사로다[髮而巾則小性居士]
비록 몸이 천 개나 백 개로 나타난다 해도[雖現身千百]
손가락과 손바닥처럼 식별하기 쉬우니[如指掌耳]
이 두 가지 형상을 한 것은[此兩段作形]
한바탕 희롱일 뿐이네[但一場戱].

— 「소성거사찬병서」(小性居士贊并序) — 이규보(李奎報)

이규보는 종령 수좌 즉 이인로가 머무는 개성 송악산의 왕륜사 서편에 있는 족암을 방문하여 소성거사의 진영을 보고 삼가 두 번 절하고 찬(贊)을 지었다. 왕륜사는 태조 왕건이 개경에 창건한 10대 사찰 중의 하나로서 왕실과 긴밀한 관련을 지닌 사찰이었다. 불전에는 비로자나 장육존상이 봉안되었으며, 화엄석경(華嚴石經)이 조성되어 있었다. 교종선(教宗選)이 주로 실시되기도 했던 대가람이었다. 당시 이 절에는 고려 당시 원효의 유법을 계승하는 종파인 분황종의 고승 광천(光闡)이 머물고 있었다.

평소 이인로는 『파한집』에서 분황종의 고승 광천에 대해 언급하면서 그에게 주는 시를 쓰기도 했다.[129] 그러다가 잠시 출가한 이인로 즉 종령수좌는 왕륜사(王輪寺)의 서쪽 암자였던 족암에 머물며 원효진영

129 林椿, 『西河集』 권5.

을 모시고 있었다. 이규보는 종령수좌를 찾아와 그가 모시고 있던 원효진영을 보고 시를 지었던 것이다.

"머리털을 깎아 삭발을 하면 원효대사[剃而髡則元曉大師]요, 머리털을 길러 두건을 쓰면 소성거사로다[髮而巾則小性居士]고 하였다. 이 구절은 머리털을 깎아 삭발을 하였던 원효대사가 머리털을 길러 두건을 쓰고 있었던 소성거사가 된 모습을 보았기에 이렇게 표현한 것으로 이해된다.

이규보는 '대사'와 '거사'의 차이는 "비록 몸이 천 개나 백 개로 나타난다 해도/ 손가락과 손바닥처럼 식별하기 쉬우며/ 이 두 가지 형상을 한 것은/ 한바탕 희롱일 뿐이다"고 하였다. 이처럼 머리를 깎으면 원효대사요, 머리를 기르면 소성거사라는 것이다. 화엄의 십지 중 초지보살에 이른 원효보살(元曉菩薩)[130]이 '분구어백송'(分軀於百松), '분백신'(分百身), '백처현형'(百處現形), '수처현형'(數處現形)하더라도 손가락과 손바닥처럼 식별하기 쉽다는 것이다.

그런데 이규보는 '원효대사찬'이 아니라 '소성거사찬'이라고 제명을 붙였다. 원효 진영 또한 머리털을 기른 거사의 형상을 하고 있다. 대개 세상 사람들은 머리를 기르면 거사라고 부르지 대사라고 부르지는 않는다. 하지만 이규보 이후에 살았던 일연은 원효를 '거사'가 아니라 '성사'라고 호명하고 있으며 그의 가풍을 '불기'라고 명명하였다.

일연은 원효가 실계를 하여 설총이 태어난 것과 『화엄경』에서 말한 "일체의 무애인(無碍人)이 한 번에 생사의 길에서 벗어난다"는 뜻을 취하여 그 스스로 이름을 '무애'(無㝵)로 짓고, 노래를 만들어 세상에 유행

130 '元曉菩薩'이라는 표현이 처음으로 보이는 곳은 金廷彦이 경종 3년(978)에 쓴 「普願寺法印國師碑文」이다. 이후 의천은 「新創國淸寺啓講辭」, 「祭芬皇寺曉聖文」 및 「芬皇寺禮曉聖像」 등의 글에서 원효를 '菩薩'과 '聖人'으로 기리고 있다. 이후의 李奎報, 李仁老, 普幻, 天頙, 一然 등도 '大聖', '聖師', '曉聖' 등으로 존칭했다.

시켰던 것도 모두 '불기'의 가풍에서 이루어진 것으로 보았다.

따라서 '불기'의 가풍에서는 이미 '재가'다 '출가'다, '거사'다 '대사'다 하는 분별과 경계는 있을 수 없다. 일연은 그런 분별과 경계 너머에서 원효를 '성사'로 표현한 것이다. 일연은 고려 당시의 불교 현실에서 대중 속으로 들어가 보살의 삶을 보여준 성사의 출현을 염원하였던 것으로 짐작된다. 신라불교의 절정기를 살았떤 원효는 일연의 이러한 염원에 걸맞는 인물이었다.

2) 끝내 절필과 현실 참여

(1) '종내절필'과 '개식불타지호'

요석과의 인연을 맺고 실계한 원효는 중생 교화의 현장에 뛰어들었다. 그의 '실계 이후' 종래에 대상화했던 교화와 '절필 이후' 새롭게 주체화했던 교화는 달랐다.

원효가 일찍이 분황사에 머물면서 『화엄경소』를 짓다가 제4 「십회향품」에 이르러 마침내 붓을 놓았다[終乃絶筆]. 또 일찍이 송사(訟事)로 인해서 몸을 백 개의 소나무로 나누었으므로 모두 성사의 법위(法位)가 초지에 이른 것이다고 한다.[131]

원효의 법위는 십지보살의 초지인 환희지(혹은 팔지인 부동지)에 이르러 있었다. 그는 문자향과 서권기가 가득한 분황사 골방에서 『화엄경소』를 짓다가 제4[132] 「십회향품」에 이르러 끝내 붓을 꺾었다. 금강당보

131 一然, 『三國遺事』, 「義解」, '元曉不羈'.

132 현재 유통되는 구역 『화엄경』(60권)에서는 7처 8회 34품 중 제21품에 「십회향품」

살이 중생에 대해 펼치는 열 가지 회향을 풀이하는 대목에서 문향과 서기가 가득한 서굴암(書窟庵)에서의 회향은 무의미하다는 판단에서였다. 이것은 무덤에서의 개인적 깨달음에 이은 골방에서의 사회적 깨달음이었다.[133]

일연이 원효의 삶에서 주목한 것은 '절필'과 '실계'였으며 그는 종래의 원효에서 새로운 원효로 탈바꿈하는 계기를 이들 두 기호의 호명으로 보여주었다.

원효는 중생을 교화하기 위해 속인의 의복으로 갈아입고 스스로 '소성거사'라고 했다. 우연히 광대들이 춤추며 놀리는 큰 뒤웅박을 얻어 '무애박'이라 이름 짓고 노래를 지어 '무애가'를 세상에 유행시켰다. 그는 중생을 교화하기 위해 기괴한 모양의 무애박을 가지고 수많은 부락을 돌며 노래하고 춤추며 교화를 시키고 돌아왔다. 뽕나무를 키우는 노인이나 옹기장이, 무지한 무리들도 모두 불타의 이름을 알게 하였다. '나무 불타'를 부르게 된 것은 실로 원효의 공이었다.[134]

일연은 이러한 원효의 가풍을 "춤추는 박은 마침내 온 거리의 풍습이 되었네"라는 싯구로 형상화 하였다.[135] 원효 당시 무호(舞壺) 즉 춤추

이 편입되어 있다.

133 高榮燮(a), 「원효의 화엄학: 광엄과 보법의 긴장과 탄력」, 『원효학연구』 제5집, 원효학연구원, 2000; 高榮燮, 『원효탐색』, 서울: 연기사, 2002(2005); 高榮燮, 『분황 원효의 생애와 사상』, 서울: 운주사, 2016; 高榮燮, 『붓다와 원효의 철학』, 서울: 동국대학교출판문화원, 2021; 高榮燮, 『한국의 불교사상』, 서울: 박이정, 2022.

134 一然, 『三國遺事』, 「義解」, '元曉不羈'.

135 一然, 『三國遺事』, 「義解」, '元曉不羈'. "舞壺終掛滿街風."

는 병(박)은 대중교화의 상징으로 자리를 잡았다. 당시 원광, 안함, 자장, 명랑, 의상 등의 귀족 불교계와 달리 서민 불교계에서는 혜공, 혜숙, 대안, 사복 등의 주역들이 걸림 없는 가풍으로 대중을 교화하였다. 특히 원효의 대중교화는 당시 사람들로 하여금 모두 불타의 이름을 알 수 있게 하였다.

일연이 주목한 것은 바로 수행의 깊이와 교화의 넓이를 아우른 원효의 깊고 넓은 살림살이였다. 그는 당시 전란으로 고통을 받는 고려 백성들의 마음을 어루만져 줄 수 있는 걸림 없는 대중교화의 가풍을 소환하였다. 그러한 살림살이가 당시 고려 불교계의 현실에 절실히 필요하다는 판단에서였다.

(2) '화독화란'과 관음 친견

원효는 문무왕 2년(662)에 동서 사이[136]인 김유신의 군사 자문 역할을 한 일이 있었다. 그는 삼국이 각축하는 전란의 현실을 피하지 않고 동서 김유신의 군사고문으로서 참여하였다. 여기서 그는 '화독화란'[137]이란 암호를 풀이해 당대의 현실에도 끼어들었다.

136 무열왕은 김유신의 여동생 文姬와의 사이에서 7남 5녀를 두었다. 첫째 딸은 金品釋과 결혼했으며 그녀는 선덕여왕 11년(642)에 백제와의 大耶城 전투에서 부부가 함께 전사하였다. 둘째 딸은 金欽運(歆雲)과 결혼했으며 김흠운은 태종무열왕 2년(655) 2월에 백제와의 전투에서 전사하였다. 셋째 딸은 무열왕 2년(655) 10월에 61세의 金庾信과 결혼하였다. 당시 무열왕은 상대등을 중심으로 한 귀족세력을 견제하면서 왕권의 강화를 추구했기에 대중교화의 중심에 있었던 원효와 寡婦가 된 딸인 瑤石을 결혼시킨 것은 정략결혼의 일환으로 이해할 수 있다. 그 외의 나머지 두 딸의 행적은 자세히 알 수 없다.

137 우리말에서 'ㅎ'(형)과 'ㅅ'(성)은 서로 발음이 상통하듯이 여기서 '화독'은 半切법으로 '速'으로, '화란'은 반절법으로 '還'으로 읽어야 '速還' 즉 '빨리 (군사를) 되돌리라'는 암호가 된다.

총장 원년 무진년[668, 만일 총장(總章) 무진(戊辰)이라면 곧 이적(李勣)의 일인데 아래에서 소정방(蘇定方)이라 한 것은 잘못이다. 만일 소정방이라면 연호가 당연히 용삭(龍朔) 2년(662) 임술(壬戌)에 평양성을 포위하던 때의 일이다.]에 청병한 당나라 군사가 평양 교외에 진을 치고 글을 전하여 "급히 군량을 실어 보내라"고 하였다. 신라 문무왕이 군신을 모아 놓고 물었다. "적국(고구려)을 통하여 당군이 있는 곳까지 가자면 형세가 자못 위태롭고 청병한 당군의 양식이 모자란다 하니 보내지 않는 것도 도리가 아니니 어찌하면 좋겠소?" 유신공이 말하였다. "신들이 군량을 수송할 수 있으니 염려하지 마십시오." 김유신과 김인문 등이 수만 명을 이끌고 고구려의 국경에 들어가 양식 2만 곡을 수송하고 돌아왔다.

왕이 크게 기뻐하여 다시 군대를 일으켜 당나라 군사와 합세하려 하니, 유신이 연기(然起)와 병천(兵川) 등 두 사람을 보내 만날 날짜를 물었다. 이에 당나라 장수 소정방(蘇定方)이 종이에 난새와 송아지를 그려 보냈으나[紙畫鸞犢二物廻之] 아무도 그 뜻을 알지 못하였다[國人未解其意]. 원효법사에게 물으니[使問於元曉法師] 이렇게 해석하였다[解之曰]. "속히 군사를 되돌리라[速還其兵]는 뜻입니다. 난새와 송아지를 그린 것은 둘이 끊어짐을 의미합니다[謂畫犢畫鸞二切也]." 이에 유신공이 군사를 되돌려 패강을 건너게 하면서 군령을 내렸다. "뒤에 건너는 자는 베겠다." 군사들이 다투어 먼저 가려 했다. 반쯤 건넜을 때, 고구려 군사가 들이닥쳐 미처 건너지 못한 자들을 죽였다. 다음날 유신공은 고구려 군사를 뒤쫓아 수만 명을 죽였다.[138]

138 一然, 『三國遺事』 제1권, 「紀異」 제1, '太宗 春秋公'.

이처럼 원효는 당나라 장수 소정방이 보낸 암호 해독을 통해 위급한 신라군들의 목숨을 건졌다. 출가자인 원효가 국가와 백성들의 현실 문제에도 깊이 관여하였던 것은 보살계를 설하는 『범망경보살계본』에 대한 그의 해석(私記)을 통해서도 알 수 있다. 그는 제1중계(重戒)인 불살생(不殺生)을 풀이하면서 ① 복이 되는 경우, ② 죄도 아니고 복도 아닌 경우, ③ 죄가 가벼운 경우, ④ 무거운 죄가 되는 경우로 설정하여 '살생이 복이 되는 경우가 있다'고 적극적으로 해석하였다.[139]

살생이 복이 되는 경우가 있다'는 원효의 해석은 몽골 침략과 원 간섭기를 살았던 일연에게도 커다란 울림이 있었던 것으로 이해된다. 불살생을 제1계로 여기는 수행자로서 침략자를 죽이지 않을 수 없을 때는 계율을 어떻게 해석할 것인가? 원효는 네 가지의 경우를 통해 살생이 복이 되는 경우를 제시하였다. 일연이 주목한 것도 바로 이 지점이었을 것으로 짐작된다.

원효법사가 보살진신의 발자취를 찾아 참배하고자 하였다. 남쪽 교외의 논에 이르자 어떤 흰 옷 입은 여인이 벼를 베고 있었다. 원효법사가 장난삼아 벼를 얻고자 하자 여인도 장난으로 벼가 잘 영글지 않았다고 대답하였다. 또 가다가 다리 밑에 이르러 한 여인이 월수백(月水帛, 여성의 서답)을 빨고 있었다. 법사가 먹을 물을 청하니 여인은 더러운 물을 떠서 주었다. 법사가 그 물을 쏟아 버리고 다시 냇물을 떠서 마셨다. 그때 소나무 위에서 파랑새 한 마리가 '진리의 물[醍醐]을 버리는[休] 화상[和尙]아' 하고 홀연히 보이지 않았다. 소나무 밑에는 벗어진 신발 한 짝

139 元曉, 『梵網經菩薩戒本私記』(『한불전』 제1책, p.584중).

만이 있었다. 그래서 당시 사람들이 그 소나무를 관음송[의상대 옆 소나무]이라 하였다. 법사가 성굴(聖崛)에 들어가 진신의 모습을 뵈려 하니 풍랑이 크게 일어 들어가지 못하고 떠났다.[140]

일연은 원효가 관음보살을 만나고도 알아보지 못했다고 기록하였다. 원효가 빨래하는 여인이 건네준 붉은 물을 버리고 맑은 물을 마시려는 순간 파랑새 한 마리가 등장하여 '제호미'(醍醐味) 즉 진리의 물을 버리는 '휴제호화상'(休醍醐和尙) 원효에 대해 타박하고 있다. 의상 또한 관음을 친견하러 왔지만 재계를 한 지 일주일 뒤에 만나보지 못하고 다시 일주일의 재계 끝에 관음을 친견했다[141]는 기록도 있다.

이후 원효는 성굴에 들어가 다시 관음 진신을 친견하려 했지만 풍랑이 크게 일어 들어가지 못하고 떠났다[142]고 하였다. 이 기록만 본다면 원효는 관음을 친견하지 못했지만 의상은 관음을 친견했다는 것으로 이해할 수 있다. 이와 달리 고려시대의 문인이었던 서하 임춘(1149~1182)의 『서하집』에는 두 법사가 동시에 관음을 친견했다[143]고 하였다.

하지만 어떤 곳에서는 관음대성이 굴 안에서 팔을 뻗어 수정염주를 주면서, '내 몸은 친견할 수 없다. 다만 굴 위에 가다가 쌍죽이 솟아나는 곳이 내 머리이니 이곳에 불전을 짓고 불상을 봉안하면 좋을 것이다'고 하였다. 용이 또 여의보주와 옥을 바치므로 법사가 받아오니 쌍죽이

140 一然, 『三國遺事』, 「義解」, '元曉不羈'.

141 一然, 『三國遺事』, 「塔像」, '臺山二大聖 觀音 正聚 調信'. "齋戒七日, 淨坐具晨水上, …… 更齋七日, 乃見眞容."

142 一然, 『三國遺事』, 「塔像」, '臺山二大聖 觀音 正聚 調信'. "師欲入聖崛, 更覩眞容, 風浪大作, 不得入而去."

143 林椿, 『西河集』. "新羅元曉義湘二法師, 親昕觀音於仙窟中."

솟아났다. 그곳에 불전을 짓고 용이 바친 옥으로 불상을 만들어 봉안하였으니 곧 이 절이다. … 수정염주와 여의주는 이 절에 간직하여 보배로 전하도록 하였다[144]는 기록이 보일 뿐이다. 이렇게 본다면 의상도 관음대성을 친견하지 못했음을 알 수 있다.

또 조선시대 초기에 편찬된 『동국여지승람』에는 의상과 원효가 냉천의 물을 함께 마셨지만 관음의 화신과 농담을 나눈 것은 오히려 원효였다[145]는 기록도 보인다. 이러한 기록들을 종합해 보면 단순히 의상의 도력이 더 높고 원효의 도력이 더 낮았다는 것만으로 이해하기는 어렵다. 그보다 관음보살을 친견한 무대인 낙산사가 의상이 창건한 곳이라는 점에서 주연인 의상에 대한 배려 때문에 원효가 조연으로 기술된 것으로 이해할 수도 있기 때문이다.

3) 분황사와 회고상

(1) '분황지진나'

일연은 신라 법흥왕[原宗]의 불교 공인[興法]과 이차돈[猒髑]의 몸바침[滅身]에 대해 기술하는 대목에서 원효를 '분황사의 디그나가(Dignaga) 즉 인도논리학의 대가인 진나(陳那)의 후신(後身)으로 평가하고 있다.

그는 먼저 태청(太淸) 초(547)에 양나라 사신 심호(沈湖)가 석가의 사리를 가져왔고, 천가(天嘉) 6년(565)에는 진(陳)나라 사신 유사(劉思)와 승려 명관(明觀)이 불경을 가지고 왔다고 적고 있다. 이어 일연은 절들이 별자리처럼 늘어서고[寺寺星張], 탑들이 기러기처럼 날아가며[塔塔雁行], 불

144 李荇 등, 『新增東國輿地勝覽』(1530) 권44. 襄陽. 佛宇, 洛山條. "我身未可親覩. 但從窟上, 行至雙竹湧出處, 是吾頂上, 於此可營一殿, 安排像設也."

145 李荇 등, 『新增東國輿地勝覽』(1530). "義湘元曉因取飮冷泉, 與之戲□."

법의 깃발[法幢]을 세우고, 불교의 거울[梵鏡]을 달자 이름 높은 승려들[龍象釋徒]이 천하의 복밭이 되고, 대승과 소승의 불법[大小乘法]이 서울의 자비로운 구름이 되어 온나라를 덮었다고 하였다.

또 일연은 여러 곳의 보살[他方菩薩]이 세상에 나타나기도 하였고[芬皇사의 陳那, 浮石사의 寶蓋, 洛山사의 五臺[146] 등을 말한다], 서역의 이름 있는 승려들[西域名僧]이 이 땅에 오니, 이로 말미암아 삼한을 병합하여 한 나라를 이루고 온 세상을 합해 한 집안이 되었다. 그런 까닭에 그의 공덕을 하늘 길의 나무에 쓰고, 신성한 행적을 은하수에 비추었으니 어찌 삼성[阿道, 法興, 猒髑]의 위덕이 이루어진 것이 아니겠는가?라고 하였다.

일연은 '원종흥법 염촉멸신' 조목에서 원효, 의상, 자장이라는 표현하지 않고 그들의 주석 사찰인 '분황', '부석', '낙산'이라 기술하였다. 그러나 이 호명은 분황 원효, 부석 의상, 낙산 오대(자장)을 일컫는 것임을 알 수 있다. 이처럼 일연은 신라불교의 무성함이 신라 분황사의 진나, 부석사의 보개, 낙산사의 오대 등으로 인해 이루어져 서역의 이름 높은 고승들이 이 땅에 왔으며, 이러한 위덕은 아도, 법흥, 염촉으로 인해 이루어졌다고 기술하고 있다. 그는 여기서 분황사의 진나 즉 원효를 인도의 불교논리학 대가인 디그나가(Dignāga, ca.480~540) 즉 진나의 화신으로 드높이고 있다. 이러한 그의 드높임은 이후 원효에 대한 평가의 기준이 되었다.[147]

---

146 국내의 여타 번역본에서는 이 부분을 '洛山'과 '五臺'로 풀이하고 있다. 앞의 '他方菩薩, 出現於世'라는 전제와 이것을 설명하는 '割註'라는 측면을 고려하면 '芬皇之陳那, 浮石(之)寶蓋를 가리키며 대개 洛山(의 관음보살)과 五臺(의 문수보살) 등에 이르기까지도 이들이다'라고 해석하는 것이 자연스럽다.

147 高榮燮, 『분황 원효의 생애와 사상』, 서울: 운주사, 2016. 원효는 인도 고유의 五支作法(宗－因－喩－合－結)을 三支作法(宗－因－喩)으로 정리한 진나의 불교 논리학(인명학)에 입각하여 여러 저술에서 지각(現量)과 추론(非量)을 활용해 논의

(2) '각승'과 '회고상'

원효의 만년작인 『금강삼매경론』의 등장은 신라에서 성립한 『금강삼매경』에 대한 연기 과정이 전제되어야 한다. 신라왕의 왕비 머리에 악성 종양이 나서 서해 바다를 건너가 약을 구하려고 사신이 풍랑을 만났다. 때마침 용궁으로 인도되었는데 검해(鈐海) 용왕에게서 건네받은 『금강삼매경』을 대안이 편집하고 원효가 주석하고 강론하여 왕비의 병이 나았다고 널리 알려지게 된다.[148]

또 해룡의 권유로 조서(詔書)를 받들고 길에서 『삼매경소』를 지으며, 붓과 벼루를 소의 두 뿔 사이에 두고 다녔기 때문에 각승(角乘)이라고도 한다. 또한 본각(本覺)과 시각(始覺)의 미묘한 뜻을 나타낸 것이며, 대안(大安)법사가 배열하여 종이를 붙였으니 음(音)을 알고 화답한 것이라고 한다.[149]

일연은 찬녕의 『송고승전』「원효전」에 실린 『금강삼매경』의 연기설화에 기초하여 원효가 『금강삼매경소』를 쓰게 된 과정의 핵심 내용들을 추려내어 밀도 있게 기술하고 있다. 원효는 왕의 부름을 받고 붓과 벼루를 소의 두 뿔 사이에 두고 주석을 마쳤다. 이 때문에 일연은 원효의 가풍을 '각승'(角乘)이라고 했다.

를 전개하고 있다. 그는 『因明論疏』, 『因明入正理論記』, 『正理記』, 『判比量論』 등을 통해 인명 논리의 깊이를 보여주었으며 현재는 『판비량론』 단간본 만이 남아 있다.

148 高榮燮(e), 「분황 원효 『금강삼매경론』의 주요 내용과 특징, 『불교철학』 제6집, 동국대학교 세계불교학연구소, 2020.4. 여기서 논자는 鈐海 용왕을 가야계인 惠空으로 논증하였다.

149 一然, 『三國遺事』, 「義解」, '元曉不羈'.

일연은 '각승'이란 본각과 시각의 미묘한 뜻을 나타낸 것이며, 대안이 배열하여 종이를 붙였던 것은 그가 음을 알고 화답한 것이라고 보았다. 이처럼 일연은 "각승은 처음으로 『삼매경』의 주축을 폈다"[150]는 싯구로 형상화하여 원효의 살림살이를 '각승'이라 호명하였다.

성사가 입적하니, 설총이 유해를 잘게 갈아 생긴 그대로의 모습[眞容]을 빚어 분황사에 봉안하고 죽을 때까지 경도하는 뜻을 표하였다. 언젠가 설총이 옆에서 절을 하니 소상이 홀연히 돌아보았는데 지금까지도 돌아본 채 있다고 한다. 원효가 거처하던 곁에 설총의 집터가 있다고 한다.[151]

일연은 성사 원효가 입적하자 설총이 부친 원효의 유해를 잘게 갈아 진용을 빚어 분황사에 봉안하고 죽을 때까지 경도하는 뜻을 표하였다고 하였다. 언젠가 설총이 살아있을 때처럼 경도하는 뜻을 표하자 당시까지 돌아본 채 있었다고 하였다. 이러한 정황을 일연은 "분황사 문 닫으니 돌아보는 영상도 비었구나"[152]라는 싯구로 형상화하였다.

이처럼 일연은 원효의 살림살이의 호명과 소환을 통해 고려 당시 불교계의 현실을 극복하고자 하였다. 그는 몽골의 침략과 원 간섭기를 살면서 원효의 '불기 가풍'과 '각승 가풍'의 호명을 통해 고려 불교계의 각성을 촉구하였다. 그가 편집한 『중편조동오위』에서 '피모대각(被毛戴角)의 이류중행(異類中行)'을 거듭 반복(32회)해 호명한 것 또한 이러한

150 一然, 『三國遺事』, 「義解」, '元曉不羈'. "角乘初開三昧軸."
151 一然, 『三國遺事』, 「義解」, '元曉不羈'.
152 一然, 『三國遺事』, 「義解」, '元曉不羈'. "門掩芬皇顧影空."

대목과 연결시켜 이해할 수 있을 것이다.

4. 『삼국유사』의 의상 인식

일연은 「의상전교」와 나머지 9개 조목 속에서 의상 78년의 생평을 압축해 싣고 있다. 그는 이 전기 속에서 의상의 생평을 '법사'와 '전교', '서도관화'와 '남천저본색', '부석지보개', '국내면'과 '정도의 역설', '금산보개화신'과 '관음 친견', '십대제자'와 '화엄십찰'로 수렴해 8폭의 일대기로 촬요해 내고 있다. 이들 8폭은 이후 의상 형상 이해의 기본 정보로 자리를 잡아왔다.

1) 서쪽 유학과 원교 법사

(1) '법사'와 '전교'

일연은 원효에게 붙인 성사와 달리 의상에게는 '법사'로 호명하고 있다. 물론 원효의 경우도 법사로 호명한 경우도 찾아볼 수 있다.

법사 의상은 아버지가 한신이고 성은 김씨이다. 29세 서울(경주) 황복사에서 머리를 깎고 승려가 되었다.[153]

의상은 당시 유가계의 대표 사찰인 황복사에서 머리를 깎고 승려가 되었다. 당시 국찰이었던 황룡사는 진흥왕에 의해 창건되어 태자인 동

153 一然, 『三國遺事』, 「義解」, '義相傳敎'.

륜계(銅輪系)에 의해 장악되었을 가능성이 있다. 이와 달리 의상이 당시에 실질적인 주도세력이었던 사륜계(舍輪系) 왕실이 경영하였던 유가계 사찰인 황복사[154]로 출가하였다는 점과 초지일관 유학의 길을 포기하지 않았던 것으로 미루어보아 원효와의 유학은 그의 적극적인 권유에 의해 이루어진 것으로 짐작된다.[155]

일연은 의상의 전기 제목을 '의상전교'로 붙였다. 여기서 '교' 혹은 '법'은 교학의 집대성인 화엄 원교이다. 의상은 처음 유가계의 대표사찰인 황복사로 출가하였듯이 유가학을 접했다. 원효와 함께 당나라 유학을 두 차례 시도했으며 현장(玄奘, 602~664)과의 인연이 어긋난 뒤로는 지상사의 지엄(智儼, 602~668)과 인연을 맺어 화엄학을 접했다. 이후 그는 화엄가로서 확고한 위상을 확보하였다. 여기서 일연의 '전교'는 전법을 위해 생평을 바친 의상의 일생에 대한 찬(贊)으로 읽을 수 있다.

(2) '서도관화'와 '남천저본색'

의상은 호기심을 넘어 호학심이 강했다. 그는 견당사와 유학승과 상인들을 통해 인도에서 돌아온 현장의 귀국 소식과 자은사에서 이루어지는 신유식의 번역과 강론에 대해 듣고 있었다. 그리하여 그는 도반인 원효와 함께 당나라 유학을 시도하였다.

얼마 뒤 서쪽으로 유학을 하고자 생각하여 마침 원효와 함께 요동으

154 신라의 국찰이었던 皇龍寺, 芬皇寺, 皇福寺 등에 안함, 자장, 원효 등이 주석하였고, 원광, 안함, 자장 등이 중국에 유학하여 전해온 경론들이 여래장 및 유가계 전적이었음을 고려해 보면 황복사 또한 유가계 사찰이었을 것으로 추정된다.

155 高榮燮, 「부석 의상의 화엄은 성기사상이 아닌가?」, 『동아시아불교문화』 제40집, 동아시아불교문화학회, 2021.12.

로 가다가 변방의 수졸들에게 첩자로 의심받아 수십 일을 닫혔다가 간신히 죽음을 면하고 돌아왔다.[이 사실은 최치원이 지은 의상의 본전과 원효대사의 행장 중에 있다.][156]

여기서 '서도관화' 즉 '서쪽으로 유학을 가고자 했다'는 것은 의상의 강한 호학심을 시사해 주는 표현이다. 의상은 원효와 함께 1차 유학을 시도했으나 실패하였다. 그는 다시 11년 뒤에 원효와 2차 유학을 시도하였다. 두 번 모두 그가 주도한 것이었다. 이번에는 경기도 화성 당항성 관할의 당은포를 향해 유학을 시도하였다. 도중에서 원효는 깨침을 얻고 돌아온 반면 의상은 초지일관 당나라로 건너가 유학을 했다. 그는 장안 자은사의 현장 삼장을 찾아갔지만 인연이 어긋나 다시 지상사의 지엄 삼장을 찾아가 문하에 들었다.

지엄이 전날 꿈에 큰 나무가 해동에 나서 그 가지와 잎이 널리 퍼져 중국(神州)까지 와서 덮였다. 그 위에는 봉황 둥지[鳳巢]가 있는데 올라가 찾아보니 마니보주(摩尼寶珠)가 하나 있어 빛이 멀리까지 미쳤다. 그 꿈을 깨고는 이상하여 청소를 깨끗이 하고 기다렸더니 의상이 왔다. 지엄이 극진한 예로 맞아들이며 조용히 일러 말하기를 "나의 어제 꿈이 그대가 올 징조였다"고 하고 의상의 입실을 허락하였다.

의상이 『화엄경』의 오묘한 뜻을 깊게까지 분석하니[剖析幽微] 지엄은 영특한 재질[郢質]을 만난 것을 기뻐하며 새로운 이치를 가르쳤다[克發新致]. 가히 깊은 것을 끌어내고 숨은 것을 찾아내어[可謂鉤深索隱] 스승을

156 一然, 『三國遺事』, 「義解」, '義相傳敎'.

뛰어넘는 경지에 이르렀다[藍茜沮本色]. 의상은 『화엄경』(60권)을 『대승장』(10권)으로 줄이고 이것을 다시 『입의숭현장』(4권)으로 줄인 뒤 이를 다시 210자의 법성게로 줄여내었다.

이에 대해 일연은 "가마솥의 국 맛은 한 점의 고기로 족하다"[157]고 한 지엄의 말을 대신해 적었다. 이것은 『화엄일승법계도』(법성게)의 '하나 속에 일체 있고 일체 속에 하나 있어'[一中一切多中一], '하나가 곧 일체요 일체가 곧 하나이네'[一卽一切多卽一], '하나의 티끌 속에 시방 세계 머금었고'[一微塵中含時方], '온갖 티끌 가운데도 또한 이와 다름없네'[一切塵中亦如是]의 가르침을 일컬은 것이다. 나아가 일연은 "연기와 먼지를 무릅쓰고 산 넘고 바다 건너/ 지상사 문 앞에서 보배를 맞았네"[158]라는 싯구로 의상의 살림살이를 기렸다.

2) 국난 극복과 현실 참여

(1) '국(난)내면'과 '정도의 역설'

'나라의 위기를 면하였다'[國(難)乃免]는 사실에 대해 「의상전교」에는 다음과 같이 기록하고 있다.

> 그때 신라의 승상 김흠순[金欽純, 딴 책에는 金仁問이라고 함]과 김양도(金良圖) 등이 당나라에 갇혀 있었다. 당나라 고종이 크게 군사를 일으켜 신라를 치려 하였다. 김흠순 등이 은밀히 의상에게 사람을 보내 먼저 신라로 가라 권유하였으므로, 함형 원년 경오년(670)에 환국하여 그 사실을 조정에 알렸다. 조정에서는 신인종(神印宗)의 대덕 명랑(明朗)

---

157 一然, 『三國遺事』, 「義解」, '義相傳敎'. "嘗鼎味一臠足矣."

158 一然, 『三國遺事』, 「義解」, '義相傳敎'. "披榛跨海冒煙塵, 至相門開接瑞珍."

에게 명하여 비밀단법(秘密壇法)을 세우고 법령을 내어 기도하니 나라의 위기를 면하였다.[159]

한편 '나라의 위기를 면하였다[國(難)乃免]'는 사실에 대해 「문호왕 법민」에는 다음과 같이 기록하고 있다.

이때 의상대사가 당나라에 유학하고 있다가 김인문을 찾아가 만났다. 김인문이 이 사실을 알려 주니, 의상이 곧 신라로 돌아와 왕에게 아뢰었다. 왕이 매우 걱정되어 군신을 모아놓고 방비책을 물었다. 각간 김천존(金天存)이 아뢰었다. "요사이 명랑법사가 용궁에 가서 비법을 전수받고 왔으니 청컨대 조서로 물으십시오. 명랑법사가 아뢰었다. 낭산 남쪽에 신유림(神遊林)이 있으니 거기에 사천왕사(四天王寺)를 창건하고 도량을 열면 됩니다. ……"[160]

이들 둘 사이의 기록에는 조금 출입이 있지만 큰 차이는 없다. 「의상전교」에는 비교적 주어진 분량 속에서 당시 의상의 동선에 대해 압축해 기술하고 있다. 이와 달리 「문호왕 법민」에는 각간 김천존(金天存)이 등장하며 명랑법사의 활약에 대해 자세히 기술하고 있다. 그러나 그 결과는 모두 '국내면' 즉 '나라의 위기를 면하였다'는 점에서 상통하고 있다.

의상은 당나라로부터 귀국 이후 부석사의 창사와 함께 국왕의 정책 시행에의 자문에 응하기도 하였다.

---

159 一然, 『三國遺事』, 「義解」, '義相傳教'.
160 一然, 『三國遺事』, 「紀異」, '文虎王 法敏'.

이때 의상법사가 이 소식을 듣고 상서하였다. "왕의 정치와 교화가 밝으면 비록 풀밭 언덕에 선을 그어 놓고 성이라 하여도 백성이 감히 넘나들지 못하여, 재앙을 없애고 복이 오게 할 수 있습니다. 그러나 정교가 밝지 못하면 비록 장성이 있다 하더라도 재해가 사라지지 않을 것입니다."[161]

의상은 경사 즉 수도에 성을 쌓으려는 문무왕에게 정치와 교화가 밝으면 풀밭 언덕에 선을 그어놓아도 백성이 감히 넘어서지 못하지만 정교가 밝지 못하면[不明] 장성이 있다 하더라도 재해가 사라지지 않을 것이라고 역설하여 축성을 중단케 하였다. 의상이 역설한 정도(正道)는 이후 신라의 정치와 교화에 큰 기준이 되었다.

일연은 정교 즉 정치와 교화의 밝음에 대해 역설하여 축성 중지를 건의한 의상의 살림살이에 대해 주목하였다. 그것은 그가 살았던 고려 당대에 의상과 같이 바른 말을 하는 실천적 지성인이 요청되는 시대였기 때문으로 이해된다. 의상은 원효와 함께 이러한 실천적 지성인 혹은 지성적 실천가로서 일연에 의해 소환된 것으로 짐작된다.

(2) '금산보개화신'과 관음 친견

평생 동안 계율을 잘 지키며 수행하고 강학한 의상은 금산 보개여래의 화신으로 널리 알려졌다.

세상에 전하기로 의상은 금산 보개여래의 화신이라고 한다.[162]

161 一然, 『三國遺事』, 「紀異」, '文虎王 法敏'.
162 一然, 『三國遺事』, 「義解」, '義相傳敎'.

예전에 의상법사가 처음 당나라에서 돌아와 관음보살 진신이 바닷가 동굴 속에 머물고 있다는 말을 듣고, 낙가산(洛迦山)이라고 했다는 말을 들었다. 아마 서역에 보타락가산(寶陁洛迦山)이 있는데 우리말로 번역하면 소백화(小白華)라는 뜻이니 백의대사(白衣大士, 觀世音菩薩)의 진신이 머무르는 곳이므로 그 이름을 빌려 지은 것이다. 의상대사가 7일을 재계하고 다리를 펴 물 위에 띄웠더니 용천팔부(龍天八部)의 시종들이 그를 동굴 안으로 인도하여 들어가 공중에 참례하니 수정염주(水晶念珠) 한 벌을 주므로 받아가지고 물러나오는 데 동해 용왕이 또 여의주(如意珠) 한 개를 주었다. 대사가 받아가지고 나와 다시 7일을 재계하고야 진신을 모습을 뵈니 진신이 말하였다.

"이 자리 위의 산꼭대기에 대나무 한 쌍이 솟아날 것이니 바로 그 자리에 불전을 짓는 것이 좋으리라." 법사가 듣고 동굴에서 나와 보니 과연 대나무가 솟아난지라, 이에 금당을 짓고 관음존상을 모시니 원만한 모습과 아름다운 형상이 엄연하여 하늘이 내려준 듯하였다. 대나무는 곧 없어졌으니, 바로 보살의 진신이 머무른 곳임을 알겠다. 이 때문에 그 절 이름을 낙산사(洛山寺)라 하고, 법사가 얻은 두 가지 구슬은 성전에 모셔 놓고 떠났다.[163]

일연은 이 대목에서 의상과 원효를 비교하여 의상은 두 차례 재계한 결과 관음진신을 친견하고 수정 염주 한 벌을 받고, 동해 용왕에게 또 여의주 한 개를 받았다고 기술하고 있다. 이와 달리 원효는 눈앞에 나타난 관음보살을 알아보지 못하였고, 다시 성굴에 들어가 진신의 보습

163 一然, 『三國遺事』, 「塔像」, '臺山二大聖 觀音 正聚 調信'.

을 뵈려 했으나 풍랑이 크게 일어 들어가지 못하고 떠났다고 기술하고 있다. 이 대목에서 일연은 의상과 원효에 대해 기술하는 방식이 달랐던 것으로 짐작된다.

의상이 끝내 관음보살을 친견하고 동해 용왕에게 여의주 한 개를 받았다고 기록한 것은 이곳이 의상이 창건한 낙산사라는 점을 고려했던 것으로 이해된다. 반면 원효가 관음보살을 알아보지 못하고 다시 성굴에 들어가 관음 진신의 모습을 보지 못하고 떠나갔다는 것은 의상에 대한 조연으로서 원효를 보여주는 대목으로 이해된다. 하여튼 일연은 세상에서 의상을 금산 보개여래의 화신으로 일컬었다는 사실을 소개하고 있다.

3) 부석사와 화엄 십찰

(1) '부석지보개'

일연은 신라 법흥왕의 불교 공인과 이차돈의 몸바침에 대해 기술하는 대목에서 의상을 '부석사의 보개여래' 즉 보개여래의 화신으로 평가하고 있다. 그는 먼저 태청 초(547)에 양나라 사신 심호(沈湖)가 석가의 사리를 가져왔고, 천가(天嘉) 6년(565)에는 진(陳)나라 사신 유사(劉思)와 승려 명관(明觀)이 불경을 가지고 왔다고 적고 있다.

이어 일연은 '절들이 별자리처럼 늘어서고', '탑들이 기러기처럼 날아가며', '불법의 깃발을 세우고', '불교의 거울을 달자' '이름 높은 승려들이 천하의 복밭이 되고', '대승과 소승의 불법이 서울의 자비로운 구름이 되어 온나라를 덮었다.'고 하였다.

또 '여러 곳의 보살이 세상에 나타나기도 하였으며'[분황사의 진나, 부석사의 보개, 낙산사의 오대 등을 말한다], '서역의 이름 있는 승려들이 이 땅에 오니,' 이로 말미암아 삼한을 병합하여 한 나라를 이루고 온 세상을 합해 한 집안이 되었다. 그런 까닭에 그의 공덕을 하늘 길의 나무에 쓰고, 신성한 행적을 은하수에 비추었으니 어찌 삼성[아도, 법흥, 염촉]의 위덕이 이루어진 것이 아니겠는가?라고 하였다.

이처럼 일연은 신라 불교의 무성함이 안으로는 분황사의 진나, 부석사의 보개, 낙산사의 오대 등으로 인해 이루어져 서역의 이름 높은 고승들이 이 땅에 왔으며, 이러한 위덕은 아도, 법흥, 염촉으로 인해 이루어졌다고 기술하고 있다. 여기서 그는 부석사의 보개 즉 의상을 보개여래의 화신으로 드높이고 있다. 이러한 일연의 드높임은 이후 의상에 대한 평가의 주요 기준이 되었다.

(2) 십대 제자와 화엄 십찰

의상은 10대 제자와 3천 제자를 배출하여 육성하였다는 사실은 잘 알려져 있다. 그의 십대 제자에 대해서 「의상전교」에서는 각각의 인명들을 밝히고 있다.

제자로는 오진 지통, 표훈, 진정, 진장, 도융, 양원, 상원, 능인, 의적 등 10대덕이 우두머리가 되니 모두 아성[성인 다음 가는 현인]이었고 각각 전기가 있다.[164]

그러면서도 일연은 특히 밤마다 부석사의 등불을 켠 오진, 의상에게 추동에서 『화엄대전』의 가르침을 직접 받고 매우 조예 있는 문사와 오

164 一然, 『三國遺事』, 「義解」, '義相傳教'.

묘한 의미를 담은 『추동기』를 정리한 지통, 불국사에 머물면서 천궁에 왕래한 표훈에 대해 거론하고 있다.

의상의 화엄 원교를 배운 제자들은 다시 그의 가르침을 널리 펴기 위해 전국에 화엄 10찰을 세웠다.

의상은 이에 10개의 가르침을 전하였다. 태백산의 부석사, 원주의 비마라사, 가야산의 해인사, 비슬산의 옥천사, 금정산의 범어사, 남악[지리산]의 화엄사 등이 그곳이다.[165]

화엄 십찰의 숫자에 대해서는 일정하지 않지만 여러 기록을 종합해 보면 대개 12개 사찰의 이름을 알 수 있다. 최치원은 『당대천복사고사번경대덕법장화상전』(이하 法藏和尙傳, 904)에서 처음으로 화엄십찰에 대해 언급하고 있다.

그는 『법장화상전』 제9과의 할주(割註)에서 "해동에 화엄의 큰 배움터[大學]로 10산이 있으니, 중악 (팔)공산 미리사, 남악 지리산 화엄사, 북악 부석사, 경주 가야산 해인사 · 보광사, 웅주 가야협 보원사, 계룡산 갑사, 『괄지지』에 이르기를 삭주 계람산 화산사, 양주 금정산 범어사, 비슬산 옥천사, 전주 모(악)산 국신사, 한주 부아산 청담사 등 이들 십여 곳이다"[166]고 하였다.[167]

165 一然, 『三國遺事』, 「義解」, '義相傳敎'.

166 崔致遠, 『唐大薦福寺故寺主飜經大德法藏和尙傳』(『한국불교전서』 제3책, p.775하). "第九科曰: ……斯實闍燭, 龍之眼頓, 放光明織, 火鼠之毛, 益彰奇特, 誘令一國, 學徧十山, [海東華嚴大學之所有十山焉. 中岳公山美理寺, 南岳智異山華嚴寺, 北岳浮石寺, 康州伽耶山海印寺 普光寺 熊州迦耶峽普願寺, 鷄龍山岬寺. 『括地志』所云鷄藍山是朔州華山寺, 良州金井山梵[語]魚寺, 毗瑟山玉泉寺, 全州毋(岳)山國神寺, 更有如漢州負兒山靑潭寺也. 此十如所."; 崔致遠, 『唐大薦福寺故寺主飜經大

일연은 화엄 10찰 중 6개의 사찰만 거론하고 있으나 다른 기록에 의하면 나머지 6찰의 이름도 확인할 수 있다. 화엄 10찰 중 나머지 6찰은 삭주 계람산 화산사, 비슬산 옥천사, 전주 모(악)산 국신사, 김제 귀신사, 공주 갑사, 한주(서울) 부아산 청담사 등이다.[168]

일연은 "잡화(화엄)를 캐어내 고국에 심으니/ 종남산(당)과 태백산(신라)이 같은 봄이로다"[169]는 싯구로 의상의 살림살이를 기리고 있다. 이처럼 그는 의상의 살림살이를 '법사'와 '전교', '서도관화'와 '남천저본색', '부석지보개', '국내면'과 '정도의 역설', '금산보개화신'과 '관음 친견', '십대제자'와 '화엄십찰'로 수렴해 내고 있다. 이처럼 의상의 살림살이에 대한 일연의 수렴은 이후 의상 형상 정립과 유포에 일정한 기준으로 자리했다.

德法藏和尙傳』, 『崔文昌候全集』 續集 傳, 성균관대 대동문화연구원(影印), 1972, pp.242-283.

167 高榮燮, 「원효의 화엄학: 광엄과 보법의 긴장과 탄력」, 『원효학연구』 제5집, 원효학연구원, 2000; 高榮燮, 『원효탐색』, 서울: 연기사, 2002(2005); 高榮燮, 『분황 원효의 생애와 사상』, 서울: 운주사, 2016; 高榮燮, 『붓다와 원효의 철학』, 서울: 동국대학교출판문화원, 2021; 高榮燮, 『한국의 불교사상』, 서울: 박이정, 2022. 현존 발굴결과 청담사의 '사찰 규모가 너무 작다'(정병삼, 앞의 글, p.145)는 지적과 2018년 고양 벽제 목암지구 도시개발사업부지 내 문화유적에 대한 발굴조사 과정에서 '청담사'명 기와가 또다시 확인되어 과연 이곳이 청담사인가에 대한 비판적 글도 제기되었다. 하지만 도로와 인접해 있는 청담사의 성격상 驛院사찰 혹은 院館일 가능성도 있어 파주 지역의 '惠陰院'과 대비해 연구해야 할 필요성이 있다. 최연식, 「고려시대 院館 사찰의 출현과 변천과정」, 『이화사학연구』 제52호, 2016 참조. 〈뉴시스〉 2008년 5월 2일자.(2020.5.18. 검색). 근래에 은평구 진관내동 일대 뉴타운 예정지에서 '청담사'라고 쓴 銘文 평기와 5점을 발견했다.

168 高榮燮, 「김제 모악산 귀신사의 역사와 인물」, 『한국불교사연구』 제17호, 한국불교사학회 한국불교사연구소, 2020년 제17호.

169 一然, 『三國遺事』, 「義解」, '義相傳敎'. "采采雜華栽故國, 終南太伯一般春."

5. 원효像과 의상像의 정립과 유포

원효 행장과 의상 본기가 온전한 전기가 전해지지 않는 지금 우리가 알고 있는 대부분의 형상은 일연에 의해 기술된『삼국유사』의 원효상과 의상상이라고 할 수 있다. 일연에 의해 정립된 원효상과 의상상은 한국인들의 의식 속에 깊이 각인되어 있다. 그리고 일연에 의해 정립된 이들의 형상은 오늘날 동아시아에 원효상과 의상상으로 유포되고 있다는 점에서『삼국유사』의 원효 형상과 의상 형상은 여전히 주목되고 있다.

일연은 원효의 살림살이를 크게 1) 무애가풍과 소성거사 ①'불기'와 '성사', ②'실계생총'과 '소성거사', 2) 끝내 절필과 현실 참여 ①'종내절필'과 '개식불타지호', ②'화독화란'과 관음 친견 3) 분황사와 회고상 ① '분황지진나', ②'각승'과 '회고상'으로 수렴해 12폭의 일대기로 촬요해 내고 있다. 이들 12폭은 이후 원효 이해의 기본 정보로 자리를 잡아왔다.

일연은 의상의 살림살이를 크게 1) 서쪽 유학과 원교 법사 ①'법사'와 '전교', ②'서도관화'와 '남천저본색', 2) 국난 극복과 현실 참여 ① '국(난)내면'과 '정도의 역설', ②'금산보개화신'과 '관음 친견', 3) 부석사와 화엄 십찰 ①'부석지보개', ②'십대제자'와 '화엄십찰'로 수렴해 10폭의 일대기로 수렴해 내고 있다. 이들 10폭은 이후 의상 이해의 기본 정보로 자리를 잡아왔다.

이처럼 일연은『삼국유사』의 원효와 의상에 대한 인식을 원효상과 의상상으로 정립하고 유포하였다. 오늘날 우리가 알고 있는 원효와 의상에 관한 사실과 기억은 대부분 일연에 의해서 기술되고 표현된 것이라고 할 수 있다.

일연은 국사이면서 선사로서 당시의 백성들에 대한 따뜻한 보살의 마음이 있었다. 그가 이 책에서 원효와 의상에 주목한 것도 신라불교의 난숙기를 일구어낸 이들의 인간적인 면모에 주목한 까닭이었다. 요석과 육체적 인연을 맺은 원효와 선묘와 정신적 인연을 맺은 의상은 한국의 대표적 철학자이자 사상가로서 자리를 잡았다. 그리고 이들이 보여준 살림살이와 사고방식은 이후의 불자들에게도 깊은 영향을 미쳤다.

일연은 원효가 실계를 하여 설총이 태어난 것과 『화엄경』에서 말한 "일체의 무애인이 한 번에 생사의 길에서 벗어난다"는 뜻을 취하여 그가 이름을 '무애'로 짓고, 노래를 만들어 세상에 유포했던 것도 모두 '불기'의 가풍에서 펼쳐낸 것으로 보았다. 이처럼 일연은 원효의 살림살이를 '불기'와 '성사', '실계생총'과 '소성거사', '종내절필'과 '개식불타지호', '화독화란'과 관음 친견, '분황지진나'와 '각승'과 '회고상'으로 수렴해 내었다.

원효의 '불기 가풍'에서 보면 '재가'다 '출가'다, '거사'다 '대사'다 하는 분별과 경계는 의미가 없다. 일연은 그런 분별과 경계 너머에서 원효를 '성사'로 표현한 것이다. 일연은 고대 당시의 불교 현실에서 원효와 같은 성사의 출현을 염원하였던 것으로 짐작된다. 그것은 대몽항쟁기와 몽골간섭기의 고려 불교 현실을 통해서도 짐작해 볼 수 있다.

또 일연은 의상의 살림살이를 '법사'와 '전교', '서도관화'와 '남천저본색', '국(난)내면'과 '정도의 역설', '금산보개화신'과 '관음 친견', '부석지보개'와 '십대제자'와 '화엄십찰'로 수렴해 내었다. 그는 의상의 투철한 지계 의식과 열정적인 제자 육성에 주목하였다. 일연은 당시 고려의 참담한 현실에 직면하면서 한국불교의 정체성과 인식틀을 수립한 신라불교의 난숙기를 일궈낸 의상을 소환했던 것으로 이해된다. 일연의 의상의 살림살이에 대한 수렴은 이후 의상상 정립과 유포에 일정한 기준으로 자리했다.

6. 매듭짓는 말

한국인의 경전이자 수트라인 『삼국유사』에는 한국인들의 유전인자가 새겨져 있다. 찬자인 인각 일연(麟角一然, 1206~1289)은 전통과 역사에 대한 남다른 인식이 있었다. 그는 고조선[왕검조선]부터 고려 후기에 이르기까지 이 땅의 신화와 인물, 역사와 문화, 신앙과 수행, 서지와 기록, 민속과 설화, 시가와 향가, 기후와 풍토 등을 『삼국유사』에 담아내었다. 이 때문에 『삼국유사』는 한국정신문화대백과사전이며 국학 혹은 한국학의 소의경전이라고 할 수 있다.

일연은 신라의 대표적인 실천적 지성인이자 지성적 실천가로서의 원효와 의상에 주목하였다. 그는 몽골 침략과 원 간섭기를 살면서 신라불교의 난숙기를 수놓은 원효와 의상을 민족의 사표로서 내세우고자 하였다. 이 때문에 일연은 요석과의 인연으로 실계하여 설총을 낳았음에도 불구하고 원효를 '성사' 혹은 '보살의 후신'으로 파악하였다. 동시에 투철한 지계의식과 열정적인 후학 양성에 전력투구한 의상을 '원교법사' 혹은 '여래의 화신'으로 소환하였다.

일연이 『삼국유사』에서 바라본 원효는 '불기(不羈) 가풍'과 '각승(角乘) 가풍'을 지닌 성사이다. 그는 '절필'과 '실계'를 통해 대중 속으로 들어간 원효의 삶을 12개 조목에 담아내었다. 일연은 원효의 살림살이를 '불기'와 '성사', '실계생총'과 '소성거사', '종내절필'과 '개식불타지호', '화독화란'과 관음 친견, '분황지진나'와 '각승'과 '회고상'으로 수렴해 내었다. 또 일연이 『삼국유사』에서 바라본 의상은 그의 십대제자'와 그들에 의해 설립된 '화엄십찰'이다. 그는 화엄 경교를 실천한 '행자'이자 화엄 원교를 전했던 '법사' 의상의 삶을 10개 조목에 담아내었다. 일연은 의상의 살림살이를 '법사'와 '전교', '서도관화'와 '남천저본색', '국(난)내면'과 '정도의 역설', '금산보개화신'과 '관음 친견', '부석지보개'와 '십대제자'와 '화엄십찰'로 수렴해 내었다.

이처럼 일연은 이들의 호명과 소환을 통해 당시 고려 불교계가 직면한 과제를 해결하기 위한 대안으로 삼고자 하였다. 그는 '절필'과 '실계'로 통해 대중 속으로 들어간 원효의 보살(성사)적 삶에 주목하였다. 그리하여 일연은 원효에게서 '불기 가풍'과 '각승 가풍'을 불러내고자 하였다. 또 일연은 의상에게서 '화엄 행자'와 '원교 법사'의 가풍을 통해 대중 속으로 들어간 의상의 여래적 삶에 주목하였다. 그리하여 의상에게서 '화엄 행자'와 '원교 법사'의 가풍을 불러내고자 하였다. 그의 이러한 일련의 노력은 이들이 일연 당시 불교계가 직면한 과제를 해결하기 위한 대안으로 보았기 때문이다. 이를 토대로 하여 일연은 두 사람의 실천적 지성성과 지성적 실천성을 고려 불교의 현실에 접목하고자 하였다. 이러한 그의 노력은 이후 원효와 의상 형상의 정립과 유포에 커다란 영향을 미쳤다.

제2장

『삼국유사』의 가족과 여성

김일명

1. 머리말

『삼국유사』(三國遺事)는 제목에서 알 수 있듯이 무엇인가 '빠져 있는 이야기'이다. 지나간 시대의 기록 가운데 어떤 것들이 본질적으로 빠져 있다는 생각이 없었다면 편찬자 일연(一然, 1206~1289)이 70여 세의 나이에 남은 생의 에너지를 쏟아 넣지는 않았을 것이다.[170] 여기서 빠진 것은 인간의 모습이며 그 관계성으로 변주되는 이야기이다. 기이(?)하고 뭉클한 인간의 모습을 통해 빠진 부분의 조각들을 만들어 가는 과정이다.

『삼국유사』는 여러 분야에서의 많은 성과물[171]들을 축적해 왔고, 최

170 김일명(a), 「삼국유사에 나타난 가족윤리에 관한 연구」, 동국대학교 박사학위 논문, 1995, p13.

171 『삼국유사』의 연구를 볼수 있는 편저들의 목록은 아래와 같다.(년도는 논문이 발표된 시점이 아니고 편저로 간행된 시점임)

근 『삼국유사』를 인문학적으로 접근하려는 기획[172]등으로 그 외연이 점점 넓어지고 있다. 본 연구에서는 『삼국유사』에 나타난 가족과 여성 관련 기사들을 통해 이 책에서 보여주고 있는 관계적 특성을 살펴보고자 한다.

가족은 시대와의 호흡 속에서 쉼 없이 살아 움직이는 생물체이다. 개인으로서의 가족원은 인류의 역사에서 발견되는 보편적인 쉼터인 ’가족‘에 담겨 있으며 사회의 기본적 단위로서의 가족은 개인과 사회의 관계 속에 깃들어 사는 연기적 존재이다. 인간의 기본적인 욕구가 가장 적나라하게 표출되는 공간으로서의 가족은 시대와의 흐름 속에서 욕구의 수준을 조절해 왔다.[173]

역사적 방법으로 가족을 분석한 연구들은 신라왕실의 혼인제에 관한 것이나 고구려, 백제, 신라, 후삼국 시대의 왕실의 배우자 수에 관한 연구[174], 혼인거주 규칙등을 다룬 연구[175] 및 신라왕위 계승을 다룬 연구[176] 등 주로 가족제도와 의례적인 측면에 그 초점을 맞추고 있다. 이 연구에서는 『삼국유사』 속 가족과 여성에 관한 기사들을 전수조사 형

중앙승가대학 불교사학 연구소 편, 『일연과 삼국유사』, 총 17권, 아름 출판사, 1992; 민족문화 연구회 편, 『삼국유사 연구 (上)』, 영남대 출판부, 1983; 김열규 편 『삼국유사와 한국문학』, 학연사, 1983; 김열규 · 신동욱 편, 『삼국유사의 문예적 가치 해명』, 새문사, 1982; 동북 아세아 연구회 편저, 『삼국유사의 연구』, 중앙출판, 1982; 진단학회, 「삼국유사에 대한 종합적 검토」, 『진단학보』 36, 1973; 명계환, 「삼국유사의 불교관련 문헌과 과제」, 『불교철학』 제9집, 2021, pp.177-216.

172 한국불교사학회 한국불교사 연구소의 『삼국유사의 인문학적 탐구 I 』(2018), 『삼국유사의 인문학적 탐구II』(2023) 등을 통해 삼국유사 전수조사를 통한 연구의 지평을 넓히고 있다.

173 김일명(b), 「불교적 가족관－혈연에서 인연으로, 돌봄과 관계의 가족 생태계」, 『불교사회복지연구』 제3호, 2007, p.53.

174 최재석(a), 『한국 가족 제도사 연구』, 일지사, 1983.

175 최재석(b). 『한국 고대 사회사 연구』, 일지사, 1990.

176 박혜현, 「신라 경덕왕대의 외척세력」, 『한국 고대사회의 지방지배』, 신서원, 1987.

식으로 검토하여 논의를 전개하고자 한다. 그러나 가족과 여성의 범위가 넓어서 이 연구에서는 그 범위를 한정하여 논의를 전개하였다. 우선 가족 내에는 여러 관계 들이 존재하고 있으나 이번 연구에서는 가족 형성 과정 중에서 중요한 요소인 결혼 선택의 조건과 가족 유형의 특징을 중심으로 살펴보고자 한다.

한편 여성의 경우 성행동과 재산권을 통해 살펴보고자 한다. 사회제도로서의 결혼은 기존의 사회체계 내에서 작동하는 제 권력 관계의 반영인데 특히 재산과 성이라는 문제와 연관되어 나타나기 때문이다. 이러한 점에서 인간이 추구하는 권력과 부의 불평등 이상으로 인류 역사에서 불평등해 온 것 중의 하나가 성차별임을 전제로 하면서 가족생활과 사회생활에서 한국 여성들의 삶이 어떻게 영위되어왔는가를 혼인을 통하여 규명하고자 한 연구[177]는 많은 시사점을 제공한다.

『삼국유사』를 통하여 이 연구에서 살펴보고자 하는 영역과 관련된 기사를 분류하고, 문헌 중심의 학제적 접근방법을 선택하였다. 그러나 선행연구의 부족과 사적인 문헌 자료의 부족을 극복하고자 역사. 사회 맥락적 시각[178]을 활용하고자 한다. 결혼과 성행동, 재산권 등 가족 및 여성과 관련된 내용은 그것과 관련된 기사가 여러 곳에 있어서 법제상의 조문과 실제로 행해진 관행과는 구별되어야 함을 전제로 한다.[179]

즉 실제의 것과 법제의 것은 서로 모순되는 경향이 있고 이런 경우

177 박혜인, 『한국의 전통 혼례 연구』, 고려대학교 민족문제 연구소, 1988.

178 최재석(c), 『한국 고대 사회사 방법론, 일지사, 1987, p 491에서 고대 사회사에서 하나의 요소적 제도는 그 자체만의 연구로 끝나서는 안 되고, 관련성 있는 사회 구조 내의 다른 요소들과 관련을 맺어서 보아야만 더욱 타당한 고찰이 될 수 있다고 강조하고 있다.

179 최재석(c), 위의 책, p.506.

하나의 기사나 제도에만 매달리는 경우 사실과 동떨어진 결론에 이르게 된다. 그러므로 가족의 성격은 법제나 규범이 아닌 그 가족이나 여성이 속하고 있는 사회의 시대적인 맥락에서 고려되어야 하며 이를 역사. 사회 맥락적 방법이라 한다.[180]

2. 『삼국유사』에 나타난 가족

〈표 1〉은 앞서 제시한 바와 같이 본 연구에서 가족의 영역에서 살펴볼 결혼 선택 조건 및 가족 유형 관련 수록 조목을 정리한 것이다. 〈표 1〉에 나타난 바와 같이 『삼국유사』 소재 결혼 선택 조건 및 가족 유형 관련 기사는 총 26 조목에 걸쳐있는데 이는 『삼국유사』 전체 138 조목[181] 중 19% 정도를 차지하고 있다.

그 분포상황을 보면 기이편에 16개, 흥법편에 1개, 탑상편에 2개, 의해편에 2개, 감통편에 2개, 효선편에 3개[182] 등이고 신주, 피은 편에는

---

180 최재석(c), 위의 책, pp.491-507.

181 김영태, 「삼국유사의 체제와 그 성격」, 『동국대 논문집』 13, 1974, p.14에서 아래와 같이 서술하고 있다.
삼국유사는 5권 9개의 편목으로 구성되어 있으며, 실제에 있어서 권별보다 편목이 중요하다고 볼 수 있다.
삼국유사는 9종의 事類로 이루어져 있다. 왕력 제 1, 제1권 기이 제1〈36 조목〉 제2권 기이 제2〈23 조목〉
제3권 흥법 제3〈6 조목〉, 탑상 제4〈31 조목〉, 제4권 의해 제6〈14 조목〉, 제5권 신주 6〈3 조목〉, 감통 제7〈10 조목〉, 피은 제8〈10 조목〉, 효선 제9〈5 조목〉 : 총 5권 9편 138 조목
이를 바탕으로 본 논문에서는 권 대신 편명으로 기재하고 기이편의 경우에도 권을 나누지 않고 기이 2로 통칭하여 사용하였다.

182 효선편에 있는 3개의 조목은 모두 유형 상으로는 한 부모 가족에 속하나 내용상으

보이지 않는다.

〈표 1〉 『삼국유사』 편별 결혼 선택 조건 및 가족 유형 관련 기사 보유 조목

篇名	條目名	해당 조목수	편당전체 조목수	편당 비율
紀異2	古朝鮮, 樂浪國, *高句麗 新羅始祖赫居世王, **第四脫解王, 延烏郎·細烏女, 智哲老王, 太宗 春秋公 神武大王·閻長·弓巴, 四十八景文大王, *處容郎. 望海寺, 眞聖女大王·居陁知, 金傅大王, 南扶餘·前百濟, *武王, **駕洛國記	16	59	27%
興法3	*阿道基羅	1	6	16%
塔像4	*金官城婆娑石塔, 洛山二大聖觀音·正趣·調信	2	31	6%
義解5	*元曉不羈 *蛇福不言	2	14	14%
神呪6		0	3	0%
感通7	*廣德·嚴莊, 金現感虎	2	10	20%
辟隱8		0	10	0%
孝善9	〈*眞定師孝善雙美, *大城孝二世父母, *貧女養母〉	3	5	60%
계		26	138	19%

* 표시가 없는 것 : 결혼선택조건 기사.
* 표시 : 가족유형 기사 〈효선편의 기사는 통계에는 넣었으나 논의에서는 제외함〉
** 표시 : 결혼선택조건기사-가족유형기사 모두 포함된것임.

로 불교적 효와 관련된 부분으로 이번 연구에서는 다루지 않았다. 김일명, 이정덕, 「삼국유사에 나타난 부모-자녀 간 윤리에 관한 연구」, 『한국가족관계 학회지』 1, 1996, pp.19-34 참조. 「진정사효선쌍미」조에서는 雙美의 의미가 자식의 봉양에 대한 부모의 따름을 함께 지칭했다는 점을 밝히고, 「대성효이세부모 신문왕대」조에서는 불교적 효가 전생과 현생의 부모를 모두 대상으로 하고 있음을 말하고자 했음을 살폈다 「빈녀양모」조에서는 앞서 진정과 어머니의 관계와 같이 불교적 효는 자식의 일방적 부모 봉양에만 한정되지 않음에 주목하여 첫 조목과 '雙美'의 관점에서 수미상관을 이루었다고 보았다. 신선혜, 「삼국유사 효선 편의 내용과 특징」, 『역사학연구』 88, 2022, pp.105-136 참조.

1) 가족 형성의 기초: 결혼 선택의 조건

『삼국유사』에 나타난 결혼 선택의 조건과 관련된 항목을 내용 분석하였다.(〈표 2〉)

〈표 2〉 『삼국유사』에 수록된 결혼 선택 조건 관련 기사

	篇名	條目名	內容	결혼 조건
1	紀異2	古朝鮮	時有一熊一虎同穴而居, 常祈, 于神雄願化爲人. 時神遺靈艾一炷蒜二十枚曰, '爾輩食之不見日光百日, 便得人形.' **熊虎得而食之忌三七日熊得女身, 虎不能忌而不得人身. 熊女者無與爲婚 故每於壇樹下** 呪願有孕. 雄乃假化而婚之. 孕生子號曰壇君王倹.	인성 (인내심)
2	紀異2	新羅始祖赫居世王,	於時乘高南望, 楊山下蘿井傍異氣如電光垂地, 有一白馬跪拜之狀. 尋撿之有一紫卵, 馬見人長嘶上天. 剖其卵得**童男形儀端美** —— 時人爭賀曰"今天子已降, 宜覔**有德女君配之.**"—— 是日沙梁里閼英井　一作娥利英井邉有雞龍現, 而左脇誕生童女 一云龍現死, 而剖其腹得之. **姿容殊麗** **二聖年至十三歲**, 以五鳳元年甲子男立爲王, 仍以女爲后.	외모 (형용단정, 자색 수려) 인성(덕), 연령13세
3	紀異2	第四脫解王	——爲時南解王知脫解是**智人**以長公主妻之, 是爲阿尼夫人	인성(지혜)
4	紀異2	智哲老王	**王陰長一尺五寸**難於嘉耦發使三道求之. 使至牟梁部, 冬老樹下見二狗嚙一屎塊如皷大爭嚙其兩端. 訪於里人, 有一小女告云, "此部相公之女子洗澣于此隱林而所遺也." 尋其家檢之**身長七尺五寸**. 具事奏聞, 王遣車邀入宮中封爲皇后, 群臣皆賀.	신체적 조건
5	紀異2	四十八景文大王	王曰"請聞其說." 郎曰"有人爲人上者而撝謙坐於人下其一也, 有人豪富而衣儉易其二也, 有人本貴勢而不用其威者三也." **王聞其言而知其賢**, 不覺墮淚而謂曰, "朕有二女, 請以奉巾櫛."	인성 (현명함)

	篇名	條目名	內容	결혼 조건
6	紀異2	眞聖女大王 · 居陁知,	於是老人出而謝曰, "**受公之賜. 全我性命, 請以女子妻之.**" 居陁曰, "見賜不遺固所願也." 老人以其女變作一枝花納之懷中,	은혜갚음
7	紀異2	金傅大王	"我伯父億廉 有女子, **德容雙美**. 非是無以備內政." 太祖娶之, 是爲神成王后金氏.	인성(덕), 외모 (아름다움)
8	紀異2	南扶餘 · 前百濟	史本記云. "百濟始祖温祚, 其父雛牟王, 或云朱蒙. 自北扶餘逃難至卒本扶餘. 州之王無子只有三女, 見朱蒙知**非常人**以第二女妻之.	능력 (비상인: 보통사람이 아님)
9	紀異2	武王	第三十武王名璋. 母寡居築室於京師南池邊, 池龍文通而生小名薯童. **器量難測**. 常掘薯蕷賣為活業. 國人因以爲名.	인성 (도량넓음) 능력(재능)
10	紀異2	駕洛國記	"大王降靈已來好仇未得, 請臣等所**有處女絕好者選入宮**闈俾爲伉儷. ── "妾是阿踰陁國公主也, 姓許名黃玉, **年二八矣**. ── 王荅曰 "朕生而頗聖, 先知公主自遠而屆, 下臣有納妃之請不敢從焉. 今也**淑質**自臻眇躬多幸."	인성 (얌전함, 현명, 현숙함) 연령(16)
11	塔像4	洛山二大聖觀音 · 正趣 · 調信	信到莊上悅□守金昕公之女惑之深. ── "予之始遇君也**色美**年芳衣袴稠鮮. 一味之甘得與子分之, 数尺之煖得與子共之出處五十年, 情鍾莫逆**恩愛**綢繆可謂厚緣.	외모 (용모단정) 은혜. 사랑
12	感通7	金現感虎	照燈下就之有老父嫗及處子環火而坐, **其女年方十四五. 雖蓬髮垢衣雪膚花臉擧止妍媚** ── 其女見客方止修容靚粧自帷箔間出, 有閑雅之態猶過初時. 澄曰 "**小娘子明惠過人甚**. 幸未婚敢請自媒如何." 翁曰 "不期貴客欲採拾豈定分也." 澄遂修子婿之禮, 澄乃以所乘馬載之而行	14, 5세외모 (흰살결, 꽃) 인성(총명)
13	紀異2	太宗 春秋公	"第二十九大宗大王名春秋姓金氏. 龍樹 一作龍春. 角干追封文興大王之子也, 妣真平大王之女天明夫人. 妃文明皇后文姬即庾信公之季妹也 ── 庾信與春秋公正月午忌日 見上射琴匣事, 乃崔致遠之說. 蹴鞠于庾信宅前 ── 公知庾信之意遂幸之, 自後數數來往. 庾信知其有娠乃嘖之曰, "爾不告父母而有娠何也", 乃宣言於國中欲焚其妹. 一日俟善德王遊幸南山積薪於庭中	정치적 이익

	篇名	條目名	內容	결혼 조건
			焚火烟起.──" 王曰 "是誰所爲", 時公昵侍在前顔色大變. 王曰 "是汝所爲也速往救之." 公受命馳馬傳宣沮之, 自後現行婚禮."	
14	紀異2	神武大王 · 閻長 · 弓巴	"第四十五神武大王潛邸時, 謂俠士弓巴曰, "我有不同天之讎. 汝能爲我除之, 獲居大位則娶爾女爲妃." 巴聞之大怒曰, "爾輩諫於王而廢我女, 胡顧見我乎."	정치적이익
15	紀異2	四十八景文大王	──"王之上公主兒甚寒寢, 第二公主甚美, 娶之幸矣." ──郎之徒上首範教師者聞之,── 師曰 "郎若娶弟則予必死於郎之面前, 娶其兄則必有三美, 誡之㦲."旣而過三朔, 王疾革召群臣曰, "朕無男孫, 窀穸之事宜長女之夫膺廉繼之.──於是範教師詣於王曰──王與夫人喜甚三也."	정치적 이익
16	紀異2	金傅大王	"乃使侍郎金封休齎書請降於太祖…太校勘 113 祖受書, 送太相王鐵迎之── 以長女樂浪公主妻之. 今王以國與寡人其爲賜大矣. 願結婚於宗室以永甥舅之好." 王荅曰 "我伯父億廉 王之考孝宗角干追封神興大王之弟也. 有女子, 德容雙美. 非是無以備內政." 太祖娶之, 是爲神成王后金氏."	정치적 이익

〈표 2〉에서 나타난 바와 같이 『삼국유사』 소재 결혼 선택 조건 관련 기사는 총 16개 조목에 걸쳐있는데 「기이」편에 14개, 「탑상」편에 1개, 「감통」편에 1개로 나타났다. 이들 16개 조목의 내용을 간단히 정리하면 아래와 같다.

1) 고조선－사람이 되기 위해 곰과 범이 쑥과 마늘을 먹고, 햇빛을 꺼리지 못한 호랑이는 사람의 몸을 얻지 못하고 견뎌낸 곰이 여자가 되어 환웅과 혼인하여 단군왕검을 낳았다.

2) 신라 시조 혁거세 왕－형용이 단정하고 아름다운 사내아이(혁거세)와 자색이 뛰어나고 고운 여자아이(아리영)가 있었다.[183] －천자

가 땅 위에 내려왔으니 덕 있는 여군을 찾아 배필을 정해야겠다. – 두 성인의 나이 열세 살이 되자 오봉 원년 갑자에 남자는 왕이 되고 왕후를 삼았다.[184]

3) 제4 탈해왕 – 남해왕이 탈해가 지혜 있는 사람으로 알고 만공주로 써 아내를 삼게 하였다.

4) 지철로왕 – 왕의 생식기 길이가 1척 오촌이나 되어 걸맞는 배필을 구하러 사람을 보내어 찾게 하여 신장이 7척 5촌 되는 배우자를 구하였다.

5) 사십팔 경문 대왕 – (왕 앞에서 국선 시절 응렴이 행실이 좋은 세 사람에 대해 하는 말을 듣고) 왕이 그가 현명함을 알고 눈물을 지으며 '내게 딸이 둘 있는데 그대의 아내로 정해주기 바란다.[185]

6) 진성여대왕 · 거타지 – 노인이 나와 치사를 하면서 '당신의 덕택으로 목숨을 보전했으니 내 딸을 아내로 삼아달라.

7) 김부 대왕 – 백부 되는 억렴이 딸을 두었는데, 덕과 아름다움을 모두 갖추고 있어 능히 안살림을 맡을만합니다 고 하여 태조가 장가를 드니 이가 신성 황후 김씨 이다.[186]

8) 남부여 · 전백제 – 이 지방의 왕이 아들은 없고 딸이 셋이 있었는데

---

183 잘 알다시피 혁거세와 아리영은 신라 천년을 여는 주인공들이다 동질혼이란 이런 것이라는 것을 적나라하게 보여주는 부부이다. 김일명(c), 「삼국유사 결혼을 디자인 하다1 – 내가 있고, 네가 있다 –」, 『문학 · 사학 · 철학』 창간호(통권 8호), 2007, p.125. 동질혼의 교과서적 개념은 간단하게 이렇게 표현된다. 결혼에서의 동질성 이론은 연령, 교육수준, 지능, 사회적 지위, 종교, 인종, 흥미와 태도, 가치관, 외모 등의 유사성이 배우자를 선택하는 조건으로 작용한다는 이론이다. 김일명 외 4명, 『결혼과 가족의 이해』, 신정 출판사, 2002, p.116.

184 一然, 『三國遺事』, 「紀異」 2, 新羅始祖 赫居世王 條.

185 一然, 『三國遺事』, 「紀異」 2, 四十八景文大王 條

186 一然, 『三國遺事』, 「紀異」 2, 金傅大王 條

주몽이 보통사람이 아닌 것을 알고 둘째 딸로 아내를 삼게 했다.

9) 무왕－무왕의 이름은 장이고 그의 어머니가 남지에서 집을 짓고 홀로 살다가 그 못의 용과 상관하며 그를 낳아 아명은 서동이다. 재능과 도량을 헤아릴 수 없었다. 평소에 마를 캐어 팔아서 생업을 삼아 사람들이 그렇게 이름을 지었다.

10) 가락국기－대왕께서 하늘로부터 내려오신 이래로 아직 좋은 배필을 얻지 못하였으니 저희 들의 딸 중에 제일 얌전한 자를 뽑아서 대궐로 들여 배필로 삼도록 청합니다.[187]－

저는 아유타국 공주로서 성은 허요, 이름은 황옥이며 나이는 열여섯입니다.－

미리 공주가 멀리서부터 올 것을 짐작하고 신하로부터 왕비를 들이라는 청이 있었으나 듣지 않았다. 이제 현숙한 그대가 절로 왔으니 커다란 행복이다.

11) 낙산 이대성 관음 · 정취 · 조신－조신이 김흔공의 딸을 좋아하여 반해 사랑이 성공할 것을 빌었으나 현실에서는 여자에게 배필이 생겼다. 잠깐의 꿈속에서 부부가 되었는데, 조신이 말하기를 "당신을 처음 만났을 때 젊고, 얼굴이 아름답고 살면서 은혜와 사랑이 더해갔다.

12) 김현 감호－처자의 나이가 14-5세 되었는데 징이 시위의 예를 치르고 말에 태워 데리고 갔다. －눈같이 흰 살결, 꽃 같은 얼굴에 몸가짐이 어여쁘고 고왔다. 따님이 매우 총명한데 아직 혼사를 안 했으면 중매를 청합니다.

---

187 一然,『三國遺事』,「紀異」2, 駕洛國記 條

13) 태종춘추공

14) 신무 대왕－염장. 궁파(신무 대왕과 장보고의 딸[188])

15) 사십팔 경문 대왕

16) 김부 대왕 조에 해당하는 내용 들의 공통적 특징은 정치적 이익을 극대화하기 위한 결혼 선택의 조건을 나타낸다.

위의 기사를 내용 분석해서 결혼 선택의 조건을 인성, 신체적 특성과 외모, 연령, 능력, 은혜 갚음, 정치적 이익의 영역으로 범주와 하였다. 결혼 선택 조건에서 가장 많이 언급된 내용은 다양한 인성의 측면이다. 인성이 언급된 기사는 9개(1, 2, 3, 5, 7, 9, 10, 11, 12)이고, 인성의 측면을 남성에게는 '지혜로움' '현명함' '도량이 넓음'을 강조하고 있었고, 여성에게는 '인내심',[189] '덕' '얌전함' '현명함' '현숙함' '은혜와 사랑' '총명함' 등을 강조하고 있음을 알 수 있다.

신체적 특성과 외모는 5개 기사에 나타나 있다(2, 4, 7, 11, 12). 우선 4번 기사에서 나타난 신체적 특성의 경우 남성의 경우 '생식기 길이'와 여자의 신체적 특징으로 큰 키가 언급되었다. 외모는 남성의 경우 '형용단정', 여성에게는 '자색이 고움', '아름다움', '흰 살결' '꽃 같은 얼굴' 등으로 나타났다.

연령을 언급한 것은 3개 기사에 나타났다(2, 10. 12). 남자는 13세가 한

188 결혼을 이용하여 권력을 취득하려 한 경우이나, 권력 관계에 있는 다른 신하들의 방해로 성사되지는 못해서 논의에서는 제외 시켰다.

189 임재해, 『민족 설화의 논리와 의식』, 지식산업사, 1992, p.138에서 웅녀의 미련스러운 인내심의 성격에 대해 미련스러움이 남성적으로 발휘되는 경우는 터무니없는 아집 때문에 남의 합리성을 꺾게 되는 횡포로 나타나지만 여성적으로 발휘되는 경우는 내적인 고난의 극복과 인내로서 자기 비약의 성취로 나타난다고 설명한다.

사례, 여자는 13세, 14~5세, 16세로 나타나 대략 13세에서 16세 전후하여 결혼한 것으로 보인다.

능력의 경우는 2개의 기사에 나타나 있다(8, 9). 8번에 나타난 비상인(非常人)은 보통사람이 아닌 경우로 지혜로움과 판단의 현명함 등을 두루 갖추고 있는 것을 의미하고, 9번에 나타난 재능도 결국 나중에 왕이 되기까지 모든 위기를 극복하는 용기와 지혜 등을 포함하고 있다고 볼 수 있다. 6번 기사에 나타난 내용은 목숨에 대한 은혜 갚음의 차원에서의 결혼 선택 조건을 보여주고 있다.

정치적 이익을 결혼 선택의 조건으로 하고있는 사례 중 13)의 경우 29대 태종 무열왕으로 등극하게 되는 김춘추는 김유신과 함께 삼국통일의 기틀을 마련하는 왕이다. 김유신의 막내 여동생 김문희는 김유신의 치밀한 기획[190]하에 김춘추의 아내가 되어 문명 왕후로 등극한다.

진골인 김춘추가 왕이 되기 위한 조건을 신라 왕위계승을 통해 살펴보자. 진평왕(26대)에게 성골인 아들이 없자 딸인 선덕여왕이 왕위에 올랐으며 진평왕의 딸인 선덕여왕 외에 아무런 자손(子, 女, 婿, 親孫, 外孫)이 없자 진흥왕(24대)의 태자(동륜)의 손녀이며 진평왕의 同母弟의 女인 진덕여왕이 왕위에 오른 것이다. 이렇게 해서도 성골의 여자마저 남지 않자 할 수 없이 악정 실행(惡政 失行)으로 성골에서 진골로 격하되어 폐

190 김유신은 1) 최고의 무인이라는 자부심 2) 가야계로서 신라 토착을 더욱 공고히 할 필요성 3) 성골에서 진골로 넘어가는 왕위계승의 첫머리에 김춘추가 있다는 상황 파악 4) 김춘추는 아직 미혼이고 자신에게는 마침(!) 준비된 미모의 여동생들이 있다는 현실을 냉정히 평가하고 이런 상황에서 떠오르는 김춘추를 주목하지 않는다면 오히려 이상한 일이며 왕위계승 전의 상황 변수와 계승후의 상황을 통제하는 것이 전략의 기본일 것이다."고 언급하고 있다. 김일명(d), 「삼국유사 결혼을 디자인하다 2－문희, 춘추와 불안을 거래하다－」, 『문학 · 사학 · 철학』 제12호, 2008, p.74

위된 바 있는 진지왕(25대)의 孫인 김춘추(29대 무열왕)로 왕위가 넘어간 것이다.[191]

한편 김유신의 가계(家系)는 김수로왕으로 시작되는 가야계에서 연유하고 있고, 신라 26대 진평왕 대에 신라에 완전 병합(592년) 된 후 가야계는 신라에서의 세력 기반을 견고히 할 필요성이 대두되었다. 김춘추-김문희의 결혼으로 가야계가 신라의 왕위계승 혈족으로 등장하게 되는 결정적 계기가 된다. 이들 사이에서 태어난 장남 김법민은 문무왕(30대)으로 즉위하면서 삼국통일의 주역이 되고 신라 시조 묘의 제사와 함께 시조인 가야 김수로 왕의 제사도 함께 드린다.[192]

15)번 사례의 경우 김응렴은 신라왕실의 사위가 됨으로써 왕위에 오른 경우이다.[193] 여러 가지 정황과 조언을 받아들여 헌안 대왕의 맏공주와 결혼함으로써 정치적 권력과 함께 원래 결혼하고자 했던 공주를 차비로 맞이하는 등 그가 원한 것을 이루었다.

16)에는 두 개의 사례가 있다.(김부 대왕과 낙랑공주, 태조 왕건과 신성 왕후 김씨)

이 사례는 신라왕실과 고려왕실 간의 결혼으로 인한 정치적 동맹을 공고히 하게 하는 것을 보여준다. 즉 김부는 고려왕실의 사위가 되고, 왕건은 신라왕실의 사위가 된다. 왕건은 김부를 통해 신라의 민심을 그대로 얻고자 했으며 신라의 왕족은 계속 고려왕실의 외척으로서의

191 최재석(b), 앞의 책, p.399

192 所奉來子世宗之子率友公之子庶云匝干之女文明皇后寔生我者. 玆故元君於幼沖人乃爲十五代始祖也. ―美矣茂, 文武王 法敏王謚也.先奉尊祖, 孝乎惟孝. 繼泯絕之祀復行之也. 一然,『三國遺事』,「紀異」2, 駕洛國記 條

193 신라왕실의 사위로써 왕위에 오른 경우는 4대 脫解, 11대 助賁, 13대 味鄒, 17대 奈勿, 18대 實聖, 19대 訥祗 42대 興德, 48대 景文王, 53대 神德王 등이 있다. 최재석(a), 앞의 책, pp.119-146.

기득권을 누리게 된다.

자료에서 나타난 바와 같이 결혼 선택 조건은 인성, 신체적 특성과 외모, 연령, 능력, 은혜 갚음, 정치적 이익 등으로 언급이 되었는데 부부 별로 부각 되는 부분이 약간씩 차이가 있다. 예를 들어 연오랑-세오녀 부부의 경우 두 남녀의 능력의 비슷함은 서로의 관계를 예속시키지 않고 인격적 평등함으로 나아가는 매우 중요한 요소일 것이다. 능력은 여러 차원에서 정의될 수 있고 사람에 따라 그 가치 우위가 다르다는 점에서 개별성이 존재한다.[194]

남편인 연오랑의 경우 '비상한' 능력을 소유한 것으로 표현하고 있다, 이러한 맥락에서 조동일은 '신이한 능력 발휘'의 범주에 이 자료를 넣고 있다.[195]

결혼 선택 조건에서 사례가 적거나 언급이 안 된 경우는 추후 다른 자료와의 비교 검토를 통해 보완할 필요가 있다.

2) 가족 유형의 특징

『삼국유사』에 나타난 가족 유형의 특징과 관련된 항목을 내용 분석하였다.(〈표 3〉)

194 김일명(c), 앞의 글, p.128.
195 조동일, 『삼국시대 설화의 뜻풀이』, 집문당, 1991, pp.19-23.

〈표 3〉 『삼국유사』에 수록된 가족 유형 관련 기사

	篇名	條目名	內容	가족 유형
1	紀異2	高句麗	金蛙有七子常與朱蒙遊戲, 技能莫及. 長子帶素言於王曰, "朱蒙非人所生若不早圖恐有後患." 王不聽使之養馬. 朱蒙知其駿者減食令瘦, 駑者善養令肥. 王自乘肥瘦者給蒙. 王之諸子與諸臣將謀害之, 蒙母知之告曰, "國人將害汝, 以汝才畧何往不可. 宜速圖之."	한부모가족 (모자 가족)
2	紀異2	第四 脫解王	"我本龍城國人 亦云正明國或云琓夏國琓夏或作花厦國龍城在倭東北一千里我國嘗有二十八龍王,——擇皆登大位. 時我父王含達婆娉積女國王女爲妃,——乃造櫝置我并七寶奴婢載於舡中, 浮海而祝曰 '任到有緣之地立國成家.' 便有赤龍護舡而至此矣."——爲時南解王知脫解是智人以長公主妻之, 是爲阿尼夫人'	다문화가족 (국제혼)
3	紀異2	處容郞.望海寺	"東海龍喜乃奉七子現於駕前, 讚德獻舞奏樂. 其一子隨駕入京輔佐王政, 名曰處容. 王以美女妻之欲留其意, 又賜級干職."	다문화가족 (국제혼)
4	紀異2	武王	"第三十武王名璋. 母寡居築室於京師南池邊, 池龍文通而生小名薯童"	한부모가족 (모자 가족)
5	紀異2	駕洛國記	"妾是阿踰陁國公主也, 姓許名黃玉, 年二八矣.——" 王荅曰 "朕生而頗聖, 先知公主自遠而屆, 下臣有納妃之請不敢從焉. 今也淑質自臻眇躬多幸." 遂以合歡兩過淸宵一經白晝.	다문화가족 (국제혼)
6	興法3	阿道基羅	我道高麗人也. 母高道寧, 正始間曺魏人我 姓我也崛摩奉使勾麗, 私之而還, 因而有娠. 師生五歲其母令出家. 年十六歸魏省覲崛摩,投玄彰和尙講下就業. 年十九又歸寧於母, 母謂曰. "此國于今不知佛法爾後三千餘月雞林有聖王出大興佛教"	한부모가족 (모자가족)
7	塔像4	金官城婆娑石塔,	金官虎溪寺婆娑石塔者昔此邑爲金官國時, 世祖首露王之妃許皇后名黃玉, 以東漢建武二十四年甲(戊)申.	*5번 참조

	篇名	條目名	內容	가족 유형
8	義解5	元曉不覊	"誰許沒柯斧. 我斫支天柱."——"此師殆欲得貴婦産賢子之謂爾. 國有大賢利莫大焉."——時瑤石宮 今學院是也. 有寡公主. 勑宮吏覔曉引入.——吏引師於宮褫衣曬眼, 因留宿焉. 公主果有娠生薛聰.	재혼 가족
9	義解5	蛇福不言	京師萬善北里有寡女, 不夫而孕旣産. 年至十二歲不語亦不起. 因号虵童. 下或作虵卜. 一日其母死, 時元曉住高仙寺曉見之迎禮.	한부모가족 (모자가족)
10	感通7	廣德 · 嚴莊	"某已西往矣, 惟君好住速從我来."——"夫子逝矣偕處何如." 婦曰, "可"	재혼 가족

〈표 3〉에서 나타난 바와 같이 『삼국유사』 소재 가족 유형 관련 기사는 총 10개 조목에 걸쳐있는데 「기이」편에 5개, 「흥법」 편에 1개, 「탑상」 편에 1개, 「의해」 편에 2개, 「감통」편에 1개로 나타났다.[196] 이들 10개 조목에 나타난 내용을 분석하여 가족 유형을 1, 4, 6, 9번 사례에 나타난 한 부모 가족(母子가족), 2, 3, 5, 7번 사례에 나타난 다문화가족(국제혼), 8.10번 사례에 나타난 재혼 가족 등 세 개의 유형으로 범주화하였다.

(1) 한부모가족(모자(母子) 가족)

① 유화 – 주몽

유화는 고구려를 건국한 주몽의 어머니이다. 주몽은 이름대로 활쏘기에 능하고 여러 가지로 재주가 뛰어났다.

> –"이 나라 사람들이 장차 너를 해치려고 하는데 너 같은 재주를 가지고 어디로 간들 못 살것인가? 빨리 손을 쓰는 것이 좋을 것이다."–[197]

196 7) 금관성 파사석탑의 허황옥 관련 기사는 5) 가락국기 – 김수로왕 · 허황옥 부부에 같은 부분이 언급되어 있다.

이에 금와왕의 아들들이 주몽을 죽일 계획을 눈치채고 아들을 떠나게 한다. 어머니의 조언에 따라 주몽은 어머니를 떠나 고구려를 세운다. 주몽의 어머니 유화가 겪은 일을 간단히 정리해 보면 유화와 해모수와의 만남－사통(私通)－아버지가 중매 없이 결혼 했다하여 귀양보냄－잉태－출산－아들 도피시킴－자신은 부여에 남아 지내다가 죽음을 맞이함－부여 신(夫餘神)으로 제향 되는 과정을 거친다.

유화는 고구려가 멸망할 때까지 국모신(國母神)으로 그 지위가 확고했던 것으로 보인다.[198]

유화는 해모수와의 만남을 의도하지는 않았지만 아들을 잉태하고 출산한 후에 아들을 잘 키운다. 재주가 많은 아들이 시기 질투로 인해 위험에 처하게 되자 적절한 시기에 아들을 잘 떠나보내는 현명한 어머니의 모습을 보인다.

또한 「동명왕 편」 에 인용된 「구삼국사」에서 유화가 남쪽으로 내려가는 주몽에게 오곡의 종자를 주었다는 내용이 확인되고[199] 있음을 볼 때 고구려 건국의 근간이 되는 상징적 역할을 한 것으로 보인다.

② 서동모 － 서동

"제 30대 무왕의 이름은 장이다. 그의 어머니가 과부가 되어 서울 남쪽 못 가에 집을 짓고 살았다. 못 속의 용과 관계하여 아들을 낳았다. 어릴 때 이름은 서동으로 항상 마를 캐다가 파는 것으로 생업을 삼았으

197 蒙母知之告曰, "國人將害汝, 以汝才畧何往不可. 宜速圖之." 一然, 『三國遺事』, 「紀異」 2, 高句麗 條

198 길태숙 외 2명, 『삼국유사와 여성』, 이화 문화사, 2003, p.118

199 최광식. 『삼국유사의 신화 이야기』, 세창출판사. 2018, p.138

므로 사람들이 서동이라고 이름 지었다."[200]

위의 기사와 같이 백제 무왕의 어머니는 과부로 혼자 살았는데 못 속의 용과 교통하여 서동을 낳았다. 일반적으로 용과 결합하여 자식을 낳는다는 관념은 태어나는 인물의 비범성을 강조할 때 사용되곤 한다. 특히 용은 왕과 동일시되거나, 적어도 왕을 호위하는 동물로 나타나기도 한다.

서동의 어머니의 경우 남편이 없는 과부의 상태에서 다른 배우자를 만나 나중에 왕이 되는 자식을 두었다. 과부라고 하는 조건이 결핍으로 인식되거나 다른 정숙한 여인의 조건과 배치되는 것으로 인식되지 않았음을 알 수 있다. 즉 과부는 남편이 없으니, 다른 남성과 결합할 수 있는 여성으로 인식되었기 때문에 왕의 어머니이자 용으로 상징되는 누군가와 결합대상이 될 수 있었다.[201]

③ 고도령 – 아도

"아도는 고구려 사람이고, 어머니는 고도령이다, 정시 연간에 조위의 사람 아굴마가 사신으로 왔다가 고도령과 사통하고 돌아갔다. 그로 인해 아이를 갖게 되었다. 아도가 5세가 되었을 때 어머니가 그를 출가하게 하였다. 16세에 위에 가서 굴마를 뵈었고 현창 화상이 강독하는 자리에 가서 불법을 배웠다. 19세에 또 어머니를 뵈었다. 어머니가 말

200 "第三十武王名璋. 母寡居築室於京師南池邊, 池龍文通而生小名薯童" 一然, 『三國遺事』, 「紀異」 2, 武王 條

201 길태숙 외 2명, 위의 책, p.128

하기를 '이 고구려는 지금까지 불법을 모르니 이후 삼천여 달이 지나면 계림에 성왕이 나와서 크게 불교를 일으킬 것이다."[202]

『삼국유사』에서는 아도의 국적에 대한 여러 설을 본문 주로 처리하고 있지만, 본문에서는 고구려 사람이라고 보고 있다. 아도는 신라 불교의 기초를 닦은 승려이며 어머니 고도령은 사신과 만날 수 있는 위치에 있었을 것으로 추측할 수 있다. 사례에서 나타난 바와 같이 조위의 사신 아굴마와 관계하여 아도를 낳고 5세에 출가시키는 등 당당한 어머니로서의 모습을 보인다.

출가 후 아들이 중국에 가서 불법에 정진하는 기틀을 마련하고 19세가 되어 돌아온 후 어머니는 다시 신라에 가서 불법을 전하라고 권한다. 어머니 고도령은 계림에 성왕이 나와 불교가 크게 일어날 것을 예측하는 등 시대를 읽는 능력을 갖춘 것으로 보인다.

유화-주몽 사례에서 유화가 주몽이 부여를 떠날 시기를 알려준 것처럼 아도의 어머니 고도령은 아들에게 새로운 길을 가라는 격려와 함께 떠날 시기를 알려주고 조율해 주는 등 스승으로서의 역할도 수행하고 있다.

④ 사복 모 - 사복

"경주 만선 북리에 과부가 남편 없이 잉태하여 아이를 낳았다. 아이가 12살이 되어도 말을 못하고 일어서지를 못했다. 그래서 사동이라고

202 一然,『三國遺事』,「興法」3, 阿道基羅 條

불렀다. 어느날 그 어머니가 죽었다. 그 때 원효대사가 고선사에 있었는데, 원효가 사복을 보고 맞아 예를 표하였다."——203

사복은 사회적으로 높은 지위를 가진 자도 아니고, 말도 못 할뿐 아니라 몸도 잘 가누지 못하는 상태이다. 위의 사례에서 보듯이 당대의 최고 지성 원효는 이런 사복을 이미 알고 있었던 것 같다. '최고의 인물보다 한 수 위인 자가 보잘것 없는 것처럼 보이는 무리 가운데 있다'고 설화의 논리를 강조한 연구[204]와 같이 겉으로는 보잘것없어 보이지만 정신적으로는 고귀한 사람이라는 역설이다.

사복의 게송은 어머니를 부처님에 비유하고 있음을 알 수 있다.

"그 옛날 석가모니불은 사라수(娑羅樹) 사이에서 열반에 드셨다. 지금 역시 그와 같은 이 있어 연화장세계에 들어가고자 한다."[205]

어머니가 연화장세계로 들어가는 것으로 표현함으로써 열반의 경지에 들었음을 나타내고 있다. 기사에 나타나 있듯이 사복에게는 아버지에 대한 정보가 없다. 오히려 남편 없이 아이를 가진 것으로 기록함으로써 단순히 과부의 아이가 아니라 '아버지 없는 아이'임을 명시한다.

---

203 一然, 『三國遺事』, 「義解」 5, 蛇福不言 條
204 조동일, 『한국설화와 민족의식』, 정음사, 1985, p.64; 길태숙외 외2명, 앞의 책, p.160에서 재인용
205 一然, 『三國遺事』, 「義解」 5, 蛇福不言 條

(2) 다문화가족(국제혼)

① 석탈해 – 아니 부인 부부

"나는 본시 용성국〈한편 정명국(正明國) 혹은 완하국(琓夏國)이라고도 한다. 완하는 혹 화하국(花厦國)이라고도 한다. 용성은 왜의 동북 일천리에 있다〉 사람으로 우리나라에 일찍이 이십팔 용왕이 있는데, 모두 다 사람의 태(胎)에서 태어나 5~6세 때부터 왕위에 올라 만민을 가르치고 정성(正性)을 닦았습니다. – 이때 우리 부왕 함달파(含達婆)가 적녀국(積女國)의 왕녀를 맞이하여 왕비로 삼았는데 오래도록 아들이 없으므로 자식 구하기를 기도하여 7년 만에 커다란 알 한 개를 낳았습니다. 이에 대왕이 군신들을 불러 모아 말하기를 '사람이 알을 낳는 것은 예로부터 지금까지 없었던 일이니 이것은 좋은 일이 아닐 것이다.' 하고 궤를 만들어 나를 넣고 더불어 일곱 가지 보물과 노비들을 함께 배 안에 실은 후, 바다에 띄워놓고 축언하여 이르기를, '인연이 있는 곳에 닿는 대로 나라를 세우고 집을 이루라', 하였습니다. 그러자 붉은 용이 나타나 배를 호위하고 여기까지 오게 된 것입니다." 하였다.[206]

위의 내용에 나타나 있듯이 탈해가 태어난 용성국은 화하국 등 여러 이름으로 불리고 있다.

탈해가 바다에 띄워져 온 것으로 볼 때 바다와 관련된 해양세력으로 볼 수가 있다. 어떤 이들은 탈해가 야장(대장장이)이고 시베리아 샤먼이 야장의 기능을 겸하고 있다는 점을 들어 북쪽에서 남하해 온 북방 세력

206 一然, 『三國遺事』, 「紀異」 2, 第四脫解王 條

으로 보기도 하지만 무리한 해석인 듯하다.[207]

마침내 여러 면에서 능력을 인정받은 탈해를 남해왕이 딸(아니 부인)과 결혼시켜 사위로 삼고 대보로 등용하여 중책을 맡긴다. 현명한 탈해는 중책을 잘 수행하고 사위로서 왕이 된다. 신라에서 사위가 왕이 되는 경우는 여러 명이지만 4대 석탈해로부터 시작한다.

② 처용 – 처용의 처 부부

"이때에 대왕이 개운포(開雲浦)－학성(鶴城)의 서남쪽에 있으며, 지금의 울주(蔚州)－에 나가 놀다가 바야흐로 돌아가려 했다. 낮에 물가에서 쉬는데 갑자기 구름과 안개가 자욱해져 길을 잃게 되었다. 왕은 괴이하게 여겨 좌우에게 물으니 일관(日官)이 아뢰기를, "이것은 동해 용의 조화이오니 마땅히 좋은 일을 행하시어 이를 풀어야 될 것입니다."라고 하였다. 이에 유사(有司)에게 칙명을 내려 용을 위해 그 근처에 절을 세우도록 했다. 왕령이 내려지자 구름이 개이고 안개가 흩어졌다. 이로 말미암아 개운포라고 이름하였다. 동해의 용은 기뻐하여 이에 일곱 아들을 거느리고 왕 앞에 나타나 왕의 덕을 찬양하여 춤을 추며 풍악을 연주하였다. 그중 한 아들이 왕의 수레를 따라 서울로 들어와 정사를 도왔는데 이름은 처용(處容)이라 했다. 왕이 아름다운 여인을 처용에게 아내로 주어 그의 생각을 잡아두려 했으며 또한 급간의 벼슬을 내렸다."[208]

207 최광식, 앞의 책, p.104.
208 一然,『三國遺事』,「紀異」 2, 處容郎.望海寺 條

위의 기사에서는 처용은 동해 용의 아들 중 하나로 묘사되어 있다. 처용의 이름 뒤에 랑이 붙은 것으로 보아 화랑이라는 해석부터 동해 용을 섬기는 사제, 무당, 메디신맨, 이슬람 상인, 지방 호족의 아들 등 처용의 정체를 둘러싼 논의들이 존재한다.[209]

그러나 기사에서 묘사된 동해 용의 아들은 해양세력의 일단으로 볼 수 있고, 개운포로 시찰을 갔던 헌강왕에게 인재로 발탁(?)된 정황은 확실하다. 인재를 영입해서 급간의 벼슬을 내림과 동시에 신라에 정착시키기 위해 왕이 직접 아름다운 여인을 아내로 삼게 하여 결혼을 주선한다. 국제결혼의 사례로 볼 수 있다.

③ 김수로왕 – 허황옥 부부

김수로왕–허황옥 부부는 국제결혼의 대표적 사례이다. 김수로왕의 배필이 되는 허황옥의 출신에 대한 기록을 살펴보자.

> "저는 아유타국(阿踰陀國)의 공주로 성은 허(許)이고 이름은 황옥(黃玉)이며 나이는 16살입니다."[210]

허황옥의 출신지인 아유타국이 어딘가에 대한 고고학적 기록을 살펴보면 대개 중국 남쪽이나 현대 인도의 아요디아 지방으로 집약되는 듯하다. 이는 이종기의 현지답사기[211]에 이어 김병모의 다년간의 인류

---

209 김정란, 『꿈꾸는 삼국유사』, 도서출판, 한길사, 2023, p.244.

210 "妾是阿踰陁國公主也, 姓許名黃玉, 年二八矣. 一然, 『三國遺事』, 「紀異」 2 駕洛國記 條

211 아동 문학가 이종기 씨가 옛 아유타국인 현재의 인도 아요디아 지방을 직접 현지답사하고 김해 수로왕릉 출입문에 그려져 있는 물고기 형상과 고대 인도 문화의

학적 추적으로 꽤 설득력 있게 받아들여지고 있다.[212] 특히 허황옥이 가락국에 도착했을 때 비단 바지를 벗어 신령에게 예물로 준 다음 수로왕 앞으로 나가는 대목은 한국 민속에서는 찾아볼 수 없는 것으로 매우 흥미 있는 벽사(辟邪)행위[213]로 명하고 있음은 위의 설을 뒷받침하고 있는 매우 흥미 있는 지적이다. 아래의 기사도 혼인풍습이 다른 측면을 보여주고 있다.

> 시종한 잉신(媵臣) 두 사람의 이름은 신보(申輔) · 조광(趙匡)이고, 그들의 아내 두 사람의 이름은 모정(慕貞) · 모량(慕良)이라고 했으며, 노비까지 합해서 20여 명이었다. 가지고 온 금수능라(錦繡綾羅)와 의상필단(衣裳疋緞) · 금은주옥(金銀珠玉)과 구슬로 된 장신구들은 이루 기록할 수 없을 만큼 많았다.[214]

여자가 결혼할 때 혼수를 많이 해가지고 가는 풍습이 삼국시대의 혼

연관성을 주장하여 화제를 모았다. 이 씨는 고대 인도의 비단무역 전초 기지가 중국의 양자강 부근에까지 진출해 있던 사실에 비추어 당시 인도가 비단과 철의 명산지였던 가락국과 교역했을 가능성이 크다고 하면서 허왕후의 인도 출신 설은 틀림없는 사실이라고 주장했다. 이승우, 『한국인의 성씨』, 창조사, 1977, pp.261-262; 허경회, 『한국 씨족 설화 연구』, 전남대학교 출판부, 1994, p.94에서 재인용.

212 김병모, 『김수로왕비 허황옥』, 조선일보사, 1994.

213 김병모, 위의 책, p.60에서 여자가 바지를 입는 민족은 지구상에 많다. 중국의 한족 여인들도 바지를 입는데 처녀. 유부녀의 구별이 없다. 그런데 인도에서는 처녀들만 바지(kameei) 위에 원피스(salwal)를 입다가 초경(初經)이 지나 긴 치마를 바꾸어 입는 것이 전통이다. 그러니까 허황옥이 입고 있던 바지를 벗는 행위는 미혼녀의 생활을 청산하고 결혼하려는 통과의례로 해석하는 것이 마땅하다는 의견을 피력하고 있다.

214 其地侍從媵臣二員名曰申輔 · 趙匡, 其妻二人號慕貞 · 慕良, 或臧獲幷計二十餘口. 所賫錦繡綾羅 · 衣裳疋段 · 金銀珠玉 · 瓊玖服玩器不可勝記. 一然, 『三國遺事』, 「紀異」 2 駕洛國記 條

인과는 그 양상이 매우 다르다. 많은 선행연구[215]에서 한국 혼속의 가장 중요한 특징으로서 서류부가혼속(婿留婦家婚俗)을 들고 있으며, 이 습속이 고구려의 서옥제(婿屋制)에서 연유한다는 손진태의 연구[216] 이후 보편화 되었다. 한국에서는 혼례를 여가(女家)에서 행하고, 혼인 초에 사위가 여가(女家)와 본가(本家)를 왕복하는 습속이 있었다. 이것은 삼국, 고려를 거쳐서 유교를 숭상하는 조선조에 와서도 많은 찬반양론이 혼재하면서 존재함을 할 수 있다.

> 傳旨에 의하면 우리나라가 풍습이 아들이 있어도 사위가 많은 집에서는 정원안에 집을 지어 사위들이 모여 살도록 하는 일도 있는데 만약 守令이 戶口數를 증가시키기 위해서 아들 하나 하나를 一家口로 간주하면 그 집을 허물고 옮기는 일도 있다.[217]

김수로왕과 허황옥의 결혼은 혼인 관행에서 문화적 차이가 있음에도 불구하고 이런 차이점을 좁혀나가는 많은 시도를 한다.

> 계림(鷄林)의 직제(職制)를 취해서 각간(角干) 아질간(阿叱干) · 급간(級干)의 차례를 두고, 그 아래의 관료는 주(周)나라 법과 한(漢)나라 제도를 가지고 나누어 정하니 이것은 이른바 옛것을 고쳐서 새 것을 취하여 관직(官職)을 나누어 설치한 방법이었다.[218]
>
> 이에 나라를 다스리고 집을 정돈하며, 백성들을 자식처럼 사랑하니

215 최재석, 앞의 책, (a)(1983), (b) (1990)
216 손진태, 『조선민족문화의 연구』, 을유문화사, 1948.
217 『世宗實錄』, 권88, 世宗 22年. 2月 丙辰.
218 一然, 『三國遺事』, 「紀異」 2 駕洛國記 條

> 그 교화(敎化)는 엄숙하지 않아도 위엄이 있고, 그 정치는 엄하지 않아도 다스려졌다.[219] 더욱이 왕후와 함께 사는 것은 마치 하늘에게 땅이 있고, 해에게 달이 있고, 양(陽)에게 음(陰)이 있는 것과 같아서 왕후의 공로야말로 우임금의 왕후가 하나라를 보좌하고 요임금의 딸들이 순임금의 가문을 일으킨 것과 같았다.[220]

위의 기록들은 결혼 후에 나라의 모든 기틀을 잡는 데 왕후의 기여를 보여준다. 국제결혼으로 인한 문화의 차이를 갈등의 관계로 전락시키지 않고 좋은 점을 융합시켜 승화시키는 슬기로움을 보여준다. 국제결혼이 배척대상이 되지 않는 자료이며[221] 문화적 차이로 인한 요소를 오히려 새로운 발전의 계기로 삼는 삶의 지혜를 발휘하여 문화적 융합을 이룬 성공적인 사례를 보여준다. 이렇게 문화융합을 성공적으로 수행할 수 있었던 데에는 부부의 화목함과 함께 백성들로부터의 사랑도 중요한 요소로 작용했음을 알 수 있다.[222]

(3) 재혼 가족

재혼 가족은 부부중 한사람이라도 재혼하는 형태로, 이 유형에 속하는 원효－요석 부부, 광덕 · 엄장과 그의 처의 경우에 대해서 살펴보고자 한다.

---

219 一然,『三國遺事』,「紀異」2 駕洛國記 條

220 取雞林職儀置角干 · 阿叱干 · 級干之秩, 其下官僚以周判漢儀而分定之, 斯所以革古鼎, 新設官分職之道歟. 於是乎理國齊家愛民如子, 其教不肅而威, 其政不嚴而理. 况與王后而居也此如天之有地, 日之有月, 陽之有陰, 其功也塗山翼夏, 唐煖興嬀. 一然,『三國遺事』,「紀異」2 駕洛國記 條

221 김일명(b), 앞의 글, p.67.

222 김일명(a), 앞의 글, pp.53-56.

① 원효 – 요석 부부

원효와 요석공주의 결합은 매우 상징적이다. 하루는 원효가 상례에서 벗어나 거리에서 노래를 부른 적이 있다.

> 누가 자루 빠진 도끼를 허락하려는가?
>
> 나는 하늘을 받칠 기둥을 다듬고자 한다.[223]

이 노래 뜻을 사람들은 알아듣지 못했으나 무열왕은 그 노래의 상징을 이해한다. "이 스님께서 아마도 귀부인을 얻어 훌륭한 아들을 낳고 싶어 하는구나. 나라에 큰 현인이 있으면 그보다 더한 이로움이 없을 것이다"고 하였다.[224] 왕은 이것에 상응하는 조치를 한다.

> 그때 요석궁(瑤石宮)에 홀로 된 공주가 있었다. 궁중의 관리를 시켜 원효를 찾아서 궁중으로 맞아들이게 하였다.[225]

원효는 이에 상응하는 행동을 계획한다. 즉 관리가 칙명을 받들고 원효를 찾아내자 그는 일부러 물에 떨어져 옷을 적신다.[226]

> 관리는 스님을 궁으로 인도하여 옷을 벗어 말리게 하니, 이 때문에 그곳에서 묵게 되었다.[227]

---

223 "誰許沒柯斧. 我斫支天柱." 一然, 『三國遺事』, 「義解」 5 元曉不羈 條

224 "此師殆欲得貴婦産賢子之謂爾. 國有大賢利莫大焉." 一然, 『三國遺事』, 「義解」 5 元曉不羈 條

225 時瑤石宮. 有寡公主. 勅宮吏覓曉引入 一然, 『三國遺事』, 「義解」 5 元曉不羈 條

226 一然, 『三國遺事』, 「義解」 5 元曉不羈 條

> 공주가 과연 태기가 있어 설총(薛聰)을 낳았다.[228]

여기서 주목하고자 하는 점은 혼자가 된 공주가 다시 결혼하여 설총을 낳았다는 것이다.

② 광덕 · 엄장 – 아내 부부

문무왕 시대에 광덕과 엄장이라고 하는 중 두 명이 있었다.[229] 두 사람은 매우 가까운 친구 사이여서 누구든 극락세계로 먼저 가게 되면 반드시 알리기로 약속하였다. 광덕은 분황사 부근에 은거하여 신 삼는 것을 생업으로 하여 처자를 데리고 살았으며 엄장은 남악에서 농자를 짓고 살았다.[230]

> 하루는 해 그림자가 붉은 빛을 띠고 솔그늘이 고요히 저물었는데 창밖에 소리가 났는데 "나는 이미 서쪽으로 가니 자네는 잘 살다가 빨리 나를 따라 오라"라고 알렸다.[231]

이튿날 엄장이 그의 처소로 찾아갔더니 광덕이 죽어 있었다, 광덕의 아내와 함께 장사를 지내고 광덕의 아내에게 다음과 같은 제안을 한다.[232]

---

227 一然,『三國遺事』,「義解」5 元曉不羈 條

228 吏引師於宮褫衣曬眼, 因留宿焉. 公主果有娠生薛聰, 一然,『三國遺事』,「義解」5 元曉不羈 條

229 一然,『三國遺事』,「感通」7 廣德, 嚴莊 條

230 一然,『三國遺事』,「感通」7 廣德, 嚴莊 條

231 一日日影拖紅松陰靜暮, 窓外有聲報云, "某已西往矣, 惟君好住速從我來. 一然,『三國遺事』,「感通」7 廣德, 嚴莊 條

"남편이 죽었으니 함께 사는 게 어떻겠는가"라고 하니 부인이 "좋다"고 하여 드디어 머물렀다.[233]

위의 내용에서 알 수 있듯이 여자의 재혼을 흉이라고 여기지 않으며 남편의 친구와 재혼하는 것을 부도덕하게 여기는 의식도 없다는 것을 알 수 있다.

재혼 가족에 속하는 두 개의 사례에서 살펴본 바와 같이 원효－요석공주는 만남의 과정부터 평범하지는 않다. 원효의 신분으로 결혼을 한다는 것은 계율을 파괴하는 입장이고, 한 사람은 과부가 된 공주의 신분으로 만나서 아이를 낳는다.

원효는 설총을 낳은 후 속인의 복색으로 바꾸어 입고 소성 거사라 부르며 세상으로 돌아가고, 적극적으로 두 사람을 맺어주려고 노력했던 태종의 해석대로 설총은 신라의 十賢 중의 한 사람으로 큰 인재가 된다.[234] 요석궁의 공주는 이미 한번 결혼했던 사람으로 과부였지만 이 상황이 결핍된 조건으로 인식되고 있지 않다, 남편이 없는 상태였고, 다른 남성을 지아비로 맞아도 될 상황이었다.[235] 일반인도 아니고 신분에 따른 체면을 지켜야 하는 공주임에도 재혼에 대한 규제가 없는 것을 보면 이 시대는 여자의 재혼 문제에 대해 신분의 고하를 문제 삼지 않았

232 一然,『三國遺事』,「感通」7 廣德, 嚴莊 條

233 "夫子逝矣偕處何如." 婦曰, "可"遂留.
一然,『三國遺事』,「感通」7 廣德, 嚴莊 條

234 김일명(a), 앞의 글, p.72. 한편 원효와 요석이 결혼에 이르렀는지에 대해 살펴볼 필요가 있다는 문제점 제기에 대해서는 추후 더 살펴볼 필요가 있다. 본 연구에서는 혼자된 공주가 원효와 비록 함께 있는 기간은 짧았지만, 설총을 낳고 기른 상황으로 재혼 가족의 범주로 논의하였다.

235 길태숙 외2명,『삼국유사와 여성』, 이회문화사, 2003, p.147.

다고 볼 수 있다.[236] 즉 공주와 같은 신분이나 광덕의 아내와 같은 일반인에게 있어서 이중 규범이 적용되지 않음을 볼 수 있다.

여자의 재혼이라는 문제에 대해 조선조와 같은 정절(貞節)이라는 이데올로기가 성립되지 않고 융통적임을 시사해 준다.[237]

3. 『삼국유사』에 나타난 여성

〈표 4〉는 본 연구에서 여성의 영역에서 살펴볼 성행동 및 재산권을 통해 본 여성 관련 조목을 정리한 것이다. 여성에 있어서 성행동과 재산권에 관한 문제는 시대별로 많은 차이를 보이고, 그 차이가 여성의 역할과 지위를 나타내는 주요한 자료가 된다. 우선 성행동과 관련된 부분은 대부분 오랜 세월 전통과 관습을 통해 길들여서 왔고, 어떤 여건에서 조건화 되었는지를 살펴보는 것은 큰 의미가 있을 것이다. 자신의 몸에 대한 주도성이 있고 없음은 삶의 주인 됨에 큰 변수가 된다, 또한 재산권을 행사하는 것의 경우로 마찬가지일 것이다.

본 논문에서 성행동과 재산권을 통해서 여성을 보려는 이유도 이 두 요인이 인간에게 있어서 세대 간의 문제와 더불어 권력과 역할 관계에 가장 강력한 요인으로 작동되어왔음을 전제로 한다.

〈표 4〉에 나타난 바와 같이 『삼국유사』 소재 성행동 관련 기사는 8개, 재산권을 통해본 여성 관련 기사 3개, 총 11 조목에 걸쳐있는데, 이는 『삼국유사』 전체 138조목 중 9% 정도를 차지하고 있다. 그 분포상황을

236 김일명(a), 앞의 글, p.72.
237 김일명(a), 위의 글, pp.71-72.

보면 「기이」편에 5개, 「흥법」편에 1개, 「탑상」편에 2개, 「의해」편에 1개, 「감통」편에 1개, 「효선」편에 1개 등이고 신주, 피은 편에는 보이지 않는다.

〈표 4〉 『삼국유사』 편별 성행동 및 재산권을 통해본 여성 관련 기사

篇名	條目名	해당 조목수	편당전체 조목수	편당 비율
紀異2	高句麗, 桃花女 · 鼻荊郎, 文武王 法敏, 水路夫人, 處容郎 · 望海寺	5	59	8%
興法3	阿道基羅	1	6	16%
塔像4	*鍪藏寺彌陀殿, *皇龍寺鐘 · 芬皇寺藥師 · 奉德寺鐘	2	31	6%
義解5	蛇福不言	1	14	7%
神呪6		0	3	0%
感通7	金現感虎	1	10	10%
辟隱8		0	10	0%
孝善9	*大城孝二世父母 神文王代	1	5	20%
계		11	138	9%

* 표시가 없는 것 : 성행동 관련 기사임
* 표시 : 재산권 관련 기사임

1) 성행동을 통해본 여성

『삼국유사』에 나타난 성행동[238]을 통해 본 여성 관련 기사와 관련된 항목을 살펴보았다.

238 성행동은 생물학적, 심리학적, 사회적 요인들의 영향을 받는다. 최근에는 성행동이 다양한 복합적 요인의 영향을 받는다고 설명하는 다중모델 이론이 지지받고 있다. 본 논문에서는 이런 맥락으로 성관계라는 한정된 용어 대신 성행동이라는 용어를 사용하였다. 김일명 외 4명, 앞의 책, pp.69-71.

〈표 5〉 『삼국유사』에 수록된 성행동을 통해본 여성 관련 기사

	篇名	條目名	內容	備考
1	紀異2	高句麗	"我是河伯之女名柳花, 與諸弟出遊時有一男子自言天帝子解慕漱, 誘我於熊神山下鴨綠邊室中知之而往不返. ──解慕漱私河伯之女而後産朱蒙.	
2	紀異2	桃花女 · 鼻荊郎,	第二十五舍輪王謚眞智大王姓金氏, 妃起烏公之女知刀夫人. ──前此沙梁部之庶女姿容艶美時號桃花娘. 王聞而召致宮中欲幸之, 女曰"女之所守不事二夫. 有夫而適他雖万乘之威終不奪也." 王曰"殺之何", 女曰"寧斬于市有願靡他." 王戲曰"無夫則可乎", 曰"可".	
3	紀異2	文武王 法敏	王一日召庶弟車得公曰, "汝爲冢宰均理百官平章四海." 公曰 "陛下若以小臣爲宰, 則臣願潛行國內, 示民間徭役之勞逸 · 租賦之輕重 · 官吏之清濁然後就職." 王聽之. 公著緇衣把琵琶爲居士形出京師. 経由阿瑟羅州 今溟州 · 牛首州 今春州 · 北原京, 今忠州. 至於武珎州 今海陽巡行里閈, 州吏安吉見是異人, 邀致其家盡情供億. 至夜安吉喚妻妾三人曰, "今玆侍宿客居士者終身偕老." 二妻曰"寧不並居何以於同宿."其一妻曰"公若許終身並居則承命矣," 從之	
4	紀異2	水路夫人	聖德王代, 純貞公赴江陵太守 今溟州行次海汀晝饍──便行二日程, 又有臨海亭晝鐥次, 海龍忽攬夫人入海. 公顚倒躃地計無所出.──水路姿容絕代, 每經過深山大澤屢被神物掠攬.	
5	紀異2	處容郎 · 望海寺	王以美女妻之欲留其意, 又賜級干職. 其妻甚美, 疫神欽慕之變無人, 夜至其家竊與之宿. 處容自外至其家見寢有二人, 乃唱歌作舞而退. 歌曰. 東京明期月良, 夜入伊遊行如可, 入良沙寢矣見昆, 脚烏伊四是良羅. 二肹隱吾下於叱古, 二肹隱誰支下焉古. 本矣吾下是如馬於隱, 奪叱良乙何如為理古. 時神現形跪於前曰, "吾羨公之妻今犯之矣. 公不見怒, 感而美之. 誓今已後見畫公之形容, 不入其門矣." 因此國人門帖處容之形, 以僻邪進慶.	

	篇名	條目名	內容	備考
6	興法3	阿道基羅	我道高麗人也. 母高道寧, 正始間曺魏人我 崛摩奉使勾麗,私之而還, 因而有娠. 師生五歲其母令出家.	
7	義解5	蛇福不言	京師萬善北里有寡女, 不夫而孕旣産. 年至十二歲不語亦不起. 因号蛇童. 蛇卜.	
8	感通7	金現感虎	新羅俗每當仲春初八至十五日都人士女競遶興輪寺之殿塔爲福會. 元聖王代有郎君金現者夜深獨遶不息, 有一處女念佛隨遶, 相感而目送之. 遶畢引入屛處通焉.	

〈표 5〉에서 나타난 바와 같이 『삼국유사』 소재 성행동을 통해 본 여성 관련 기사는 총 8개 조목에 걸쳐있는데, 「기이」편에 5개, 「흥법」 편에 1개, 「의해」 편에 1개, 「감통」 편에 1개로 나타났다. 8개 조목의 내용을 간단히 정리하면 아래와 같다.

1) 고구려 – 하백의 딸 유화와 자칭 천제의 아들 해모수가 혼전 성행동으로 아들을 낳고 이름을 주몽으로 지었다.
2) 도화녀 · 비형랑 – 25대 사륜왕(진지왕)이 남편이 있는 아름다운 여인 도화랑을 궁중으로 불러 상관하려고 하자 남편이 있다고 거절하니, "남편이 없으면 되겠는가" 하고 왕이 묻자 "좋다"고 응답하였다.
3) 문무왕 법민 – 왕의 명령으로 지방 순찰을 떠난 거득공이 무진주에 이르렀다. 지방관리인 안길이 그를 자기 집에 청해서 정성을 다해 대접했다. 밤이 되어 아내들을 불러 묵고 있는 손님을 모시고 자는 아내와 평생을 같이 하겠다는 조건을 걸자, 두 아내는 거절하고 한 아내만이 남편의 뜻에 따른다.

4) 수로부인 - 성덕왕 시절 순정공이 강릉 태수로 부임해 가는 도중에 바다에서 용이 나타나 부인을 데리고 바다로 들어갔다. 순정공의 아내인 수로는 절세미인으로 깊은 산이나 큰물을 지날 때마다 여러 번 귀신이나 영물들에게 붙잡혀 갔다.

5) 처용랑 · 망해사 - 왕이 처용을 미인과 결혼시키고 급간 벼슬을 내렸다. 처용의 아내는 절세미인이라 역신이 밤마다 자고 가는데 처용은 '들어와 자리를 보니 다리가 넷이구나. 둘은 내 것이고, 또 둘은 누구 것인가 라는 노래를 부르고 춤을 추며 물러나고 노하지 않았다.

6) 아도기라 - 아도는 고구려인이고 어머니는 고도령이다. 위나라 사신 아굴마와 관계하여 아도를 낳았다.

7) 사복 불언 - 서울 만전 북리에 있는 과부가 남편 없이 잉태하여 아이를 낳았다. 열두 살이 되어도 말도 하지 않고 일어나지 않아 이름도 사복이라 했다.

8) 김현 감호 - 신라 풍속인 탑돌이에서 화랑 김현이 한 처녀와 서로 마음이 맞아 눈길을 보냈다. 돌기를 마치자 가려진 곳으로 이끌고 들어가 통정하였다.

우선 결혼 전의 성행동을 언급한 기사를 간략히 살펴보면 1)은 유화와 해모수가 혼전 성행동으로 나중에 고구려 시조가 되는 주몽을 낳은 경우이고 6)은 신라의 불교를 전파한 아도를 그의 어머니가 중국에서 고구려에 사신으로 온 아굴마와 관계하여 낳게 되었다는 내용이다. 7)의 경우는 과부가 남편 없이 아이를 잉태하여 아이(사복)를 낳아 키웠다는 내용이고 8)은 신라 풍속인 탑돌이 행사에서 화랑인 김현이 탑돌이

도중에 눈이 맞은 처녀와 성관계를 맺는 내용이다.

1) 6) 7) 8) 에서 살펴본 바와 같이 이 시대의 결혼 전 성행동은 남. 녀 모두에게 비교적 자유로운 것을 암시한다. 1)의 사례에서 나타난 유화[239]의 경우 해모수와 관계했지만 바로 잉태로 이어지지는 않고[240], 여러 사건을 거쳐 주몽을 낳아 기른다. 6)의 사례에서 보듯이 아도 스님의 어머니인 고도령은 혼자 아들을 낳고 훌륭한 수행자로 기르며 7)의 사례에서 사복의 어머니도 고도령의 경우와 같이 결혼이라는 제도 밖에서 아이를 키우거나 8)의 경우처럼 자유로운 연애를 통해 결혼에 이르는 등 다양한 형태를 띠고 있음을 알 수 있다. 여성에게 있어서 과부라는 조건이 결핍된 조건으로 인식되지 않았다.[241] 소위 '아버지가 없는' 자식이 아니고 '어머니의 자식'이라는 자기충족적 존재로서의 여성의 모습을 보인다. 결혼한 여성이 남편 외의 다른 남성과의 성행동을 언급한 기사를 간략히 살펴보면 2)의 경우는 진지왕이 남편이 있는 도화랑이라는 곱고 아름다운 여인을 궁중으로 불러들여 상관을 하려고

239 김경화, 「유화의 기원」, 인하대학교 석사학위 논문, 2010에서 – 유화(柳花)는 버드나무 꽃이라는 이름이 상징하듯이 버드나무 숭배의 대상인 버드나무 여신이다.(p.6)
______. 유화의 이름이 드러내는 버드나무 숭배 풍습은 동북아에서 다채롭게 나타난다. 버드나무는 생식숭배를 의미하며 만물창조의 근원인 천모를 지칭하는 이름(p33)이며, 왕과 관련된 신성한 장소에 버드나무가 심겨있었던 것을 알수 있고 버드나무가 왕권의 신성성의 담지자인 시조모의 거룩한 어머니로 숭배의 대상이 되었을 가능성을 충분히 짐작할 수 있다고 정리하고 있다(p53).

240 김정란, 앞의 책, pp.148-149에서 극적인 사건이 유화의 잉태 성격을 드러낸다고 하면서 금와에 의해 유폐된 방에서 햇빛에 의해 잉태하는데 이것은 엄밀하게 말하면 해모수와의 관계를 추상화한 것이지만 아비 없는 잉태, 성령 잉태를 상징하고 있다고 설명한다. 주몽이 시조영웅이 될 수 있었던 신성의 근원은 아버지 해모수가 아니라 어머니 유화라고 강조하고 있다.

241 길태숙 외 2명, 앞의 책, p.163 에서 과부의 자식도 사회적으로 제도권 안에 정착할 수 있었던 예로, 무왕의 어머니, 도화녀의 사례를 들고 있다.

하자 "여자가 지킬 도리는 두 남편을 섬기지 않는 것입니다(不事二夫)[242] 라 하며 거절한다. 그러자 왕이 "남편이 없으면 되겠는가" 하니 여자가 "좋다"고 응답하는 내용으로 여기서 나타난 불사이부는 남편이 현재 있는 상태에서 다른 남편을 섬기지 않는다는 내용으로 가부장제 성립 이후의 여성에게 요구되는 정절의 개념과는 내용상 많은 차이가 있음을 알 수 있다.

3)의 경우는 지방관리인 안길이 자신의 처첩 3인을 불러 귀한 손님의 시중을 누가 들겠는가 하고 의견을 타진하면서 조건을 제시한다. 즉 우리 집에 묵고있는 손님을 모시고 자는 아내와는 끝까지 같이 살겠다는 것이다. 그러자 두 아내는 차라리 당신하고 안 살지언정 그럴 수는 없다고 거절한다. 그러자 한 아내가 남편의 뜻에 따른다고 하는 내용이다. 이 여성은 남편의 이인(異人)을 알아보는 안목을 믿고, 남편의 뜻에 따른 결과 안길은 거득공과 왕 모두에게 인정을 받아 성부산 밑에 있는 땅을 하사받는다. 그러므로 안길의 처는 남편의 성취를 적극적으로 도와준 여성[243]으로 보는 견해도 있다.

이 경우에서 알 수 있는 것은 아내들에게 자신의 명령을 강요하지 않는 안길의 태도와 당신 하고 안 살더라도 딴 남자와 같이 잘 수 없다는 두 부인의 태도에서 성 문제에 있어서 남편이 아내를 타율적으로 규제하는 것이 아니라는 것을 알 수 있다.

---

242 김홍철, 「도화녀 · 비형랑 설화 考」, 『교육과학연구』, 11(3), 1998, p.65에서 진지왕과 도화랑의 결합을 무녀에게 신이 내리는 강신(降神) 과정으로 설명하고 도화녀가 불사이부를 내세우며 왕을 물리쳤던 것이나 부모의 허락을 받았던 것 등은 신화해석에 전혀 불필요한 부분으로 부도덕성을 변명하려는 화자나 일연의 부연에 불과하다고 단정짓는다.

243 길태숙 외 2명, 위의 책, p.307.

4)의 경우는 수로 부인의 자색이 절세미인(姿容絕代)이라 순정공이 강릉 태수로 부임해 가는 도중 값은 산이나 큰물에 이를 때마다 붙잡혀 간다는 은유적 표현을 사용하여 여러 차례 남편이 아닌 다른 대상과의 성행동의 내용을 암시하고 있다. 남편 순정공은 아내가 붙잡혀 갈 때마다 어떻게 아내를 구할 수 있을까를 고심한다.

홍기삼은 '수로의 아름다움이 그 무엇의 역할'을 하고 있다는 점을 강조[244]하고 있고 이어령은 수로부인의 아름다움을 관능성에 초점을 맞추어 "품행이 수상쩍은 "단정하지 못한 여성으로 표현하고 있으며 남편인 순정공을 '바보' 같은 무능한 남편으로 보고있다.[245]

수로가 꽃을 따달라고 했을 때도 아무것도 못하며, 아내가 해룡에게 잡혀갔을 때로 비틀거리며 땅에 주저앉아 발만 동동 구른다.

또한 수로부인을 원초적 본능에 기인한 관능성이 수로의 아름다움의 본질이라고 보는 견해[246]와 수로가 뻔뻔스러울 정도로 성적 쾌락에 몰두하고, 유별난 적극성으로 인해 인구에 회자 된 사랑의 스캔들[247]로 정의하기도 한다. 그러나 아래의 기사에 나타난 수로는 매우 당당하다.

> – 공의 부인인 수로가 (철쭉꽃을)보고 좌우를 돌아보며 말하길, 꽃을 꺾어 바칠자 누구인가? –
>
> 公之夫人水路見之謂左右曰, "折花獻者其誰."[248]

244 홍기삼, 「수로부인 연구」, 『도남학보』 13, 1991, p.47.
245 이어령, 『이어령의 삼국유사 이야기』, 서정시학, 2006, pp.208-209.
246 이승남, 「수로부인은 어떻게 아름다웠나」, 『한국문학연구』 37, 2009, pp.18-20.
247 채수영, 「색채와 헌화가」, 『한국문학연구』 10, 1987, pp.12-13.
248 一然, 『三國遺事』, 「紀異」2 水路夫人 條

이 '바치다' 동사는 수로 설화에서 수로와 연관되어 세 차례 나타나는 데 그것은 수로의 높은 존재론적 위상을 드러내는 동사로 보인다.[249] 수로가 주체적으로 '말했다'는 사실은 매우 중요하다. '자산의 말'을 가지고 있는 여성은 뻔뻔하기보다는 당당하고 독립적일 수 밖에 없다.

5)는 처용의 부인이 매우 아름다워 역신이 밤마다 자고 가는데 처용은 "들어와 자리를 보니 다리가 넷이구나' 둘은 내 것이고, 또 둘은 누구의 것인가'라는 상징적 노래를 부르며 노하지 않는다.

4)와 5)의 경우는 결혼 외의 성행동의 내용을 상징적으로 처리하고 있다, 2)와 3)의 경우처럼 직접 사람과의 관계로 나타낸 것이 아니고 대상이 '귀신' 또는 '영물'로 상징화된다. 그러나 처녀가 임신했을 때 鬼胎라 하여 그 대상을 귀신으로 상징화해서 처녀로서의 임신이 야기 하는 문제의 파장을 축소 시키는 것과 같이 결혼 외의 성행동 대상을 상징적으로 처리한 것 같다

2) 재산권을 통해 본 여성

〈표 6〉 『삼국유사』에 수록된 재산권을 통해본 여성 관련 기사

	篇名	條目名	內容	재산권 행사 주체
1	塔像4	鍪藏寺 彌陀殿	寺之上方有弥陁古殿, 乃昭成 一作聖. 大王之妃桂花王后爲大王先逝, 中宮乃充充焉皇皇焉, 哀戚之至泣血棘心. 思所以幽贊明休光啓玄福者. 聞西方有大聖曰弥陁, 至誠歸仰則善救來迎, "是真語者豈欺我哉." 乃捨六衣之盛服, 罄九府之貯財, 召彼名匠教造弥陁像一軀, 并造神衆以安之.	왕비

249 김정란, 앞의 책, p.174.

	篇名	條目名	內容	재산권 행사 주체
2	塔像4	皇龍寺鐘·芬皇寺藥師·奉德寺鐘	新羅第三十五景德大王以天寶十三甲午鑄皇龍寺鍾, 長一丈三寸, 厚九寸, 入重四十九万七千五百八十一斤. 施主孝貞伊王三毛夫人, 匠人里上宅下典. 肅宗朝重成新鍾, 長六尺八寸.	귀족 여성
3	孝善9	大城孝二世父母 神文王代	牟梁里 一作浮雲村. 之貧女慶祖有児. 頭大頂平如城因名大城. 家窘不能生育, 因役傭於貨殖福安家. 其家俵田數畝以備衣食之資.	가난한 여성

〈표 6〉에서 나타난 바와 같이 『삼국유사』 소재 재산권을 통해 본 여성 관련 기사는 총 3개 조목에 걸쳐있는데, 「탑상」편에 2개, 「효선」편에 1개로 나타났다. 이들 3개 조목의 내용을 간단히 정리하면 아래와 같다.

1) 무장사 미타전 – 소성대왕의 아내인 계화 왕후가 대왕이 먼저 세상을 떠라 무장사 미타전을 지었다.
2) 황룡사종 · 분황사약사 · 봉덕사종 – 신라 35대 경덕 대왕이 황룡사 종을 주조하고 효정이왕 삼모부인이 시주하였다.
3) 대성효이세부모 – 가난한 여인이 부자집 일을 해주고 토지를 받았다.

1)의 경우 계화 왕후가 소성 대왕인 남편이 먼저 세상을 떠나자 즉시 자기가 입는 화려한 의복을 희사하고 궁중에 쌓아 두었던 재물을 털어 이름난 재인 바치들을 소집하여 미타상과 신중(神衆)들을 만들어 모실 것을 지시하였다.

이 자료에서 알 수 있는 것은 부부애도 지극하고, 여성도 자신의 재산을 남성과 똑같이 상속받고 쓸 수 있다는 것을 암시한다. 2)와 3)의 경우에서도 이 사실을 뒷받침한다.

2)의 경우 귀족 여성(효정이왕 삼모부인)이 중량이 50만 근이나 되는 거대한 종을 건조하여 절에 희사. 시주하였는데, 여기 소요된 가치는 막대한 것으로 생각된다. 즉 귀족 부인이 자기 몫의 재산을 희사하여 황룡사 종을 건조한 것으로 보인다.

고영섭은 경북 봉화사 축서사 3층 석탑에서 발견된 사리함에 이찬의 딸인 명단의 이름이 시주자로 올려져 있는 것을 예로 들면서 시주를 한다는 것은 여성의 사회적 활동이고 여성의 경제력을 나타내는 척도이며, 신라의 세금과 화폐 기능을 한 건포와 마포의 생산을 관리한 모(母)의 존재를 언급하고 있다.[250]

3)은 아이 딸린 貧女가 부자 집의 일을 해주고 토지를 받는 내용이다. 여기서 가난한 여성도 토지를 실제로 소유하고 있음을 나타내는 중요한 史料라 하겠다.

이상의 자료에 나타난 바와 같이 계화 왕후와 같은 왕족에서부터 빈녀에 이르기까지 자신의 재산을 소유하고 쓸수 있다는 것은 이 시대 여성의 지위가 남성과 평등 관계에 있음을 시사해 준다. 이러한 사실은 고려[251], 조선 중기까지 이어진다.[252]

250 고영섭, 『삼국유사 인문학 유행』, 박문사, 2015, p.186.

251 최재석(a), 앞의 책, p.337에서 고려사 분석결과 아들. 딸 간의 균분상속과 내손과 외손 등을 차별하지 않았다고 언급하고 있다.

252 최재석(a), 위의 책, p.551에서 조선조 시대의 分財記와 사료 등을 분석하여 1600년대 중엽이전에는 자녀 간의 균분상속제를 취하던 것이 이로부터 1700년대 중엽까지는 남녀 균분상속 이외에 장남우대, 남녀차별의 상속을 취하는 가족이 대량 출현하기 시작하고 1700년대 중엽부터는 장자우대, 남녀차별의 상속으로 기울어지는 경향을 나타내고 있다고 하였다.

임진왜란 기간 중인 1594년에 작성된 풍산 류씨 가문(류운룡 · 류성룡)의 분재기와 토지 매매 문서를 분석한 연구 결과 재산을 여러 자녀에게 평균 분급할 뿐만 아니라 무후(無後) 신사(身死) 서녀(庶女) 재산(財産)을 친정 조카에게 분재하였다. 이는 여성의 재산권이 상당히 강했던 조선 전기 이래의 관행이 적용된 결과라고 생각된다. 시집간 서녀(庶女)에게 재산을 주더라도 자식을 낳지 못하고 죽었으므로 친정에서 그 재산을 회수한 것이다. 여성은 혼인 후 친정에서 받은 재산에 대하여 스스로 소유권을 갖고 있었으며, 본인의 의사에 따라 그 재산을 상속할 수 있었다.[253]

4. 맺는말

『삼국유사』에서 보여주는 가족과 여성에 관한 기록들을 본 연구의 범위에 따라 전수조사 형식으로 검토하여 그 의미를 고찰해 보았다. 우선 가족 영역에서는 가족 형성 과정의 중요한 요소인 결혼 선택의 조건과 가족 유형의 특징 관련 기록을 조사해 본 결과 기이편에 가장 많은 기록이 있었고, 흥법, 탑상, 의해, 감통, 효선 편 등에도 조금씩 나타나 있었다.

결혼 선택의 조건을 내용 분석하여 범주화한 결과 다양한 인성의 측면이 강조되었다. 남성에게는 '도량이 넓음', '지혜로움' '현명함'을 강조하고 있었고, 여성에게는 '인내심,' '덕' '얌전함' '현명함' '현숙함' '은

253 김용만, 「풍산 류씨 차경당의 경제관과 경제활동」, 『안동학 연구』 제7집, 2008, pp.111-147.

혜와 사랑' '총명함' 등을 강조하고 있어, 남성보다는 여성에게 더 많은 사례가 있었다. 신체적 특성이 언급된 기록에서 남성의 경우 '생식기 길이'와 여기에 걸 맞는 배우자의 신체적 특징으로 큰 키가 언급되기도 하였다. 외모의 경우는 남녀 모두 아름다움에 대한 기록들이 많이 보였는데 신라 시대의 사람들이 아름다움에 대해 깊이 매혹 되어 있는 것 같다는 연구와 맥을 같이한다.[254] 남성의 경우 '형용 단정', 여성에게는 '자색이 고움', '아름다움', '흰 살결' '꽃 같은 얼굴 등의 표현을 사용하였다.

결혼연령과 관련한 기록으로 대략 13세에서 16세 정도에 결혼하는 것으로 나타났는데, 16세인 왕비를 맞이한 수로왕의 나이가 겨우(?) 6, 7세가 맞는지에 대한 의문을 제기한 연구도 있다.[255] 능력에 대한 언급에서는 비상인(非常人)이라는 기록은 보통사람이 아닌 경우로 지혜로울 뿐만 아니라 현명한 판단을 할 수 있는 능력을 두루 갖추고 있는 것을 의미 하고 재능도 결국 나중에 원하는 모습이 되기까지의 모든 위기를 극복하는 용기와 지혜 등을 포함하고 있다고 볼 수 있다. 사례는 적지만 목숨에 대한 은혜 갚음의 차원에서의 결혼 선택 조건을 보여주는 기록도 있다. 정치적 이익을 얻기 위한 정략혼의 사례도 살펴보았다. 자료에서 나타난 바와 같이 결혼 선택 조건에서 언급이 많이 된 순서로 보면 인성, 신체적 특성과 외모, 정치적 이익, 연령, 능력, 은혜 갚음 순이고 사례가 적거나 언급이 없는 경우는 추후 다른 자료와의 비교 검토를 통해 보완할 필요가 있다.

254 김혜진, 「향가 창작 동인으로서의 아름다움과 신라인의 미의식」, 『고전문학과 교육』 15, 2008, pp.293-297.

255 서정목, 『가락국기－너와 나의 뿌리를 찾아서』, 글 누림, 2021, p.20.

『삼국유사』의 가족 유형을 본 논문에서는 10개 조에 대한 기록을 고찰하여 한부모가족(母子가족), 다문화가족(국제혼), 재혼 가족으로 범주화하여 가족 유형의 특징을 논의하였다. 이 부분 역시 다른 자료와의 비교 검토를 통해 더욱 보완할 필요가 있다.

한편 성행동 및 재산권을 통해서 살펴본 여성의 기록은 기이편에 가장 많이 분포되어 있었고, 흥법, 탑상, 의해, 감통, 효선 편 등에도 조금씩 나타나 있었다. 우선 성행동의 기록을 통해 알 수 있었던 것은 '아버지가 없는 자식'에 방점이 찍히는 것이 아니고, '어머니의 자식'이라는 자기충족적 존재로서의 여성의 모습이 그려져 있었다는 점이다. 즉 혼전 성행동을 통해 임신한 후에도 결혼이라는 제도 밖에서 아이를 키우거나 자유연애를 통해 결혼하는 등 성행동에 있어서 한쪽이 힘을 가지고 다른 한쪽을 일방적으로 규제하는 사회적 분위기가 아니었음을 추정해 볼 수 있다. 이러한 점은 결혼 외의 성행동 사례에서도 마찬가지로 드러났는데 이는 여성의 정절에 관한 문제는 본질적이기 보다는 定義의 문제이며 상황적 문제라는 인식[256]을 드러낸다고 볼 수 있다.

여성의 재산권과 관련된 기록에서는 왕족부터 가난한 여인에 이르기까지 자신의 재산을 소유하고 쓸 수 있다는 것을 보여주고 있다. 『삼국유사』에 많은 여성 관련 이야기가 수록되어있는 이유는 편찬자 일연이 살았던 고려사회의 특징들, 즉 서류부가혼, 이혼과 재혼의 자유로움, 남녀의 재산 균분상속 등 그 시대의 상황들이 반영된 것으로 추측할 수 있다.

본 연구에서 논의하지 못한 『삼국유사』에서 보여주는 가족의 여러

256 조은, 「모성, 성, 신분제」, 『사회와 역사』 통권 제51집, 1997, p.127.

하위 체계들과 여성의 모습을 다양한 측면에서 재조명할 필요가 있다. 특히 가족 내의 여성의 역할 등 가족과 여성의 통섭적 연구를 위해 다른 자료들의 기록 등을 통해서 비교하고 보완해 간다면 『삼국유사』의 기록에 대해 더욱 깊이 있는 해석이 이루어지리라고 생각한다.

제3장

『삼국유사』의 경전과 경문

명계환

1. 들어가는 말

고려 후기의 불교계 고승 麟角 一然(1206~1289)이 찬술한 『三國遺事』는 金富軾(1075~1151)의 『三國史記』와 함께 고대 우리 민족의 시원과 역사적 자취를 알 수 있는 귀중한 자료이다. 國尊이였던 일연은 삼국의 正史에서 '빠진 이야기[遺事]'를 중심으로 5권 9편목 138조목의 『삼국유사』를 찬술(1281)했다.

『삼국유사』가 담고 있는 '빠진 이야기'는 古記類·古文書와 碑文·佛敎 書籍·中國 史書 등 대부분 다양한 문헌의 인용문이다. 오늘날 한국고대사 관계의 문헌이 거의 전하지 않는 상황에서 『삼국유사』에 인용된 많은 문헌이 주목받는 것은 한국 고대의 문헌에 실린 원모습을 그대로 보여주고 있기 때문이다. 그 속에는 우리는 민족의 시원과 옛 생활·문화의 시발점을 찾을 수 있는데, 위로는 단군왕검의 조선 건국에서부터 기자와 위만의 교체와 예맥・삼한의 성쇠, 그 밖에 사방에 흩어져 있는 각 부족의 흥망의 발자취까지 고증이 가능하다.[257] 특히 민족 최초의 건국설화인 단군설화를 역사적 사실로서 사서에 최초로 수록하면서 한국 상고사는 단군조선부터 개시가 되어 4천 년의 역사를 가진 것으로 인식하게 했다. 이는 우리 민족사의 자주성을 갖게 되는 결정적인 단초를 제공한 것이다.

『삼국유사』에 인용된 많은 문헌은 대부분 주로 고대 신이사와 불교관계 사적을 정리하여, 되도록 원형에 가깝게 수록하고 있어서 분명 김부식과는 다른 기준에서 서술했음을 짐작할 수 있다. 이에 대해 그간의 연구자들은 『삼국유사』의 내용과 체재 및 문헌적 성격을 ① 역사서, ② 불교사서 내지 불교문화사서, ③ 설화집, ④ 민족지로 규정하고 연구하거나, 향가나 이두 연구의 자료집으로 활용하기도 했지만, 연구가 거듭되면서 『삼국유사』의 고대사회의 역사, 종교, 문학, 예술, 풍속, 언어 등과 같은 다기 다양한 事象들이 기록되어 있는 다층성 내지 복합성을 더 인식하게 되었고, 국사학, 불교학, 신화학, 국문학, 한문학, 국어학, 민속학, 철학, 고 미술사 등 더 많은 학문 분야에서 활용하거나 연구의 대상으로 삼아왔다.[258] 이러한 과정에서 『삼국유사』의 단면적이고 개별적인 문헌학적 연구의 한계를 벗어나 다각적이고 종합적인 연구의 필요성이 대두되었으며, 『삼국유사』에 대한 전체상과 총체성을 구명하고 통합적 이해를 위한 노력이 아울러 진행되고 있다.

---

257 권상로 역해, 『삼국유사』, 서울: 동서 문화사, 2012, pp.3-4.

258 박진태 · 정호완 · 이동근 · 김복순 · 이강옥 · 조수동, 『삼국유사의 종합적 연구』, 서울: 박이정, 2002, pp.85-86.

이러한 연구결과들 속에서 『삼국유사』 편찬 의도와 목적은 민족의 주체성 회복과 자긍심 고취, 또는 불교사상의 포교 및 교화에 있다는 것이 일반적 견해가 되고 있다. 그 가운데 필자는 『삼국유사』 佛書적인 성격에 주목한다. 불서로 보기에는 여러 가지 한계도 있겠지만[259] 우리나라 불교사 초기의 매우 중요한 문헌이며 불교신앙, 사상, 예술 및 수행과 이적 등에 관한 기록이 역사의 전개 과정과 연결하여 다량으로 수록되어 있다는 것도 주지의 사실이다. 따라서 본 연구는 『삼국유사』 속에 인용된 문헌 가운데에서도 佛教 經典과 經文, 그리고 그 속에 반영된 경전의 사상을 좀 더 비중 있게 다루어 보려고 한다. 일연은 불교를 기반으로 하는 고려사회에서 國尊으로 활동했으며, 일생을 승려의 신분으로 일관했다는 것을 고려한다면 그 수록 의도에 대한 남다른 의미가 있다고 여겨진다.

259 『삼국유사의 종합적 연구』에서는 『삼국유사』를 불교사서로 볼 수 없는 이유로, ① 분량 면에서 「왕력」과 「기이」편에 불교와 관련이 없는 부분이 너무 많다는 점, ② 『삼국유사』가 삼국의 역사 전반에 관한 사서로 편찬된 것도 아니고 삼국의 불교사 전반을 포괄하지 않다는 점, ③ 불교관련 기록 중에서 물계자나 향득사지할고공친 등과 같이 불교와 전혀 관계없는 기사가 있다는 점, ④ 『三國遺事』에는 신이적 기록에 대한 문제로 신이는 불교 신앙의 옹호를 위한 것일 수도, 또 거기에서 민족의 저력을 발견하여 하나의 문화적 원리로 인식될 수도 있다는 점 등을 들고 있다. 박진태 외, 위의 책, pp.101-102. 하지만 김두진은 「왕력」과 「기이」편에 관해 "한국고대사 관계의 중요한 자료이지만, 그 속에서도 불교사를 알려줄 자료가 적지 않다. 일연은 한국고대사를 체계화하면서 국가의 발전과 불법의 흥기를 일치시킨 불교 흥국사관을 가졌다. 이 때문에 「기이」편에서는 불교 관계 내용이 상당수 포함되어 있다."라고 이견을 제시하기도 했다. 김두진, 『삼국유사의 사학사적 연구』, 서울: 일조각, 2014, pp.204-205.

2. 『三國遺事』에 引用된 經典과 經文

1) 經典과 經文의 인용

『삼국유사』에는 불교 經典 名을 밝히고 경문을 인용한 예와 특별한 내용 없이 경전 명만 밝힌 예들이 있다. 불교의 論疏들의 예도 이와 마찬가지인데 우선 이에 관해 보겠다. 두 번째, 불교 경전 명을 언급하지는 않았지만 『삼국유사』에 반영된 불교 경전의 사상과 신앙을 보겠다. 이와 같은 두 가지 방식으로 일연의 불교 경전과 경문의 인용 인식을 논증하겠다. 『삼국유사』에는 경전의 原名보다는 異名을 사용하는 예가 많다. 각 조목에 나타난 주요 경전 명의 인용 횟수는 〈표 1〉과 같다.

〈표 1〉 『삼국유사』에 인용된 경전 명과 횟수

인용한 經典名 (ㄱ, ㄴ, ㄷ)	原名	인용 횟수	권, 편, 조목
『金剛般若經』	『金剛般若波羅蜜經』	1	권3, 塔像 4편, "臺山五萬眞身"
『金經』, 『金光經』	『金光明最勝王經』	2	권3, 塔像 4편, "臺山五萬眞身"
			권4, 義解 5편, "賢瑜珈海華嚴"
『觀佛三昧經』	『觀佛三昧海經』	1	권3, 塔像 4편, "魚山佛影"
『大藏經』, 『正藏』, 『藏経』	『高麗大藏經』 『漢譯大藏經』	4	권3, 塔像 4편, "前後所藏舍利"
			권3, 塔像 4편, "臺山五萬眞身"
			권4, 義解 5편, "慈藏定律"
			권4, 義解 5편, "眞表傳簡"
『般若經』, 『六百般若』	『大般若波羅蜜多經』	2	권4, 義解 5편, "圓光西學"
			권3, 塔像 4편, "臺山五萬眞身"
『梵網經』, 『菩薩戒本』	『梵網經盧舍那佛說菩薩心地戒品第十』	2	권4, 義解 5편, "慈藏定律"
			권5, 感通 7편, "金現感虎"

『法華經』, 『蓮經』, 『法華』	『妙法蓮華經』	5	권3, 塔像 4편, "四佛山 掘佛山 萬佛山" 권3, 塔像 4편, "臺山五萬眞身" 권5, 避隱 8편, "朗智乘雲 普賢樹" 권5, 避隱 8편, "緣會逃名 文殊岾" 권5, 避隱 8편, "惠現求靜"
『佛報恩經』	『大方便佛報恩經』	1	권3, 塔像 4편, "臺山五萬眞身"
『舍利佛問經』[260]	『舍利弗阿毘曇論』	1	권4, 義解 5편, "眞表傳簡"
『三藏』		4	권3, 塔像 4편, "前後所藏舍利" 권4, 義解 5편, "圓光西學" (2회인용) 권5, 感通 7편, "憬興遇聖"
『隨求陁羅尼』[261]	『佛說金剛頂瑜伽最勝秘密成佛隨求卽得神變加持成就陀羅尼』	1	권3, 塔像 4편, "臺山五萬眞身"
『普賢章經』[262]		1	권5, 感通 7편, "憬興遇聖"
『阿含經』, 『四含』	『阿含經』	1	권3, 塔像 4편, "迦葉佛宴坐石"
『涅槃』, 『涅槃經』	『大般涅槃經』	2	권3, 塔像 4편, "高麗靈塔寺" 권3, 塔像 4편, "臺山五萬眞身"
『仁王』	『佛說仁王般若波羅蜜經』, 『仁王護國般若波羅蜜多經』	2	권3, 塔像 4편, "臺山五萬眞身"
『占察經』	『占察善惡業報經』	7	권4, 義解 5편, "眞表傳簡"(5회인용) 권4, 義解 5편, "關東楓岳鉢淵藪石記" 권4, 義解 5편, "心地繼祖"
『地藏經』	『地藏菩薩本願經』	1	권3, 塔像 4편, "臺山五萬眞身"

260 동진(東晋)대(317~420) 曇摩耶舍가 번역한 『舍利弗阿毘曇論』을 말한다. 12入, 18界, 5陰, 4聖諦, 22根, 7覺支, 3不善根, 4大, 10不善業 등의 교법을 해석한 담마야사의 논소로 여기서는 경전으로 분류했다.

261 당나라 불공(不空)이 번역한 다라니경전.

262 唐의 淸凉國師 澄觀(738~839)이 『華嚴經』의 주석서로 저술한 『行願品疏』 1卷을 말한다.

『華嚴經』, 『大經』 『雜華』, 『華嚴大典』	『大方廣佛華嚴經』	12	권1, 紀異 2편, "元聖大王"
			권3, 塔像 4편, "南白月二聖 努肹夫得 怛怛朴朴"
			권3, 塔像 4편, "臺山五萬眞身"(2회인용)
			권4, 義解 5편, "慈藏定律"(2회인용)
			권4, 義解 5편, "元曉不羈"
			권4, 義解 5편, "義湘傳敎"
			권4, 義解 5편, "賢瑜珈海華嚴"
			권5, 感通 7편, "憬興遇聖"
			권5, 避隱 8편, "朗智乘雲 普賢樹"
			권5, 孝善 9편, "眞定師孝善雙"
『後分華嚴經』		1	권4, 義解 5편, "勝詮髑髏"

〈표 1〉에서 일연이 불교 경전의 이름을 거론한 것으로는 총 51건이 있으며, 인용 횟수 면에서는 『화엄경』 12번, 『점찰경』 7번, 『법화경』 5번 순으로 많다는 것을 알 수 있다. 하지만 경전의 내용을 직접 인용한 조목들은 그다지 많지 않다. 먼저 권3 「탑상」편 "魚山佛影"조에서 『觀佛三昧經』의 내용을[263] 간접적으로 인용하고 있다. 아마도 『삼국유사』

263 『佛說觀佛三昧海經』 第七卷 「觀四威儀品第六之餘」(T15 pp.679b07-681b02). "佛告阿難 云何名如來到乾訶羅國 古仙山薝蔔花林 毒龍池側 青蓮華泉北 羅刹穴中阿那斯山巖南 爾時彼穴有五羅刹 化作女龍與毒龍通 龍復降雹羅刹亂行 飢饉疾疫已歷四年 時王驚懼 禱祀神祇於事無益 … 時有梵志聰明多智 白言大王迦毘羅城淨飯王子 … 今者道成號釋迦文 … 王聞是語心大歡喜 向佛生地作自歸禮曰 … 云何今日佛日已興 云何不哀至此國界 … 爾時如來勅諸比丘 諸得六通者隨從佛後受那乾訶羅王弗巴浮提請 … 爾時世尊放頂金光作一萬八千諸大化佛(一一化佛復放光明 如此頂 光往亦復化作一萬八千諸大化佛 佛佛相次滿 虛空中 如鷹王往)至彼國. … 爾時龍王及羅刹女 五體投地求佛受戒 佛卽如法爲說三歸五戒之法 龍王聞已(心大歡喜) … (爾時龍王) 長跪合掌勸請世尊 (唯願如來)常住此間 佛若不在我發惡心 無由得成阿耨(多羅三藐三)菩提 … 時梵天王 復來禮佛(合掌勸)請 (願)婆伽婆爲未來世諸衆生故 莫獨偏爲此一小龍 百千梵王(異口同音)皆作是請 … 時彼龍王(於其池中) 出七寶臺奉上如來 (唯願天尊受我此臺 爾時世尊)告龍王(曰)

에 인용된 경문 가운데 가장 많은 분량을 차지하고 있다고 볼 수 있는데 내용은 다음과 같다.

可函의『觀佛三昧經』제7권에 다음과 같은 글이 있다. 부처가 耶乾訶羅國 古仙山 薝葍花 숲의 독룡이 사는 못 곁, 푸른 연꽃이 핀 샘 북쪽 羅刹穴 가운데 있는 阿那斯山 남쪽에 이르렀다. 이때 그 구멍에 다섯 나찰이 있어 女龍으로 화하여 독룡과 교합하더니 용이 다시 우박을 내리고, 나찰은 난폭한 행동을 하므로 기근과 질역이 4년 동안 계속되었다. 왕은 놀라고 두려워서 神祇에게 빌며 제사했으나 아무런 유익이 없었다. 이때 총명하고 지혜 많은 梵志가 왕에게 아뢰기를, "迦毗羅 淨飯王 의 왕자가 지금 도를 이루어 이름을 釋迦文이라고 합니다."라고 했다. 왕은 이 말을 듣고 마음에 크게 기뻐하여 부처가 있는 쪽을 향해 절하고 말하기를, "오늘날 佛日이 이미 일어났다고 하는데, 어찌하여 이 나라에는 이르지 아니하십니까?"라고 했다. 이때 여래는 六神通을 터득한 비구들에게 명하여 자기의 뒤를 따르게 하고, 야건가라왕 弗婆浮提의 청을 들어주었다. 이때 세존은 이마에서 광명이 내비춰 1만이나 되는 여러 大化佛이 되어 그 나라로 갔다. 이때 용왕과 나찰녀는 5체를 땅에 던져 부처께 계 받기를 청했다. 부처는 곧 [이를] 위하여 三歸五戒를 설하니, 용왕이 다 듣고 나서 꿇어 앉아 합장하고 세존에게 여기에 상주하기를 권청하면서 "부처님께서 만약 계시지 않으면 제가 악심이 생겨 阿耨菩提를 성취할 도리가 없습니다"라고 했다. 이때 梵天

不須此臺 汝今但以羅刹石窟持以施我 … 龍王歎喜發大誓願(云云) 爾時世尊安慰龍王 我受汝請坐汝窟中 經千五百歲 … (釋迦文)佛踊身入石 猶如明鏡人見面像 諸龍皆見佛在石內映現於外 爾時諸龍合掌歡喜 不出其地常見佛日 爾時世尊結伽趺坐在石壁內 衆生見時 遠望卽見近則不現 諸天百千供養佛影 影亦說法."

王이 다시 와서 부처께 절하고 청하기를, "婆伽婆께서는 미래세의 여러 중생을 위하시므로 다만 편벽되게 이 작은 용 한 마리만을 위하지는 마소서"라고 하니, 백천 梵王이 모두 이같이 청했다. 이때 용왕이 七寶臺를 내어 여래께 바치니, 부처가 용왕에게 말하기를, "이 자리는 필요 없으니 너는 지금 다만 나찰의 석굴만을 가져다 내게 시주하라"라고 하니, 용왕이 기뻐했다. 고 한다. 이때 여래가 용왕을 위로하기를, "내가 네 청을 받아들여 네 굴 안에 앉아 1천 5백세를 지내리라"라고 하고 부처는 몸을 솟구쳐 돌 안으로 들어갔다. [돌은] 마치 明鏡과 같아서 사람의 얼굴형상이 보이고, 여러 용이 모두 나타나며, 부처는 돌 안에 있으면서 그 모습이 밖에까지 비쳐 나타났다. 이때 여러 용은 합장하고 기뻐하면서 그곳을 떠나지 않고 항상 불일을 보게 되었다. 이때 세존은 가부좌를 하고 석벽 안에 있었는데, 중생이 볼 때 멀리서 바라보면 나타나고 가까이서 보면 나타나지 않았다. 여러 천중이 부처 그림자에 공양하면 그림자가 또한 설법했다. 또한, 이르기를 "부처가 바윗돌 위를 차면 곧 금과 옥의 소리가 났다."라고 했다.[264]

---

264 一然,『三國遺事』卷3 塔像4 "魚山佛影"(HD6 pp.333a-333b). "可函觀佛三昧經第七卷云 佛到耶乾訶羅國古仙山 薝葍花林毒龍之側 青蓮花泉北 羅刹穴中 阿那斯山南 爾時彼穴有五羅刹 化作女龍 與毒龍通 龍復降雹 羅刹亂行 飢饉疾疫 已歷四年 王驚懼 禱祀神祇 於事無益 時有梵志 聰明多智 白言大王 伽毗羅淨飯王子 今者成道 號釋迦文 王聞是語 心大歡喜 向佛作禮曰 云何今日佛日已興 不到此國 爾時如來 勑諸比丘 得六神通者 隨從佛後 受耶乾訶羅王弗婆浮提請 爾時世尊 頂放光明 化作一萬諸大化佛 往至彼國 爾時龍王及羅刹女 五體投地 求佛受戒 佛卽爲說三歸五戒 龍王聞已 長跪合掌 勸請世尊常住此間 佛若不在 我有惡心 無由得成阿耨菩提 時梵天王 復來禮佛 請婆伽婆爲未來世諸衆生 故莫獨偏爲此一小龍 百千梵王皆作是請 時龍王出七寶臺 奉上如來 佛告龍王 不須此臺 汝今但以羅刹石窟持以施我 龍歡喜[云云] 爾時如來 安慰龍王 我受汝請 坐汝窟中 經千五百歲 佛湧身入石 猶如明鏡 人見面像 諸龍皆現 佛在石內 映現於外 爾時諸龍合掌歡喜 不出其地 常見佛日 爾時世尊結伽趺坐在石壁內 衆生見時 遠望卽現 近則不現 諸天供養

일연은 "어산불영"조에 『관불삼매경』의 경문을 그대로 인용하지는 않고 자신의 문체로 요약하여 서술했지만, 의미는 같다고 할 수 있다. 먼저 『고기』를 인용해[265] 만어산 근처 가락국에 연못, 독룡, 나찰녀 등을 등장시킨 후 설법을 청하고, 골짜기에는 음악소리가 나는 등, 『관불삼매경』에 나오는 상황과 비슷함을 묘사했다. 그 다음 『관불삼매경』의 야건가락국을 가라국과 연관시키고 있다는 것이 내용의 핵심이다. 여기에서 말하려는 것은 우리나라가 전대의 불국토였음을 제시하고 있다. 또한, "迦葉佛宴坐石"조에서는 『長阿含經』의 내용[266]을 요약하여 인용하고 있는데 다음과 같다.

> "신라 城東 동쪽 龍宮의 남쪽에는 迦葉佛의 宴坐石이 있는데, 이곳이 바로 前佛 시대의 절터이다 …… 『阿含經』을 살펴보면, 가섭불은 賢劫의 세 번째 부처이고 사람의 나이로 2만 세 때에 세상에 나타났다고 한다. 이에 의거하여서 증감법으로 계산하면 매양 成劫의 처음에는 모두 수명이 無量歲였다. 점점 줄어들어 8만 세 때에 이르면 住劫의 처음이 된다. 이로부터 또 100년마다 1해씩 줄어들어 수명이 10세 때에 이르면 1減이 되고, 또 늘어나서 사람의 수명이 8만 세가 되면 1增이 된다. 이와 같이 하여 20번 줄이고, 20번 늘이면 한 주겁이 된다. 이 한

佛影 影亦說法 又云 佛蹴嵓石之上 卽便成金玉之聲."

265 一然, 위의 책, 卷3, 塔像4, "魚山佛影"(HD6 p.332c). "古記云, "萬魚寺者古之慈成山也, 又阿耶斯山…"

266 『長阿含經』 第1卷「第一分初大本經第一」(T1 pp.1c19-2a04). "比丘！此賢劫中有佛名拘樓孫, 又名拘那含, 又名迦葉. 我今亦於賢劫中成最正覺" …… "汝等當知, 毘婆尸佛時, 人壽八萬歲. 尸棄佛時, 人壽七萬歲. 毘舍婆佛時, 人壽六萬歲. 拘樓孫佛時, 人壽四萬歲. 拘那含佛時, 人壽三萬歲. 迦葉佛時, 人壽二萬歲. 我今出世, 人壽百歲, 少出多減."

주겁 중에 千佛이 세상에 나타나는데, 지금의 本師인 釋迦佛은 네 번째 부처이다. 네 번째 부처는 모두 第九減 중에 나타난다. 釋迦世尊의 100세 때부터 가섭불의 2만 세까지는 이미 200만여 세나 된다. 만약 현겁 처음의 첫째 부처인 拘留孫佛 때까지는 또 몇 만 세가 된다. 구류손불 때로부터 위로 겁의 처음 무량세 때까지는 또 얼마나 되겠는가. 석가세존으로부터 아래로 지금의 至元 18년 신사까지는 이미 2,230년이고, 구류손불로부터 가섭불 때를 지나서 지금에 이르기까지는 곧 몇 만 세이다.[267]

여기에서도 일연은 바로 이곳이 前佛 시대의 절터라고 하고 있으며, 『아함경』에서 인용하여 과거불인 가섭이 현겁의 부처로 나타났다고 하고 있어서 우리나라가 전대의 불국토였음을 제시하고 있다. 또한, "朗智乘雲 普賢樹"에서는 『大方廣佛華嚴經』 第34卷 「十地品第二十六之一」의 내용을 인용[268]하는데 다음과 같다.

"이 나무는 범어로 怛提伽라 하고 여기서는 赫이라 하는데, 오직 西

267 一然, 앞의 책, 卷3 塔像4 "迦葉佛宴坐石"(HD6 p.318c). "新羅月城東龍宮南 有迦葉佛宴坐石 其地即前佛時伽藍之墟也 …… 按阿含經, 迦校勘 葉佛是賢刧第三尊也, 人壽二萬歲時出現於世. 攄此以增減法計之每成劫初皆壽無量歲. 漸減至壽八萬歲時爲住劫之初. 自此又百年減一歲至壽十歲時爲一減, 又增至人壽八萬歲時爲一增. 如是二十減二十增爲一住劫. 此一住劫中有千佛出世, 今夲師釋迦是第四尊也. 四尊皆現於第九減中. 自釋尊百歲壽時至迦葉佛二萬歲時已得二百萬餘歲. 若至賢劫初第一尊拘留孫佛時又幾萬歲也. 自拘留孫佛時上至劫初無量歲壽時又幾何也. 自釋尊下至于今至元十八年辛巳歲已得二千二百三十矣, 自拘留孫佛歷迦葉佛時至于今則直幾萬歲也."

268 『大方廣佛華嚴經』 第34卷 「十地品第二十六之一」(T10 p.179b14). "佛子 菩薩摩訶薩智地有十種 … 何等爲十 一者歡喜地 … 八者不動地 九者善慧地 十者法雲地."

天竺과 해동의 두 영취산에만 있다. 이 두 산은 모두 第十法雲地로써 보살이 사는 곳이니 이 사람은 반드시 성스러운 사람일 것이다." …… 「靈鷲寺記」에 이렇게 기록되어 있다. "낭지가 일찍이 말하기를, '이 암자 자리는 迦葉佛 당시의 절터였다.'라고 하고는 땅을 파서 등잔 기름병 두 병을 얻었다. 元聖王 때에는 大德 緣會가 이 산속에 와 살면서 낭지법사의 전기를 지었는데, 이것이 세상에 퍼졌다." 『華嚴經』을 살펴보면, 제10은 법운지라 했으니 지금 스님이 구름을 탄 것은 대개 부처가 세 손가락을 구부리고 원효가 백 개로 몸을 나누는 것 같은 것이다.[269]

여기에서도 이 영취산의 암자 자리가 제10 법운지 보살이 사는 곳이며 이 자리가 迦葉佛 당시의 절터였다고 하고 있다. 불연국토설은 우리나라가 원래 부처와 인연이 있는 나라라는 설에 근거하고 있다. 우리나라에 전래 유포된 불교사상에 거의 공통으로 나타나고 있는 견해이다. 이 불연국토설에 근거하여 진신주처 또는 보살 주처 사상이 나타나고 있다.[270] 일연은 우리나라가 전대에 본래 불연국토였다는 데에 경문의 내용을 많이 인용하고 있다는 것은 주목할 만하다. 이 밖에 경문을 인용한 사례는 『삼국유사』 卷4 義解5 "心地繼祖"조인데, 東晋(317~420) 『占察善惡業報經 卷上』의 내용을 다음과 같이 인용[271]하고 있다.

---

269 一然, 앞의 책, 卷5, 避隱8, "朗智乘雲 普賢樹"(HD6 p.364a). "此木梵號怛提伽 此云赫 唯西竺海東二靈鷲山有之 彼二山皆第十法雲地菩薩所居 斯必聖者也 …… 靈鷲寺記云 朗智嘗云此庵址乃迦葉佛時寺基也 堀地得燈缸二隔 元聖王代 有大德緣會來居山中 撰師之傳 行于世 按華嚴經 第十名法雲地 今師之馭雲 蓋佛陁屈三指 元曉分百身之類也歟."

270 박진태 외, 앞의 책, pp.221-222.

271 『占察善惡業報經卷上』 第1卷 (T17 p.905b02). "一者, 求上乘得不退. 二者, 所求

『점찰경』 上卷을 살펴보면 189간자의 이름을 기술했다. 1자는 大乘을 구해 不退位)를 얻는 것이고, 2자는 구하는 바의 果가 證으로 나타나는 것이고, 3 · 4자는 中乘 · 下乘을 구해서 불퇴위를 얻는 것이고, 5자는 神通을 구하여 성취를 얻는 것이고, 6자는 四梵을 닦아 성취를 얻는 것이고, 7자는 世禪을 닦아 성취를 얻는 것이고, 8자는 바라는 바 妙戒를 얻는 것이고, 9자는 일찍이 받은 바 구족계를 얻는 것이고 이 글로써 바로잡으면 미륵이 말한 바 새로 얻은 계라는 것은 금생에서 비로소 얻은 계이고, 예전에 얻은 계라는 것은 과거에 일찍이 받은 것이니 금생 또한 거듭 받은 것이므로 修生 本有의 신구를 일컫는 것이 아님을 알겠다. 10자는 下乘을 구하고 아직 信에 있지 않는 것이고 그 다음은 중승을 구하고 아직 信에 있지 않는 것이다. 이와 같이 곧 172에 이르기까지는 모두 과거 · 현세 중에서 혹은 선하기도 하고 혹은 악하기도 하고 얻기도 하고 잃기도 한 일들이다. 173자는 몸을 버려 이미 지옥에 들어간 것이고 이상은 모두 미래의 果이다. 174자는 죽어서 이미 畜生이 된 것이다. 이와 같이 곧 餓鬼 · 修羅 · 사람 · 人王 · 天 · 天王 · 불법을 들음 · 출가 · 聖僧을 만남 · 도솔천에 태어남 · 淨土에 태어남 · 부처를 만남 · 下乘에 거함 · 中乘에 거함 · 大乘에 거함 · 해탈을 얻음

果現當證. 三者, 求中乘得不退. 四者, 求下乘得不退. 五者, 求神通得成就. 六者, 修四梵得成就. 七者, 修世禪得成就. 八者, 所欲受得妙戒. 九者, 所曾受得戒具. 十者, 求上乘未住信. 十一者, 求中乘未住信 …… 一百七十二者, 捨身已入地獄 …… 一百七十三者, 捨身已作畜生. 一百七十四者, 捨身已作餓鬼. 一百七十五者, 捨身已作阿修羅. 一百七十六者, 捨身已生人道. 一百七十七者, 捨身已為人王. 一百七十八者, 捨身已生天道. 一百七十九者, 捨身已為天王. 一百八十者, 捨身已聞深法. 一百八十一者, 捨身已得出家. 一百八十二者, 捨身已值聖僧. 一百八十三者, 捨身已生兜率天. 一百八十四者, 捨身已生淨佛國. 一百八十五者, 捨身已尋見佛. 一百八十六者, 捨身已住下乘. 一百八十七者, 捨身已住中乘. 一百八十八者, 捨身已獲果證. 一百八十九者, 捨身已住上乘."

까지의 189 등이 이것이다.[272]

위의 내용은 『점찰경』에서는 죄업을 씻기 위해 懺法을 이야기 하고 있는데, 그 가운데에서도 189개의 선악과보상 중 제8과 제9를 강조하고 있는 것으로 보아서 진표조사를 계승한 심지가 제목(心地繼祖)과 같이 계율을 중시한 것으로 볼 수 있다.

『삼국유사』 권4 「의해」편 "眞表傳簡"조에서 東晋(317~420) 曇摩耶舍의 『舍利佛問經』의 내용[273]을 인용하고 있다.

『舍利佛問經』에 부처가 長者의 아들 邠若多羅에게 일러 말했다. "너는 일곱 낮 일곱 밤 너의 앞선 죄를 참회하여 모두 깨끗하게 하여라." 반야다라가 가르침을 받들어 낮 밤으로 정성을 다하니 5일 밤에 이르러 그 방 안에서 여러 물건이 내렸는데 수건, 幞頭·拂箒, 칼·송

272 一然, 앞의 책, 卷4 義解5 "心地繼祖"(HD6 p.353c-354a). "按占察経上卷, 叙一百八十九簡之名. 一者求上 乘得不退, 二者所求果現當證, 三·第四求中下乘得不退, 五者求神通得成就, 六者修四梵得成就, 七者修世禪得成就, 八者所欲受得妙戒, 九者所曽受得戒具, 以此文訂, 知慈氏所言新得戒者謂今生始得戒也, 舊得戒者謂過去曽受, 今生又增受也非謂修生夲有之新舊也. 十者求下乘未住信, 次求中乘未住信. 如是乃至一百七十二皆過現世中或善或惡得失事也. 一百七十三者捨身已入地獄, 已上皆未来之果也. 一百七十四者死已作畜生. 如是乃至餓鬼·修羅·人·人王·天·天王·聞法·出家·值聖僧·生兜率·生淨土·尋見佛·住下乘·住中乘·住上乘·得解脫第 一百八十九等是也."

273 『舍利弗問經』 第1卷 (T24 p.902b04). "佛言:「有長者子名曰分若多羅, 宿有善根, 生婆羅門家, 樂欲捨家修無上道. 隨大目犍連, 於巴連弗邑天王精舍求受具戒. 目連語云:汝可七日七夜悔汝先罪皆使清淨. 無諸妨障者, 我當為汝從僧中乞. 分若多羅言:云何得知妨障已滅. 云何得知我受得戒. 仰願諸佛加我威神, 令我罪滅得見得戒之相』佛言:『汝但勤誠, 誠至自見. 分若白佛:『謹奉尊教』 懇惻日夜到第五夕, 於其室中雨種種物, 若巾若帊、若拂若箒、若刀若斧、若錐若鑷, 次第分別墮其目前. 分若多羅生歡喜心、生得果心. 滿七日已, 具白目連. 目連問我, 我語之曰:是離塵相拂割之物也."

> 곳 · 도끼 등과 같은 것이 그 눈앞에 떨어졌다. 반야다라는 기뻐서 부처에게 물으니, 부처가 말했다. "이는 塵을 벗어나는 상이다. 쪼개고 털어내는 물건들이다."[274]

위의 내용은 부처가 장자의 반야다라에게 지은 죄를 씻기 위해 수행하도록 권하고 있다고 할 수 있다. 이 밖에 경전의 문구를 짧게 인용한 예이다. 먼저 『삼국유사』 卷3 塔像4 "南白月二聖 努肹夫得 怛怛朴朴" 조에서 『大方廣佛華嚴經』 第76卷 「入法界品第三十九之十七」의 내용을 다음과 같이 인용[275]하고 있다.

> "『華嚴經』에 摩耶夫人은 善知識으로 十一地에 살면서 부처를 낳음이 幻解脫門과 같다고 했으니."[276]

『삼국유사』 卷4 義解5 "元曉不羈"조에서 『大方廣佛華嚴經』 第13卷 「光明覺品第九」의 내용을 그대로 인용[277]하는데 다음과 같다.

> "『華嚴經』의 일체 無㝵人은 한 길로 생사를 벗어난다."[278]

---

274 一然, 앞의 책, 卷4 義解5 "眞表傳簡"(HD6 pp.351a-b). "如舍利 佛問經 佛告長者子邠若多羅曰 汝可七日七夜 悔汝先罪 皆使淸淨 多羅奉教 日夜懇惻 至第五夕 於其室中 雨種種物 若巾若帊若拂箒若刀錐斧等 墮其目前 多羅歡喜 問於佛 佛言是離塵之相 割拂之物也."

275 『大方廣佛華嚴經』 第54卷 「入法界品第三十四之十一」(T9 p.745a29). "蓮華光夫人者, 摩耶夫人是也；時國人者, 今大衆是也. 悉於阿耨多羅三藐三菩提, 得不退轉；或住初地, 乃至十地；大願成就, 住諸法門, 修方便道, 求一切智, 住諸解脫."

276 一然, 앞의 책, 卷3 塔像4 "南白月二聖 努肹夫得 怛怛朴朴"(HD6 pp.330a-b). "華嚴經摩耶夫人善知識 寄十一地生佛如幻解脫門"

277 『大方廣佛華嚴經』 第13卷 「光明覺品第九」(T9 p.68c1). "一切無礙人 一道出生死."

『삼국유사』 卷5, 感通7 "憬興遇聖"조에는 『大方廣佛華嚴經』 第六卷 「賢首菩薩品第八」과 내용을 인용[279]하고 있다.

"『화엄경』 중 착한 친구가 병을 고친 이야기를 가지고 말했다. 지금 법사의 병은 근심이 이른 바이니 즐겁게 웃으면 나을 것이다."[280]

"憬興遇聖"조에서는 『보현장경』의 내용도 다음과 같이 인용하고 있다.

언젠가 『보현장경』을 보았더니 거기에서 미륵보살이 말하기를 "내가 내세에는 마땅히 염부제에 태어나 먼저 석가의 말법제자들을 득도시킬 것이다. 다만 말 탄 승려만은 제외시켜서 부처님을 보지 못하게 할 것이다"라고 했으니 어찌 경계하지 아니할 것인가![281]

이처럼 『화엄경』의 경문을 주로 인용하지만, 의미는 각각 다르다. 권4 "心地繼祖"조는 계율의 중시, 권4 "眞表傳簡"조는 수행의 중시, 卷3 "南白月二聖 努肹夫得 怛怛朴朴"조는 중생의 교화, 권4 "元曉不羈"조

278 一然, 앞의 책, 卷4 義解5 "元曉不羈"(HD6 p.348a). "以華嚴経 一切無导人一道出生死."

279 『大方廣佛華嚴經』 第六卷 「賢首菩薩品第八」(T9 p.432c19). "若信堅固不可動, 諸根明利悉清淨. 若根明利悉清淨, 則離一切惡知識, 若能遠離惡知識, 則能親近善知識. 若能親近善知識, 則修無量諸功德, 若能廣修諸功德, 則能善解諸因果. 若能善解諸因果, 則成殊勝妙解脫."

280 一然, 앞의 책, 卷5, 感通7 "憬興遇聖"(HD6 p.349a-b). "以華嚴経中善友原病之說爲言曰. "今師之疾憂勞所致喜笑可治."

281 一然, 위의 책, 卷5, 感通7 "憬興遇聖"(HD6 p.359b). "嘗見普賢章經 彌勒菩薩言 我當來世 生閻浮提 先度釋迦末法弟子 唯除騎馬比丘 不得見佛 可不警哉."

는 중생교화를 위한 방편, 권5, "憬興遇聖"조는 중생의 교화와 승려의 비판 등의 내용이 중심이 되고 있다.

이 밖에 경전 명만 언급한 내용을 〈표 7〉 "『삼국유사』에 인용된 경전과 횟수"에 근거하여 정리하면 가장 많은 경전 명을 인용하고 있는 조목은 권3, 탑상 "대산오만진신"조 이다. 여기에서는 『금강반야경』, 『금광경』, 『대장경』, 『반야경』, 『법화경』, 『불보은경』, 『수구다라니』, 『열반경』, 『인왕반야경』, 『지장경』, 『화엄경』등이 보이는 데, 경전의 내용을 수록한 것이 아니라 이러한 경전을 독송하면서 사찰을 건립한다는 연기 설화를 기록하고 있다.[282]

또한, 하나의 경전 명을 가장 많이 반복한 조목은 권4, 의해 "眞表傳簡"조로 『점찰경』을 5회 언급하고 있다. 미륵보살이 진표에게 준 『점찰경』의 연기 설화와 隋・唐의 고승 法經・彦琮이 『점찰경』을 비방한 것에 대하여 일연은 오류를 지적하며 『점찰경』의 가치를 은밀히 표방한다는 내용[283] 을 담고 있다.

그 밖에는 경전을 강론했다는 내용으로서 태현이 『金光經』을 강론했다거나(권4 賢瑜珈海華嚴),[284] 원광이 『三藏』을 공부하고 『般若經』을 강의 한 것(권4 圓光西學),[285] 자장이 황룡사에서 『菩薩戒本』을 강의한 것(권4 慈藏定律),[286] 김현은 벼슬에 오르자, 西川 가에 절을 지어 虎願寺라 하고 항상 『梵網經』을 강의 한 것(권5 金現感虎),[287] 보덕이 『涅槃經』 40여

---

282 一然, 위의 책, 卷3, 塔像4, "臺山五萬眞身"(HD6 p.335b-336a).

283 一然, 위의 책, 卷4, 義解5, "眞表傳簡"(HD6 p.350a-351b).

284 一然, 위의 책, 卷4, 義解5 "賢瑜珈海華嚴"(HD6 p.354b). "詔入內殿講金光経以祈甘霔"

285 一然, 위의 책, 卷4, 義解5, "圓光西學"(HD6 p.340b). "創通成論末講般若"

286 一然, 위의 책, 卷4, 義解5, "慈藏定律"(HD6 p.346b). "又於皇龍寺演菩薩戒夲七日七夜"

권을 강의했다(권3 高麗靈塔寺)[288]는 내용이다. 여기에서도 『화엄경』이 가장 많이 등장하는데, 왕이 승려 智海를 대궐로 불러들여 50일 동안 『화엄경』을 강의하게 한 일(권1 元聖大王),[289] 또한, 왕이 대덕 法海를 黃龍寺에 청해 『華嚴經』을 강의하게 한 것(권4 賢瑜珈海華嚴),[290] 승전이 먼 나라의 승려 梵修가 새로 번역한 『후분화엄경』과 澄觀의 『화엄경』 주석서인 『觀師義䟽』를 얻고 돌아와 연술한 것(권4 勝詮髑髏),[291] 자장이 『雜花經』의 만개의 偈를 강연한 것(권4 慈藏定律),[292] 의상이 진정의 어머니를 위해 무리 3천을 모아 『화엄경』을 강의 한 것(권5 眞定師孝善雙美)[293] 등이 있다.

그리고 경전을 독송했다거나 학문과 수행에 전념한 이야기가 있는데, 신이한 스님이 암자에서 항상 『법화경』을 읽어 신통력이 있다거나(권5 朗智乘雲 普賢樹),[294] 惠現은 백제 사람으로 어려서 출가하여 애써 뜻을 모아 『법화경』을 독송하는 일로 업을 삼았다거나(권5, 惠現求靜),[295] 고승 緣會는 靈鷲山에 숨어 살면서 『법화경』을 읽고 普賢 관행을 닦았다

287 一然, 위의 책, 卷5, 感通7, "金現感虎"(HD6 p.362a) "現既登庸, 創寺於西川邊号虎願寺, 常講梵網経以導虎之冥遊"

288 一然, 위의 책, 卷3, 塔像4, "高麗靈塔寺"(HD6 p.320a). "赴講涅槃経四十餘卷"

289 一然, 위의 책, 卷1, 紀異2, "元聖大王"(HD6 p.293c). "釋智海入內稱校勘華嚴經五旬"

290 一然, 위의 책, 卷4, 義解5, "賢瑜珈海華嚴"(HD6 p.354b). "明年甲午夏王又請大德法海於皇龍寺講華嚴経"

291 一然, 위의 책, 卷4, 義解5, "勝詮髑髏"(HD6 p.353a). "求得新譯後分華嚴経・觀師義䟽校勘 言還流演"

292 一然, 위의 책, 卷4, 義解5, "慈藏定律"(HD6 p.347a). "又改营生縁里第亢寧寺設落成會講雜花萬偈"

293 一然, 위의 책, 卷5, 孝善9, "眞定師孝善雙美"(HD6 p.367a). "湘率門徒歸于小伯山之錐洞, 結草爲廬會徒三千約九十日講華嚴大典"

294 一然, 위의 책, 卷5, 避隐8, "朗智乘雲 普賢樹"(HD6 p.363a). "常講法華仍有通力"

295 一然, 위의 책, 卷5, 避隐8, "惠現求靜"(HD6 p.364b). "釋惠現百濟人. 小出家苦心專志誦蓮經爲業"

거나(권5 緣會逃名 文殊岾),[296] 경흥이 나이 18세에 출가하여 삼장에 통달했다거나(권5 憬興遇聖),[297] 현수가 의상에게 보낸 편지에서 大經에 목욕하고 특별히 돌아가신 스승으로부터 이 심오한 경전의 가르침을 받았다고 한 것(권4 義湘傳敎)[298] 등이 있다.

이외에는 貞觀 17년에는 자장법사가 三藏 4백여 함을 싣고 와서 통도사에 안치했다는 이야기(권4 前後所藏舍利),[299] 慧照國師가 조칙을 받들고 서쪽으로 유학 가서 요나라 판본인 대장경 3부를 사온 이야기(권3 前後所藏舍利)[300] 자장이 신라에 경전과 불상이 아직 충분하지 않기 때문에 대장경 1부 및 여러 幡幢·花蓋를 실고 온 이야기(권4 慈藏定律),[301] 開元, 貞元 연간의 두 釋教錄 가운데 대장경으로 편입되었다는 이야기(권4 眞表傳簡),[302] 순제가 진표에게 沙彌戒法을 주고 供養次第秘法과 『점찰경』 2권의 계법을 전하며 미륵·지장에게 참회하여 계법을 받고 세상에 널리 전하라는 이야기(권4 關東楓岳鉢淵藪石記),[303] 『法華經』을 외우는 이름

296 一然, 위의 책, 卷5, 避隱8, "緣會逃名 文殊岾"HD6 p.364a). "高僧緣會嘗隐居靈鷲, 每讀蓮經修普賢觀行"

297 一然, 위의 책, 卷5, 感通7, "憬興遇聖"(HD6 p.359a). "年十八出家遊刄三藏望重一時"

298 一然, 위의 책, 卷4, 義解5, "義湘傳教"(HD6 p.349a) "得於此報俱沐大経, 特蒙先師授玆粵典"

299 一然, 위의 책, 卷3, 塔像4, "前後所藏舍利"(HD6 p.326c). "貞観十七年慈藏法師載三藏四百餘函來, 安于通度寺"

300 一然, 위의 책, 卷3, 塔像4, "前後所藏舍利"(HD6 p.327a). "本朝睿廟時慧照國師奉詔西學, 市遼本大藏三部而来"

301 一然, 위의 책, 卷4, 義解5, "慈藏定律"(HD6 p.346b). "乞齎藏経一部洎諸幡幢·花蓋堪爲福利者皆載之"

302 一然, 위의 책, 卷4, 義解5, "眞表傳簡"(HD6 p.351a). "開元·貞元二釋教録中編入正藏"

303 一然, 위의 책, 卷4, 義解5, "關東楓岳鉢淵藪石記"(HD6 p.351b). "濟授沙弥戒法, 傳教供養次第秘法一卷·占察善惡業報經二卷日, "汝持此戒法於彌勒·地藏丙聖前懇求懺悔, 親受戒法流傳於世"

이 전하지 않는 비구니를 청하여 절을 맡게 하여 깨끗하게 하고 돌을 공양하며 향불이 끊어지지 않게 했다는 이야기(권3 四佛山 掘佛山 萬佛山)[304] 등이 있다. 다음은 『삼국유사』에 인용된 불교 논소로서 내용은 〈표 2〉와 같다.

〈표 2〉『삼국유사』에 인용된 佛教 論疏

인용한 經典名 (ㄱ, ㄴ, ㄷ)	原名	인용 횟수	권, 편, 조목
『起信疏』		1	권4, 義解 5편, "勝詮髑髏"
『觀師義疏』		1	권4, 義解 5편, "勝詮髑髏"
『教分記』,	『華嚴經教分記』	1	권4, 義解 5편, "勝詮髑髏"
『法界無差別論疏』		1	권4, 義解 5편, "勝詮髑髏"
『三昧經疏』	『金剛三昧經論』[305]	1	권4, 義解 5편, "元曉不羈"
『三論』		1	권5, 避隐 8편, "惠現求靜"
『釋論』	『釋摩訶衍論』	1	권4, 義解 5편, "圓光西學"
『섭론』	『攝大乘論』	1	권4, 義解 5편, "圓光西學"
『成實』, 『成實論』	『成實論』	1	권4, 義解 5편, "圓光西學"
『心源章』		1	권4, 義解 5편, "勝詮髑髏"
『十二門疏』		1	권4, 義解 5편, "勝詮髑髏"
『肇論』		1	권4, 義解 5편, "二惠同塵"
『智論』	『大智度論』	1	권5, 感通 7편, "眞身受供"
『錐洞記』[306]		2	권5, 孝善 9편, "眞定師孝善雙美"
			권4, 義解 5편, "義湘傳教"
『探玄記』,	『華嚴經探玄記』	1	권4, 義解 5편, "勝詮髑髏"
『搜玄疏』		1	권4, 義解 5편, "義湘傳教"
『華嚴疏』		1	권4, 義解 5편, "元曉不羈"
『華嚴梵語』		1	권4, 義解 5편, "勝詮髑髏"
『玄義章』		1	권4, 義解 5편, "勝詮髑髏"

304 一然, 위의 책, 卷3, 塔像4, "四佛山 掘佛山 萬佛山"(HD6 p.322b). "請比丘亡名誦蓮経者主寺, 洒掃供石香火不廢"

〈표 2〉는 불교 논소를 총 20차례 거론하고 있다. 하지만 직접 논소를 인용한 조목은 권5 「감통」편 "진신수공"조이며 용수의 『大智度論』의 내용[307]을 다음과 같이 인용했다.

> 『智論』 제4에 말한다. "옛날 罽賓國三藏이 阿蘭若法을 행하여 一王寺에 이르니 절에서 큰 모임을 열고 있었다. 문지기가 그 의복이 남루한 것을 보고 문을 막고 나아가지 못하게 했다. 이와 같이 하기를 여러 번 했다. 옷이 남루한 이유로 매번 나아갈 수 없으니 곧 방편을 만들어 좋은 옷을 빌려 입고 가니 문지기가 그를 보고 들어가는 것을 금하지 않았다. 이미 자리에 앉아 여러 음식을 얻었는데 먼저 옷에게 주었다. 여러 사람들이 '어찌 그렇게 하느냐'고 물으니 대답하여 말하기를 '나는 여러 번 올 때마다 매번 들어오지 못했으나 지금 옷 때문에 이 자리를 얻어 여러 음식을 얻었으니 먼저 옷에게 주는 것뿐이다'라고 했다.[308]

---

305 『金剛三昧經疏』, 주지하다시피 당나라의 翻經三藏들이 소를 論으로 고쳐 『金剛三昧經論』이라고 함.

306 지통의 저술로 현존하지는 않으나 그 내용은 소백산 추동의 90일간의 화엄법회에서의 의상의 강의를 기록한 것이며 그 일부가 均如 등 고려시대 승려의 저술에 인용되어 있다. 『華嚴錐洞記』, 『智通記』, 『智通問答』 등으로 불리기도 하는데 13세기까지 유통되던 것을 李藏用(1201~1272)이 한역했다고 한다. 김상현(1996), 「『추동기』와 그 이본 『화엄경문답』」, 『한국학보』 84.

307 『大智度論』 第14卷 (T25p.165a21). "譬如罽賓三藏比丘, 行阿蘭若法, 至一王寺, 寺設大會, 守門人見其衣服麁弊, 遮門不前. 如是數數, 以衣服弊故, 每不得前, 便作方便, 假借好衣而來, 門家見之, 聽前不禁；既至會坐, 得種種好食, 先以與衣. 眾人問言：何以爾也 答言：我比數來, 每不得入, 今以衣故得在此坐, 得種種好食, 實是衣故得之, 故以與"

308 一然, 앞의 책, 卷5, 感通7, "眞身受供"(HD6 p.360a). "智論第 四云. 昔有罽賓三藏行阿蘭若法至一王寺, 寺設大會. 守門人見其衣服麁幣遮門不前. 如是數數. 以衣幣故每不得前, 便作防校勘 便假借好衣而来, 門人見之聽前不禁. 既獲詣坐得種種好食先以與衣. 衆人問言, 何以爾乎 荅曰, '我比數来每不淂入, 今以衣故淂此座得種種食'宜以與衣爾."

이 내용은 승려가 좋은 옷을 입는 등, 외형적인 화려함에 치우친 생활을 비판하고 있다는 정도를 서술하고 있다. 고승들의 전기와 같은 형태인 권4 「의해」편에서 논소를 집중적으로 언급하고는 있지만, 내용이 아니라 주로 논소의 이름을 인용하고 있다. 그 내용은 먼저 圓光은 『成實論』과 『열반경』을 마음속에 쌓아 간직하고 『三論』과 『釋論』을 탐구했으며, 늘 대승경전을 강의하거나 『성실론』과 『반야경』을 강의했다고 한 것과 덧붙여 수나라에 『攝論』이 일어났다는 이야기(권4 圓光西學),[309] 바다용의 권유와 임금의 조서로 길가에서 『金剛三昧經論』를 찬술했다는 기록과, 대안법사와의 연관을 언급한 것(권4 元曉不羈),[310] 元曉가 여러 불경의 주소를 찬술할 때 언제나 惠空에게 가서 질의 했고, 혜공은 『肇論』을 보고 이것은 내가 옛적에 지은 것이라고 했다. 이로써 혜공이 승조의 後身임을 알 수 있다고 한 것이 그것이다(권4 二惠同塵).[311]

불교 경전으로 『화엄경』을 많이 인용한 것과 같이 논소도 『화엄경』과 관련한 이름들을 여러 곳에서 서술하고 있다. 권4 "승전촉루"조에서 당나라 현수는 의상에게 전한 서신 속에서 『탐현기』, 『교분기』, 『현의장』, 『기신소』, 『화엄범어』, 『십이문소』, 『법계무차별론소』 등을 거론하며 이러한 논소들을 승전법사에게 부탁하고 베껴서 고향으로 보낸다고 하고 있다. 그러면서 일연은 당나라 현수 법장의 화엄의 圓融

309 一然, 위의 책, 卷4, 義解5, "圓光西學"(HD6 p.340b).

310 一然, 위의 책, 卷4, 義解5, "元曉不羈"(HD6 p.348b). "亦因海龍之誘承詔於路上撰三昧経疏, 置筆硯於牛之两角工校勘 因謂之角乘, 亦表夲始二覺之微旨也. 大安法師排来而粘紙亦知音唱和也"

311 一然, 위의 책, 卷4, 義解5, "二惠同塵"(HD6 p.345c). "嘗見肇論曰, "是吾昔所撰也乃知僧肇之後有也"

한 가르침이 靑丘에 두루 적신 것은 참으로 승전의 공이라고 한다. 이후에도 승전은 먼 나라의 승려 梵修가 새로 번역한 『후분화엄경』과 澄觀의 『화엄경』 주석서인 『觀師義疏』를 얻고 돌아와 연술 했는데, 이 또한 불법을 구하여 널리 퍼트린 사람이라 할 것이고 했다(권4 勝詮髑髏).[312] 여기에서는 신라에 화엄사상과 논소들이 전해지는 과정을 구체적으로 묘사하고 있다.

이 밖에는 지통이 『錐洞記』를 지었다는 사실(권4 義相傳教[313]/권5 朗智乘雲 普賢樹)과,[314] 세상에 널리 유포했다는 이야기(권5 眞定師孝善雙美)[315], 종남산 [지엄의] 賢首가 搜玄疏를 찬술했다는 사실(권4 義相傳教),[316] 원효가 芬皇寺에 살면서 華嚴疏를 짓다가 제4 十廻向품에 이르자 절필한 이야기[317] 등이다. 신라 사문 可歸가 승전의 법맥을 계승함이 있었고 이에 『心源章』을 편찬했다고 했는데 책의 권수도 기록되어 있지 않고 전하지 않기 때문에 이 논소의 자세한 내용은 알 수 없다.

---

312 一然, 위의 책, 卷4, 義解5, "勝詮髑髏"(HD6 pp.352c-353a). "始賢首與義湘同學俱稟儼和尚慈訓. 首就於師說演述義科, 因詮法師還鄉寄示, 湘仍寓書 云云, 別幅云. '探玄記二十卷两卷未成, 教分記三卷 · 玄義章等雜義一卷 · 華嚴梵語一卷 · 起信疏校勘 两卷 · 十二門疏校勘 一卷 · 法界無差別論疏校勘 一卷並因勝詮法師抄寫還鄉. 頃新羅僧孝忠遺金九分云, 是上人所寄, 雖不得書頂荷無盡. 今附西國軍特校勘 澡灌一口用表微誠, 幸願撿領. 謹宣' 師既還寄信于義湘, 湘乃目閱藏文如耳聆儼訓. 探討数旬而授門弟子廣演斯文. 語在湘傳. 按此圓融之教誨遍洽于青丘者寔師之功也. 厥後有僧梵修, 逺適彼國, 求得新譯後分華嚴経 · 觀師義疏校勘 言還流演, 時當貞元己卯. 斯亦求法洪揚之流乎."

313 一然, 위의 책, 卷4, 義解5, "義湘傳教"(HD6 p.349b). "通著錐洞記"

314 一然, 위의 책, 卷5, 避隐8, "朗智乘雲 普賢樹"(HD6 p.363c). "寔爲錐洞記主也"

315 一然, 위의 책, 卷5, 孝善9, "眞定師孝善雙美"(HD6 p.367b). "名錐洞記流通於世"

316 一然, 위의 책, 卷4, 義解5, ""義湘傳教"(HD6 p.349a). "終南門人賢首撰搜玄疏送副本於湘處"

317 一然, 위의 책, 卷4, 義解5, "元曉不羈"(HD6 p.348b). "曾住芬皇寺纂華嚴疏, 至第四十廻向品終乃絕筆"

이렇듯 『삼국유사』의 불교 경문과 논서 등의 인용과 일연의 인식은 경전과 경문을 인용하여 이 땅이 본래 불연국토라는 것을 강조했다는 것은 더이상 재론할 여지가 없다. 이와 같은 사실은 일연이 활동했던 13세기의 고려사회의 이민족 몽골의 침략과 간섭으로 인한 혼란과 모순의 시기에 관련이 있다고 여겨진다. 이러한 상황을 그가 승려라는 신분에서 衆生救濟의 원력과 과제로 인식했다면, 먼저 김부식이 간과해 버린 고대 불교 문화의 기록을 사실 그대로 기록하면서 불국토에 사는 우리가 이 땅의 주인임을 각인시켰을 것이며, 이를 통해 민족의 자주정신 회복과 민족의 긍지를 고양했을 것으로 파악할 수 있다.[318]

이 밖에 경전 명의 인용은 불교에서의 계율, 수행, 강론, 독송, 사찰 건립의 연기 설화, 경전과 논소의 전래, 논소의 찬술, 예불공양 등을 위한 내용에서 거론되고 있다. 이러한 것들은 불교의 信仰과 信行[319]에 관련된 매우 일반적인 내용이라고 할 수 있는데 불교에서 '부처님의 가르침을 믿고 받드는 신앙'이나 '그 가르침을 실천하는 신행'은 궁극적으로 중생의 교화를 위한 방편이라고 할 수 있다. 그렇지만 『삼국유사』의 불교 경전을 명기하고 경문을 직간접적으로 인용한 것만으로는 일연이 인용한 불교경전의 인식을 정확히 파악하기 어렵다. 일연이 일생을 승려의 삶으로 살았던 만큼 『삼국유사』에는 다양한 불교사상이 반영되고 있다. 다음 장에서는 경전 명을 명기하지 않더라도 『삼국유사』

318 金相鉉, 「『三國遺事』에 나타난 一然의 佛教史觀」, 『한국사연구』 20, 한국사연구회, 1978, pp.57-58 참고.

319 '信仰'은 부처님・보살이나 성자들의 가르침을 믿고 기뻐서 추앙 하는 것. 곧 仰信. 金正佶, 『佛教學大辭典』, 서울: 弘法院, 1988. p.926; '信行'은 부처님의 가르침을 믿고 그대로 행하는 것. 김정길, 같은 책, p.929.

에 속에 반영된 경전의 사상을 파악하여 일연의 불교경문 인용 인식에 더 가까이 접근하려고 한다.

3. 『三國遺事』에 反映된 經典의 思想

본 장에서는 『삼국유사』에 속에 반영된 경전의 사상을 파악하려 한다. 여기서는 단순히 불교의 고승이나 사찰의 언급, 또는 경전을 강독했다는 등의 불교사상을 뚜렷이 반영하지 않은 내용은 제외하고 불교사상에 일정한 견해나 생각이 반영된 것과 信仰과 信行의 범주까지를 연구하겠다. 예를 들어 김부대왕의 막내아들이 화엄종 절의 승려가 되었다는 이야기(권2 金傅大王),[320] 신라십성에 의상, 표훈을 포함했다는 이야기(권3 東京興輪寺金堂十)라든지,[321] 앞서 밝힌 왕이 승려 智海를 대궐로 불러들여 50일 동안 『화엄경』을 강의하게 한 일(권1 元聖大王), 왕이 대덕 法海를 黃龍寺에 청해 『華嚴經』을 강의하게 한 것(권4 賢瑜珈海華嚴) 등이 그것이다. 본 절에서는 『삼국유사』에 속에 반영된 경전의 사상을 파악하는 것으로 일연의 불교경문 인용 인식에 관해 연구하겠다.

1) 화엄사상

화엄사상은 우주의 모든 사물은 그 어느 하나라도 홀로 있거나 일어나는 일이 없이 모두가 끝없는 시간과 공간 속에서 서로의 원인이 되

320 一然, 앞의 책, 卷2, 紀異2, "金傅大王"(HD6 p.298a). "季子祝髮隸華嚴為浮圖名梵空"

321 一然, 위의 책, 卷3, 흥법3, "東京興輪寺金堂十"(HD6 p.318b). "東壁坐庚向泥塑我道・猒髑・惠宿・安含・義湘, 西壁坐甲向泥塑表訓・虵巴・元曉・惠空・慈藏"

며, 대립을 초월하여 하나로 융합하고 있다는 사상으로, 이것을 法界無盡緣起라고 한다. 四法界・十玄緣起・六相圓融・相入相卽 등은 이 무진연기를 설명하는 화엄사상의 골자이다. 그 소의 경전은『화엄경』이다.『삼국유사』의 화엄사상에 관련한 기록은 주로 연화장세계의 영험과 화엄 신앙의 내용을 수록하고 있다. 먼저『삼국유사』의 화엄사상에 관련한 기록은 〈표 3〉과 같다.

〈표 3〉『삼국유사』의 화엄사상과 관련한 기록[322]

편목	조목	내용
「塔像」	臺山五萬眞身	자장이 문수에게 받은 게송을 어떤 스님이 화엄의 해석으로 번역해 주었다.
	洛山二大聖觀音正趣調信	의상과 낙산의 유래, 의상이 관음을 친견했다.
	溟州五臺山寶叱徒太子傳記	보질도와 효명태자가 1만 문수보살에 매일 예배하고 진신에 공양했다.
「義解」	元曉不羈	원효가 호리병박을 화엄경의 구절인 무애라 이름 짓고 이에 따라 노래를 지어 세상에 퍼뜨렸다.
	義湘傳敎	현수가 의상에게 보낸 편지의 내용과 의상이 法界圖書印 을 저술했다.
	蛇福不言	연화장 세계의 영험과 신앙의 이야기.
	勝詮髑髏	승전법사가 돌무더기를 화엄경 강의를 한 신령스러운 이야기.
「避隱」	朗智乘雲普賢樹	지통이 보현보살에게 계를 받고 이후에 의상에게 배우고 심오한 경지에 이르며 중생교화를 했다.

〈표 3〉의 권3 "臺山五萬眞身"에는 자장이 문수에게 4구게를 받은 내

322 박진태 외, 앞의 책, pp.225-226 참조.

용을 어떤 스님이 번역하여 다음과 같이 일러 준다.

> "가라파좌낭은 一切法을 깨달았다는 말이요, 달예치구야는 자성이 가진 바 없다는 말이요, 낭가사가랑은 법성을 이와 같이 해석한다는 말이요. 달예노사나라함은 즉 노사나를 본다는 말이외다.[323]

자장이 문수에게 받은 게송은 80『화엄경』의 「수미정상게찬품」에 나오는 것이다.[324] 연화장세계의 영험과 신앙의 이야기(권4 蛇福不言),[325] 원효가 호리병박을 화엄경의 구절인 무애라 이름 짓고 이에 따라 노래를 지어 세상에 퍼뜨린 이야기(권4 元曉不羈),[326] 지통이 보현보살에게 계를 받고 이후에 의상에게 배우고 심오한 경지에 이르며 중생교화를 한 이야기(권5 朗智乘雲普賢樹),[327] 현수가 의상에게 보낸 편지의 내용에 의상이 귀국 후에 화엄을 강의하고, 法界의 無盡緣起를 선양한 것과 의상이 法界圖書印을 저술하고 아울러 간략한 주석을 붙여 一乘의 요긴한 알맹이(樞要)를 모두 포괄했다는 내용(권4 義湘傳敎)[328]은 화엄사상을 보여 준다.

---

323 一然, 앞의 책, 권3, 塔像 4편, "臺山五萬眞身"(HD6 p.334a). "僧譯之云, "呵囉婆佐曩是日了知一切法, 達𠼝哆校勘 佉嘢云自性無所有, 曩伽呬伽曩云如是解法性, 達𠼝盧舍那云即見盧舍那."

324 『大方廣佛華嚴經』, 卷16 「昇須彌山頂品第十三」(T10 p.81c27). "爾時, 勝慧菩薩承佛威力, 普觀十方而說頌言⋯了知一切法, 自性無所有, 如是解法性, 則見盧舍那"

325 一然, 위의 책, 卷4, 義解5, "蛇福不言"

326 一然, 위의 책, 卷4, 義解5, "元曉不羈"

327 一然, 위의 책, 卷5, 避隱8, "朗智乘雲普賢樹"

328 一然, 위의 책, 권4, 義解5, "義湘傳敎"(HD6 pp.348a-349b). "上人歸鄕之後開演華嚴, 宣揚法界無导緣起重重帝網新新佛國, 利益弘廣喜躍增深 ⋯ 又著法界圖書印并略疏括盡一乘樞要"

권4 "勝詮髑髏" 조에서는 "승전은 바로 尙州 영내에 있는 開寧군 지역에 절을 짓고 돌들을 제자로 삼아 『華嚴經』 강의를 열었다."(권4 勝詮髑髏)[329]라고 하고 있다. 돌을 상대로 경전을 강의했던 사례는 중국에도 있다.[330]

믿음을 바탕으로 한 화엄 신앙의 내용은 의상과 낙산의 유래, 의상이 관음을 친견하는 이야기(권3 洛山二大聖觀音正趣調信),[331] 보질도와 효명태자가 1만 문수보살에게 매일 예배하고 진신에 공양한다는 이야기(권3 溟州五臺山寶叱徒太子傳記)[332] 등이 있다.

2) 정토사상

정토사상은 부처님과 보살님의 本願力에 의지하여 서방정토에 극락왕생을 목표로 하는 타력 사상이 강한 신앙의 형태이다. 정토사상 계열의 경전 중 대표적인 것은 『阿彌陀經』 1권 『無量壽經』 2권 『觀無量壽經』 1권으로, 이를 가리켜 『淨土三部經』이라고 한다. 『삼국유사』에 나타나는 정토사상의 기록은 거의 신라의 정토신앙에 관계된 것이지만, 모두 삼국 통일 이후의 자료들이다. 신라 정토사상은 삼국통일을 전후한 시기에 크게 유행한 것으로 보이는데, 최초의 정토왕생 설화인 권5 "廣德嚴莊" 조에 의하면 문무왕대에 이미 서방극락세계의 왕생을 원하여 만일염불회를 만들어 아미타불을 염하고 16관을 닦던 수행

---

329 一然, 위의 책, 권4, 義解5, 제5 "勝詮髑髏"((HD6 p.353a). "詮乃於尙州領內開寧郡境 開創精廬 以石髑髏爲官屬 開講華嚴."

330 東晋대의 승려 道生(355~434)은 平江의 虎丘山에 들어가 돌을 끌어 모아 『涅槃經』을 강설하면서 闡提도 성불한다고 돌들이 끄덕였다는 것이다.

331 一然, 앞의 책, 卷3, 塔像4, "洛山二大聖觀音正趣調信"

332 一然, 위의 책, 卷3, 塔像4, "溟州五臺山寶叱徒太子傳記"

자들이 있었음을 전하고 있다. 또한, 재가자들이나 욱면과 같은 최하급 계층인 노비들에게까지 정토신앙이 파급되고 있었으며, 원효, 경흥, 태현 등 많은 신라 승들의 정토 관계 저서들로 보아도 당시 정토사상이 본격적으로 연구되었음을 의미한다고 하겠다. 『삼국유사』의 정토사상과 관련한 기록은 〈표 4〉와 같다.

〈표 4〉 『삼국유사』의 정토사상과 관련한 기록[333]

편목	조목	내용
「塔像」	南白月二聖努肹不得怛怛朴朴	노힐부득은 미륵불, 달달박박은 아미타불을 염송하며 열심히 수행한 결과 관음보살의 도움의 성도했다.[334]
	南月山甘山	중아찬 김지전이 돌아가신 아버지를 위해 석조 미륵상과 아미타상을 조성했다.[335]
	鍪藏寺彌陀殿	소성대왕의 왕비 계화왕후가 왕이 죽자 왕을 위해 아미타상 한 구와 신상을 조성하여 정성스럽게 봉안했다.[336]
	臺山五萬眞	효명, 보천 두 태자가 오대산에서 수행하며 서방에 무량수 여래를 우두머리로 한 1만의 대세지 보살 진신께 일일이 예를 올렸다.[337]
「神呪」	密本摧邪	승상 김양도가 밀본에 의해 병을 치료한 후 흥륜사의 오당주에 미타존상과 좌우의 보살을 조성했다.[338]
「感通」	廣德 嚴莊	광덕과 엄장은 서방 극락 왕생을 목표로 열심히 수행하여 서방으로 왕생했다.[339]
	郁面婢 念佛 西昇	욱면이 어려운 일을 마치고 끊임없이 염불 정진하여 마침내 서방 왕생했다.[340]
	月明師, 兜率歌	월명사의 제망매가는 죽은 누이께 재를 올리며 지은 향가로 극락세계에서 함께 만날 것을 노래한 것이다.[341]

333 박진태 외, 앞의 책, pp.225-226.
334 一然, 앞의 책, 卷3, 塔像4, "南白月二聖努肹不得怛怛朴朴"
335 一然, 위의 책, 卷3, 塔像4, "南月山甘山"
336 一然, 위의 책, 卷3, 塔像4, "鍪藏寺彌陀殿"

「避隱」	布川山 五比丘 景德王代	포천산 석굴에서 다섯 비구가 서방 왕생을 위해 아미타불을 염송한 지 10여 년에 성중의 내영을 받아 서방으로 왕생했다.[342]
	念佛師	피리사의 한 스님이 항상 아미타불을 염송 했는데, 성안 사람들이 모두 그를 공경하여 염불사라 고 했다. [343]
	包山二聖	관기와 도성 두 사람이 포산에서 수행한 결과 승천했다. 성범이 그곳의 절에 와서 살면서 만일미타도량을 열어 50여 년을 부지런히 힘썼는데 여러 번 특이한 상서가 있었다.[344]

이처럼 『삼국유사』에 나타나고 있는 정토신앙의 가장 큰 특징은 믿음을 바탕으로 죽은 자를 위해 추선 하거나, 서방정토에 왕생을 염원하는 신앙적 형태가 강하다. 또한, 이와 관련하여 사찰이나 불상이나 사찰을 건립하는 내용으로 이루어져 있다.

3) 관음사상

관음사상은 觀世音菩薩을 신앙의 대상으로 하는 불교신앙의 형태로 현세의 고난에서 벗어날 수 있는 영험을 얻으려고 하는 신앙형태이다. 화엄과 정토사상에 못지않게 『삼국유사』에는 관음사상에 관련한 기록을 많이 발견할 수 있다. 우리나라의 관음신앙은 주로 『화엄경』·『법화경』·『아미타경』·『능엄경』 을 중심으로 하여 전개된다. 그 관

337 一然, 위의 책, 卷3, 塔像4, "臺山五萬眞"
338 一然, 위의 책, 卷5, 神呪6, "密本摧邪"
339 一然, 위의 책, 卷5, 感通7, "廣德 嚴莊"
340 一然, 위의 책, 卷5, 感通7, "郁面婢 念佛 西昇"
341 一然, 위의 책, 卷5, 感通7, "月明師, 兜率歌"
342 一然, 위의 책, 卷5, 避隱8, "布川山 五比丘 景德王代"
343 一然, 위의 책, 卷5, 避隱8, "念佛師"
344 一然, 위의 책, 卷5, 避隱8," 包山二聖"

계 기록은 〈표 5〉와 같다.

〈표 5〉『삼국유사』의 관음사상과 관련한 기록[345]

편목	조목	내용
「塔像」	洛山二大聖 觀音 正趣 調身	의상대가가 대비진신이 해변의 굴 안에 주거하고 있다는 것을 듣고 그곳을 낙산이라 했다. 관세음보살이 의상에게 법전을 짓기를 요청함으로 금당을 짓고 관음존상을 조성했다. 원효는 관음의 화현을 알아보지 못했고, 또한, 풍랑이 일어 관음진신을 참배하지 못했다. 조신이라는 중이 세속의 인연을 낙산사 대비관음에게 기원하여 꿈속에서 그것을 이루었지만 인생의 무상함을 자각했다.[346]
	栢栗寺	여진에 부례랑이 납치되고 그를 구하러 간 안상도 돌아오지 않고, 나라에서 보관하던 신적과 돈도 잃어버렸다. 부례랑의 양친이 백률사 대비상에게 기원하여 현금과 신적을 찾고 부례랑과 안상 두 사람도 무사히 돌아오게 되었다.[347]
	南白月二聖努肸不得怛怛朴朴	백월산 두 성인 달달박박과 노힐부득이 구도에 뜻을 두고 수행했는데, 관음의 화신이 여인의 도움으로 성도하게 된다.[348]
	敏藏寺	보개의 아들 장춘이 바다로 장사하러 나간 후 돌아오지 않으므로 그 어머니가 민장사의 관음보살에게 기도하여 장춘이 무사히 돌아왔다.[349]
	芬皇寺千手大悲 盲兒得眼	희명의 아이가 5살 때 갑자기 눈이 멀자 분황사의 좌전 북쪽 벽에 걸린 천수대비관세음보살 앞에 나아가서 아기를 위하여 노래를 부르면서 빌었더니 눈이 밝아졌다.[350]
	臺山月精寺 五類聖衆	수도할 곳을 찾는 신효거사에게 관음보살이 화현하여 수도처를 가르쳐 주었다.[351]
	三所觀音 衆生寺	중국의 한 화가가 십일면관음보살의 도움으로 위기를 모면한 뒤 신라에 와서 중생사의 대비상을 그렸는데, 신라 말 천성 연간에 정보 최은함이 이 절의 대비상에게 기원하여 아들을 얻었는데, 전란 중에도 관음보살이 이 아이를 돌보아 주었고, 또한, 절에 재비가 없을 때 그것을 마련해 주었다.[352]

345 박진태 외, 앞의 책, pp.267-268.

「義解」	慈藏定律	자장은 그의 아버지가 관음탱화를 천부 조성하여 아들 얻기를 기원한 후 자장을 낳았다.[353]
「感通」	廣德嚴莊	문무왕 때 재가 수행자인 광덕이 먼저 서방정토로 간 후 엄장이 관음의 19응신의 하나인 광덕의 처와 원효 스님의 도움을 받아 서방으로 승천했다.[354]
	憬興遇聖	경흥의 병을 치료한 여승이 있었는데, 그 비구는 남항사의 11면 관음보살의 화신이었다.[355]
	郁面婢 念佛西昇	경덕왕 때 강주에 선사 수십 명이 서방에 뜻을 두어 그 고을 경내에 미타사를 세우고 만일을 기약하여 계를 모았다. 그 때 욱면이 성도하여 서방으로 갔는데, 이 때의 동량 팔진은 관음보살의 응현이었다.[356]

『삼국유사』에 나타나고 있는 관음사상의 특징은 민중구원의 사상이 많이 나타난다. 관음보살은 자비의 화신으로 민중의 고난을 구제하기 위해서 33가지 변화신을 드러낸다. 주요 내용을 보자면, 낙산사의 관음은 욕정에 시달리는 어리석은 승려 조신을 깨우치며(권3 洛山二大聖 觀音 正趣 調身), 백률사의 대비상은 여진에 납치된 부례랑과 안상을 무사 귀환시키고, 나라의 보배도 찾아주었고(권3 栢栗寺), 민장사의 관음상은 바다에서 실종된 장춘랑을 고향으로 데려오고(권3 敏藏寺), 수도할 곳을 찾는 신효거사에게 관음은 노부인으로 나타나 그 주처를 알려주고(권3 臺山月精寺 五類聖衆), 분황사의 천수대비상은 맹아의 눈을 뜨게 했

346 一然, 앞의 책, 卷3, 塔像4, "洛山二大聖 觀音 正趣 調身"
347 一然, 위의 책, 卷3, 塔像4, "栢栗寺"
348 一然, 위의 책, 卷3, 塔像4, "南白月二聖努肹不得怛怛朴朴"
349 一然, 위의 책, 卷3, 塔像4, "敏藏寺"
350 一然, 위의 책, 卷3, 塔像4, "芬皇寺千手大悲 盲兒得眼"
351 一然, 위의 책, 卷3, 塔像4, "臺山月精寺 五類聖衆"
352 一然, 위의 책, 卷3, 塔像4, "三所觀音 衆生寺"
353 一然, 위의 책, 卷4, 義解5, "慈藏定律"
354 一然, 위의 책, 卷5, 避隱8, "廣德嚴莊"
355 一然, 위의 책, 卷5, 避隱8, "憬興遇聖"
356 一然, 위의 책, 卷5, 避隱8, "郁面婢 念佛西昇"

으며(권3 芬皇寺千手大悲 盲兒得眼), 중생사의 대비상은 아이를 낳게 해주고 전쟁 중에 그 아기를 돌보아 준다(권3 三所觀音 衆生寺). 자장은 그 아버지가 관음탱화 천부를 조성하고 낳았고(권4 慈藏定律), 엄장이 관음의 19응신의 하나인 광덕의 처와 원효 스님의 도움을 받아 서방으로 승천했고(권5 廣德嚴莊), 여승이 경흥의 병을 치료해 주었다(권5 憬興遇聖)는 내용 등이 그것이다.

이들 설화를 통해서 보면 신라사회에서는 신분을 초월하여 관음이 신앙되고 있었음을 보여주고 있는데, 여기서는 한결같이 현실적인 욕망을 충족하거나 세속적인 재난과 번뇌의 극복을 말하고 있다. 즉 민중들이 일상적으로 가지는 재난과 괴로움의 해결이라는 측면에서 관음신앙이 사회와 깊이 연관되어 있음을 알 수 있다.

4) 미륵사상

미륵사상은 미륵불 또는 미륵보살의 신앙으로 지난날 석가모니불이 그 제자 중의 한 사람인 미륵에게 장차 성불하여 제1인자가 될 것이라고 授記한 것을 근거로 삼고, 이를 부연하여 편찬한 『彌勒三部經』을 토대로 발생한 신앙형태이다. 대표적 경전으로는 『彌勒上生經』·『彌勒下生經』·『彌勒大成佛經』이 있으며, 이는 『彌勒三部經』이라고 불린다.

신라에서 미륵신앙은 최초의 사찰인 흥륜사에 미륵부처가 모셔질 정도로 일찍부터 성행했고, 백제에서도 성왕이 일본에 불교를 전할 때 미륵상을 전했다고 하고 있어 일찍부터 미륵신앙이 성행했음을 알 수 있다. 미륵신앙은 당시의 민중들에게는 이상사회가 현실에 도래할 수 있다는 희망의 구원 사상이었으며 신라의 화랑들에게는 佛國土라는 이상사회를 현실에서 직접 건설한다는 이상 실현의 이념과 계율의 준수라는 그들의 실천수행의 덕목을 제시해 주기도 했다. 이같이 미륵신앙은 지배층의 정치적 의도와 민중의 현실 구원의 염원이 이상적으로 접목되어 이 땅에 뿌리내린 것이라 할 수 있다.[357] 『삼국유사』의 미륵사상과 관련한 기록은 〈표 6〉과 같다.

〈표 6〉 『삼국유사』의 미륵사상과 관련한 기록[358]

편목	조목	내용
「紀異」	景德王 忠談師 表訓大德	충담사가 3월 3일과 9월 9일에 차를 다려 남사나 삼화령이 미륵세존께 공양한다.[359]
	武王	백제 무왕이 사자사에 가려고 용화사 밑 큰 못가에 이르니 미륵삼존이 못 가운데서 나타났다. 그곳에 절을 미륵사라고 했다.[360]
	孝昭王代 竹旨郎	술종공이 한 거사를 위해서 주지령에 돌미륵을 만들어 무덤 앞에 세웠다.[361]
「興法」	法王禁殺	법왕의 아들인 무왕이 미륵사를 창건했다.[362]
「塔像」	彌勒仙花 未尸郎 眞慈師	흥륜사의 승려 진자가 미륵 부처 앞에 나아가 미륵이 화랑으로 화현케 해달라고 기원한 결과 화랑 미시랑이 화현했다.[363]
	南白月二聖努肹不得 怛怛朴朴	노힐부득과 달달박박이 수행한 결과 각각 미륵불과 아미타불이 되었다.[364]
	洛山二大聖 觀音 正趣 調身	어리석은 승려 조신이 꿈에서 돌미륵을 얻어 절에 모셨다.[365]
	南月山甘山	중아찬 김지성이 돌아가신 아버지와 어머니를 위해 감산사에 석미륵을 조성했다.[366]
「義解」	眞表傳簡	진표가 수행중에 미륵보살을 감응하고 간자를 얻었다.[367]
	關東楓岳鉢淵藪石記	진표가 수행 중에 미륵보살을 감응했다.[368]

357 박진태 외, 앞의 책, p.253.

358 박진태 외, 위의 책, p.254.

359 一然, 앞의 책, 卷2, 紀異2, "景德王 忠談師 表訓大德"

360 一然, 위의 책, 卷2, 紀異2, "武王"

「感通」	憬興遇聖	보현장경에서 미륵이 계율의 중요성을 말하고 있다.[369]
	月明師兜率歌	천재지변이 일어났을 때 월명사가 도솔가를 지었다.[370]

위의 미륵사상의 내용은 몇 가지 유형으로 나타난다. 첫째, 죽은 자를 위해서 미륵상을 조성하는 것인데 이는 미륵신앙의 현실화라는 것으로 해석할 수 있다(권3 南月山甘山).

둘째, 신라인들은 현실에 다시 태어나기 위해서 미륵을 신앙한다. 효소왕 대의 죽지랑 설화는 현실에 다시 태어나는 것을 목적으로 미륵을 신앙하고 있는 예이다(권2 孝昭王代 竹旨郎). 도솔천 왕생의 의미가 아니라 현생에 다시 태어나기를 원하는 것이다.

셋째는 미륵보살이나 미륵부처를 현실에서 감응하기 위해서이다. 삼화령 미륵세존은 신앙의 대상인데, 미륵을 도솔천에 있는 미륵보살로 생각하지 않고 현실화 한 것이다(권2 景德王 忠談師 表訓大德). 이외에도 미륵을 현실에서 감응한다는 이야기는 권4 "진표전간"이나 "관동풍악발연수석기"에도 보인다. 이 기록에 의하면 진표가 미륵을 찾은 이유는 미륵이 계신 도솔천에 상생하려고 하는 것이 아니라 오직 현실에서

361 一然, 위의 책, 卷2, 紀異2, "孝昭王代 竹旨郎"
362 一然, 위의 책, 卷3, 興法3, "法王禁殺"
363 一然, 위의 책, 卷3, 塔像4 ,"彌勒仙花 未尸郎 眞慈師"
364 一然, 위의 책, 卷3, 塔像4, "南白月二聖努肹不得怛怛朴朴"
365 一然, 위의 책, 卷3, 塔像4, "洛山二大聖 觀音 正趣 調身"
366 一然, 위의 책, 卷3, 塔像4, "南月山甘山"
367 一然, 위의 책, 卷4, 義解5, "眞表傳簡"
368 一然, 위의 책, 卷4, 義解5, "關東楓岳鉢淵藪石記"
369 一然, 위의 책, 卷5, 感通7, "憬興遇聖"
370 一然, 위의 책, 卷5, 感通7, "月明師兜率歌"

미륵을 감응하여 미륵에게서 계율을 받아 세상을 제도하려고 하는 것이다. 더 나아가 신라인들은 미륵불이 오직 이 땅에서 現身하여 成道하기를 기원한다. "남백월 이성 노힐부득과 달달박박"조에는 노힐부득과 달달박박이 각각 미륵불과 아미타불로 성도한다. 노힐부득이 미륵불로 된다는 것은 현실의 우리가 수행을 통하여 성불하여 미륵이 될 수 있다는 것을 보여준다.[371]

5) 밀교·호국불교사상

밀교사상은 불교를 顯教와 密教로 나눌 때 사용되는 것으로 비밀스럽게 전해지는 비밀불교를 말하는 것으로서 밀교사상의 이론적 원리를 밝힌 『大日經』과 실천법의 체계를 세운 『金剛頂經』은 밀교의 근본 경전들이다.

『삼국유사』를 보면 전반에 걸쳐 금기, 주술, 呪符, 呪法 등이 널리 말해지고 있는데 이것들을 모두 밀교와 연관시킬 필요는 없다. 본격적인 밀교사상은 신주편의 "밀본최사", "혜통항룡", "명랑신인"조와 「기이」편의 "문호왕 법민"조에 나타난다. "명랑신인"조에 의하면 신라에 명랑을 종조로 하는 신인종이 있었음을 알 수 있으며 그것은 고려시대까지도 이어져서 명랑, 安惠, 朗融, 廣學, 大緣 등 신라, 고려 승려와 용수를 포함하여 9조가 모셔지고 있었다고 한다(권5 明朗神印).[372]

『삼국유사』에 나타나고 있는 밀교사상은 鎭護國家의 호국사상과 除患愈病, 禳災與樂으로 나누어 볼 수 있다. 첫째, 진호국가의 호국사상은 "문호왕 법민"조에 당나라 병사를 물리치기 위해서 명랑이 오방

371 박진태 외, 앞의 책, pp.255-256.
372 一然, 앞의 책, 卷5, 神呪6, "明朗神印"

신장을 만들고 유가명승 12명과 함께 문두루비법을 행하여 당병을 물리치고 그곳에 사천왕사를 세웠다는 것에서 잘 나타나고 있다. 문두루법(Mudra=印契=神印)은 동진 때 帛尸梨密多羅가 번역한 『灌頂經』의 『佛說灌頂伏魔封印大神呪經』에 나오는 개념이다. 여기서는 이외 오방신왕, 신인 등의 개념이 나오기 때문에 명랑이 배워온 밀교는 『灌頂經』의 밀교일 것으로 보인다.

둘째, 밀교는 除患愈病, 禳災與樂의 신앙이다. "밀본최사"조에 선덕왕이 병이 났을 때 밀본이 『약사경』으로 마괴를 물리쳐 병을 낳게 하고, 또한, 승상 김양도가 병이 났을 때 밀본이 병을 고쳐주었다(권5 密本摧邪).[373] "혜통항룡"조에서는 혜통이 당에 가서 無畏三藏에게 법을 청하여 印訣을 전해 받은 후 공주의 병을 고쳐주고 665년에 귀국했다(권5 惠通降龍).[374] 이와 같이 밀교는 불가사의한 佛力으로 禳災招福 했고, 이것이 당시의 민중들에게 큰 힘을 주었다고 보인다.[375]

선덕왕의 도리천 신앙과(권1 善德王 知幾三事)[376] 문무왕의 사천왕 신앙(권2 文武王法敏)[377]에 의한 호국사상은 『금광명경』에 의한 것이다. 당나라 병사를 물리치기 위해 명랑법사의 진언에 의해서 건립된 것이 사천왕사인데 이 사천왕사를 건립하여 외적을 방어한다는 근거는 『금광명경』에 나타나고 있다. 이 경은 일체제불이 항상 護念하는 경으로 일체중생에게 안락을 줄 수 있고, 삼악도의 고뇌를 止息과 모든 怨敵을 退散과, 飢饉惡時를 豊稔케 하며, 疾疫病苦를 모두 퇴치하며 일체의 재

373 一然, 위의 책, 卷5, 神呪6, "密本摧邪"
374 一然, 위의 책, 卷5, 神呪6, "惠通降龍"
375 박진태 외, 앞의 책, pp.248-251.
376 一然, 앞의 책, 卷1, 紀異1, "善德王 知幾三事"
377 一然, 위의 책, 卷2, 紀異2, "文武王法敏"

변과 백천 고뇌가 모두 소멸케 하는 경이다. 그리고 사천왕이 이 경을 수지 독송하는 왕을 보호한다고 한다.[378]

이처럼 『삼국유사』에 반영된 경문의 사상'과 일연의 인식을 정리하면 다음과 같다. 일연은 무애의 실천, 연화장세계의 영험과 화엄사상. 추선과 왕생정토로 불교를 민중에 자리 잡게 하는 정토사상, 현실적인 욕망과 세속적 번뇌의 민중구원과 이에 대한 자발적 응현구제의 형태인 관음사상으로 민중들에게 이상사회의 도래 희망을 심어주었다. 그리고 현실에서의 재생과 미륵감응의 미륵사상, 제환유병・양재여락으로 민중을 구원하는 밀교사상, 『금광명경』에 근거하여 도리천 신앙과 사천왕 신앙의 형태인 호국불교사상을 각인시켰다.

4. 一然의 智・悲・行・願의 菩薩道

지금까지 『삼국유사』에 인용된 불교 경전과 경문. 그리고 그 속에 반영된 경전의 사상을 보았다. 그 가운데 일연이 이 땅이 본래 불연국토라는 것을 강조하기 위해 많은 경문을 인용했다. 불국토에 사는 우리가 이 땅의 주인임을 가슴속에 심어준 것이며 이를 통해 민족의 자주정신 회복과 민족의 긍지를 고양했다. 하지만 이는 기존의 연구결과를 크게 벗어나지는 않는다. 이 밖에는 불교의 계율, 수행, 강론, 독송, 사찰 건립의 연기 설화, 경전과 논소의 전래, 논소의 찬술, 예불공양 등을 위해 경전과 경문을 인용하고 있다. 마찬가지로 이는 불교의

378 『金光明最勝王經』第6卷 (T16 pp.427a-432a).

신앙[신행]에 관련된 매우 일반적인 내용으로 궁극적으로 중생의 교화를 위한 방편과 관련된 내용이라는 것 외에는 별다른 특이점을 발견하지 못했다.

이러한 점들을 제외하면 주목할 만한 사실은 두 가지 정도이다. 먼저 일연은 禪僧이었지만, '禪籍 보다는 經典만을 수록'하고 있다는 점이다. 다른 하나는 경문만을 인용하는 예라도, 불교를 학문적으로 풀이하는 '教學보다 신앙[신행]을 이야기 방식'으로 서술하고 있다는 점이다.

일연이 禪僧이었다는 것은 공통된 견해이지만,[379] 『삼국유사』에는 禪에 관련된 경전이나 語錄은 찾을 수 없다. 일연의 선적과 관련된 저술은 인각사에 남아있는 碑文의 기록을 통해서도 확인할 수 있다. 비

379 민영규 교수는 九山禪門은 北宗禪이라는 독특한 주장을 펼쳤으며, 그의 가풍을 마소가 먹는 꼴인 莖草로 표현되는 莖草禪에 있다는 견해를 피력하기도 했다. 경초선 사상이야말로 인간 세계에 홍익이 되기를 기약하는 봉사의 정신인 弘益人間으로 설명될 수 있다는 주장을 했다. 閔泳珪, 「일연의 선불교－신라와 고려의 구산선문은 남종이 아니고 북종이다－」, 『진단학보』 36, 진단학회, 1973; 가장 대표적인 견해는 臨濟宗 계통의 간화선에 입각한 선승이지만 曹洞禪과 雲門禪 등의 다른 계통의 선 사상까지 폭넓게 수용할 수 있는 탄력성을 지닌 인물로 짐작하는 것이다. 채상식, 『일연 그의 생애와 사상』, 서울: 혜안, 2017, p.24; 이 밖에는 "중통 신유년에 왕명을 받들어 개경으로 가서 선월사에 주석하면서 개당하고 목우화상 지눌의 법통을 요사했다."라고 하는 비문의 내용을 근거로 화엄사상을 기반으로 돈오하고, 대중교화의 실천을 강조하는 점수를 말하는 선 사상으로 주장하기도 했다. 오대혁, 「一然의 禪思想과 『三國遺事』의 상관성」, 『한국어문학연구』 Vol. 60, 한국어문학연구회, 2013, p.69; 김두진 교수는 가지산문의 법맥을 이은 일연은 애초 禪觀을 중시하면서 화엄사상을 깊이 이해했으며 유식 사상까지 조예가 있었다고 했다. 그러면서 그러한 사상을 '心存禪觀'으로 이해할 수 있다는 견해를 제시했다. 김두진, 앞의 책, p.57; 최근에는 일연은 중생교화를 위해서라면 죽어서 다음 생에 풀을 뜯는 마소[馬牛]가 되어서라도 주인의 은혜에 보답한다는 莖草禪에 입각한 사상가라는 주장도 있었다. 명계환, 「보각국사(普覺國師) 일연(一然)의 사상(思想) 일고(一考)」, 『정토학연구』 32, 한국정토학회, 2019, p.216.

문에 그의 저서는 『語錄』 2권과 『偈頌雜書』 3권이 있고, 『大藏須知錄』 3권, 『諸乘法數』 7권, 『祖庭事苑』 30권, 『曹洞五位』 2권, 『祖派圖』 2권, 『禪門拈頌事苑』 등 약 100여 권의 선과 관련된 서적을 저술한 것으로 기록하고 있다.[380]

『중편조동오위』는 중국 曹洞宗의 오위설에 대하여 주를 보완하여 엮은 것이다. 이 중 『조정사원』, 『선문염송사원』, 『게송잡서』, 『조파도』는 선종 관련 저술인데, 『선문염송사원』은 혜심의 『선문염송집』에서 영향을 받은 것이며, 『조파도』는 가지산문 입장의 차원에서 선승들의 계보를 정리한 것이다. 교학 관계의 저술은 『대장수지록』 3권과 『제승법수』만 서술했다.[381] 또한, 일연은 『삼국유사』에서 범일, 신의, 양부, 극양, 보양 등의 선사 정도만 언급하는데, 이들도 사찰 건립이나 중창자로 언급할 뿐 선 사상의 구체적 기술은 없다.[382] 마치 의식적으로 선적의 기록을 남기지 않은 것 같은 인상마저 준다. 짐작하면 禪僧들이 주고받는 禪問答이나 禪語錄은 민중들에게는 좀처럼 와 닿지 않는 어려운 분야로 인식했을 것이다. 그보다는 불교 경전과 그 사상에 입각한 쉬운 불교 신앙[신행]의 이야기가 훨씬 적합한 소재가 되었다고 본다.

그렇다고 해서 일연이 학문의 견해와 안목이 없었던 것은 아니다. 그의 비문을 보면 비문에는 "[일연이] 참선하는 餘暇에는 다시 장경을 열

---

380 閔漬, 「高麗國義興華山曹溪宗麟角寺迦智山下普覺國尊碑文」, 『朝鮮金石總覽』 卷上, 1259. "師之所著 有語錄二卷 偈頌雜著三卷 其所編修 有重編曹洞五位二卷 祖派圖二卷 大藏須知錄三卷 諸乘法數七卷 祖庭事莞三十卷 禪門拈頌事莞三十卷 等百餘卷行于世"

381 김두진, 「일연의 생애와 저술」, 『전남사학회』 vol.19, 2002, 역사학연구, p.193.

382 박진태 외, 앞의 책, p.98.

람하여 諸家의 章소를 연구하고, 곁으로 儒書를 섭렵하는 한편, 百家諸書를 兼修하여 곳에 따라 중생을 이롭게 하되 그 연마한 妙用이 종횡무애했다."[383]라고 하고 있다. 그는 교학관련 서적에도 조예가 깊으며 다양한 인식세계를 가지고 있었다. 그렇지만 어렵고 난해한 화엄의 교학보다는 관음・정토・미륵 신앙[신행]이라는 쉬운 이야기로 내용을 전개하고 있다는 점은 그의 마음은 민중의 마음속에 향해 있다는 것을 의미한다.

일연은 『삼국유사』에서 禪僧으로서의 禪旨나 자신의 學德을 감추며 자종의 우수성을 강조한다거나 일방적 사상만을 견지하는 태도를 버렸다. 이러한 그의 삶의 태도를 짐작하자면 일생을 승려의 신분으로 일관했던 그의 삶에서 그 실마리를 찾아야 한다. 바로 승려에게 衆生救濟의 願力은 궁극적으로 삶의 목적이자 보편적 인식이기 때문이다.[384] 일연은 오로지 괴로움에 처해 있는 우리 민중들을 고난에서 구해내려고 하는 마음뿐이었을 것이다. 『삼국유사』에 관세음보살을 신앙

383 閔漬, 앞의 책, "又於禪悅之餘再閱藏經窮究諸家章 旁涉儒書兼貫百家而隨方利物妙用縱橫"; 번역: 대한불교조계종 불교중앙박물관, 『인각사와 삼국유사』, 2013. p.268.

384 閔漬의 碑文에는 다음과 같은 내용이 있다. "또 어떤 스님이 화상에게 묻기를 '스님은 세상에 살아 잇는 것이, 마치 세상에 없는 것과 같으며, 몸을 보되 또한 몸이 없는 것과 같으니, 더 오래도록 세상에 살아 계시면서, 大法輪을 전하는 것이 좋지 않겠습니까?' 하니, 스님께서 이르되, '이 세상에 있거나, 저 세상에 있거나, 가는 곳마다 불사를 하고 있느니라.'했다(僧問 和尙在世 如無世 視身如無身 何妨住世轉大法輪 師云 隨處作佛事)" 閔漬, 위의 책; 번역 대한불교조계종・역주 가산지관, 『한국전통사상총서・불교편 12_ 精選 韓國高僧碑文』, 서울: 대한불교조계종 한국전통사상서 간행위원회 출판부, 2011, pp.277-578; 김상현은 이와 같은 비문의 예를 들어 "일연이 승려의 신분으로 일관했다는 점과 그의 머리 속에 오고가던 사색의 리듬을 잡는데 매우 중요한 실마리가 된다며 『삼국유사』의 역사의식이 그의 佛教信仰과 매우 밀착되어 있음을 시사해 주는 것"이라고 했다. 金相鉉(1978), 앞의 글, p.23.

의 대상으로 하여 현세의 고난에서 벗어나도록 하는 신앙형태가 가장 많이 나타나는 것은 결코 우연이 아니다.

이러한 그의 인식은 寶鏡寺의 住持이자 通奧眞靜 大禪師인 山立이 지은 "麟角寺普覺國尊碑陰記"에 잘 나타나 있는데, 문도들이 일연을 존경하고 추앙하는 이유에 대해서 다음과 같이 표현하고 있다.

> "[일연을] 존경하고 추앙하는 그 이유를 살펴보면, 마치 바구미가 醯醢의 냄새를 인하지 않고는 모여드는 자가 없는 것과 같다. 그 중요한 원인은 스님께서 상구보제인 실천 수행의 도덕이 고매하여 생사거래가 마치 몽환과 같음을 증득한 후, 하화중생인 智·悲·行·願으로 감득한 결과인 것이다"[385]

智·悲·行·願이란 大智·大悲·大行·大願 등 大心의 보살도이다. 대지는 大智文殊, 대비는 大悲觀音, 대행은 大行普賢, 대원은 大願地藏菩薩을 지칭함이다. 대승의 보살사상 중 기본적인 두 개념은 誓願과 回向이다. 그것은 중생을 구제하겠다는 서원이며, 자기가 쌓은 善根功德을 남을 위하여 회향하겠다는 점에 공통점이 있다. 그래서 보살은 언제나 중생의 입장이 되어 자신을 버리고 헌신한다. 이러한 그의 마음은 『삼국유사』 속에서 경전과 경문, 그리고 그 속에 담긴 사상 속에도 발현되었다.

그는 『삼국유사』속에 '禪籍 보다는 經典만을 수록'하고, 어려운 '教

385 閔漬, 앞의 책, "然 尊之焉 師之焉 未必不由醯醢而蚋聚 要其所自來 但履踐篤實 一去來覺夢等 彼己 智悲行願 喜有所 感而致之耳" 대한불교조계종·역주 가산지관, 위의 책, pp.604-605 번역 인용.

學 보다는 신앙[신행]을 이야기 방식', 곧 연화장세계의 영험과 화엄의 신앙, 추선과 왕생정토로 불교를 민중에 자리 잡게 하는 정토신앙, 현실적인 욕망과 세속적 번뇌의 민중구원과 이것의 자발적 응현구제의 형태인 관음신앙, 현실의 재생과 미륵 감응의 미륵신앙, 제환유병과 양재여락의 밀교 신앙 등으로 민중들이 괴로움에서 벗어나게 하고 이상사회가 도래한다는 희망을 심어주었다. 이렇듯 일연은 禪僧으로서의 禪旨나 자신의 學德을 감추며 『三國遺事』속의 경전과 경문 속에서는 智·悲·行·願와 같은 보살도를 실천하며 항몽기의 고통과 혼란에 처해 있는 민중들에게 삶의 의지처로서 희망을 제시했다.

5. 맺으며

『삼국유사』는 승려 일연이라는 프리즘을 통과해서 고대·중세사회의 역사와 문화가 투영된 것이기 때문에 불교가 수행하여야 할 과제는 매우 중요하다. 그 가운데 『삼국유사』에 인용된 불교자료나 그 속에 반영된 경문의 사상을 검토하는 일 등은 매우 중요하겠지만 아직 미흡한 실정이다. 연구를 진행하면서 몇 가지 문제점과 개선해야 할 점을 발견하게 되었는데 다음과 같다.

첫째, 『삼국유사』는 많은 문헌과 자료가 인용되어 있다. 따라서 『삼국유사』에 인용된 불교 경전과 경문. 그리고 그 속에 반영된 경전의 사상만으로 일연의 『삼국유사』 인용 문헌의 인식을 밝히는 것은 어려움이 있다. 『삼국유사』의 올바른 이해를 위해서는 궁극적으로 전체상과 총체성이 구명되어야 온전해질 수 있을 것이다. 이러한 인식 위에 분야별 연구의 전문화가 배경이 된다면 전체와 부분, 부분과 전체라는 상호 조화롭고 보완적인 연구가 될 것이지만 개별적 연구가 갖는 한계가 있었다.

둘째, 『삼국유사』 속에 반영된 경전의 사상의 기준과 범위의 문제이다. 경전 명이 명확하게 제시된 예가 아니라면 전거를 확정하는 데에 어려움이 따랐다. 그만큼 불교 三藏은 분량이 방대하며 그 내용도 심오하기 때문이다. 하나의 경문이 여러 경전에 보이는 예가 있는가 하면, 보는 시각에 따라서는 하나의 경문이 다양한 사상으로 나뉠 수 있기 때문이다. 따라서 『삼국유사』에 인용된 경문의 명확한 기준과 범위를 제시할 필요가 있겠다.

셋째, 불교와 관련된 "蛇福不言"조나 "念佛師"등을 포함하여 아무런 전거도 밝히지 않은 항목 70여 건이 된다는 사실도 발견하게 되었다. 이러한 점에서 지금까지 전거를 명기한 항목들에만 주목하거나 혹은 인용된 자료에만 유의하여 신빙성을 지나치게 강조하는 측면은 재고해 볼 일이다. 이와 같은 문제점 좀 더 깊게 인식하고 개선해 나간다면 『삼국유사』의 學際的 접근과 이해 심화, 그리고 세계 속의 고전으로 자리할 것이라고 기대한다.

제4장

『삼국유사』의 신앙과 수행

배금란

1. 서론

삼국시대에서 고려로 이어지는 고 · 중세기에 불교는 왕조 및 정치적 변화와 관계없이 줄곧 사회를 지도하는 지배이념으로서의 위치를 점유했다.[386] 사회, 정치, 문화 각 분야에서 절대적인 영향력을 발휘했고, 종교적으로도 부처와 보살, 신중 등에 대한 다양한 신행 문화를 꽃피웠다. 『삼국유사』는 이처럼 불교가 지배이념으로 작동했던 시대에 불교를 바탕으로 형성된 우리 민중의 세계관, 인간관, 윤리관 그리고 삶과 죽음에 대한 이상적 지향을 스토리텔링의 형식으로 담아내고 있다. 무엇보다 우리 민중에 의해 창출된 신행 문화의 다양한 양상들을 확인할 수 있다는 점에서 고 · 중세 불교와 신앙문화를 이해할 수 있는

386 허남진 외, 『삼국과 통일신라의 불교사상』, 서울대학교 출판문화원, 2005, p.2.

훌륭한 전거이다.

본 연구는 『삼국유사』에 수록된 불교 관련 기사들을 전수조사의 형식으로 검토하여, 우리 민중의 귀의처로 작동했던 불교 신앙의 유형을 확인하고, 신행의 양상과 특징, 행법의 구체적 내용을 살펴보는 것을 목적으로 한다. 유사(遺事) 또는 일사(逸事)로서의 성격을 가진 텍스트라는 점에서 『삼국유사』는 불교 신앙과 사상, 신행의 양상과 특징을 체계적으로 확인하기에는 한계가 있다. 그럼에도 불구하고 우리 민중에 의해 실질적으로 실천되었던 신앙과 행법(行法)의 구체적 사례들이 담겨 있어 이를 면밀하게 발굴 추적한다면 현행 한국불교 신행의 원형과 거기에 내포된 구제론적 의미를 보다 명확하게 확인할 수 있을 것이다.

2. 신앙의 유형과 특징

1) 미륵신앙

축법호가 『미륵성불경』을 한역한 때가 303년임을 고려할 때 이 무렵에 이미 중국에 미륵신앙이 들어와 있었던 것으로 판단된다.[387] 중앙아시아와 중국에서 유행하면서 고구려, 백제, 신라 삼국에도 자연스럽게 수용되었을 것으로 추정된다. 삼국시대의 미륵신앙은 6−7세기에 걸쳐서 성행하였으며, 백제에는 늦어도 5세기 무렵에 이미 수용되었던 것으로 보인다.[388] 신라에서도 법흥왕대 불교가 공인된 이후 초기부터 신앙의 대상이 되었던 것은 미륵이었다. 신라 최초의 사원인 흥륜

387 김삼용, 「미륵신앙의 원류와 전개」, 『한국사상사학』6, 2014, p.13.
388 김삼용, 위의 글, p.20.

사에 미륵불을 봉안하였는데, 홍륜사의 '륜(輪)'은 미륵신앙과 밀접한 관련을 맺고 있는 전륜성왕을 의미하는 것으로 이해할 수 있다.[389] 미륵신앙은 한반도에 전래 된 초기에는 상생관념을 바탕으로 귀족 계층의 귀의처가 되었지만, 점차 하생관념에 바탕을 둔 신앙문화가 활발하게 전개되었다.[390] 『삼국유사』에도 미륵신앙의 단초를 보여주는 기사들이 많이 확인되는데 도출해보면 다음의 표와 같다.

〈표 1〉 『삼국유사』의 미륵신앙 관련 기사

	조목	내용
1	기이편 〈경덕왕 충담사 표훈대덕〉	충담사가 삼화령 미륵세존께 차공양
2	기이편 〈무왕〉	미륵사 창건
3	기이편 〈효소왕대 죽지랑〉	술종공이 무덤에 돌미륵을 세움
4	흥법편 〈법왕금살〉	무왕이 미륵사 창건
5	탑상편 〈생의사 석미륵〉	생의가 미륵을 캐어 삼화령에 세움
6	탑상편 〈미륵선화 미시랑 진자사〉	미륵이 화랑 미시랑으로 화현
7	탑상편 〈남백월이성 노힐부득 달달박박〉	노힐부득이 미타불이 됨
8	탑상편 〈낙산이대성 관음 정취 조신〉	조신이 돌미륵을 발굴하여 봉안
9	탑상편 〈남월산 감산사〉	김지성이 감산사에 석미륵 조성
10	의해편 〈진표전간〉	진표가 미륵보살과 감응함
11	의해편 〈관동풍악발연수석기〉	진표가 미륵보살을 감응
12	의해편 〈현유가 해화엄〉	대현이 거주하던 용장사의 돌미륵
13	신주편 〈밀본최사〉	김양도가 흥륜사에 미륵존상을 봉안
14	감통편 〈경흥우성〉	〈보현장경〉에서 미륵보살의 경계
15	감통편 〈월명사 도솔가〉	월명사가 도솔가를 지음

위의 표에 제시된 기사들에서 확인되는 미륵신앙의 내용을 살펴보

389 김덕원, 「신라 진지왕대의 왕권강화와 미륵신앙」, 『사학연구』76, 2004, p.35.
390 박진태 외, 『삼국유사의 종합적 연구』, 도서출판 박이정, 2002, pp.261-262.

면, 우선 이 땅에 현신한 미륵의 모티프가 등장하는 서사를 볼 수 있다. 〈미륵선화 미시랑 진자사〉 조는 진지왕 때 흥륜사 승 진자가 미륵이 화랑으로 나투기를 발원했는데 마침내 미륵선화인 미시랑이 출현하였고, 왕이 그를 국선으로 삼아 화랑을 관장하게 했다는 내용을 싣고 있다. 미륵 하생의 관념을 화랑과 연결하고 있는 것이 특징이다. 〈효소왕대 죽지랑〉 조는 화랑 죽지랑이 미륵불의 영험으로 태어나 김유신을 도와 삼국통일에 큰 공을 세웠다는 기사이다. 김유신이 이끌었던 화랑도의 명칭이 '용화향도'라는 점도 미륵하생 관념에 대한 당대의 인식을 보여준다.

화랑의 설치는 진흥왕 때 이루어졌다.[391] 진흥왕은 국가경영의 이상을 불교의 전륜성왕 사상에서 찾았는데 왕자들의 이름을 동륜, 사륜으로 짓기까지 했다. 당대를 전륜성왕이 통치하는 이상 국가이자 미륵하생의 용화세계로 상정하고자 하는 정치적 패러다임으로 원용했던 것으로 보인다. 진흥왕 때 설행된 팔관회도 8계를 수지하여 도솔천에 왕생하거나 미륵정토에 태어날 수 있다는 계율사상이 바탕이 되고 있다.[392] 상생 및 하생 관념에 내포된 이상적 세계관을 토대로 미륵신앙이 사회통합의 기제로 작동했던 정황을 알 수 있다. 특히 하생 관념은 당대를 이상세계로 상정하며 정치적 위기나 사회적 재난을 해결하는 기제로 원용되어왔다.

이러한 맥락에서 〈미륵선화 미시랑 진자사〉 조는 진흥왕의 둘째 아들로 사륜이었던 진지왕이 불안정했던 왕권을 미륵신앙을 통해 강화하고자 했음을 보여준다.[393] 이 기사의 주인공인 '진자(眞慈)'는 그 이름

391 『삼국사기』 진흥왕본기 37년 조.
392 김덕원, 앞의 글, p.37.

에서 자씨(慈氏)보살인 미륵과의 친연성을 보인다는 점에서 미륵신앙자임을 알 수 있다. 진자는 승려 낭도였을 것으로 추정되며[394] 진지왕에게 미시랑을 미륵의 화신으로 비정하여 국선으로 추천했던 것으로 보인다.

미륵의 하생을 고대하는 신앙은 〈월명사 도솔가〉 조에서도 확인된다. 경덕왕 19년에 두 개의 태양이 나란히 뜨는 변괴가 나타나자 월명사를 불러 산화공덕(散花功德) 의례를 설행케 하여 해결했다는 것이다. '두 개의 해'라는 모티프는 당대 왕권의 불안정성을 보여주는 정치적 함의가 내포된 것으로 이해할 수 있다. 월명사가 지어 부른 향가는 "도솔천의 대선을 맞이하라"는 가사로 마무리되는데, 도솔천의 대선은 다름 아닌 미륵이다. 의례가 끝난 후 한 동자가 차와 염주를 들고 내원(內院)의 탑으로 사라졌다는 이야기는 미륵하생의 기원에 대한 감응이 이루어졌음을 시사하는 것이다.

두 번째로 '땅에서 발굴한 미륵'의 모티프가 자주 등장한다. 〈생의사 돌미륵〉 조에는 생의가 남산 골짜기에서 석미륵을 파내어 삼화령에 세웠다는 이야기다. 〈경덕왕 충담사 표훈대덕〉 조에서 충담사가 삼화령 미륵세존께 차를 공양했다는 이야기는 삼화령이 지속적으로 미륵성지로 신앙되었음을 보여준다. 〈무왕〉 조와 〈법왕금살〉 조는 무왕이 용화산 밑 큰 못에서 미륵삼존이 나타나 그곳에 미륵사를 세우고 미륵삼존상을 만들어 봉안했다는 이야기를 싣고 있다. 〈낙산이대성 관음 정취 조신〉 조에도 조신이 꿈속에 자식을 묻었던 곳에서 석미륵을 파내어 절에 봉안했다는 언급이 있다. 이처럼 땅이나 못에서 미륵을 발

393 김덕원, 앞의 글, p.54.

394 김덕원, 앞의 글, p.42.

굴하는 모티프는 미륵하생의 관념을 토대로 이 땅이 미륵이 하생한 정토임을 시사하는 것으로, 미륵신앙이 불국토 관념의 한 축을 담당해왔음을 보여준다.

세 번째로 미륵신앙이 망자를 추선하는 기제로 작동했음을 볼 수 있다. 〈남월산 감산사〉 조에는 금당의 주불인 미륵존상 화광후기(火光後記)에 김지성(652~720)이 돌아가신 부모와 가족들을 위해 감산사를 짓고 돌미륵 한 구를 조성했다는 기록이 있다. 1915년 감산사지에서 아미타불상과 미륵보살상이 발견되어 그 광배 뒷면에 새겨진 조상기(造像記)의 전문이 실제로 확인되기도 했다.[395] 미륵과 아미타불을 함께 봉안했다는 점에서 감산사를 법상종 사찰로 보기도 한다.[396] 종파성에 대한 논의와 별개로 미륵·미타 신앙이 추선의 목적으로 혼용 또는 병행되었던 기저에는 미륵 상생관념에 바탕한 생천신앙과 후대에 유행하기 시작한 미타신앙이 기능적으로 완전히 분화되지 못한데 기인한 것으로 이해할 수 있다.

네 번째로 진표에 의해 전개된 미륵신앙을 볼 수 있다. 현재 남아있는 진표에 대한 가장 오래된 기록은 찬녕이 지은 『송고승전』의 「진표」 조이다. 여기에 진표는 미륵보살에게 계법을 받고자 하는 서원을 세웠고, 두타행의 결과 도솔천에 올라가 미륵보살에게 계법을 비롯하여 옷, 발우, 이름, 108첨 및 팔자(八者), 구자(九者) 두 첨을 받았고, 금산사에서 교화하며 참회와 수계를 강조하였다고 기록하고 있다. 『삼국유사』의 〈관동풍악발연수석기〉 조는 무극(無極)이 「골장비」의 내용을 발췌하

395 김영미(2015), 「『삼국유사』 「남월산」 조와 감산사 미륵·아미타상 조상기의 재검토」, 『신라문화제학술발표논문집』 36, 동국대학교 신라문화연구소, p.76.

396 이경화(2009), 「법상종에서 미륵정토와 아미타정토의 융합」, 『韓國古代史研究』 56, 한국고대사학회, p.442.

여 수록한 것으로, 「골장비」에는 진표의 스승으로 순제(順濟)가 등장하고, 『공양차제비법(供養次第秘法)』과 『점찰경』 등을 스승에게 받은 것으로 묘사되어 있다.[397] 〈진표전간〉 조에는 진표가 망신참법으로 지장으로부터 계본을, 미륵으로부터 목간자를 받았고, 금산사를 세우고 미륵장육상을 만들어 봉안했는 기록이 있다. 또 경덕왕에게 보살계를 주고서 받은 시주물들을 여러 산에 나누어주어 불사(佛事)를 크게 일으켰음을 특별히 기록하고 있다.

이러한 기록들은 공통적으로 진표가 점찰법을 기반으로 참회법을 체계화하여 대중들을 교화했음을 보여준다. 참회와 계법을 강조하였다는 점에서 진표의 미륵신앙은 상생 신앙의 성격이 강하다고 할 수 있는데, 내세의 구원을 목표로 현세적 실천 신행의 구체적 토대를 구축하여 대중을 선도하였다는 점에서 미륵신앙의 새로운 방향성을 노정하였다고 하겠다.

2) 미타 정토신앙

미타신앙은 서방정토 극락교주인 아미타불에 대한 믿음과 그 나라에의 왕생을 염원하는 믿음에 기반해 있다.[398] 미타신앙에서 설하고 있는 극락정토는 우리가 사는 사바세계와 수평으로 존재하는 서쪽으로 10만억 국토 떨어진 대승불교 최고의 이상세계라고 할 수 있다.[399] 윤회의 세계가 아닌, 아미타불의 본원에 의해 성불이 보장된 청정세계이

397 박광연, 「신라 진표의 미륵신앙 재고찰」, 『불교학연구』 37, 2013, pp.280-281.

398 일혜, 「의상의 화엄적 미타신앙 연구: 의상화엄사상과 신라미타신앙의 융합」, 『석림』36, 동국대학교 석림회, 2002, p.278.

399 염중섭 「「월명사도솔가」속 〈제망매가〉의 배경과 내포 의미 검토」, 『동아시아불교문화』 41, 2020, p.267.

다. 미타신앙에서 정토왕생을 가능하게 하는 것은 '아미타불의 본원'이다. 『무량수경』에서 법장비구가 48원에서 '아미타불의 이름을 염(念)하는 염불(念佛)의 힘으로 모든 중생을 남김없이 제도하겠다.'는 본원력에 의해 정토왕생이 가능해진다.[400]

고대 한국 사회에서 미타신앙이 본격적으로 유행했던 시기는 삼국통일 전후로 추정된다. 7, 8세기경 원효, 경흥, 의적 등에 의해 『무량수경』 등 정토계 경전에 대한 상당한 양의 저술들이 전하고 있다.[401] 또 미타신앙의 대중적 전개에는 민중과 함께 생활하면서 대승불교 운동에 힘썼던 혜숙, 혜공, 대안, 원효 등의 활동이 큰 바탕이 되었다.[402] 『삼국유사』에서 확인되는 미타신앙 관련 기사는 다음과 같다.

〈표 2〉 『삼국유사』의 미타신앙 관련 기사

	조목	내용
1	기이편 〈문호왕 법민〉	김인문을 위해 미타도량 개설
2	탑상편 〈남백월이성 노힐부득 달달박박〉	달달박박이 아미타불 성도
3	탑상편 〈대산 오만진신〉	오대산 서대에 무량수불 진신 현현
4	탑상편 〈명주오대산 보질도태자〉	오대산 서대에 무량수불 진신 현현
5	탑상편 〈남월산 감산사〉	김지전이 망부를 위해 미륵상과 아미타상 조성
6	탑상편 〈무장사 미타전〉	계화왕후가 죽은 왕을 위해 미타상을 조성
7	탑상편 〈사불산 굴불산 만불산〉	백률사 아래에서 발굴된 사방석에 서방극락 정토의 미타불이 조상됨
8	감통편 〈월명사 도솔가〉	죽은 누이와 서방극락에서 해후하기를 기원(제망매가)

400 정용미, 「원효의 정토(淨土)사상에 있어서 정토왕생(淨土往生)의 논리와 수행체계」, 『동아시아불교문화』 6, 2010, p.200.

401 일혜, 앞의 글, p.282.

402 장휘옥, 「신라 미타신앙의 고찰」, 『백련불교논집』 1, 1991, p.275.

	조목	내용
9	감통편 〈욱면비 염불서승〉	노비 욱면이 서방정토 왕생
10	감통편 〈광덕 엄장〉	정토행을 닦아 서방극락 왕생
11	피은편 〈포천산 오비구 경덕왕대〉	다섯 비구가 서방정토 왕생
12	피은편 〈염불사〉	피리사의 스님의 아미타불 염불
13	피은편 〈포산이성〉	관기와 도성의 수행처에 성범이 만일미타도량 개설

위의 기사들은 대체로 서방 극락정토에의 왕생을 희구하거나 성취했다는 이야기이다. 정토 왕생과 관련된 신앙의 유형은 크게 두 가지로 확인된다. 첫째는 임종한 망자가 정토에 왕생하기를 기원 또는 추선하는 신앙이다. 〈문호왕 법민〉 조는 문무왕 때 중국에서 옥에 갇힌 김인문을 위해 인용사에 관음도량을 개설했다가 그가 죽었다는 소식을 듣고 미타도량 열었다는 이야기이다. 관음신앙은 현세적 위난을 극복하기 위한 기제로, 미타신앙은 임종자의 추선을 위한 기제로 작동하고 있음을 보여준다.

〈무장사 미타전〉 조는 소성대왕의 왕비 계화왕후가 죽은 왕을 위해 아미타상 한 구를 조성했다는 기사다. 〈남월산〉 조는 김지전이 망친과 가족들을 위해 미륵상과 아미타상을 조상했다는 기록이다. 역시 임종한 가족이나 지인이 정토에 왕생하기를 소망하는 대타적(對他的) 추선신앙의 모습을 볼 수 있다. 〈월명사〉 조에는 '제망매가'라는 향가가 수록되어 있다. 죽은 누이의 정토왕생을 기원하는 내용을 담고 있다. "재를 올리고 향가를 지어 부르니 갑자기 회오리바람이 불어 지전(紙錢)을 서쪽으로 날려보냈다."는 대목은 미타신앙 안에서 추선 의례가 정형화되어 있었음을 보여준다.

두 번째로 염불, 관법 등의 정토 수행을 통해 자력적으로 왕생을 성취하는 유형이다. 이와 같은 왕생 성취담의 주인공들은 다양한 계층의 인물들로 나타난다. 〈욱면비 염불서승〉 조에서 욱면은 노비이자 여성이라는 신분적, 성적 장애를 극복하고 염불결사에 참여하여 마침내 현신왕생(現身往生)을 성취하고 있다. 〈포천산 오비구〉 조는 출가한 수행자들이 염불 수행에 전념하여 10여 년 만에 왕생을 성취했다는 이야기다. 이러한 서사들은 정토왕생이 신분이나 출가 재가를 막론하고 당대에 가장 보편화 된 종교적 이상이었음을 보여준다. 또한 〈염불사〉 조에서도 확인되듯 칭명염불이 정토왕생을 위한 대표적인 행법으로 실천되었음을 알 수 있다. 욱면이나 포천산 다섯 비구의 경우 사후의 왕생이 아닌 현신왕생의 면모를 보여주는데, 이에 대해 장휘옥은 다른 나라의 사례에서는 볼 수 없는 신라 정토신앙의 특징이라고 주장하기도 했다.[403]

〈광덕 엄장〉 조는 문무왕 대의 기사인데, 주인공들이 부인과 함께 사는 비승비속(非僧非俗)의 수행자로 나타난다. 광덕은 칭명염불과 『관무량수경』에 제시된 관법을 수행했던 것으로 보인다. 광덕의 왕생 역시 사후가 아닌 현신왕생으로 볼 수 있는 요소가 있다. 김호성은 광덕이 칭명염불을 통해 이미 살아서 왕생의 업이 성취(平生業成)되었으며, 관법은 왕생 성취 이후에 이루어지는 극락삼존에 대한 관상으로 이해할 수 있다고 주장했다.[404] 광덕이 지은 '원왕생가'는 아미타불의 48대원에 대한 믿음과 왕생의 확신, 미타불을 일념으로 부르는 칭명과 관법 신행을 함축적으로 내포한, 신라 정토 신앙의 요체를 보여주는 향가이

403 장휘옥, 앞의 글, p.284.

404 김호성, 『정토불교 성립론: 정토신앙의 논리와 윤리』, ㈜조계종출판사, 2020, pp.38-52.

다. 또 광덕이 왕생한 후에 엄장이 원효에게 가서 쟁관법을 배웠다는 기록은 당대에 정토행으로서 관법이 수행 주체와 환경에 따라 적절하게 변용 실천되었던 정황을 보여준다.

한편 〈남백월 이성〉 조는 달달박박이 현신으로 아미타불이 되었다는 서사를 담고 있다. 본래 경설에 의하면 아미타불은 이미 10겁 전에 성불한 존재로 서방정토의 주불이자 현재불이다. 그런데 신라인인 달달박박이 이 땅에서 왕생이 아닌 미타불로 성불하였다는 서사는 신라국토의 아미타불이 탄생했음을 시사하는 것이다. 본래 부처는 성불한 그 땅에 머무는 것으로, 달달박박의 몸으로 성불한 미타불은 서방정토가 아닌 신라국토에 상주하는 법신불의 위상을 갖는다고 할 수 있다.[405] 따라서 노힐부득이 미륵불이 되었다는 서사와 함께 신라 특유의 성불관(成佛觀)이 내포된 서사로서 신라 정토 관념의 극치를 보여준다고 하겠다.

3) 관음신앙

관음신앙과 관련해서는 『삼국유사』에 다음 표와 같이 12종의 기사가 확인된다.

〈표 3〉 『삼국유사』의 관음신앙 관련 기사

	조목	내용
1	기이편 〈문호왕 법민〉	김인문을 위해 관음도량 개설
2	탑상편 〈낙산이대성 관음 정취 조신〉	의상이 동해 낙산에서 관음진신을 친견함
3	탑상편 〈백률사〉	관음보살의 가피로 부례랑과 안상을 구해옴

405 일혜, 앞의 글, p.285.

	조목	내용
4	탑상편 〈민장사〉	관음보살의 가피로 장춘 구제
5	탑상편 〈남백월이성 노힐부득 달달박박〉	낭자로 현신한 관음의 조력으로 성불
6	탑상편 〈분황사 천수대비맹아득안〉	관음보살의 가피로 눈을 뜸
7	탑상편 〈대산월정사 오류성중〉	노파로 현신한 관음이 신효에게 수도처를 알려줌
8	탑상편 〈삼소관음중생사〉	관음보살의 가피로 최승로 출생, 중생사의 향화를 돕고, 문맹승 점숭을 보호
9	의해편 〈자장정률〉	천부관음을 조성하여 자장 출생
10	감통편 〈광덕 엄장〉	관음의 응신인 광덕의 처 이야기
11	감통편 〈경흥우성〉	비구니로 현신한 관음이 경흥을 치유
12	감통편 〈욱면비 염불서승〉	만일미타회를 결성한 동량팔진은 관음보살의 응현

위의 기사들을 통해 확인되는 관음신앙의 양상을 크게 두 가지 층위로 살펴볼 수 있다. 첫째로 우리 땅에 사는 관음보살 관념이 정립되어 있었음을 보여준다. 〈낙산이대성 관음 정취 조신〉 조에는 의상이 신라 땅 동해변에 관음보살의 진신(眞身)이 사는 백화정토가 있음을 증험하고 낙산사를 건립했다는 기사가 있다. 신라 하대에 범일은 낙산사를 중창하면서 정취보살을 함께 봉안했는데, 『화엄경』「입법계품」의 보타낙가산 서사를 바탕으로 신라 국토를 관음진신의 주처로 비정하고 있다.

〈대산 오만 진신〉 조에는 신문왕의 아들인 보천과 효명이 오대산에서 정업을 닦던 중에 동서남북 중앙의 각 봉우리에 수많은 불보살의 진신이 현현한 것을 보고 예경했다는 기사가 있다. 그 가운데 일만의 관음보살이 오대산 동대 만월산에 나타났고, 보천은 여기에 원통사(圓通社)를 건립하여 매일 천수주 암송과 함께 관음예참을 하도록 규정했다.

두 기사에서 확인되는 중요한 모티프는 '진신의 현현'이다. 불보살의 진신을 견득(見得)하는 체험을 통해, 견득의 공간인 낙산과 오대산이 곧 불보살이 상주하는 성지로 현창되고 있다. 여기에 증명법사로 동원되는 인물이 의상, 보천과 같은 당대의 엘리트 수행자들이다. 여기에는 의상(義湘)과 그의 문도들에 의해 선양된 화엄법계관이 중요한 토대로 작동하고 있다. 화엄일승(華嚴一乘)의 법계관(法界觀)에서 중생 세계와 불보살의 세계는 이원적 구분이 없이 상즉상입(相卽相入)하는 진성연기(眞性緣起)의 연화장세계로 파악된다.[406] 의상은 이와 같은 화엄일승의 정토관을 바탕으로 실천적 입장에서 낙산사를 관음성지로, 부석사를 미타도량으로 건립하였다.

오대산 역시 마찬가지다. 법신 비로자나불이 주재하는 중대 법성토와 동서남북 각 대에 건립된 불보살의 정토가 상즉상입하는 중중무진의 연화장 만다라를 구현하고 있다. 이러한 맥락에서 '진신의 견득'이라는 의상과 보천의 내증(內證)의 서사는 불보살의 영장(靈場)으로서 낙산사와 오대산의 신성성을 강화하는 핵심 기제가 된다.

두 번째로 우리 민중의 모습으로 현신하여 제도하는 관음보살상이 정립되어 있었음을 볼 수 있다. 중요한 것은 관음보살의 화신이 우리 민중의 모습으로 나타나고 있다는 점이다. 그 가운데 가장 큰 비중을 차지하는 화신이 비구와 여인이다. 비구 화신은 대체로 재난 상황에서의 구제자로 등장한다. 〈백률사〉 조에서 외적들에게 납치됐던 국선 부례랑과 안상 그리고 〈민장사〉 조에서 해상 조난을 당한 장춘을 구해준 것은 신라 비구의 모습으로 현신한 관음화신이다. 〈중생사〉 조에서 주지 성태가 겪고 있던 사찰 운영난을 해결해 준 것 역시 비구로 화신한

406 배금란, 「신라 관음신앙 연구: 관음성현의 구조와 기능을 중심으로」, 서울대학교 박사학위논문, 2020, p.64.

관음보살이다.

여성 화신의 원형은 〈낙산이대성 관음 정취 조신〉 조의 원효 기사에서 볼 수 있다. 관음보살의 진신을 친견할 목적으로 낙산으로 향하던 원효가 도중에 흰옷을 입고 벼를 베는 여인과 물가에서 빨래하는 여인을 만나게 되는데, 이들은 모두 낙산 관음보살의 화신으로 판명된다. 여성 화신 사례는 대부분 승려나 수행자와의 관계에서 등장한다는 점이 특징이다. 승려 조신(調信)의 꿈속에서 세속적 삶의 무상함을 깨닫게 해 준 여인도 관음보살의 화신이다. 〈경흥우성〉 조에서는 십일면관음이 비구니로 현신하여 경흥의 병이 치유해 준다. 〈광덕 엄장〉 조에서는 관음의 화신인 광덕 처가 엄장이 음욕을 버리지 못한 것을 경계하고 있다. 또 〈남백월 이성〉 조에서는 낭자로 현신하여 노힐부득과 달달박박의 성불을 돕고 있다. 여성 화신은 이처럼 수행자들이 벗어나야 할 불각(不覺)의 요인들을 도탈시키는 역할을 수행하고 있다는 점이 주목된다.[407]

화신 관념이 바탕이 되는 기사들을 『법화경』「보문품」에서 설하는 관음보살 구제의 전형적인 양상을 보여준다. 관음보살에게 기원하여 출생했다고 하는 자장과 최승로의 이야기는 「보문품」에서 아들이든 딸이든 원하는 대로 얻게 해준다는 이구양원(二求兩願)의 서사로 이해할 수 있다. 또 장춘, 부례랑 등의 사례에서 보듯, 수난, 화난, 적난 등 각종 재난으로부터의 구제하는 관음보살상이 확인된다. 또 수행자들과 관련된 사례에서는 탐진치(貪嗔癡) 삼독(三毒)으로부터의 해탈로 이끄는 구제상을 볼 수 있다. 응화신 사상을 토대로 우리 민중의 삶 속에서

---

407 배금란, 앞의 글, pp.247-248.

우리 민중의 모습으로 화광동진하는 관음보살의 위신력에 대한 믿음이 보편화 되어 있었음을 알 수 있다.

4) 사리 및 경전신앙

사리, 불정골(佛頂骨), 불아(佛牙)에 대한 예경은 석가모니에 대한 신앙으로서, 석가모니 입멸 후 사리를 나누어 봉안한 탑에 대한 신앙이 원형이다. 신라불교에서 가장 이른 시기의 사리에 대한 언급은 〈전후소장사리〉 조에서 확인된다. 진흥왕 때 양나라에서 심호를 시켜 사리 몇 알을 보내 왔다는 기록이 그것이다. 〈자장정률〉 조는 선덕여왕 때 자장이 당나라에서 불정골, 불아, 불사리 100알, 금점가사 1벌 등을 가져왔고, 사리를 셋으로 나누어 황룡사탑, 태화사탑, 통도사계단에 두었다는 기록을 싣고 있다.

사리와 불아에 대한 신앙은 고려 시대까지 전승되고 있는데 의상대사가 도선율사에게 청하여 제석천의 허락을 받아 7일의 보관기한으로 빌려온 불아를 송나라에 갔던 사신이 가져와 낙산사의 수정염주, 여의주와 함께 국청사에 보관했다고 기록하고 있다. 〈전후소장사리〉 조의 후미에는 무극(無極)이 친히 불아를 친견했음을 고백하면서 불아의 실체성에 대한 의구심을 피력하고 있기도 하다. 또 〈백엄사 석탑사리〉 조는 함옹(咸雍) 원년(1065) 11월에 백엄사의 주지인 득오미정대사(得奧微定大師)가 5층 석탑을 세워서 진신 불사리 42알을 모셨다는 기록이 있다.

사리신앙이 역사적 인물인 석존의 유해에 대한 존숭을 보여준다면, 경전은 석존의 진신 사리를 대체하는 법사리(法舍利)로서의 상징성을 갖는다. 대승불교 신앙에서 경전을 수지하고 독송하는 공덕이 거듭 강조되어왔다. 한국불교 신앙 전통에서도 수행의 조도(助道)로, 의례의 한 과정으로 독경이나 송경이 실천되어 왔던 것으로 보인다.[408] 경전의 특정품을 암송한다든지, 〈화엄경약찬게〉에서 보듯 제목이나 특정 구절을 염불하듯 반복적으로 외는 것, 전독(轉讀)이나 사경(寫經)의 형식으로 실천되었다.[409]

『삼국유사』에서도 경전신앙의 면모가 곳곳에서 확인된다. 〈사복불언〉 조에는 모친상을 당한 사복이 원효에게 "그대와 내가 옛날에 경을 싣고 다니던 암소가 지금 죽었으니 나와 함께 장사지냄이 어떻겠는가?" 라고 말하고 있다. 〈욱면비 염불서승〉 조에도 전생의 욱면이 계를 어겨 축도에 떨어졌다가 경전을 실어 나른 공덕으로 사람의 몸을 받았다는 언급이 있다. 〈자장정률〉 조에는 자장이 자신이 태어난 집을 원령사(元寧寺)로 고치고 낙성법회를 베풀면서 『화엄경』을 강의하자 신이한 감응이 나타났다고 기록하고 있다. 〈혜현구정〉 조는 혜현이 『법화경』을 암송하여 입적한 후에도 혀가 굳지 않았다는 이야기를 수록하고 있다. 〈현유가 해화엄〉 조에는 가뭄이 크게 들자 경덕왕이 대현(大賢)을 불러 『금광경』을 강론하여 기우제를 지냈고, 이듬해 법해(法海)를 초빙하여 『화엄경』을 강의하게 했을 때도 동해가 기울었다는 기록이 있다. 경전의 독송이나 강론이 자연재해를 극복하는 행법으로 원용되었음을 알 수 있다.

경전신앙이 추선의 기능으로 실천되기도 했다. 〈진정사 효선쌍미〉 조에는 의상의 제자 진정의 모친이 임종하자, 의상이 문도를 거느리고

408 오광혁, 「경전신앙의 성립에 관한 일고찰」, 『중앙승가대학논문집』 5, 중앙승가대학교, 1996, p.8.
409 김성순, 「신라 하대의 화엄경 신앙결사」, 『한국불교학』 76, 2015, p.286.

소백산 추동(錐洞)에서 90일간 『화엄경』을 강의했고, 강의를 마치자 진정의 모친이 '나는 이미 하늘에 환생했다.'고 현몽했다는 기록이 있다. 〈선율환생〉 조는 선율이 수명을 다해 명부에 끌려갔는데, 『육백반야경』을 사경한 공덕으로 환생했다는 이야기이다. 선율이 명부에서 만난 여인이 생전에 만들어둔 포목과 기름을 경전 사경 불사에 보시한 공덕으로 악도에서 벗어났다는 이야기가 함께 수록되어 있는데 경전에 대한 신앙이 추선을 목적으로 대중화되어 있었음을 알 수 있다.

5) 신중(神衆)신앙

불교가 수용 전개되면서 재래의 하늘이나 천신 관념은 수미산 세계관에 의거해 대체되었다. 일연은 『삼국유사』의 〈고조선〉 조에서 제석천을 민족 기원 신화 속의 환인으로 치환하고 있다. 또 제석천은 신라 왕실의 시조 신앙과 결합 되었던 정황을 볼 수 있다. 〈천사옥대〉 조는 왕실의 시조묘를 지내는 신궁이 내제석궁으로 대체되었음을 보여준다. 〈선덕여왕 지기삼사〉 조에는 선덕여왕이 죽은 뒤에 도리천에 묻어 달라고 유언했다는 이야기를 싣고 있다. 도리천은 신라의 진산인 낭산으로 비정되고 있는데 문무왕대 낭산 아래에 사천왕사가 창건됨으로써 '낭산－도리천' 서사가 완성되고 있다. 〈감은사〉 조는 김유신이 죽어서 도리천의 천신이 되었다고 전한다.

제석천 등의 천신은 사천왕, 용, 천 등 팔부의 권속을 거느리고 『화엄경』 등의 경전에서 불법을 청문(聽聞)하고 불보살을 예경 찬탄하며 옹호하는 기능을 수행하는 존재로 등장한다. 오늘날 한국불교 사찰에서 신중은 법당 안에서 본존과 불보살을 모신 상단 좌측에 도상의 형태로 봉안되어 예경 되고 있는데, 제석천과 범천을 비롯하여 『화엄경』「세

주묘엄품」에 등장하는 39위가 중심이 되므로 '화엄신중' 으로 일컬어지기도 한다. 여기에 한국의 토착 신격들이 포함되어 104위로까지 확장되기도 했다.

수호중으로서 신중의 역할은 『삼국유사』의 〈밀본최사〉 조에서 확인된다. 밀본이 도착하기 전에 사방의 대력신들이 무장을 하고 와서 김양도를 괴롭히던 귀신을 퇴치하고, 이어 수많은 천신이 둘러서서 밀본을 기다렸다는 기록이 있다. 〈양지사석〉 조는 양지가 영묘사의 장륙삼존상과 천왕상(天王像)과 전탑의 기와, 천왕사(天王寺) 탑 밑의 8부신장(八部神將), 법림사(法林寺)의 주불 삼존과 좌우 금강신(金剛神) 등을 만들었다고 전하고 있다.[410] 신중을 예경의 대상으로 전각에 봉안했던 사례는 〈선도산 성모〉 조에서 확인된다. 선도산 성모가 금을 보시하면서 불보살, 천신(天神), 오악신군(五岳神君)을 그려 봉안할 것을 당부하고 있다. 〈무장사 미타전〉 조에도 계화왕후가 대왕의 명복을 빌기 위해 미타상을 조성하면서 아울러 신중도 만들어 모셨다고 기록하고 있다. 신라 하대에 이르러 신중에 대한 신앙이 보편화되어 있었음을 보여준다.

〈대산 오만진신〉 조는 보천이 자신이 거주했던 보천암을 화장사(華藏社)로 고쳐 세우고, 그곳에서 밤에 화엄신중을 염하게 했다고 전하고 있다. 화엄신중과 관련된 의례문이 이미 성립되어 있었을 가능성을 보여준다.[411] 「천관산기」에는 "밤에 정성껏 화엄신중을 부르고 예를 올렸다"는 기록이 있는데, 7세기 이후 적어도 9세기 초반에는 현행의 「화엄

410 김지현, 「『三國遺事』 義解 「良志使錫」條를 통해 본 良志의 작품과 활동 시기」, 『신라문화제학술발표논문집』 33, 2012, p.162.

411 문상련, 「「화엄경 약찬게」와 『신중경』의 성립과 전개」, 『한국불교학』 105, 2023, pp.12-13.

경약찬게」와 유사한 형태의 화엄신중 관련 예문이 성립되었을 것으로 추정된다.[412]

불보살에 대한 신앙과 달리 신중은 벽사(闢邪), 외호(外護) 등의 역할로 요청되었는데, 특히 후삼국 전쟁으로 혼란했던 나말여초의 사회변동기에 해인사 등의 화엄사찰에서 신중에 대한 신앙 의궤가 구체화되면서 〈화엄신중경〉이 성립되기도 했다.[413] 화엄세계관에 바탕을 둔 신중 신앙이 고·중세기 이후로 점차 체계화되면서 특유의 신행문화로 자리매김했던 정황을 볼 수 있다.

3. 신행의 양상과 특징

1) 재계와 참회

불교의 신행의 기초는 무엇보다 재계라고 할 것이다. 재계는 기본적으로 지계(持戒)가 기반이 되는데, 따라서 범계 행위에 대한 참회가 중요한 요소가 된다. 『삼국유사』의 기사들 안에서도 재계를 목적으로 한 다양한 신행들이 실천되었음을 확인할 수 있다.

〈원광서학〉 조에는 원광이 세속오계를 제정하면서 '육재(六齋)일'에 대해 언급하는 내용이 나온다. 불교가 지배이념으로 자리매김하면서 계율이 신앙의 차원은 물론 윤리 도덕적 사회 규범으로 작동했던 정황을 보여준다. 〈법왕금살〉 조는 백제 제29대 법왕(法王)이 즉위하던 해

412 문상련, 위의 글, p.16.
413 남동신, 「羅末麗初 華嚴宗團의 대응과 《(華嚴)神衆経》의 성립」, 『외대사학』 5, 1993, pp.171-172.

에 조서를 내려 살생을 금하고 민가에서 기르던 매 따위를 놓아주게 하고 고기잡이나 사냥하는 도구를 불사르게 하여 일체의 살생을 금지시켰다고 기록하고 있다. 불살생의 계율을 국가적 차원에서 선도했음을 볼 수 있다. 〈사복불언〉 조에서 사복은 어머니가 죽자 고선사에 머물고 있던 원효(元曉)를 찾아가 포살(布薩)을 하게 한다. 계를 주어 재계하는 포살이 연화장세계로의 왕생을 돕는 방편으로 인식되었음을 보여준다.

고대불교 안에서 지계 실천의 표상이 된 인물은 자장이다. 자장은 한국불교 안에서 본격적으로 계율을 체계화하여 계단을 정비한 인물이다. 〈자장정률〉 조에는 다음과 같은 기록을 전한다.

> "자장은 … 보름마다 계율을 설하였으며, 겨울과 봄에는 이들을 모아 시험해서 지범(持犯)을 알게 하고 관원을 두어 이를 유지하도록 했다. … 나라 안 사람으로서 계를 받고 불법을 받드는 이가 열 집에 여덟, 아홉은 되었다. … 이에 통도사를 세우고 계단을 쌓아 사방에서 오는 사람들을 제도하였다."[414]

자장은 천인에게 오계를 받은 것으로 전해진다. 천인수계(天人受戒)는 일종의 서상수계(瑞祥受戒)이다. 서상수계란 승단의 종교의식에 의한 것이 아닌 불·보살과의 신이한 감응에 의한 수계를 말한다.[415] 서상수계의 또 다른 사례는 진표에게서 확인된다. 〈관동풍악발연수석기〉에서 진표는 망신참법을 통해 지장보살과 미륵보살에게 직접 계를 받

414 『삼국유사』, 권4 의해, 자장정률.
415 염중섭, 「자장, 계율사상의 한국불교적인 특징」, 『한국불교학』 65, 2013, p.259.

고 있다. 『삼국유사』에는 이처럼 철저한 지계행을 현창했던 자장, 진표와 달리 혜숙, 혜공, 원효와 같이 승과 속, 지계와 범계의 간극을 넘어서는 무애행의 양상을 비중 있게 다루고 있기도 하다.

한편 『삼국유사』의 기사들은 점찰법이 우리 민중의 신앙 안에서 대표적인 재계 및 참회법으로 실천되었음을 보여준다. 점찰은 목륜(木輪)을 던져 과거의 선악업에 대한 과보를 점쳐보는 의식이다. 가장 이른 시기에 실천된 점찰법은 〈원광서학〉 조에서 확인된다. 원광은 자신이 살던 가서갑에 점찰보(占察寶)를 두고 점찰회를 상규로 삼았다고 한다. 〈사복불언〉 조에는 후세 사람들이 사복을 위해 해마다 3월 14일에 점찰회(占察會)를 여는 것을 항규(恒規)로 삼았다고 기록하고 있다. 〈선도산 성모〉 조에도 모든 함령(含靈)을 위해서 점찰법회를 베풀어 일정한 규례로 삼게 했다는 언급이 있다. 〈대산 오만진신〉 조에는 남대 지장방에서 낮에는 『지장경』과 『금강반야경』을 읽고, 밤에는 『점찰경』을 염송하라고 규정하고 있다.

신라 하대에 점찰법을 재계 및 참회법으로 체계화하여 대중화시킨 인물은 진표이다. 〈관동풍악발연수석기〉 조에는 진표가 지장보살에게 계본(戒本)을 받고, 미륵보살에게 목간자 두 개를 받아 금강산으로 들어가서 발연수(발연암)를 세우고 점찰법회를 열었다고 기록하고 있다. 진표는 미륵신앙과 연계하여 『점찰경』에서 말하는 목륜 대신 189개 간자를 사용한 점찰참회법을 만들어 교화활동을 폈다.[416] 〈심지계조〉에 의하면 진표의 점찰법은 영심이 이어받아 속리산 길상사에서 점찰법회가 행해졌고, 또 영심으로부터 심지가 간자를 받아 전승했다고 한

416 박미선, 「진표 점찰법회의 성립과 성격」, 『한국고대사학연구』 49, 2008, pp.251-252.

다. 이처럼 7세기 원광에 의해 실천된 이후 점찰법은 진표와 그 제자들에 의해 특유의 참법으로 체계화되어 고려시대에도 시행되었던 것으로 보인다. 명칭도 점찰보, 육륜회, 점찰예참, 과증법회(果證法會) 등으로 칭해졌다.[417]

2) 은둔 두타행

두타란 출가 수행자들이 일반적으로 의식주에 대한 집착을 버리고 끊는 행위로서 수행에 전념하기 위한 고행의 일종이다.[418] 두타행에는 여러 가지가 있는데 세속을 떠나 한적한 곳에 머무르거나 은둔하여 수행하는 것이 대표적이다. 『유가사지론』에는 '수행자는 세간의 번잡한 곳을 떠나 고요한 곳에서 청정하고 고독하게 머물러야 한다. 또한 무덤가에서 삶의 무상함과 죽음을 관찰하는 무상관(無常觀), 부정관(不淨觀), 공관(空觀)을 닦는다.'[419]고 설하고 있다.

『삼국유사』에는 이처럼 세간을 떠나 은둔한 채 두타행을 실천했던 사례들이 곳곳에서 확인된다. 원광은 중국에 유학하기 전 삼기산에 홀로 살았다고 전하고 있다. 백제 승려 혜현도 수덕사에 살다가 번거롭고 시끄러워 강남의 험준한 달나산에 가서 살며 수행했으며, 고승 연회는 영취산에 숨어 살았다고 전한다.

자장의 행적에는 두타행의 구체적인 내용이 확인된다. 〈자장정률〉조는 자장이 "홀로 깊고 험한 곳에 거처하면서 범도 피하지 않았다. 고골관(枯骨觀)을 닦았는데 피곤함이 있으면 작은 집을 지어 가시덤불로

---

417 박미선, 「신라 점찰법회와 밀교」, 『동방학지』155, 2011, p.3.

418 양영순, 「인도 고행론의 맥락에서 본 불교의 두타행(頭陀行)」, 『선문화연구』 32, 2022, p.230.

419 『유가사지론』 권25(T.30, p.422a13).

둘러치고 그 속에 발가벗고 앉아서 조금만 움직이면 가시에 찔리도록 하였으며, 머리는 들보에 매달아 혼미한 정신을 없앴다."라고 전하고 있다. 또 진표의 두타행은 망신참법(亡身懺法)으로 유명하다. 선계산 부사의암에 머물면서 처음 7일 밤을 정하여 5륜(두 무릎, 두손, 머리)을 돌에 두들겨서 무릎과 팔뚝이 모두 부서지고 낭떠러지로 피가 비 오듯 했다고 언급하고 있다.

역사적 인물과 별개로 『삼국유사』에는 은둔 두타행의 실천했던 설화적 인물들이 곳곳에 등장하고 있다. 〈포산이성〉 조에는 관기와 도성이 포산에 숨어 살며 구름을 헤치고 달을 노래했다고 전하고 있다. 또 인간 세상과 교류하지 않고 은거했다는 반사와 첩사의 이야기도 있다. 광덕과 엄장, 노힐부득과 달달박박도 은거 수행하며 불도를 닦았으며, 포천산의 다섯비구 역시 삽량주 포천산 석굴에 은거하며 서방정토를 구했다고 한다. 세속과 떨어져 은거하는 경우와 별개로 혜숙, 혜공, 대안, 원효 등은 대중 속에 숨어들어 화광동진하는 수행자로 묘사되고 있다. 이들은 은둔 두타행을 하면서도 세간 대중을 떠나지 않고 성속을 넘나드는 기이한 행적을 보여주면서 불교의 대중화를 선도했던 것으로 묘사되고 있다.

3) 결사 수행

『삼국유사』에서 주목되는 불교 신행의 또 다른 유형은 '결사(結社)'이다. 결사란 특정의 원력을 세워 공동체적으로 수행하는 것을 말한다. 대표적으로 서방정토를 희구하는 행법으로 '염불결사'가 대중화되어 있었던 정황을 볼 수 있다. 〈욱면비 염불서승〉 조에는 경덕왕 때 남자 신자 수십명이 서방정토를 구하여 미타사란 절을 세우고 만일

(萬日)을 기약하여 계(契)를 만들었다는 기록이 있다. 그리고 전생에 욱면이 이 결사에 참여하였으나 범계(犯戒)하여 축도에 떨어졌다가 다시 환생하여 정토행을 닦았음을 이야기하고 있다. 〈포천산 오비구〉 조 역시 정토왕생을 목적으로 한 결사 수행의 성격을 담고 있다. 또한 반사 · 첩사, 관기 · 도성, 광덕 · 엄장, 노힐부득 · 달달박박의 사례와 같은 2인 수행담 역시 소규모 형식의 신행 결사로 이해할 수 있을 것이다.

〈대산 오만진신〉 조는 신라 결사신앙의 종합판을 보여준다. 비로자나, 석가, 관음, 지장, 미타, 문수 등 당대 우리 민중의 귀의를 받았던 일체의 불보살에 대한 신앙을 오방불(五方佛) 사상을 토대로 구조화한 화엄밀교적 결사라고 할 수 있다. 징관이 체계화한 중국 오대산 신앙의 영향이 엿보인다. 징관은 『금강정경』의 금강계만다라 개념을 도입하여 오대산을 문수보살의 성지로 구현했다. 그런데 보천의 오대산 결사는 사방불 배치가 금강계 밀교와 다르며, 화엄법계관을 바탕으로 지장신앙과 관음신앙까지 포섭하여 밀교적으로 재구성하고 있다는 점에서 특수성이 확인된다.[420]

또 신라 하대에 화엄결사가 유행했던 정황을 볼 수 있다. 최치원이 지은 「화엄사회원문」에는 "우리 화엄업 중의 선달용상(先達龍象)들이 함께 향사(香社)를 맺어 특별히 법석(法席)을 마련하고 먼저 멸도(滅度)를 보이는 이가 있으면 대중이 황복사에 모여 하루 동안 강경(講經)하여 명복을 추도한다."는 기록이 있다.[421]

420 고영섭, 『삼국유사 인문학 유행』, 박문사, 2016, pp.480-481. 신동하도 신라 오대산 신앙은 밀교의 오방불 체계를 바탕으로 하되 신라 불교 신앙의 가장 보편성이 큰 신앙요소를 대치 반영하였고, 이들 신앙을 통섭하는 원리는 화엄경이라고 주장했다.(신동하, 「新羅 五臺山信仰의 구조」, 『인문과학연구』 3, 1997, p.20.)

이처럼 염불결사, 향사, 사경회 등 공동체 단위로 집중적으로 수행하는 결사 문화가 고·중세 불교 안에서 이미 보편화되어 있었음을 보여준다. 이러한 신행 결사의 특징은 특정의 원력을 바탕으로 승려를 포함한 사부대중이 함께 참여하여 특정 장소에서 기간을 정해 용맹정진하는 형태로 이루어진다는 점이다. 사탑을 건립하거나 불보살상을 조성하는 불사(佛事) 역시 발원 신도들 간의 결사 신앙의 성격으로 이루어졌던 정황들도 확인된다.

4) 밀교 신행

『삼국유사』에서 밀교 신앙은 대표적으로 신주편에 수록된 〈밀본최사〉, 〈명랑신인〉, 〈혜통항룡〉 조를 통해 살펴볼 수 있다. 앞서 언급했듯이 〈밀본최사〉 조는 밀본이 『약사경』을 읽어 선덕여왕과 김양도의 병을 고쳤다는 이야기를 싣고 있다. 신주편의 가장 앞에 수록한 것은 일연이 신라 밀교의 출발을 밀본에 두고 있음을 보여준다.[422] 『약사경』은 단독경전으로 한역 되었다가 후에 『관정경』에 편입된 것으로 보고 있다.[423] 특히 의정(義淨, 635~713)에 의해 번역된 『약사경』은 약왕보살을 순밀 계통의 집금강보살로 한역하였다.[424]

〈혜통항룡〉 조는 혜통이 당나라 공주의 병을 고치며 교룡을 내쳤는데, 그 교룡이 신라에 와서 해를 끼치는 것을 다스려 불살생계를 주었다는 이야기다. 이와 함께 신주(神呪)로 신문왕의 등창을 치유했다는

421 김상현, 「통일신라 시대의 화엄신앙」, 『신라문화』 2, 1985, p.67.
422 고익진, 「初期密敎의 發展과 純密의 受容」, 『韓國古代佛敎思想史』, 동국대학교 출판부, 1989, p.399.
423 정성준, 「신라 약사신앙 연구」, 『불교대학원 논총』 1, 1993, p.334.
424 정성준, 위의 글, p.335.

이야기를 싣고 있다. 혜통은 『금광명경』과 『존승다라니경』에 근거한 신주를 사용한 것으로 보인다.[425] 일연은 혜통을 '존승각간'으로 칭하고 있는데, 늦어도 9세기 전반에는 신라에서 『불정존승다라니경』에 의거한 신앙 활동이 전개되고 있었던 것으로 추정된다.[426] 주지하는 바와 같이 〈명랑신인〉 조는 당나라가 신라를 치려고 군사를 일으켰을 때 문두루비법으로 물리쳤고, 명랑이 신인종(神印宗)의 개조가 되었다는 이야기이다.

〈대산 오만진신〉 조에 나타난 오대산 결사의 밀교적 성격은 보천이 밀교 경전인 『수구다라니경(隨求陁羅尼經)』을 수행했다는 데서도 확인된다. 보천이 활동했던 시기에 수구다라니경이 신라 사회에 유통되었음을 보여준다.[427] 오대산 동대 관음방에 상설된 신행은 『금광명경』, 『인왕경』의 강독과 천수주의 암송이다. 『천수경』은 의상이 귀국할 때 가져온 것으로 알려져 있다. 십일면관음과 천수관음의 조상이 신라 사회에서 널리 유행했던 점을 고려할 때 관음신앙 안에서 대비주나 십일면신주 등이 널리 실천되었을 것으로 추정된다. 한국 고대 불교 안에서 밀교는 뚜렷하게 독자적인 종파를 형성하지는 못했으나 관음신앙

425 박인희, 「『삼국유사』 신주편 연구」, 『석당논총』 52, 2012, p.10. 장미란은 혜통의 '존승'이라는 별칭은 『불정존승다라니경』과 관계가 있다고 보았다.(장미란, 「신라 오대산신앙체계의 변용배경과 의미」, 『동아시아불교문화』44, 2020, 동아시아불교문화학회, p.173.)

426 옥나영, 「고대~고려시대 佛頂尊勝陀羅尼 신앙 경향과 성격」, 『신라문화』57, 2020, p.313.

427 수구다라니를 설한 대표적인 한역 경전은 7세기 말 보사유(寶思惟)가 한역한 『불설수구즉득대자재다라니신주경(佛說隨求卽得大自在陁羅尼神呪經)』과 8세기 중엽 불공(不空)이 한역한 『보편광명대수구다라니경(普遍光明大隨求陀羅尼經)』 그리고 『성불수구즉득신변다라니의궤(金剛頂瑜伽最勝秘密成佛隨求卽得神變加持成就陀羅尼儀軌)』가 있다.(김보민, 「고려시대 수구다라니의 유형과 활용 양상」, 『미술사학연구』 30, 2021, p.8.)

이나 각종 의례 절차 안에서 밀교의 진언, 다라니가 불보살의 공효를 촉발하는 기제로 자리매김했던 것으로 보인다.

4. 결론

본 연구는 『삼국유사』에 수록된 불교 신앙 기사들을 전수조사의 형식으로 검토하여, 이들 기사 안에서 확인되는 불교 신앙 및 신행의 양상과 특징을 살펴보았다. 우선 우리 민중의 귀의처가 되었던 부처와 보살, 신중 등에 대한 불교신앙의 양상을 유형별로 확인하였다. 구체적으로 미륵신앙. 미타신앙, 관음신앙, 사리 및 경전신앙, 신중신앙으로 구분하여 각 신앙의 내용과 특징을 살펴보았다.

다음으로 성도, 왕생, 소원 성취, 재난 극복 등 다양한 원력을 바탕으로 불보살의 가피를 입기 위해 실천되었던 신행 및 수행의 내용과 행법을 살펴보았다. 『삼국유사』의 관련 기사들을 종합적으로 비교 검토하여 이를 통해 확인되는 구체적인 행법의 유형을 크게, 재계와 참법, 은둔 두타행, 결사 수행, 밀교 신행으로 구분하여 그 특징을 고찰했다.

주지하는 바와 같이 『삼국유사』는 『삼국사기』나 『해동고승전』 등에서 다루지 않거나 일실된 고대 삼국의 불교 신앙문화를 수록한 문헌이다. 신앙과 수행 등에 초점을 맞춘 체계적 논서가 아니고 또 고대 불교문화와 주요 인물들의 행적을 총괄하는 사서가 아니다. 찬자인 일연의 시대까지 전승되었던 고기, 승전, 사적 등의 문헌들을 토대로 사탑이나 불교 성지에 얽힌 연기 서사들을 찬집하거나 원효, 의상과 같은 특정 주인공들과 관련된 설화 전승을 수록한 문헌이라는 점에서 신앙과 수행의 구체적 양상을 체계적으로 확인하기에는 한계가 있다. 그럼에도 불구하고 우리 민중에 의해 실질적으로 실천되었던 신앙과 행법의 다양한 사례들이 담겨 있어 이를 보다 면밀하게 발굴 추적한다면 현행 한국불교 신행의 원형을 보다 구체적으로 확인할 수 있는 중요한 전거라고 하겠다.

제5장

『삼국유사』의 사찰과 분포

조경철

1. 머리말

한국 고대에 수많은 절 들이 세워졌다. 한 연구에 의하면 2002년 기준으로 『삼국사기』, 『삼국유사』 및 각종 금석문 통해 알려진 신라 사찰은 약 224개이고, 문헌에는 보이지 않지만 유적, 유물을 통해 추정할 수 있는 사원은 약 459개라고 한다.[428]

여기에 전고려(고구려)[429], 백제, 가야의 사찰을 더한다면 그 수는 상당수 늘어난다. 또한 백제의 '보희사(寶憙寺)'나 '자기사(子基寺)' 등 2002년

428 진성규 · 이인철, 『신라의 불교사원』, 백산자료원, 2002, p.161.

429 고구려는 평양천도를 전후하여 고려로 나라이름을 바꾸었다. 궁예의 고려와 왕건의 고려와 구분하기 주몽고려를 전고려, 궁예고려를 후고려, 왕건고려를 (통일)고려로 구분하였다. 정구복, 「고구려의 고려 국호 개칭」, 『호서사학』 19 · 20(1992); 박용운, 『고구려계승에 대한 종합적 검토』, 일지사, 2006; 조경철, 「역사계승의식과 정체성의 경계-'고려국호'를 중심으로」, 『정체성의 경계를 넘어서』, 경인출판사, 2012.

이후 새로 발견된 사찰의 자료를 더한다면 그 수는 더 늘어날 것이다.

우리나라는 전고려가 372년 소수림왕, 백제가 384년 침류왕, 신라가 528년[430] 법흥왕 때 불교를 받아들인 이후 고려시대까지 사찰의 수는 꾸준히 증가해 왔다. 지금까지(2002) 알려진 신라 사찰을 기준으로 본다는 신라 중고기에 45개, 중대에 73개, 하대에 96개의 사찰이 세워졌다. 사찰 창건의 꾸준한 증가세를 확인할 수 있다.[431]

여기서 가장 먼저 드는 궁금증은 한국 고대의 사찰이름을 가장 많이 전하고 있는 『삼국유사』다. 『삼국유사』에는 중고, 중대, 하대의 사찰 수 증가가 어떻게 나와 있을까. 전고려, 백제, 신라의 사찰 분포는 어떠할까. 경상도, 전라도, 충청도, 경기도, 강원도 등의 지역적 분포는 어떠할까. 김부식의 『삼국사기』에 나오는 사찰의 분포와 비교하면 어떠할까 등등이다.

그런데 통계처리에 있어 무엇보다 중요한 것은 표본의 추출이었다. 사찰의 개수를 세는데 있어서 사(寺), 원(院), 수(藪), 사(社), 암(庵, 嵓, 岩), 방(房) 등을 포함시켰는데 논자에 따라서 개수가 다를 수 있기 때문이다. 그렇지만 전체 개수에 있어서 차이가 난다 하더라도 전체적인 경향을 살피는데 있어서 큰 문제는 없을 거라고 생각한다.

2. 사찰의 선정과 그 기준

먼저 『삼국유사』에 나오는 절들을 항목별로 정리해 보면 다음과 같

430 조경철, 「이차돈의 순교 연대에 대한 재검토」, 『한국고대사탐구』20, 2015.
431 앞의 책, 『신라의 불교사원』, pp.261-264.

다. 황룡사처럼 같은 절이 여러 항목에 나온 경우 모두 실었고, 분황사와 왕분사처럼 같은 절이 다른 이름으로 불렸을 경우도 모두 실었다.

〈표 1〉 『삼국유사』 항목별 사찰 전수조사

항목	사찰
11[432]이서국	영미사, 운문사
17진한	반향사, 법류사, 분황사, 양관사, 청룡지사
19신라시조박혁거세	담엄사, 동천사, 미탄사, 백률사, 창림사, 황룡사,
25미추왕죽엽군	취선사, 흥륜사
26나물왕김제상	망덕사
28사금갑	내전, 흥륜사, 양피사
31도화녀비형랑	신원사, 신중사, 흥륜사
32천사옥대	내제석궁, 천주사, 황룡사
33선덕왕지기삼사	사천왕사, 영묘사
35김유신	모지사, 송화방
36태종춘추공	애공사, 오회사, 오합사, 왕흥사
37장춘랑파랑	장의사
38문호왕법민	망덕사, 사천왕사, 인용사, 천은사, 황룡사
39만파식적	감은사, 기림사
41성덕왕	봉덕사
45혜공왕	봉성사
46원성대왕	곡사, 금강사, 내전, 동천사, 보은사, 분황사, 숭복사, 천관사, 화엄사, 황룡사
50사십팔경문대왕	도림사
51처용랑망해사	망해사, 신방사
53효공왕	봉성사, 영묘사
54경명왕	사천왕사, 황룡사
55경애왕	황룡사
56김부대왕	법수사, 해인사, 현화사
57남부여전백제북부여	공덕대사, 왕흥사, 자복사, 호암사
58무왕	미륵사, 사자사, 왕흥사

항목	사찰
59후백제견훤	금산불우, 동화사, 미리사
60가락국기	장유사, 왕후사
61순도조려	이불란사, 초문사, 흥국사, 흥복사
63아도기라	담엄사, 영묘사, 영흥사, 천왕사, 황룡사, 흥륜사
64원종흥법염촉멸신	남간사, 대왕흥륜사, 대통사, 대흥륜사, 부석사, 분황사, 영흥사, 자추사, 흥륜사,
65법왕금살	미륵사, 왕흥사
66보장봉노보덕이암	개원사, 경복사, 금동사, 대승사, 대원사, 반룡사, 연구사, 유마사, 중대사, 진구사,
67동경흥륜사금당십성	(흥륜사)[433]
68가섭불연좌석	황룡사
70금관성파사석탑	왕후사, 호계사
71고려영탑사	영탑사
72황룡사장육	동축사, 황룡사
73황룡사구층탑	대화사, 통도사, 황룡사
74황룡사분황사약사봉덕사종	봉덕사, 분황사, 황룡사
75영묘사장육	(영묘사)
76사불산굴불산만불산	대승사, 백률사
77생의사석미륵	도중사, 생의사, 성의사
78흥륜사벽화보현	흥륜사
79삼소관음중생사	중생사
80백률사	백률사, 중생사, 봉성사
81민장사	민장사
82전후소장사리	국청사, 기림사, 내원, 내전, 묘각사, 빙산사, 신광사, 신효사, 정혜사, 지상사, 통도사, 해룡왕사, 해인사, 흥륜사
83미륵선화미시랑진자사	수원사, 영묘사, 흥륜사
84남백월이성노힐부득달달박박	백월산남사, 법적방, 양사, 유리광사, 회진암
85분황사천수대비맹아득안	분황사
86낙산이대성관음정취조신	개국사, 굴산사, 기림사, 낙산사, 세규사, 정토사, 홍교사
87어산불영	만어사

항목	사찰
88대산오만진신	금강社, 문수갑사, 미타방, 백련社, 법륜社, 보천암, 수다사, 수정社, 원령사, 원통社, 월정사, 정암사, 지장방, 진여원, 화엄社, 화장사, 화장社, 효명암
89명주오대산보질도태자전기	진여원
90대산월정사오류성중	수다사, 월정사, 정암사, 효가원
91남월산	감산사
92천룡사	고사, 도선사, 중생사, 지상사, 천룡사,
93무장사미타전	무장사
94백엄사석탑사리	백엄사(伯嚴寺), 백엄선사, 백암수(白嵓藪)
95영취사	영취사
96유덕사	유덕사
97오대산문수사석탑기	(문수사)
98원광서학	가슬갑사, 갑사, 고시사, 금곡사, 삼기산난야, 삼기산사, 왕분사, 운문사, 진량사, 황룡사, 황융사
99보양이목	가서갑사, 대작갑사, 법림사, 봉성사, 석굴사, 석장사, 소보갑사, 소작갑사, 영묘사, 운문사, 운문산선원, 운문선사, 작갑사, 천문갑사, 천왕사
101귀축제사	나란타사
102이혜동진	금강사, 부개사, 영묘사, 오어사, 항사사, 혜숙사
103자장정율	분황사, 석남원, 수다사, 승광별원, 압유사, 왕분사, 운제사, 원령사, 정암사, 통도사,
104원효불기	분황사, 사라사, 초개사, 혈사
105의상전교	골암사, 부석사, 범어사, 불국사, 비마라사, 숭복사, 옥천사, 지상사, 해인사, 화엄사, 황복사
106사복불언	고선사, 도량사
107진표전간	금산사, 능가산사, 대흥사, 발연사, 변산사, 불사의암, 영산사
108관동풍악발연수석기	금산사, 금산수, 길상사, 발연수, 불사의방,
109승전촉루	갈항사
110심지계조	동화사
111현유가해화엄	감은사, 용장사, 황룡사
112밀본최사	금곡사, 법류사, 흥륜사
113혜통항룡	남가사, 신충봉성사, 왕망사, 주석원, 천왕사, 총지암

항목	사찰
114명랑신인	금광사, 금우사, 돌백사, 원원사, 지장사, 현성사
115선모성모수희불사	안흥사
116욱면비염불서승	미타사, 법왕사, 보리사, 부석사
117광덕엄장	분화사, 황룡사
118경흥우성	남항사, 문수사, 삼랑사
119진신수공	내원, 망덕사, 불무사, 석가사, 일왕사
120월명사도솔가	내원, 사천왕사
121선율환생	구원사, 금강사, 망덕사
122김현감호	호원사, 흥륜사
124정수사구빙녀	삼랑사, 천엄사, 황룡사
125낭지승운보현수	반고사, 영취사, 혁목사
126연회도명문수점	영취사
127혜현구정	수덕사
128신충괘관	단속사, 봉성사, 조연소사
132영여사	국사방, 실제사
133포천산오비구경덕왕대	통도사
134염불사	민장사, 양피사, 염불사, 피리사
136대성효이세부모	불국사, 석불사, 장수사, 흥륜사
138손순매아흥덕왕대	홍효사
139빈녀양모	분황사, 양존사
140왕력신라	경지사, 감은사, 망덕사, 법류사, 애공사, 영흥사, 곡사, 숭복사, 사자사, 황복사
141왕력고려	귀산사, 내제석사, 대선원사, 대흥사, 문수사, 묘□사, 법왕사, 보제사, 사나사, 신중원, 신흥사, 왕륜사, 원통사, 외제석사, 일원사, 자운사, 지장사, 흥국사

432 항목의 숫자는 한국학중앙연구원『역주삼국유사』의 항목별 숫자에 따랐다. 강인구 외,『역주삼국유사(1~4)』, 한국학중앙연구원, 2003. 다만 140왕력신라, 141왕력고려의 140과 141은 글쓴이가 새로 붙였다. 또 이글에서 절 앞에 붙인 숫자는 해당되는 항목을 말한다.

433 절 이름에 괄호( )를 씌운 것은 항목에는 절 이름이 나오지만 서술내용에는 절 이름이 없는 경우, 즉 '67동경흥륜사금당십성'처럼 항목이름에 절 이름 흥륜사가 나오지만 서술 내용에 흥륜사는 나오지 않는 경우를 말한다. 이에 대해서는 후술.

『삼국유사』에 나오는 모든 절의 개수는 약 207개이다. 절을 의미하는 한자는 사(寺)가 대표적이지만 원(院), 수(藪), 사(社), 암(庵, 嵓, 岩), 방(房) 등 다양하다. 이 글에선 사(寺)를 위주로 하였고 원(院) 등 다른 경우에도 상황에 따라 절에 포함시켰다.

『삼국유사』의 '원'의 사례는 진여원, 상원, 하원, 효가원, 운문산선원, 석남원, 승광별원, 주석원, 내원, 신중원 등이다.[434] 진여원은 오대산 중대의 문수보살이 머무는 절을 말한다. 상원이라고도 한다. 상원에 대응되는 하원의 절은 문수갑사로 문수사(文殊寺)[435]라고도 했으며 오대산의 여러 사(社)들의 도회소(都會所) 역할을 하였다. 효가원은 신효거사가 살던 집을 절로 만든 곳이다. 운문산선원은 운문선사나 운문사 등으로 불리었고 신라 때 이름은 작갑사였다. 석남원은 자장이 지은 절로 정암사로 이름이 바뀌었다. 승광별원은 자장이 중국 유학 때 머물렀던 중국 절이다. 주석원은 밀교 계통의 절로 밀본과 명랑의 후예들이 머문 절이다. 내원은 왕궁[경주] 내에 있던 절로 신라의 내제석궁[천주사]과 같은 절로 보이며 고려 태조 때 개성의 내제석사와 같은 역할을 하였다. 신중원은 고려 태조가 세운 10大寺 가운데 하나이다.[436]

이 가운데 상원은 진여원, 하원은 문수사, 운문산선원은 작갑사, 석남원은 정암사, 내원은 신라의 천주사[내제석궁]로 사찰 개수의 표제어로 삼았다. 그래서 『삼국유사』의 사찰 수로 파악한 원은 88진여원, 90

434 『삼국유사』에서 '원'은 '사'와 같은 의미로 쓰였다. '94백엄사석탑사리'의 '당원주지(當院住持)'는 이 절 곧 백엄사의 주지를 말한다. '97오대산문수사석탑기'의 '주차원(住此院)'은 이 절 곧 문수사에 머문다는 말이다.

435 97오대산문수사석탑기의 문수사를 88대산오만진신의 '문수갑사'와 같은 절로 파악하였다.

436 고려 태조의 10大寺 가운데 하나인 대선원은 대선원사이므로 원의 개수에는 포함시키지 않았다.

효가원, 103승광별원, 113주석원, 141신중원 등 총 5개이다.

『삼국유사』의 '수(藪)'의 사례는 동수, 백암수, 금산수, 발연수 등이다.[437] '동수(桐藪)'는 견훤이 왕건을 물리친 절로 동화사를 말한다. 백암수는 남원에 있는 절로 신탁화상이 머물렀던 절이다. 금산수와 발연수는 진표가 머물렀던 절로 금산사와 발연사를 말한다. 『삼국유사』의 사찰 개수에 동수, 금산수, 발연수는 포함시키지 않고 동화사, 금산사, 발연사로 사찰 개수의 표제어로 삼았다. 따라서 '수'에 포함되는 사찰 개수는 남원의 94백암수 1개다.

『삼국유사』의 암(庵, 岩)의 사례는 총지암, 사자암, 회진암, 보천암, 효명암, 불사의암 등이다. 조사암, 비파암, 도성암 등 3곳도 있으나 모두 암자 이름이 아니고 바위 이름이다. 사자암은 유리광사로 불렸고, 회진암은 양사(壤寺)로 불렸고, 보천암은 나중에 화장사(華藏寺)로 불렸다. 그래서 유리광사, 양사, 화장사로 표제어를 삼았다. '암'으로 절의 개수에 포함한 것은 113총지암과 88효명암 2곳이다. 총지암은 밀본과 명랑의 후예가 머문 절이다. 효명의 효명암은 보천의 보천암처럼 절[寺]로 바뀌지 못했지만 절의 개수에 포함시켰다. 불사의암은 불사의방과 같은 곳으로 불상의방을 표제어로 삼았다.

『삼국유사』의 '방(房)'의 사례는 관음방, 지장방, 미타방, 불사의방, 국사방, 송화방, 법적방, 판방, 뇌방 등이다. 이 가운데 관음방은 원통사(圓通社), 지장방은 금강사(金剛社), 미타방은 수정사(水精社), 국사방은 실제사(實際寺), 판방은 유리광사(=사자암=남암), 뇌방은 양사(=회진암=북

437 '수'는 절과 같은 의미로 쓰였다. 『삼국유사』는 사, 원, 수를 편의에 따라 같은 의미로 사용하였다. 백엄사의 주지를 당원(當院) 주지라고 하였으며, 금산수와 발연수는 금산사와 발연사로 같은 절이다.

암)로 표제어를 삼았다. 불사의방[불사의암]은 진표가 미륵상을 앞에 놓고 기도한 곳이고, 송화방은 재매부인이 원찰로 삼은 곳이고, 법적방은 노힐부득과 달달박박이 머리를 깍은 절이다. 따라서 108불사의방, 35송화방, 84법적방 3곳은 절의 개수에 포함시켰다.

『삼국유사』의 '사(社)'의 사례는 오대산 동대의 원통사(圓通社), 남대의 금강사(金剛社), 서대의 수정사(水精社), 북대의 백련사(白蓮社), 중대의 화장사(華嚴社), 중대의 법륜사(法輪社), 중대의 화장사(華藏社) 등이다. 사(社)는 고려시대 절[寺]과 같은 의미로 쓰였지만 신라시대에는 사(社)가 사(寺)로 쓰인 사례는 아직 찾지 못하였다. 다만 여기서 사(社)를 사(寺)로 파악한 것은 『삼국유사』 찬자가 사(社)를 절[寺]로 인식하고 있다고 생각해서이다. 화장사(華藏社)는 예전 이름이 보천암이었는데 법륜사(法輪社)와 화장사(華藏寺)로도 불려서 화장사(華藏寺)로 표제어를 삼았다. 그래서 88圓通社, 88金剛社, 88水精社, 88白蓮社, 88華嚴社 5곳만 절의 개수에 포함시켰다.

〈표 2〉 『삼국유사』의 원(院), 수(藪), 암(庵, 嵓, 岩), 방(房), 사(社)의 사례

	사찰개수에 포함(표제어)	사찰개수에 포함되지 않음
원(院)	진여원, 효가원, 신중원, 주석원, 승광별원, 5	내원, 상원, 하원, 운문산선원, 석남원, 5
수(藪)	백암수, 1	동수, 금산수, 발연수, 3
암(庵嵓岩)	총지암, 효명암, 2	사자암, 회진암, 보천암, 불사의암, 4
방(房)	불사의방, 송화방, 법적방, 3	관음방, 지장방, 미타방, 국사방, 판방, 뇌방, 6
사(社)	원통사, 금강사, 수정사, 백련사, 화엄사, 5	법륜사, 화장사, 2

'갑사'가 들어가는 절은 가슬갑사, 작갑사, 대작갑사, 소작갑사, 소보갑사, 천문갑사, 가서갑사 등이다. 대작갑사를 제외하고 모두 표제어로 삼았다. 의미상 대작갑사는 작갑사를 의미한다. 가슬갑사는 고시사 또는 갑사라고 해서 가슬갑사를 표제어로 삼았다.[438] 곡사는 숭복사라고도 하는데 곡사를 표제어로 삼았다. 숭복사는 중국에도 있다.

금강사는 금강사(金剛寺)와 금강사(金剛社)가 있다. 금강사(金剛寺)는 경주에 있는 절이고 금강사(金剛社)는 오대산에 있는 절이다.[439] 대승사는 2개가 있다. 신라 경주의 대승사와 보덕의 제자가 세운 대승사가 있다.[440] 문수사는 3개가 있다. 신라 경주의 문수사와 오대산의 문수사가 있고 고려 태조 때 세운 문수사가 있다.[441]

법왕사는 2개가 있다. 신라 욱면의 법왕사와 고려 태조의 법왕사가 있다. 사자자도 2개가 있다. 백제 용화산의 사자사와 신라 효공왕이 절의 북쪽에서 화장한 사자사가 있다. 지장사도 2개 있다. 모두 고려의 절로 하나는 팔공산에 있고 하나는 개성 부근에 있다. 화엄사는 화엄 10찰의 하나인 화엄사(華嚴寺)와 오대산의 화엄사(華嚴社)가 있다. 숭복사도 2개가 있다. 하나는 신라의 숭복사이고 하나는 중국의 숭복사이다. 원통사도 2개다. 원통사(圓通社)는 신라 절이고 원통사(圓通寺)는 고려 절이다.[442]

앞에서 『삼국유사』에 나오는 사찰의 총 개수를 살펴보았는데, 한 절

438 嘉瑟岬寺는 『삼국사기』에 加悉寺로 나온다.
439 『신라의 불교 사원』은 金剛寺만 인정하고 金剛社는 개수에 포함시키지 않았다.
440 『신라의 불교 사원』은 경주 대승사만 개수에 포함했다.
441 『신라의 불교 사원』은 경주의 문수와 오대산의 문수사를 언급하면서 지역별 통계를 낼 때는 경주의 오대산만 넣고 강원도의 문수사는 계산하지 않았다.
442 『신라의 불교 사원』은 華嚴寺만 인정하고 華嚴社는 인정하지 않았다.

이 여러 이름으로 쓰이는 경우 중복될 염려가 있으므로 아래에 그 사례를 제시해 보았다.

〈표 3〉 『삼국유사』 같은 절이 다른 이름으로 불린 경우와 같은 이름이 두 개 이상인 절

표제어 아닌 절=표제어 절			같은 이름이 두 개 이상인 절
갑사=가슬갑사	대작갑사=작갑사	승복사(신라)=곡사	
고사=천룡사	동수=동화사	신방사=망해사	
고시사=가슬갑사	미타방=수정사	신중사=신원사	
관음방=원통사	보천암=유리광사	오어사=항사사	
국사방=실제사	보천암=화장사	오회사=오합사	지장사(2)
국사방=실제사	봉은사=보은사	왕분사=분황사	화엄사(2)
굴불사=굴석사	북암=양사	운문사=작갑사	금강사(2)
금산불우=금산사	불사의암=불사의방	운문선사=작갑사	사자사(2)
금산수=금산사	발연수=발연사	운문선원=작갑사	승복사(2)
남암=유리광사	백률사=자추사	조연소사=단속사	대승사(2)
내원=내제석사	변산사=영산사	지장방=금강사	대흥사(2)
내원=천주사	법륜사法輪社=화장사	판방=유리광사	문수사(3)
내전=내제석사	사자암=유리광사	피리사=영불사	법왕사(2)
내제석궁=천주사	삼기산난야=삼기산사	화장사華藏社=華藏寺	
뇌방=양사	상원=진여원	황융사=황룡사	
능가산사=영산사	석남원=정암사	회진암=양사	

한편 『삼국유사』 항목은 한 사람이 붙인 것일까? 아니면 여러 사람이 붙인 것일까? 그런데 한 사람이 붙였다고 하면 이해되지 않는 면이 있다. 항목에 나오는 나라이름이 통일되어 있지 않기 때문이다. '15고구려'와 '71고려영탑사'의 경우 모두 고구려를 말하는데 한 쪽에서는 고구려라고 하고 한 쪽에선 고려라고 하였다.

그런데 항목과 서술 내용 사이의 관계를 고려하면 항목과 본문의

서술내용은 한 사람이 혹은 한 시기에 썼을 가능성이 높다. 67동경흥륜사금당십성, 75영묘사장육, 97오대산문수사석탑기 등의 경우 항목에는 절 이름이 보이는데 해동 서술 내용에는 절 이름이 보이지 않는 경우다. 이것은 항목 제목과 서술 내용이 동시에 서술되었음을 보여주는 징표이다. 만약 서술내용만 전해졌을 경우 해당 서술이 어떤 절에 관한 내용인지 항목의 이름을 붙일 때 혼란을 가져올 수 있기 때문이다.

그럼 15고구려와 71고려영탑사는 어떻게 이해해야 할까. 한 사람이 써도 충분히 다르게 쓸 수 있다. 『삼국유사』에 나오는 '고구려'와 '고려'의 사례를 분석해 보면 '고구려'는 4~5세기를 전후하여 이전에는 고구려로 나오고 이후는 고려로 나타나고 있다.[443] 고구려가 4~5세기를 전후하여 고구려에서 고려로 나라이름을 바꾸었기 때문에 그러한 현상이 발생한 것이다. 15고구려는 고구려의 건국을 말하고 있고 71고려영탑사는 7세기 사정을 말하고 있다.

3. 사찰의 나라별 분포

먼저 『삼국유사』에 나오는 사찰을 나라별로 분류하면 다음과 같다.

443 조경철, 「궁예: 역사가 숨긴 궁예, 역사가 숨긴 나라이름 '고려'」, 『동서양고전인물지』, 점필재, 2017, pp.352-353.

〈표 4〉 『삼국유사』 나라별 사찰 분포와 이름

	『삼국유사』 사찰
전고려 4	반룡사, 영탑사, 이불란사, 초문사
백제 8	미륵사, 사자사, 수덕사, 수원사, 오합사, 왕흥사, 호암사, 경복사
신라 152	가슬갑사, 갈항사, 감산사, 감은사, 개원사, 경지사, 곡사, 고선사, 골암사, 구원사, 굴불사, 굴산사, 금강사, 金剛社, 금곡사, 금강사, 금동사, 금산사, 기림사, 길상사, 낙산사, 남간사, 남항사, 단속사, 담엄사, 대승사(2), 대원사, 대통사, 도량사, 도림사, 도중사, 동천사, 동축사, 동화사, 망덕사, 망해사, 모지사, 무장사, 문수사, 문수社, 미리사, 미타사, 미탄사, 민장사, 반고사, 반향사, 발연사, 백련社, 백암수, 백엄선사, 백월산남사, 범어사, 법류사, 법림사, 법수사, 법왕사, 법적방, 보리사, 봉덕사, 봉성사, 봉은사, 부개사, 부석사, 분황사, 불국사, 불무사, 불사의방, 비마라사, 사라사, 사자사, 사천왕사, 삼기산사, 삼랑사, 생의사, 석가사, 석불사, 석장사, 세달사, 소보갑사, 소작갑사, 송화방, 수다사, 수정社, 신원사, 실제사, 안흥사, 압유사, 애공사, 양관사, 양사, 양존사, 양피사, 연구사, 염불사, 영묘사, 영미사, 영산사, 영취사, 영흥사, 옥천사, 왕망사, 용장사, 원령사, 원원사, 원통社, 월정사, 유덕사, 유리광사, 유마사, 인용사, 자추사, 작갑사, 장수사, 장의사, 정암사, 정토사, 주석원, 중대사, 중생사, 진구사, 진여원, 창림사, 천관사, 천룡사, 천문갑, 천엄사, 천은사, 천주사, 청룡지사, 초개사, 총지암, 취선사, 태화사, 통도사, 피리사, 항사사, 해인사, 혁목사, 혈사, 혜숙사, 호원사, 홍효사, 화엄사, 화엄社, 화장사, 황룡사, 황복사, 황성사, 효가원, 효명암, 흥륜사
가야 2	왕후사, 호계사
고려 32	공덕대사, 국청사, 귀산사, 내제석사, 대선원사, 대흥사, 도선사, 돌백사, 만여사, 묘□사, 문수사, 법왕사, 빙산사, 사나사, 신광사, 신중원, 신효사, 신흥사, 왕륜사, 외제석사, 원통사, 일원사, 자복사, 자운사, 장유사, 정혜사, 지장사(2), 해룡왕사, 현화사, 흥국사, 흥복사
중국 7	개국사, 대흥사, 숭복사, 승광별원, 운제사, 지상사, 진량사
인도 2	나란타사, 일왕사
합계 207	

『삼국유사』의 사찰이 어느 나라에 속하는지는 창건연대를 기준으

로 하였다. 예를 들어 99운문산선원[운문선사, 운문사]은 고려 때 절이지만 그 전신인 작갑사가 신라 절이므로 신라 절로 분류하였다. 207개의 사찰 가운데 전고려는 4개, 백제는 8개, 신라는 152개, 가야 2개, 고려는 32개다. 외국 사찰도 있다. 중국 7개, 인도 2개이다.

1) 전고려의 사찰, 4개

『삼국유사』에 나오는 전고려의 사찰은 반룡사, 영탑사, 이불란사, 초문사 등 4개이다. 이불란사와 초문사는 '61순도조려' 항목에 나오는 절로 전고려가 불교를 수용할 때 국내성 부근에 처음 세운 절이다. 반룡사는 '66보장봉노보덕이암', 영탑사는 '71고려영탑사' 항목에 나오는 절로 평양 부근에 있으며 보덕이 머물던 곳이다. 전고려의 사찰은 불교수용기[이불란사, 초문사]와 전고려 멸망기[영탑사, 반룡사]에 보이는 절로 그 중간 전고려의 불교 발달 상황을 보여주는 절은 보이지 않는다. 『삼국사기』는 문자명왕 때 세운 금강사를 언급하고 있다.

2) 백제의 사찰, 8개

『삼국유사』 찬자가 백제 사찰로 파악하고 있는 절은 미륵사, 사자사, 수덕사, 수원사, 오합사(오회사), 왕흥사, 호암사, 경복사 등 총 8개다. 미륵사와 사자사[444]는 기이편 '58무왕' 항목에 나오는 절로, 미륵사는 서동과 선화공주가 익산에 세운 절이고 사자사는 미륵사 북편의 용화산에 있는 절이다. 수덕사는 '127혜현구정' 항목에 나오는 절로 백제 승려 혜현이 불경을 강했던 절이다. 수원사는 '83미륵선화미시랑진자

444 이름이 같은 절로 신라 사자사가 있다. 신라 효공왕은 140사자사 북쪽에서 화장했다고 한다.

사'에 나오는 절로 신라 승려 진자가 미륵선화를 만나러 갔던 절이다. 오합사(오회사)는 '36태종춘추공' 항목에 나오는 절로 659년 백제 멸망기 붉은 말이 나타났던 절이다. 왕흥사는 '무왕' '남부여전백제' '태종춘추공' 등 3항목에 나온다. '무왕' 항목에서는 미륵사를 『국사』에서는 왕흥사라고 했다는 걸 부연 설명했다. '57남부여전백제' 항목에서는 왕이 배를 타고 왕흥사에 간다고 하였다. '태종춘추공' 항목에서는 왕흥사로 큰 배와 물이 들이닥쳤다고 하였다.

『삼국유사』의 서술 상 그 창건 시기가 백제 멸망과 걸쳐있기 때문에 백제 절인지 신라 절인지 확인하기 어려운 절은 경복사, 개원사, 금동사, 대승사, 대원사, 연구사, 유마사, 중대사, 진구사 등 총 9개이다. 모두 『삼국유사』 '66보장봉노보덕이암' 항목에 나오는 절로 7세기 중반 전고려의 보덕이 백제 지역에 내려와 머물렀거나 보덕의 제자가 세운 절이다. 경복사는 보덕이 머문 절이고 개원사~진구사는 보덕의 제자들이 세운 절이다.[445]

『삼국유사』는 보덕이 백제 완산주에 내려 온 해를 650년으로 서술하면서 또 한 기록에는 백제가 멸망한 이후인 667년의 일이라고 하였다.[446] 667년이라면 경복사, 개원사~진구사는 모두 신라 절이 된다. 650년에 내려왔다면 경복사는 백제 절일 가능성이 높지만 개원사~진구사는 보덕의 제자가 세운 절이므로 신라 절로 보아야 한다. 글쓴이

445 『신라의 불교 사원』은 경복사, 개국사~진구사, 금산사를 모두 신라 사원에 포함시키지 않았다. 반면 수원사와 성주사(오회사)는 신라 사찰에 포함시켰다. 『신라의 불교사원』에서는 대통사는 백제 사찰로 보고 포함시키지 않았으나 이 글에선 대통사를 『삼국유사』를 쓴 편찬자의 관점에서 신라 절로 파악하였다.

446 『삼국유사』 보장봉노보덕이암: 卽永徽元年庚戌六月也「又本傳云 乾封二年丁卯三月三日也」

는 후자를 따랐다.

웅천의 수원사는 진지왕 때 승려 진자사가 찾아간 절이다. 『삼국유사』는 웅천을 지금의 공주라고 말하였다. 즉 백제 절로 파악하고 있다. 이에 대해서 이병도는 웅천이 백제 지역이 아닌 신라의 지역이라 말하였고 『신라의 불교 사원』도 이 견해를 따라 수원사를 신라 절로 파악하였다.[447] 웅천이 웅진이 아닐 가능성은 『삼국사기』에 보인다. 위덕왕 1년(554, 양원왕 10년) 전고려가 크게 군사를 일으켜 웅천성(熊川城)을 공격했다는 기록이 보인다.[448] 두 나라의 지리 정황상 크게 군사를 일으켜 공주를 치기는 어렵다. 이병도는 여기의 웅천성을 안성천 유역으로 비정하였다.

대통사는 『삼국유사』에 의하면 법흥왕이 대통 원년 527년 양나라 무제를 위해서 웅천주에 세운 절이라고 한다. 그리고 이에 대한 설명에서 웅천주[449]는 당시 신라에 속한 땅이나 527년은 이차돈의 순교와 흥륜사 창건 등으로 경황이 없어 다른 군에 절을 세울 여력이 없으므로 대통 원년(527)이 아닌 중대통 원년(529)에 세웠다고 하였다.[450]

물론 대통사는 신라 절이 아닌 백제 절이다. 일제저항기 대통이란

---

447 李丙燾는 이때의 熊川이 지금이 공주가 아닌 것 같다고 하였다. 그 이유는 공주는 백제의 舊都로서 新都인 부여에서 가까운 곳이고, 이때 백제와 신라는 적대관계였으며, 공주는 아직 신라영역이 아니었기 때문이라고 한다.(이병도, 2000, 『역주 원문삼국유사』, 명문당, 2000, p.345; 진성규, 앞의 책, p.37.)

448 『삼국사기』 백제본기 위덕왕: 元年冬十月, 高句麗大擧兵來攻熊川城, 敗衄而歸.

449 지금의 공주의 옛이름. 백제 문주왕이 이곳에 도읍을 정하고, 성왕 때 사비성으로 천도할 때까지 64년간 중기 백제의 도읍지였다. 문무왕 때 웅진도독부로, 신문왕 때 웅천주로, 경덕왕 때 다시 웅주로 개명하였다. 고려 태조 때 공주로 개명하여 그 이름이 현재까지 이어져 오고 있다.

450 『삼국유사』 원종흥법염촉멸신: 又於大通元年丁未 爲梁帝創寺於熊川州 名大通寺「熊川卽公州也 時屬新羅故也 然恐非丁未也 乃中大通元年己酉歲所創也 始創興輪之丁未 未暇及於他郡立寺也」

기와가 발견되었고 근래 대통사가 새겨진 기와가 공산성에서 출토되었고 올해 공주에서 진행되는 발굴과정에서 '□通'으로 추정되는 기와가 발견되기도 하였다. 백제 절이 확실한 대통사를 신라 법흥왕이 웅천[지금의 공주]에 지었다고 『삼국유사』는 파악하고 있다.[451] 대통사를 신라 절로 파악하는 『삼국유사』 찬자의 견해를 존중해 주려면 웅천주가 공주가 아닌 다른 곳이어야 한다.

금산사는 『삼국유사』에 진표 또는 견훤과 관련되어 등장한다. 한편 『금산사사적』에는 백제 무왕 1년(600)년에 건립되었다고 한다. 금산사에 대한 연구 몇몇은 금산사의 창건연대를 백제로 소급할 수 있다고 한다. 『삼국유사』 찬자는 신라 절로 파악하였다. 따라서 『삼국유사』에서 파악한 백제 절은 미륵사, 사자사, 수덕사, 수원사, 오합사(오회사), 왕흥사, 호암사, 경복사 등 8개이다.[452]

3) 가야의 사찰, 2개

『삼국유사』가 파악한 가야의 사찰은 왕후사, 호계사 등 2개이다. 왕후사는 '60가락국기' 항목에 보이며 492년 가야의 김질왕이 김수로와 허황후가 만나서 혼인한 곳에 세운 절이다. 호계사는 '70금관성파사석탑' 항목에 보이며 금관국의 파사석탑이 있었던 절이다.

4) 중국의 사찰 7개와 인도의 사찰 2개

『삼국유사』가 파악한 중국 사찰은 개국사, 대흥사, 숭복사, 승광별

451 『삼국유사』 찬자의 대통사의 잘못된 이해에 대해서는 조경철, 「공주 대통사와 동아시아불교」, 『백제문화』58, 2018.

452 이들 절 가운데 경복사와 수덕사를 제외한 나머지 7개의 절들은 모두 신라와 관련 있는 절이다.

원, 운제사, 지상사, 진량사 등 7개이다. 당나라 명주의 개국사는 신라의 굴산조사 범일이 머문 절이고, 대흥사[453]는 107진표전간에 나오는 중국 절로 이곳의 중국 승려 법종과 언종이 점찰경에 대해 부정적인 입장을 피력하였다. 장안의 105승복사는 중국 승려 법장이 머문 절이다. 신라 자장이 당나라 장안에서 잠시 머물었던 절이 103승광별원이고 이어 중국 종남산 103운제사 근처에서 도를 닦았다. 신라 의상은 종남산 105지상사에 머물고 있는 지엄스님을 찾아갔다. 98진량사는 중국 섬서성에 있는 절로 신라 원광의 제자 원안이 머물렀던 절이다.

『삼국유사』가 파악한 인도의 사찰은 나란타사와 일왕사(一王寺)이다. 나란타사는 '101귀축제사'에 나오는 절로 신라 승려 아리나발마가 머물렀던 절이다. 일왕사는 '119진신수공'조에 나오는 절로 『지론』이란 책에 등장하는 절이다. '인도[계빈]의 삼장이 아란야법을 행하다가 일왕사에 이르러 대회를 설하였다'[454]에 등장하는 일왕사는 해석하기에 따라 '한 왕의 절'에 이르러 라고 할 수 있다. 이럴 경우 일왕사는 절 이름이 아니다.

5) 고려의 사찰, 32개

『삼국유사」에서 파악한 고려의 사찰은 총 33개다. 『삼국유사』의 삼국은 전고려, 백제, 신라를 말하는데 전고려 4개, 백제 8개인 것을 고려하면 고려의 33개는 두 나라에 비해 꽤 많은 편이다. 전고려, 백제, 가야, 중국, 인도 등의 절을 합친 것보다 많다. 『삼국유사』의 고려 사찰은

453 고려 태조가 세운 절로 같은 이름의 대흥사가 있다.(삼국유사 왕력)

454 『삼국유사』 진신수공: 昔有罽賓三藏 行阿蘭若法 至一王寺 寺設大會《大智度論》卷14〈1 序品〉:「譬如罽賓三藏比丘, 行阿蘭若法, 至一王寺, 寺設大會」(CBETA, T25, no. 1509, p. 165, a25-26)

「왕력」편 141태조 조에 집중적으로 나와 있다. 태조 왕건은 918년 철원에서 개국했다. 다음 해인 919년 철원에서 송악으로 천도한 이후 법왕사, 자운사, 왕륜사, 내제석사, 사나사, 대선원사[보제사], 신흥사, 문수사[455], 원통사, 지장사(개성) 등 10개의 절을 짓고 대흥사, 일월사, 외제석사, 신중원, 흥국사, 묘□사[456], 귀산사 등 7개의 절을 지었다. 나머지 16개의 절은 공덕대사, 국청사, 도선사, 돌백사, 만어사, 백암수, 빙산사, 신광사, 신효사, 자복사, 장유사, 정혜사, 지장사(팔공산), 해룡왕사, 현화사, 흥복사 등이다.

공덕대사와 자복사는 '57남부여전백제' 항목에 자복사에 보관되어 있는 휘장에 여주[부여]공덕대사란 절로 보인다. 국청사, 빙산사, 신광사, 신효사, 정혜사, 해룡왕사는 '82전후소장사리' 항목에 나오며 5백나한이 신광사에 모셔졌으며, 정혜사에는 대장경 1부를 보관하였고, 빙산사에 사리를 보관했었고, 1236년 신효사의 승려가 부처의 어금니를 예경하기를 청하였고, 부처의 어금니를 국청사의 금탑에 넣었고, 오월에서 대장경을 가져온 보요는 해룡왕사의 개산조이다.

도선사와 지장사는 '92천룡사' 항목에 나오는 절로 토지와 관련하여 비슬산의 도선사와 팔공산의 지장사로 나온다. 돌백사는 '114명랑신인'항목에 나오는 절로 광학, 대연과 관련된 절로 나온다. 만어사는 '87어산불영' 항목에 나오는 절로 고려 명종 때 세운 절이다. 장유사는 452년 세워진 왕후사보다 500년 뒤에 세워진 절이다. 이후 왕후사는 장유사의 전장(田莊)에 포함되어 폐사되었다. 500년 뒤면 952년이라 고려 사

455 신라 때 세운 절로 남산의 문수사와 오대산의 문수사가 있다.
456 고려시대 묘각사로 추정된다. 묘각사는 『삼국유사』 '전후소장사리' 항목에 충렬왕이 행차한 절로 나온다.

찰에 포함시켰다. 현화사는 '56김부대왕' 항목에 나오며 고려 신성왕후 이씨가 세운 원당이다. 신왕왕후는 신라 왕족출신이다. 흥복사는 '61순도조려' 항목에 나오는 절로 『삼국유사』는 전고려의 이불난사를 개성의 흥복사로 보는 것은 잘못이라고 하였다.

6) 신라의 사찰

『삼국유사』에 나오는 절의 총 개수는 207개다. 총 207개의 사찰 가운데 전고려는 4개, 백제는 8개, 가야는 2개, 신라는 152개, 고려는 32개, 중국은 7개, 인도는 2개 이다. 신라 절이 전체의 약 75.5%[457]를 차지한다. 전고려는 2%, 백제는 4%, 가야는 1%, 고려는 16.5%, 중국은 3.5%, 인도는 1%이다. 『삼국유사』가 『삼국사기』와 마찬가지로 신라 중심의 서술이기 때문에 전고려, 백제, 가야의 절이 적을 줄 예상은 했지만 전고려, 백제, 가야의 세 나라를 합쳐도 14개로 전체의 7%에 불과하다. 상대적으로 '삼국'의 유사를 서술한 『삼국유사』지만 전고려, 백제 두 나라보다 신라의 절과 고려의 절이 월등히 많은 것을 알 수 있다. 고려와 신라의 절을 합치면 32+152=184로 92%에 이른다.

『삼국유사』에 나오는 사찰이 현재 알려진 사찰의 어느 정도를 수록하고 있는지를 파악하기 위해서는 금석문자료 등 다른 자료에 소개된 현재까지의 사찰 현황을 파악하고 있어야 한다. 이 문제는 시간적 여유를 두고 진행하기고 하고 일단 진성규 · 이인철의 『신라의 불교사원』이란 선행연구에 기반하여 논의를 진행시키고자 한다. 이 책은 2002년 현재까지의 모든 자료에 나타난 신라 사찰을 검토하였다.

---

457 서술의 편의상 207개를 200개로 가정하고 계산하였다.

이 책에선 총 224개의 사찰을 검토하였다. 이 가운데 『삼국유사』에 나오는 신라 절은 132개다. 『삼국사기』에 나오는 절은 41개다. 『삼국유사』와 『삼국사기』에 같이 나오는 신라 사찰은 27개다. 『삼국유사』와 『삼국사기』에 나오는 절을 합하면 곧 132+(41-27)을 하면 146개다.[458]

『삼국유사』에 나오는 신라 사찰 132개는 총 224개의 절반을 조금 넘는다. 『삼국유사』에 나오지 않은 절들이 이렇게 많은 이유는 무엇일까. 『삼국유사』가 기록을 남기지 않았기 때문이기도 하지만 시기별, 지역별 편차가 보인다. 『삼국유사』는 신라 하대에 창건기록을 거의 남기지 않았다.

신라 중고의 선덕여왕의 경우 25개의 절을 창건하였는데 『삼국유사』는 23개의 절을 언급하였다. 『삼국사기』는 4개를 언급하였다. 신라 중대 경덕왕의 경우 총 26개의 절을 창건하였는데 『삼국유사』는 21개의 절을 언급하고 『삼국사기』는 4개의 절을 언급하였다. 그런데 진성여왕 때 14개의 절을 창건하였음에도 『삼국유사』는 양존사 하나만 언급되어있다. 오히려 『삼국사기』는 청량사와 석남사 2개를 기록하여 『삼국유사』 보다 많은 사찰 개수를 기록했다.

---

458 『신라의 불교 사원』이란 책에선 전체 224개의 사찰 가우데 『삼국사기』와 『삼국유사』에 나오는 사찰 개수를 따로 파악하지 않았다. 224개 사찰 가운데 『삼국사기』와 『삼국유사』에 나오는 사찰개수는 글쓴이가 따로 파악한 것이다. 한편 앞서 글쓴이가 파악한 『삼국유사』의 신라 사찰 개수는 152개였다. 132개와 비교하여 20개의 차이가 있지만 전체적인 경향을 파악하는 데는 문제가 없을 것으로 생각된다.

〈표 5〉 선덕여왕, 경덕왕, 진성여왕 때 사찰

	선덕여왕	삼국사기	삼국유사	경덕왕	삼국사기	삼국유사	진성여왕	삼국사기	삼국유사
1	석장사	x	0	무진사	x	x	양존사	x	0
2	법림사	x	0	민장사	x	0	청량사	0	x
3	금광사	x	0	피리사	x	0	영각사	x	x
4	분황사	0	0	염불사	x	0	원향사	x	x
5	영묘사	0	0	양미사	x	0	영신사	x	x
6	영미사	x	0	용장사	x	0	동림사	x	x
7	수원사	x	0	화엄사	x	0	보리담사	x	x
8	만선도량	x	0	원연사	0	x	송계선원	x	x
9	도중사	x	0	보림사	x	x	석남사	0	x
10	생의사	x	0	고달사	x	x	심원사	x	x
11	금곡사	x	0	굴불사	x	0	오대산사[459]	x	x
12	법류사	0	0	단속사	0	0	백성산사	x	x
13	효가원	x	0	양사	x	0	보원정사	x	x
14	기림사	x	0	유리광사	x	0	은강선원	x	x
15	황복사	0	0	백월산남사	x	0			
16	원령사	x	0	불국사	x	0			
17	통도사	x	0	석불사	x	0			
18	태화사	x	0	장수사	x	0			
19	정암사	x	0	미타사	x	0			
20	월정사	x	0	보리사	0	0			
21	청림사	x	x	법왕사	x	0			
22	초개사	x	0	경지사	x	0			
23	사라사	x	0	모지사	0	0			
24	부개사	x	0	금산사	x	0			
25	항사사	x	0	발연사	x	0			
26				길상사	x	0			

459 오대산사는 「해인사묘길상탑비」에 보인다. 오대산의 여러 절 가운데 하나로 추정되기도 하는데 『신라사원』(p.196)은 해인사 근처의 사원으로 파악하였다.

4. 사찰의 지역별 분포

진성규 · 이인철의 신라 사찰 지역별 사원색인에 근거하면[460] 총 196개의 사찰 가운데 경주 90개, 경북 24개, 경남 27개, 강원 20개, 경기 7개, 충남 6개, 충북 5개, 전북 5개, 전남 10개, 황해도 1개로 분포되어 있다.[461] 이 가운데 『삼국유사』에 나오는 절은 경주 76개, 경북 17개, 경남 16개, 강원 11개로 나오는데 그 외 경기서울 1개, 충남 0개, 충북 2개, 전북 1개, 전남 1개, 황해 0개이다.

〈표 6〉 지역별 사찰 개수는 진성규 · 이인철, 『신라의 불교사원』에 근거하여 정리

	경주	경북	경남	강원	서울 경기	충남	충북	전북	전남	황해	합계	미상
모든 신라 사찰	90	24	27	20	7	6	5	5	10	1	190	34
『삼국유사』 신라사찰	76	17	16	11	1	0	2	2	1	0	125	8

신라 사찰 가운데 『삼국유사』에 나오는 경기 1개는 장의사다. 장의사는 무열왕 때 죽은 장병들을 위해 세운 절이다. 충남이 0개가 된것은 『삼국유사』가 대통사를 법흥왕이 세운 신라 절로 파악하였기 때문이다. 대통사를 백제 절로 보면 충남은 1개로 늘어날 수 있다. 충북 2개는

460 성주사(오합사), 대통사, 화장사 등 사찰의 귀속국과 지역적 분포에 대해서 다른 의견을 갖고 있으나 지역적 분포 대상 사찰은 『신라의 불교사원』, pp.273-277의 주장에 따랐다.

461 박방룡, 「신라 왕경의 사찰조영」, 『미슬사학』13, 1999에서는 경주 지역의 203개의 사찰을 5개 지역으로 나누어 파악한 적이 있다. 경주중심 일원이 63개, 남산지역 96개, 동부지역 14개, 서부지역 11개, 북부 지역 19개소로 보았다.

길상사와 정토사이다. 길상사는 진표의 제자 영심이 속리산에 세운 절이다. 정토사는 조신이 세운 절로 『불교사원』(174쪽)은 현재 충북 중원의 정토사로 추정하고 있다.[462] 전북 2개는 금산사와 백암수다.[463] 금산사는 백제 때 세운 절일 가능성도 있지만 신라 절로 파악하고 있다. 글쓴이도 신라 절에 가깝다고 생각한다. 백암수는 '94백엄사석탑사리'항목에 나오며 남원에 있었던 절로 신탁화상이 머물렀던 절이다.

『삼국유사』에 기록하고 있는 사찰은 신라 사찰이 압도적으로 많은 것에서 알 수 있듯이 통일이전 신라의 영토였던 경주와 경상도 그리고 강원도를 중심으로 많은 기록을 남기고 있다. 옛 백제 지역이었던 충청도와 전라도 지역은 통일 이후 지은 사찰이 5개에 불과하다. 이는 『삼국유사』의 시기별 사찰 수에서 본 바와 같이 신라 하대로 갈수록 사찰 기록이 줄어드는데 이때는 선종 등의 보급으로 지방으로 불교가 확산되는 시기였다. 선종사원의 상당수가 전라도나 충청도에 세워졌는데 이 기록이 누락됨으로써 이런 결과가 나온 것으로 생각된다.[464]

그럼에도 불구하고 옛 백제지역인 충청, 전라 지역에 신라 통일 이후 새로 지은 절이 적은 것은 신라의 이 지역에 대한 통치성격에 대하여 많은 시사점을 준다. 신라는 백제를 점령한 이후 이 지역의 민심을 수습하는 차원에서 신라 중대에 제법 절을 지었을 것으로 생각되었는데

---

462 『삼국유사』의 '86낙산이대성 관음조신'조를 보면 조신의 정토사는 충북 중원의 정토사가 아닐 가능성도 높다.

463 『신라의 불교사원』은 전북의 경우 금산사만 신라의 사찰로 언급했지만 남원의 백암수도 있다. 또 보덕의 제자들이 세운 8개의 절은 신라시대 창건되었을 가능성이 높으며 이 가운데 상당수는 전북에 세워졌을 것이다.

464 소위 선종 9산선문에 해당되는 절은 광조사, 굴산사, 보림사, 봉림사, 봉암사, 성주사, 실상사, 태안사, 흥녕사 등인데 이 가운데 『삼국유사』에 나오는 절은 굴산사 1개다.

사실은 그렇지 않았다. 기존의 백제 절을 그대로 이어 받은 가능성도 높지만 이 지역에 대한 신라의 사상사적 노력이 적었을 수도 있다.

『삼국유사』 찬자 즉 일연의 입장에서 사찰의 지역편중 결과를 설명할 수도 있다. 일연은 경상북도에 23년, 경상남도에 7년, 강원도에 9년, 전라남도에 10년, 경기도에 5~6년을 살았다.[465] 오래 머무른 지역일수록 사찰의 지역적 편중도 심했다. 경주가 76개, 경북이 17개[466], 경남이 16개, 강원이 11개였다. 그런데 전라남도에 10년간 머물렀음에도 1개의 절만 수록한 것은 의외다. 물론 전남에서의 10년에는 9~14세까지 어린 시절이 포함되어 있다. 나머지 5년은 51세부터 56세기까지다.

5. 『삼국사기』와 『삼국유사』의 사찰 분포 비교

먼저 『삼국사기』에 나오는 사찰 수를 나라별로 제시하면 다음과 같다.

〈표 7〉 『삼국사기』에 나오는 사찰의 나라별 분포

전고려 4	금강사, 반룡사, 이불란사, 초문사
백제 8	대관사, 도양사, 미륵사[467], 백석사, 오함사, 왕흥사, 천왕사, 칠악사

465 정구복, 「일연과 삼국유사」, 『한국중세사학사』, 1999, 집문당, pp.289-290.

466 일연은 73세부터 5년간 청도 운문사 주지로 있었다. '98원광서학'에는 청도에 있는 절로 가슬갑사, 작갑사(대작갑사), 소작갑사, 소보갑사, 천문갑사, 가서갑사 등 6개를 들고 있다.

467 신라 성덕왕 때 미륵사에 벼락이 쳤다는 내용으로 한 차례 보인다. 『삼국사기』 신라본기 성덕왕 18년, "秋九月, 震金馬郡彌勒寺". 백제 멸망 후의 기록이지만 백제

신라 41	가실사, 감은사, 기원사, 단속사, 담암사, 만흥사, 망덕사, 모지사, 미리사, 발삽사, 법류사, 법정사, 벽사, 보리사, 봉덕사, 봉성사, 봉은사, 부석사, 분황사, 사자사, 사천왕사, 삼랑사, 석남사, 세달사(흥교사), 실제사, 쌍계사, 안양사, 애공사, 영경사, 영묘사, 영흥사, 원연사, 이거사, 임천사(천림사), 장의사, 청량사, 취선사, 해인사, 황룡사, 황복사, 흥륜사
고려 1	불일사

『삼국유사』의 나라별 사찰 수를 비교해 보았는데, 이를 『삼국사기』와 비교하면 어떻게 나올까? 『삼국유사』의 총 사찰 수는 207개이고 그 가운데 전고려 4개, 백제 8개, 신라 152개, 고려 32개, 가야 2개, 중국 7개, 인도 2개다. 『삼국사기』의 총 사찰 수는 54개이고 그 가운데 전고려가 4개, 백제가 8개, 신라 41개, 고려 1개다. 일반적으로 『삼국사기』가 『삼국유사』보다 불교관련 사찰을 적게 기록했을 거라고 생각되지만 전고려와 백제의 경우 4개와 8개로 같다. 전체 비율로 보면 오히려 전고려와 백제의 경우 『삼국유사』보다 더 많은 개수다.

〈표 8〉 『삼국사기』와 『삼국유사』의 나라별 사찰 개수 비교

	전고려	백제	신라	가야	고려	중국	인도	합계
『삼국사기』	4	8	41	0	1	0	0	54
『삼국유사』	4	8	152	2	32	7	2	207

삼국의 사찰 비교가 신라의 경우 통일신라까지 포함되었기 때문에 상대적으로 전고려나 백제에 비해 신라의 절이 많이 나왔을 수도 있다. 그렇다면 신라의 통일이전 사찰의 개수는 어떠할까?

금마의 미륵사를 말하는 것이 확실하므로 백제 절로 파악하였다.

〈표 9〉『삼국사기』와 『삼국사기』 가운데 통일이전 삼국의 사찰과 개수

	전고려	백제	신라(중고)
삼국사기	금강사, 반룡사, 이불란사, 초문사, 4	대관사, 도양사, 미륵사, 백석사, 오합사, 왕흥사, 천황사, 칠악사, 8	영흥사, 흥륜사, 기원사, 실제사, 애공사, 황룡사, 영경사, 삼랑사, 가실사, 분황사, 영묘사, 법류사, 황복사, 13
삼국유사	반룡사, 영탑사, 이불란사, 초문사, 4	미륵사, 사자사, 수덕사, 수원사, 오합사, 왕흥사, 호암사, 경복사, 8	영흥사, 자추사, 흥륜사, 동축사, 실제사, 애공사, 황룡사, 신원사, 천주사, 동천사, 안흥사, 대승사, 삼랑사, 가실사, 혜숙사, 석장사, 법림사, 금광사, 분황사, 영묘사, 영미사, 수원사, 도중사, 생의사, 금곡사, 법류사, 효가원, 기림사, 황복사, 원령사, 통도사, 태화사, 정암사, 월정사, 초개사, 사라사, 부개사, 항사사, 수다사, 압유사, 40

『삼국사기』의 나라별 사찰 분포는 전고려가 4개, 백제가 8개, 신라가 13개다. 전고려와 백제의 사찰 수를 더한 12개와 신라의 13개는 1개 차이밖에 나지 않는다. 반면 『삼국유사』는 전고려 4개, 백제 8개이지만 신라는 40개로 전고려와 백제의 사찰 수와 비교할 때 3배 이상 많게 나타나고 있다. 사찰의 나라별 분포편차가 『삼국사기』보다 『삼국유사』가 심함을 알 수 있다. 참고로 『삼국사기』에만 나오는 절, 『삼국사기』에만 나오는 절, 『삼국사기』와 『삼국유사』에 공통적으로 나오는 절을 제시하면 다음과 같다.

〈표 10〉 『삼국사기』와 『삼국유사』의 사찰 가운데 공통유무

	『삼국사기』 에만	『삼국유사』에만 나오는 절	둘 공통
전고려	금강사, 1	영탑사, 1	반룡사, 이불란사, 초문사, 3
백제	대관사, 도양사, 백석사, 칠악사, 4	사자사, 수덕사, 수원사, 호암사, 경복사, 5	미륵사, 오합사, 왕홍사, 3
신라	기원사, 만홍사, 발삽사, 법정사, 벽사, 석남사, 쌍계사, 안양사, 영경사, 원연사, 이거사, 임천사, 이거사, 임천사, 청량사, 15	갈항사, 감산사, 개원사, 경지사, 곡사, 고선사, 골암사, 구원사, 굴불사, 굴산사, 금강사, 金剛社, 금곡사, 금강사, 금동사, 금산사, 기림사, 길상사, 낙산사, 남간사, 남항사, 대승사(2), 대원사, 대통사, 도량사, 도림사, 도중사, 동천사, 동축사, 동화사, 망덕사, 무장사, 문수사, 문수社, 미타사, 미탄사, 민장사, 반고사, 반향사, 발연사, 백련社, 백암수, 백엄선사, 백월산남사, 범어사, 법림사, 법수사, 법왕사, 법적방, 보리사, 부개사, 불국사, 불무사, 불사의방, 비마라사, 사라사, 삼기산사, 생의사, 석가사, 석불사, 석장사, 소보갑사, 소작갑사, 송화방, 수다사, 수정社, 신원사, 안흥사, 압유사, 양관사, 양사, 양존사, 양피사, 연구사, 염불사, 영미사, 영산사, 영취사, 옥천사, 왕망사, 용장사, 원령사, 원원사, 원통社, 월정사, 유덕사, 유리광사, 유마사, 인용사, 자추사, 작갑사, 장수사, 정암사, 정토사, 주석원, 중대사, 중생사, 진구사, 진여원, 창림사, 천관사, 천룡사, 천문갑, 천엄사, 천은사, 천주사, 청룡지사, 초개사, 총지암, 태화사, 통도사, 피리사, 항사사, 혁목사, 혈사, 혜숙사, 호원사, 홍효사, 화엄사, 화엄社, 화장사, 황성사, 효가원, 효명암, 125	가슬갑사, 감은사, 단속사, 담암사, 망덕사, 모지사, 미리사, 법류사, 보리사, 봉덕사, 봉성사, 봉은사, 부석사, 분황사, 사자사, 사천왕사, 삼랑사, 세달사, 실제사, 애공사, 영묘사, 영흥사, 장의사, 취선사, 해인사, 황룡사, 황복사, 흥륜사, 28
가야	0	왕후사, 호계사, 2	0

	『삼국사기』에만	『삼국유사』에만 나오는 절	둘 공통
고려	불일사, 1	공덕대사, 국청사, 귀산사, 내제석사, 대선원사, 대흥사, 도선사, 돌백사, 만여사, 묘□사, 문수사, 법왕사, 빙산사, 사나사, 신광사, 신중원, 신효사, 신흥사, 왕륜사, 외제석사, 원통사, 일원사, 자복사, 자운사, 장유사, 정혜사, 지장사(2), 해룡왕사, 현화사, 흥국사, 흥복사, 32	0
중국	0	개국사, 대흥사, 숭복사, 승광별원, 운제사, 지상사, 진량사, 7	0
인도	0	나란타사, 일왕사, 2	0
합계			

『삼국사기』에만 나오는 사찰은 전고려 1개, 백제 4개, 신라 15개, 가야 0개, 고려 1개, 중국 0개, 인도 0개 총 21개다. 『삼국유사』에만 나오는 사찰은 전고려 1개, 백제 5개, 신라 124개, 가야 2개, 고려 33개, 중국 7개, 인도 2개 총 174개이다. 『삼국사기』와 『삼국유사』에 공통적으로 보이는 사찰은 전고려 3개, 백제 3개, 신라 28개, 가야 0개, 고려 0개, 중국 0개, 인도 0개다. 『삼국사기』는 말 그대로 '삼국'시대만 다뤘다면 『삼국유사』는 물론 고려시대의 사찰을 상당수 싣고 있어 고려시대까지 포함하는 당대사(當代史)의 성격을 갖고 있음을 알 수 있다. 향후 『삼국사기』에만 실린 절의 성격과 『삼국유사』에만 실린 절의 성격도 고찰할 필요가 있다.

6. 맺음말

『삼국유사』에 나오는 모든 사찰의 몇 가지 분포 상황을 살펴보았다. 먼저 『삼국유사』에 나오는 사찰의 개수를 확정하는 게 문제였다. 글쓴이는 207개로 확정하였다. 사(寺), 원(院), 수(藪), 사(社), 암(庵, 岩), 방(房)을 개수에 포함시켰다.

『삼국유사』의 신라 사찰은 152개, 전고려는 4개, 백제는 8개, 가야 2개, 고려 32개, 중국 7개, 인도 2개 등이다. 전고려와 백제의 경우 적다고 예상은 했지만 신라와 비교하여 상대적으로 매우 적었다. 신라 사찰의 경우 중고, 중대, 하대를 거치면서 사찰 수가 증가했지만 『삼국유사』는 하대로 접어들어 오히려 사찰 수가 현저히 줄어들었다. 『삼국유사』에 선종관련 기록이 누락되어있는데 신라하대 세워진 선종 관련 사찰이 실리지 않은 게 사찰 수의 감소를 가져 온 것 같다.

지역별 분포는 여건 상 신라 사찰만을 대상으로 하였다. 경주, 경상도, 강원도는 사찰이 몰려있지만 전라도와 충청도는 상대적으로 적었다. 이 또한 이 지역에서 유행했던 선종관련 사찰의 누락과 관련이 있을 것이다. 통일 이후 신라가 백제 지역에 새로 절을 세우지 않았을 가능성도 있고 일연의 행적과도 관련이 있었다.

마지막으로 『삼국사기』와 『삼국유사』의 사찰분포를 비교해 보았다. 『삼국사기』의 사찰 수는 54개였다. 신라가 41개, 전고려가 4개, 백제가 8개였다. 『삼국사기』에 나오는 전고려와 백제의 사찰이 적을 거라고 생각했는데 『삼국유사』의 전고려와 백제의 사찰의 개수와 같은 점도 인상적이었다.

『삼국유사』의 사찰 분포를 나라별, 지역별로 살펴보고 『삼국사기』와 간단한 비교를 해 보았다. 그렇지만 나라별, 지역별 분포와 『삼국사기』와의 비교는 기본 중의 기본이다. 아쉬운 점은 사찰의 사상적 신앙적 분포, 인물과 사찰의 분포 등등도 검토해야 함에도 이 부분을 다루지 못했다. 다음 기회를 기약해 본다.

제3부

주체와 의례

제1장

『삼국유사』의 은사와 일사

— 「避隱」편과 관련하여 —

고영섭

1. 풀어내는 말

붓다는 '중도'를 깨친 각자(覺者)와 '연기'를 발견한 견자(見者)로서 영원한 대자유인의 삶을 살았다. 그는 우리에게 '중도 연기' 즉 중도적 삶과 연기적 앎을 권해 왔다. 하지만 우리는 여전히 중도에 대한 무지에서 비롯된 '불만족의 삶'과 연기에 대한 무명에서 비롯된 '불안정의 앎'으로 고통스러운 일상을 살고 있다. 어떻게 해야 우리는 이같은 불만족의 삶과 불안정의 앎에서 벗어날 수 있을까?

붓다는 사성제의 이해와 팔정도의 실천을 통해 존재에 대한 안정의 앎과 현실에 대한 만족의 삶의 통로를 열어주었다. 고통의 굴레에서 벗어나는 해탈의 길과 영원히 자유로운 걸림 없는 열반의 길은 서로 이어진다. 해탈은 우리의 앎을 자유롭게 해주고, 열반은 우리의 삶을 자재롭게 해주기 때문이다. 인각 일연(麟角 一然, 1206~1296)은 『삼국유사』 「피은」편에서 피함[避]과 숨음[隱]의 이름 아래 도피(逃避)하고 은닉(隱匿)한 선비들과 승려들에 대해 다루고 있다.

이들은 바깥으로 이름을 밝히기를 꺼려하면서 걸림 없이 자유로운 삶을 사는 '은사'(隱士)이다. 동시에 자신을 바깥으로 드러내지 못하고 숨기지 않으면 안 될 무엇인가의 의도를 갖고 '숨어서 사는 '일사'(逸士)이다. 일연은 '출사'(出仕) 즉 벼슬을 해서 관아(官衙)에 나가 얻는 명예보다 '출가'(出家) 즉 집안을 나가 '세상을 피해 숨어[隱逸] 닦는 구도'를 더 높게 평가하였다. 불교에서는 이들을 '수행자' 즉 몸과 마음을 닦는 승려(거사)라고 불렀다. 유교에서는 이들을 '유일지사'(遺逸之士) 즉 벼슬을 버리고 숲으로 달아난 선비(처사)라고 불렀다.[468]

일연은 『삼국유사』 「피은」편의 10개 조목에서 '은사 일사의 피세은거'(避世隱居)에 대해 실었다. 그리고 이외의 나머지 편들에서도 은사 일사로서의 삶을 기술하고 있다.[469] 종래에 『삼국유사』 「피은」편에 대한 선행연구[470]는 주로 10개 조목에 담긴 내용과 의미에 대해 구명해 왔다. 하지만 대부분의 연구는 주로 삼대 고승전과 「피은」편의 관계 및 「피

468 高榮燮 『삼국유사 인문학 유행』, 서울: 박문사, 2015, p.639.

469 高榮燮, 「『삼국유사』의 고승과 성사 이해」, 『한국불교사연구』 제13호, 한국불교사학회 한국불교사연구소, 2018.6. 논자는 일연이 高僧 즉 聖師의 범주를 ① 은사 일사로서의 삶, ② 풍류 도인으로서의 삶, ③ 국사 왕사로서의 삶으로 나눠보았다고 파악하였다. 은사와 일사는 고승 즉 성사의 범주에서 살펴볼 수 있을 것이다.

470 宋孝燮, 「삼국유사 피은편의 문화 기호학적 이해」, 『비교민속학』 제11집, 비교민속학회, 1994; 金秀炫, 「삼국유사 피은편의 검토」, 『동국사학』 제40집, 동국사학회, 2004; 김나영, 「삼국유사 피은편의 이해」, 『돈암어문학』 제21집, 돈암어문학회, 2008; 김상현, 「『삼국유사』 피은편의 의미」; 朱甫暾, 「『삼국유사』 '염불사'조의 음미」; 박윤진, 「『삼국유사』 피은편의 의미와 '영여사' · '포천산 오비구'」; 곽승훈, 「연회의 보현관행과 피은」; 『신라문화선양회논문집』, 신라문화선양회, 2012; 김수태, 「『삼국유사』 피은편의 저술과 일연」, 『신라문화』 제49집, 2017.2;

은」편에 실린 은사 일사로서의 측면과 개별 조목의 은사와 일사와 「피은」편의 상통성에 대해 논구해 왔다. 이 글에서는 『삼국유사』(5권 9편 138조목)에 실린 은사와 일사의 전수(全數) 조사 아래 「피은」과 「피은」 이외의 편목에 실린 은사와 일사의 삶과 의미에 대해 함께 살펴보고자 한다.

2. 숨음과 드러남 혹은 물러남과 나아감

일연은 고승 중에서 특히 '성사'(聖師) 즉 '성승'(聖僧)에 대한 인식에 대해 남달랐던 것으로 이해된다. 그는 지혜와 학덕이 뛰어나 길이길이 우러러 받들어 본받을 만한 스승인 성인 즉 성사에 대해 말을 아꼈다. 일연은 명랑(明朗)과 연회(緣會)를 '고승'으로, 보덕(普德), 자장(慈藏), 원효(元曉), 지통(智通), 관기(觀機), 도성(道成), 표훈(表訓)을 '성사'로 기술하고 있으며[471], 노힐부득(努肹夫得)과 달달박박(怛怛朴朴)에 대해서도 성사[472]라고 일컫고 있다. 더할 수 없이 뛰어난 스승인 성사는 일상의 격을 분연히 넘어선 '은자'(隱者) 즉 벼슬하지 않고 속세를 떠나 숨어 사는 사람인 '은사'(隱士) 또는 '일사'(逸士) 혹은 '은인'(隱人)과 맥이 닿아있다.

일연은 이들에 대해 고승, 성사, 대사/대덕장로/ 사/승(釋)/사문, 법사/화상, 선사/율사 등 다양한 호칭을 사용하고 있다. '고승'은 학덕과 지위가 높은 승려라는 점에서 '성사'와 같은 격에 있다고 볼 수 있다.[473]

471 一然, 『三國遺事』 제5권 「避隱」 제8, '包山二聖'.

472 高榮燮, 「『삼국유사』의 고승과 성사 이해」, 『한국불교사연구』 제13호, 한국불교사학회 한국불교사연구소, 2018.6.

473 高榮燮, 「『삼국유사』의 고승과 성사 이해」, 『한국불교사연구』 제13호, 한국불교

또 일연은 성사인 관기와 도성이 머물던 포산(비슬산)에 남은 기록에 따라 반사(搬師), 첩사(楪師), 도의(道義), 자양(子陽), 성범(成梵), 금물녀(金物女), 백우사(白牛師), 신림(神琳) 등도 성사로 부르고 있으며, 흥륜사 금당 십성에 오른 아도(我道), 염촉(猒髑), 혜숙(惠宿), 자장, 원효, 안함(安含), 의상(義湘), 혜공(惠空), 사파(蛇巴), 표훈도 성사[474]로 부르고 있다.

『삼국유사』의 여러 편목 중에서 특히 「피은」편[475]은 숨음과 드러남 혹은 물러남과 나아감의 삶을 살았던 은사들을 발굴하여 기술하고 있다. 그런데 이 「피은」편은 혜교의 『고승전』의 「망신」(亡身), 도선의 『속고승전』의 「유신」(遺身), 찬녕의 『송고승전』의 「유신」편을 의식하거나 계승한 편명으로도 이해할 수 있다. 본래 '유신'에 세상을 피해 은거한다는 의미가 있고, '유신'이 꼭 죽어야만 이룰 수 있는 덕목이 아니라는 점에서 그러하다.

혜교의 「망신」편에서는 소신(燒身)의 사례가 많고 거의 대부분 그로 인해 사망한다. 이것에 견주어 보면, 도선의 「유신」편과 찬녕의 「유신」편은 소신 외에 사신(捨身) 등 점차 다른 방법의 죽음이 보이고 있으며 실제 죽음에 이르지 않은 경우도 수록하고 있기 때문이다. 이를 통해 '망신'·'유신' 모두 꼭 죽어야만 이룰 수 있는 행위가 아니라 자신의 해탈이나 불법을 위해 목숨을 내놓을 수 있는 마음을 가졌다는 것을 중요하게 여겼다. 이러한 마음가짐으로 평소에 실천하는 것이 은거 속

사학회 한국불교사연구소, 2018.6.

474 一然, 『三國遺事』 제3권 「興法」 제3, '東京 興輪寺 金堂 十聖'.

475 閔泳珪, 「삼국유사」, 동아일보사, 『한국의 古典百選』; 金秀炫, 앞의 논문, p.124. 「避隱」이라는 편목은 다른 어떤 사서나 고승전 등에서도 보이지 않는다는 점에서 찬자의 독창성이 돋보인다. 「避隱」편은 『後漢書』 열전의 「遺逸」篇, 『梁高僧傳』 「亡身」篇, 『당고승전』의 「遺身」篇, 『송고승전』의 「遺身」篇에 상응하고 있다.

에서 행하는 수행이었고, 실제 고승전의 「망신」·「유신」편에 실려 있는 승려들 다수는 고행(苦行)과 두타행(頭陀行) 등의 생활을 유지하고 있었다.[476]

그런데 '망신'(亡身)은 반드시 죽는 것이나 죽어야 하는 것이 아니고 불법을 구하는 데에 간절하여 '몸으로 인해 지니게 되는 욕망을 잊다'[477] 혹은 '몸의 안전을 잊었다'는 의미[478]로도 쓰이고 있다. '유신'(遺身) 또한 '번뇌의 몸을 버리고 금강석 같은 몸으로 바꾸는 것'이라는 의미에서 '사신'(捨身)과도 의미가 통하며, '세상을 피해 은거한다'[479]는 의미도 있다. 불교 전통에서 '사신'(捨身)은 '보시의 일종'[480]으로 이해되었으며, 사신은 붓다가 전생 시절에 백 천 가지의 고행을 닦으며 신명(身命)·육혈(肉血)·골수(骨髓)를 버린 전례처럼 '보살의 고행'[481]을 가리키기도 한다.

그런데 중국 고승전의 '망신'의 사례는 백제 혜현과 신라의 진표의 경우에서 찾아볼 수 있다. 혜현은 대중이 있으면 불경을 강론하고 없

476 박윤진, 앞의 글, 앞의 책, pp.69-84. 『梁高僧傳』「亡身」篇에 입전된 11명 중 7명이 燒身하고 있으며, 나머지는 속세의 일을 끊었거나, 청빈으로 수절하고 蔬食·誦經하며, 정진하고 고행하며, 범행을 청정하게 닦고, 스스로 두타행을 하거나, 두타행을 하는 이를 스승으로 섬겼다. 『당고승전』의 「遺身」篇에 입전된 12명과 附傳된 2명은 燃指하거나 捨身하고 있다. 이 편의 9명은 좌선, 두타행, 예참을 통해 捨身행을 하고 있다. 『송고승전』의 「遺身」篇에 입전된 22명도 焚身하고 亡身하고 遺身하지만 목숨을 내놓을 마음을 가졌을 뿐 실제로 죽지는 않는 이들이 대부분이다.

477 慧皎, 『高僧傳』 권12, 「譯經」, 釋寶雲.

478 一然, 『三國遺事』 권3, 「塔像」 제4, '前後所將舍利'.

479 漢語大詞典편집위원회, 『漢語大詞典』 권10, '遺身'(중국 북경: 한어대사전출판사, 1992), p.1194.

480 贊寧, 『宋高僧傳』 序, 「遺身」 제7; 佛光大藏經편수위원회, 『불광대사전』, '捨身'(대만 고웅: 불광출판사, 1988), p.4591.

481 『金光明經』 권4, 「捨身品」; 『金光明最勝王經』 권4, 「捨身品」.

으면 『법화경』을 지송하였다. 만년에는 번잡한 것을 싫어하여 마침내 강남의 달나산(전남 영암)[482]으로 가서 조용히 앉아 번뇌를 잊기를 구하였다. 산 중에서 죽자 동학들이 시신을 메어다가 석실 안에 두었더니 호랑이가 와서 다 먹고 오직 해골과 혀만 남겨 놓았다. 그런데 겨울과 여름이 세 번이나 지나가도 혀는 오히려 붉고 부드러웠다. 그 뒤 검붉게 변하면서 굳더니 돌과 같이 되었고 전한다.

통일신라의 진표는 자신의 몸을 희생하는 망신참법인 탑참법(塔懺法, 『점찰경』)과 박참법(撲懺法, 『사리불문경』)으로 수행하였다.[483] 이와 달리 다수의 고승들은 '망신' 혹은 '유신' 또는 '사신'의 변용인 '피세'(避世) 혹은 '은거'(隱居)의 방식으로 수행을 한 것으로 보인다. 이것은 경덕왕 이래 자리를 잡은 유교 『효경』(1장)의 '신체발부(身體髮膚) 수지부모(受持父母), 불감훼상(不敢毁傷) 효지시야(孝之始也)'의 전통 때문으로 볼 수 있을 것이다. 『삼국유사』 「피은」의 편명 속에는 삼국시대 이래 피세하고 은거한 승려와 선비의 살림살이와 사고방식을 담고 있다. 이들 대부분은 이름을 숨기고 지위를 버리고 산속에 들어와 살았다. 이들에 대한 기술에는 해탈의 앎과 열반의 삶을 꿈꾸었던 일연 자신의 '성사 인식' 즉 '은사 인식'이 깊이 투영되어 있다고 할 수 있다.[484]

은사(隱士)는 벼슬하지 않고 숨은 선비를 가리킨다. 일사(逸士)는 세상을 등지고 사는 선비를 일컫는다. 이들은 벼슬하지 않고 세상을 등

482 백제의 혜현이 옮겨간 '달나산'은 한자를 쓰지 않던 시절에 '달이 나온(뜨는) 산'이라는 의미를 한자를 빌어 표기한 전남 영암의 '월출산'을 가리킨다. 일부에서는 강남의 달나무가 우거진 경남 함양의 달나산(1245미터)으로 보기도 한다.

483 一然, 『三國遺事』 권4, 「義解」 제5, '眞表傳簡'.

484 高榮燮, 「『삼국유사』의 고승과 성사 이해」, 『한국불교사연구』 제13호, 한국불교사학회 한국불교사연구소, 2018.6.

지고 사는 선비(처사)와 승려(거사)라는 점에서 '은일사'로 일컫기도 한다. 그렇다면 이들은 왜 '피은'(避隱)의 삶을 추구했을까? 그리고 이러한 '피세'(避世/逃世)의 삶은 어떠한 의미가 있을까? 여기에서는 『삼국유사』 전체 편명과의 관계 속에서 「피은」편에 대해 살펴보기로 하자.

〈표 1〉 『삼국유사』의 체재와 구성 및 주제

권차	편명	주제	조목
제1권	王曆	역대 왕의 출생, 즉위, 치세를 중국 연대와 비교 서술	중국_4국
	紀異 1	고조선 이래 삼한, 부여, 고구려, 신라 등 국가의 흥망성쇠, 전설 기록	36
제2권	紀異 2	문무왕부터 경순왕까지의 신라 및 백제 · 후백제 · 가락국의 기록	23
제3권	興法 제3	삼국의 불교 전래 과정과 고승들의 행적	7[485]
	塔像 제4	사찰 기록과 불탑과 불상의 유래	30
제4권	義解 제5	원광 등 신라 고승들의 전기	14
제5권	神呪 제6	밀교 신승들의 사적 수록	3
	感通 제7	지극히 행하여 감응을 얻은 고승 및 왕과 화랑의 이야기들	10
	避隱 제8	은사 일사 고승과 풍류인의 전기 10편 수록	10
	孝善 제9	불교적 선행과 부모에 대한 효도에 대한 미담 수록	5
총5권	9편		138조목

『삼국유사』 5권 9편 138조목은 복합적이며 종합적인 구성과 주제를 보여준다. 일연은 『삼국유사』의 구성과 내용 즉 권차와 편차 및 목차를 통해 이 텍스트가 지닌 독특한 특징을 보여주고 있다. 그는 권차와 편차에 이어 시인의 안목으로 독자적인 조목 이름들을 붙이고 있다.

485 一然, 『三國遺事』 권3, 「興法」 제3, '東京 興輪寺 金堂 十聖'의 그 구성과 내용에 따라 논자는 「興法」편의 조목으로 보았다.

'순도조려', '난타벽제', '아도기라', '원종흥법 염촉멸신', '법왕금살', '보장봉로 보덕이암', '원광서학', '자장정율', '이혜동진', '원효불기', '의상전교' 등과 같이 인명들에 대해 붙인 조목 이름은 해당 인물의 '특징' 혹은 '가풍'을 잘 담아내고 있다.[486]

역대 왕의 출생, 즉위, 치세를 중국 연대와 비교하여 서술한 연표인 「왕력」, 통일 이전 국가의 흥망성쇠를 기록한 「기이」1, 통일 이후 신라, 백제, 후백제, 가야국을 기록한 「기이」2는 매우 독자적인 구성을 보여주고 있다. 또 이어지는 「흥법」, 「탑상」, 「의해」, 「감통」은 불교적 편명과 불교적 내용을 보여주고 있다. 이와 달리 「신주」, 「피은」, 「효선」에는 불교와 비불교적 내용을 동시에 담아내고 있다. 그리고 이들 편명 중 특히 「피은」과 「효선」은 일연이 직면한 현실과의 긴밀한 관계도 보여주고 있다.

일연은 노년에 접어들자 평소에 노모의 봉양이 마음에 크게 쓰여 개경의 생활을 청산하고 낙향하고자 하였다. 그가 국사의 자리를 마다하자 충렬왕은 일연이 마지막 안식처로 삼았던 경북 군위군 고로면 화북리에 있는 작은 인각사를 하산소로 삼게 하였다. 인각사는 절 앞에 흐르는 냇가 벽의 붉은 기린 형상에서 유래하였다. 일연은 노모가 타계하자 인각사 뒷산에 묘지를 조성해 모셨으며, 그 또한 이곳에서 입적하였다.

평소에 일연은 늘 변방의 외딴 사찰들인 포산 보당암, 묘문암, 무주

486 조목 이름에 「기이」의 '高句麗'와 「탑상」의 '高麗 靈塔寺'처럼 나라이름이 통일되어 있지 않아 일연 한 사람이 조목 이름을 지었다고 볼 수 있는가라는 반문이 있을 수 있다. 아마도 이것은 일연이 조목명의 나라 이름을 모두 '고구려'로 확정해 두었으나 뒤에 元나라 干涉期의 상황을 반영해 당시 제자 混丘 혹은 다른 인물이 '고구려'를 '고려'로 수정해 판각한 것이 아닐까 추정해 보게 된다.

난야, 남해 정림사, 강화 선월사(禪月寺, 1261~1264)[487], 영일 오어사, 달성 비슬산 인홍사(인흥사), 달성 비슬산 동쪽 용천사(불일사), 청도 운문사로 주석처를 옮겨가며 주석하였다. 그는 몽골과의 전란이 한창인 1236~1249년 즉 31세~44세에 포산(비슬산)에 은둔한 적이 있다. 당시 그는 참전보다 은둔의 길을 택한 것으로 짐작된다. 어느 날 일연은 『화엄경』「보현행원품」의 "중생의 세계가 줄어들지 않고[生界不減] 부처의 세계가 늘어나지 않는다[佛界不增]"[488]는 대목을 참구하다 깨달음을 얻고 포산을 나와 남해 정림사에 주석하였다.

이후 일연은 포산 시기와 달리 적극적으로 포교하고 나라 일도 맡게 되었다. 이러한 측면이 『삼국유사』의 여러 편목에 반영되어 있다. 「피은」 편목은 그가 개경에 머물며 국사의 소임을 보다가 자리를 사양하고 군위 인각사로 하산처를 삼은 일종의 '피세'(避世) 행위와도 상통한다.[489] 만년에 이른 일연의 피세 이유 또한 노모의 봉양이었다. 이렇게 보면 피세은거한 살림살이를 담아낸 「피은」(10개 조목)과 효행과 선행의 통로를 모색하는 「효선」(5개 조목)은 긴밀한 상관성을 지니는 편이라고 할 수 있다.

이러한 일연의 피세 의식과 피세 행위는 『삼국유사』의 「피은」과 「효선」에 잘 반영되어 있다. 그는 고려 후기의 몽골 침입으로 국토가

487 閔漬, 「普覺國師碑銘」, 이지관 편, 『교감역주 역대고승비문: 고려편 4』, 서울: 가산문고, 1997. "承詔赴京, 住禪月寺." 그는 元宗의 부름을 받고 이곳에 머무르면 설법을 하고 知訥의 선법을 계승하였다.

488 實叉難陀 譯, 『大方廣佛華嚴經』「普賢行願品」; 澄觀, 『大方廣佛華嚴經隨疏演義鈔』 권제2(『대정장』 제35책, p.513상), "故說生界佛界不增不減; 澄觀, 『大方廣佛華嚴經隨疏演義鈔』 권제1권(『대정장』 제35책, p.509), "生界不減 佛界不增."

489 閔漬, 「普覺國師碑銘」, 이지관 편, 『교감역주 역대고승비문: 고려편 4』, 서울: 가산문고, 1997.

폐허가 된 현실을 바라보며 『삼국유사』를 찬술하면서 고대 사국과 남북국 시대의 고승과 성사로서 은사 일사, 풍류 도인, 국사 왕사의 모습을 소환하고 호명하고 싶었던 것으로 짐작된다. 그리하여 일연은 은사 일사로서의 삶, 풍류 도인으로서의 삶, 왕사 국사로서의 삶의 모습을 통해 문화 영웅과 사회적 리더로서의 승려상[490]을 세우고자 하였다.[491] 그가 『삼국유사』 곳곳에서 '보살(성사) 원효'(12회)와 '여래(법사) 의상'(10회)을 소환하고 호명한 것[492]도 그들이 물러남과 나아감 혹은 숨음과 드러남에 자재했던 인물이었기 때문일 것이다.

3. 「피은」편의 은사와 일사

『삼국유사』 전9편 중 제8편에 수록된 「피은」편은 은사와 일사에 대해 10개 조목에서 기술하고 있다. 「피은」편에 대해 온전히 알기 위해서는 제5권 내에서도 전 편인 밀교 신승들의 사적을 수록한 「신주」편, 지극히 행하여 통하게 된 고승 및 왕과 화랑의 이야기를 수록한 「감통」편, 후편인 불교적 선행과 부모에 대한 효도에 대한 미담을 수록한 「효선」편과의 유기성도 고려해 보아야 할 것이다.

또 신라 고승전이라 할 제4권의 「의해」편과 그것의 연장[493]이라 할

490 高榮燮, 「『삼국유사』의 고승과 성사 이해」, 『한국불교사연구』 제13호, 한국불교사학회 한국불교사연구소, 2018.6.

491 고려 후기나 이 시대와 같이 고승과 성사를 찾아보기 어려운 현실에서 은사 일사, 풍류 도인, 국왕 왕사의 삶을 상상하기는 쉽지 않을 것 같다.

492 高榮燮, 「『삼국유사』의 원효와 의상」, 『한국불교사연구』 제23호, 한국불교사학회 한국불교사연구소, 2023.6.

493 高榮燮, 「『삼국유사』 「의해」편의 중심 내용과 주요 특징」, 『문학 사학 철학』 제73

제5권의 신주-감통-피은-효선으로 이어지는 연속성도 염두에 둘 필요가 있다. 그리고 「피은」편 안에 보이는 10개 조목 상호 간의 유기성도 살펴볼 필요가 있다. 이 편에는 불교적 피은과 일반적 피은이 정도를 달리하며 혼재해 있다. 피은의 대표적 사례(혜현구정)와 전형적 사례(신충괘관, 염불사) 및 구체적 실례(물계자, 영여사, 포천산 오비구)와 의심되는 사례(낭지승운 보현수, 연회도명 문수점, 포산이성, 영재우적)로 구분해 볼 수 있다. 이러한 혼재는 은사와 일사의 물러남과 나아감 내지 숨음과 드러남의 걸림 없음과 경계구분의 어려움을 보여준다. 아니 오히려 이것은 「피은」편이 지닌 숨음과 드러남 혹은 물러남과 나아감의 양면성을 보여준다고도 볼 수도 있을 것이다.

〈표 2〉 「피은」편의 은사와 일사

번호	조목	내용	비고
1	朗智乘雲 普賢樹	지통과 원효의 스승 낭지의 법력과 보현보살의 나무	피은?
2	緣會逃名 文殊岾	연회의 매명을 일깨워준 노인(문수대성)과 노파(변재천녀)	피은?
3	惠現求靜*	고요함을 구한 백제 고승 혜현	피은의 대표적 사례
4	信忠掛冠*	벼슬을 버린 어진 선비 신충의 출가와 단속사 창사	피은의 전형적 사례
5	包山二聖	포산에 숨어 산 신라의 두 성인 관기와 도성	피은?
6	永才遇賊	도적을 만난 뒤 향가 짓고 재물 버려 그들을 출가시킨 영재	피은?
7	勿稽子*	전공을 세우고도 인정받지 못해 사체산에 은거한 물계자	피은의 구체적인 실례

호, 대발해동양학한국학연구원 한국불교사연구소, 2023.6.

번호	조목	내용	비고
8	迎如師	국사로 봉해졌으나 세상에 다시 나타나지 않은 영여사	피은의 구체적 실례
9	布川山 五比丘	양산 포천산에 머물다 아미타불 염송으로 보살들에 영접받고 유해를 버리고 서방으로 간 다섯 비구	피은의 구체적 실례
10	念佛師	아미타불 염송으로 널리 공경을 받은 염불사	피은의 전형

* 불교와 직접 관계되지 않으면서(물계자), 통일신라 사례도 아니면서(혜현), 「피은」에 어울리는 전형적인 조목(신충괘관).

이들 10개 조목 중 '물계자' 조목은 불교와 직접적인 관련이 되지는 않는다. '물계자'의 일은 신라 불교 전래 이전인 내해니사금(奈解尼師今, 212)에 해당되는 사건이기 때문이다. 일연은 물계자를 '피은'의 구체적인 실례로 판단하고 「피은」편에 수록하였다. 이것은 『삼국사기』 「열전」에 '물계자'에 대한 이야기가 비슷하게 입전(立傳)[494]되어 있기 때문이다.

일연의 『삼국유사』는 『삼국사기』의 그것에다 여타 새로이 채집된 자료를 수집하여 보강 정리한 것으로 판단하여도 좋을 듯하다.[495] 이것은 『삼국유사』와 『삼국사기』의 관계를 보여주는 일례라고 할 수 있다. '피은'의 전형적인 사례는 '포천산 오비구 경덕왕대'와 '영여사'라고 할 수 있다. 이 조목들은 주인공들의 '이름을 알 수 없는' 혹은 '속성은 알 수 없는' 기술처럼 피세 은거한 전형적인 인물들에 대해 기술하고 있다.

'혜현구정' 조목은 백제의 고승 혜현이 고요함을 구한 것에 대해 기

494 金富軾, 『三國史記』 제48권, 「列傳」 勿稽子.
495 주보돈, 앞의 글, p.31.

술하고 있다. 혜현은 어려서 출가하여 고심 전념하여 오로지 『묘법연화경』을 읽는 것으로 과업을 삼았다. 그가 기도하여 복을 빌면 영험이 많았다. 또한 삼론을 연구하여 신통력에 능했다. 처음에는 북부 수덕사에 머물면서 대중이 있으면 불경을 강론하고, 없으면 지송하여 사방에서 교화를 흠모하여 문 밖에는 항상 신발이 그득하였다. 그는 번잡한 것을 싫어해 마침내 강남의 달나산으로 가 있었다. 산이 매우 험준해 내왕하기가 어려웠다. 혜현이 조용히 앉아 번뇌 잊기를 구하다가 산 중에서 입적하자 동학들이 시신을 메어다가 석실(石室) 안에 두었더니 호랑이가 와서 다 먹고 오직 해골[髏]과 혀[舌]만 남겨 놓았다. 그런데 겨울과 여름이 세 번이나 지나가도 혀는 오히려 붉고 부드러웠다. 그 후 검붉게 변하면서 굳더니 돌과 같이 되었다. 그리하여 승려나 속인들이 모두 공경하여 석탑에 간직하였다.[496]

혜현은 불경(삼론학)을 강론하고 『법화경』 지송으로 얻은 법력으로 드넓은 교화를 하였으며 그 결과 입적 이후에 석실에 남겨둔 시신을 호랑이가 먹고 가면서도 해골과 혀만은 남겨 두었다고 한다. 이것은 '망신'과 '유신'과 '사신'의 전통을 이은 '피은' 즉 '피세은거'의 수행이라 볼 수 있을 것이다. 일연은 「피은」편의 10개 조목 중 나머지 9조목이 모두 신라의 인물임과 달리 유일한 백제 고승 혜현에 대해 기술하고 있다. 이러한 '화중련'(火中蓮)의 사례는 역대 고승전과 영험전에 자주 보인다.

'낭지승운 보현수' 조목은 삽량주(양산) 아곡현의 영취산에 머물던 이상한 승려 낭지(朗智)에 대해 기술하고 있다. 암자에 와서 있은 지 수십

---

496 一然, 『三國遺事』 제5권 「避隱」 제8, '惠現求靜'.

년이 되었으나 동리에서는 전혀 알지 못했고, 그 승려도 역시 성명을 말하지 않았다. 그는 항상 『법화경』을 강론하고 신통력이 있었다. 용삭 초년에 사미 지통(智通)이 이량공 집의 종이 되었다. 그가 7세 때 까마귀가 와서 영취산에 가서 낭지법사의 제자가 되라고 노래하므로 산을 찾아가 동네 나무 밑에서 쉬고 있었는데 홀연 이상한 사람이 나오더니 "나는 보현대사(普賢大士)인데 너에게 계품(戒品)을 주려고 왔다"고 하고는 곧 계를 주고 사라져 버렸다. 그러자 지통은 심신이 훤히 트여 지증(智證)이 두루 통하였다. 다시 길을 가다가 만난 한 승려에게 "낭지법사는 어디에 사시오"라고 물었다. 그가 "어찌하여 낭지를 묻느냐?"고 말하였다. 지통이 신기한 까마귀에 대한 일을 말하니 그가 빙그레 웃으며 "내가 낭지이다. 지금 이 법당 앞에서도 까마귀가 와서 알리기를 '어느 성스러운 아이가 법사의 제자가 되려고 곧 올 것이니 나가 영접하라'고 하기에 와서 맞이하노라"고 하였다. 이에 손을 잡고 탄식하여 "신령한 까마귀가 '너에게는 내게 가라' 하고 '나에게는 너를 맞으라'고 알려 주니, 이게 무슨 상서로운 일인가. 아마 산신령이 은밀히 돕는 것이리라"고 말하였다. 전하는 말에 이 산신령은 변재천녀라고 한다. 지통이 듣고 눈물을 떨구며 인사드리고 스승에 대한 예를 올렸다. 얼마 뒤 계를 주려 하므로 지통이 "저는 동네 나무 밑에서 이미 보현대사로부터 주는 정계를 받았습니다"고 말하였다. 낭지가 감탄하며 "잘했도다. 너는 이미 대사의 만분계(滿分戒, 구족계)를 친히 받았는데, 나는 살아오면서 조석으로 은근히 보살을 만나고자 하여도 정성이 감동하지 못하였다. 이제 너는 이미 계를 받았으니 나는 너에게 미치지 못한다"고 말하였다. 그리고는 오히려 지통에게 예를 올렸다. 이에 그 나무를 보현수(普賢樹)라고 하였다.[497] 일연은 '이름을 알 수 없고' '동리에서도 알지 못할' 정도였던 낭지의 '피은'과 보현보살로부터 받은 지통의 '수계'를 대비해 기술하고 있다.

'연회도명 문수점' 조목은 고승 연회(緣會)의 이름을 피한 행위에 대해 기술하고 있다. 고승 연회는 일찍이 영취산에 숨어 살며『연화경』을 읽고 보현관행을 닦았다. 뜰 앞 연못에는 항상 두어 줄기 연꽃이 있어 사시사철 시들지 않았다. 원성왕이 그 상서로움을 듣고 불러서 국사를 삼고자 하였다. 연회사는 그 소문을 듣고 암자를 버리고 도망하여 서쪽 고개를 지나는데 바위 옆에 한 노인이 밭을 갈고 있다가 "법사께서는 어디로 가십니까?" 물었다. 법사가 "내가 들으니, 나라에서 잘못 알고 나를 벼슬로 얽어매려 하므로 피하여 가는 중입니다"고 대답하였다. 노인이 듣고 "법사의 이름은 여기서도 팔 만한데 왜 멀리 가서 팔려 하시오? 이름 팔기가 싫지는 않은가 보군"이라고 말하였다. 연회는 자기를 업신여기는 말이라 하여 듣지 않고 몇 리쯤 가다가 시냇가에서 한 노파를 만났다. "법사께서는 어디로 가십니까?" 법사는 전과 같이 대답하였다. 노파가 "앞에서 사람을 만난 적이 있소?"라고 말하였다. "어떤 노인이 나를 몹시 업신여기기에 화를 내고 왔습니다"고 말하였다. 노파가 "그 분은 문수대성인데, 말씀을 아니 듣고 어찌할 셈이오?"라고 말하였다. 연회가 그 말을 듣고 놀랍고 두려워 급히 노인에게 되돌아와서 이마를 조아리며 사과하고 말하였다. "성자의 말씀을 어찌 감히 듣지 않으리까, 이제 돌아왔습니다만, 시냇가 그 노파는 누구십니까?" 노인이 "변재천녀이시오"라고 말하였다. 이에 암자로 다시 돌아와 조금 있으니 사신이 조서를 받들고 왔다. 연회는 어쩔 수 없이 받

497 一然,『三國遺事』제5권「避隱」제8, '朗智乘雲 普賢樹'.

아야 할 것임을 알고 조서에 응하여 대궐에 나아가니 국사로 봉하였다. 이에 연회법사가 노인을 만난 곳을 문수점이라 하고, 노파를 만난 곳은 아니점이라 하였다.[498]

일연은 '물러남'으로 이름을 팔려는 연회를 일깨워준 문수대성과 변재천녀를 통해 '나아감'으로 국사가 된 연회를 통해 숨음과 드러남, 물러남과 나아감에 차제(次第)가 있음을 일깨워 주고 있다. 그는 보살이 뒤에 오는 악세에 경전을 설법하려면 마땅히 '해야 할 것'과 '친근한 곳'에 대한 실천행법이 중심이 되어야 함을 암시해 주고 있다. 먼저 예불, 참회, 정근, 독경, 좌선 등과 같이 형식이 겉으로 드러나는 행법을 통해 실상을 관하는 유상안락행(有相安樂行)을 넘어 몸, 말, 생각, 서원 등과 같이 형식이 겉으로 드러나지 않는 행법을 통해 실상을 관하는 무상안락행(無相安樂行)을 역설하는 『법화경』「안락행품」에 의거[499]하여 먼저 국사의 제안을 물리쳤다가 네 가지 법에 안주하는 안락행을 닦은 뒤에 나아가 국사의 소임을 맡은 것을 보여준 것으로 볼 수 있을 것이다.

'포산이성' 조목은 포산의 두 성인에 대해 기술한 것이다. 관기(觀機)와 도성(道成) 두 성사는 어떤 사람인지 알지 못하나 함께 포산(소슬산)에 숨어 살았다. 관기는 남쪽 재에 암자를 짓고 살았고, 도성은 북쪽 굴에 거처하였다. 이들 암자와 굴은 서로 10여 리쯤 떨어져 있었다. 이들은 구름을 헤치고 달빛에 휘파람을 불며 매양 서로 찾아갔다. 도성이 관기를 오게 하려면 산 중의 나무들이 모두 남쪽으로 향하여 굽어 마치

498 一然, 『三國遺事』 제5권 「避隱」 제8, '緣會逃名 文殊岾'.
499 高榮燮, 「웅산 현광의 법화삼매 사상」, 『한국사상사』, 서울: 씨아이알, 2016, p.64; 곽승훈, 앞의 글, 앞의 책, p.216.

영접하는 형상을 하여 관기가 그것을 보고 도성에게로 갔고, 관기가 도성을 맞을 때에도 또한 그와 같이 나무가 북쪽으로 굽어 도성이 관기에게 갔다. 이와 같이 여러 해를 거듭하였다. 도성은 처소의 뒷산 높은 바위 위에 항상 조용히 앉아 있었다. 하루는 바위틈에서 몸이 솟구쳐 올라 간 곳을 알지 못하였다. 어떤 이는 말하기를 수창군(수성군)에 이르러 죽었다고 한다. 관기도 역시 뒤를 이어 죽었다. 지금은 두 성사의 이름으로 터 이름을 삼고 그 터도 남아 있다. 도성암은 높이가 두어 길이나 되는데 후세 사람이 그 암혈 밑에 절을 지었다.[500] 일연은 은사 일사의 진정한 도반 관계는 관기와 도성의 사례에 보이는 것처럼 자연조차 수반하는 관계여야 한다는 점을 일깨워주고 있다.

'영재우적' 조목은 승려 영재가 도적을 만나 교화해 출가시킨 일에 대해 기술하고 있다.

승려 영재는 천성이 활달하여 재물에 얽매이지 않았다. 향가를 잘 지었다. 늙은 나이에 남악에 은거하려고 대현령(大峴嶺)에 이르러 60여 명의 도적을 만났다. 도적들이 죽이려 했지만 영재는 칼날 앞에서 조금도 두려워하는 기색이 없고 태연하였다. 도적들이 괴이하게 여겨 이름을 물으니 영재라고 하였다. 도적들이 평소 그 이름을 들었으므로 그에게 노래를 짓게 하였다. 도적들이 노래의 뜻에 감격하여 비단 두 필을 주자 영재가 웃으며 앞으로 나와 사양하며 "재물이 지옥의 근본이 된다는 것을 알고 장차 피하여 깊은 산에 숨어 일생을 보내려 하는데 어찌 감히 받겠소?" 그리고는 땅에 내던졌다. 도적들이 또 그 말에 감동하여 모두 창과 칼을 던지고, 머리를 깎고 제자가 되었다. 함께 지

500 一然, 『三國遺事』 제5권 「避隱」 제8, '包山二聖'.

리산에 숨어 다시는 세상에 나오지 않았다. 이 때 영재의 나이는 90이었고 원성대왕 치세였다.[501] 일연은 영재가 향가와 무욕을 통해 60여명의 도적을 교화해 출가시킨 '피은'자로서의 모습을 보여주고 있다.

'포천산 오비구 경덕왕대' 조목은 포천산에서 염불 수행한 다섯 비구에 대한 이야기이다.

삽량주(양산) 동북 20리쯤에 있는 포천산에 있는 완연이 사람이 깎은 듯한 기이한 동굴이 있었다. 거기에 이름을 알 수 없는 다섯 비구가 머물면서 아미타불을 염송하며 극락을 구한 지 거의 10여 년 만에 홀연히 보살들이 서쪽에서 와서 그들을 영접하였다. 이어 다섯 비구가 각각 연화대에 앉아서 허공을 타고 가다가 통도사 문 밖에 이르러서 머물렀다. 하늘에서 음악 소리가 들리므로 절의 승려들이 나가 보니 다섯 비구가 인생이 무상하고 고통스럽고 허무하다[無常苦空]는 이치를 강설하고 유해를 벗어 버리고 빛을 내며 서방으로 향해 갔다. 그들이 유해를 버린 곳에 승려들이 정자(亭榭)를 짓고 이름을 치루(置樓)라고 하였는데 지금까지 남아 있다. 이름을 알 수 없는 오비구가 동굴 속에서 아미타불을 염송하며 극락을 구한 지 10여 년 만에 보살들의 영접을 받고 무상고공(無常苦空)의 이치를 강설하고 유해를 벗어버리고 빛을 내며 서방에 왕생하였다[502]는 이야기이다. 일연은 포천산 오비구가 현실세계를 떠나 서방정토로 왕생했다는 것은 경덕왕 대의 치세에 대한 불만족스러움을 시사해 주고 있다.

'영여사' 조목은 실제사 승려 영여에 대해 기술하고 있다. 그의 속성은 알 수 없으며, 인덕과 품행이 모두 높았다. 경덕왕이 맞아들여 공양

---

501 一然, 『三國遺事』 제5권 「避隱」 제8, '永才遇賊'.
502 一然, 『三國遺事』 제5권 「避隱」 제8, '布川山 五比丘, 景德王代'.

하려고 사자를 시켜 부르니, 영여가 대궐에 나와서 재를 마치고 돌아갈 때 사자를 시켜 절까지 모시고 가게 하였다. 절 문에 들어서면서 홀연히 사라져 간 곳을 알 수 없었다. 사자가 돌아와 아뢰니 왕이 이상히 여겨 영여를 국사로 삼았으나 다시 세상에 나타나지 않고 지금까지도 국사방(國師房)이라고만 부른다. 영여사는 인덕과 품행이 모두 높았지만 속성을 알 수 없는 고승이었다. 그는 국사라는 벼슬을 마다하고 다시 세상이 나타나지 않았다. 이 때문에 그가 머문 국사방이라는 이름만 남았다.[503] 일연은 영여사가 경덕왕의 초청으로 왕실에 나아갔으나 자신의 이상을 펼 수 없는 시절이라 보고 홀연히 사라졌음을 보여주고 있다.

그런데 '피은'이 '피세은거' 즉 세상을 피해서 숨어서 산다는 점에서 보게 되면 '낭지승운 보현수'의 낭지, '포산이성'의 관기와 도성, '영재우적'의 영재, '연회도명 문수점'의 연회 등 주인공의 활동상은 피세한 이들의 활동상으로 보기에는 주저되는 측면이 있다. 이들은 세상을 피해서 숨어서 사는 것이 아니라 오히려 활발발한 대중교화의 모습을 보여주기 때문이다. 이들이 활동한 무대가 신라 수도의 한복판이 아니라는 점만 다를 뿐 오히려 그들은 산속에서 활발한 활동상을 보여주고 있다. 시정에서 바라보는 산속으로 물러남과 산 밖에서 산 안으로 나아감의 무대가 다를 뿐인 것이다. 이렇게 본다면 '피은'의 관건은 '어디서'보다는 '어떻게'라는 화두에 있음을 시사해 주고 있다.

'신충괘관' 조목은 정치성과 종교성을 아울러 보여주고 있다. 주인공 신충은 효성왕과 경덕왕의 두 왕대를 거치며 상대등과 같은 고위직

503 一然, 『三國遺事』 제5권 「避隱」 제8, '迎如師'.

을 역임하였다.[504] 효성왕이 동궁으로 있을 때 바둑을 두던 신충을 잊지 않겠다던 약속을 잊고 즉위 이후에 공신들에게 상을 줄 때 그를 차례에 넣지 못하였다. 이 신충이 원망하여 노래를 지어 잣나무에 붙였더니 잣나무가 갑자기 시들어 버렸다. 왕이 이상히 여겨 사람을 시켜 조사해 보니 노래를 찾아 바쳤다. 왕이 크게 놀라며 "정사가 번잡하고 바삐 돌아가 가까이 지내던 사람을 잊었구나"라며, 신충을 불러 벼슬을 주니 잣나무가 다시 살아났다. 말년에 신충은 마침내 남악으로 들어가 단속사를 짓고 종신토록 대왕의 복을 빌었다.[505] 일연은 신충의 출사와 피은을 통해 물러남과 나아감 혹은 숨음과 드러남이라는 피세 은거의 전형적인 사례를 보여주고 있다.

한편 '염불사' 조목은 염불하는 승려에 대해 특이한 내용으로 구성되어 있다. 염불사는 피세은거와는 다른 삶을 살다가 입적 이후 비로소 피세은거의 삶을 확보한 인물로 이해되기 때문이다. 스스로 이름을 밝히기를 꺼려하던 그는 본디 민장사에 있다가 왕도에 소재한 남산 자락의 피리촌에 살면서 언제나 도성의 구석구석에까지 소리가 들리도록 낭랑하게 미타(彌陀) 염불을 하며 살았다. 염불소리가 도성 안까지 들려 1천 3백 60방(리), 17만 호에서 그 소리를 듣지 못한 이가 없었다. 염불 소리가 높낮음이 없이 한결같았다. 신라 전성기의 도성 안의 백성들이 그를 괴이하게 여겨 공경하지 않는 이가 없었고 모두 그를 염불사라고 불렀다. 그가 입적한 뒤에는 그의 진용을 진흙으로 빚어 왕경에 있는 민장사(敏藏寺)라는 절에 모셔두었다.[506]

504 金富軾, 『三國史記』 제9권, 「新羅本紀」 景德王 22년.
505 一然, 『三國遺事』 제5권 「避隱」 제8, '信忠掛冠'.
506 一然, 『三國遺事』 제5권 「避隱」 제8, '念佛師'.

그 결과 그가 본래 거주하던 피리사는 염불사로 이름을 고치고 그 옆에 있던 절은 존명을 따서 양피사(讓避寺)라고 불렀다. 살아서 그는 자신의 뜻을 이루지 못하였지만 죽어서는 소상으로 빚어져 민장사에 봉안되었다. 이처럼 살아서는 오히려 활발발한 살림살이를 보여주었고, 죽어서는 피세은거의 삶을 확보한 인물로 그려지고 있다.

염불사의 가풍은 '피은'이 단지 현실을 떠난다는 것만을 가리키는 것이 아님을 보여준다. 오히려 현실을 정화하기 위해 잠시 처소를 옮긴 뒤 뜻을 이룬 뒤에 물러난다는 의미로까지 확장되고 있기 때문이다. 일연은 「피은」의 편명이 보여주는 것처럼 물러남과 나아감 혹은 숨음과 드러남의 참다운 의미가 어디에 있는지를 반추해 주고 있다.

4. 「피은」편 이외의 은사와 일사

『삼국유사』「피은」편 이외에도 은사와 일사에 대한 기술을 찾아볼 수 있다. 일연은 고승, 성사, 대사/대덕장로/ 사/승(釋)/사문, 법사/화상, 선사/율사 등 다양한 호칭을 사용하고 있다. 논자는 선행 연구에서 고승과 성사의 범주에 은사 일사로서의 삶, 풍류 도인으로서의 삶, 국사 왕사로서의 삶을 포함시켜 논구한 적이 있다. 여기서 고승은 성사와 같은 격에서 논할 수 있을 것이다.

선행 논구에 준해 본다면 은사 일사로서의 삶은 고승과 성사의 범주까지 아울러 볼 수 있 것이다. 일연은 고승으로 명랑과 연회를, 성사로 보덕, 자장, 원효, 지통, 관기, 도성, 표훈에게 쓰고 있으며, '노힐부득'과 '달달박박'에 대해서도 성사[507]라고 칭하고 있다. 이렇게 본다면 이들까지 은사와 일사의 범주로 볼 수 있을 것이다. 성사는 일상의 격을 분연히 넘어선 '은자'(隱者) 즉 벼슬하지 않고 속세를 떠나 숨어 사는 사람인 '은사'(隱士) 또는 '일사'(逸士) 혹은 '은인'(隱人)과 맥이 닿아 있다.

고승은 학덕과 지위가 높은 승려라는 점에서 성사와 같은 격에 있다고 볼 수 있다. 또 성사 관기와 도성이 머물던 포산에 남은 기록에 반사(搬師), 첩사(楪師), 도의(道義), 자양(子陽), 성범(成梵), 금물녀(金物女), 백우사(白牛師), 신림(神琳) 등도 성사로 부르고 있으며, 흥륜사 금당 십성에 오른 아도(我道), 염촉(猒髑), 혜숙(惠宿), 안함(安含), 자장, 원효, 의상(義湘), 혜공(惠空), 사파(蛇巴), 표훈도 성사로 부르고 있다. 이러한 맥락을 고려하면서 「피은」편 이외의 은사와 일사를 아래와 같이 조사해 보았다.

〈표 3〉 「피은」편 이외의 은사와 일사

권차	편명	내용	특징
제1권	王曆		
	紀異 1		
제2권	紀異 2		
제3권	興法 제3	'보장봉로 보덕이암'	
	塔像 제4	'남백월이성 노힐부득 달달박박' '명주 오대산 보질도태자 전기	避隱과 상통
제4권	義解 제5	'자장정률' '원효불기' '승전촉루'	避隱과 상통
제5권	神呪 제6	'명랑신인'	
	感通 제7		
	避隱 제8	은사 일사 고승과 풍류인의 전기 10편 수록	10조목+관기와 도성 외 성사 포함
	孝善 제9		
총5권	9편		조목

507 高榮燮, 앞의 글, 앞의 책.

「피은」 편 이외의 은사와 일사로는 '경덕왕 충담사 표훈대덕', '보장봉로 보덕이암', '자장정률', '원효불기', '명랑신인', '남백월 이대성 노힐부득 달달박박', '명주 오대산 보질도태자 전기', '승전촉루' 조목을 꼽아볼 수 있을 것이다.

'보장봉로 보덕이암'의 조목에서 보여주는 보덕의 살림살이는 은사 일사로서의 삶과 상통하고 있다.

보장왕이 즉위하자 삼교를 다같이 일으키고자 하였다. 그때 재상 개소문이 왕을 설득하였다. "유교와 불교는 흥성하나 도교는 왕성하지 못하니 특별히 당나라에 사신을 보내 도교를 구해야 합니다." 그때 보덕화상이 반룡사에 있었는데 좌도(左道)가 들어와 정도(正道)와 맞서면 나라의 기틀이 위태로워질 것을 우려하여 여러 번 간하였으나 듣지 않았다. 이에 신통력으로 방장을 날려 남쪽에 있는 완산주 고대산으로 옮겨 갔다. 이 때가 영휘 원년 경술년(650) 6월이었다. 얼마 후 나라는 멸망하였다. 지금 경복사에 있는 비래방장이 그 때의 방장이라 한다. 진락공(眞樂公, 李資玄)이 그를 위해 남긴 시가 당(堂)에 남아 있고, 문열공(文烈公, 金富軾)이 그를 위해 남긴 시가 세상에 남겼다. (중략) 보덕에게는 고매한 제자 11명이 있는데 그중 무상화상(無上和尙)은 자기의 제자 김취(金趣) 등과 금동사(金洞寺)를 세우고, 적멸(寂滅)·의융(義融)은 진구사(珍丘寺)를, 지수(智藪)는 대승사(大乘寺)를, 일승(一乘)은 심정(心正)·대원(大原) 등과 함께 대원사(大原寺), 수정(水淨)은 유마사(維摩寺)를 창건하였다. 사대(四大)는 계육(契育)과 중대사(中臺寺)를, 개원화상(開原和尙)은 개원사(開原寺)를, 명덕(明德)은 연구사(燕口寺)를 세웠다. 개심(開心)·보명(普明)도 역시 전(傳)이 있으니 모두 본전과 같다. 자신이 살던 암자를 날려 백제 고토인 신라의 영토로 옮겨와 산중에서 수행하고 제자를 양성하는 보덕의 모습은 은사 일사로서의 삶과 잇닿아 있다.

'자장정률' 조목은 자장의 어린 시절과 만년 시절에 보여준 모습은 은사 일사로서의 삶과 상통하고 있다.

양친을 일찍 여의고 속세의 시끄러움이 싫어서 처자를 버리고 전원을 희사하여 원녕사를 만들고 깊숙한 곳에 지내면서 이리와 호랑이도 피하지 않았다. 고골관을 닦으면서 게으른 마음이 생기므로 철망을 만들어 주위를 가시덩굴로 둘러치고 그 속에 벗고 앉아서 조금만 움직여도 가시에 찔리게 하고 머리를 풀어 대들보에 매어 졸음을 쫓았다. (중략) 그는 바위산에 깊숙이 숨어 살면서 식량 걱정도 하지 않았다. 때로는 이상한 새들이 와서 과실을 물고 와 공양하자 받아먹었다. 얼마 뒤 꿈에 천사가 와서 오계를 일러 주므로 그제야 산에서 내려오자 마을의 남녀들이 다투어 나와서 계를 받았다. (중략) 만년에 서울을 떠나 강릉군에 수다사를 짓고 머물렀다. 때마침 꿈에 북대에서 보던 것과 같은 이상한 승려가 나타나 말하였다.[508] 이처럼 어릴 때나 만년 때에 산속에 들어가 수행하던 자장의 모습은 은사 일사로서의 삶과 닿아 있다.

'원효불기'의 조목에 실려 있는 원효의 걸림 없는 가풍은 은사 일사로서의 삶과 상통하고 있다.

원효는 이미 파계하여 설총을 낳은 뒤로는 속인의 의복으로 갈아입고 스스로 소성거사(小性居士)라 했다. 우연히 광대들이 춤추며 놀리는 큰 뒤웅박을 얻으니 그 모양이 기괴하므로 그 모양대로 도구를 만들어 『화엄경』에서 말한 "일체의 무애인은 한 번에 생사의 길에서 벗어난다"는 뜻을 취하여 이름을 무애(無碍)로 짓고 노래를 만들에 세상에 유

508 一然, 『三國遺事』 권4, 「義解」 제5, '慈藏定律'.

행시켰다. 원효는 이것을 가지고 수많은 부락을 돌며 노래하고 춤추며 교화시키고 돌아왔으니, 뽕나무를 키우는 노인이나 옹기장이, 무지한 무리들도 모두 불타의 이름을 알며, 나무아미타불(南無阿彌陀佛)을 부르게 된 것은 실로 원효의 공이 컸다. 그가 탄생한 인연이 있던 곳의 이름이 불지촌(佛地村)이며 절을 초개사(初開寺)라 하고 스스로 원효(元曉)라 한 것도 모두 불교를 처음으로 빛나게 하였다는 뜻이다. 원효(元曉)라는 이름 또한 방언이니 당시 사람들이 "첫새벽"을 일컬은 것이다.[509] 실계 이후 모든 것을 내려놓은 원효가 모습은 은사 일사로서의 삶과 닿아 있다.

'명랑신인'의 조목에 실려 있는 신인종의 시조로서 명랑의 가풍은 은사 일사로서의 삶과 상통하고 있다.

명랑법사가 신라에 태어나 당나라에 들어가 불도를 배우고 환국하는 길에 해룡의 청을 받아 용궁에 들어가 비법을 전했는데 금 천 냥을 시주하므로 이것을 가지고 땅속으로 숨어 와서 본가의 우물 밑 명치에서 솟아 나왔다. 이어 자기 집을 희사하여 절을 만들고 용왕이 시주한 금으로 탑과 불상을 장식하니 유달리 빛이 났으므로 금광사(金光寺)라고 하였다[510]고 한다. 당나라 유학 이후 돌아와 보여준 명랑의 가품은 은사 일사로서의 삶과 닿아 있다.

이외의 대표적인 사례는 「탑상」 편의 '노힐부득 달달박박'과 '명주 오대산 보질도태자 전기', 그리고 「의해」 편의 '승전촉루'가 있다.

'남백월이성 노힐부득 달달박박'은 「성도기」에 근거한 내용을 싣고

509 一然, 『三國遺事』 권4, 「義解」 제5, '元曉不羈'.
510 一然, 『三國遺事』 권4, 「神呪」 제5, '明朗神印'.

있다. 신라 구사군(의안군) 북쪽에 있는 백월산 동남쪽에 노힐부득(努肹夫得)과 달달박박(怛怛朴朴)이란 사람이 살고 있었다. 이들은 모두 풍채와 골격이 범상치 않고 세속을 벗어난 기상이 있어 둘은 서로 의좋은 벗이 되었다. 약관의 나이에 그 마을의 동북쪽 재 너머에 있는 법적방(法積房)에 의지하여 머리를 깎고 승려가 되었다. 얼마 뒤 서남쪽 치산촌 법종곡(法宗谷) 승도촌(僧徒村)이 수양할 만하다는 말을 듣고 함께 다서 대불전(大佛田), 소불전(小佛田)이란 두 마을에서 각각 살았다. 노힐부득은 회진암(懷眞庵) 일명 양사(壤寺)에 머물렀고, 달달박박은 유리광사(瑠璃光寺)에 머물렀는데 모두 처자를 데리고 살면서 생계를 꾸릴 일로 서로 왕래하였다. 그러면서도 정신을 수양하고 속세를 떠날 생각을 잠시도 잊지 않고 세상의 무상함을 깨닫고 그러면서도 서로 말하였다. (중략) 드디어 인간 세상을 하직하고 깊은 산 속에 숨으려 하였다. 어느 날 밤 꿈에 백호광이 서쪽에서 비쳐 오는데, 그 빛 속에서 금빛 팔이 내려와 두 사람의 이마를 쓰다듬었다. 꿈을 깨니 두 사람의 꿈이 똑같았다. 둘은 오래도록 감탄하고 곧 백월산(白月山) 무등곡(無等谷)에 들어갔다. 박박사(朴朴師)는 북쪽 사자바위에 터를 잡고 8자 크기로 판자집을 짓고서 판방(板房)이라 하였고, 부득사(不得師)는 동쪽 바위 및 물가에 방장(方丈)을 짓고 살았기 때문에 뇌방(磊房)이라 하였다. 각각 암자에 살면서 부득은 부지런히 미륵불을 구하고, 박박은 아미타불을 구하였다. 3년이 못 되어 경룡(景龍) 3년 성덕왕 8년(709) 해질 무렵, 20세쯤으로 보이고 용모가 유난히 아름다운 데다가 화장 냄새를 풍기는 한 낭자가 북쪽 암자에 이르러 유숙하기를 청하며 노래를 불렀다. (중략) 박박은 문을 닫고 들어갔다. 낭자가 다시 남암으로 가서 또 여전히 청하니 부득이 말하였다. (중략) 부득은 그녀를 맞아들였다. (중략) "나는 관세음보살인데 대사를 도와서 대보리(大菩提)를 이루게 하려고 이곳에 왔노라." 그리고는 낭자는 간데 온데 없이 사라졌다. (중략) 노힐부득이 이미 연화대에 앉아 미륵존상이 되어 빛을 발하며 봄이 금빛으로 된지라 놀라 머리를 조아리며 예를 갖추어 말하였다. (중략) 박박이 목욕하니 부득처럼 무량수존상을 이루어 두 존상이 엄연하게 마주 대하게 되었다. (하략)

'노힐부득 달달박박'은 대개 경전에서 한 국토에는 한 부처만이 존재한다고 설하고 있으나 '일체중생 실유불성'이라는 대승경전의 경설에 따라 한 국토에 두 부처가 출현할 수 있음을 보여주고 있다.[511] 이것은 한국불교만이 갖는 독자적인 경전 해석이라고 할 수 있다.

'명주 오대산 보질도태자 전기'는 신라 신문왕(정신왕)의 태자 보질도가 아우 효명태자와 오대산으로 출가해 수행했는데 정신왕의 아우 부군(副君)이 신라에 있으면서 왕위를 다투다 죽었다. 나라 사람들이 장군 네 사람을 오대산으로 보내 효명태자 앞에서 만세를 부르니 이때 오색구름이 오대산에서 신라의 서울까지 이르러 7일 밤낮을 빛으로 떠 있었다. 그래서 나라 사람들이 빛을 찾아 오대산에 도착하여 두 태자를 모시고 나라로 돌아가려 하니, 보질도태자는 울면서 돌아가지 않으려 하므로[涕泣不歸] 효명태자를 모시고 와서 즉위하게 하니 재위한 기간은 20여 년이다. 신룡(神龍) 원년(705) 3월 8일에 비로소 진여원을 개창하였다고 하였다. 보질도 태자는 항시 산골짜기의 신령한 물을 마시고 육신이 허공을 떠서 유사강(流砂江)에 이르러 울진대국(蔚珍大國)의 장천굴(掌天窟)에 들어가 수도하다가 다시 오대산 신성굴에 와서 50년을 수도했다고 한다. 오대산은 백두산의 큰 줄기요 각 대에는 진신이

511 김영태, 「신라 白月山 二聖說話의 연구」, 『孝城趙明基博士華甲記念 불교사논총』, 1965, p.283.

상주한다 하였다. 신라 신문왕 승하 이후 둘째 부인에게 태어난 셋째인 효소왕[理恭/洪]이 10년을 재위하였지만 그 이후 왕위를 잇는 과정에서 문제가 생겼다. 결국 신문왕의 아우인 부군이 왕위를 다투다 죽자 신문왕의 첫째 부인의 아들인 보질도와 효명 두 사람을 왕위에 옹립하고자 했으나 보질도가 '울면서 돌아가지 않으려 하므로' 결국 효명에게 왕위를 맡겨 성덕왕으로 이어졌다. 출가 수행을 하던 보질도태자가 왕노릇이 하기 싫어 울기까지 하면서 돌아가지 않으려는 모습에서 '세상을 피해서 숨어서 사는 삶이 더 의미 있다'고 생각했다는 점에서 '피은'의 또 하나의 사례로 들 수 있을 것이다.

'승전촉루'는 그 유래가 미상인 승전이 일찍이 장삿배를 따라 당나라에 가서 현수(賢首) 국사 문하에서 불법을 받고 미묘함을 연구하는데 정신을 모았다. 보는 눈이 뛰어나서 깊이 천착하고 오묘함을 더하였다. 그는 인연을 따라 감통하려면 고국으로 가야겠다고 생각했다. (중략) 승전법사가 환국할 즈음 법장을 지은 글을 보여주며 사형 의상에게 감수를 요청해 달라고 했다. (중략) 승전법사가 돌아와 의상에게 서신을 보냈다. (중략) 승전이 이에 상주(尙州) 영내의 개령군에 절을 짓고 석촉루(石髑髏)로 관속을 삼고 『화엄경』을 강론하였다. 신라의 승려 가귀(可歸)는 자못 총명하고 도리를 깨우쳐 불법을 계승하여 공적이 있는 이로서 『심원장』(心源章)을 지었으니 그 대략은 다음과 같다. "승전법사가 돌의 무리를 거느리고 불경을 강의하였으니 지금 갈항사(葛項寺)이다. 그 석촉루 80여 개가 지금까지 강사(綱司)가 전해오고 있는데 자못 영험이 있다. (하략) 그 유래가 미상인 승전이 유학 후 돌아와 왕실 가까이에서 활동하지 않고 세상에서 물러나 돌로 만든 해골들에게 불경을 강의하였다는 점에서 '피은'의 또 하나의 사례로 볼 수 있을 것이다.

현실에서는 출사한 이나 출가한 이들이나 '이름을 알리려는 이들'이 적지 않다. 이름은 그를 부르는 호칭이자 그를 일컫는 지칭일 뿐이다. 하지만 현실적 인간들은 그 이름 세 글자에 사회적 지위와 명예를 부여하고 있고 그 지위와 명예를 이름 세 글자와 동일시하면서 살아간다. 이 때문에 그들은 이름 세 글자를 사회적 지위와 명예로 여기기에 결코 버리지 못한다.

이와 달리 '이름을 알 수 없다'거나 '이름을 드러내는 것을 꺼렸다'는 은사 일사의 삶은 이름을 드러내고자 애를 쓰는 이들에게 커다란 경종을 울려주고 있다. 노힐부득과 달달박박도 이름이기보다는 그들의 특징과 외모에 붙인 지칭이자 호칭으로 이해된다. 출가수행을 하던 보질도태자가 왕노릇 하기 싫다고 울면서 가지 않으려고 한 모습도 피은의 한 사례로 볼 수 있다. 또 당나라 유학을 다녀온 승전이 왕실에 나아가지 않고 세상을 떠나 갈항사에서 이름이 없는 돌 해골들에게 법문을 한 것도 같은 의미로 이해할 수 있을 것이다.

대개 은사와 일사의 삶은 이름 세 글자라는 겉껍데기에 목숨을 걸고 사는 출사자와 출가자에게 허명과 허상의 부질없음을 일깨워 주고 있다. 「피은」과 「피은」 이외의 은사와 일사들이 보여주는 숨음과 드러남 혹은 물러남과 나아감의 살림살이를 통해 이 편목이 지닌 양면성을 잘 보여주고 있다. 일연은 현실적 인간들에게 이름 석자를 벗어나야 해탈적 앎을 얻을 수 있고, 이름 세 글자를 버려야 열반적 삶을 살 수 있음을 반추해 주고 있다. 그는 '이름'에 붙들려 사는 사람들에게 참다운 피세 의식과 피세 행위가 무엇인지를 잘 보여주고 있다.

5. 해탈의 앎과 열반의 삶

붓다는 중도와 연기를 통해 삶의 질과 앎의 질을 제고시켜 주었다. 그는 사성제의 이해와 팔정도의 실천을 통해 존재에 대한 안정의 앎과 현실에 대한 만족의 삶의 통로를 보여주었다. 그리하여 붓다는 고통의 굴레에서 벗어나는 해탈의 길과 영원히 자유로운 걸림 없는 열반의 길이 맞닿을 수 있게 해 주었다. 해탈은 우리의 앎을 자유롭게 하고, 열반은 우리의 삶을 자재롭게 하기 때문이다.

일연은 『삼국유사』를 통해 은사 일사로서의 삶, 풍류 도인으로서의 삶, 국사 왕사로서의 삶을 보여주었다. 그는 이 텍스트의 전편에서 고승과 성사의 삶을 은사 일사, 풍류 도인, 국사 왕사의 세 가지 유형으로 그려내었다. 일연은 특히 「피은」편에서는 물러남과 나아감 즉 숨음과 드러남의 잣대를 통해 모름지기 지성적 삶은 어떻게 물러나고 어떻게 나아가야 하는지를 보여주고 있다.

세간적 출사와 출세간의 출가는 활동하는 무대가 서로 다르지만 물러남과 나아감, 숨음과 드러남의 경계에서는 결정하는 무대가 다르지 않다. 세간의 출사자는 왕을 중심으로 근왕(勤王)의 삶을 살아야 하고, 출세간의 출가자는 출세간의 출세간의 수행적 삶을 살면서 출출세간의 이타적 삶을 실천해야 하기 때문이다. 그는 수신 제가를 넘어 치국 평천하의 삶을 생각하거나 중생 구제의 끝자락에서 반본환원(返本還源)과 입전수수(入鄽垂手)의 삶을 생각하면서도 숨음과 드러남, 물러남과 나아감의 결정과 실천을 결정해야 하기 때문이다.

일연은 『삼국유사』에서 세간적 삶과 출세간적 삶을 모두 그려내고 있다. 그러면서도 세간적 삶이 추구하는 이상과 출세간적 삶이 지향하는 이상이 다르지 않다고 보고 있다. 이러한 지성들의 삶의 모습은 『섭대승론』에서 "출세출세법은 세간법을 치유하는 법이고, 출출세법은 출세법을 치료하는 법이다"[512]고 한 것에서 알 수 있듯이 물러남과 나아감은 출세간법의 치유와 출출세법 즉 입세법의 치료가 부처와 보살의 자비행의 다른 표현임을 알 수 있게 한다.

일연은 선비(처사)의 이상과 승려(거사)의 이상은 해탈적 앎과 열반적 삶을 겨냥하고 있다고 보았다. 해탈적 앎이 앎의 질적 제고와 자유를 추구한다면, 열반적 삶은 삶의 질적 제고와 자재를 추구한다. 해탈은 자유에 닿아있고 열반은 자재에 닿아 있다. 이 때문에 해탈의 앎과 열반의 삶은 소통될 수 있는 것이다. 지성적 앎과 지성적 앎도 마찬가지이다.

일연이 『삼국유사』의 여러 편목에서 보여주고자 했던 것은 중도 자비의 삶과 연기 지혜의 앎의 소통이었다. 고려 후기 전란 당시의 지식인들의 모습은 기대에 미치지 못하였다. 그래서 그는 고대 사국의 역사에서 지성적 삶을 보여준 고승 즉 성사를 ① 은사 일사로서의 삶, ② 풍류 도인으로서의 삶, ③ 국사 왕사로서의 삶으로 보여주었다.

개인과 공인, 즉 사적 인간과 공적 인간의 지향과 취향은 동일하지 않다. 하지만 국난에 접하게 되면 그 지향과 취향은 만날 수밖에 없다. 모두들 전쟁에서 살아남아야 하기 때문이다. 우리가 역사 속에서 살아남아 역사 위에서 지성적 삶을 담보하려면 법력을 기르며 살아야만 한다. 법력은 불법의 위력이자 진리 수행을 통해 터득한 지혜의 힘이기 때문이다. 고승 즉 성사는 진리 수행을 통해 불법의 위력을 터득한 존

512 世親, 『攝大乘論釋』(대정장 제31책, 0263b07-0263b13). "出世出世法爲世法對治, 出出世法爲出世法對治, 功能以四."

재이다. 지금까지 「피은」과 「피은」 이외의 편목에서 살펴본 은사와 일사는 모두 법력을 보여준 이들이었다. 이들 지성들은 진리에 대한 확신을 통해 불법의 위력을 자기화한 존재라고 할 수 있을 것이다.

6. 매듭짓는 말

지금까지 논자는 『삼국유사』(5권 9편 138조목)에 실린 은사와 일사의 전수(全數) 조사 아래 그들과 「피은」편과 이외의 편에 실린 은사와 일사의 삶과 의미에 대해 살펴보았다. 「피은」과 「피은」 이외의 은사와 일사는 우리의 삶에서 물러남과 나아감 혹은 숨음과 드러남의 참다운 의미가 무엇이며 그 의미는 어디에서 실현되어야 하는지를 시사해 주어 왔다.

종래에 우리는 세간적 출사와 출세간의 출가의 무대를 다르게 인식해 왔다. 하지만 물러남과 나아감, 숨음과 드러남의 경계에서는 세간의 삶과 출세간의 삶의 무대가 다르지 않다. 세간의 출사자는 임금을 위하여 충성을 다하는 근왕(勤王)의 삶을 살아야 하고, 출세간의 출가자는 출세간의 도리를 중심으로 수행적 삶을 살아야 하기 때문이다.

대개 우리는 중도에 대한 무지에서 비롯된 '불만족의 삶'과 연기에 대한 무명에서 비롯된 '불안정의 앎'으로 고통스러운 일상을 살고 있다. 어떻게 해야 우리는 이같은 불만족의 삶과 불안정의 앎에서 벗어날 수 있을까? 붓다는 사성제의 이해와 팔정도의 실천을 통해 존재에 대한 안정의 앎과 현실에 대한 만족의 삶의 통로를 열어주었다. 고통의 굴레에서 벗어나는 해탈의 길과 영원히 자유로운 걸림 없는 열반의 길은 서로 이어진다. 해탈은 우리의 앎을 자유롭게 해주고, 열반은 우리의 삶을 자재롭게 해주기 때문이다.

『삼국유사』가 보여주는 은사와 일사의 삶은 시종일관 이름 석자라는 겉 껍데기에 목숨을 걸고 사는 출사자와 출가자에게 허명과 허상을 일깨워 준다. 은사와 일사는 이름 석자를 벗어나야 해탈적 앎을 얻을 수 있고, 이름 석자를 버려야 열반적 삶을 살 수 있음을 시사해 주고 있다. 해탈은 자유에 닿아있고 열반은 자재에 닿아있다. 이 때문에 해탈의 앎과 열반의 삶은 소통될 수 있는 것이다. 지성적 앎과 지성적 삶도 마찬가지이다.

일연이 『삼국유사』의 여러 편목에서 보여주고자 했던 것은 중도 자비의 삶과 연기 지혜의 앎이 소통이었다. 고려 후기 전란 당시의 지성인들이 보여주는 모습이 기대에 미치지 못하였다. 그래서 그는 고대 사국의 역사에서 지성적 삶을 보여준 고승 즉 성사를 ① 은사 일사로서의 삶, ② 풍류 도인으로서의 삶, ③ 국사 왕사로서의 삶으로 보여주었다. 이러한 지성들의 삶의 모습은 세친보살의 『섭대승론석』의 구절처럼 "출세출세법은 세간법을 치유하는 법이고, 출출세법은 출세법을 치료하는 법이다"고 한 것에서 알 수 있듯이 물러남과 나아감은 출세간법의 치유과 출출세법 즉 입세법의 치료가 부처와 보살의 자비행의 다른 표현임을 알 수 있게 한다.

개인과 공인, 즉 사적 인간과 공적 인간의 지향과 취향은 동일하지 않다. 하지만 국난에 접하게 되면 그 지향과 취향은 만날 수밖에 없다. 무엇보다도 전쟁에서 살아남아야 하기 때문이다. 우리가 역사 속에서 지성적 삶을 담보하려면 역사 위에서 법력을 기르며 살아야만 한다. 법력은 불법의 위력이자 진리 수행을 통해 터득한 지혜의 힘이기 때문이다. 고승 즉 성사는 진리 수행을 통해 불법의 위력을 터득한 존재이자 진리에 대한 확신을 통해 불법의 위력을 자기화한 존재라고 할 수 있다. 이들은 「피은」과 「피은」 이외의 편목에서 물러남과 나아감 혹은 숨음과 드러남을 통해 '은사'와 '일사'의 참다운 의미를 보여주었다.

제2장

『삼국유사』의 불탑과 장례

박미선

1. 머리말

본 연구에서는 『삼국유사』 속 불탑과 장례에 관한 기사들을 전수조사의 형식으로 검토하여, 삼국 및 통일신라의 불탑 및 장례의 양상과 특징을 살펴보고자 한다.

먼저 불탑은 석가모니의 사리를 모신 '부처님의 무덤'으로, 불상보다 먼저 예경과 숭배의 대상이 되었다. 불멸(佛滅) 후 조성된 불사리탑에 따라 탑은 사리를 모시는 것이 관례가 되었으나 이후에는 불경을 대신 봉안함으로써 부처를 추모할 뿐만 아니라 부처의 법을 숭앙하는 의미를 동시에 지녔다. 따라서 불탑에 대한 예경은 공덕을 이루는 일이었으며, 불탑을 조성하는 것은 더 큰 공덕으로 여겨졌다. 『삼국유사』 속 불탑에 대한 연구는 미술사 자료로서 『삼국유사』의 성격을 고찰하면서, 또는 『삼국유사』의 한 편목인 '탑상'편의 내용과 성격을 살펴보는 과정에서 간략히 언급되어 왔다.[513] 이러한 연구들을 적극 참조하여 『삼국유사』 속 불탑 기사의 의미를 찾아보고자 한다.

또한 석가모니 사후 다비를 거행하여 사리를 수습한 후 탑에 봉안하였으므로, 일반적으로 불교식 장례는 '다비', 즉 화장(火葬)으로 여겨진다. 물론 화장이라는 장례의식은 일찍이 신석기 · 청동기시대에도 일부 확인된다. 그러나 서법(西法) · 서역식(西域式) · 불교식(佛教式) 등으로 표현되는 것으로 보아 6세기 이후 보이는 화장은 불교의 영향을 받은 장법으로 볼 수 있다.

불교 장법으로서 화장에 대해서는 일찍부터 많은 관심을 가지고 연구해 왔다. 『삼국유사』와 『삼국사기』에 보이는 화장 관련 기사에 대한 분석을 기본으로, 고고학 발굴성과인 화장묘에 대한 연구가 중심을 이루고 있다. 화장이 수용된 후 유골을 처리하는 방법은 장골과 산골로 나뉜다. 장골은 화장한 유골을 용기에 담아 땅 속에 묻는 것이고, 산골은 화장한 유골을 산이나 강 · 바다 등에 흩뿌리는 것을 말한다. 산골의 경우 기록 외에 그 흔적을 찾을 수 없으며, 장골의 경우 매장한 용기인 장골기(藏骨器)와 장골기가 매납된 무덤인 화장묘를 통해 분석과 연구가 가능하다. 그러므로 화장 후 나온 뼈를 담는 장골기를 통해 화장묘의 유형을 분류하거나, 이 분류를 바탕으로 화장묘의 시기적 변천과정, 화장묘의 주체 등에 대한 연구가 이어지고 있다.[514] 이에 본고에서는 이

513 고영섭은 탑상편의 성격을 규명하면서 탑상편 30항목 중 불탑과 관련된 기사를 5건으로 보았고(고영섭, 「『삼국유사』 흥법과 탑상의 성격과 특징」, 『신라문화제학술발표논문집』 35, 2014), 최응천은 미술사 자료로서 『삼국유사』의 특징을 검토하면서 탑상편에는 6건, 그 외 편목에서는 4건이 불탑 관련 기사라고 보았다(최응천, 「『삼국유사』에 보이는 미술사 자료의 분석과 검토」, 『미술사학』 42, 2021). 물론 황룡사구층탑과 같이 개별 불탑에 대한 연구 또한 활발하게 이루어져 왔다. 개별 불탑에 관해서는 본문에서 서술하면서 필요시 연구성과들을 언급하겠다.

러한 기존 연구의 성과를 적극 수용,『삼국유사』 기록을 중심으로 화장을 비롯한 장례의식을 왕과 승려로 구분하여 고찰해 보고자 한다.

주지하다시피 신라 말 선종이 전해지면서 선사들의 승탑과 탑비가 건립되고, 특히 승탑은 선사들의 사리를 봉안하는 탑으로서 화장을 비롯한 불교식 장례의식을 잘 보여준다. 그러나『삼국유사』에서는 선종의 역사와 인물, 사상 등에 대해 아무런 언급도 없다.[515] 본 논문은『삼국유사』에 대한 검토의 일환으로 '장례'를 살펴보고자 하므로, 선사 및 승탑에 관해서는 다루지 않았다.『삼국유사』 속에서 화장, 장례, 불탑 등을 어떻게 서술하고 있으며, 어떤 연관성 속에서 다루고 있는지를 검토해 봄으로써『삼국유사』의 성격을 이해하는데 조금이나마 도움이 되었으면 한다.

2.『삼국유사』 속 '불탑' 기사 검토

1) 불탑 기사의 내용과 특징

『삼국유사』에 수록된 불탑 관련된 기사들을 정리한 것이 〈표 1〉이다.

514 김호상 · 김재현,「신라왕경 소재 화장묘의 구조와 출토인골분석」,『신라문화제 학술논문집 26－국읍에서 도성으로』, 2005; 홍보식,「신라 화장묘 수용과 전개」,『한국상고사학보』 58, 2007; 석병철,「경주지역 신라 화장묘에 대하여」,『신라사학보』 9, 2007; 손병국,「통일신라시대 화장묘 연구」, 동아대 석사학위논문, 2015.

515 일연이 고대 불교사를 선종의 역사와 기타 나머지 불교의 역사로 양분하여 서술하였으며, 그러한 즉,『삼국유사』는 선종사에 대한 유사(遺事)라고 규정하기도 한다(남동신,「삼국유사의 사서로서의 특성」,『불교학연구』 16, 2007, pp.59-61).

〈표 1〉 『삼국유사』에 수록된 '불탑' 관련 기사

	편목	항목명	내용	나라
1	기이1	天賜玉帶	後高麗王將謀伐羅乃曰, "新羅有**三寶**不可犯何謂也." "皇龍寺丈六尊像一, 其寺九層塔二, 眞平王天賜玉帶, 三也." 乃止其謀.	신라
2	기이2	景明王	(경명왕)7년 庚辰(920) 2월, 皇龍寺塔影 倒立於今毛舍知家庭中一朔.	신라
3	기이2	武王	乃法像彌勒三會殿 · 塔 · 廊廡各三所創之, 額曰彌勒寺.	백제
4	탑상	遼東城育王塔	三寶感通錄載 高麗遼東城傍塔者 古老傳云 昔**高麗聖王** 按行國界次 至此城 見五色雲覆地 往尋雲中 有僧執錫而立 旣至便滅 遠看還現 傍有**土塔三重** … 王因生信 起**木塔七重**	고구려
5	탑상	金官城婆娑石塔	金官虎溪寺**婆娑石塔**者 昔此邑爲金官國時 世祖首露王之妃 許皇后名黃玉 以東漢建武二十四年戊申(48) 自西域阿踰陁國所載來.	가야
6	탑상	高麗靈塔寺	有神人來請 宜住此地 乃置錫杖於前 指其地曰 此下有八面七級石塔 掘之果然 因(普德)立精舍 曰靈塔寺 以居之.	고구려
7	탑상	皇龍寺九層塔	• 선덕여왕 때 자장의 건의에 따라 황룡사9층탑 건립. • 「찰주기」 기록 • 신라 三寶로 인해 고구려가 쳐들어오지 않음. • 안홍의 「동도성립기」 – 이웃나라의 침범을 진압 • 『삼국사기』와 「고기」 인용 – 황룡사9층탑 6차례 수리 기록.	신라
8	탑상	前後所將舍利	• 『삼국사기』 인용 : 慈藏法師所將佛頭骨 · 佛牙 · 佛舍利百粒 · 佛所著緋羅金點袈裟一領, 其舍利分爲三, 一分在皇龍塔, 一分在大和塔, 一分并袈裟在通度寺戒壇, 其餘未詳所在. • 又諺云其皇龍寺塔災之日 石鑊之東面始有大斑, 至今猶然. 即大遼應曆三年癸丑歲(953)也, 本朝光廟五載也, 塔之第三災也. • (至元) 二十一年甲申(1284)修補國清寺金塔, 國主與莊穆王后幸妙覺寺, 集衆慶讚訖, 右佛牙與洛山水精念珠如意珠君臣與大衆皆瞻奉頂戴後并納金塔內.	신라 고려

	편목	항목명	내용	나라
9	탑상	臺山五萬眞身	太和池龍現身請齋, 供養七日. 乃告云, "昔之傳偈老僧 是真文殊也." 亦有叮囑創寺立塔之事, 具載別傳.	신라
10	탑상	臺山月精寺五類聖衆	(월정)寺之五類聖衆 · 九層石塔皆聖跡也	고려
11	탑상	伯嚴寺石塔舍利	又咸雍元年十一月 當院住持 得奥微定大師 釈秀立定院中常規十條, 新竪五層石塔真身佛舍利四十二粒安邀, 以私財立寶追年供養條弟一.	고려
12	탑상	五臺山文殊寺石塔記	庭畔石塔盖新羅人所立也. …懸板云. 比丘處玄曽住此院, 輙移置庭心則二十餘年間寂無霊應. 及日者求基抵此乃嘆曰, "是中庭地非安塔之所, 胡不移東乎." 於是衆僧乃悟復移舊處, 今所立者是也. …時正豊元年(1156)丙子十月日白雲子記.	고려
13	의해	寶壤梨木	於是壤師将興廢寺而登北嶺望之庭有五層黄塔. 下来尋之則無跡. 再陟望之有群鵲啄地, 乃思海龍鵲岬之, 言尋掘之 **果有遺塼無數, 聚而蘊崇之塔成而無遺塼, 知是前代伽藍墟也.** 畢創寺而住焉, 因名鵲岬寺.	신라
14	의해	良志使錫	又善筆扎靈庙丈六三尊 · 天王像并殿塔之瓦 · 天王寺塔下八部神将 · 法林寺主佛三尊 · 左右金剛神等皆所槊也 … 又嘗彫磚造一小塔并造三千佛安其塔, 置於寺中致敬焉.	신라
15	의해	二惠同塵	又一日将草索綯入霊庙寺, 圍結於金堂與左右経樓及南門廊廡告剛司. "此索湏三日後取之." 剛司異焉而従之, 果三日善德王駕幸入寺, 志鬼心火出燒其塔 唯結索處獲免.	신라
16	의해	慈藏定律	凢藏之締搆**寺塔十有餘所**, 每一興造必有異祥	신라
17	의해	義湘傳教	**湘住皇福寺時 與徒衆繞塔**, 每步虛而工不以階升. 故其塔不設梯磴, 其徒離階三尺履空而旋.	신라
18	신주	明朗神印	乃捨爲寺 以龍王所施黄金 餙塔像光曜殊特, 因名金光焉.	신라
19	감통	眞身受供	後景德王十四年望德寺塔戰動, 是年有安史之亂	신라
20	감통	月明師兜率歌	忽有一童子儀形鮮潔, 跪奉茶珠従殿西小門而出. … 王甚異之使人追之, 童入内院塔中而隱, 茶珠在南壁畫慈氏像前	신라

	편목	항목명	내용	나라
21	감통	金現感虎	新羅俗 每當仲春初八至十五日 都人士女 競遶**興輪寺之殿塔** 爲福會.	신라
22	피은	惠現求靜	現靜坐求忘終于山中. 同學舉尸置石室中, 虎啖盡遺骸 唯髏舌存焉. 三周寒暑舌猶紅軟. 過後方變紫硬如石, 道俗敬之 藏于石塔.	백제

불탑은 예배와 신앙의 대상이 되는 건축물인 만큼, 위 표에서 보듯이 탑상편에 가장 많이 보인다. 탑상편에서 항목 제목에 불탑이 드러난 것만 6건이지만(4, 5, 6, 7, 11, 12), 내용에 탑이 등장하는 것까지 포함하면 11건이 된다. 먼저 국가별로 보면, 고구려 불탑과 관련된 기록이 2건, (금관)가야가 1건, 신라 3건, 고려 3건이다. 「대산월정사오류성중」조에 보이는 9층석탑은 현존하는 월정사 8각9층 석탑으로, 주변 발굴 결과 12세기경에 조성된 것으로 보고 있다.[516] 「오대산문수사석탑」조의 경우 일연이 언급하고 있듯이, 이 석탑이 건립된 것은 신라 때이지만 영험이 나타나 알려지게 된 것은 고려 때의 일이므로 고려 불탑 관련 기사로 분류할 수 있다. 백엄사도 신라 때 사찰이었으나 폐사되었다가 양부, 긍양, 신탁 등에 의해 중창되었고, 1065년에 득오미정이 5층석탑을 새로 건립하고 사리를 봉안하였다고 한다. 더욱이 사찰의 규정을 새로 마련했다는 것으로 보아 중창에 가까운 일로 짐작되며, 이때 탑도 새롭게 건립한 것이라 여겨진다.

고구려 불탑과 관련된 탑상의 기록은 「요동성 육왕탑」조와 「고려 영탑사」조로, 기존에 탑이 있었던 자리에 새 탑을 건립하거나 사찰을 건립한 내용을 전하고 있다. 이전에 탑이 있었다는 것은 고구려와 불교

516 월정사 · 문화유산발굴조사단, 『오대산 월정사 석조보살좌상 주변지역 발굴조사 보고서』 II, 2005.

의 인연이 오래되었음을 강조하기 위함이다. 요동성에 있었던 탑은 한나라 때의 것으로, 일찍이 인도 아육왕이 곳곳에 탑을 세웠으니 이상할 것이 없다며[517] 찬자 일연은 아육왕탑의 하나로 여겼다. 「고려 영탑사」조에서도 보덕(普德)이 강연할 때 신인(神人)이 나타나 불탑의 위치를 알려주었다는 것은 그곳이 이미 불교와 인연이 있었던 곳임을 의미한다.

파사석탑은 고려 당시 김해 호계사에 있었던 탑으로, 금관가야의 시조 수로왕의 비인 허황옥이 아유타국에서부터 가져왔다고 한다. 이 탑은 '모가 4면으로 5층이고 그 조각이 매우 특이하다. 돌에 미세한 붉은 반점 색이 있고 그 질은 무르니 우리나라에서 나는 것이 아니라'고[518] 하였다. 현재는 허왕후릉 앞에 있는데, 조선시대 때 옮긴 것이며 탑신도 마모가 많이 이루어져 4면의 모습을 찾기 어렵다. 제8대 질지왕(銍知王) 2년(452)에 이르러서야 사찰을 짓기 시작했고, 허왕후가 금관가야에 왔을 때에는 불교가 가야에 전해지지 않았으며, 특히 탑을 배에 싣고 온 이유가 파도신의 노여움을 막기 위함이었기 때문에 불탑으로 보긴 어렵다.[519] 파사석탑이 호계사에 있었다는 표현으로 보아 일연이 『삼국유사』를 찬술하기 이전에 이미 불탑으로 여겨졌음을 짐작할 수 있다.

한편 불탑 건립의 배경, 목적, 과정 등을 자세히 전하는, 가장 '불탑' 기사다운 항목은 「황룡사구층탑」조이다. 자장이 당나라에 유학하여

517 『삼국유사』 권3 탑상4 요동성육왕탑, "又掘得銘上有梵書. 侍臣識之云 '是佛塔.' 王委曲問詰, 荅日 '漢國有之.' … 育王所統一閻浮提洲 處處立塔, 不足可怪."

518 『삼국유사』 권3 탑상4 금관성파사석탑, "塔方四面五層, 其彫鏤甚奇. 石微赤班色 其質良脆, 非此方類也."

519 이거룡, 「파사석탑(婆娑石塔)의 유래와 조성과정에 관한 연구」, 『동아시아불교문화』 36, 2018, pp.641-675.

오대에서 문수보살이 불법을 주는 것에 감응하였으며, 태화지에서 만난 신인으로부터 황룡사9층탑을 조성하면 이웃 나라의 항복을 받을 수 있다는 말을 듣는다. 자장은 귀국 후 탑 건립을 청하였고, 백제 장인 아비지를 초청하여 9층탑을 완성하였다. 일연은 「찰주기」 및 『삼국사기』, 「사중고기(寺中古記)」 등 황룡사탑 관련 기록을 정리하여 수록하였으며, 황룡사탑을 세운 후 삼한이 하나가 된 것은 탑의 '영험'이라고 평가하였다.

「전후소장사리」조에 보이는 신라 불탑 관련 기사도 황룡사탑에 관한 것으로, 자장이 가져온 사리를 나누어 안치한 내용이나, 황룡사탑에 세 번째 화재가 난 일 등은 이미 「황룡사구층탑」조에서 기록한 내용이다. 뿐만 아니라 「대만오만진신」조에서도 자장이 태화지에서 만난 지룡이 창사(創寺)와 건탑을 건의했다고 간단히 전하고 있는데, 이 또한 「황룡사구층탑」조에 담긴 내용이다. 자장의 행적을 언급하면서 황룡사탑을 빼놓을 수 없었음을 알 수 있다. 한마디로 탑상편에서 신라 불탑은 '황룡사9층탑'으로 수렴된다고 해도 과언이 아니다. 이는 탑상편에만 국한되는 것이 아니라, 기이편 「천사옥대」조나 「경명왕」조에서도 신라 삼보로서 황룡사탑을 언급하거나 황룡사탑과 관련된 이적(異蹟)을 기록하고 있다.

한편 탑상편을 제외한 다른 편목에서 불탑 관련 기사를 13건 찾을 수 있었는데, 이중 「무왕」과 「혜현구정」 2건을 제외하고 모두 신라 불탑에 관한 것이다. 앞서 언급한 것처럼 이중 기이편의 「천사옥대」와 「경명왕」조에서는 황룡사탑에 관한 기록이다.

불탑은 부처의 사리를 봉안하는 곳으로, 예배의 대상이다. 혜현의 사후 그의 혀가 돌처럼 단단해졌고, 이를 석탑 안에 안치했다고 하는데

(22), 탑의 사리봉안이라는 역할을 보여주는 예라고 하겠다. 백엄사 5층석탑을 새로 건립하며 불사리 42과를 봉안하거나, 황룡사탑과 태화사탑에 사리를 봉안한 것은 탑의 사리 봉안처라는 성격을 직접적으로 보여준다. 이 경우 탑에 대한 예배과 공경은 곧 사리신앙으로 이어진다고 할 수 있다.

또한 황복사탑과 흥륜사탑에서 탑돌이가 행해졌는데(17, 21), 이는 탑이 예배의 대상이었음을 잘 보여준다. 망덕사는 당나라를 위해 건립한 사찰이었던 만큼 망덕사탑은 당에서 소요가 일어날 것임을 암시하며 그 영험함을 보여주었다(19). 혜공이 지귀의 심화로부터 영묘사탑을 지키고자 한 것(15)도 탑이 지니는 신성함 및 영험함을 인지하고 있었기 때문이 아닐까 한다. 뿐만 아니라 월명사가 도솔가를 부르고 해의 변괴가 사라지자 동자가 나타나 내전의 탑 속으로 들어갔다고 하는데(20), 이 동자는 불·보살의 화신으로 볼 수 있으며 곧 탑이 불·보살의 안식처로도 이해되고 있었음을 보여준다고 하겠다.

「보양이목」조에서 보양이 까치떼가 땅을 쪼고 있는 장소를 파보니 수많은 벽돌이 나왔고, 그 벽돌로 탑을 이루니 남는 벽돌이 없어 이곳이 '전대 가람터'였음을 알았다고 한다. 불교가 수용되면 사찰이 건립되고 사찰 건립에는 불상과 불탑이 핵심이 되는 만큼, 반대로 사찰은 사라지더라도 불탑이나 그 흔적이 남아있을 경우 그곳이 불교가 전래·수용되었던 곳임을 증명한다. 이렇듯 탑은 사찰의 구성요소로 여겨지고 있는데, 양지가 영묘사 전탑의 기와, 사천왕사탑 아래의 팔부신중 등을 만들었고(14), 명랑은 용에게 받은 금으로 금광사의 탑과 불상을 만들었다(18)는 내용에서 이러한 불탑의 성격을 엿볼 수 있다.

이처럼 『삼국유사』 속 불탑은 사리 봉안, 예배의 대상이라는 본질적 성격을 지니면서, 황룡사탑이나 망덕사탑과 같이 건탑 목적에 따라 '영험'함을 드러내기도 하였다. 또한 불탑은 사찰의 핵심적 요소로서, 사찰의 한 구성요소로 여겨지거나 사찰을 대표하는 역할을 보여주기도 하였다. "절과 절들은 별처럼 벌여 있고, 탑과 탑들은 기러기 행렬인 양 늘어섰다."[520]고 하였듯이 사찰의 수만큼이 불탑이 있었을 것이다. 그러나 그 모든 불탑을 기록으로 남길 수는 없다. 예컨대 『삼국유사』에 감은사, 불국사에 대한 기사는 있으나, 감은사탑, 불국사3층석탑(석가탑)에 대한 별도의 언급은 없다. 사찰이 더 의미가 있고, 탑은 사찰의 일부로 인식되었기 때문일 것이다. 이런 점을 고려해도 『삼국유사』 속 불탑에 관한 기록이 매우 소략한 편이다.

불탑 관련 기사들을 볼 때 일연은 특별히 '영험', '기이'를 보인 '불탑'에 주목하였다. 탑에 담긴 '영험'은 조탑 연기설화나 지역 사람들의 이야기를 통해 확인할 수 있었다. '견문'은 일연의 『삼국유사』 찬술의 특징적인 태도로, 불탑에 관한 기록에서도 이러한 태도는 견지되고 있었다. 일연이 직접 또는 서적을 통해 보거나 들었던 탑에 얽힌 신이한 이야기라는 기준에 따라 불탑 관련 기사를 『삼국유사』에 수록하다 보니 그 수가 많지 않았던 것이다. 따라서 오히려 불탑에 관해서는 『삼국유사』의 기록 외에 고고학적 성과 및 금석문을 통해 보다 폭넓게 접할 수 있다.

2) 조탑(造塔)신앙과 불교적 사후세계관

앞서 살펴본 바와 같이 『삼국유사』 속 불탑 관련 기사들은, 사리 봉

520 『삼국유사』 권3 흥법3 원종흥법 염촉멸신

안 장소라는 불탑의 근본적인 의미에서부터 불탑과 부처를 동일시하는 예배·신앙의 대상으로, 나아가 여러 '영험'을 나타내는 존재로, 특히 일연이 탑에 얽힌 '영험' '신이'에 주목했음을 보여주었다.

비록 『삼국유사』에는 전하지 않지만, 신라 하대에 자신의 복을 구하고 극락왕생을 기원하는 염원을 담은 탑을 세우는 조탑신앙이 유행하였다. 이 조탑신앙은 『무구정광대다라니경(無垢淨光大陀羅尼經)』(이하 『무구정경』)에 근거한 것으로, 8세기 초 신라에 이 경전이 전래되면서 이러한 변화가 일어났다. 『무구정경』은 704년 미타산(彌陀山)에 의해 한역(漢譯)되었는데, 이후 신라에 언제 전래되었는지 분명하지 않지만 성덕왕 5년(706)에 만들어진 〈황복사지 3층석탑 금동사리함명문〉에 이 경전이 등장하는 것으로 보아[521] 번역 후 바로 전해졌음을 알 수 있다.

『무구정경』은 서분(序分)과 6종의 다라니, 즉 근본, 상륜당, 수조불탑(修造佛塔), 자심인, 공덕취, 육바라밀다라니로 구성되어 있다. 서분에서는 "바라문이여, 이 가비라성에 오래된 탑이 있고 그 탑 속에 여래의 사리가 있느니라. 지금 그 탑이 무너져가니 그대가 가서 그 탑을 중수하면서 상륜탱을 만들어 그 속에 다라니를 넣어라. 그러면 수명이 연장될 것이며, 수명이 다하여 목숨을 마치면 극락세계에 왕생하여 백천겁 동안 복락을 받을 것이다."[522]라고 하였다. 이렇듯 『무구정경』은 옛 탑을 수리하고 그 속에 소탑 및 다라니를 봉안함으로써 현실에서의 장수, 소원성취, 죄업소멸, 국토의 평안 등과 죽은 후 극락왕생의 공덕을

521 〈慶州 皇福寺址 三層石塔 金銅舍利函 銘文〉, "… 今主大王佛舍利四全 金彌陁像六寸一軀 無垢淨光大陁羅尼經一卷 安置石塔第二層 …" (국사편찬위원회 한국사데이타베이스, http://db.history.go.kr/id/gskh_005_0080_0030_0020 / 2023.6.25. 검색)

522 『大正新修大藏經』 권19, p.718 상

받을 수 있다고 한다.

〈표 2〉를 보면[523] 신라 하대에는 무구정탑 건립 사례가 상당수 찾아지는 등 조탑신앙이 크게 성행하였음을 확인할 수 있다. 하대의 조탑은 문성왕대부터 집중적으로 이루어졌는데, 왕위쟁탈전이 소강상태에 접어들면서 억울하게 죽은 선조를 추선하기 위해 옛 탑을 중수하였고, 사후 극락왕생을 염원하기도 한 상황을 반영하고 있다.

〈표 2〉 『무구정경』에 의거한 신라 하대 조탑 사례

	탑지명 및	초창	중수	발원내용	지역
1	황복사 석탑사리함기	효소왕대	성덕왕5년 (706)	사자(효소왕) 추선	경주
2	불국사 석가탑	경덕왕			경주
3	영태2년명 석비로자나불 조상기	혜공왕 2년 (766)		사자 추선 극락왕생	경주
4	법광사 석탑지	흥덕왕 3년 (828)	문성왕8년 (846)	사자(흥덕왕)추선 현왕의 복락	경주
5	창림사 무구정탑지	문성왕 17년 (855)		왕의 현세와 내세의 복락	경주
6	민애왕석탑 사리함기	경문왕 3년(863)		사자(민애왕) 추선	대구
7	취서사 납석사리함기	경문왕 7년(867)		극락왕생 현생 복락	봉화
8	보림사 석탑지	경문왕 10년 (870)	진성왕5년 (891)	사자(헌안왕)추선	장흥
9	중화3년명 금동사리함기		헌강왕9년 (883)	사자추선	경주
10	백성산사 묘길상탑지	진성여왕 9년 (895)		사자추선	합천

523 김영미, 『신라불교 사상사연구』, 민족사, 1992, p.174 〈표1〉; 원선희, 「신라하대 무구정탑의 건립과 『무구정광대다라니경』 신앙」, 『한국학논총』 30, 국민대, 2007, p.138 〈표3〉 참조.

	탑지명 및	초창	중수	발원내용	지역
11	보령 성주사지 중앙 삼층석탑	9세기			보령
12	선림원지 3층석탑	9세기			양양
13	동화사 금당암 3층 석탑	9세기			대구
14	봉화 서동리 3층 석탑	9세기			봉화
15	공주 동원리 석탑	9세기			공주

탑의 건립, 수리에는 비용이 많이 든다. 따라서 무구정탑은 왕과 진골귀족들에 의해 주로 발원되어 조성되었다. 그러나 무구정탑이 경주 일원뿐 아니라 장흥, 보령, 공주 등 전국적으로 조성되었으며, 원성왕 때 탑돌이 의례가 풍속으로 자리 잡았던 사실을 고려하면[524] 신라 백성들도 이 무구정탑을 통해 추선과 함께 사후 극락왕생을 염원했을 것이다.

신라 통일 전후로 아미타신앙이 유행하면서 극락왕생을 염원하고, 극락왕생을 위한 염불, 조상(造像) 등 다양한 수행을 모색하였다. 이후 극락뿐 아니라 미륵이 머무는 도솔천 등을 왕생처로서 인식하며 정토가 확장되어 갔고,[525] 신라 중대에는 다양한 신앙뿐 아니라 신라 자체가 불국정토라는 인식이 널리 자리를 잡았고, 그 결과 현신성불의 설

524 『삼국유사』 권5 감통7 김현감호.

525 『삼국유사』 권4 의해5 「진표전간」, 「관동풍악발연수석기」 등에서 진표와 그 제자들 의한 점찰법회와 미륵신앙, 지장신앙의 유행을 읽어볼 수 있다.(박미선, 「眞表占察法會의 성립과 성격」, 『韓國古代史硏究』 49, 2008; 조경철, 「『삼국유사』 「진표전간」의 진표행적에 대한 비판적 검토」, 『신라문화제학술논문집 34－삼국유사 의해편 2』, 신라문화연구소, 2013.)

화를 탄생시키기도 하였다.[526] 그러나 하대에 접어들면서 사후의 극락왕생이 유독 강조되고 이를 위해 조탑의 행위가 널리 유행하게 된 것이다.

『삼국유사』에는 이러한 조탑신앙과 관련한 불탑 기사가 수록되지 못한 것일까? 〈표 2〉에서 보듯이 조탑신앙은 사리함기나 탑지 등 탑 속에 봉안된 자료를 통해 알 수 있었다. 즉 일연이 이들 탑을 보았을 가능성은 충분하지만, 이 탑들이 극락왕생을 위한 '조탑신앙'과 관련되어 있음을 알 수 없었을 것이며, 당연히 이 탑들과 관련된 '영험' 이야기가 전하지 않는 이상 일연이 이들 탑에 주목하지 않았을 것이다.

다만 『삼국유사』 속 불탑 기사가 불탑의 영험과 신이함을 강조하였고, 그 영험은 국가나 왕실을 위한 성격이 컸다. 물론 하대 조탑신앙도 왕이나 귀족들에 의해 주도되고 있었지만, 그 조탑의 목적이 국가적 성격을 띠기보다 개인적 염원을 강하게 드러냈다는 점을 차이점으로 꼽을 수 있겠다. 여기서 개인적 염원이란 사후 극락왕생으로 귀결되었으며, 이는 불교적 사후세계관이 분명하게 자리 잡았음을 보여준다. 따라서 조탑 또는 불탑과 불교식 '장례'와의 관련성을 엿볼 수 있는 것이다.

불교의 수용으로 인한 사후세계관의 변화는 표면적으로 화장이라는 장례법에서 찾아볼 수 있지만, 그뿐만 아니라 추선 추모 방식에도 영향을 주었다. 일찍이 진흥왕은 전사한 사졸을 위해 팔관연회를 개최하였다.[527] 법회를 통해 위령제를 설행하였던 것이다. 사복은 어머니의

---

526 『삼국유사』 권3 탑상4 「남백월이성 노힐부득 달달박박」; 『삼국유사』 권5 감통7 「욱면비염불서승」, 「광덕엄장」.

527 『삼국사기』 권4 신라본기4 진흥왕 33년(572) 10월 20일.

시신을 업고 땅 아래 연화장세계로 들어갔는데, 후세 사람들이 그를 위해 도량사라는 사찰을 짓고 해마다 3월14일에 점찰회를 열었다고 한다.[528] 이 점찰회 또한 사복의 추선의 의미가 있었던 것이다.

법회뿐 아니라 사찰을 건립하여 추모하는 경우도 있었다. 이차돈이 순교했을 때 그를 장사지내기도 했지만, 자추사라는 절을 짓어 추모하기도 하였다.[529] 무열왕 때에는 장춘랑과 파랑이 비록 백골이 되었지만 나라를 위해 군행을 따라다니는 충성을 보여주자 무열왕이 장의사(壯義寺)를 세워 그들의 명복을 빌게 하였다.[530] 김유신의 부인 재매부인(財買夫人)이 죽자 청연(靑淵)의 상곡(上谷)에 묻고 재매곡(財買谷)이라 하였으며, 그 골짜기 입구에 암자를 짓고 후에 원찰로 삼았다.[531] 원찰은 왕실에서도 적극적으로 건립하였다. 왕 사후에 왕릉을 조영할 때 함께 창건되거나 재위기간 직접 창건하기도 하고, 기왕의 사찰을 사후에 원찰로 변경하기도 하였다. 또한 화장을 할 경우에도 사찰이나 그 주변에서 이루어졌고,[532] 장지를 기록할 때도 원찰 또는 인근 사찰을 기준으로 제시하였다.[533]

한편 술종공은 죽지령에서 한 거사를 만났었는데, 이후 그 거사가 죽었다는 소식을 듣고 돌로 미륵불 한 구를 만들어 그 무덤 앞에 봉안하였다.[534] 소성왕비 계화왕후(桂花王后)는 대왕이 먼저 세상을 떠났으므

528 『삼국유사』 권4 의해5 사복불언
529 『삼국유사』 권3 흥법3 원종흥법 염촉멸신
530 『삼국유사』 권2 기이2 장춘랑 파랑
531 『삼국유사』 권2 기이2 김유신
532 화장묘 인골을 분석하여 화장용 가마시설이 있었을 것이라고 하며, 화장 후 인골을 매장할 때 규칙을 가지고 안치하는 것이 아니라 골편을 무작위로 안치한 사실을 밝히기도 하였다.(김호상 · 김재현, 「신라왕경 소재 화장묘의 구조와 출토인골 분석」, 『신라문화제학술논문집 26－국읍에서 도성으로』, 신라문화연구소, 2005.)
533 손병국, 앞의 논문, 2015.

로 지극히 슬퍼하였으며 왕의 명복을 빌고자 미타상 한 구를 만들어 모셨다.[535] 이렇게 법회, 창사, 조상 등을 통해 죽은 자들의 명복을 빌었는데, 이는 죽음 또는 사후세계에 대한 불교적 관념이 확립되었음을 보여주는 것이다.

나아가 혜현의 혀를 석탑에 안치하였고(표1－21), 진표의 유골을 돌을 세워 안장했다는 기록[536] 등을 볼 때 혜현이나 진표에 대한 존경과 숭배는 석탑과 유골을 안장한 돌과 같은 조형물로 옮겨졌다. 이후 선종이 전해지고 유행하면서 선사에 대한 존경이 선사의 유골 · 사리를 탑에 봉안하는 승탑의 유행으로 이어지게 되었던 것이다. 비록 『삼국유사』 불탑 관련 기사를 통해서는 읽을 수 없지만, 남겨진 불탑 및 사리함기 등을 통해 불탑과 불교적 사후세계의 관계를 고려해 볼 수 있다. 장을 달리해서 '장례'에 대해 살펴보겠다.

3. 『삼국유사』 속 '장례' 관련 기사 분석

『삼국유사』에서 '장례'와 관련된 기록들을 찾아 정리한 것이 아래 〈표 3〉이다. 왕력편과 기이편은 왕에 관한 기록으로, 왕이 사망한 후 장례 및 능의 위치에 대한 내용이 중심을 이루고 있다. 의해편 이하는 승려 및 수행자의 이야기가 중심으로, 이들의 장례에 관한 기록이 담겨

534 『삼국유사』 권2 기이2 효소왕대 죽지랑

535 『삼국유사』 권3 탑상4 무장사 미타전

536 『삼국유사』 권4 의해5 「관동풍악발연수석기」, "師遷化時登於寺東大巖上示滅, 弟子等不動真体而供養, 至于骸骨散落 於是以土覆藏乃爲幽宫. … 丁巳九月特詣松下 拾骨盛筒有三合許. 於大嵓上雙樹下 立石安骨焉."

있다. 그러므로 이 장에서는 크게 왕실의 장례와 승려·수행자의 장례로 나누어 살펴보겠다.

〈표 3〉

	편목	항목	내용
1	왕력	제4탈해니질금	王崩, 水葬未䟽井丘中. 塑骨安東岳, 今東岳大王.
2		제17나물마립간	陵在占星臺西南.
3		제23 법흥왕	陵在哀公寺北.
4		제25 진지왕	陵在哀公寺北(파른본)
5		**제30 문무왕**	**陵在感恩寺東海中**
6		제32 효소왕	陵在望德寺東.
7		제33 성덕왕	陵在東村南, 一云楊長谷
8		**제34 효성왕**	**法流寺火葬, 骨散東海**
9		제35 경덕왕	初葬頃只寺西岑, 鍊石爲陵. 後移葬楊長谷中.
10		제38 원성왕	陵在鵠寺, 今崇福寺有也. 致遠所○立碑
11		제41 헌덕왕	陵在泉林村北
12		제42 흥덕왕	陵在安康北比火壤, 與妃昌花合葬
13		**제51 진성여왕**	**十二月崩火葬. 散骨于年梁西卉一作未黃山.**
14		**제52 효공왕**	**火葬師子寺北, 骨藏于仇知堤東山脇.**
15	기이1	**제53 신덕왕**	**火葬藏骨于箴峴南.**
16		**제54 경명왕**	**火葬皇福寺, 散骨于省等仍山西.**
17		제56 경순왕	陵在□□□東向洞.
18		신라시조 혁거세왕	理國六十一年王升于天, 七日後遺體散落于地, 后亦云亡. 國人欲合而葬之有大蛇逐禁, 各**葬五體爲五陵**亦名蛇陵, 曇嚴寺北陵是也.
19		제4탈해왕	在位二十三年建初四年己夘崩. **葬䟽川丘中,** 後有神詔 "愼埋葬我骨." 其髑髏周三尺二寸, 身骨長九尺七寸. 齒凝如一骨節皆連瑣. 所謂天下無敵力士之骨. 碎爲塑像安闕內, 神又報云 "我骨置於東岳." 故令安之
20		미추왕 죽엽군	在位二十三年而崩, 陵在興輪寺東.
21		선덕왕 지기삼사	"朕死於某年某月日, 葬我於忉利天中.

	편목	항목	내용
22		김유신	金氏宗財買夫人死, 葬於青淵上谷 因名財買谷.
23		태종춘추공	真德王薨, 以永徽五年甲寅即位. 御國八年龍朔元年辛酉崩壽五十九歲, 葬於哀公寺東有碑. (의자)王病死贈金紫光祿大夫衛尉卿, 許舊臣赴臨. 詔葬孫皓陳叔寶墓側並爲竪碑.
24	기이2	**문무왕 법민**	大王御國二十一年 以永隆二年辛巳崩, **遺詔葬於東海中大巖上**
25	기이2	효소왕 죽지랑	人曰"居士死有日矣"… 更發卒修葬於嶺上北峯, 造石彌勒一軀安於塚前.
26	기이2	원성왕	王之陵在吐含岳西洞鵠寺 今崇福寺, 有崔致遠撰碑
27	기이2	김부대왕	전왕(경애왕)의 시체를 서당에 안치하고 여러 신하들과 함께 통곡했다. ? 태조가 사신을 보내어 조문하고 제사하였다.
28	흥법	원종흥법 염촉멸신	遂乃葬北山之西嶺 即金剛山也. 傳云頭飛落處因葬其地, 今不言何也.
29	탑상	사불산　굴불산 만불산	(대승사) 請比丘亡名誦蓮経者主寺, 洒掃供石香火不廢. 号曰亦德山, 或曰四佛山. 比丘卒旣葬, 塚上生蓮.
30	탑상	낙산이대성 관음 정취 조신	適過溟州蟹縣嶺 大兒十五歲者 忽餧死. 痛哭收瘞於道.
31	탑상	남월산	亡妣肖里夫人 古人成之, 東海攸友邊散也. 仍造石彌陁一軀奉爲亡考仁章一吉干.　古人成之, 東海攸反邊散也
32	의해	원광서학	遂葬于郊外, 國給羽儀葬具同於王禮. 後有俗人兒胎死者, 彼土諺云 "當於有福人墓埋之種微不絕." 乃私瘞於墳側, 當日震此胎屍擲于塋外. 由此不懐敬者率崇仰焉.(속고승전) 享年八十四入寂葬明活城西. (수이전) 議曰 … 年八十餘卒於貞觀間. 浮啚在三岐山金谷寺. 〈今安康之西南洞也. 亦明活之西也〉
33	의해	이혜동진	未幾(惠)宿忽死, 村人轝葬於耳峴 〈一作硎峴〉 東 … 其人至峴東見葬者未散, 具說其由開塚視之, 唯芒鞋一隻而已. (혜공)及終浮空告寂, 舍利莫知其數.
34	의해	자장정율	藏聞之方具威儀尋光而趍登南嶺, 已杳然不及, 遂殞身而卒. 茶毗安骨於石穴中.

	편목	항목	내용
35		원효불기	旣入寂, 聰碎遺骸塑眞容安芬皇寺, 以表敬慕終天之志.
36		사복불언	"君我昔日馱経牸牛 今已亡矣 偕**葬**何如." … 福負尸共入其地奄然而合
37		진표전간	**其骨石**今在鉢淵寺, 即爲海族演戒之地.
38		관동풍악발연수석기	師遷化時登於寺東大巖上示滅, 弟子等不動眞体而供養, 至于骸骨散落 於是以土覆藏乃爲幽宮. … 丁巳九月特詣松下 拾骨盛筒有三合許. 於大嵓上雙樹下 立石安骨焉.
39		혜통항룡	及神文王崩孝昭即位, **修山陵除葬路**, 鄭氏之栁當道有司欲伐之.
40	신주	명랑신인	又新羅京城東南二十餘里有遠源寺, 諺傳安惠等四大德與金庾信 · 金義元 · 金述宗等同願所創也. **四大德之遺骨皆藏寺之東峰**, 因号四霊山祖師嵓云 … 廣學 · 大緣二人随聖祖入京者, 安師等乃與金庾信等創遠源寺者也. 廣學等二人骨亦来安于玆爾, 非四德皆創遠源皆随聖祖也
41		광덕엄장	明日歸訪其居(광)德果亡矣. 於是乃與其婦 收骸同營蒿里.
42	감통	선율환생	司曰, "汝之壽籙雖盡, 勝願未冝復人間畢成寶典", 乃放還. 時律死已十日 葬于南山東麓. 在塚中呼三日, 牧裡聞之來告於本寺. 寺僧歸發塚出之具說前事.
43		혜현구정	現靜坐求忘終于山中. 同學轝尸置石室中, 虎啖盡遺骸 唯髏舌存焉. 三周寒暑舌猶紅軟. 過後方變紫硬如石, 道俗敬之 藏于石塔.
44	피은	포천산오비구경덕왕대	蛻棄遺骸 放大光明 向西而去.
45		염불사	死後泥塑眞儀安于敏藏寺中, 其本住避里寺改名念佛寺 …

1) 신라 왕실의 불교식 장례

신라는 법흥왕대에 불교를 공인하고, 법흥왕과 그 뒤를 이은 진흥왕이 말년에 출가를 하는 등[537] 왕실의 신불(信佛)활동이 매우 적극적이었다. 그러나 위 〈표 3〉에서 법흥왕의 능이 애공사 북쪽에 있다고 하고(3), 『삼국사기』에서도 두 왕 모두 "애공사 북쪽 산봉우리에 장사지냈다"[538]는 기록을 볼 때 장례는 전통의 방식인 매장이었다.[539] 화장으로 장례를 치른 첫 번째 신라왕은 문무왕이었다.

『삼국유사』 기이2에서는 "대왕이 나라를 다스린 지 21년 만인 영륭(永隆) 2년(681) 신사에 붕어하니, 유조를 따라 동해 중의 큰 바위에 장사지냈다."[540]고 간단히 기술하고 있다(표3-24). 그 유조는 『삼국사기』에 자세히 전하는데, "죽고 나서 10일 뒤에 곧 고문(庫門) 바깥의 뜰에서 서국(西國)의 의식에 따라 화장(火葬)을 하라. 상복의 가볍고 무거움은 정해진 규정이 있으니, 장례를 치르는 제도를 힘써 검소하고 간략하게 하라."고 하였다.[541] '서국 의식에 따라 화장'하라는 표현에서 보듯이 문무왕은 불교식 장례로서 '화장'할 것을 유언으로 남겼다.

『삼국유사』 「왕력」에서 '감은사 동쪽 바다에 문무왕릉이 있다'고 하였는데(표3-5), 대왕암으로 더 잘 알려진 경주 문무대왕릉이다. 이 왕릉은 동서남북 사방으로 바닷물이 들어오고 나가는 수로(水路)를 마련한 것처럼 되어 있는데, 석탑 하부의 사방에 통로를 마련한 것과 같은 불탑의 형식이 적용된 것으로 보기도 한다. 안쪽에 남북으로 길게 놓인 넓적하고도 큰 돌이 있다. 이 돌 밑에 인공으로 구멍을 뚫고 거기에 문무왕의 유골을 안치한 것으로 추정한 견해가 제기되기도 하였으나

537 『삼국유사』 권3 흥법3 원종흥법 염촉멸신
538 『삼국사기』 권4 법흥왕 27년 ; 『삼국사기』 권4 진흥왕 37년
539 법흥왕릉은 경주 효현동 선도산 서쪽 기슭에서 뻗은 낮은 구릉에 위치한 무덤으로 비정하고 있으며, 진흥왕릉은 법흥왕릉에서 반대방향으로 2km 떨어져 있는 서악동에 위치한 무덤으로 보고 있다.
540 『삼국유사』 권2 기이2 문무왕 법민
541 『삼국사기』 권7 신라본기7 문무왕 21년 7월 1일.

전자 탐사 결과 인공의 흔적을 전혀 찾을 수 없어 현재는 문무왕을 화장한 뒤에 그 뼈를 뿌린, 즉 산골 장소로 이해하는 것이 일반적이다.[542]

A.

1-① 제34대 효성왕 … 법류사(法流寺)에서 화장(火葬)하고, 뼈를 동해(東海)에 뿌렸다.[543]

-② 왕이 죽어 시호를 효성(孝成)이라 하였다. 遺命에 따라, 널을 법류사(法流寺) 남쪽에서 태우고 뼈는 동해에 뿌렸다.[544]

2. (선덕)왕이 병으로 자리에 누웠는데 낫지 않았으므로 조를 내려 말하였다. "… 갑자기 병에 걸려 다시는 일어날 수 없게 되었다. 죽고 사는 것은 하늘에 달려 있으니, 돌이켜 보건대 무슨 여한이 있겠는가? 죽은 뒤에는 불교 법식에 따라 [시신을] 불태우고 뼈를 동해에 뿌려라."[545]

3-① (원성)왕의 능은 토함산 서동(西洞) 곡사(鵠寺) －지금의 숭복사(崇福寺)이다－에 있는데, 최치원(崔致遠)이 지은 비가 있다.[546]

-② (원성왕) 14년(798) 12월29일에 왕이 죽었다. 시호를 원성(元聖)이라 하고, 유명(遺命)에 따라 널을 옮겨 봉덕사(奉德寺) 남쪽에서 화장하였다.[547]

---

542 『삼국사기』 권7 문무왕 21년 7월1일 : 국사편찬위원회 한국사데이타베이스, http://db.history.go.kr/id/sg_007r_0020_0910(2023.5.1. 검색)

543 『삼국유사』 왕력 제34대 효성왕

544 『삼국사기』 권9 신라본기9 효성왕 6년 5월.

545 『삼국사기』 권9 신라본기9 선덕왕 6년 1월.

546 『삼국유사』 권2 기이2 원성왕. 「왕력」에도 같은 내용이 기록되어 있다.

547 『삼국사기』 권10 신라본기10 원성왕 14년 12월 29일.

30대 문무왕의 장례는 화장으로 치렀으나, 화장이 새로운 장례의식으로 자리 잡은 것은 아니었다. 사료 A에서 보듯이 34대 효성왕과 37대 선덕왕, 38대 원성왕이 장례의식으로 화장을 선택하였다. 효성왕의 화장에 대해서는 『삼국유사』, 『삼국사기』에 모두 언급되어 있으나 선덕왕 · 원성왕의 경우는 『삼국사기』에서만 전하고 있다. 문무왕, 효성왕, 선덕왕, 원성왕은 모두 '유언'에 따라 화장으로 장례가 치러졌다. 때문에 화장이 당시 보편적인 장례 의식은 아니었음을 알 수 있다. 또한 문무 · 효성 · 선덕왕은 동해를 산골처(散骨處)로 삼았다는 공통점이 있다. 동해를 산골처로 삼은 것은 문무왕의 선례를 따른 것이 아닌가 한다.

그런데 원성왕의 경우는 화장한 장소만 전하고 있다. 『삼국유사』에 언급되었던 최치원 찬 〈숭복사비문〉에서는, "정원(貞元) 무인년(798) 겨울에 (元聖大王께서) 장례에 대해 유교(遺敎)하시면서 인산(因山)을 명하였는데 땅을 가리기가 더욱 어려워 이에 절[곡사]을 지목하여 유택(幽宅)을 모시고자 하였습니다."[548]고 하여 화장에 관한 내용은 담고 있지 않지만 장례와 관련하여 원성왕의 유명이 있었음을 말해준다. 『삼국유사』에서 일연이 이 숭복사비를 언급한 것으로 보아 이 비문에 근거하여 기록하다보니 화장에 관한 기록은 없고 왕릉에 대해서만 기술한 것이 아닌가 생각된다. 그러나 〈숭복사비문〉에도 『삼국사기』와 마찬가지로 장례에 대해 원성왕의 '유명(遺命)'이 있었다고 하는데, 전왕(前王)들의 선례를 볼 때 이 유명은 화장에 관한 내용일 가능성이 크다. 다만 비문에서 '인산(因山)을 명했다고' 하고, 현재 괘릉을 원성왕릉으로

548 〈숭복사비〉 : 국사편찬위원회 한국사데이타베이스, http://db.history.go.kr/id/gskh_005_0010_0050_0060 (2023.5.1. 검색)

추정하고 있는바 화장 후 유골의 매장을 유언한 것이 아닐까 추측된다. 문무 · 효성 · 선덕왕과 마찬가지로 유언에 따른 화장은 동일하나 동해에 산골한 것과는 달리 원성왕은 유골을 매장하는 '장골'을 선택하였다.

이들 왕이 '화장'을 선택한 이유는 무엇일까? 질병에 의한 사망을 원인으로 꼽기도 한다. 고약한 질병으로 사망할 경우 신라왕들은 전염병 확산 예방 차원에서 유언으로 화장을 명했을 가능성을 제기하기도 하였다.[549] 문무왕은 "스스로 여러 어려운 고생을 무릅쓰다가 마침내 고치기 어려운 병에 걸렸고, 정치와 교화에 근심하고 힘쓰느라고 다시 심한 병이 되었다"고[550] 하였고, 선덕왕 또한 "지금까지 망설이고 있다가 갑자기 병에 걸려 다시는 일어날 수 없게 되었다. 죽고 사는 것은 하늘에 달려 있으니, 돌이켜 보건대 무슨 여한이 있겠는가?"[551]라고 병으로 고생했다고 스스로 표현하고 있다. 효성왕은 재위 기간이 737~742년, 5년으로 왕위를 이을 아들이 없었다는 것으로 보아 젊은 나이에 사망한 듯하므로 질병에 의한 사망으로 추정된다. 이들 세 왕의 공통점이 질병으로 인한 사망은 맞지만, 병을 앓고 있었다고 해서 화장을 선택했다고 단정하긴 어렵다. 더욱이 원성왕은 질병으로 사망하지 않았으며, 이 왕들이 사망할 무렵 당시 전염병이 유행한 것도 아니었으므로 병 때문에 화장했다는 것은 설득력이 떨어진다.

문무왕은 유조에서 '장례를 검소하고 간략하게 하라'고 당부한 것으로 보아 화장은 장례를 간소화하는 방법의 일환으로 여겨졌던 것 같다.

---

549 이근직, 「신라의 상장례와 능원제도」, 『신라문화제학술논문집 28－신라 왕경인의 삶』, 2007, p.209.

550 『삼국사기』 권7 신라본기7 문무왕 21년

551 『삼국사기』 권9 신라본기9 선덕왕 6년

무령왕릉의 지석을 통해 백제에서 왕과 왕비의 사망시 3년상이 기본이었음을 알 수 있으며, 신라의 경우 『수서』에서 "왕과 부모 및 처자의 상(喪)에는 1년간 복(服)을 입는다"고 전한다.[552] 신라는 고구려 · 백제에 비해 상장례의 간소화를 꾀한 것으로 보인다. 이러한 경향 속에 문무왕의 경우 고구려 및 당과의 전쟁을 치렀기 때문에 상장례를 간소화하고자 화장할 것을 유언한 것이 아닐까.[553] 또한 문무왕은 평상시에 죽은 뒤 나라를 수호하는 큰 용이 되어 불교를 떠받들고 국가를 보위하겠다고[554] 하였다. 화장은 불에 의해 순식간에 형질을 바꿈으로써 세속의 인연을 단절한다는 의미도 가진다. 문무왕이 죽어 비록 축생일지라도 용이라는 과보를 얻어도 좋다고 했으므로, 새로운 과보를 얻고자 화장이라는 장법을 선택한 것은 아닐까 한다. 그의 불교에 대한 이해가 깊었음을 짐작할 수 있다.

효성왕과 선덕왕의 경우 재임기간이 짧았을 뿐 아니라 후손이 없었다는 점도[555] 화장을 선택한 요인 중의 하나가 되었을 듯하다.[556] 더욱이 이들은 산골하였는데, 후사가 이어진 문무왕과 원성왕의 경우 화장 후에 대왕릉과 원성왕릉을 조성하였다. 화장뿐 아니라 2차장 또한 후손

---

552 『수서』 동이열전 신라전

553 화장은 절차가 간편하여 묘역 · 노역 · 비용 · 기간에 있어 절약이 된다고 한다(정길자, 「한불승의 전통장법연구」, 『숭실사학』 4, 1989).

554 『삼국유사』 권2 기이2 문호왕 법민

555 효성왕은 즉위 3년에 동생 현영을 태자로 책봉하였고(『삼국사기』 권9 효성왕 3년 5월), 효성왕 사후 현영이 왕위에 올라 경덕왕이 되었다. 선덕왕은 후사가 없어, 사후에 김주원과 김경신이 왕위를 놓고 경쟁하다가 김경신이 즉위, 그가 원성왕이다.

556 『고려사』를 통해 살펴보면 후손이 없는 왕족의 경우, 화장을 할 것을 유언한 경우, 질병으로 홍거한 경우, 개인 및 후손이 불교를 신봉한 경우 화장을 실시하였다고 한다.(정형철, 「고려시대 화장에 대한 재검토」, 동아대 석사학위논문, 2002.) 신라의 경우도 크게 다르지는 않을 것이다.

의 여부가 영향을 끼쳤을 것으로 생각된다.

한편 원성왕의 경우와 달리 51대 진성왕부터 54대 경명왕까지는 『삼국유사』 왕력에서는 화장하여 뼈를 뿌리거나 묻었다고 한 반면에 (표3-13~16), 『삼국사기』에서는 장사지냈다고만 기술하였다.[557]

B.

1-① 제51 진성여왕 … 화장하여 뼈를 모량(牟梁)의 서훼(西卉) 또는 미황산(未黃山)에 뿌렸다고 한다.[558]

-② 진성여왕 11년(897) 12월 乙巳일에 왕이 북궁에서 죽었다. 시호를 진성이라고 하고 황산(黃山)에 장사를 지냈다.[559]

2-① 제52 효공왕 … 사자사(師子寺)의 북쪽에서 화장하고, 뼈를 구지제(仇知堤)의 동쪽 산허리에 묻었다.[560]

-② 효공왕 16년(912) 4월에 왕이 죽었다. 시호를 효공이라고 하고, 사자사(師子寺) 북쪽에 장사 지냈다.[561]

3-① 제53 신덕왕 … 화장하여 뼈를 잠현(箴峴)의 남쪽에 묻었다.[562]

-② 신덕왕 6년(917) 7월에 왕이 죽었다. 시호를 신덕이라 하고, 죽성(竹城)에 장사 지냈다.[563]

---

557 진성왕~경명왕, 4왕의 사례에서 보듯이 葬이라 표현되었지만 그중에는 화장을 한 경우도 있을 것이라는 토론자(조경철)의 지적이 있었다.

558 『삼국유사』 왕력 제51 진성여왕

559 『삼국사기』 권11 신라본기11 진성왕 11년, "冬十二月乙巳, 王薨於北宮. 謚曰眞聖, 葬于黃山."

560 『삼국유사』 왕력 제52 효공왕

561 『삼국사기』 권12 신라본기12 효공왕 16년, "夏四月, 王薨. 謚曰孝恭, 葬于師子寺北."

562 『삼국유사』 왕력 제53 신덕왕

563 『삼국사기』 권12 신라본기12 신덕왕 6년, "秋七月, 王薨. 謚曰神德, 葬于竹城."

4-① 第54 경명왕 … 황복사(皇福寺)에서 화장하여, 뼈를 성등잉산(省等仍山)의 서쪽에 뿌렸다.

-② 경명왕 8년(924) 8월에 왕이 죽었다. 시호를 경명이라 하고, 황복사(黃福寺) 북쪽에 장사 지냈다.[564]

산골과 장골을 구분하였고, 그 장소를 구체적으로 언급하였으며, 효공왕과 경명왕의 경우 『삼국사기』에서 장사지냈다[葬]는 곳이 『삼국유사』에서는 화장한 장소로 나타나고 있어 『삼국유사』 왕력의 기록대로 이들 4명의 왕은 화장했을 가능성이 크다고 생각된다.

51~54대왕까지 4명의 왕이 앞서 사료 A에서 본 왕들처럼 화장할 것을 유언으로 남겼는지는 기록상 확인되지 않는다. 진성여왕 이후 농민봉기가 발발하고, 후고구려와 후백제가 등장하는 등 신라 사회의 쇠퇴와 혼란 속에서 장례에 많은 시간과 비용을 부담하기 어려웠기 때문에 화장을 선택하지 않았나 추측된다. 특히 견훤의 강요에 의해 자살한 경애왕의 장례가 화장으로 이루어지지 않은 점이나 이들 왕을 화장한 후 산골과 장골로 구분되었다는 점 등을 고려해 볼 때, 이들 4명 왕의 화장은 이들의 결정에 의해 이루어진 것이라 짐작된다.

이처럼 왕이 앞장서서 불교를 수용·공인하였으나 장례의식으로서 불교식 화장의 수용은 매우 예외적으로 이루어졌다. 화장은 왕의 개인적 신불 및 후사의 여부, 정치사회적 상황 등을 고려한 '왕의 선택'이었음을 알 수 있었다.

564 『삼국사기』 권12 신라본기12 경명왕 8년, "秋八月, 王薨. 諡曰景明, 葬于黃福寺北."

2) 신라 승려의 불교식 장례

불교를 신봉하며 부처의 가르침에 따라 수행하는 승려들은 당연히 화장으로 장례의식이 치러졌을 것이라고 짐작된다. 『삼국유사』 탑상과 의해 편을 중심으로 신라 승려들의 장례의식을 살펴보자.

기록상 화장을 한 첫 번째 신라 승려는 자장(慈藏)이었다. 자장은 자신을 찾아온 문수보살을 알아보지 못하였고 뒤늦게 쫓아갔으나 미치지 못하고 쓰러져 죽었다. 이에 다비하여 유골을 석혈(石穴) 속에 안장하였다고[565] 한다(표3-34). 석혈이 부도와 같은 것인지 알 수 없지만, 유골을 따로 보관하였음을 알 수 있다. 또한 혜공은 천진공(天眞公) 집의 고용살이하는 노파의 아들로, 신이한 능력이 뛰어나 출가하여 승려가 되었으며, 원효·명랑 등과 함께 활동하였다. 혜공이 죽음에 이르러서는 하늘에 뜬 채 입적하였고 사리(舍利)가 셀 수 없이 많이 나왔다고[566] 한다. 사리가 많이 나왔다고 하는 것으로 보아 자장처럼 다비한 것으로 볼 수 있으며, 장골했을 가능성이 있다. 『삼국유사』에서는 신라 승려로 화장을 한 경우는 자장과 혜공만 찾아진다. 다른 승려들은 어떠했을까?

C.

1-① 살고 있는 황룡사(皇隆寺) 안에서 꼿꼿이 앉아 죽음을 맞았다. 나이가 99세였으니 곧 당나라 정관(貞觀) 4년(630년)이다. … 드디어 교외에 장사를 지내니 나라에서 우의(羽儀)와 장례용구를 지급하여 왕의 장례와 같이 하였다.

565 『삼국유사』 권4 의해5 자장정율
566 『삼국유사』 권4 의해5 이혜동진

-② 후에 속인이 아이가 태내에서 사산된 것이 있었는데, 그 지역의 속설에 "복이 있는 사람의 무덤에 그것을 매장하면 자손이 끊기지 않는다"라고 하였다. 이에 은밀히 무덤의 옆에 묻으니 그 날 이 태아의 시신에 벼락이 쳐서 무덤 밖으로 던져버렸다.[567]

원광(圓光)에 관해서는 중국측 『속고승전』과 국내 『수이전』의 내용이 많이 달라 『삼국유사』에서 두 기록을 모두 싣고 있다. ①『속고승전』에서는 원광이 99세에 사망하자 교외에서 '장사'를 지냈다고 하고, ②『수이전』에서도 사산한 태아를 원광의 무덤 옆에 묻었다고 하므로 원광의 장례는 화장이 아닌 매장이었음을 알 수 있다. 특히 ②에서 죽은 태아를 원광의 무덤 옆에 묻는 것은 투장(偸葬), 즉 남의 눈을 속여 타인의 묘지 또는 산림에 매장하는 행위이다. 천마총 봉토와 황남대총 북분 봉토에서 시기가 다른 토기가 발굴되었는데, 이미 조영된 무덤의 봉분에 다른 시기의 유물을 묻은 형태로, 투장의 흔적으로 보고 있다.[568] 신라사회에서 투장이 이루어졌음을 알 수 있으며, 원광에 대한 『삼국유사』 기록의 신빙성을 확인할 수 있다.

원광뿐 아니라 혜숙(惠宿)의 경우에도 그가 갑자기 죽자 마을 사람들이 이현(耳峴) 동쪽에 장사지내었다고 하며, 그의 무덤을 열어보니 오직 짚신 한 짝만 있었다는[569] 이야기로 보아(표3-33) 매장하였음을 알 수 있다. 선율(善律) 또한 『육백반야경』을 사경하던 중 사망하여 저승에 가게 되었으나 염라대왕이 과업 완수를 위해 이승으로 돌아가라고 하는

567 『삼국유사』 권4 의해5 원광서학
568 손병국, 앞의 논문, 2015, p.7.
569 『삼국유사』 권4 의해5 이혜동진

말을 듣고 소생하게 되었는데, 그가 죽은 지 이미 10일이 지나 남산 동쪽 기슭에 장사를 지내, 무덤 속에 3일이나 있었다고 한다(표3-42).[570] 사불산 대승사에는 『법화경』을 외우던 승려가 있었는데 그도 죽어 장사 지내고 났더니 무덤 위에 연꽃이 피었다고 한다.[571] 이렇게 보면 승려들도 입적 후 다비보다 전통적인 풍습에 따라 매장으로 장례를 지내는 경우가 많았음을 알 수 있다.

한편 원효의 경우, 그의 입적과 관련해서 『삼국유사』에서는 원효가 입적하자 설총이 '유해를 부수어' 원효의 진용(眞容)을 빚어 분황사에 봉안했다고 한다(표3-35).[572] 유해를 부수었다는 말에서 화장이 이루어진 듯하나 〈서당화상비〉에 따르면 "수공 2년(686) 3월 30일 혈사(穴寺)에서 마치니, 나이 70이었다. 곧 절의 서쪽 봉우리에 임시로 감실을 만들었다. 여러 날이 지나지도 않아서 말 탄 무리가 떼를 지어 장차 유골을 가져가려 하였다."라고 한다.[573] 원효의 경우는 사후 다비나 매장이 아닌 자연풍화에 의한 탈육을 통한 장례였다. 이또한 전통장법으로, 자연풍화에 의해 탈육을 기다렸다가 탈육된 유골을 세골하여 땅에 매장하는 세골장이라 할 수 있다. 설총이 탈육된 원효의 유골을 매장하지 않고 부수어 진용을 빚은 것이 차이점일 뿐이다. 이렇게 전통장법인 세골장으로 장례하는 경우가 더 있다.

D-1. 惠現이 고요히 앉아서 [번뇌를] 잊고 산중에서 세상을 마쳤다.

570 『삼국유사』 권5 감통7 선율환생
571 『삼국유사』 권3 탑상4 사불산 · 굴불산 · 만불산
572 『삼국유사』 권4 의해5 원효불기
573 〈高仙寺 誓幢和上碑〉 : 국사편찬위원회 한국사데이타베이스, http://db.history.go.kr/id/gskh_005_0010_0090_0100(2023.5.1. 검색)

같이 공부하던 이가 시체를 옮겨 석실(石室) 속에 안치했는데, 범이 [그] 유해를 다 먹고 오직 해골과 혀만 남겨두었다. 추위와 더위가 세 번 돌아와도 혀는 오히려 붉고 연하였다. 그 후 변해서 자줏빛이 나고 돌처럼 단단하게 되었는데, 승려나 속인이 [모두] 그것을 공경하여 석탑에 간직하였다.[574]

-2. (진표)율사는 세상을 뜰 때 절의 동쪽 큰 바위 위에 올라 죽으니 제자들이 시신을 옮기지 않고 공양하고 해골이 흩어져 떨어질 때에 이르러 흙을 덮어 묻고 이에 무덤으로 삼았다. 푸른 소나무가 곧 나왔다가 세월이 오래 지나자 말라죽었고, 다시 나무 한 그루가 났고 후에 다시 한 그루가 났는데 그 뿌리는 하나였다. 지금도 두 나무가 있다. 무릇 공경을 다하는 사람은 소나무 아래에서 뼈를 찾는데, 혹은 얻고 혹은 못 얻기도 한다. 나는[영잠] 법사의 뼈가 없어질 것을 염려하여 정사년(丁巳年, 1197년) 9월 특별히 소나무 밑에 가서 뼈를 모아 통에 담으니 3홉 가량이 되었다. 큰 바위 아래 두 나무 밑에 돌을 세워 뼈를 안장하였다고 했다.[575]

백제 수덕사에서 『법화경』을 강설하고 수행했던 혜현이 죽자 그의 시신을 석실에 안치해 두었다. 자연 속에서 뼈만 남도록 한 것인데, 호랑이가 시신을 먹어 해골과 혀만 남았다고 한다.[576] 3년이 지나 확인한

574 『삼국유사』 권5 피은8 혜현구정

575 『삼국유사』 권4 의해5 관동풍악발연수석기

576 유사한 영험담으로 신라승려 緣光의 이야기가 있다. 연광은 중국에서 『법화경』을 배우고 돌아와 『법화경』을 널리 폈으며, 날마다 한 번씩 해 오던 『법화경』 독송을 목숨이 다할 때까지 빠뜨리지 않았다. 나이 80에 주석하던 곳에서 입적하였는

결과 혀가 여전히 붉었다고 하는데, 자연풍화에 의한 탈육은 1~3년이상 소요된다고 하므로, 혜현이 사망한 지 3년 후에 탈육된 유골을 수습하러 갔다가 그 모습을 발견한 것이 아닌가 한다. 8세기 중엽 경덕왕대에 활동한 진표의 경우도 그가 입적한 바위 위에 시신을 그대로 두었으며, 뼈만 남았을 때 흙을 덮어 무덤을 만들었다고 한다.

혜현의 시신을 석실에 안치했으므로 짐승에게 육신을 희사하겠다는 목적은 없었겠지만 자연 풍화로 탈육을 기다리는 1~3년간 짐승이 먹을 수도 있다는 것은 생각했을 것이다. 진표의 경우는 사망한 큰 바위 위에 시신을 그대로 두었다고 하므로, 이는 짐승에게 육신을 희사할 수도 있다는 의미가 내포되었을 것으로 짐작된다. 세골장이 전통장법이긴 하나 시신을 희사할 수도 있다는 이타적 장법으로서 불교사상을 담은 장례의식으로 볼 수도 있겠다.

이렇게 기록으로 보면 신라 승려들은 전통적인 장법인 매장을 중심으로, 세골장, 다비 등 다양한 장례방식을 취하긴 하나, 다비가 신라 승려들의 장법으로 정착되지 못한 듯 보인다.[577] 그런데 화장묘를 분석한 연구에 따르면, 8세기 후반에 화장묘의 수가 증가하며, 9세기대에 왕경은 물론 지방에도 화장묘 조영이 활발해져 다양한 형식의 화장묘가 등장한다고 한다. 그러나 전통적인 매장 묘제의 감소에 비례할 만큼 많은 화장묘가 조영된 것은 아닌데, 이는 화장 후 장골보다 산골을 선

데, 荼毘를 하였더니 두골에 혀만이 타지 않고 남았다고 한다(『법화영험전』卷上 海神請聞).

577 대부분의 승려들은 전통적인 장례법이라 할 수 있는 안장으로 거행되었으며, 道詵의 승탑 아래에 유골이 안장된 석관이 출토된 것으로 보아 신라 선승들조차도 화장하지 않았고,(엄기표, 「신라 승려들의 장례법과 석조부도」, 『문화사학』 18, 2002.) 화장 장법이 승려들의 장법으로 정착하는 것은 12세기 이후였다고 한다.(정길자, 앞의 논문, 1989.)

호한 습속 때문으로 보고 있다.[578] 즉 8~9세기 매장 묘제가 감소하고, 화장묘가 활발히 조영되는데 묘로 남지 않는 산골이 훨씬 많았다는 것이다. 그렇다면 이러한 장골 · 산골의 유행에 영향을 끼친 존재는 누구일까? 불교를 앞장서서 신봉한 왕이나 승려를 꼽을 수 있다. 앞서 본 바와 같이 화장을 선택한 신라 왕은 8명에 불과하지만, 51대 진성왕에서 54대 경명왕까지 4명의 왕이 화장을 선택하였다. 8~9세기 화장의 증가는 왕실의 영향도 컸음을 짐작할 수 있다. 그리고 승려들의 영향도 컸다고 봐야 할 것이다. 기록에 남지 않은 승려들이 더 많았을 것이고, 그들이 사후 화장을 하고 산골하였을 가능성도 배제할 수 없기 때문이다. 신라 하대 조탑신앙이 유행하면서 오히려 화장 후 산골을 하고 사찰에서 망자를 추복하는 제사를 행하는 모습으로 장례의식이 변화되었다고 보기도 한다.[579] 『삼국유사』를 비롯한 기록에 남은 매장, 세골장 등으로 장례를 치른 승려들이 오히려 특별한 사례라고 봐야 할 것이다.

4. 맺음말

이상 『삼국유사』에서 불탑과 장례에 관한 기록들을 전수조사하여 그 의미를 고찰해 보았다. 불탑은 부처의 사리를 봉안하는 부처의 무덤으로, 석가모니의 다비에서 비롯되었기 때문에 불탑은 불교식 장례와도 밀접히 연관될 수 있다. 이에 불탑과 장례를 키워드로 삼았던 것

578 홍보식, 「신라 화장묘 수용과 전개」, 『한국상고사학보』 58, 2007.
579 차순철, 「통일신라시대의 화장과 불교와의 상호관련성에 대한 고찰－조사 · 조탑신앙과의 관련성을 중심으로」, 『문화재』 41, 2008.

이다.

불탑 관련『삼국유사』기록을 조사해 본 결과, 탑상편에 가장 많은 불탑 관련 기사를 담고 있었지만 그 수는 결코 많지 않았다. 탑상 편 이외의 편목에서도 마찬가지였다. 사리 봉안이라는 본연의 역할과 사찰의 구성 요소로 신앙과 예배의 대상이 된 모습도 보여주었으나, 탑상편의 불탑 기사는 불탑 건립과 관련된 연기설화를 중심으로, '영험'과 '신이'를 보여준 불탑을 중심으로 수록하고 있었다. 일연이 자신의 견문을 바탕으로『삼국유사』속 기록들을 수집 · 수록했기 때문에 설화나 지역 사람들의 이야기에 등장하지 않는 탑들에 크게 주목하지 않았던 것이다.

더욱이 신라 하대『무구정경』의 유입에 따라 극락왕생을 염원하며 조탑신앙이 크게 유행하여 여러 탑들이 조성되었다. 그러나 이들 불탑에 대한 기사는『삼국유사』에서 찾을 수 없었다.『무구정경』과 조탑과의 관련성은 탑 속의 사리함기나 탑지에 기록되어 있었기 때문에 당연히 일연은 볼 수 없었던 것이다.『삼국유사』속 불탑 기록이 황룡사9층탑과 같이 국가나 왕실과 관련된 그 영험이 명확한 것을 강조하였다면, 신라 하대『무구정경』에 근거한 조탑은 철저히 개인이나 자기 가족의 극락왕생만을 추구하는 성격이 강했다. 이는 불교가 정치사회사상으로서만이 아니라 사후세계관이라는 사회문화사상으로 신라인에게 자리 매김했음을 시사한다.

이러한 불교적 사후세계관을 확실히 보여주는 것이 장례법으로, '화장'을 꼽을 수 있다. 이에 '장례'와 관련된『삼국유사』기록을 조사해 본 결과, 왕력과 기이편에 왕의 장례와 능의 위치에 관한 기록이 주로 담겨 있었고, 의해 이하 편에서는 승려과 수행자들의 장례에 관한 기록을 단편적으로 전해주고 있었다. 불교를 적극적으로 수용하고 신봉했던 신라왕들이지만 불교식 화장으로 장례를 행한 경우는 8명밖에 없었으며, 이에 대한 기록은 문무왕을 제외하고 『삼국유사』에서는 왕력에서만 언급되었다. 뿐만 아니라 화장의 경우 왕의 유명이 있었던 것으로 보아 화장은 결국 왕의 선택에 의한 것임을 알 수 있었으며, 따라서 신라 왕실에서 이례적인 장례법이었다.

한편 신라 승려들의 장례 의식 또한 자장이 최초로 다비로 장사지냈으나 신라 승려의 장법으로 정착되지는 않았다. 전통적인 장법인 매장이 여전히 중심을 이루었고, 육탈을 거쳐 유골을 매장하거나 상을 만드는 등의 2차장도 두루 행해지고 있었다. 이는 자연풍화에 의한 육탈 과정에 시신이 짐승들의 먹이가 되기도 하였으므로, 시신을 희사한다는 이타적 장법으로서 불교적 세계관을 담고 있다고 볼 수 있지 않나 생각한다.

『삼국유사』에서는 선종과 관련되어 전혀 언급이 없고, 화장 관련해서도 기록이 많지 않다. 의해편에서는 승려들의 신이한 행적을 기록하고, 탑상편에서는 창건설화나 불상·불탑의 영험을 위주로 서술하고 있기 때문이다. 또한 일연이 살았던 시기에는 화장이 일반적인 장례로 자리 잡았으므로, 장법으로서 화장에 대해서는 크게 주목하지 않았을 것이다.

고고학에서의 화장묘에 대한 연구를 보면, 8세기~9세기 화장묘가 유행하였는데 이는 화장 후 장골한 경우에 해당하는 것으로, 화장 후 산골이 훨씬 많았을 것으로 추정된다. 그렇다면 화장 후 산골은 승려들의 장례의식에서 영향을 받았을 가능성이 크며, 기록되지 않은 많은 신라 승려들이 화장으로 장례를 지냈을 것으로 추정된다. 신라 하대

『무구정경』에 기초한 무구정탑의 조탑이 유행하는데, 조탑 및 탑 수리의 공덕으로 내세 극락왕생을 염원하였다. 그 과정에서 이승과의 연을 끊고 새 몸으로 극락왕생하기 위해 화장 후 산골을 하는 등 장례의식에도 영향을 주었을 것으로 생각된다.

이처럼 『삼국유사』 속 불탑과 장례, 특히 화장에 관한 기록은 예상보다 적지만, 불교 수용 후 불교식 장례와 불교적 사후세계관에 대한 인식이 자리 잡았음을 확인할 수 있었다. 무엇보다 『삼국유사』 속 기록이 불탑이나 장례에 대한 모든 기록이라 할 수 없으며, 금석문이나 고고학 성과들을 적극 활용할 때 『삼국유사』 속 기록들을 좀더 적극적으로 해석할 수 있으리라 생각된다.

제3장

『삼국유사』의 불상과 신성

서정원

1. 서론

불상(佛像)은 동아시아 불교도의 신앙생활에 가장 중심적인 역할을 하는 성물(聖物)이다. 지금도 동아시아의 가람(伽藍)은 불상을 모신 금당(金堂)을 중심으로 구성되는 것이 기본이다. 불상이 이처럼 불교신앙의 중심인 이유는 당연하게도 불상이 교주인 석가모니(釋迦牟尼, 이하 세존(世尊)) 및 그와 대등한 존격(尊格)들을 상징하기 때문이다. 하지만 세존께서 열반(涅槃)하신 이후 수백 년 동안 그를 대신하는 상징은 불탑(佛塔)이었고, 불상은 아예 존재하지 않았은 무불상시대가 지속되었다. 나아가 불상은 인도에서 기원 전후로 등장한 이래 신앙의 대상으로서 역할을 부여받기까지 여러 곡절이 있었다.

본 연구는 『삼국유사(三國遺事)』 「탑상(塔像)」에 나타난 불상들이 어떻게 신앙의 대상으로 역할을 할 수 있었는지를, 불상의 신성성(神聖性)

획득과정을 중심으로 살펴보고자 한다. 불상이 신성성를 획득해온 과정이란 앞에 말한 신앙 대상으로서 역할을 부여받기까지 겪은 여러 곡절 그 자체를 말한다. 그렇기에 본 연구는 먼저 기원 전후 불상이 탄생하여 삼국시대에 전래될 때까지 겪어온 종교적 의미의 변천을 간략하게 다룰 것이다. 그리고서는 『삼국유사』의 내용 중, 불교미술편이라 할 수 있는 「탑상」에서 실제로 불상의 신성성이 어떻게 다루어지고 있는지 살펴보아 불상을 둘러싼 불교사상적, 미학적 발전이 어떻게 아시아를 가로질러 한반도에 정착되었는지 확인해볼 것이다.

2. 불상의 등장배경과 신앙성의 획득

1) 불상 이전의 신앙대상과 불상을 제작하지 않은 이유

석존의 열반 이후 그의 모습을 상으로 조성한 것은 CE 1세기경 인도 북부를 지배한 쿠샨(Kushan)왕조 하의 간다라(Gandhara)와 마투라(Mathura) 지방에서였다. 이는 이미 석존께서 열반하시고 수 백년이 지난 시기로, 그 기간 동안 불교신앙의 대상이 된 것은 사리(舍利, Śarīra)였다. 사리는 석존의 유골(遺骨, Dhātu)뿐만 아니라 그 유골을 보관하기 위한 최초의 항아리 및 또 그가 세상에 계실 적에 남긴 여러 가지 유물(遺物)들 전체를 말했다. 그리고 이 사리는 탑에 모셔지는 것이 일반적이었고, 그 당시의 불교도들은 탑으로의 보시 및 공양을 올리는 형태로 신앙생활의 일부를 구성하였다.

이 유물들이 성스러운 가치를 갖는 것은 사상적인 면이 아니라 이 세상에 오셨던 석존의 육신과 어떻게든 연관이 있었다는 사실밖에 없다.

여기에는 사성제(四聖諦)라든가 연기(緣起)라든가의 중요한 교리적 맥락과 닿아 있는 것이 없다. 하지만 사리는 석존 그 자체로 *Mahāvaṃsa*에는 스리랑카에 불교를 전한 마힌다(Mahinda)가 유골과 석존의 동일한 것으로 간주하였으며, 사리를 보관한 장엄구들의 명문에서도 사리는 곧 살아있는 석존 그 자체로 믿어졌다고 한다.[580] 즉 초기 불교신앙의 대상물은 어떻게든 살아계실 때의 석존의 육신이거나 이와 닿았다는 사실에 의해 다른 개물들과 구분되는 신성성을 획득하였다.[581]

이처럼 석존께서 살아계실 적의 육신, 혹은 이와의 접촉은 개물들이 불교신앙의 대상으로 취급되기 위한 가장 중요한 기준이었다. 그런데 이토록 석존의 살아계신 육신과 어떻게든 연관하여 그와의 연결성을 확인하고자 한 불교도들이, 왜 그 육신의 모습은 몇 백년간 미술적으로 묘사하지 않았는지 의문이 들 수밖에 없다. 오랜 세월 동안 인도의 불교미술 속에서 석존의 인체(人體)는 그의 흔적이 닿은 유물들이나 혹은 허공 그 자체로 은유되었다. 이런 석존의 은유적 묘사에 대해서 가장 유력한 설명은 불교교리, 특히 석존이 신(神, 天, Deva)가 아니라 인간, 즉 인취(人趣)로 오셨다는 전제 위에서 접근되었다.

> 초기 불교사에서 붓다는 깨달음을 얻어 길을 연 위대한 스승으로 존숭받았지만, 불교는 애초에 붓다를 신앙하고 숭배하는 종교가 아니었

580 Shimada akira(島田明), 김재권譯, 「불탑에서 불상으로」, 『대승불교의 실천』, 서울: 씨아이알, 2016[2011], p.129f.

581 여기서 현전승가에 대한 신앙은 다루지 않고자 한다. 하지만 승가에 대한 공양과 붓다에 대한 공양의 비교는 주류불교(Mainstream buddhism)의 전반에서 논해지던 주제였다. 권오민, 「인도불교사 연구 단상(斷想)」, 『문학 · 사학 · 철학』 Vol. 10, 대발해동양학한국학연구원 한국불교사연구소, 2007, p.110ff. 여기서 붓다에 대한 공양은 곧 불탑에 대한 공양을 의미한다.

다는 점을 상기하지 않을 수 없다. 이 점에서 붓다는 인도 재래의 일반적인 신들과는 구별되었다. 신들이 의인화된 상으로 만들어져 섬겨졌다고 해도 붓다는 일찍부터 그러한 상 숭배를 통해 신앙의 대상이 되지는 않았던 것으로 보인다.[582]

석존은 신이 아니라 인간이라는 점에서 그를 우상시하는 것은 불도(佛道)에 도움이 안된다는 판단하에 그를 묘사하지 않았다는 것이다. 이는 다시 석존께서 열반에 드실 때 자신이 아니라 가르침에 의지하라고 하신 법존중의 입장과 상통하는 면이 있다. 다만 이런 석존을 단순히 인간으로 이해하는 것은 근현대의 산물로 실제 2,000년 전의 일반적인 불교도들의 보편적 관념이었지는 않았던 듯하다.[583] 이와 연관하여 최근의 연구에서는 석존의 초월적인 면모를 표현해내는 것을 불교도들이 불가능하게 여겼기 때문에 그가 남기신 흔적, 즉 유물을 통해 표현하고자 했다는 주장이 대두되고 있다.

최근에는 붓다의 신체의 불가사의성, 초월성을 설하는 『증일아함경』이나 『다뷔야 · 아바다나』의 기술을 근거로 붓다를 나타내는 행위 그 자체가 금지된 것이 아니라, 32상으로 대표되는 초월적인 특징을 가진 붓다의 신체를 구체적이고 완전히 나타내는 것은 불가능하다고 생각했다는 새로운 해석이 제시되고 있다. 후자의 해석은 초기불전도

582 이주형, 「불교미술에서 보는 붓다관(觀)」, 『불교와 사회』 Vol.1, 중앙승가대학교 불교학연구원, 2009, p.116. 이주형 인용문 이후 부분에서 주 5)에 제시한 최근의 이론과 인용의 이론이 크게 상반되는 것은 아니라는 입장을 밝히고 있다.
583 Nitta Tomomichi(新田智通), 원영상譯, 「대승의 붓다의 연원」, 『붓다와 정토』, 서울: 씨아이알, 2017[2013], p.106.

에서 쓰이고 있는 다양한 상징물이 당시 숭배되고 있던 성스러운 유물의 도상에서도 있었다고 생각하는 것으로, 보다 강고한 것이 된다고 생각된다. 즉, 기원전 2세기 후반에서 기원전 1세기 무렵 붓다의 생애가 불탑을 장식하는 중요한 주제가 됐을 당시의 장인, 그리고 장인을 감독한 불교의 승려가 붓다를 시각화하는 데 가장 적합하다고 생각한 방법은 실제로는 눈으로 본 적이 없고, 또한 초월적인 특징을 가진다는 재조의 모습을 형상화하는 것이 아니라, 불교도가 매일 예배하고 있던 불탑, 족적, 성스러운 나무 등의 다양한 예배물을 사용하는 것이었을 것이다.[584]

이처럼 석존의 육신은 신앙대상의 성스러움을 부여하는 주체이면서도, 또 그 자체는 적극적으로 표현될 수 없는 은유의 대상이라는 이중적인 상황에 있었던 듯하다.

2) 신앙대상으로서 불상의 등장과 변화

위와 같은 상황 속에서 헬레니즘(Hellenism)의 영향을 받은 간다라이든, 아니면 자체적인 인도미술이 발달한 마투라이든 어디선가 석존의 모습을 자신있게 표현하는 불상이 나타나게 되었다. 하지만 이는 불상 자체가 독립적으로 발생했다기 보다는 어디까지나 앞서 말한 사리 등을 모신 탑을 장엄하는 부조(浮彫)로 먼저 나타난 듯하며, 다른 맥락 없

584 Shimada akira, 앞의 책, p.133f; 다만 여기서 예시를 든 『증일아함경』이나 『다뷔야 · 아바다나』는 대승의 영향에서 자유로운 자료는 아니다. Hirakawa Akira(平川彰), 『初期大乗佛教の研究 I 』, 東京:春秋社, 1989, p.43ff; Bechert, 'Mahāyānā Literature in Sri Lanka', *Prajñāpāramitā and related systems* , Berkeley: University of California, 1977, p.364.

이, 즉 독신상(獨身像)으로 제작되는 경우는 초기일수록 드문 듯하다. 불상은 사리나 유물들과의 관계 속에서만 신앙적 역할을 수행할 수 있었다. 왜냐면 "역사적 붓다의 신체적 기억과는 직접적인 관계를 갖지 않은 불상이라는 새로운 예배물은 붓다의 신체 및 그 사용물이라는 다른 두 종류의 예배물과는 크게 성격을 달리하는 것이고, 붓다의 모습을 나타내고 있는 것뿐으로, 모든 불교도가 이것을 불탑과 동일한 예배대상으로 인정한 것은 아닌 듯하"[585]기 때문이다.

불상이 사리나 유물들과의 관계 속에서만 신앙적 역할을 수행했다는 것을 다르게 말하자면, 불상은 이 대상들에 대한 장엄물(莊嚴物)이었다는 뜻이다. 즉 불상은 신앙대상 그 자체가 아니었다. 이주형은 이에 대해서 불상이 사리에 비해 예배대상으로서의 열등함을 극복하는 두 가지 방법이 있었다고 한다.

> 불상이 예배대상으로서의 열등함을 극복하고 정당성을 확보하기 위해서는 두 가지 방법이 가능했을 것이다. 하나는 불상이 생전 붓다의 모습을 그대로 본떴다고 주장하는 것이다. 코샴비國의 優塡王이 佛在世時에 만들었다고 하는 旃檀 불상과 나가라하라國의 석굴 안에 붓다가 스스로 남겼다는 影像을 각지의 불교도들이 다투어 모사한 것은 이러한 불상에 부여되었던 성스러운 권위를 알려줌과 동시에 이러한 권위가 모사를 통해 轉移될 수 있었음을 보여준다. 또 하나의 방법은 불상에 실제로 사리를 안치하는 방법이었을 것이다. 이 방법은 상징적으로 상이 사리에 종속되는 결과를 가져오겠지만, 정당성을 확보함에

585 Shimada akira, 앞의 책, p.139.

있어서는 가장 효과적인 방법이었을 것이다.[586]

이처럼 불상은 인도에서 그 자체만으로 신성성을 획득할 수 없는 성물이었다. 인용문에서 말해진 전단상이나 석굴의 불영상 또한 어디까지나 살아계실 적의 석존의 흔적과 관계되는 것이며, 직접 불상에 사리를 봉안하는 것은 이주형이 말한 대로 독립된 신앙대상이 되는 것이 아니라 사리에 종속되는 것에 불과했다. 결과적으로 인도에서는 석존께서 살아계실 적의 흔적과 상관없는 단독된 신앙대상으로서 불상은 없었던 듯하다.

> 불상이 단순한 형상이 아니라, 붓다 그 자체로서 취급되는데, 유골로 대표되는 전통적인 예배물과의 결합이 중요한 역할을 다했다는 것이다. 즉, 불상에 대한 신앙은 붓다의 열반 이래의 사리신앙을 배제하는 형태로 발전한 것은 아니다. 오히려 그것은 전통적인 사리나 성스러운 유물에 대한 신앙을 기반으로 불상을 그것들과 동일한 의미의 예배대상으로 간주하는 방식으로 정착되었다고 생각한다.[587]

다만 당연한 사실로서 사리나 유골의 상대적 유한함을 생각해보아야 한다. 석존의 열반 이래 불교가 이어져온 시간적 경과와 전파된 지리적 범위를 생각할 때, 모든 불교도에게 석존의 육신이거나 그에 닿은 성물이 전달될 수는 없을 것이다. 이에 대해서 사리에 준하는 새로운

586 이주형, 「간다라 佛像과 舍利 奉安」, 『중앙아시아연구』 Vol.4, 중앙아시아학회, 2004, p.131.
587 Shimada akira, 앞의 책, p.143f.

성물이 필요해졌을 것이며, 이것은 주로 석존의 말씀이 담긴 경전이 법사리(法舍利)로서 역할을 하게 된 것들이다. 보통 인도에서는 연기법송(緣起法頌)이 법사리의 역할을 한 듯하지만, 동아시아 대승불교권에서는 『묘법연화경(妙法蓮華經, *Saddharmapundarikasutra*, 이하 『법화경』)』과 다라니(陀羅尼, Dhāraṇī)와 관련된 몇 가지 경전들이 그 역할을 한 듯하다.

『법화경』이 법사리의 역할을 하게 된 것은 이 경전 자체가 스스로를 사리를 대신하는 역할을 자처하기 때문이다.

> 내가 열반에 든 뒤, 이 법문을 수지 독송하거나 가르치거나 옮겨 적거나 옮겨 적게 하거나 하는 이는 사리를 안치하는 탑을 세우거나 승단에 공양을 올릴 필요가 없다고 하는 것이다. 그러니 이 경전을 수지해서 보시, 지계, 인욕, 정신, 일심(선정), 반야를 겸하여 실천한다면, 그 공덕은 최고로 수승하고, 한계가 없고, 가없을 것이다.[588]

『법화경』은 보통 불탑신앙의 대표적인 경전으로 알려져있고, 불탑을 중심으로 대승불교의 기원을 논한 히라카와 아키라(平川彰)의 주된 근거이기도 하였다.[589] 하지만 본 경전은 문헌의 성립 당시인 기원 전후의 불교도들이 사리를 품은 불탑에 대해 표출하는 열렬한 신앙의 방향을 자신으로 향하게 하고자 한 것이 본래 의도였다고 보인다.[590] 그렇기

588 『妙法蓮華經』 卷5, (T.9, 45c) : "如來滅後, 若有受持、讀誦、為他人說, 若自書、若教人書, 供養經卷, 不須復起塔寺, 及造僧坊、供養眾僧。況復有人能持是經, 兼行布施、持戒、忍辱、精進、一心、智慧, 其德最勝, 無量無邊。"

589 '대승불교재가 · 불탑기원설'의 근거가 되는 대표경전은 『법화경』이라 해도 좋을 것이다.' Shimoda Masahiro(下田正弘), 이자랑譯, 『열반경 연구』, 서울: 씨아이알, 2018[1997], p.146.

590 Okada Yukihiro(岡田行弘), 김천학, 김경남譯. 「『법화경』의 탄생과 전개」, 『지

에 스스로가 쓰여진 종이 자체를 석존의 사리와 등치시키는 위와 같은 언설이 나타난 것이다. 하지만 앞서 말했듯이 인도에서는 법사리로서 연기법송이 사용되었고 『법화경』을 불상에 봉안하는 것은 크게 유행하지 않은 듯하다.[591]

그리고 인도에서는 법사리가 생긴 이후에도, 이것이 단독으로 불상의 신성성을 보증하는 경우보다는 사리와 병행하여 불상에 안치되는 경우가 많았던 듯하다. 나아가 이런 병행 또한 9세기의 팔라(Pāla)왕조의 불상에서야 나타나게 된다.[592] 반면에 동아시아에 이르러서는 사리란 거의 접할 수 없는 것으로 사리로 믿어진 보주(寶珠)들이 나타나다가 후대에는 법사리가 중점적으로 다루어졌다. 이 사리로 믿어진 보주들의 등장은 인도에서도 맥을 같이 하는 것이다.[593] 다만 이런 거짓은 석존의 육신과 닿은 어떤 개물을 인위적으로라도 만들지 않는 한 신앙대상으로서의 신성함을 보증할 수 없다는 관념이 현저하기에 이루어진 일이다. 이처럼 석존의 육신과는 상관없이 법, 즉 경전 그 자체만으로 신앙대상으로서 불상의 신성성이 부여되는 것은 매우 후대의 일[594]이다.

하지만 법사리만이 독립한 이후에도, 이뿐만이 아니라 여러 가지 물건들이 불상에 같이 봉안된 듯하다. 주로 번(幡), 방울, 노리개, 거울, 약

혜 · 세계 · 언어』, 서울: 씨아이알, 2017[2013], p.294.

591 인도불교에서 『법화경』의 위상에 대한 논의는 다음을 참조. Cole, A, *Text as father,* Los Angels: University of California Press, 2005, p.33f

592 다만 7세기에 인도에 유학한 의정(義淨, 635~713)은 사리와 법사리를 상 안에 안치한다는 정보를 전달하고 있다. 『南海寄歸內法傳』 卷4, (T.54, 226c).

593 이주형, 앞의 논문, pp.146-150.

594 장미란, 「한국 사리신앙의 전래와 성격」, 『한국불교학』 Vol.67, 한국불교학회, 2013, p.85.

(藥) 등이다. 동아시아에서 불상 안에 이런 여러 가지 개물들이 봉안된 것이 확인되는 것은 8세기의 일로, 이 봉안물들은 그 이전에는 불상을 안치하는 의식에 사용되는 재물(祭物)들의 일종이었던 듯하다. 이처럼 석존의 육신과의 직접적 상관이 없이 불상이 독립된 신앙대상으로서 신성성을 획득하는 것은 법사리가 등장한 이후에도 매우 후대의 일이었다.[595] 그리고 실제 남겨진 불상이 아니라 문헌상에서 불복장의 구체적 내용이 기록된 것은 12세기 남송시대에 이르러서이고, 우리나라에서는 불복장의 내용 및 이를 상에 안치하는 의식을 합본한 게 16세기의 일이었다.[596]

3. 「탑상」에서 불상연기의 분석

1) 불상을 둘러싼 인도－동아시아의 동시대성

『삼국유사』에 나타난 불상을 다루면서 인도에서 동아시아로 이어지는 불상의 신성성 획득과 관련하여 앞 장에서 왜 이렇게 길게 서술하였느냐면, 일연(一然, 1206~1289)이 다루는 삼국에서 통일신라시대가 바로 위의 불상과 관련한 신앙의 변천이 활발히 일어난 시기이기 때문이다. 불교사의 이해에서 인도－중국－한반도로의 전개는 자연스러운

595 여기서 불상이 사리와 상관없이 신성성을 부여받는 방법으로서 개안(開眼) 등의 의식을 생각해 볼 수도 있지만, 개안의식 그 자체는 사리나 그에 준하는 봉안물이 상에 안착하기 위한 의식이지 그 자체가 신성성을 불어넣는 역할인 것은 아니라고 생각된다. 오히려 적절한 의식에 의하여 사리나 그에 준하는 봉안물이 앞으로 역할을 할 수 있게, 특히 조성자들의 복전이 될 수 있게 하는 의식이라 생각된다.

596 문명대, 「인도, 중국 불복장(佛腹藏)의 기원과 한국 불복장의 전개」, 『강좌미술사』 Vol.44, 한국불교미술사학회, 2015, pp.290-293.

것이지만, 인도이든 중국이든 한반도로 불교를 전해준 다음 그 상태로 멈춰있는 것이 아니라 활발하게 변화했다. 이런 점에서 4세기에 한반도에 불교 조상이 처음 전래되었을 때에는 인도에서든 중국에서든 석존께서 살아계시던 당시의 육신과의 관련 없이 불상이 신성성을 획득하는 것은 아직 나타나지 않은 현상이었다.

즉 『삼국유사』에 나타난 불상들은 어떻게 신성성을 획득하였는지, 그 시기적인 문제에서 의문이 있게 된다. 왜냐면 아직 사리 등을 통하지 않고 불상이 신성성을 획득하는 방법에 대해 인도와 중국에서 선행하는 사례가 없기 때문이다. 실제로 『삼국유사』 「탑상」에 나타난 불상들이 어떻게 불교신앙의 대상으로서 신성성을 획득했는지가 현대 연구 속에서 구체적으로 밝혀진 적은 없는 듯하다. 예를 들어서 이주형은 『삼국유사』에 나타난 불상의 신이(神異)를 다루면서 '상의 신비로운 발견이나 조성연기(緣起), 상을 매개로 한 불・보살의 화현(化現)과의 신비로운 조우(遭遇) 상에 대한 간구(懇求)와 신비로운 응보(應報)에 관한 이야기'[597]가 있다고 하는데, 이 중에서 불상의 조성과정에서 그 신성성의 획득을 확인할 수 있는 것은 '상의 신비로운 발견이나 조성연기' 정도이다. 나머지의 예는 신성성을 획득한 불상을 통해서 그 영험을 받은 예이기 때문에, 신성성의 획득으로 다루기는 어려운 예들이다. 그렇기에 이제 『삼국유사』 「탑상」에 나타난 불상들을 분석하면서 이 '상의 신비로운 발견이나 조성연기'에 따라 석존의 사리가 부재한 한반도에서 어떻게 불상들이 신성성을 획득했는지 확인해보고자 한다.

597 이주형, 「한국 고대 불교미술의 상(像)에 대한 의식(意識)과 경험」, 『미술사와 시각문화』 Vol.1, 미술사와 시각문화학회, 2002, p.18.

2) 「탑상」의 불상과 그 조성과정의 분석

고영섭은 『삼국유사』 「탑상」의 총 30조목 중, 불상과 관련된 조목으로 12개가 있음을 밝히고 있다.[598] 다시 여기 12개 조목에서 불상의 기원이 밝혀진 내용을 추리면 ① 황룡사 장육부처의 연기, ② 경주 영묘사 장육 부처의 연기, ③ 문경 사불산 굴불산 만불산의 연기, ④ 경주 생의사 석미륵의 연기, ⑤ 남백월산에서 성불한 노힐부득(미륵불) 달달박박(아미타불), ⑥ 낙산의 두 성인 관음보살 정취보살과 조신의 일장춘몽, ⑦ 오대산에 있는 오만 부처의 진신, ⑧ 경주 남월산 감산사 미타불의 연기, ⑨ 경주 무장사 미타전의 연기, 총 아홉 가지이다.[599] 이들 조목에서 불상의 기원을 구체적으로 알아보면 다음과 같다.

① 황룡사 장육부처의 연기[600]

아쇼카왕이 석가삼존상을 만들어 달라는 부탁과 함께 황철 4만 7천 근과 황금 3만 푼을 배에 담아 띄었고, 이 배가 신라에 닿아 574년 실려 온 철물로 황룡사에 장륙존상을 주조하였다. 자장(慈藏, 590~658)에 의하면 아쇼카왕의 배가 신라에 닿은 것은 신라가 석가불과 가섭불이 강연한 땅에 의한 것이라고 한다.

② 경주 영묘사 장육 부처의 연기[601]

신라 선덕왕 재위시기(632~647)에 활약한 양지(良志)가 영묘사(靈廟寺)

598 고영섭, 「『삼국유사』 「흥법」과 「탑상」의 성격과 특징」, 『신라문화제학술연구논문집』 Vol.35, 동국대학교 신라문화연구소, 2014, p.37f.

599 조목명은 고영섭의 명명을 따름. 고영섭, 앞의 논문, p.37f.

600 『三國遺事』 卷3, (H6, 320ab)

601 『三國遺事』 卷3, (H6, 322a)

에 장육삼존을 신도들이 가져온 진흙으로 소조(塑造)하였고, 양지는 본인이 신이한 일을 일으키는 신승(神僧)이었다.

③ 문경 사불산 굴불산 만불산의 연기[602]

587년에 문경의 한 산에 하늘에서 사면에 붓다가 새겨진 돌이 내려왔다. 이를 사불산이라 한다. 경덕왕의 재위시기(742~765)에 백률사가 위치한 산의 땅속에서 사면에 붓다가 새겨진 돌을 파냈다. 이를 굴불산이라 한다.

④ 경주 생의사 석미륵의 연기[603]

선덕왕 재위시기(632~647)에 살았던 승려 생의가 꿈에서 만난 승려가 알려준 대로 경주 남산에 올라가 땅을 파보니 미륵상이 나왔다.

⑤ 남백월산에서 성불한 노힐부득(미륵불) 달달박박(아미타불)[604]

백월산에서 노힐부득과 달달박박이 도를 깨달았고, 이 자리에 경덕왕이 남백월사를 짓고 764년 즈음에 미륵존상과 아미타상을 만들었다.

⑥ 낙산의 두 성인 관음보살 정취보살과 조신의 일장춘몽[605]

의상(義湘, 625~702)이 재계(齋戒)하여 만난 관세음보살의 지시에 따라 낙산에 소상(塑像)을 만들어 모셨다. 범일(梵一, 810~889)이 중국과 꿈속

602 『三國遺事』 卷3, (H6, 322abc)
603 『三國遺事』 卷3, (H6, 322c-323a)
604 『三國遺事』 卷3, (H6, 328c-330b)
605 『三國遺事』 卷3, (H6, 330c-332b)

에서 겪은 귀 없는 사미(沙彌)와의 만남을 통해 물 속에서 정취보살상(定聚菩薩像)을 발견하고 낙산에 모셨다. 낙산의 관음보살에게 처자와의 인연을 맺어달라 기도한 승려 조신(문성왕 재위시기(839~857)에 활동)이 꿈 속에서 처자와 짝을 이루지만 곤궁하게 살고 큰아이을 잃는 등의 고통을 겪는 체험을 하게되면서, 깨어나자 인생사의 허망함을 깨닫는다. 이에 그는 꿈속에서 큰아이를 묻은 해현(蟹縣)에가 땅을 파보니 돌로 만든 미륵상이 나왔고, 이를 근처 사찰에 모셨다.

⑦ 오대산에 있는 오만 부처의 진신[606]

705년 선덕왕이 자장 이후 문수보살이 거처한다고 믿어진 오대산에 진여원(眞如院)을 열고 문수보살상을 흙으로 빚었다. 선덕왕의 형제인 보천(寶川)은 입적하면서 오대산의 동대에 관음상, 남대에 지장상, 서대에 미타상, 북대에 석가상, 중대에 문수상을 만들고 보천암은 화장사로 개창한 다음 비로자나 삼존불상을 모셔야 한다고 하였다.

⑧ 경주 남월산 감산사 미타불의 연기[607]

중아찬(重阿飡) 김지상이 719년 경주 남월산 감산사에 죽은 일가친척 및 인연들을 위해 돌미륵상과 돌미타상을 만들었다.

⑨ 경주 무장사 미타전의 연기[608]

소성왕(?~800)이 죽자 왕후가 명복을 빌기 위해 옷가 재물을 모두 내

606 『三國遺事』 卷3, (H6, 334a-336a)
607 『三國遺事』 卷3, (H6, 337a-338a)
608 『三國遺事』 卷3, (H6, 338b-339a)

어 미타상과 신중상을 만들었다.

이상의 내용을 표로 정리하면 다음과 같다.

〈표 1〉 『삼국유사』, 「탑상」에 나타난 불성조성연기와 신성성 획득

조목	주조된 불상	불상의 신성성 획득 방법	비고
① 황룡사 장육부처의 연기	장육존상(석가삼존)	인도로부터의 유래	6세기
② 경주 영묘사 장육 부처의 연기	불명의 삼존상	조성자가 신승	7세기
③ 문경 사불산 굴불산 만불산의 연기	불명의 사면부조석	하늘에서 떨어짐	6세기
	불명의 사면부조석	땅속에서 발견됨	8세기
④ 경주 생의사 석미륵의 연기	미륵상	꿈에 의한 예지와 땅속에서의 발견	7세기
⑤ 남백월산에서 성불한 노힐부득(미륵불) 달달박박(아미타불)	미륵상과 아미타상	신이한 일이 일어난 자리에 조성함	8세기
⑥ 낙산의 두 성인 관음보살 정취보살과 조신의 일장춘몽	관음상	관세음보살이 직접 현신하여 조성을 지시함	7세기
	정취보살상	꿈에 의한 예지와 물속에서의 발견	9세기
	미륵상	꿈에 의한 예지와 땅속에서 발견	9세기
⑦ 오대산에 있는 오만 부처의 진신	문수상	오대산에 문수보살이 기거한다고 믿어짐	8세기, 보천이 말한 오대의 각 불상이 조성되었는지는 불명확
⑧ 경주 남월산 감산사 미타불의 연기	미륵상	없음	8세기
	미타상	없음	8세기
⑨ 경주 무장사 미타전의 연기	미타상	없음	10세기

4. 「탑상」에 나타난 불상과 그 신성성 획득의 분석

1) 사리와의 얕은 관계

한반도에 사리가 온 것은 6세기 중반인 545년 진흥왕 때 양나라에서 보낸 것이었다. 그리고 7세기의 자장이 모셔온 사리가 황룡사와 통도사 등에 안치되면서 사리신앙이 발달하게 된다. 그러면서 신라시대에 사리가 안치된 탑은 총13개 1300여 과가 된다도 한다.[609]

여기서 알 수 있는 점은 삼국에서 통일신라시대 한반도에서 사리는 어디까지나 탑과 관련되어 모셔졌으며, 개별적으로 불상에 모셔지는 경우가 기록된 것을 찾기 어렵다는 것이다. 이런 점은 인도와 중국에서 불상에 사리가 직접 안치되는 경우가 드물더라도, 이 사리의 존재 없이는 신성성을 획득하지 못한다고 생각한 것과 다소 차이가 있는 것이다. 2장에서 알아보았듯이 동시대의 인도에서 불상은 계속하여 탑과의 관계 속에서 신성성을 획득했으며, 중국에서는 불명확하더라도 사리로 믿어지는 보주들을 불상에 넣는 등의 방법으로 신성성을 획득했다.

반면 『삼국유사』, 「탑상」의 불상만 본다면 한반도에서는 불상이 사리와 관련하여 신성성을 획득하는 묘사는 보이지 않는다. 이 불상들은 상이 신비하게 발견되거나, 혹은 신승이 만들었거나, 또는 불보살의 화현이 조성을 지시했다는 '이야기'에 의하여 신성성을 획득하였지 구체적인 사리의 존재로 신성성을 인정받지는 못했다. 다만 ① 황룡사 장육부처의 연기와 ⑦ 오대산에 있는 오만 부처의 진신은 조금 더 논의가 필요하다.

---

609 장미란, 앞의 논문, p.93.

황룡사에 조성된 장육부처는 아쇼카왕의 조성 부탁이 천년의 세월을 지나 신라에서 이루어졌다는 신화를 가지고 있다. 여기서 아쇼카왕은 역사적 실존인물이면서 불교의 이상적 지배자인 전륜성왕(轉輪聖王)을 상징하는 존재로 단순히 종교적 의미뿐만 아니라 정치적 함의를 가진 존재이다. 특히 왕권강화에 힘쓰던 진흥왕 시기에 아쇼카와 관련하여 불상이 조성된 것은 그 불상이 종교적 신성성뿐만 아니라 진흥왕의 권위를 강화하는 정치적 맥락이 함께 고민되어야 한다. 게다가 이 내용에 사리는 등장하지도 않는다.

오대산은 자장이 가져온 사리가 모셔져 있는 장소로 오대산의 신성성은 사리와 관련이 없다고 할 수는 없다. 그렇기에 오대산에 모신 불상은 사리의 신성성 위에서 조성된 것이라 생각될 수 있다. 하지만 『삼국유사』의 자장전기나 「탑상」의 내용만 본다면, 오대산이 이미 문수보살의 거처로서 신성하기에 사리를 모실만한 장소로 선택되었다는 이해가 자연스럽다. 즉 오대산은 본래부터 신성한 곳이지 사리에 의해 신성해진 장소는 아니다. 이는 불탑을 조성하면서 새로운 신성성을 획득하는 탑, 그리고 가람, 승원과는 다른 것이다.

다만 이 시기의 한반도에서 불상과 사리가 전혀 관련이 없었는지에 대해서는 반례가 존재한다. 고려 후반기 이전의 기록에서 불상 내부에 불복장물이 들어갔다는 문헌은 전혀 없는 것이 맞지만, 766년 즉 8세기에 조성된 지리산 석남암수(石南巖藪) 비로자나불상 안에 모셔졌던 사리기의 존재가 당시 한반도에서 불상 안에 사리가 봉안되었음을 실제 사례로서 알려주고 있다.[610]

610 문명대, 앞의 논문, p.294f.

하지만 이런 반례에도 불구하고 이 시대의 불상의 신성성을 획득하는 데에 사리가 이용되지 않았다고 할 수 있는 까닭은 「탑상」에 나타난 불상이 그 당시에 조성된 불상 중에서도 특출한 신성성을 가진 특별한 성물들이기 때문이다.

> 개개의 상은 그 배후에 있는 어떤 것의 단순한 상징이나 대체물이 아니었으며, 그 나름으로 하나의 신과 같은 존재로서 그에 대해 간절히 기도하는 사람의 의식 속에서는 그 신에 대한 간구(懇求)의 출발점이자 동시에 귀착점이 되었을 것이다. 그들에게 동시에, 또한 더 중요한 의미를 지닌 것은 개개 상이 드러내거나 일으킬 수 있는 신이(神異)한 능력이었다. 그리고 이 점에서 개개의 상 사이에는 상당한 차이가 있다고 인식되었을 것이다. 『삼국유사』에 기록된 대다수의 상은 그러한 능력에서 특출함을 인정받고 있었던 것이며, 그 때문에 그 상들은 불교의 공덕과 신비로운 이적을 기록한 많은 이야기 가운데 포함될 수 있었을 것으로 보인다.[611]

이주형은 위에 인용에서처럼 불상이 영험, 신성한 이유는 그 불상이 상징하고 있는 존격의 위대함에서 비롯되는 것이 아니라고 한다. 즉 같은 관세음보살상이라도 각각의 관음상들이 갖는 영험과 신성성은 차이가 있다는 것이다. 그리고 『삼국유사』에 실린 대다수의 상들은 같은 존격을 나타내는 다른 상들에 비해서 더 신성하고 영험하다고 믿어진 특수한 상들이라는 것이다. 예를 들어 현세의 구제자로서 민중의

611 이주형, 앞의 연구, p.20.

절대적 지지를 받던 관세음보살에 대해서 수많은 상들이 만들어졌겠지만, 그중에서도 낙산에서 의상이 조성한 관음상이 특별히 신성하다고 간주되었기에 일연이 이를 선정하여 특별히 기술했다는 것이다. 이는 「탑상」의 다른 불상들도 마찬가지이다.

이처럼 일연이 특별히 신성하다고 생각하는 불상들만을 선별하여 기록할 때, 이 불상들이 신성한 이유로서 사리를 들지 않는 것은, 조성 당시인 삼국, 통일신라시대에서 일연이 활동한 고려후기까지 불상과 사리의 관계가 한반도에서는 불명확했음을 반증하는 것이다. 사실은 교리적으로도 불상의 신성성을 획득하는 것에 대해서 구체적인 경전이나 논서가 당시에 존재하지는 않았던 듯하기도 하고 그나마 불복장과 관련된 문헌은 남송시대에 작성된 것을 보았을 때, 인도나 중국에서 이 당시에 불상과 사리를 연결하려 한 노력 또한 그들만의 특수한 활동이었지, 어떤 근거가 있는 행위는 아니었다고 판단할 수 있다. 이런 점에서 사리와의 관련없이 불상의 신성성을 획득하는 『삼국유사』, 「탑상」의 불상조성연기들은 주목할만한 가치가 있다.

2) 신성성과 경제적 가치의 비례

『삼국유사』 「탑상」의 불상에서 신성성이 획득되는 방식으로 '이야기'말고 주목되는 것은 그 상이 조성되기 위해 사용된 재화의 규모이다. 세속적인 가치인 재물의 가치가 불상의 신성성과 비례하는 것이다. 이는 아쇼카왕이 보낸 막대한 황철과 금으로 만들어진 황룡사의 장륙존상, 6두품이 올라갈 수 있는 관직 중 가장 높은 아찬(阿飡)[612]을 지

612 6두품이라 하면 성골과 진골의 밑으로 미천한 신분 같지만, 성골과 진골은 왕족임으로, 사실상 6두품은 왕족 바로 밑의 계급이자, 어디까지나 신라의 경주출신 지

낸 김지상이 자신의 사유지를 희사하여 만든 감산사의 미륵상과 미타상, 왕족이 모든 재산을 희사하여 지은 무장사의 미타상 등이 해당된다. 여기서 황룡사 장륙존상은 아쇼카왕이라는 상징적 인물과의 관련을 통해 신성성을 획득하는 것이 병행되지만, 뒤의 감산사의 두 불상과 무장사의 미타상은 조성에 막대한 재물이 들어갔다는 사실 이외에 그 신성성을 보증하는 다른 '이야기'가 없다.

특히 지금도 남아있는 감산사 미륵상과 미타상은 3m에 가까운 대불이고, 또 당시 최신의 미술적 양식을 적극적으로 받아들인 완벽한 사실주의에 기초한 엄격한 좌우대칭으로 이루어진 불상이라고 말해진다.[613] 이런 점에서 『삼국유사』에서 특출난 불상으로 위 세 가지 조목의 불상이 선정된 것은 조상하는데 들어간 재산적 소모나 쓰인 재료의 희유한 가치, 그리고 이런 비용소모가 아깝지 않은 완성도 높은 예술성 때문이라고 생각된다.

경제적 가치가 종교적 신성성을 보증한다는 것은 어쩌면 거부감이 들 수도 있는 접근방법이지만, 종교적 신성성을 미적가치와 병행하여 이해한다면 자연스럽게 이해될 수도 있다. 미학에서 예술작품이 갖는 아우라(Aura)는 경제적 희생으로서 얻어지는 제의적 가치, 즉 종교적 가치에 의하는데, 이 이론에 따르면 감산사의 두 불상과 무장사의 미타상은 조성자의 엄청난 경제적 희사를 통해 이루어졌기 때문에 미학적 맥락에서 그 종교적 가치－아우라를 갖게 되는 것이다.

미학에서 아우라란 발터 벤야민(Walter Benjamin, 1892~1940)이 *Das Kunstwerk im zeitalter seiner technischen reproduzierbarkeit*(『기술복제

배계층을 뜻한다. 이 6두품이 오를 수 있는 가장 높은 자리가 아찬이다.

613 문명대, 『한국불교미술사』, 서울: 한국언론자료간행회, 1997, p.152.

시대의 예술작품』)에서 고안한 용어로 진품(眞品)만이 갖는 고유한 분위기, 독특성 등을 총괄하는 단어이다. 그의 정의는 다음과 같다.

> 가장 완벽한 복제에서도 **한 가지**만은 빠져 있다. 그것은 예술작품의 여기와 지금으로서, 곧 예술작품이 있는 장소에서 그것이 갖는 일회적인 현존재이다.
>
> …(중략)…
>
> 원작(Original)이 지금 여기 존재한다는 사실이 원작의 진품성(眞品性)이라는 개념의 내용을 이루며, 이 진품성에 바로 그 대상이 오늘날까지 그것 자체이자 다른 어떤 것일 수 없는 정체성을 면면히 전해준 어떤 전통에 대한 관념이 기반을 둔다. 진품성의 영역 전체는 기술적 복제의 가능성에서 벗어나 있고, 물론 기술적 복제뿐만 아니라 다른 어떤 복제의 가능성에서도 벗어나 있다.
>
> …(중략)…
>
> 우리는 이러한 특징들을 아우라[Aura, 독특한 분위기]라는 개념 속에 요약해서 이렇게 말할 수 있다.(강조 : 인용문의 역자)[614]

614 Benjamin, W, 최성만譯, 『기술복제시대의 예술작품 / 사진의 작은 역사 외』, 서울: 길, 2007, p.45ff; 이 연구 자체는 아우라를 밝히는 것에 목적이 있는 것이 아니라, 기술복제의 발달에 따라 예술작품의 원본이 갖는 아우라는 붕괴될 것이며, 그렇기에 예술은 전시가치와 정치적 부분에서 가치－마르크스주의에 합당한－를 찾아가야 한다는 주장을 담고 있다. 여기서 벤야민이 제시한 아우라 개념은 진품과 가품을 둘러싼 예술비평, 혹은 기술발달에 의한 예술의 방향성 하에서 부연되는 부차적 개념이지 그 자체가 밝혀질 개념이라거나 연구의 대상으로 다루어지지 않았다. 왜냐면 너무나 당연하게도 객관적 지표로서 해명되거나, 과학적 실험을 통해 반복될 수 없는 개념이 아우라이기 때문이다. 그 작품을 만나는 한 찰나에 개인의 심상(心想) 속에 결정화(結晶化)되는 특수한 인상(印象)을 어떻게 연구의 대상으로 삼을 수 있는지가 과학적 방법론 상에서 명확치 않기 때문이다. 아우라를 주장한 벤야민에 대해서도 그가 스스로를 마르크스주의(Marxism)로 자처했다는 점

벤야민은 작품과 감상자가 만나 아우라가 발생하는 과정을 종교적 제의(祭儀, 獨: Kult)로 표현한다.

> 예컨대 고대의 비너스 상은 그것을 제의(祭儀, Kult)의 대상으로 삼았던 그리스인들에게는 그 상에서 불길한 우상을 보았던 중세의 성직자들에서와는 다른 전통 연관 속에 있었다. 그러나 두 집단이 똑같이 맞닥뜨린 것은 그 상의 유일성, 즉 그것의 아우라였다. 예술작품이 전통의 맥락에 편입되는 원초적 방식은 제의에서 표현되었다. 우리가 알다시피 가장 오래된 예술작품들은 의식(儀式, Ritual)에 쓰이기 위해 생겨났는데, 처음에는 주술적 의식에 쓰이다가 나중에 종교적 의식에 쓰였다. 그런데 예술작품의 아우라적 존재방식은 결코 그것의 의식적 기능에서 떨어져 나온 적이 없다는 사실이 결정적 의미를 갖는다. 달리 말해 **"진정한" 예술작품의 유일무이한 가치는 의식에 근거를 둔다.**(강조 : 인용문의 역자)[615]

즉 벤야민에 따르면 아우라라는 것은 감상자가 작품을 만난 그 한순간에 발생하는 것이기는 하지만 이는 이를 의한 의식(儀式), 즉 종교적

에서 비판을 받았는데, 아우라는 유물론으로 전혀 설명되지 않았기 때문이다. 그렇기에 벤야민에 대해 유물론적 신비주의자라는 양면적인 꼬리표가 달리게 되었다. 하지만 그는 철저한 마르크스주의자로서 예술작품이 기술복제시대에 정치적 도구로서 파시즘(Fascism)에 복무하지 않고, 유물론적 역사관에 충실하게 공산주의 사회로의 역사발달을 위해 쓰이기 위한 길을 제시하는 와중에서 아우라 개념을 제안한 것뿐이다. 마르크스주의자들의 논쟁과는 상관없이 분석미학을 제외한 현대미학의 전반에서 벤야민의 아우라 개념 및 『기술복제시대의 예술작품』은 큰 반향을 일으켰으며, 특히 매체미학의 선구적 개척자로 알려져 있다.

615 Benjamin, W, 앞의 책, p.51.

제의의 과정에 의한다고 한다. 여기서 제의란 단순한 종교적 복무가 아니라 제의를 실천하는 감상자가 감내하는 유무형의 재산적 손실(시간, 자본) 그 자체를 말한다.[616] 즉 아우라는 감상자가 작품을 만나기 위해 감내하는 경제적 손실과 어느 정도 비례한다는 것이며, 그 본래의 구조는 제의임으로 종교적인 맥락에 위치하고 있는 것이다.

이는 우리가 사리도, 이야기도 없이 갑자기 등장한 감산사와 무장사의 불상의 특출함에 접근하는 하나의 방법이 될 수 있다. 이 불상의 조성을 위해 막대한 재산이 사용되었으며, 그 결과 훌륭한 불상이 조성되었다. 불상 자체가 소모한 물적 자원과 비례하여 내뿜는 아우라가 일연으로 하여금 이를 특출나게 여기게 했을 수 있는 것이다.[617]

3) 「탑상」에 나타난 불상의 신성성 획득의 특수성

이상의 내용을 통해 『삼국유사』 「탑상」에 나타난 불상의 신성성 획득방식을 확인하였다. 「탑상」에 나타난 불상들은 인간의 손으로 만들어지지 않고 완성된 채로 발견되거나, 꿈 등에 의해 예지되거나, 아니면 불보살의 직접적 명령 등으로 조성되었기에 신성성을 획득하는 경우가 다수였다. 그리고 조성자 본인이 신승이거나 혹은 인도와의 연관을 통해 신성성을 획득하기도 하였고, 혹은 그저 조성과정에 막대한 경제적 희사가 강조되는 경우도 있었다.

이 사례 속에서 주목되는 점은 불상의 신성성 획득방법으로서 「탑상」 안에서 사리가 전혀 언급되지 않는 것이다. 이는 동시대의 인도와 중

616 Benjamin, W, 앞의 책, p.53f.

617 인도불교에서도 불교미술이 갖는 경제적 의미는 다음을 참조. Schopen, G, 임은정譯, 『대승불교 흥기시대 인도의 사원생활』, 서울: 운주사, 2021[2018], p.354ff.

국에서 불상의 신성성 획득을 위해 어떻게든 사리와 관련시키려 하는 노력과는 다른 모습이다. 다만 경전, 즉 불교교리에 기반하여 불상과 사리의 관련성이 연결된 것은 남송시대 이후로, 사실 인도와 중국에서 당시(4~9세기)에 불상과 사리를 연결하려 한 것 또한 어떤 근거를 가진 것은 아니다. 그렇기에 「탑상」에서 물리적인 이유에서인지 교리적 불명확성 때문인지 정확치는 않지만, 불상과 사리를 연결하지 않고 다른 방식으로 신성성을 획득하는 모습을 그려낸 것은 불교사 전체에서 특기할만하다.

또한 막대한 경제적 희사를 통해 조성된 불상을 특별히 기록하고 있는 점도 주목된다. 앞서 이주형이 지적하였듯이 「탑상」에 조성연기가 남아있는 불상들은 일연이 다른 불상들에 비하여 특출하다고 여겼기 때문에 『삼국유사』에 기록된 불상일텐데, 이 불상들이 갖는 신성성의 근거는 신이와 상관없는 경제적 규모 때문이라 생각된다. 이런 경제적 가치와 종교적 신성성의 비례는 벤야민의 아우라 이론을 통해 그 접근이라도 시도해 볼 수 있었다.

5. 결론

본 연구는 『삼국유사』 「탑상」에 나타난 불상이 어떻게 신성성을 획득하는지에 대해서 검토해보았다. 본래 불상은 신앙대상으로서 늦게 등장하였으며, 등장 이후에도 본래의 신앙대상이던 사리를 완전히 대체하지 못하였고, 오히려 사리에 의해서 신성성을 획득하는 신앙에 있어 부차적 대상이었다. 이는 인도와 중국에서 일관되게 관찰되는 상황이었다. 하지만 「탑상」에 나타난 불상들은 신성성을 획득하는 데에 사리를 전혀 사용하지 않았고, 다양한 신이담을 통해 신성성을 획득하였다. 또 특기할 사항으로서 조성에 막대한 경제적 희사가 이루어진 불상을 다른 신이담 없이 기록하고 있는 조목들이 있다. 일연이 다른 여러 불상을 제치고 특출난 불상으로 선정했다는 점에서 적어도 이 불상들이 당시에 가진 영향력은 큰 것이었으리라 추측된다. 하지만 이 조목만을 보았을 때, 이 불상들이 신성한 영향력을 가질 만한 것은 그저 경제적 규모에 의한 것 그 이상으로 확인되는 바가 없는데, 이런 경제적 가치와 신성성의 비례에 대해서 벤야민의 아우라 개념으로 이해해 보고자 하였다.

제4장

『삼국유사』의 시가와 향가

– 찬시와 향가 속 '꽃'의 양상을 통해 본 상징과 층위 –

김은령

1. 들어가기

『삼국유사』에 수록 되어 있는 향가나 시가에 대한 논의는 우리 국문학사의 발자취와 함께 다양하게 연구되어 왔으며, 많은 연구를 통해 일련의 정의가 내려져있는 상태이다. 일연의 찬(讚詩)을 포함하여 『삼국유사』에 수록 된 시가와 향가는 우선적으로 문학이라는 틀에서 해석되어지고 있다. 문학적인 측면에서 근접해 볼 수 있는 이들 시가와 향가는 이미 선학들에 의해 충분하게 다루어졌다. 그러므로 여러 가지 의미 있는 논제들은 선학의 논고들에 돌리기로 하고, 본고에서는 『삼국유사』에 수록되어 있는 시가와 향가를 미시적으로 관찰하여 가사(歌詞)에 '꽃(花)'이라는 단어와 꽃의 이름이 들어있는 작품을 발췌하여 살펴보고자 한다.

『삼국유사』 속에 수록된 시가와 향가는 본문의 이해를 높이는 기능적인 측면과 더불어 문학적 효용을 가지고 있다. 본문의 내용에 따라 첨부되어 있는 일연 자신이 찬해 놓은 시는 물론, 일연이 인용한 향가와 다수의 시가는 일연의 문학적 재능과 의취(意趣)가 분명함에 근원하였다고 할 수 있다. 이러한 '문학'의 범주에 있는 시가와 향가를 들여다보았을 때, 시가와 향가에 들어 있는 '꽃'이라는 글자도 관심을 가져 볼 만하다고 생각한다.

문학에서 '꽃'은 다양한 의미의 기재로 활용되고 있으며, 꽃의 종류에 따라 가지고 있는 상징 또한 다 다르다. 이러한 상징성을 통해 문학의 향취와 덕목을 형성하는 꽃은 문학에서 스토리와 배경을 가지기도 한다. 이처럼 문학적 측면에서 스토리와 배경을 가진 꽃(花)이 『삼국유사』 속 시가와 향가에서는 문학적 측면 이외에 어떤 역할을 하는지 고찰해 보고자 한다.

2. 시가와 향가의 분포와 성격

『삼국유사』의 가치를 정하는 부분에서 그 속에 수록 된 시가와 향가는 문학적 성취와 더불어 그 가치를 한층 더 부여하고 있다고 할 수 있다. 우선 시가를 살펴보면 그 것을 정의 할 때 가사를 포함한 시문학을 통틀어 이른다고 한다면 『삼국유사』에서 운문형태의 글을 모두 시가(詩歌)로 명명할 수 있다. 그것에는 일연의 찬(讚)으로 불리는 작시(作詩) 48편과 일연이 책을 서술하면서 인용하거나 본문 속에 들어 있는 한시 20편이 있다. 그리고 5편 정도의 게(偈)[618]로 볼 수 있는 것이 있다. 그리고 향가는 14편이 수록 되어 있다.

이들 시가와 향가 87편이 수록 된 편목을 살펴보면 우선 시가로 분류 되는 73편들에서 그 분포를 보면 일연의 작시는 -「기이」1(1), 「흥법」(7), 「탑상」(12), 「의해」(12), 「신주」(2), 「감통」(7), 「피은」(6), 「효선」(1)-의 분포로, 인용 시는 -「기이」1(2), 「기이」2(3), 「흥법」(1), 「탑상」(7), 「의해」(3), 「감통」(2), 피은(2)-의 분포로, 게(송)는 모두「의해」편에서 나타난다. 그리고 향가는 -「기이」2(6), 「탑상」(1),「의해」(1), 「감통」(4), 「피은」(2)-로 분포 되어 있다. 『삼국유사』에 등장하는 시가와 향가를 표로 정리해 보면 다음과 같다.

〈표 1〉

분류	수록조항	작자	성격
일연찬(讚)	「奇異」1, 天賜玉帶	일연	찬
	「興法」, 順道肇麗	〃	〃
	〃 , 難陀闢濟	〃	〃
	〃 , 阿道基羅	〃	〃
	〃 , 原宗興法, 厭髑滅身(2)	〃	〃
	〃 , 法王禁殺	〃	〃
	〃 , 寶藏奉老, 普德移庵	〃	〃
	「塔像」, 迦葉佛 宴坐石	〃	〃
	〃 , 遼東城 育王塔	〃	〃
	〃 , 金官城 婆娑石塔	〃	〃
	〃 , 皇龍寺 丈六	〃	〃
	〃 , 皇龍寺 九層塔	〃	〃
	〃 , 四佛山 掘佛山 萬佛山	〃	〃
	〃 , 前後所將舍利	〃	〃

618 로담 집역의『韓國의 詩僧-삼국』에서는 모두를 '시(詩)' 로 수록하고 있다.(로담, 『韓國의 詩僧-삼국』, 불교문예, 2007.)

	〃, 南白月二聖 努肹夫得 怛怛朴朴(3)	〃	〃
	〃, 芬皇寺千手大悲 盲兒得眼	〃	〃
	〃, 洛山二大聖 觀音 正趣 調信	〃	교
	「義解」, 圓光西學	〃	찬
	〃, 良志使錫	〃	〃
	〃, 天竺諸師	〃	〃
	〃, 二惠同塵	〃	〃
	〃, 慈藏定律	〃	〃
	〃, 元曉不羈	〃	〃
	〃, 義湘傳教	〃	〃
	〃, 蛇福不言	〃	〃
	〃, 眞表傳簡	〃	〃
	〃, 心地繼祖	〃	〃
	〃, 賢瑜珈 海華嚴(2)	〃	〃
	「神呪」, 密本摧邪	〃	〃
	〃, 惠通降龍	〃	〃
	「感通」, 仙桃聖母隨喜佛事	〃	〃
	〃, 郁面婢念佛西昇	〃	〃
	〃, 憬興遇聖	〃	교
	〃, 眞身受供	〃	찬
	〃, 月明師兜率歌	〃	〃
	〃, 善律還生	〃	〃
	〃, 金現感虎	〃	〃
	「避隱」, 朗智乘雲 普賢樹	〃	〃
	〃, 緣會逃名 文殊岾	〃	〃
	〃, 惠現求靜	〃	〃
	〃, 信忠掛冠	〃	〃
	〃, 包山二聖	〃	〃
	〃, 永才遇賊	〃	〃
	「孝善」, 大成孝二世父母 神文代	〃	〃
인용시	「奇異」1, 桃花女 鼻荊郎	신라인	주술
	〃, 眞德王	진덕왕	헌사

	「奇異」2, 水路夫人	신라인	주술
	〃 , 眞聖女大王 居陁知	왕거인	기원
	〃 , 駕洛國記	가야인	주술
	「興法」, 寶藏奉老, 普德移庵	승통	헌사
	「塔像」, 前後所將舍利 (2)	무명씨, 팽조적	찬
	〃 , 南白月二聖 努肹夫得 怛怛朴朴(5)	노힐부득(1), 달달박박(1), 출가 시(1), 낭자(2)	기원(2) 찬(3)
	「義解」, 圓光西學(2)	원광	교
	〃 , 元曉不羈	원효	기원
	「感通」, 金現感虎(2)	신도징, 신도징아내	정리 (情理)
	「避隱」, 朗智乘雲 普賢樹	원효	상고
	〃 , 包山二聖	무명씨	찬
게(偈)	「義解」, 二惠同塵	혜공	교
	〃 , 慈藏定律	자장	〃
	〃 , 蛇福不言(2)	사복, 원효	〃
	〃 , 元曉不羈	원효	〃
향가	「奇異」2, 武王(서동요)	백제무왕	주술
	〃 , 孝昭王代 竹旨郎(모죽지랑가)	득오	찬
	〃 , 水路夫人(헌화가)	무명노인	헌사
	〃 , 處龍郎 望海寺(처용가)	처용	주술
	〃 , 景德王 忠談師 表訓大德(2) (안민가, 찬기파랑가)	충담사	교, 찬
	「塔像」, 芬皇寺 千手大悲 盲兒得眼 (도천수대비가)	희명	기원
	「感通」, 廣德 嚴莊(원왕생가)	광덕	기원
	〃 , 融天師彗星歌 眞平王代(혜성가)	융천사	주술
	〃 , 月明師 兜率歌(2),(도솔가, 재망매가)	월명사	의식
	「義解」, 良志使錫(풍요)	신라인	주술
	「避隱」, 信忠掛冠(원가)	신충	기원
	〃 , 永才遇賊(우적가)	영재	교

위 〈표 1〉에서 드러나듯이 『삼국유사』 속의 시가와 향가는 시가 73편, 향가 14편으로 모두 87편이 수록 되어 있으며, 「기이」1(3), 「기이」2(9), 「흥법」(8), 「탑상」(20), 「의해」(21), 「신주」(2), 「감통」(13), 「피은」(10), 「효선」(1)로 분포 되어 있다. 이들 분포로 보면 「의해」, 「탑상」, 「감통」, 「피은」 편에서 많이 수록 되어 있음을 알 수 있으며, 수록 조항의 비율로 보면 「흥법」편도 예외는 아니다. 「의해」편은 원광을 필두로 저명한 선승들의 설화로 이루어져 있고, 「탑상」편은 사찰의 기원과 탑과 불상의 유래에 관한 내용이며, 「감통」편은 불교에 대한 신앙의 감흥과 영험(가피)에 관한 이야기로 이루어져있다. 또한 「피은」편은 숨어사는 고승들의 행적이고, 「흥법」편은 신라를 중심으로 하는 불교의 수용과정과 불교의 융성과 홍포에 힘쓴 고승들의 행적에 관한 내용들이다. 이렇게 볼 때『삼국유사』에 수록 된 시가와 향가는 불교적인 내용에 치중 되어 있음을 알 수 있다.

이들 시가와 향가는 그 편 편마다 문학적 의취와 함께 심도 있는 메시지를 가지고 있으며, 그것은 글의 성격으로 나타난다. 그 성격을 분류해 보면 찬과 헌사(57편), 교학(10), 주술과 의식(10편), 기원(7), 그리고 기타 (3)의 성격을 띠고 있는 것을 확인 할 수 있다.

전체 87편중에서 찬과 헌사에 포함되는 편수가 57편에 달하고 있다. 일반적으로 찬은 불교적 이사(異事)를 찬미한다는 뚜렷한 목적을 지니고 있으며,[619] 그 대상이 불교적 인물과 법신(法身), 불교의 상징물에 치중되어 있음을 알 수 있다. 교학의 경우도 작자가 모두 승려이며, 불교사상을 기저에 두고 던지는 경계나 가르침이 그 메시지이다. 그리고

619 고운기, 「佛讚詩의 성격과 敍事上의 기능에 대하여－〈삼국유사〉의 讚을 중심으로」, 『전통문화연구』 4집, 용인대학교 전통문화연구회, 2005, p.9.

기원의 경우도 그 대상이 불(佛)에 치중 되어 있다. 그 대표적인 예가 [분황사천수대비 맹아득안] 조로 볼 수 있다. 여기에서 관세음보살상 앞에서 기원함으로 눈먼 아이가 눈을 뜨는 기적을 보인다. 주술과 의식에서도 보면 의식은 모두 불교의식임을 알 수 있다.

이렇듯 『삼국유사』에 수록 되어 있는 시가와 향가는 그 배경이나 주체를 불교찬미의 기저에 두고 있음이 확인 되는데 이는 『삼국유사』의 내용이 불교사적인 것에 연원한 것이라고 할 수 있으며, 시가와 향가가 가지고 있는 기본 성격은 '불찬(佛讚)에 치중하고 있다고 할 수 있다. 찬시의 경우 찬자인 일연의 인식이 불교에 닿아 있음을 확인할 수 있는 것이며, 향가의 경우는 당시 향가를 찬한 작자의 인식이 불교에 닿아 있음을 유추할 수 있다 하겠다. 이는 향가의 작자가 승려계층이 많은 것에 기인한 것이라고도 볼 수 있다. 그리고 이것을 수록한 찬자인 일연의 불교인식의 한 방향으로 볼 수 있다.

3. 찬시와 향가 속의 '꽃'과 그 양상

1) '꽃'이 등장하는 작품

『삼국유사』에 수록되어 있는 시가와 향가에서 '꽃'이 들어있는 작품은 13편에 해당한다. 발췌한 13편은 시가에서 10편 향가에서 3편이었다, 하지만 시가에서는 일연의 찬에서만 '꽃'이 나타난다. 여기에서는 시가라는 틀에 속한 찬시와 향가로 나누어 기술하고자 한다. 우선 시가에는 꽃을 지칭하는 '花'나 불교의 상징인 연꽃을 의미하는 '蓮', 봄(이른 시기), 선비, 고난 등의 상징을 가진 '梅, 불교에서 관세음보살을 상징하는 '양화(楊

花: 버들 꽃)' 등의 글자가 들어가 있다. 이들 '꽃'이 들어 있는 시가는 모두 일연의 찬시에서만 발견되는 것으로 시가로 명명 될 수 있는 총 73편에서 본다면 그리 많이 등장하는 것은 아니다. 그리고 향가에서는 꽃을 지칭하는 '花' 만 등장하며, 헌화가의 경우 가사에는 '花'로 나타나나, 배경 설화의 내용으로 보면 '철쭉'으로 읽히는 꽃이 등장한다. 꽃을 의미하는 글자와 꽃 이름이 들어 있는 작품을 정리해 보면 아래 〈사료〉[620]와 같다.[621]

〈사료〉

(1) 일연 찬

雪擁金橋凍不開, 林春色未全廻. 可怜青帝多才思,

先著毛郎宅裏梅.

금교에 덮힌 눈은 아직 녹지 않았고

계림의 봄빛은 완연히 돌아오지 않았다.

봄의 신 재주 많아 아름다우니,

모랑(毛郎) 집 매화를 먼저 꽃피웠네.[622]

—「흥법」, (阿道基羅)

(2) 일연 찬

徇義輕生已足驚, 天花白乳更多情. 俄然一劒身亡後,

620 월명사의 도솔가를 한역한 것은 〈사료〉에 포함하지 않았다. 이글에서 논하고자 하는 '꽃'은 향가와 한역에서 그 의미를 같이 하고 있으므로 향가만 다루기로 한다.

621 사료의 시편과 원문은 김원중의 저서(김원중, 『삼국유사』, 을유문화사, 2002.)에서 인용하였음을 밝히며, 한역은 여러 선학들의 도움을 받았음을 밝힌다.

622 위의 책, p.227.

院院鍾聲動帝京. 右厭髑
의로움을 좇아 삶을 가볍게 여긴 것은 놀라운 일이니
하늘꽃(天花)과 흰 젖의 이적(異蹟)이 더욱 다정하구나.
갑자기 단칼에 몸은 죽었지만
은은한 종소리 서울을 뒤흔드네.[623]

—「흥법」, (原宗興法 厭髑滅身)

(3) 일연 찬

竹馬蔥笙戲陌塵, 一朝雙碧失瞳人. 不因大士廻慈眼,
虛度楊花幾社春.
대나무 말 타고 부들피리 불며 거리에서 놀더니
하루아침에 푸른 두 눈이 멀었네
보살님이 자비로운 눈을 돌려주지 않았다면
헛되이 버들 꽃을 보냄이 몇 번의 봄제사나 될까[624]

—「탑상」, (芬皇寺千手大悲 盲兒得眼)

(4) 일연 찬

草原縱獵床頭臥, 酒肆狂歌井底眠. 隻履浮空何處去,
一雙珍重火中蓮.
벌판에서 쫓아다니며 사냥하다 침상머리에 누웠고
술집에서 미친 듯이 노래하다 우물 속에서 잠잤네
짚신 한 짝만 남기고 공중에 떠 어디로 갔는가

623 위의 책, p.288.
624 위의 책, p.368.

한 쌍의 보배로운 불속의 연꽃이구나.[625]

—「의해」, (二惠同塵)

(5) 일연 찬

披榛跨海冒烟塵, 至相門開接瑞珍. 采采雜花我(栽)故國,

終南太伯一般春.

험한 덤불을 헤치고 연기와 티끌을 무릅쓰고 바다를 건너니

지상사에 이르니 문 열려 귀한 손님으로 맞이하네.

무성한 꽃들을 우리나라에 심으니

종남산과 태백산이 한결같은 봄이구나.[626]

—「의해」, (義湘傳敎)

(6) 일연 찬

山桃溪杏映籬斜, 一徑春深兩岸花. 賴得郎君閑捕獺,

盡敎魔外遠京華.

산복숭아와 시내 살구가 울타리에 비스듬이 비치고

오솔길에 봄이 깊어 두 언덕에 꽃이 피었네.

그대가 무심히 수달을 잡은 인연으로

악마조차 서울 밖으로 멀리 좇아버렸네.[627]

—「신주」(惠通降龍)

625 위의 책, p.446

626 위의 책, p.467.

627 위의 책, p.508.

(7) 일연 찬

風送飛錢資逝妹, 笛搖明月住姮娥. 莫言兜率連天遠,
萬德花迎一曲歌.

바람에 날려 보내는 종이돈은 죽은 누이의 노자를 삼게 하고
피리는 밝은 달을 흔들어 항아(姮娥)를 멈추게 했네
도솔천이 하늘처럼 멀다고 말하지 마라
만덕화(萬德花) 한 곡조로 너를 맞으리라.[628]

—「감통」, (月明師兜率歌)

(8) 일연 찬

山家不耐三兄惡, 蘭吐那堪一諾芳. 義重數條輕萬死,
許身林下落花忙.

산골 집 세 오라비 악행을 견디기 어려워
고운 말로 한번 맺은 승낙 어이하리
의리의 중함이 몇 가지 되니 만 번 죽어도 가벼우리
숲속에서 허락한 몸이 낙화처럼 사라져갔네.[629]

—「감통」,(金現感虎)

(9) 일연 찬

倚市難藏久陸沈, 囊錐旣露括難禁. 自緣庭下靑蓮誤,
不是雲山固未深.

저자에 가까우면 숨어살기 어렵고

628 위의 책, p.533.
629 위의 책, p.542.

주머니속의 송곳 끝은 삐져나와 감추기가 어렵다네

연회 때문이니 뜰 아래 청련 의심마오.[630]

—「피은」, (緣會逃名文殊岾)

(10) 일연 찬

鹿(麈)尾傳經倦一場, 去年淸誦倚雲藏. 風前靑史名流遠,

火後紅蓮舌帶芳.

주미로 불경을 강설함도 한바탕 지겹고,

지난날 맑은 경 읽는 소리 구름 속에 숨었네

세간의 역사에 영원히 이름을 남기고

죽은 뒤에는 붉은 연꽃처럼 혀가 향기로웠네.[631]

—「피은」, (惠現求靜)

(11) 향가(헌화가)

紫布岩乎希, 執音乎手母牛放敎遣,

吾兮不喩慚 兮伊賜等, 花兮折叱可獻乎理音如

자주빛 바위 가에, 암소 잡은 손 놓게 하시고

나를 아니 부끄러워하시면, 꽃을 꺾어 바치겠나이다.[632]

—「기이」2, (水路夫人)

630 위의 책, p.554.
631 위의 책, p.556.
632 위의 책, p.162.

(12) 향가(도솔가)

今日此矣散花唱良, 巴寶白乎隱花良汝隱,

直等隱心音矣命叱使以惡只, 彌勒座主陪立羅良

오늘 여기에서 산화가를 부를제, 솟아나게 한 꽃아 너는

곧은 마음의 명을 받들어 미륵좌주(彌勒座主)를 모셔라.[633]

-「감통」, (月明師 兜率歌)

(13) 향가(혜성가)

舊理東尸汀叱, 乾達婆矣游烏隱城叱, 兮良望良古, 倭理叱軍置來叱多

烽燒邪隱邊也藪耶, 三花矣岳音見賜烏尸聞古, 月置入切爾數於將來尸波衣

道尸掃尸星利望良古, 彗星也白反也人是有叱多, 後句,達阿羅浮去伊叱等邪

此也友物比所音叱 兮叱只有叱故

옛날 동쪽 물가, 건달파(乾達婆)가 놀던 성을 바라보니, 왜군이 왔다고

봉화를 올린 변방도 있구나, 세 화랑의 산 보러 간다는 말을 듣고, 달도 부지런히 밝히는데,

길 밝히는 별을 바라보고, '혜성이여!' 하고 아뢴 사람이 있다. 아아!, 아래로 달이 떠가고 있더라.

이와 어울릴 무슨 혜성이 있을는지.[634]

-「감통」, (融天師 彗星歌 眞平王代)

633 위의 책, pp.530-531.

634 위의 책, p.545.

위의 〈사료〉에서 보면 『삼국유사』에 수록된 찬시에서 꽃(花)이라는 글자가 들어있는 작품은 5편, 연꽃을 의미하는 연(蓮)은 3편, 그리고 매화를 의미하는 매(梅)가 1편, 버들 꽃을 의미하는 양화(楊花)가 1편임을 알 수 있다. 이중 가장 많은 부분은 뜻글자인 '花'이다. 여기에 '꽃'이라는 말은 다른 것을 의미하여 사용할 수 있는 '상징어'로서의 역할을 가지고 있기 때문일 수 있다.

그리고 향가에서는 글자 '花'가 4번 나타난다. '花'는 '꽃'을 지칭하는 원형이다. 시가와 향가에서 나타나는 '꽃'의 원형은 어떤 양상을 보이는지 살펴볼 필요가 있다.

그리고 위의 〈사료〉에서 보이는 연(蓮)', '매(梅)', '양화(楊花)도 같은 의미로 살펴보겠다. '연(蓮)'은 불교를 대표하는 상징물 중의 하나이다. 이러한 연꽃이 각 시편에서 어떤 의미를 가지는지, 그리고 문학에서 시의 대상으로 선두에 있다고 할 수 있는 '매(梅)'와 꽃보다는 나뭇가지의 이미지로 많이 등장하는 버드나무의 꽃인 '양화(楊花)가 어떻게 사용되고 있는지 살펴보겠다.

2) '꽃'의 양상

앞에서 살펴 본 바와 같이 꽃이라는 원형적 상징을 가진 '花'는 〈사료〉의 (2), (5), (6), (7), (8), (11), (12), (13)에서 등장한다.

〈사료〉 (2), (5), (6), (7), (8), (11), (12), (13)의 8편에서 사용된 '꽃(花) 자를 살펴보면, 시가에서 －천화(天花). 잡화(雜花). 안화(岸花). 만덕화(萬德花). 낙화(洛花)－가 있다. 여기에 나타나는 꽃(花)에 대한 일차적인 풀이는 '천화(天花)=하늘 꽃', '잡화(雜花)=여러 가지, 만발한', '안화(岸花)=언덕 위에 핀 꽃', '만덕화(萬德花)=무한한 덕을 쌓아 피는 꽃', '낙화

(洛花)=지는 꽃'—이라 할 수 있다. 이들의 의미를 쫓아가 보면 〈사료 1〉의 (8)에 나타나는 '낙화'를 제외하고는 모두 불교적인 함의를 가지고 있음을 알 수 있다. 그러나 (8)도 그 본문 내용이 탑돌이로 시작된 것이고 보면 넓은 의미에서 불교적 함의를 가지고 있다. 그리고 향가에서 4군데에 드러난다. 향가의 4개 '花'는 —철쭉, 제의용 꽃, 화랑—등의 의미로 쓰였음을 알 수 있다.

먼저 '花'로 등장하는 꽃의 양상을 보자. (2)는 신라의 불교 공인과정에서 발생한 이차돈의 순교설화가 그 배경이다. 여기에 나타나는 '천화'란 글자 그대로를 풀이하면 '하늘 꽃'이 된다. 하늘 꽃이란 상서로움의 상징화로 바로 법화(法花)를 의미한다고 할 수 있다. 즉, 불교가 꽃을 피운다는 뜻을 가지기도 하며, 하늘에서 꽃이 내려온다는 뜻, 즉 불교를 인가하였다는 뜻을 가진다고도 볼 수 있다. (5)는 선승 의상이 중국에서 화엄경을 증득하고 그 교리를 가지고 와서 이 땅에 화엄학을 펼치는 과정을 소개하는 내용이 그 배경이다. 여기에서 '잡화'란 글자를 그대로 풀이하면 '여러 가지 꽃'이 된다. '잡(雜)'의 1차적 이미지는 '여러 가지가 혼합된' '어지럽다', '난잡하다', '부산하다' 등의 부정적 이미지이다. 그러나 여기에서는 '잡'이란 잡스러운 것이 아닌, 긍정의 의미로 전부, 모든 등의 뜻으로 읽어야 한다. 그 대상이 의상을 기리는 내용이고 보면 '잡화'란 의상이 피운 꽃, 즉 '화엄사상'을 함의하고 있음을 유추할 수 있다. (6)은 신승(神僧) 혜통의 신이한 행적을 보이는 설화가 그 배경이다. 여기에서 나타나는 '안화'란 언덕에 핀 꽃을 의미하며, 이것은 앞의 글자인 '양(兩)'과 함께 보아야 한다. 즉 '양 언덕에 핀 꽃'으로 이해해야 한다. 혜통이 펼친 교법이 주술적인 밀법임을 인지 할 때, 양 언덕에 핀 꽃은 밀교와 정법을 의미한다고 볼 수 있다. (7)은 경덕왕대에 살았던 신성 월명사가 산화의식[635]을 행한 것과 월명사가 지은 향가를 소개하는 배경이다. 여기에서 나타나는 '만덕화'란 행위를 의미한다고 볼 수 있다. 불교의 기본 교리가 자비에 있음을 볼 때, 만덕화란 만 가지 덕을 지음으로써 얻는 자비행의 실천을 '꽃'으로 환치한 것이다. 즉, '꽃=자비행'을 뜻하며, '만덕화'란 자비의 마음과 실천을 함유했다고 볼 수 있다. (8)은 이물과 인간 사이의 사랑과 신뢰를 바탕으로 한 설화가 그 배경이다. 탑돌이에서 만난 인간인 정인(김현)을 위해서 자신의 목숨을 바치는 호랑이 처녀를 일연은 '낙화'로 표현하였다. 낙화란 글자 그대로 떨어진 꽃을 의미하며, 아름다움이 사라짐, 안타까움 등을 함의하고 있음을 알 수 있다.

살펴본 바와 같이 '花'가 등장하는 8편 중 남은 (11), (12), (13)은 향가인 〈헌화가〉, 〈도솔가〉, 〈혜성가〉 이다. 『삼국유사』 속 향가 14편에서 '花' 자가 보이는 편수는 〈헌화가〉, 〈도솔가〉, 〈찬기파랑가〉, 〈혜성가〉, 〈원왕생가〉 등 모두 5편에 속한다. 하지만 향가가 향찰로 되어 있는 점을 고려하면, 이중 〈원왕생가〉, 〈찬기파랑가〉 에서 보이는 '花'는 꽃을 상징하는 것이 아님을 알 수 있다. 〈원왕생가〉[636]에서 보이는 "兩手集刀花乎白良" 에서의 '花'는 훈차로 보아[637] '곶'으로 발음되며 뒤에 붙은 '乎'는 음반자 '호'로 와서 '곶호'가 되며, 앞에 붙은 '集力'의 글자풀이인 모아를 가져오면 기도 할 때의 손의 형태인 '두 손을 모아 곧게 세

635 불교에서 행하는 의식의 하나로 꽃을 뿌려 부처님께 공양하는 것을 일컬음.

636 月下伊底亦, 西方念丁去賜里遣, 無量壽佛前乃, 惱叱古音(鄕言云報言也)多可支白遣賜立誓音深史隱尊衣希仰支, 兩手集刀花乎白良, 願往生願往生, 慕人有如白遣賜立阿邪 此身遣也置遣, 四十八大願成遣賜去.(일연, 앞의 책, 一광덕 엄장)

637 초기에는 음으로 읽혔으나, 지금은 가의만자 즉 훈차로 본다.(양희철, 『삼국유사 향가연구』, 태학사, 1997, p.471.)

운' 형상을 그리게 된다. 이는 '花'가 꽃의 상징과는 무관함을 알 수 있다. 〈찬기파랑가〉[638]에서 보이는 "雪是毛冬乃乎尸花判也"에서의 '花'는 화랑, 화주, 꽃가루 등 다양한 해독이 따르지만, '花'를 '가의만자 곶(串)'으로 보면 곶갈로 읽을 수 있으며[639] 화판(花判)은 꼭대기의, 높다 등으로 해석된다.

(11)은 강릉태수 부인인 수로에게 노인이 꽃을 꺾어 바치는 설화가 그 배경이다. 이물들이 탐낼 정도로 미인인 수로부인이 절벽에 핀 꽃을 갖고 싶어 하자 소를 몰고 가는 노인이 그 꽃을 꺾어 바치며 불렀다는 노래이다. 여기에서 꽃은 '사랑의 메신저', '고백' 등의 이미지를 가지고 있지만, '절벽위에 핀 꽃', '소를 모는 노인'등 시어에서 문학적, 불교적 해석이 따로 함의되어 있음을 알 수 있다. (12)는 향가인 〈도솔가〉이다. 여기에서 보이는 첫째행의 "今日此矣散花唱良"의 '花'는 산화가(散花歌)[640]라는 명칭을 형성하는 소재이므로 독립된 글자로 읽기에는 무리가 있으나 '산화(散花)'라는 단어로 읽으면 '꽃을 흩뿌리는' 이미지를 가질 수가 있다.[641] 그리고 둘째행의 "巴寶白乎隱花良汝隱"의 '花'는 꽃으로 소리 낼 수 있으며, 그 함의는 '사람', 즉 '꽃처럼' '꽃과 같은' 그런 인격의 소유자를 말함이다.[642] (13)도 향가인 〈혜성가〉이다. 여기

638 咽嗚爾處米, 露曉邪隱月羅理, 白雲音逐于浮去隱安支下, 沙是八陵隱汀理也中, 耆郎矣貌史是史藪邪, 逸烏川理叱積惡尸, 郎也持以支如賜烏隱, 心未際叱兮逐內良齊, 阿耶 栢史叱枝次高支乎, 雪是毛冬乃乎尸花判也(일연, 위의 책, 권2, 「기이」2－경덕왕 충담사 표훈대덕)

639 양희철, 앞의 책, p.628.

640 신라의 승려 월명사가 불교의식에 부른 노래. 도솔가와 함께 불렀다고 하나 전해지지는 않는다.

641 나경수는 여기에서의 '꽃'을 코드이며, 마음의 메시지로서 일종의 신성과의 커미네케이션의 도구로 보았다.(나경수, 『한국시가의 원형을 찾아서－향가의 해부』, 민속원, 2004, p.55.)

에서 보이는 "三花矣岳音見賜烏尸聞古"의 '花'는 혜성가로 명명되는 작품의 전체 내용이다. 이 구절의 뜻을 풀이하면 '화랑'을 지칭함을 알 수 있다. 화랑이란 '꽃처럼 예쁜 남자'라는 말이니 꽃다움을 함의하고 있어 꽃의 상징으로 볼 수 있다. 즉 꽃은 화랑의 물화요 반대로 화랑은 꽃의 인격화[643]인 것이다.

향가는 신라인들의 정신과 풍류가 함께 깃든 문학이다. 향가는 작자가 신라시대의 사람이고, 또한 그 내용이 당시 신라인들에게 통용되었던 것으로 찬자인 일연의 사고나 문학적 재능과는 별개로 보아야 하지만, 신라 향가는 일연에 의하여 노래가 모아졌다는 사실 때문에 그의 취향과 사상이 노래 속에 어느 정도 들어갔으리라 생각된다. 또한 본문의 내용과 부합하여 인용하였다는 점을 생각 할 때, 불교적 요소를 많이 함의하고 있음을 알 수 있다. 이렇게 본다면 (11), (12), (13)에 보이는 4개의 '花'자에서 '꽃'으로 바로 읽히는 것은 (11)의 '花'이고, 상징과 은유인 (12), (13)에 등장하는 '花'라는 글자는 꽃이 가진 상징으로 활용하고 있음을 알 수 있다.

다음 '花'가 가진 1차적 상징과 함께 그 자체로 상징을 가진 연, 매, 양화의 양상을 보자.

우선 (4), (9), (10)에서 나타나는 연(蓮)의 양상을 살면 (4)는 신라의 선승 혜공과 혜숙의 행적을 보이는 설화가 그 배경이다. 여기에서 '불꽃 속의 연꽃'은 속세의 오탁에 머무르되 불법을 수승하였던 인물을 통해 불교의 '처염상정(處染常淨)'의 도리를 보여주는 도구라 할 수 있다.

642 나경수는 '화랑'(나경수, 위의 책, p.58.)으로, 양희철은 '꽃'과 '화랑'(양희철, 앞의 책, p.256.)으로 보았다.

643 나경수, 앞의 책, p.57.

(9)는 고승 연회에 관한 설화가 그 배경이다. 연회가 숨어 『법화경』을 읽고 보현관행을 닦을 때 항상 뜰의 연못에는 푸른 연꽃이 피어 사시사철 시들지 않았다고 하는데, 여기에서 '푸른 연꽃'은 깊고 청청한 불법의 도리를 불교의 대표적 상징물인 연꽃으로 대체하고 있음을 알 수 있다. (10)은 고승 혜현에 관한 설화가 그 배경이다. 『법화경』을 외우는 것으로 과업을 삼던 혜현은 죽어서도 그 혀가 썩지 않고 붉었다고 하는데, 여기에서의 연은 바로 혜현의 혀를 직유한 것이며, '혜현=연꽃'으로 혜현을 불교의 상징에 포함시키고 있음을 알 수 있다. 이처럼 연(蓮)의 경우는 '연꽃'을 지칭하며 이는 '청정, 순결, 고귀' 등의 의미를 가지고 있는 불교의 상징이다. 여기에서는 불교사적으로 이적을 행한 인물에 대한 헌사와 불법의 '상징'으로 환치하였음을 알 수 있다.

그리고 (1)은 아도화상이 신라에 불교를 들여오는 과정을 보이는 설화가 그 배경이다. 여기에서 나타나는 매(梅)의 경우는 꽃이 가지는 상징을 보면 혹한에도 굴하지 않고 제일먼저 봄 향기를 전하는 상징이며, 굳은 절개, 지조 등의 꽃말을 가지고 있다. 여기에서는 나라에 봄(불교)이 아직 완연히 꽃 피기 이른 시점에 곧 봄을 알리는 매개인 '매화'가 피었음을 알리고 있다. 이는 불교가 곧 도착하리라는 암시를 하고 있음을 알 수 있다. (3)은 신라 여인 희명이 자신의 눈먼 아들에게 분황사의 천수대비상에 기원을 드리게 하며 부르게 한 노래이다. 여기에서 나타나는 '양화'란 글자 그대로 풀이하면 '버드나무 꽃'이 된다. 버드나무는 불교에서 나타나는 하나의 상징물이다. 불화인 관음도를 보면 여러 응신 중 관세음보살이 현신할 때 버드나무가지를 손에 쥐고 있음을 볼 수 있다. 그러므로 눈먼 아이가 버들 꽃을 본다는 것은 불신(佛身), 즉 관세음보살을 봤다는 것으로 '양화'란 관세음보살을 의미함을 알 수 있다.

위에서 살펴본 '꽃'의 양상을 표로 정리해 보면 다음과 같다.

〈표 2〉

구분	양상	상징	작자
(2)－花(찬시)	천화=하늘 꽃	불법	일연
(3)－〃	양화=버들 꽃	관세음보살	〃
(5)－〃	잡화=무성한 꽃	화엄경	〃
(6)－〃	안화=언덕에 핀 꽃	정교와 밀교	〃
(7)－〃	만덕화=공덕의 꽃	자비실천	〃
(8)－〃	낙화=떨어짐	죽음. 이별	〃
(11)－花(향가)	철쭉=전달	불법전교	신라인
(12)－〃	산화=뿌리다. 화랑=꽃 같은	제의(공양) 아름다운 사람	월명사
(13)－〃	화랑=꽃 같은	아름다운 사람	융천사
(4)－蓮(찬시)	불속의 연꽃=세속	처념상정	일연
(9)－〃	푸른 연꽃=청정	불법의 경지	〃
(10)－〃	붉은 연꽃=수행공덕	불법, 화신	〃
(1)－梅(찬시)	매화=고난을 이김	불교전래	〃

시에서 시어를 해석하는 것은 전체의 메시지이기도 하다.

그렇게 본다면 '꽃'이라는 글자는 아니지만 그 의미상 '꽃과 같은'으로 읽히는 작품으로 「탑상」편의 '彌勒仙花 未尸郎 眞慈師'조에 등장하는 일연의 찬에서 '尋芳一步一隱風'[644]과 '誰知頃刻上林紅'[645]의 구절을 들 수 있다. 이들 글귀에서 김원중은 '芳'을 꽃으로, 문경현은 '화랑'으로 해석하였고, '紅'은 김원중은 '봄'으로, 문경현은 '꽃'으로 해석했다.

644 '꽃다운 자취 찾아 한 걸음마다 그의 모습 바라보고'(김원중, 『삼국유사』, 을유문화사, p.356.)

645 '누가 알리 상림원의 꽃도 한 순간임을'(문경현, 『역주 삼국유사』, 민속원, 2015, p.383.)

이처럼 시가에 나타나는 '꽃'의 상징을 좀 더 관찰해 볼 필요가 있다. 그러나 이러한 것은 다음 기회로 미루고 이글에서는 '꽃'으로 문자화된 것만 살펴보았다.

4. 상징을 통한 '꽃'의 층위

1) 1차적 상징으로 형성된 불화(佛花)

'꽃'은 미의 상징이다. 그리고 그 범주를 '아름다움, 번영, 풍요, 존경, 기원, 사랑, 여인, 미인, 재생, 영생'[646]등으로 확대한다. 또한 꽃은 종교적 상징으로 그 역할을 하고 있음을 알 수 있다. 앞서 살펴 본 바와 같이 찬시와 향가에 등장하는 '꽃'은 제각각 그 상징을 통한 층위를 가지고 있다. 그러한 층위를 관통하는 공통된 것을 불찬(佛讚)으로 통칭할 수 있다.

찬시와 향가에 나타나는 '꽃'이 불교를 찬탄하는 시적 용어라면 꽃의 종류와 그 상징이 가진 층위도 변별지어 명명할 수 있다고 본다. 필자는 이 글에서 『삼국유사』 속 시가와 향가에 나타나는 '꽃' 중에서 꽃이 가진 1차적 상징만으로 불교(불 · 법 · 승)와 동일시되는 꽃을 '불화(佛花)'로 명명하고자 한다. 그리고 은유를 통한 2차적 상징으로 불교(불 · 법 · 승)와 동일시되는 꽃을 전법의 개념을 얻어 '법화(法花)'로 명명하고자 한다.

찬시와 향가에 등장하는 '꽃'에서 불화의 실례를 보면 연꽃, 버들 꽃,

646 이상희, 『꽃으로 보는 한국 문화』 1권, 넥서스, 1998, p.29-46.

천화, 만덕화 등을 들 수 있다. 이를 살펴보자.

연꽃은 앞의 〈사료 1〉의 (4), (9), (10) 등 3군데에서 나타나고 있다. 연꽃은 불교를 상징하는 대표적 사물로 관습적 상징체계에 속하며, 불교 논리를 보면 처염상정(處染常淨)과 인과동시(因果同時)의 의미를 논하고 있음을 알 수 있다. 처염상정이란 더러운 곳에 처해 있어도 항상 밝은 본성을 간직하는 연꽃의 속성을 나타낸 말을 뜻하며, 인과동시란 연꽃은 꽃이 핌과 동시에 열매가 그 속에 자리를 잡는데 이것을 '연밥[蓮實]'이라 한다. 즉 꽃이 열매를 맺기 위한 수단이자 열매의 원인으로 이런 화과동시(花果同時)는 인(因-꽃)과 과(果-열매)가 동시에 진행된다는(因果同時) 부처님의 가르침을 상징하기도 하는 것으로 풀이할 수 있다.[647]

(4)에 등장하는 '연꽃'을 보면 "한 쌍의 보배로운 불 속의 연꽃(一雙珎重火中蓮一)"이라고 표현하고 있다. 여기에서 한 쌍이라 함은 혜공과 혜숙을 뜻함이며, 불은 사바세계를 가리킨다고 볼 수 있다.[648] 그러니까 일연은 자신의 견해인 '찬'을 통해서 신라의 선승인 혜공과 혜숙의 행적을 기록하면서, 눈앞의 형상은 비록 저자거리를 헤집고, 벌판을 내달리며 사냥을 하는 혜공과 혜숙이지만 법안(法眼)은 그 '형상을 부수고 그 형상 너머의 실체(부처)를 봄'이라는 교리를 밝히고 있다.[649] 동시에

647 권기현은 그의 논문 「불교예술에 나타난 연꽃의 상징성 연구」에서 '처염상정(處染常淨)과 화과동시(花果同時)를 연꽃이 불교의 상징으로 채택 될 수밖에 없는 이유로 들었다.(권기현, 「불교예술에 나타난 연꽃의 상징성 연구」, 『밀교학보』, 위덕대학교 밀교문화연구원, 2006. p.115.)

648 『묘법연화경』 비유품(譬喩品)의「장자화댁 유(長者火宅 喻)」에 보면 '불(火)'에 대한 상징을 잘 비유하고 있다.

649 한예원은 그의 논문에서 혜공과 혜숙은 미친 승려에 지나지 않을 것이라 평하며, 하지만 일연의 찬을 보면 "一然은 그들의 無碍한 자취를 광기로 여기지 않았다." 라고 하였다.(한예원, 「三國遺事 所載 讚의 硏究—一然의 文學과 思想의 一考察」, 성균관대학교 석사학위논문, 1986, p.40.)

신라의 선승인 혜공과 혜숙을 자성청정(自性淸淨)의 존재인 연꽃으로 상징하고 있음을 알 수 있다.

(9)에 등장하는 꽃은 '푸른 연꽃'이다. 푸른 연꽃은 불교에서 가장 귀한 꽃으로 '푸른'이라는 색깔의 의미를 보면 알 수 있다. 푸른(靑)색은 불교에서 사용하는 오방색 중 제일 처음 발음하는 것으로 청・황・적・백・주(靑黃赤白朱: 계율자비/중도팔정도/정진/해탈열반/법륜법보시)에서 '계율자비'이다. 다시 말해 계율과 자비의 의미를 내포하고 있다. 즉, 자비로 계율을 지켜 일체중생에게 성내지 아니하고 해치지 않는 마음을 내고, 계율로 단속함을 말하며, 또 무량한 자비희사의 마음을 닦아 나가는 것을 말한다. 일연은 고승 연회의 일화를 기록하면서 '계율과 자비'를 갖춘 이는 아무리 깊은 곳에 자신을 숨기고 감추어도 다 드러나서 그 갖추어진 덕이 드러난다는 것을 말하고 있다. 일연이 연회가 숨어살던 뜰의 연못에 핀 연꽃을 두고 '푸른' 연꽃이라 칭한 것은 연회의 청정과 지혜를 언급한 것으로 해석할 수 있으며, '푸른 연꽃'은 법신(法身)을 상징한다고 할 수 있다.

(10)에 등장하는 꽃은 '붉은 연꽃'이다. 일연은 평생을 법화경을 외우는 것으로 과업을 삼았던 혜현은 죽어 육탈되었으되 그 혀만 몇 년 동안 그대로 남아 사람들의 존경을 받았던 혜현을 '붉은 연꽃'에 비유하고 있다. 오래도록 남은 혀의 색깔이 붉어 붉은 연꽃으로 비유한 것일 수도 있으나, 붉은 연꽃은 흰 연꽃과 같이 법화경을 상징하는 꽃이므로 일연이 '붉은 연꽃'을 칭한 것은 의도 된 것이며 그것은 법화경을 상징한다고 볼 수 있다. 이러한 것으로 볼 때, 일연은 그의 작시에서 한자(一字)의 시어를 사용함에도 비유와 은유를 통해 아주 계획적이고 견고한 상징성을 드러내고 있음을 볼 수 있다. 이러한 상징의 실례인 '연꽃'은

'자성청정'인 주체(我)를 가지고 '계율과 자비'를 펼치는 법석(法席)을 만들고 그곳에서 '연화장 세계'를 열어가는 한 줄기 '법'을 피력하는 법화로서의 그 소명을 가지고 있다고 볼 수 있다. 이처럼 연꽃은 바로 불교를 상징한다.

버들 꽃은 (3)에 등장하는 꽃이다. 버들 꽃은 불교의 관습적 상징체계로 관세음보살을 상징하고 있다. 관세음보살은 천 개의 팔, 천 개의 눈을 가지고 중생의 고통을 해결해주는 불보살로 자비의 상징이다. 관세음보살이 화현(化現)할 때 보통 오른손에 버들가지를 쥐고 왼손은 왼쪽 가슴에 대고 있는 모습으로 표현되며 좌우(左右)의 화병에 버들가지를 꽂고 물가의 바위 위에 앉아있는 상으로 표현되기도 한다. 여기서 버들가지는 중생의 병을 제거해주는 매개물로서 자비를 상징한다. 이러한 이미지는 불화(佛畵)에서도 보여 지고 있다. 대표적인 것이 고려시대불화〈양류관음도〉이다. 〈양류관음도〉에는 물을 배경으로 관세음보살상과 함께 버들가지와 화병이 보이는데, 이는 버들가지가 물가에서 자생하기 때문에 '물과 생명'을 상징하는 의미가 담겨있음을 알 수 있다. 버들가지는 관세음보살이 정병 속에 있는 감로수(甘露水)를 중생에게 뿌리는데 사용되기도 하며 여기서 버들가지는 부처님의 자비를 상징하고 있다.[650] '분황사천수대비 맹아득안'조에 등장하는 천수대비도 관세음보살의 다른 이름이며, 이 시편에서 '버들 꽃'은 눈 먼 아이를 치유한 존재의 상징으로 불교와 바로 연결됨을 알 수 있다.

천화는 (2)에 등장하는 꽃이다. '천화'란 글자 그대로 풀이하면 하늘의 꽃이다. 생물적 존재가 아닌 현상적 존재로 상서로움을 상징하고

650 장진희, 「꽃그림의 象徵性에 關한 硏究－한시를 중심으로」, 홍익대학교 석사학위논문, 2009.

있다. '형상을 초월'한 불교적 상징성을 가진 꽃, 즉 '천화(天花)'는 부처의 탄생과 더불어 생애 전반은 물론 불교의 도래 이후 역대의 선승들의 일화나 불교사적 사건 등에서 흔히 등장하는 꽃이다. 이때의 꽃은 형태를 갖춘 물질의 본체이기 보다는 시각의 상징, 즉 아름다움을 상징하는 어떤 '현상'이라 말할 수 있다. 물질로서 모든 것이 분별되고, 개념화되는 문명적인 현대에 허공인 하늘에서 물질로 이루어진 형태를 가진 꽃이 내린다는 것은 불가능하다. 굳이 초현실적인 현상인 '허공에서 내리는 꽃'을 규정한다면, 그것은 이미 현재에도 여러 차례 목격 된 바 있는 채운(彩雲) 현상을 말하는 것으로도 볼 수 있다.[651] 일연이 이차돈의 순교를 기리며 '하늘 꽃'을 차용한 것은 이차돈의 순교를 하늘이 감응하였음을 증빙하는 의도를 깔고 있다고 하겠다. '천화(天花)'라 함은 모든 인간을 수호하고, 관장하는 왕들이 사는 곳, 또한 모든 인간이 생노병사, 희노애락의 고통에서 벗어나 다시 태어나기를 소원하는 낙토(樂土)에서 내려주는 '꽃'이라 말 할 수 있다. 즉, 그 꽃 내림을 목격하거나 받는다는 것은 그 꽃이 내려온 장소인 '천'과 관계 맺음의 가능성을 내포하고 있다고 할 수 있으므로, 불교의 '상징' 그 자체로 곧바로 불교와 동일시됨을 알 수 있다.

만덕화는 (7)에 등장하는 꽃이다. 만덕화(萬德花)라는 글자를 직해하면 '만 가지 덕으로 된(핀) 꽃'이 된다. 만 가지의 덕을 행하기란 보시정

651 1. 속리산 법주사의 '청동미륵대불 점안식 – 1990년 4월 11일 오후 5시 10분, 35분, 50분 세 차례 하늘이 환하게 열리고 오색의 서광이 하늘을 수놓았으며, 백광이 치솟았음. 그날 참여인원 3만여 명의 증언, 언론 보도가 자료로 존재함.
2. 법장스님 다비식 – 2005년 9월15일 오전 11시 10분과 12시 20분경 조계사 상공에 일곱 빛깔의 영롱한 햇무리가 약 5분가량 더 있었음. 목격자들의 사진 자료와 언론사 기사로 사실 증명.

신의 기본에서 이루어 질 수 있다고 본다. 보시란 대승불교의 실천수행 방법 가운데 하나로 육바라밀(六波羅密)·십바라밀(十波羅密)·사섭법(四攝法) 등의 제1의 덕목으로서 자비심으로 다른 사람에게 조건 없이 주는 것을 말하며 중생구제를 목표로 하는 이타정신(利他精神)의 극치이다. 다시 말해 만덕화를 피운다는 것은 그만큼 불교를 실천 수행하였음을 의미하며, 또한 불교의 의례에 속하는 '산화공덕'의 현장을 연상케 하여 불교와 바로 연결 지어 진다고 볼 수 있다.

이처럼 시가와 향가에 등장하는 연꽃, 버들 꽃, 천화, 만덕화는 '꽃'이 가진 1차적 상징으로 불법을 표상하며 '불(佛)'로 거듭나는 '꽃'이 가진 상징이 있음을 살펴보았다.

2) 2차적 상징으로 형성된 법화(法花)

앞에서 살펴본 바와 같이 시가와 향가의 가사에는 글자 '花'를 비롯하여 연꽃, 매화, 버들 꽃, 철쭉(배경설화에서 유추), 천화, 만덕화, 잡화, 낙화 등의 꽃들이 나타난다. 가사에서 이들의 기능을 살펴보면 다양한 불교적 상징을 가지고 활용되고 있음을 알 수 있다. 이 중 은유를 통한 2차적 상징이 불교적인 것들을 살펴보면, 매화, 철쭉, 잡화 등을 들 수 있다.

매화는 (1)에 등장하는 꽃이다. 매화는 그 향기의 고결함과 함께 봄의 전령으로 인식되어 있으며, 눈 속에서도 볼 수 있어 고난 속에 피는 '꽃'의 이미지를 가지고 있다. 매화의 상징은 희망, 회춘, 고결, 지조 등으로 볼 수 있으며, 임금, 군자, 선비 등으로 비유되었다. 문학의 소재로 널리 쓰이는 매화는 옛 시가에서 가장 많이 사용되는 꽃이기도 하다.[652] '매화'는 고려시대 문장가 목은 이색과 조선시대의 권섭은 매화를 임금으로 비유하였고, 『동문선』에 수록 된 이인로의 매화 시에는 신선으로 비유되었다. 이처럼 매화는 부와 권력과는 거리가 먼 것으로 명상의 세계를 맛 볼 수 있는 성숙한 인간들에게 어울리는 것으로서 이것은 선비정신의 상징성에서 연유한 것이라고 할 수 있다.[653] 이 시편의 시어에서 어인 금교와 계림은 '신라'로, 봄은 '불법(佛法)'으로, 매화는 '법신(法身)'으로 환치되고 있음을 확인 할 수 있는데, 이것은 모두 은유의 상징이다.

여기에서는 문학적인 측면에서 볼 때 희망과 고결의 상징인 매화를 불교를 가지고 온 인물(아도)이 머물렀던 집에 '피었다.' 라고 표현함으로써 '매화=불교'라는 공식을 정립시키며 매화는 불교의 상징을 가지게 된다. 이것은 일연이 신라에 불교가 들어 온 사실을 시적으로 표현하면서 은유로서 매화의 1차적 상징을 통한 2차적 상징으로 '불교'를 선택했음을 알 수 있다.

철쭉은 (11)의 〈헌화가〉에서 등장하는 꽃이다. 헌화가에서는 '철쭉'이라는 지칭이 없고 '꽃(花)'자만 보이는데 이 노래의 배경에서 '철쭉'임이 나와 있다. 헌화가의 배경설화는 신라 성덕왕대에 강릉태수로 부임하던 순정공의 부인 수로(水路)가 동해 바닷가에서 잠시 쉬던 중 '사람의 발길이 닿을 수 없는 곳에 핀 꽃을 갖고 싶어 하고, 소를 몰고 가던 노인이 그 꽃을 꺾어 바친다.'는 내용이다. 이 설화의 배경에서 꽃(철쭉)은 범접하기 어렵고 높은 곳에 있는 존재인데, 이것을 같이 가던 수행원들도 할 수 없었던 것을 소를 치는 노인이 꺾어 바친다는 문맥에서 숨은

652 문학작품에서 매화의 출현빈도는 한시(1위), 시조(2위), 가사(3위)를 차지하고 있음을 알 수 있다.(이상희, 앞의 책, p.112.)

653 이상희, 『꽃으로 보는 한국문화 · 3』, 넥서스, 1998, p.36.

의미를 찾아야 한다. 여기에서 노인은 이물(異物)들의 유혹 대상인 중생으로 환치 된 수로부인에게 높은 곳에 있는 불교(철쭉)를 가져와 전달해주는 전법자로 볼 수 있으며, 꽃은 그가 전해주는 '불법'으로 볼 수 있다. 꽃은 불교에서 '화엄세계'를 상징한다. 깨달음을 얻은 이가 이물들의 유혹에 노출되어 있는 중생에게 주는 것은 화엄의 세계, 즉 불법의 세계이다. 〈헌화가〉의 시대적 배경이 신라이고, 소가 등장하는 것을 유의한다면 꽃(철쭉)은 불법을 중생에게 전달해주는 매개물[654]로 상징될 수 있으며, 꽃을 꺾어 수로의 품에 안겨 준다는 것은 수로(중생)로 하여금 불교를 받들어 가지게 한다는 의미로 볼 수 있다. 여기에서 철쭉은 '높은 곳에 있다.'는 사실적 상징과 '꺾어서 주다.'라는 현실적 상징을 은유로 '철쭉=불교'라는 공식과 함께 '불교=전하다'라는 공식을 만들고 있다. 다시 말해 철쭉은 불교를 전하는 '꽃'의 상징성을 가지고 있음이다.

잡화(雜花)는 (5)에 등장하는 꽃으로 중의적 상징을 가지고 있다. 일반적으로 '잡'이라는 글자가 주는 의미와 어감은 여러 가지가 뒤섞여 순순하지 못함을 의미하는 '잡스럽다'에서 보이듯이 부정적 이미지를 가진다. 하지만 (5)에 사용된 '잡화'는 그 대상이 의상대사임을 상기 할 때 '잡'이 주는 1차적 이미지와 상반된 상징을 가진다.

의상은 당나라에 가서 지엄의 문하에서 화엄경을 수승하고 신라로 돌아와서 10곳의 사찰에서 화엄경을 강설하며 10대덕을 길러내었던 인물로 이 땅에 화엄학을 꽃피운 주체이다. 『삼국유사』에서는 '세상

654 문두근은 그의 논문「한국시에 나타난 꽃의 樣相」에서 이것을 천상에서 지상으로의 하향적 매개물로 보았다.(문두근, 「한국시에 나타난 꽃의 樣相」, 『국어문학』, 전국대학교국어국문학회, 1986. p.139.)

사람들이 의상을 금산보개(부처님)의 화신이라 하였다.'고 적고 있다. 이 시편에서는 '잡화(雜花)'란 것은 '잡'이라는 글자가 가지고 있는 부정적으로 통용 되는 1차적 상징이나 이미지 너머 '여러 가지', '무성한', '많고 많은'을 상징한다. 그것은 이 시편의 배경이 의상이기에 가능하다. 여기에서는 '꽃'이 가지고 있는 1차적 상징과 의상이라는 인물이 가지고 있는 1차적 상징을 연결하여 '잡'이 가지는 기존의 상징을 상반되게 변형시켰다. 그 변형된 상징은 '잡화=무성한 꽃' 이라 공식과 '무성한 꽃= 화엄사상'이라는 공식을 정립해 '화엄'의 오묘하고 광대한 법을 꽃으로 상징했음을 알 수 있다.

안화(岸花)는 (6)에 등장하는 꽃으로 신승 혜통의 사상을 '꽃'으로 환치한 것이다. '혜통은 해동 진언종의 초조이다. 당나라로 건너가 인도 승려 선무외에게 배우기를 청하니, 그는 "동쪽 오랑캐 놈이 무슨 법 받을 그릇이 되겠느냐"하고 가르치지 않았다. 3년 동안 섬겼으나 끝내 허락하지 않으므로 화로를 머리에 이고 뜰에 서 있으니 정수리가 터지며 우레 같은 소리가 났다. 선무외가 손으로 터진 데를 만지며 주문을 외우니 상처가 아물고 그 자리에 '왕'자가 생겼다. 이 일로 왕화상이라는 호를 얻었으며 비법을 전해 받았다.'[655]고 하며, 밀법으로 이적을 행한 사람이다.

여기에서는 그 대상이 혜통임을 상정 할 때, 가사의 구절 '一徑春深兩岸花'를 함께 읽어 내어야 한다. 즉 '봄이 깊어 양 언덕에 꽃이 피었다.'는 것은 혜통이 밀교와 본법을 다 같이 펼쳤다는 의미로 꽃의 1차적 상징과 함께 '언덕(兩岸)에 핀 꽃= 밀교(순밀)와 본법(현교)'라는 공식을

655 한국브리태니커사, 『브리티니커』 25, 웅진출판사, p.224.

정립하였음을 알 수 있다.

살펴 본 바와 같이 『삼국유사』의 찬시와 향가에 등장하는 꽃은 그 상징만으로 층위를 형성하여 불화와 법화의 범주를 보여 주고 있다. 상징이란 어떤 사물이나 기호, 행동 등이 자연적 · 물리적으로 가진 속성과는 다른 새로운 의미가 부여되는 것을 가리킨다. 넓은 의미에서 보면 하나의 낱말이나 어구(語句)가 하나의 사물이나 사건을 의미하고 그것 너머의 다른 지시영역까지 암시하게 되는 것을 말한다. 이와 같은 상징의 의미를 볼 때 불찬서(佛讚書)의 성격을 가지고 있는 『삼국유사』의 찬시와 향가에 등장하는 '꽃'은 인물의 불성화(연꽃), 불교의 전래(매화), 불교의 공인(천화), 불법 전수(철쭉), 불보살의 자비(양화), 화엄사상 홍포(잡화), 불법의 신이성(안화) 등 전법의 전형을 가지고 불찬의 한 갈래를 형성함을 알 수 있다. 시가와 향가 속의 '꽃' 에는 상징 너머의 불찬의 향기가 스며있음을 알 수 있다.

5. 나가기

이상에서 필자는 『삼국유사』의 시가와 향가에서 문학적 깊이에 대하여 고찰하지는 못하고 시가(찬시)와 향가를 이루는 시적언어에 천착하여 작품 속에 등장하는 '꽃'에 대해 살펴보았다.

꽃은 자연물이면서 인식체계를 통한 창조물이다. 그것은 다양한 장르에서 다양한 형태로 나타난다. '아름다움'이라는 1차적 상징성을 원형으로 두고 꽃의 종류, 생장형태, 피는 시기 등에서 또 다른 상징을 가지고 있다. 문학에서 꽃은 시의 중요한 대상중 하나이며, 공통의 상징과 개별의 상징으로 다양한 의미를 도출해낸다. 『삼국유사』의 시가와 향가는 본문의 이해를 높이는 기능적 측면을 가지고 있다. 이런 시가와 향가에서 '꽃'이 등장하는 작품 수는 시가(찬시)에서 10편, 향가에서 3편이 있었다. 여기에 등장하는 꽃은 시의 중요한 대상 중 하나이며, 공통의 상징과 개별의 상징으로 다양한 의미를 도출해 내고 있었다.

발췌한 작품에서 등장하는 꽃의 종류는 연꽃, 매화, 철쭉, 버들 꽃, 천화, 만덕화 등이 있었다. 또한 잡화, 낙화, 안화(岸花), 화랑 등을 비유한 '花'가 있었다. 이 꽃들은 그 상징으로써 층위를 나눌 수 있다. 우선 1차적 상징만으로 '불 · 법 · 승'을 상징하는 '연꽃', '천화', '만덕화', '양화'는 '불화(佛花)'로 지칭하고, 꽃이 가진 1차적 상징을 은유하여 '불 · 법 · 승'을 나타내는 것으로 불교의 전래를 상징한 '매화', 불교의 전수를 상징한 '철쭉', 화엄사상을 상징하는 '잡화'와 밀교와 정법을 상징한 '안화'는 '법화(法花)'로 나누었다. 시가와 향가에 등장하는 꽃들은 '꽃'이 가지고 있는 상징으로 불법의 전수와 홍포, 불교의 근본적인 사상인 자비 등 전법의 전형을 나타내고 있으며, 모두 불찬(佛讚)을 바탕에 두고 상징의 방식에 따라 층위를 형성하고 있음을 알 수 있다.

제5장

『삼국유사』의 음악과 악기

윤소희

1. 머리말

『삼국유사』가 쓰여진 때는 고려 충렬왕 8년 전후(1281~1283)로 추정되고 있다. 이 시기는 한국에 문묘제례악이 유입된 고려 예종 9년~11년(1114~1116)보다 170년 정도 지난 시기였고, 몽고의 침입도 있었다. 이러한 역사적 상황이 『삼국유사』의 음악과 악기에도 투영되고 있을 것이다. 제1권 통일 이전 삼국의 역사와 설화적 내용, 제2권 통일신라의 역사와 삼국 역사, 제3권 불교 유래와 고승의 행적, 제4권 고승의 행적, 제5권 神, 呪 고승들의 신통 행적에 이르는 다섯 권의 내용 중 음악에 관련한 기사가 전 권을 통해 나타나고 있다. 이러한 과정에 나타나는 단군신화, 부여, 삼한, 가야, 후백제 등의 기록은 한국음악사에도 매우 중요한 사안이다.

관련된 선행 연구를 보면, 남상숙의 「삼국사기 및 삼국유사의 음악

기사 점검」[656]에서는 악기의 종류를 간단히 언급하고 있다. 신라유적과 음악에 주력해온 김성혜는 경주의 유적과 문헌을 통해 음악사에 초점을 맞추어 연구한 내용들이 있다.[657] 윤소희는 「월명사의 성범에 관한 연구」[658]에서 월명사가 언급한 '聲梵'의 음악적 성격을 소수림왕의 불교 공인 이전 초전 불교를 통해서 고찰하였다. 그 결과 월명사의 성범은 당풍 이전의 고풍 혹은 서역에서 바로 들어온 범어범패의 가능성을 제기하였다. 근래에 발표된 이용식의 「고대음악사 서술의 제 문제-『삼국사기』 인물 해석과 악기 서술을 중심으로-」에서는[659] 고구려의 왕산악이 실존인물이 아니었을 가능성, 신라로 투항한 가야의 우륵이 고구려에서 가야로 내려와 살던 고구려 유민이었을 가능성을 제기하였다. 그리고 최근에 쓰여진 안승철의 「고문헌 속 음악기사와 불교음악에 대한 검토」[660]에서는 『삼국유사』와 『삼국사기』 중 불교음악과 관련한 기사를 중심으로 조사한 바 있다. 이 외에 향가와 관련된 국악계의 연구로 윤소희의 「향풍범패의 장르적 규명과 실체」[661]를 통해 한국의 고승들에 의해 쓰여진 경문찬초(經文纂抄) 등을 당풍 범패와 구분해

656 남상숙, 「삼국사기 및 삼국유사의 음악기사 점검」, 『한국공연예술연구논문선집』 2집, 2000, pp.113-123.

657 김성혜, 『신라음악사 연구』, 서울: 민속원, 2006; 『삼국시대 음악사 연구』, 서울: 민속원, 2009.

658 윤소희, 「월명사의 성범에 관한 연구, 『국악원논문집』 31집, 2015, p.139; 『범패의 역사와 지역별 특징』, 서울: 민속원, 2017.

659 이용식, 「고대음악사 서술의 제 문제-『삼국사기』 인물 해석과 악기 서술을 중심으로-」, 『한국음악연구』 71집, 2022, pp.91-112; 「신라시대 불교음악에 관한 연구」, 『신라문화』 52집, 2018.

660 안승철, 「고문헌 속 음악기사와 불교음악에 대한 검토-『삼국유사』 및 『삼국사기』를 통하여」, 『불교음악문화』 5집, 2023, pp.77-104.

661 윤소희, 「향풍범패의 장르적 규명과 실체」, 『동아시아불교문화』 39집, 2019, pp. 557-583.

야 함을 주장한 바 있다.

이상 제반의 연구에서는 각 연구의 주제에 초점이 맞추어져 있으므로 『삼국유사』에 실린 음악기사의 전반적인 내용에 관한 고찰은 없었다. 이에 본고에서는 『삼국유사』의 음악기사를 조명하되 향가에 대한 내용은 논외로 하고, 음악행위자와 악기를 중심으로 살펴보고자 한다. 나아가 『삼국유사』가 지닌 객관적 특징을 파악하고자 동시대 문헌인 『삼국사기』 및 유물 · 유적에 나타나는 음악적 내용도 함께 살펴보겠다.

2. 『삼국유사』의 음악 기사와 행위자

1) 연도순 음악기사

『삼국유사』 중 음악과 관련한 직접 혹은 간접적 내용을 검색한 결과 15건의 기사가 검색되었다. 이들을 크게 보면 신화와 설화적 이야기, 왕 · 승려 · 화랑의 이야기, 민간의 풍속에 얽힌 이야기로 분류할 수 있다. 이들을 연도 순으로 정돈하면 다음과 같다.

〈표 1〉 연도 순으로 본 『삼국유사』 음악 기사

	권	내용	시기	분류
1	권2[662]	구지가	미상(AD 42년 무렵)	노래
2	권5[663]	물계자의 琴	내해왕(재위196~230)	악기, 노래, 작곡

662 『三國遺事』 제2권, 「紀異」, '水路夫人' 夫人衣襲異香, 非世所聞, 水路姿容絕代, 每經過深山大澤, 屢被神物掠攬. 衆人唱海歌, 詞曰 "龜乎龜乎出水路, 掠人婦女罪何極. 汝若悖逆不出獻, 入絕綱捕掠燔之喫"

663 『三國遺事』 제5권, 「避隱」, '勿稽子' 第十奈解王卽位十七年壬辰, 保羅國/古自國

	권	내용	시기	분류
3	권2 [664]	서동요	백제 武王(581~641: 재위600~641)	노래
4	권5 [665]	차득공의 비파	문무왕(626~681:재위661~681)	비파, 풍속
5	권4 [666]	원효 무애가	원효(617~686)	가무, 염불
6	권2 [667]	만파식적	신문왕2(682년:재위681~692)	악기
7	권3 [668]	神笛, 玄琴을 神物	효소왕(687~702:재위691~702)	악기
8	권2 [669]	12絃琴	원성왕(730~798:재위789~785)	악기
9	권5 [670]	人虎 琴瑟의 情	〃	악기
10	권5 [671]	笛, 도솔가, 제망매가	경덕왕19(760년:재위742~765)	악기 · 향가
11	권2 [672]	國仙의 3首 歌와 大炬和尙 玄琴曲	경문왕(846:재위861~875)	향가, 작곡, 악기
12	권2 [673]	笙歌	헌강왕5(879년:재위875~886)	악기 · 노래
13	권5 [674]	處容 讚德獻舞奏樂	〃	歌舞
14	권5 [675]	念佛師	미상	정근 염불
15	권1 [676]	太平歌, 징과 북소리	진덕여왕(出生 590:재위647~654)	漢詩

[今固城]/史勿國[今泗州]等八國, 併力來侵邊境. 王命大(太)子捺音. 將軍一伐等率兵拒之, 八國皆降. 時勿稽子軍功第一, 然爲大(太)子所嫌, 不賞其功. 或謂勿稽曰: "此戰之功, 唯子而已. 而賞不及子, 大(太)子之嫌, 君其怨乎" 稽曰 "國君在上, 何怨人臣." 或曰 "然則奏聞于王幸矣." 稽曰 "伐功爭命, 揚己掩人, 志士之所不爲也, 勵之待時而已"

664 『三國遺事』 제2권, 「紀異」, '武王' 聞新羅眞平王第三公主善花…중략…童謠滿京, 達於宮禁, 百官極諫, 竄流公主於遠方, 將行, 王后以純金一斗贈行. 公主將至竄所, 薯童出拜途中…中略…即王位.

665 『三國遺事』 제2권, 「紀異」, '文虎王法敏' 官吏之淸濁, 然後就職…중략…公著緇衣, 把琵琶, 爲居士形…중략… 巡行里閈, 州吏安吉見是異人,

666 『三國遺事』 제4권, 「義解」, '元曉不覊' 曉旣失戒生聰 已後易俗服 自號小姓居士 偶得優人舞弄大瓠 其狀瑰奇 因其形製爲道具 以華嚴經一切無㝵人 一道出生死 命名曰無㝵 仍作歌流于世 嘗持此 千村萬落 且歌且舞 化詠而歸 使桑樞瓮牖玃猴之輩 皆識佛陀之號 咸作南無之稱 曉之化大矣哉.

667 『三國遺事』 제2권, 「紀異」, '萬波息笛' 駕還, 以其竹作笛, 藏於月城天尊庫, 吹此笛, 則兵退病愈, 旱雨雨晴, 風定波平. 號萬波息笛, 稱爲國寶. 至孝昭大王代, 天授四年癸巳, 因失夫禮郎生還之異, 更封號曰萬萬波波息笛, 詳見彼傳.

668 『三國遺事』 제3권, 「塔像」, '栢栗寺' …전략… 是三月十一日也. 大王聞之, 驚駭不勝曰: "先君得神笛, 傳于朕躬, 今與玄琴, 藏在內庫…후략.

2) 음악행위자와 역할

『삼국유사』 중 음악 관련 내용은 전 권에 걸쳐 나타나고, 음악행위자의 신분도 왕에서부터 일반 백성에 이르기까지 고르게 분포되어 있다.

(1) 집권자

① 노래와 관련된 인물

『삼국유사』의 음악기사에서 왕이나 그에 준하는 인물은 구지가를

669 『三國遺事』 제2권, 「紀異」, '元聖大王' 夢脫幞頭 "夢脫幞頭, 著素笠, 把十二絃琴, 入於天官寺井中. 覺而使人占之. 日 脫幞頭者, 失職之兆, 把琴者, 著枷之兆, 入井, 入獄之兆"

670 一然, 『三國遺事』 제5권, 「感通」, '金現感虎' …전략…見贈一篇, 尋卽有和." 乃吟日 琴瑟情雖重, 山林志自深. 常憂時節變, 辜負百年心. 遂與訪其家, 不復有人矣…후략.

671 一然, 『三國遺事』 제5권, 「兜率歌」 …전략…明常居四天王寺, 善**吹笛**, 嘗月夜吹過門前大路, 月馭爲之停輪. 因名其路日 月明里. 師亦以是著名. 師卽能俊大師之門人也. 羅人尙鄕歌者尙矣, 蓋詩頌之類歟, 故往往能感動天地鬼神者, 非一. 讚日 風送飛錢資逝妹, **笛搖**明月住姮娥. 莫言兜率連天遠, 萬德花迎一曲.

672 一然, 『三國遺事』 제2권, 「紀異」 '景文大王' 國仙 邀元郎 譽昕郎 桂元 叔宗郎等, 遊覽金蘭, 暗有爲君主理邦國之意, 乃作歌三首, 使心弼舍知, 授針卷, 送大炬和尙處, 令作三歌, 初名玄琴抱曲, 第二大道曲, 第三問群曲. 入奏於王, 王大喜稱賞, 歌未詳.

673 一然, 『三國遺事』 제2권, 「紀異」 '處容郎望海寺' 憲康大王之代, 自京師至於海內, 比屋連… 無一草屋. **笙歌**不絕道路, 風雨調於四時.

674 一然, 『三國遺事』 제2권, 「紀異」, '處容郎望海寺' "於是, 大王遊開雲浦…중략…現於駕前, **讚德獻舞奏樂**. 其一子隨駕入京, 輔佐王政, 名日處容.

675 一然, 『三國遺事』 제5권 「避隱」, '念佛師' 南山東麓有避里村, 村有寺, 因名避里寺. 寺有異僧, 不言名氏, 常念彌陀, 聲聞于城中. 一千三百六十坊, 十七萬戶, 無不聞聲, 聲無高下, 琅琅一様. 以此異之, 莫不致敬, 皆以念佛師爲名. 死後泥塑眞儀, 安于敏藏寺中. 其本住避里寺, 改名念佛寺. 寺旁亦有寺, 名讓避, 因村得名.

676 一然, 『三國遺事』 제28권, 「眞德女王卽位」, 自製大平歌, 織錦爲紋, 命使往唐獻之…중략… 其詞日: 大唐開洪業, 巍巍皇猷昌, 止戈戎威定, 修文契百王. 統天崇雨施, 理物體含章. 深仁諧日月, 撫軍(運?)邁虞唐. 幡旗何赫赫, 錚鼓何鍠鍠. 外夷違命者, 剪覆被天殃. 淳風凝幽現, 遐邇競呈祥. 四時和玉燭, 七曜巡方萬. 維嶽降輔宰, 維帝任忠良, 五三成一德, 昭我唐家皇.

부른 가락국 토호 세력들, 서동요를 부른 백제 무왕, 태평가를 지은 진덕여왕 등, 세 사람이고, 직접 노래를 부른 사람은 가락국 사람들과 백제 무왕이다. 신라 역사의 전개에서 집권자들을 居西干·次次雄·尼師今로 칭할 당시는 계승자 이상의 권력자가 못되었다. 이후 박·석·김 3성에 의한 지배시기를 지나 김씨가 왕위를 독점한 麻立干 시기부터 중앙집권적 귀족 국가로 접어들었다. 따라서 마립간 이전 시기에 해당하는 수로왕의 '龜旨歌'는 토호 세력이 "龜何 龜何…"로 시작하는 짧은 구절이라, 음악행위라기 보다 주술행위에 더 가까워 보인다. 서동요를 직접 지어 불렀다는 백제 무왕의 노래는 동요에 해당하지만 근래 연구에서 이 노래의 주인공이 백제 동성왕, 신라의 원효, 인산미륵사연기전설로 보는 등 여러 異見이 있기도 하다. 진덕여왕의 5언 漢詩를 오늘날 관점으로 보면 문학에 한정되지만 중세시기까지의 문학은 음악과 동일시 될 정도로 운율을 지니고 있었다. 그렇다 하더라도 진덕여왕이 태평가를 지어 唐으로 보낸 것은 음악행위라기 보다 집권자의 외교적 행위가 목적이었다.

② 악기와 관련된 인물

신문왕의 萬波息笛 시기는 신라가 삼국을 통일하고, 唐軍을 격파한 문무왕(재위 661~680)이 세상을 떠난지 얼마 되지 않은 때였다. 이러한 상황을 볼 때, 이민족을 한데 모아 융합하여 안정을 찾기 위한 염원이 '萬波息笛'이라는 이름에 투영되어 있음을 알 수 있다. 효소왕의 神笛, 神物 玄琴(거문고)은 신문왕이 재위하여 10년을 간신히 넘긴 후 세상을 떠난 뒤의 기사이다. 따라서 효소왕(재위 691~702)이 선대에 모셨던 만파식적을 승격시켜 神笛으로, 고구려 악기였던 玄琴을 신물화 하는 것은 신라의 위상을 높이면서 이민족을 한 국가로 융합하고자 하는 염원이 담겨있다. 원성왕의 꿈 이야기는 우륵이 신라에 가야금곡을 전해준(551년)지 200여년이 지난 이후이다. 그런데도 저자 일연은 가야금이 아니라 12현금으로 서술하고 있다.[677] 따라서 『삼국유사』에는 '伽耶琴'이라는 어휘가 한 번도 등장하지 않았다.

이상 집권자의 음악행위를 보면 구지가를 부른 지방 토호, 서동요를 부른 백제무왕(?), 태평가를 지은 진덕여왕은 주술적 노래, 동요, 문학적 운율 정도로써 매우 미미한 음악행위자였다. 악기와 관련해서도 왕이 악기를 신물화 했다거나 꿈속에 12현금이 나타나는 정도이므로 음악행위자라기 보다 악기를 통해 국가의 염원을 드러내는 행위였다. 따라서 『삼국유사』에는 집권자의 음악행위는 극히 미미하거나 없다고 할 수 있다. 이는 효소왕 6년(697) 9월, 혜공왕 5년(769) 3월 임혜전에서 군신들에게 잔치를 베풀고, 헌덕왕6년(814) 3월에 숭례전, 헌강왕 7년(881) 3월에 궁중에서 잔치를 베풀며 임금이 琴을 타고 극환하였다는 『삼국사기』 기록[678]과 대조적이다.

(2) 승려

『삼국유사』에 등장하는 율적 행위자 중 승려는 원효, 월명사, 대거

677 김성혜는 『삼국시대 음악사 연구』, 서울: 민속원, 2009, pp.239-240에서 우륵이 가야금을 전해준 시기 보다 뒤 이므로 12현금이 곧 가야금이라고 주장한 바 있음.

678 『三國史記』「本紀」 권8 10a「孝昭王」 六年九月; 『三國史記』「本紀」 권9 10a「惠恭王」 五年 三月; 『三國史記』「本紀」 권10 10, 11a「憲德王」 六年 春三月; 『三國史記』「本紀」 권11 11b「憲康王」 七年 春三月 燕群臣於臨海殿 酒酣 上鼓琴 左右各進歌詞 極歡而罷.

화상 그리고 이름을 알 수 없는 念佛師 등, 4사람이다. 이 중 원효는 '나무아미타불'을 부르며 따랐던 사람들이 있어 歌舞와 민중 일치의 양상을 보인다. 월명사는 笛이라는 악기 연주와 2수의 향가에 이르기까지 악기 연주와 제사악을 행한 점이 특징이다. 월명사의 도솔가조 말미에 "월명이 달밤에 笛을 불면 달이 멈추어 섰으므로 그 곳을 월명리라 하고, 월명사라는 이름 또한 이로 인한 것이다"[679]는 대목은 많은 음악적인 정보를 제공한다. 이와 관련되는 음악적인 내용은 제3항에서 다시 논하겠다.

① 大炬和尙

대거화상[680]은 거문고를 연주하는 전문 연주가이자 작곡가로써 주목된다. 國仙 邀元郎, 譽昕郎, 桂元, 叔宗郎이 金蘭[681]을 유람하다 3수의 시를 지은 후 대거화상에게 보냈고, 대거화상은 이를 받아 玄琴抱曲, 大道曲, 問群曲을 지었다. 이 시기 음악행위자들은 악기를 타며 노래하던 풍속이 있었던 점과 창작한 악곡 중에 현금포곡이 있어 대거화상이 거문고 연주에도 능했음을 알 수 있다. 일연의 서술방식에서 승려들은 대개 신통력을 발휘하거나 불교적 의미에 초점이 맞추어진 것과 달리 대거화상은 악곡을 지은 것에 초점이 맞추어져 있다.

679 『三國遺事』 제5권, 「感通」, '月明師兜率歌' 明常居四天王寺, 善吹笛, 嘗月夜吹過門前大路, 月馭爲之停輪. 因名其路日(曰)月明里. 師亦以是著名. 師卽能俊大師之門人也.

680 『三代目』에는 "각간 위홍과 大矩和尙이 향가를 수집하여 편찬했다"는 기록이 있다. 본고에서는 『삼대목』의 大矩和尙과 삼국유사의 『大炬和尙』을 동일 인물로 보았다.

681 현재의 강원도 통천으로 추정.

② 이름을 알 수 없는 念佛師

念佛師는 범패와 염불 율조에 있어 상당히 의미가 있다. 첫째 "남산 동쪽 기슭 避里村에서 '아미타불'을 소리내어 念하였는데, 오늘날 이 지역과 사찰이 밝혀지고 있어 사실적 기록으로 보인다. 둘째 "염불 소리는 음의 고저에 변화가 없었고, 그 소리를 듣지 않은 사람이 없을 정도였다"는 내용에 미루어 볼 때, 오늘날 정근염불의 시원으로 볼 수 있다. 셋째 당시 사람들이 이 염불을 괴이하게 여긴 점에서 이전에는 없었던 율조였고, 중국이나 일본에도 한국의 정근과 같은 율조를 거의 볼 수 없는 점[682]에서 신라의 염불사에 의해 시작되어 한국 고유의 염불신행이 되었음을 짐작 할 수 있다. 신라시대에 금강산 자락 건봉사에서 만일염불회를 결성한 31인의 승려가 등천하였음을 기념하는 등공대(騰空臺)가 비무장지대 건봉사에 세워져 있고, 요즈음도 각처에서 정근염불이 행해지고 있어 염불사의 염불이 천년이 넘도록 전승되고 있다고 할 수 있다. 염불사의 사후에 흙으로 像을 만들어 모시며 스승 사(師)자를 붙여 지칭한 점에서 당시 민중으로부터 공경 받았음을 추정할 수 있다.

(3) 관료

① 물계자의 琴

勿稽子가 軍功을 세웠다는 점에서 武臣이었음을 알 수 있고, 공을 세웠지만 琴을 들고 유랑하였다는 점에서 공로를 인정받지 못한 회한이

682 본 연구자가 중국 · 대만을 현지 조사한 내용을 기록한 『한중 불교의례와 범패』, 서울: 민속원, 2023과 『한일 불교의례와 쇼묘』, 서울: 민속원, 2023에서도 이와 같은 염불은 발견되지 않았다.

있었으리라는 점을 짐작을 할 수 있다. 물계자가 유랑한 내해왕(재위 196~230) 17년 무렵은 가야국의 우륵이 신라로 투항한 551년 보다 수백 년 앞선 시기이므로 물계자의 금은 가야금이 아닌 新羅 재래의 琴이었다. 따라서 기존의 번역서나 연구에서 물계자의 琴을 가야금 혹은 거문고[683]로 번역한 것은 명백한 오류이다. "물계자가 머리를 풀고 琴을 메고 師彘山으로 들어가서, 대나무의 곧은 성질을 비유하여 노래를 짓고 흐르는 시냇물 소리에 依하여 琴을 타고 곡조를 지으며 은거하여 다시 세상에 나오지 않았다"는 대목에서 물계자의 작곡 능력과 노래와 악기 연주를 할 수 있는 樂人으로서의 면모가 부각된다.

② 車得公의 비파

차득공의 비파와 관련된 시기는 통일(676)신라 초기에 해당한다. 차득공은 정승 후보에 올라 입신하기 전에 민심을 알아보고자 거사의 차림으로 비파를 들고 다녔다. 이는 樂人으로서의 입지 보다 정치가로서의 면모가 부각된다. "신분을 감추기 위해 거사차림을 하고 비파를 잡고 다녔다"는 점에서 당시 사회에 비파 타는 거사가 많았음을 추정할 수 있다.

(4) 민간인

『삼국유사』의 음악기사에 나타나는 민간인은 琴瑟之情을 노래한 호랑이 처녀, 원효의 무애가에 '나무아미타불' 노래하며 따르던 사람들과 헌강왕대(재위 875~886)의 풍속에 등장하는 笙과 歌에 관한 내용을 통

683 李民樹 역, 『三國遺事』, 서울: 을유문화사, 1991, pp.391-392 외 다수.

해 당시의 풍속을 짐작할 수 있다.

① 호랑이 처녀

한 총각이 흥륜사의 탑돌이에서 한 처녀와 눈이 맞아 정이 깊어졌으나 그녀는 호녀(虎女)였으므로 부부의 연을 맺지 못하고 헤어질 때 "琴瑟情雖重, 山林志自深. 常憂時節變, 辜負百年心. 遂與訪其家, 不復有人矣. 妻思慕之甚"라 하였다. 여기에서 음악적으로 주목되는 것은 琴과 瑟을 빌어 부부의 정을 읊는 대목이다. 이에 관한 구체적인 내용은 제3항 악기편에서 다시 논하겠다.

② 저자거리 사람들

원효가 무애가를 부르자 저자거리의 사람들이 '나무아미타불'을 부르며 따랐다는 내용이다. 이는 당시에 나무아미타불을 염송하는 정토신앙이 신라인들 사이에 확산되어 있었음을 말해 주고 있다.

③ 민가의 笙과 歌

헌강왕대의 경주에는 집과 담이 連하여 있고, 도성과 지방까지 초가가 없으며, "笙과 노래(歌)가 끊이지 않았다"는 기록을 『삼국유사』에 담고있다. 민가에 생의 소리가 끊임없었던 점에 미루어 볼 때, 이 당시 생황이 민가에 유행한 악기였음을 알 수 있고, 생과 노래가 끊임이 없을 정도로 풍족한 신라 사회를 엿 볼 수 있다.

3. 음악적 분류와 내용

1) 악기와 기악곡

『삼국유사』에 등장하는 현악기는 琴. 12絃琴, 玄琴, 琵琶, 琴과 瑟이 있고, 관악기는 萬波息笛, 神笛, 笛, 笙의 4 가지가 있다. 이들 악기는 똑 같은 '琴' 혹은 '笛'이지만 시기와 계통에 따라 차이가 있다.

(1) 현악기

① 물계자의 琴과 원성왕의 12현금

물계자의 琴은 2~3세기의 기록으로, 우륵이 신라로 투항하기 이전의 琴이다. 그러나 이 현악기에 대해서 아무런 설명이 없으므로 비파와 같은 5현이었는지, 거문고와 같은 6현이었는지, 가야금과 같은 12현이었는지는 알 수 없다. 원성왕이 꿈에서 본 12絃琴은 우륵이 신라에 투항한(진흥왕12년:551) 이후의 기사로써 현의 수가 우륵의 가야금과 동일하지만 『삼국유사』에는 12현금이라 하였을 뿐 가야금이라는 어휘를 사용하지 않았다. 그런데 물계자의 琴을 거문고로 번역한 경우가 있어[684] 악기의 계통과 명칭에 대한 학계의 무분별함을 지적하지 않을 수 없다.

이들을 연대순으로 보면 물계자의 琴(내해왕 재위 196~230), 우륵의 加耶琴(진흥왕12년: 551), 원성왕(재위 789~785)의 꿈에 나타난 12현금 순이다. 『삼국유사』 보다 먼저 쓰여진 『삼국사기』에 가야금이 등장하고, 『고려사』 「악지」의 '樂器'편에는 玄琴(6현), 琵琶(5현), 伽耶琴(12현)으로

684 一然, 『三國遺事』, 이민수 역, 서울: 을유문화사, 1991, p.392.

표기되어 있고, 조선조에 발간된 『악학궤범』에도 伽耶琴으로 표기하고 있다. 물계자가 타던 재래금과 우륵이 가져온 가야금, 원성왕이 꿈에서 본 12현금에 이르기까지 악기의 개량이나 변화에 대해서는 일체 언급이 없어 각 악기의 구체적인 구조와 형상은 알 수 없다.

② 玄琴

효소왕이 고구려에서 유입된 玄琴을 神物로 삼아 천장고에 보존한 이 악기는 검을 玄에 의해 거문고로 표기해도 무방하다. 이 악기는 신라 재래의 琴, 12玄琴, 加耶琴과 달리 궤로 줄을 받치고 술대로 쳐서 소리 내는 현악기이다. 일연이 『삼국유사』를 기술할 당시는 琴瑟之情의 琴, 즉 중국의 琴도 있었으므로 '琴'이라는 악기 명칭이 등장할 때 어떤 계열의 악기인지 맥락을 살펴서 번역할 필요가 있다.

③ 琵琶

중국의 고대 『樂書』와 조선조 『악학궤범』에 의하면, 비파는 "호족이 말 위에서 타던 악기"이고[685], 일본 쇼쇼인(正倉院)에 소장되어 있는 당비파에도 말 위에서 비파를 타는 서역인이 조각되어 있다. 중국에 비파음악을 유행시킨 소지파(蘇祇婆)는 남북조 시기 쿠차(龜玆, 현재 新疆 庫車) 출신 궁중음악가로서 아버지가 서역음악에 능통한 사람이었다. 4현에 曲頸인 당비파와 달리 5현에 直頸인 향비파는 '비파'라는 이름 대신 '五絃'으로 표기되기도 하였다. 隋나라에서 연주된 아홉 계열 악단(九部伎)의 면면을 보면, 西涼, 龜玆(庫車), 疏勒(카쉬가르), 康國(사마르칸트), 安國

685 『樂學軌範』 제7권, 釋名曰 琵琶本胡中馬上所鼓 推手前曰琵, 引手却琶 因以爲名

(보카라), 天竺(인도) 등 서역계 악단에만 비파가 편성되어 있어 당비파는 서역에서 중국으로 들어와 중국화된 악기이고, 향비파는 한국식으로 개량된 비파임을 추정할 수 있다.

향비파에 해당하는 5현은 고구려 때 들어와 있었으므로 삼국이 통일되면서 자연히 신라의 3대 현악기로 자리 잡게 된 것으로 보인다. 주목할 점은 가야금(12현)과 거문고(玄琴)를 신비화 내지는 신물화 하는데 비하여 비파는 대중적인 풍속 묘사와 함께 등장한다. 차득공이 민심을 살피기 위해 거사 복색을 하고 비파를 들고 다녔는데, 남성들이 통기타를 울러 매고 다니던 70~80년대 한국 사회를 떠올리게 한다.

④ 琴과 瑟

고려 예종 9년(1114)와 11년(1116)에 대성아악과 함께 들어온 금과 슬은 음색이 서로 잘 어울리므로 중국에서는 琴瑟相和, 한국에서는 夫婦의 정을 상징해온 관습이 있다.[686] 일연이 『삼국유사』를 저술한 시기는 대성아악기가 유입된지 170년 이후였다. 따라서 『삼국유사』에서 호랑이 처녀가 "琴瑟情雖重"라고 말한 것은 일연이 고려조 악기를 빌어 서술한 문장임을 알 수 있다.

686 夏나라를 포함하여 고대의 제사 음악을 기록한 굴원(屈原 BC343~BC278)의 『九歌』에 笙 · 竽 · 琴 · 瑟 · 鍾 · 鼓 등이 등장한다. 공자가 琴을 익히며 文王을 칭송한 기록, 죽립칠현 중 琴 연주에 뛰어났던 혜강(嵇康 223~262)에 이르기까지 琴은 남성적 수행악기였고, 瑟은 여성적 악기로 그다지 많은 기록이 존재하지는 않는 가운데 '琴瑟相和'가 회자되어 왔다. 이들이 한국에 유입되어 나란히 연주된 것은 고려조 대성아악이 시초였다. 이후 한국인의 일상에서 부부화합을 금슬에 비유한 관습이 생겨난 것으로 보인다.

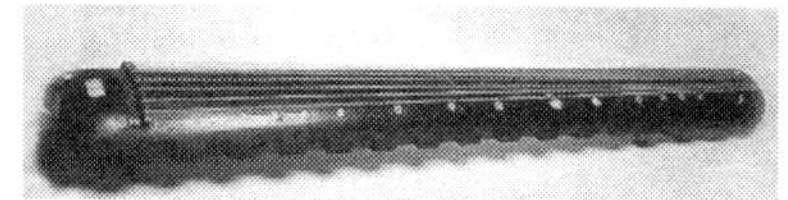 

〈사진 1~2〉 琴과 瑟

이상 『삼국유사』에서 언급되는 현악기와 해당 내용을 요약하면 다음과 같다.

〈표 2〉 삼국유사에 나타나는 현악기

분류	내용	비고
琴(신라의 금)	물계자 琴	우륵 귀화 이전 신라의 재래금
	원성왕 12絃琴	가야의 우륵 귀화 이후 12현금
玄琴(고구려 거문고)	神物로 등장	옥보고 30현금 곡 전파 이전
琴과 瑟(중국)	金現感虎	고려 예종(1114) 大晟雅樂器 중 하나
琵琶(서역 악기)	차득공	민심 살피기 위한 차림새 일환

(2) 관악기

『삼국유사』에 나타나는 관악기는 笛과 笙의 두 계통으로 나타나지만 이들의 세부 사안을 보면 간단이 설명할 수 없는 분류 체계가 있다. 『삼국유사』에는 3회에 걸쳐 笛에 관한 일화가 있다. 문무왕의 萬波息笛, 효소왕이 神笛 그리고 월명사의 笛이다. 이들 악기에 대하여 만파식적과 신물로 모신 笛은 오늘날 전승되는 대금류 악기와 연결 지을 수 있다. 그러나 이상하게도 월명사의 笛은 피리로 해석하는 경우가 많다.[687]

687 월명사의 笛을 피리로 번역한 문헌으로 1991년에 출간한 이민수의 『삼국유사』 이후 문헌과 인터넷(https://blog.naver.com/wany61/223094836572)을 비롯한 대

고려 예종 때 들어온 문묘제례악기 중에 笛에 해당하는 악기로 篪·篴·籥·簫가 있는데 이들을 한글로 번역하면 모두 '피리'가 된다. 篪는 관대에 吹口를 별도로 붙인 의취가 있고, 지공과 관대 끝에 있는 十字孔을 조절하여 12음률을 낸다. 篴은 앞의 指空이 5개 後空이 1개있고 단소와 같이 세로로 분다. 籥도 단소처럼 세로로 부는 악기로 지공이 3개이며 뒷면에 지공이 없다. 簫는 관대를 나란히 배열한 악기이다. 이들은 모두 대나무 관대에 취구가 있는 악기들로 서(舌)를 끼워 부는 오늘날의 피리와 다른 계통의 악기이다.

대성아악기에 있는 관악기들은 오늘날 음악에는 연주되지 않고 대금이나 소금과 같이 옆으로 부는 橫笛類, 퉁소나 단소와 같이 세로로 부는 縱笛類 두 계통이 있다. 피리, 태평소와 같은 악기는 관대를 잡는 방식은 퉁소나 단소와 같이 縱笛이지만 서(舌)를 끼워 부는 점에서 완전히 다른 계열의 악기이다. 무엇보다 서를 끼워 부는 악기는 음색이 강하여 수제천과 같은 관악합주에서 주선율을 담당한다.

〈표 3〉 주법과 구조에 따른 관악기 분류

분류	해당악기	
잡는 방법	횡적: 대금, 중금, 소금	종적: 단소, 퉁소, 피리, 태평소, 배소,
서(舌)의 유무	有: 피리, 태평소	無: 대금, 중금, 소금, 단소, 퉁소, 배소
제례악 편성	문묘: 篪, 篴, 籥, 簫	종묘: 당피리, 태평소, 대금, 생황, 나발, 나각
예 외	笙(여러 개의 관대를 바가지 통에 꽂아 부는 화음 악기=생황)	

삼국시대 이전에 피리가 있었다는 기록은 찾을 수 없고, 고구려 안악

부분의 사이트에서도 이렇게 표기하고 있다.

고분과 집안고분 벽화에도 피리는 보이지 않는다. 중국문헌에서는 『隋書』와 『通典』의 「고구려전」에 "五絃, 琴, 箏, 篳篥, 橫吹 簫와 鼓"가 보인다.[688] 『隋書』에 의하면 "피리는 일명 笳管(갈잎 피리)이고, 羌胡 구자의 악기"라고 적고 있어 피리는 서역계 악기임을 알 수 있다. 이와 같이 제반의 기록을 감안하여 피리는 고구려 장수왕의 평양 천도(427) 후에 들어왔을 것으로 추정하고 있다.[689]

『삼국유사』 번역서에는 월명사의 笛을 '피리'로 번역하는 경우가 더러 있다.[690] 서를 끼우지 않고 부는 대금이나 단소 같은 악기는 음색이 부드럽고 멀리 퍼져간다. 그에 비해 서를 끼워 부는 피리는 선율이 또렷하고 음량이 큰 반면 공명 거리가 짧다. 예전에 아이들이 "밤에 피리를 불면 뱀 나온다"고 못 부르게 했다. 그것은 피리가 주는 강한 음색이 이웃에 피해를 줄 수 있기 때문이었다. 이러한 점에서 달밤에 강한 음색의 피리 보다 대금류의 笛을 불었을 가능성이 더 높다. 또한 신라의 악기 三絃三竹에 서를 끼워 부는 피리는 없었다. 따라서 월명사가 불었던 笛은 피리가 아니라 대금류의 악기였을 가능성이 높다. 笙은 바가지에 여러 개의 관대를 꽂아 불므로 대성아악의 악기 분류 八音 중 匏部에 속한다. 이상 『삼국유사』에서 언급되는 관악기와 해당 내용을 요약하면 다음과 같다.

---

688 隋書 東夷典 및 通典 186 邊防一東夷, 장사훈, 『한국악기대관』, 서울대학교출판부, 1986, p.37에서 인용.

689 장사훈, 『한국음악사』, 서울: 세광출판사, 1986, p.37.

690 이민수, 앞의 번역서, pp.369-371 외 다수.

〈표 4〉 『삼국유사』에 나타나는 관악기들

분류	내용	비고
笛	萬波息笛	모든 근심을 잠재우는 神物로서의 笛
	월명사의 笛	월명사가 부는 笛 소리를 듣고자 달이 멈춤.
	神笛	玄琴과 함께 천장고에 모심
笙	도성에 笙歌가 끊이지 않음	상원사동종 완성(725년) 보다 150여년 후인 헌강왕5년(879) 무렵의 풍속

2) 문학과 성악곡

(1) 향가

『삼국유사』에 나오는 성악곡 중 향가는 논외로 하되 율적 포인트만 간단히 짚어보고자 한다. 『삼국유사』 도솔가조에서 "…羅人尙鄕歌者尙矣, 蓋詩頌之類歟, 故往往能感動天地鬼神者－신라 사람들이 향가를 숭상(崇尙)한 지 오래 되었는데, 이는 대개 詩와 頌으로 분류(蓋詩頌之類歟)하고 있다."[691]고 하였다. 이는 『詩經』의 율적 분류와 상통하는 대목이다.

〈표 5〉 詩經의 율조 유형과 내용

분류	내 용	편수
頌	先賢을 기리는 노래와 음악 － 제사악.	40
雅	조회나 연향 때 연주하는 음악 － 궁중음악	74
風	민간의 노래 － 민요	160

향가를 『시경』의 제사악에 해당하는 頌으로 표기한 점에서 도솔가와 제망매가에서 보이는 異蹟은 제사를 통한 신통력과 일맥상통하는

691 『三國遺事』 제5권, 「兜率歌」 "…羅人尙鄕歌者尙矣, 蓋詩頌之類歟, 故往往能感動天地鬼神者…이하 祭亡妹歌"

점이 보인다. 한편, 불교 신행과 의례 율조 중 '誦'은 경전 독송과 같이 약간의 율조가 수반되는 轉讀선율을 말하며, 頌은 詩의 운율에 맞추어 율조를 짓는 것으로 불교 의례문 율조인 범패와 연결된다. 여기에서 좀 더 음악적으로 나아가 전문적 발성까지 더하는 율조는 '唱'이라 하여 본격적인 노래를 지칭한다.[692]

〈표 6〉 불교 신행 율조 유형

분류	내용	
誦	경전을 암송하는 誦經 율조	轉讀, 讀經, 誦經, 염불
頌	경전과 의례문에 실린 찬탄 偈와 頌	범패 율조
唱	예술성이 가미된 노래	『화엄경』 「입법계품」 선지중예동자의 42字母唱

(2) 노래와 염불

① 원효의 무애가와 민중의 후렴구

원효가 표주박을 두드리며 무애가를 부르자 사람들이 '나무아미타불'을 노래하며 따랐다. 이는 예술적 악가무와 같이 정제된 상태는 아니었지만 현재 전승되고 있는 대부분의 예술 악가무들이 이렇게 시작되었음을 감안해 보면 간과할 수 없는 장면이다. 조선조의 억불 시기에 불교 악가무가 유랑악사들의 광대놀이 혹은 불교를 비하하는 내용으로 전락하였다.[693] 오늘날 '나무아미타불'을 후렴으로 하는 노래는 상

692 윤소희, 『한중 불교의례와 범패』, 서울: 민속원, 2023, pp.518-522; 『화엄경』 「입법계품」의 音과 字에 대한 고찰」, 『한국불교학』 76, 2015에서 선지중예동자를 민간의 藝人으로 해석한 바 있다.

693 유네스코문화재로 지정된 탈춤과 각 지방문화재로 지정된 산대놀이에서 파계승을 놀리며 춤추는 장면이 본래는 불교홍법을 위한 악가무였음을 일본의 『教訓抄』

여소리나 무가에 일부 남아 있기는 하지만 사찰 신행이나 민중 불교악가무에서 사라졌다. 반면 이웃 나라 일본에는 원효의 무애가를 원조로 하는 다양한 불교 신행이 있다.

일본 대중불교를 대표하는 오도리넨부츠(踊り念佛)의 원류는 신라의 원효대사라고 일본의 문헌과 승가에서 명시하고 있다. 헤이안시대 구야(空也, 903~972)가 시작해서 잇펜(一遍, 1239~1289)이 순회 염불포교[694] 이후 무로마치시대에 민중 속으로 확산되었고, 요즈음은 법요, 민속축제, 공연예술에 이르기까지 다양한 장르를 형성하고 있다. 그 중에 잇펜이 처음으로 행한 나가노현(長野県) 사이호지(西方寺)의 아토베 오도리넨부츠(跡部の踊り念佛)는 중요무형민속문화재로 지정(1986)되어 있다. 만약 한국에도 조선의 억불이 없었더라면 이와 같은 無碍歌 신행이 있었을 것이다. 이러한 점에서 원효의 무애가와 염불신행 및 불교예술화에 관심을 가질 필요가 있다.

② 이름 없는 염불사의 정근 율조

염불사의 염불성이 高低의 변화 없이 일정한 소리였고, 멀리서도 그 소리가 들렸다는 점에서 오늘날 사찰에서 행하는 정근염불과 같았을 것으로 보인다.

다만 당시의 시기적 배경이 없어 정확한 연도는 알 수 없으나 개인 私家를 민장사(死後泥塑眞儀, 安于敏藏寺中)로 만들었다는 사실, 호피사가

를 통해 알 수 있다. 참고, 윤소희, 「일본의 사찰교훈극과 한국의 산대극」, 『한일불교의례와 쇼묘』, 서울: 민속원, 2023, pp.433-468.

694 잇펜과 히지리들의 순회 염불포교의 모습을 두루마리에 그린 '잇펜 히지리에(一遍聖繪)'에는 춤추며 염불하는 스님들과 이를 둘러싼 당시의 풍속이 생생히 그려져 있다.

경주 남산 동쪽에 있던 절이었음이 밝혀지고 있어 내용의 사실성을 짐작 할 수 있다.

③ 대거화상의 거문고 竝唱

국선 요원랑과 예흔랑 등이 3수의 가사를 지어 "대거화상에게 보내어 곡을 지었다"는 내용은 작사자와 작곡자가 분리되는 점에서 전문화 양상을 보인다. 대거화상이 지은 3곡 중 현금포곡은 거문고를 타며 노래하는 악곡이었을 것으로 보인다. 두 번째 곡의 제목 '大道' 또한 불교적이고, 세 번째 곡인 문상곡도 '問'이라는 글자에서 대거화상에게 法을 여쭙는 뉘앙스가 있다. 『삼국사기』에는 "경덕왕(재위 739~742)이 옥보고에게 사람을 보내어 배워오게 하므로써 현금 연주를 業으로 삼는 이가 많았다"는 기록이 있다. 대거화상(경문왕, 재위 861~875 시기)은 옥보고 이후 거문고를 업으로 삼은 한 예라 할 수있다.

④ 진덕여왕의 태평가

신라 제28대 진덩여왕은 친히 태평가를 지어 비단을 짜서 그 가사로 무늬를 놓아 사신을 당나라에 보냈다. 이는 5언 절구 漢詩이므로 향가도 아니고 음악이나 노래도 아니다. 그러나 예로부터 詩는 音律과 동의어로 쓰일 정도로 문장 그 자체에 율이 내재되어 있었고, 성조를 지켜서 운율을 짓는 漢詩의 특성상 문학적 詩를 넘어선 歌의 성격을 추정해 볼 수 있다. 다만 진덕여왕의 태평가가 어느 정도의 음률을 지녔는지에 대해서는 더 많은 심층 분석과 자료가 수반되어야 하므로 이에 대해서는 논외로 하겠다.

〈표 7〉『삼국유사』에 나타나는 향가 외의 성악곡

	창작자	내용	출처	성격	불교	신분
1	진덕여왕	太平歌	第1卷:1紀異－眞德王	5언 漢詩	×	왕
2	邀元郎, 譽昕郎 작곡 大炬和尙	玄琴抱曲 大道曲 問群曲	第2卷:2紀異－四十八 景文大王	거문고 竝唱	○	國仙 승려
3	토호세력	龜旨歌	第2卷:2紀異－水路王	歌	×	미상
4	백제 무왕	薯童謠	第2卷:紀異－武王	謠	×	왕
5	원효와 민중	無㝵歌	第4卷:5義解－元曉不羈	歌舞	○	승려
		받는 소리		아미타불	○	민중
6	念佛師	正勤念佛	第5卷:8避隱－念佛師	아미타불	○	승려

4. 동시대 문헌 · 자료 비교

1)『삼국사기』 음악 기사와의 비교

『삼국사기』 보다 140년 뒤에 일연이 『삼국유사』를 저술한 데에는 필연적인 이유가 있었을 것이다. 본 항에서는 『삼국유사』에 없는 『삼국사기』의 음악 기사를 통하여 당시의 음악환경을 조망해 보고, 두 문헌에 공히 나타나는 음악 기사를 통해 일연의 저술의도와 史觀에 대해 살펴보겠다.

(1)『삼국사기』에만 실려 있는 내용

『삼국사기』는 「樂志」 항목을 따로 두었을 정도로 음악의 이론적 내용과 현실까지 사실적 내용을 담고 있다. 『삼국유사』에는 없고 『삼국사기』에만 있는 음악 기사를 표로 간추리면 다음과 같다.

〈표 8〉 『삼국사기』에만 실려있는 음악기사

	권	내용	분류	특징
1	권8	효소왕 宴群臣於臨海殿	악가무	궁중 연회와 악가무
2	권9	혜공왕 燕群臣於臨海殿	〃	
3	권10	헌덕왕 崇禮殿 樂極…起舞	〃	
4	권11	헌강왕 臨海殿…極歡而罷	〃	
5	권32	고구려 악공과 舞人	고구려	삼 국
6	권32	왕산악과 玄琴(거문고)		
7	권32	백제 악기와 악가무	백 제	
8	권 4	가실왕의 琴	가 야	
9	권32	우륵의 투항과 가야금 곡	가야금	삼국음악의 통일과 융합
10	권32	백결선생의 琴	금	
11	권33	거문고 신라 유전	거문고	
12	권32	신라의 향토 음악	신라 향토음악	신라의 향토음악
13	권32	최치원 향악잡영 5수		외래 악가무 향악화
14	권43	당악과 신라 고취대	신라 궁중악	당악과 향악의 공존
15	권10	신라의 궁중의례와 唐樂[695]		
16	권38	신라의 음성서	음악기관과 업무	음악행정
17	권32	음성서의 업무		
18	권32	옥보고의 거문고 30곡, 樂調	악조와 이론	삼국악기와 통일신라 음악의 체계화
19	권32	가야금의 樂調		
20	권32	향비파의 樂調		

앞의 표를 보면, 『삼국유사』에 없는 내용으로 음악 기관과 이론, 고구려, 백제, 가야에 관한 내용, 가실왕과 우륵의 가야금, 백결선생의 금, 신라의 향토음악과 최치원의 향악잡영 5수와 같은 내용을 확인할 수 있다.

695 『三國史記』 제10권의 궁중의례는 본 표의 1~4항과 일부 중복되는 내용이나 唐樂이라는 측면에서 따로 분류하였음.

(2) 두 문헌에 공히 실려 있는 내용

『삼국유사』와 『삼국사기』에 공히 있는 내용으로 처용의 악가무, 월명사의 도솔가, 만파식적과 玄琴에 대한 내용이 있다.

〈표 9〉 『삼국유사』와 『삼국사기』에 공히 실려있는 내용

분류		내용	삼국유사	삼국사기
악가무	歌舞	처용가	卷2: 紀異－處容郞 望海寺	卷11: 新羅本紀 憲康王五年[696]
	향가	월명사	卷5: 兜率歌條	新羅本紀 儒理尼師今 五年[697]
악 기	대금	만파식적	卷2: 紀異－萬波息笛	卷32: 樂志 新羅樂, 三竹[698]
	현금	거문고	卷5: 4塔像－栢栗寺	卷32: 樂志 新羅樂, 玄琴[699]

처용에 관한 내용에서 『삼국유사』에는 왕이 사찰을 지어준 것에 대한 답례로 '讚德舞奏樂'한 것으로 서술한 반면 『삼국사기』에는 용모와 차림새가 낯선 4인이 왕의 행렬 앞에 나타나 춤추고 노래하는 '山海精靈'으로 기술하고 있다. 이러한 차이는 오늘날 학자들의 해석에서도 다양한 양상으로 나타난다. 정수일은 처용을 아라비아의 상인이었을 것으로 추정하며 '處'와 '龍'의 訓을 통해 龍顏의 가면을 쓰고 疫神을 쫓

696 『三國史記』「新羅本紀」, '憲康王 五年 春三月' 巡幸國東州郡. 有不知所從來四人詣駕前歌舞. 形容可駭. 衣巾詭異. 時人謂之山海精靈.

697 『三國史記』, 「新羅本紀」, '儒理尼師今五年冬十一月' 王巡行國內 見一老嫗飢凍將死 日子以眇身居上 不能養民 使老幼至於此極 是予之罪也 解衣以覆之 推食以食之 仍命有司 在處存問 鰥寡孤獨老病不能自活者 給養之 於是 鄰國百姓聞而來者衆矣 是年 民俗歡康 始製兜率歌 此歌樂之始也.

698 『三國史記』 제32권, 「樂志」 新羅樂 三竹 : …전략…東海中忽有一小山 形如龜頭 其上有一竿竹 晝分爲二 夜合爲一 王使斫之作笛 名萬波息 雖有此說 怪不可信…후략.

699 『三國史記』 제32권, 「樂志」 新羅樂 玄琴 : …전략…象中國樂部琴而爲之 按琴操日…중략…玉寶高所製三十曲 上院曲一 中院曲…克宗所製七曲 今亡…

는 사람으로 보았다.[700] 반면 강신항을 비롯한 일부 학자들은 처용의 어원을 신라 이전부터 내려오던 무속신앙의 司祭者 내지는 次次雄에서 비롯된 액막이 巫歌로 해석하기도 하였다. 이는 『삼국사기』에서 山海精靈으로 기술한 것과 관련이 있다.

『삼국유사』에서 "왕이 절을 지어 주자 **讚德獻舞奏樂**를 했다"는 대목은 많은 생각을 하게 한다. 만약 아라비아의 무슬림이었다면 절을 지어준 것에 대해 찬덕가무를 할 수 없다. 이 무렵 세계사를 보면, 아랍의 무슬림 군대가 페르시아를 정복[701]한 후 세력이 더욱 강성해져 북인도와 중앙아시아까지 진출하던 때였다. 헌강왕5년(879) 시기의 인도와 서역은 이슬람의 정복전쟁이 확장 일로에 있던 때였으므로[702] 이슬람의 공격을 피해 동방의 불국 신라로 왔을 가능성을 추정해 볼 수 있다.[703]

도솔가에 대한 내용에서 『삼국유사』는 笛을 불어 달이 멈추고, 재앙을 소멸한 도솔가와 지전(紙錢)을 날려 서쪽(서방 극락세계 방향)으로 날리는 제망매가로써 불교적 염원과 성취가 드러나는 반면 『삼국사기』에서는 민가의 노래 풍속(民俗歡康 始製兜率歌 此歌樂之始也)에 초점이 맞추어져 있다. 만파식적에 관한 내용은 『삼국유사』에서 신문왕이 만파식적으로 명하고, 효소왕대에 神物로 승격되기까지 신라인들의 염원을,

700 무함마드 깐수(정수일), 『신라 · 서역교류사』, 서울: 단국대학교 출판부, 1991, p. 325; 姜信沆, 「處容의 語義」, 『대동문화연구』 別輯1, 서울: 성균관대학교, 1972.

701 2009년 영국에서 발표된 페르시아 『쿠시의 책(Kush Nama)』에는 페르시아가 아랍 이슬람에게 패망한 661년 아비틴 왕자가 당나라로 망명했다가 679년 측천무후를 피해 바실라(신라)로 온 기록이 있다. 참고: 「쿠시나메를 통해보는 불교음악관」, 『법보신문』, 2023.4.10.

702 불교유적으로 유명한 아프가니스탄 바미안 계곡 일대의 불상에는 이 무렵 북인도 무굴제국이 침공한 상흔들이 남아있다.

703 윤소희, 「서역 수피들과 처용의 정체」, 『법보신문』, 2023.2.13.

『삼국사기』에서는 三竹 중 하나의 악기로 간단히 기술하고 있다. 현금(거문고)에 대해서도 『삼국유사』는 神物로 모신 것에 초점이 맞추어진데 비해서 『삼국사기』에서는 옥보고에 의해 창작된 30곡과 이들을 전승한 인물과 전승과정, 악조명이 기술되고 있다.[704]

이러한 제반의 내용을 통해서 『삼국유사』는 승려 일연과 신라인들의 마음속 염원과 불교적 신행과 신통력이 제반의 내용을 관통하고 있음을 확인 할 수 있다. 무엇보다 일연이 『삼국유사』를 기술하던 때는 몽고의 고려 침략시기였던 점을 감안해 보면, 신라인의 마음을 빌어 일연의 호국염원이 발현된 것이라 할 수 있다. 한편 『삼국사기』 에는 12현이 加耶琴으로 표기된데 비해 『삼국유사』에는 가야금이라는 단어가 없다. 여기에는 가야를 떠올리는 명칭[705]을 외면하고 12현을 통해 신라를 강조하는 일연의 의도가 보인다.

(3) 『삼국유사』와 『삼국사기』에도 없는 진감선사의 범패

애장왕 5년(804)에 入唐하여 수행하고 흥덕왕 5년(830)에 돌아온 진감선사에 대한 기록이 『삼국유사』와 『삼국사기』에 공히 실려 있지 않다. 무엇보다 『삼국유사』에는 최치원의 대공탑비문에 새겨진 내용 뿐아니라 최치원의 향악잡영5수도 없다. 결과적으로 『삼국유사』에는 최치원(857~ 908)과 관련된 내용은 일체 언급되지 않고 있어 일연과 최치

704 『三國史記』 제32권, 「樂志」 玄琴 : 羅人 沙飡 恭永子 玉寶高 入智異山雲上院 學琴五十年…중략…, 共一百八十七曲 其餘聲遺曲 流傳可記者無幾 餘悉散逸 不得具載.

705 이용식, 「고대음악사 서술의 제 문제－『삼국사기』 인물 해석과 악기 서술을 중심으로」, 『한국음악연구』 71집, 2022, pp.91-112에서는 옥보고가 살던 지역이 고구려 유민이 많이 살던 곳이었고, 고구려 왕비 중 于氏가 있었을 정도로 세력이 있었던 가문의 악사였다. 우륵은 가야의 토박이가 아니었으므로 나라가 패망했을 때 쉽게 신라로 투항했던 것으로 보았다.

원의 가치관이나 삶의 태도에 異見이 있었을 가능성을 생각하게 된다. 문묘제례악에서 공자의 제자들 중 최치원이 포함되어 있는 점이 연관되지 않을까 하는 생각도 해 보았으나 더 이상의 내용은 논외로 하겠다.

2) 유적에서 발견되는 악기들

『삼국유사』는 고조선부터 통일신라까지의 내용이 담겨있으나 실제로 쓰여진 시기는 고려조였고, 『삼국사기』 보다 140년 뒤였다. 그러므로 고려조 대성아악과 함께 들어온 금슬을 빌어 '琴瑟之情'이라는 표현이 등장하기도 한다. 이에 본 항에서는 『삼국유사』의 내용에 해당하는 시기부터 일연이 『삼국유사』를 저술한 시기까지의 고분이나 불교유적에 새겨진 악기를 살펴 보므로써 『삼국유사』에서 어떤 기사를 선택적으로 취하였는지를 조명해 보고자 한다. 단 『삼국유사』와 전혀 연관성이 없는 해금, 아쟁과 같은 악기는 제외하였다.

〈표 10〉 불교문헌 및 유적에 나타나는 악기들

<table>
<tr><th>분류</th><th colspan="2">구조</th><th>해당 악기</th></tr>
<tr><td rowspan="4">현악기</td><td colspan="2" rowspan="3">들고 타는 발현 악기</td><td>완함(고구려 고분), 백제금동대향로</td></tr>
<tr><td>공후(상원사 동종)</td></tr>
<tr><td>비파(차득공, 사찰 입구 사천왕)</td></tr>
<tr><td colspan="2">누여 타는 발현 악기</td><td>琴 · 12絃琴(가야금), 玄琴(거문고), 箏, 琴과 瑟</td></tr>
<tr><td rowspan="6">관악기</td><td rowspan="2">서가 없는 악기</td><td>橫 笛</td><td>대금, 중금, 소금 (신라 三竹)</td></tr>
<tr><td>縱 笛</td><td>퉁소(백제금동대향로 長簫), 단소</td></tr>
<tr><td rowspan="2">서가 있는 악기</td><td>縱 笛</td><td>피리(觱篥), 태평소(쉐나이, 胡笛)</td></tr>
<tr><td>無 律</td><td>螺角(소라), 螺髮(금관), 감로탱 주악도</td></tr>
<tr><td rowspan="2">多 管</td><td>匏에 꽂음</td><td>笙簧:상원사 동종</td></tr>
<tr><td>일렬 배치</td><td>排簫:백제금동대향로, 비암사석탑 주악상</td></tr>
</table>

위 표에 담긴 내용 중 상원사 동종의 笙과 『삼국유사』의 笙은 樂器史的으로 중요한 내용을 담고 있다. 725년에 만들어진 상원사 동종의 笙은 관대가 몇 개 되지 않는다. 이와 달리 고려조 대성아악과 함께 들어온 생황은 12율 4청성 원리에 의해 16관대 생황이다. 상원사동종 보다 150여년 후인 헌강왕5년(879) 무렵의 생황은 상원사 동종의 笙 보다 관대가 많은 악기였을 가능성이 있다. 그런가하면 琴瑟之情을 담고 있는 『삼국유사』의 내용에 미루어 볼 때, 일연이 생각한 笙은 고려조 대상아악과 함께 들여왔던 16관대였을 가능성이 다분하다. 한편, 상원사 동종에는 笙과 함께 서역계 악기인 수공후가 새겨져 있다. 가야금, 거문고, 비파로 이루어진 신라 三絃 중 서역계 악기인 비파는 거사들이 들고 다니던 대중적 악기였다. 상원사 동종에 새겨진 공후가 『삼국유사』에 한 번도 등장하지 않는 것이 다소 의아하다.

5. 맺음말

본고의 핵심 주제인 『삼국유사』는 전권을 세심하게 읽었으나 『삼국사기』는 다소 느슨하게 검색하였다. 두 문헌 모두 좀 더 탐색하면 더 많은 내용을 찾아낼 수 있는 가능성을 열어 두고 맺음말에 임하고자 한다. 『삼국유사』에서 음악과 연결되는 기사들은 전권에 걸쳐 있고, 이들의 행위자도 왕, 승려, 화랑, 민중에 이르기까지 모든 계층이 포함되어있다. 이는 동시대 문헌인 『삼국사기』에서의 음악 기사가 「악지」에 별도로 실려있는 것과 대조적이다. 『삼국유사』는 음악 그 자체보다 국가의 염원이나 승려와 화랑의 행적에 초점이 맞추어져 있다.

『삼국유사』의 음악행위자는 구지가를 부른 지방 토호, 서동요를 부른 백제무왕(?), 태평가를 지은 진덕여왕이 있었지만 이들은 주술 내지는 위정자로서의 행위가 부각되었다. 왕이 악기를 神物化 했다거나 꿈속에 12현금이 나타나는 것도 음악보다 악기를 통한 국가적 염원을 표현한 것이었다. 이는 『삼국사기』에서 왕이 군신들에게 잔치를 베풀며 직접 琴을 타고 極歡하였다는 기록과 대조적이다. 『삼국유사』에 등장하는 인물 중 음악적 기량이 뛰어난 사람은 勿稽子, 大炬和尙 그리고 월명사이다. 물계자는 신라 新羅琴을 타며 곡을 지어 노래하였고, 大炬和尙은 타인이 지어준 가사에 곡을 붙인 작곡자로 거문고 연주에 능했으며, 월명사는 달이 멈추어 설 정도로 笛을 잘 불었다.

동일 내용이 실려있는 『삼국유사』와 『삼국사기』를 비교해 보면, 『삼국유사』에서 처용은 '讚德獻舞奏樂'으로 불교적 감화가 내용이고, 『삼국사기』에서는 낯선 형색의 처용 일행을 山海精靈으로 기술하고 있다. 『삼국유사』에서 월명사의 도솔가와 제망매가는 신통력과 정토발원의 성취로 표현한데 비해 『삼국사기』에서는 "민가의 노래 풍속"으로 서술하고 있다. 『삼국유사』에 있는 念佛師에 관한 내용은 오늘날 행해지는 정근염불과 그 성격이 거의 같았고, 염불사가 기거했던 사찰과 지역명이 현재 밝혀지고 있어 한국불교음악사의 실제적 사실로써 주목된다.

신라의 풍속을 읽게 하는 인물로는 차득공을 들 수 있다. 민심을 살피기 위해 비파를 들고 다닌 차득공은 7·80년대 한국에 유행했던 통기타와 같은 비파의 입지가 보였다. 원효를 따르며 '나무아미타불'을 노래하던 저자거리 사람들은 민간에 퍼져있는 정토사상을, 민가에 笙과 함께 歌가 끊일 날이 없었다는 기사는 신라인들의 풍족한 음악생활을 유추하게 하였다. 虎女와 人男의 사랑 이야기에서 호랑이 처녀가 읊은 '琴瑟의 情'에는 고려시대 유입된 대성아악과 그에 관한 음악적 배경이 내재되어 있다. 이로써 『삼국유사』에는 구전으로 전해져온 구지가부터 물계자의 신라금과 더불어 일연이 살았던 고려 후반기의 악기에 이르기까지 매우 폭넓은 음악적 소재와 배경이 있음을 확인하였다.

마지막으로 짚어야 할 점은 고문헌에 등장하는 한문 악기명의 번역에 대한 사안이다. 본고를 통해 확인했듯이 물계자의 琴은 거문고(玄琴)나 가야금과는 다른 악기이다. 그런데 이를 거문고나 가야금으로 번역한 번역서들이 있었다. 阮咸, 琵琶, 瑟과 같이 특정 명칭이 있는 악기 외에 琴이라고 했을 때는 五絃, 七絃, 12絃琴, 七絃琴, 月琴, 洋琴, 玄琴(거문고) 등, 악기의 계통과 시대적 배경을 살펴야 한다. 그런가하면 월명사의 笛을 피리로 번역한 것도 적절해보이지 않는다. 오늘날 피리는 서를 끼워 부는 縱笛이다. 당시 신라의 三竹에는 대금 · 중금 · 소금이 있었고, 피리로 번역될 수 있는 篳篥은 없었다. 행여 갈대나 풀피리를 불었다면 草笛이라는 표현을 썼을 것이나 『三國遺事』에는 笛이라고 표기되어 있다. 악기에 대한 오류는 사찰 주악도에서도 많이 나타나는 문제이다. 이러한 문제를 해결하기 위해서 불교학 · 미술 · 인문학 · 음악계가 소통하는 통섭학문의 교류가 필요하다.

제4부

음식과 생명

제1장

『삼국유사』 속 명절 제의와 음식

신선혜

1. 머리말

『삼국유사』는 고대 사회를 복원하는 데 있어 『삼국사기』를 보완하는 역할을 너머 『삼국유사』만의 시각으로 당대의 모습을 전하기도 한다. 불교적인 내용은 물론이거니와 일반민의 생활상과 관련하여는 『삼국사기』의 가치를 넘는다고도 평가할 수 있다. 이에 최근에는 『삼국유사』 속 동, 식물이나 주거 등 미시사적 접근이 시도된 연구가 진행되기도 하였다.[706]

명절 등 세시풍속에 대한 연구가 『삼국유사』를 중심으로 전개된 것도 이와 맥을 같이 한다.[707] '복회(福會)'라는 탑돌이 행사나 단오 등의 사

706 이의강, 「불교의 동물에 대한 인식과 그 형상－『삼국유사』 소재 동물을 중심으로」, 『동방한문학』 62, 2015; 양지원, 「『삼국유사』에 나타난 '문화적 상징'의 교육적 의미－식물의 상징성을 중심으로」, 『교육문화연구』 25-3, 2019; 민태영, 「『삼국유사』의 동물과 식물」, 『한국불교사연구』 23, 2023 등.

례가 보이는데, 관련 기록의 소략함은 한계라 하겠으나 일상 풍속의 연원이 『삼국유사』 속에서 찾아진다는 것만으로도 의미를 가진다고 하겠다.

이러한 시각의 연장선상에서 『삼국유사』를 통해 고대 음식의 일단을 살펴보는 것도 가능하다. 특히 무열왕의 식사와 관련된 부분은 왕의 일상식에 대한 정보를 제공한다. 신라 중대가 시작되는 시기에 1일 3식을 하며, 쌀밥과 꿩고기, 술이 주가 되었음을 알 수 있다.[708] 이 밖에도 거득공이 무진주의 안길에게 대접한 식사의 찬(饌)이 50미(味)였다는 사실도 보이는데,[709] 이를 반찬이 50가지라는 의미라거나 5조(組)에 차려낸 5미(味)라는 견해[710] 등이 있으나 찬(饌)으로 표현되어 있어 주·부식의 상차림이었다는 점과 함께 신라 음식의 다양성 등을 짐작하게 해준다.

그러나 말 그대로 편린 수준의 사료로 인해 그간의 관련 연구들은 음식도구로서 토기나 제사의 공헌물 등 고고학 유물 중심으로 진행되거나 명절의 경우 음식보다는 놀이에 초점이 맞춰져 진행되었다. 이렇게 볼 때 『삼국유사』에서 찾을 수 있는 정월대보름, 중양절, 삼짇날 등의 음식에 대한 내용은 사료의 소략함에도 주목되기에 충분할 것이다.

707 황경순, 「경주지역 세시풍속의 현재적 양상」, 『불교고고학』 4, 2004; 최광식, 「문헌상으로 본 신라의 세시풍속」, 『신라사학보』 47, 2019; 김영준, 「신라 오기일 축국의 양상과 성격」, 『한국학연구』 55, 2019 등.

708 『삼국유사』 권1 기이1 태종춘추공, "王膳一日飯米三斗雄雉九首 自庚申年滅百濟後除晝饍但朝暮而已 然計一日米六斗酒六斗雉十首 城中市價布一疋租三十碩或五十碩 民謂之聖代".

709 『삼국유사』 권2 기이2 문호왕법민, "公聞而走出携手入宮 喚出公之妃興安吉共宴具饌至五十味".

710 김상보, 「통일신라시대의 식생활문화」, 『신라문화제학술발표논문집』 28, 2007, p.187.

이에 본고에서는 먼저 대표적인 명절인 정월대보름의 연원 및 음식에 대해 「사금갑」조의 오기일(烏忌日) 기사를 중심으로 살펴보고자 한다. 특히 오기일의 음식으로 나반(糯飯), 즉 찰밥이 현재의 약밥, 즉 약식으로 변화하는 과정과 함께 오기일이 정월대보름 명절로 변화하는 양상도 살펴봄으로써 「사금갑」조의 의미를 짚어보려 한다.

다음으로는 「경덕왕 충담사 표훈대덕」조에 보이는 충담의 중양절 차 공양의 사례를 살펴 중양절이 신라에서 불교 의례로 시작되었으나, 이후 명절로 변화하는 양상을 살피고자 한다. 아울러 다례의 연원으로서 충담의 차 공양을 해석해보고자 한다. 마지막으로 「가락국기」조에 보이는 수로왕 제사 양상을 살펴 음식 재료 및 종류의 다양성을 확인하고 불교의 영향과 함께 명절로서 삼짇날과의 관련성도 궁구해보고자 한다.

『삼국유사』의 해당 내용들이 신라 중심으로 기록되어 있어 고구려, 백제의 양상까지 살펴볼 수는 없지만 본고를 통해 『삼국유사』의 미시사적 의의를 되새겨보는 계기가 되기를 기대한다.

2. 「사금갑(射琴匣)」조의 정월대보름과 나반(糯飯)

정월대보름은 상원이라고 하여 일 년 중 보름달이 가장 먼저 뜨는 명절로, 그 연원은 「사금갑」조의 오기일에서 찾을 수 있다. 다만 연원이기는 하나 배경의 시기인 신라 소지왕 때 뿐만 아니라 『삼국유사』가 쓰여진 시기까지도 오기일과 보름달의 관련성은 보이지 않고 까마귀에 대한 제사라는 부분이 부각되어 전승되었다.

a) 제21대 비처왕 즉위 10년 무진(戊辰)에 천천정(天泉亭)에 행차하였다. 이때 까마귀와 쥐가 와서 우는데, 쥐가 사람말로 이르기를 "이 까마귀가 가는 곳을 찾아가 보시오"했다. … 이로부터 나라의 풍습에 해마다 정월 상해일(上亥日) · 상자일(上子日) · 상오일(上午日)에는 모든 일을 조심히 하고 감히 움직이지 않았다. 15일을 오기일(烏忌日)로 삼아 나반(糯飯)으로 제사를 지냈는데 지금까지 이를 행한다. 민간에서는 이것을 달도(怛忉)라고 하니 슬퍼하고 조심하며 모든 일을 금하고 꺼린다는 것을 말한다.[711]

a) 사료의 생략된 부분에서 까마귀는 내전분수승과 궁주의 사통을 알려줌으로써 국왕을 위험으로부터 구하는 조력자의 역할을 하고 있다. 그에 대한 보답의 차원에서 오기일 제사를 항례화하고 나반을 제의 음식으로 올린 것이다. 나반은 찰밥으로, 본 조목에서 유일하게 그 존재가 보여 고대 음식 연구에 중요한 자료가 되고 있다. 까마귀의 제사 음식으로 찰밥이 선택된 것에는 까마귀가 쌀 농작물이나 농경의례와 관련이 많았기 때문이다. 아시아 여러 지역에서는 새가 곡물을 인간세계로 가져온다는 전설이 널리 분포하였는데, 새 중에서는 까마귀가 압도적으로 많았다.[712] 이로 보아 오기일의 제사는 『삼국유사』 저술 당시까지 풍요를 기원하는 의례의 성격이 강했을 것으로 생각된다. 나아가 찰밥은 찰진 기운으로 하여금 새해라는 새로운 시간과 공간에 잘

---

711 『삼국유사』 권1 기이1 사금갑, "第二十一毗處王 即位十年戊辰幸於天泉亭 時有烏與鼠來鳴 鼠作人語云 此烏去處尋之 … 自爾國俗每正月上亥上子上午等日 忌慎百事不敢動作 以十五日爲烏忌之日以糯飯祭之 至今行之 俚言怛忉言悲愁而禁忌百事也".

712 나희라, 「사금갑설화와 신라의 왕권의례」, 『역사문화연구』 37, 2010, p.16.

밀착되어 안정적으로 적응하기를 바라는 마음이 더해진 음식으로 선택되었다.[713]

오기일이 정월대보름의 연원이라는 점은 정월 15일이라는 날짜에서 비롯된다. 다만 『삼국유사』의 판본에 따라 15일 혹은 16일로 다르게 나타나는 것은 의례가 이틀에 걸쳐 진행되었기 때문이거나 지역에 따른 날짜의 차이 때문으로 보기도 하는데,[714] 신라의 주요 의례나 행사가 15일에 거행된 점을 참고한다면[715] 오기일 역시 15일로 정하여 그 의미를 되새기고자 한 것으로 보아야 할 것이다.[716]

그렇다면 언제부터 오기일이 명절로 인식되었는지 궁금하다. 먼저 신라 당대에서 사례를 찾을 수 있다.

> b) 유신이 춘추공과 같이 정월 오기일(午忌日)에 자기 집 앞에서 공을 차다가 일부러 춘추공의 옷을 밟아서 옷끈을 떨어트리고 청하기를 내 집에 들어가서 달자 하였다.[717]

---

713 배영동, 「신라의 세시음식에 대한 추론적 접근」, 『실천민속학연구』 34, 2019, p.214. 한편 부정을 씻어내는 오구굿과 같은 맥락으로 보기도 하고(강온해, 「〈사금갑〉 설화 연구」, 『어문학』58, 1996, p.23), 1년의 더위와 가문을 예방하기 위한 의식으로 보기도 한다.(이경희, 「사금갑설화 연구－제의적 의미를 중심으로－」, 전북대 석사학위논문, 2005, pp.41-58.)

714 신종원, 『삼국유사 새로읽기(1)－기이편』, 일지사, 2004, p.219; 나희라, 앞의 논문, 2010, p.15.

715 박혁거세가 즉위한 날과 울진봉평리신라비가 세워진 날 모두 정월 15일이다. 이에 당시 설날보다 정월 15일을 더욱 의미있게 생각했다고 보기도 한다.(최광식, 앞의 논문, 2019, p.163.)

716 「사금갑」조에 대해 기록하고 있는 조선시대 문헌들에서도 날짜에 있어 두 가지 부류로 나눠져 전해지고 있다. 이에 사금갑 설화가 계통이 다른 별도의 전승이 있었다고 추정되기도 한다.(나희라, 앞의 논문, 2010, pp.4-11.)

717 『삼국유사』 권1 기이1 태종춘추공, "庾信與春秋公正月午忌日[見上射琴匣事 乃崔致遠之說] 蹴鞠于庾信宅前 故踏春秋之裙裂其襟紐 請曰 入吾家縫之".

b) 사료는 김유신의 동생 문희가 김춘추와 결혼하는 계기가 되는 사건으로 김유신이 김춘추와 함께 오기일, 즉 정월 15일에 축국(蹴鞠)을 했다는 것이다. 이때의 오기일(午忌日)은 오기일(烏忌日)과 다른 한자로 기록되어 있지만, 세주에 「사금갑」에 보인다고 함으로써 오기일(烏忌日)을 가리키는 것으로 볼 수 있다. 중국에서 전래된 축국은 고구려, 백제에도 있었는데, 바둑, 투호 등의 사례와 함께 발견된다.[718] 신라의 축국 역시 사례가 많지 않으나 오기일에 한 것으로 보아 세시풍속으로서 축국이 행해졌음을 알 수 있다.[719]

이와 관련하여 『삼국유사』 저술 시기에서 멀지 않은 고려 후기의 기록에서도 오기일의 흔적을 찾을 수 있다.

c-1) 까마귀 울기 전에 찰밥을 향기롭게 쪄서 / 秫飯蒸香鴉未鳴
집집마다 서로 보냄은 인정에 합당한 일 / 家家相送當人情
궁벽한 시골 적막한데 어느새 명절인가 / 窮村寂寞驚佳節
씹어서 음미하노라니 벗님의 우정이 새록새록 / 咀嚼深知舊故情[720]

c-2) 기름이 자르르한 찹쌀밥에 석밀을 섞고 / 粘米如脂石蜜和
다시 여기에 잣과 밤과 대추를 곁들여서 / 更敎松栗棗交加
천만 가호들이 이를 서로 받들어 보낼 제 / 千門萬戶擎相送
새벽빛 싸늘하고 까마귀는 날갯짓하네 / 曙色蒼涼欲起鴉[721]

718 『隋書』 동이열전 백제, "有鼓角 箜篌 箏 竽 篪 笛之樂 投壺 圍棊 樗蒲 握槊 弄珠之戲" ; 『舊唐書』 동이열전 고구려, "好圍棊投壺之戲 人能蹴鞠".

719 김영준, 앞의 논문, 2019, pp.405-406.

720 『牧隱詩藁』 권35 長湍吟 赤城俞判事送藥飯

721 『牧隱詩藁』 卷14 詩 二月一日 二郎家饋粘飯

c) 사료는 모두 고려 후기 이색(李穡)의 작품이다. 그는 고려 말의 학자로, 활동 시기는 『삼국유사』가 저술된 13세기 말과 100여 년의 차이가 있다. 까마귀와 찰밥의 내용에서 오기일의 흔적을 찾을 수 있지만, c-1) 사료에서는 이를 '가절(佳節)', 즉 명절로 기록하고 있다. 이때 찰밥은 제사 음식으로서뿐만 아니라 집집마다 나눠 먹는 명절 음식으로 변화하였다.

찰밥 역시 나반이 아닌, 약반으로 표현된 점이 주목된다. 본문에는 드러나지 않았지만, 시의 제목에 약반을 보냈다고 표현되었다. 나아가 c-2) 사료를 통해 약반은 찰밥에다가 꿀을 섞고, 잣, 밤, 대추를 곁들인 음식으로 변화하였음을 알 수 있다. 이렇듯 나반과 달라졌으므로 다르게 지칭된 것이다. 흔히 현재의 약밥, 약식으로 부르는 음식의 연원을 「사금갑」조 찰밥에서 찾는 이유가 바로 이것이다. 이렇게 본다면 신라 당시부터 현재의 약식과 동일하게 약반의 형태를 가지고 있었다는 시각은 재고의 여지가 있다.[722]

이때 나반과 약반의 가장 큰 차이점은 바로 꿀이다. 꿀을 약으로 지칭, 인식한 양상은 시기가 내려오기는 하지만 『목민심서』에서 찾을 수 있다. "방언으로 약(藥)이란 꿀[蜜]이다. 그러므로 밀반(蜜飯)을 약반(藥飯)이라 하고, 밀주(蜜酒)를 약주(藥酒)라 하며, 밀과(蜜果)를 약과(藥果)라 한다"고 하여[723] 조선시대에 꿀은 약으로 표현되었는데, 이러한 양상이 이미 고려 후기에 보이는 것이다. 꿀이 많은 영양가를 가지고 있다는 점에서 약으로 인식되었을 것임은 짐작할 수 있으나, 이를 약으로 지칭

722 윤서석, 「삼국시대 음식의 연구」, 『삼국유사의 신연구』, 1980, p.167; 윤성재, 「고려시대 식품의 생산과 소비」, 숙명여대 박사학위논문, 2009, p.18.

723 『牧民心書』 奉公 6조 제5조 貢納, "方言藥者 蜜也 故蜜飯曰藥飯 蜜酒曰藥酒 蜜果曰藥果".

한 배경에는 꿀 사용에 대한 제한이나 불교 등 외부적 요인이 있었다고 생각된다.

전자의 경우는 고려 후기에 유행한 유밀과(油蜜果)와의 관련성을 생각해볼 수 있다. 유밀과는 밀가루 반죽을 빚어 말린 뒤 기름에 튀기고 꿀을 바른 것이다. 곡식과 꿀, 기름 등 귀하고 값비싼 재료가 사용된 만큼 고려시대에는 이의 사용을 제한하는 사례가 보인다. 특히 고려 후기에는 연회에서 유밀과 사용이 수차례 금지될 정도였다.[724] 후자의 경우는 율장에서 꿀의 섭취를 제한한 사례가 참고 된다. 『사분율』에서 말하는 미식(美食)이란 맛나고 영양가 많은 음식을 말하는데, 기름, 꿀, 설탕, 생선, 고기, 우유 등이 여기에 속한다. 이는 섭취 자체가 금지되지는 않았지만, 출가자라면 스스로 요구해서 받아먹어서는 안된다고 한다. 그러나 병중(病中)일 경우에는 예외가 되는데,[725] 바로 약의 역할을 하기 때문일 것이다.

이렇듯 고려 말 약반으로 변화된 오기일의 찰밥은 조선시대에는 향반(香飯)이라는 이름으로도 불렸다.

> d) 왕은 까마귀의 은혜를 생각하여 해마다 이날에는 향반을 만들어 까마귀를 먹였는데, 지금까지도 이를 지켜 명절의 아름다운 음식으로 삼고 있다. 그 만드는 법은 찹쌀을 쪄서 밥을 짓고, 곶감 · 마

724 『고려사절요』 권23 충선왕 경술 2년. "秋七月 王遣護軍申彦卿 傳旨曰 迎駕山臺 已有禁令 毋復爲之 公私宴油蜜果絲花 竝皆禁止 違者痛治 時 王欲東還 而止": 『고려사』 권85 지39 형법2 금령, "忠宣王二年 傳旨 迎駕山臺 已有禁令 毋復爲之 公私宴 油蜜果 絲花 並皆禁之 違者痛治".

725 『四分律』(T22, p.664b)(이자랑, 「『선원청규』로부터 본 총림의 식생활－율장과의 비교를 중심으로」, 『동아시아불교문화』 32, 2017, p.266.)

른 밤 · 대추 · 마른 고사리 · 오족용(烏足茸)을 가늘게 썰어서 맑은 꿀과 맑은 장(醬)을 섞어 다시 찐 다음 다시 잣과 호두를 넣어 만드는데, 그 맛이 매우 좋아 이를 약반이라 한다.[726]

d) 사료는 조선의 문신 성현(成俔)이 지은 잡록류(雜錄類)로, 조선의 제도, 풍속, 지리 등 각종 문화에 대한 내용을 담고 있다. 그런데 여기에 기록된 오기일의 찰밥은 약반뿐만 아니라 향반이라고도 부르고 있다. 불교에서 향은 중요한 법회나 의식에서 중요하게 사용되는 것인 만큼 향반은 향을 넣고 지은 밥 또는 향수를 뿌린 밥을 지칭한다고 본다. 이는 「사금갑」조의 전체 내용이 불교 전래 시 토착신앙과의 갈등 양상을 주요 주제로 하고 있다는 점에서 향반은 불교적인 영향을 받아 생긴 표현으로, d) 사료는 「사금갑」조의 내용이 불교 수용 이후에 변형된 전승임을 보여준다는 것이다.[727] 실상 향반이라는 표현은 『유마경』에서 향적여래(香積如來)가 먹는 음식을 가리키는데, 바리때에 향반을 가득 담아 보살들에게 주어 교화시켰다고 한다.[728] 그러나 d) 사료에서는 불교적 영향에 따른 여타의 변화상을 찾을 수 없다. 이렇게 본다면 향반은 오히려 새 봄의 기운을 간직한 혹은 질 좋은 쌀로 지은 밥이라는 수식적 표현으로 보아야 한다. 여기에는 『삼국유사』에 멥쌀을 뜻하는 '갱(秔)'이 '향갱(香秔)'으로 표현된 사례가 참고되며,[729] c-1) 사료에서 밥을

726 『慵齋叢話』 권2, "王感烏之恩 每年是日 作香飯飼烏 至今遵之 以爲名日美饌 其法洗蒸粘米作飯 細切乾柹熟栗大棗乾蕨烏足茸等物 和淸蜜淸醬而再蒸之 又點松子胡桃之實 其味甚甜 謂之藥飯".

727 배영동, 앞의 논문, 2019, p.216; 김영준, 앞의 논문, 2019, p.413.

728 『維摩經』 권하 「향적불품」(T14, p.552a). 최치원이 찬한 「대숭복사비명」에도 향적반이 보이는데, 승려의 음식을 가리키는 표현이기도 하다.

729 『삼국유사』 권5 효선9 빈녀양모, "昔日之糠粃心和且平 近日之香秔膈肝若刺而心

향기롭게 찐다고 표현한 점도 영향을 주었을 것이다.[730]

이러한 변화를 거쳐 1849년에 쓰여진 『동국세시기』에는 찰밥이 오곡잡반(五穀雜飯)으로 표현되어 현재와 같은 풍속으로 이어지고 있음을 알 수 있다.[731] 이렇듯 「사금갑」조에 보이는 오기일의 찰밥 제사는 당대에도 축국과 같은 놀이를 포함한 세시풍속의 양상을 보이지만, 고려 후기에 들어오면서 명절로서 인식되었고 찰밥 역시 약반으로 변화한 모습을 찾을 수 있었다.

3. 「경덕왕 충담사 표훈대덕(景德王 忠談師 表訓大德)」조의 중양절과 헌다(獻茶)

중양절은 3월 3일, 5월 5일, 9월 9일과 같이 양수(陽數)인 홀수가 겹친 날을 뜻한다. 다만 일반적으로 중양은 중구(重九)만을 가리킨다. 「경덕왕 충담사 표훈대덕」조(이하 「충담사」조)에는 중삼(重三)과 중구(重九)의 사례가 보여 중양절의 시원으로서 주목된다.

> e-1) 소승은 중삼과 중구에는 남산 삼화령 미륵세존에게 차를 달여 공양하는데, 지금도 차를 드리고 돌아오는 길입니다"고 하였다. 왕

未安何哉".

730 조선 전기의 문신 洪貴達이 쓴 「向日菴卽事」라는 시에서(『속동문선』 권6 五言律詩) 계수나무를 쪼개어 향기로 밥을 짓는다는 것을 향반으로 표현한 것으로 보아 향을 입혀 밥을 찐 것을 가리키기도 한다.

731 배영동, 「오곡 개념의 변천과 중시의 문화적 배경」, 『농경생활의 문화읽기』, 민속원, 2000, p.132.

이 말하기를, “과인에게도 차 한 잔을 줄 수 있소?”라고 하니, 승려가 곧 차를 달여 왕에게 드렸는데, 차의 맛이 이상하고 찻잔 속에는 특이한 향이 풍겼다.[732]

e-2) 선덕왕 13년 갑진에 절을 짓고 살았으니 후에 생의사라 이름하였다[지금은 잘못 불러 성의사(性義寺)라고 한다. 충담스님이 매년 3월 3일과 9월 9일에 차를 달여 공양한 것이 바로 이 부처님이다].[733]

e-1) 사료는 경덕왕 대 승려 충담이 3월 3일과 9월 9일에 미륵불에게 차를 공양하였다는 것으로, 이러한 중양 혹은 중구에 대한 기록은 충담과 관련해서만 보인다. 이는 신라의 중양절이 불교적 성격을 강하게 가지고 있었음을 보여주고, 당시에는 중양이 중삼과 중구를 모두 가리켰음을 알 수 있다. 아울러 e-2) 사료를 통해 중양의 차 공양은 매년 행해졌지만, 미륵불상이 이미 선덕왕 대에 조성되어 있었음에도 중양의 행사는 경덕왕 대에 이르러 정기적으로 진행되었음을 알 수 있다.

이후 중양일이 불교적 성격을 탈피한 채 명절로 변화하는 것은 고려시대에 뚜렷이 보인다.

f-1) 관리의 휴가 … 중양[9월 9일][734]

f-2) 경령전에서 정조, 단오, 추석, 중구에 친전의(親奠儀)를 행한다.[735]

---

732 『삼국유사』 권2 기이2 경덕왕 충담사 표훈대덕, “僧每重三重九之日 烹茶饗南山三花嶺彌勒世尊 今玆旣獻而還矣 王曰 寡人亦一甌茶有分乎 僧乃煎茶獻之 茶之氣味異常甌中異香郁烈”.

733 『삼국유사』 권3 탑상4 생의사석미륵, “善德王十二年甲辰歲創寺而居 後名生義寺[今訛言性義寺 忠淡師每歲重三重九烹茶獻供者 是此尊也]”.

734 『고려사』 권84 지38, “重陽[九月九日]”. 이 밖에도 『고려사』 세가에는 9월 9일에 중양절 행사가 있었음을 보여주는 기사가 다수 보인다.

f-1) 사료를 통해 고려의 중양은 9월 9일만을 가리키는 것으로, f-2) 사료를 통해서는 중양이 단오, 추석 등과 동일하게 명절화되었음을 알 수 있다. 중양절은 조선시대에도 단풍 구경을 하거나 시를 짓는 등 세시풍속으로 자리잡았다.[736] 그런데 이러한 모습은 신라 하대에서도 발견할 수 있다.

> g) (헌강왕 6년) 9월 9일에 왕이 좌우 신하들과 함께 월상루(月上樓)에 올라 사방을 둘러보니, 서울의 민가들이 서로 맞닿아 있고 노래와 음악 소리가 그치지 않았다. …"주상께서 즉위하신 이래 음양이 조화롭고 비바람이 순조로워 해마다 풍년이 들어 백성들은 먹을거리가 넉넉하고, 변방 지역은 잠잠하여 민간에서는 기뻐하고 즐거워하니, 이는 전하의 성스러운 덕의 소치이옵니다."라고 하였다.[737]

g) 사료는 헌강왕 대 민들의 생활이 안정되었음을 묘사한 기록으로, 『삼국유사』「우사절유택」, 「처용랑망해사」조에도 동일한 내용이 보인다. 그런데 이날이 9월 9일, 즉 중구일이라는 점에서 노래와 음악소리가 그치지 않았다는 것은 단순히 태평성대를 의미한다고만 볼 수 없다. 신라 하대에 중구일을 맞아 곳곳에서 연회가 베풀어지고 있었던 것이다. 이렇듯 경덕왕 대 이후 중양일이 세간에서도 의미있는 날로

735 『고려사』 권61 지15, "景靈殿正朝 端午 秋夕 重九 親奠儀".

736 『동국세시기』 및 『열양세시기』를 통해 중양절이 대중적인 세시풍속이 되었음을 알 수 있다.(이석호 역, 『조선세시기』, 동문선, 1991, p.113)

737 『삼국사기』 권11 신라본기11 헌강왕 6년, "九月九日 王與左右 登月上樓四望 京都民屋相屬 歌吹連聲 … 上即位以來 陰陽和 風雨順 歲有年 民足食 邉境謐靜 市井歡娛 此聖德之所致也".

인식되어, 헌강왕 대 이후 왕실뿐만 아니라 많은 사람들이 함께 즐기는 민간 명절이 된 것이다. 이는 『구오대사(舊五代史)』 신라전에서 신라 풍속으로 9월 9일이 중요시되고, 이때 일월신에게 제사를 지낸다는 기록을 통해서도 확인된다.[738] 다만 이러한 과정에서 불교적 성격은 희석된 것으로 보이지만, 「단속사신행선사비」를 813년 9월 9일에 건립한 사례나 7월 7일에 불상을 조성한 기록 등은 중양일이 사찰에서도 불교 의례로서 지속되었다고 할 수 있다.[739]

한편 충담이 중양일에 차로써 공양을 올렸다는 점은 불교 행사인 다례의 연원으로서 의미를 가진다. 충담 이외에도 찾을 수 있는 신라의 차 공양 사례를 살펴보자.

> h-1) 두 왕자는 매일 아침 깨끗한 샘물을 길어서 차를 끓여 공양하고 밤에는 각각 자기 암자에 들어가서 수도하였다. … 도리천 신은 삼시로 법을 들고 정거천의 무리들은 차를 끓여서 공헌하였다.[740]
>
> h-2) 두 태자는 모두 예배하고 날마다 이른 아침에 마을의 물을 길어다가 차를 달여 일만진신의 문수보살에게 공양했다.[741]

h) 사료는 모두 불교적 수행의 일환으로 문수보살에게 차를 공양한 사례로, 중국에서도 7~8세기 경 가장 좋은 차를 불공한 사례가 있다는

738 『舊五代史』 권138 열전2 신라, "新羅 其國俗 重九日相慶賀 每以是月 拜日月之神".
739 최광식, 앞의 논문, 2019, pp.174-176.
740 『삼국유사』 권3 탑상4 대산오만진신, "二公每汲洞中水煎茶獻供 至夜各庵修道 … 忉利天神三時聽法 淨居天衆烹茶供獻".
741 『삼국유사』 권3 탑상4 명주오대산보질도태자전기, "两太子並禮拜 每日早朝汲于洞水煎茶供養一萬真身文殊".

점에서[742] 비슷한 시기의 나－당 간 차 공양의 영향관계가 짐작된다. 다만 앞서 언급한 바대로 중양일은 점차 민간 명절의 성격이 강해짐에 따라 사찰에서는 차 공양의 사례만이 나타나는 것으로 생각된다.

차 공양은 불음주계(不飮酒戒)로 인해 시작되었다. 이것이 헌다(獻茶)가 아닌, 음다(飮茶)로 나타나는 것은 선종(禪宗)의 발생, 전래와 관련된다. 신라에서 차는 흥덕왕 3년(828) 당에 사신으로 다녀온 대렴(大廉)이 차의 씨앗을 가지고 왔으므로 왕이 지리산에 심게 하였는데, 선덕왕 때부터 있었던 차가 이때에 이르러 매우 성행했다고 한 점에서[743] 신라 중대에는 헌다 위주로 차가 이용된 반면 하대에는 수행의 방편으로서 음다가 유행하였음을 알 수 있다. 이는 쌍계사의 진감국사 혜소 비문을 통해서도 확인된다.

i) 어떤 이가 호향(胡香)을 선사하면 기와에 잿불을 담아 환(丸) 짓지 않은 채로 태우면서 말하기를, "나는 이 냄새가 어떠한지 알지 못한다. 마음만 경건히 할 뿐이다". 다시 중국차를 공양하는 사람이 있으면 섶나무로 석부(石釜)를 불 때 가루내지 않고 달여서 이르기를, "나는 이 맛이 어떠한가를 가리지 않고 단지 배만 적실뿐이다"라고 하였다. 참된 것을 지키고 속된 것을 거스르기가 모두 이와 같았다.[744]

---

742 張宏庸 編纂, 『茶的禮俗』, 茶學文學出版社, 1987, pp.1-2; 『中國茶經』, p.606.(정영선, 「茶禮祭祀의 연원과 전개 및 그 특성에 관한 연구」, 성균관대 박사학위논문, 2005, p.36 재인용.)

743 『삼국사기』 권10 신라본기10 흥덕왕 3년, "冬十二月 遣使入唐朝貢 文宗召對于麟德殿 宴賜有 差入唐迴使大廉 持茶種子來 王使植地理山 茶自善德王時有之 至於此盛焉".

744 「河東 雙磎寺 眞鑑禪師塔碑」, "或有以胡香爲贈者 則以瓦載煻灰 不爲丸而焫之曰 吾不識是 何臭虔心而已 復有以漢茗爲供者 則以薪爨石釜 不爲屑而煮之曰 吾不識是何味 濡腹而已 守真忤俗 皆此類也".

혜소는 입당하여 남종선을 수용하고 신라로 돌아와 그것을 소개하고 확산시켰다. i) 사료에서는 그가 병차(餠茶)를 가루 내어 말차로 끓이는 방법으로 음다했음을 보여준다.[745]

현재 중양절은 수륙재 등과 함께 사찰의 세시풍속으로 이어지고 있다. 이때 역시 다례가 행해진다. 일반민들의 제사와 달리 차를 주제물로 올리고 있으며 매일 새벽 3시, 오전 11시, 오후 6시에 대웅전에서 드리는 불공을 "다기(茶器)를 모신다"라고 표현하기도 한다.[746]

이렇듯 불교 명절의 성격을 가진 중양절의 연원을 「충담사」」조에서 찾을 수 있고, 나아가 차를 공양하는 제의 방식인 다례에 대한 정보 역시 포함하고 있다는 점에서 본 조목의 의미를 찾으려 한다.

4. 「가락국기(駕洛國記)」조의 제의 음식

『삼국유사』를 통해 정월대보름과 중양절이 불교의 영향 하에서 시작되고 변화되는 양상을 보인다고 하였는데 이와 함께 조상 제사와 의례 음식에 대한 정보 역시 찾을 수 있어 흥미롭다. 「가락국기」조에는 문무왕이 수로왕묘에 제사를 지내는 모습이 기록되어 있다.

> j) (수로)왕의 17대손 갱세(賡世) 급간(級干)이 조정의 뜻을 받들어 그 밭을 주관하여 매해 때마다 막걸리와 단술을 빚고 떡 · 밥 · 차 · 과일 등 여러 맛있는 음식을 진설하고 제사를 지내어 해마다 끊이지

745 배근희, 「신라시대 차문화 연구」, 원광대 석사학위논문, 2009, p.58.
746 이경희, 「한국 차문화 전승 연구」, 목포대 박사학위논문, 2008, p.16.

않게 하였다. 그 제삿날은 거등왕이 정한 연중 5일을 바꾸지 않았다. 이에 비로소 그 향기로운 효사(孝祀)가 우리에게 맡겨졌다.[747]

j) 사료는 가락국의 왕조가 문무왕의 외가 쪽 시조가 되므로 신라에서 그에 대한 제사를 올렸다는 내용이다. 제사 음식으로는 술과 감주(甘酒),[748] 떡, 밥, 차, 과일 등이 언급되어 있는데, 앞 장에서 살핀 차가 여기서도 조상 제사에 사용되고 있다. 다만 술도 함께 진설된 점은 중양절, 다례의 예와 다르다. 술은 신라에서 조상 제사뿐만 아니라 왕의 일상식에서도 발견된다. 무열왕은 백제를 평정한 후 1일 2식으로 식사를 줄였지만 음식의 양은 쌀 6말, 꿩 10마리 그리고 술 6말이었다고 한 점에서 알 수 있다.[749]

술이 연회 때에나 일상에서도 빈번히 음용되었던 점은 유리왕 때 길쌈으로 승부를 내어 진 쪽에서 술과 음식을 차려내었다고 한 이른 시기의 기록에서도 찾아진다.[750] 또한 『삼국유사』 「내물왕」조와 「김제상」조, 「효소왕대 죽지랑」조에서도 발견된다. 왕이 주연을 베풀 때 술과 함께 음악이 시작되었다거나, 제상이 왕의 명을 받고 고구려로 떠날 때 술잔을 나누어 마셨다는 사례가 그것이다. 술을 포함하여 제사 시 혹

747 『삼국유사』 권2 기이2 가락국기, "王之十七代孫賡世級干祗稟朝旨 主掌厥田每歲時釀醪醴設以餅飯茶菓庶羞等奠年年不墜 其祭日不失居登王之所定年內五日也 芬苾孝祀於是乎在於我".

748 감주는 원문에 '醴'로 되어 있는데, 이는 엿기름으로 만든 식혜를 의미한다.

749 『삼국유사』 권1 기이1 태종춘추공, "王膳一日飯米三斗雄雉九首 自庚申年滅百濟後除晝饍但朝暮而已 然計一日米六斗酒六斗雉十首 城中市價布一疋租三十碩或五十碩 民謂之聖代".

750 『삼국사기』 권1 신라본기1 유리이사금 9년, "王旣定六部 中分為二 使王女二人 各率部內女子 分朋造黨 自秋七月旣望 每日早集大部之庭 績麻乙夜而罷 至八月十五日 考其功之多小 負者置酒食 以謝勝者".

은 일상적으로 필요한 음식 재료에 대해서는 납채의 품목을 통해 더욱 구체적으로 보여주는 사례는 신문왕과 김흠운 딸의 혼례 사료에서도 찾을 수 있다.

> k) 일길찬 김흠운(金欽運)의 작은 딸을 맞아들여 부인으로 삼고자 하여, 먼저 이찬 문영(文穎)과 파진찬 삼광(三光)을 보내 날짜를 정하고, 대아찬 지상(智常)에게 납채(納采)하게 하였다. 예물로 보내는 비단[帛]이 15수레, 쌀, 술, 기름, 꿀, 장, 메주[豉], 포, 젓갈[醢]이 135수레이고, 벼[租]가 150수레였다.[751]

k) 사료는 일상에 필요한 다양한 음식 재료를 보여주는데, 앞서 언급했던 거득공의 찬 50가지의 사례나 김유신이 삼신(三神)에게 "백미(百味)를 갖추어 제사를 지냈다"는 기록을 통해[752] 제사나 의례를 치를 때에는 갖가지 음식이 만들어졌음을 알 수 있다. 이를 j) 사료와 비교하면 술과 쌀, 벼 즉 밥의 재료가 동일하게 찾아진다. 또한 왕의 일상식에 등장했던 육류가 보이지 않는다는 공통점도 있다. 신라에는 꿩, 토끼가 주요 사냥감이었으며[753] 가야의 경우에도 많은 유적에서 꿩의 뼈가 출토되고 있다.[754] 고구려의 경우도 고분벽화를 통해 꿩, 토끼가 가장 보편적

751 『삼국사기』 권8 신라본기8 신문왕 3년, "納一吉湌金欽運少女爲夫人 先差伊湌文穎波珍湌三光定期 以大阿湌智常納采 幣帛十五轝 米酒油蜜醬豉脯醢一百三十五轝 租一百五十車".

752 『삼국유사』 권1 기이1 김유신, "公乃刑白石 備百味祀三神皆現身受奠".

753 『삼국사기』 권45 열전5 김후직, "今殿下 日與狂夫獵士 放鷹犬逐雉兎 奔馳山野 不能自止".

754 金子浩昌 · 안재호 · 서영남, 「늑도주거지 출토 유물유체 개요」, 『가야통신』19 · 20, 1990.

으로 사용된 육류였음을 알 수 있으므로 육식이 빈번했을 것임에도 보이지 않는 것이다.

그런데 술과 육류의 경우 그 사례가 대부분 중대 초 이전 시기에 집중되어 있다. 남겨진 사료의 한계라고 볼 수도 있겠으나 여기에는 불교의 확산이라는 배경이 작용한 것으로 보인다. 특히 불음주계나 불살생계(不殺生戒)가 출가자에게만 적용되던 것이 점차 재가자의 계율로 확산되었음이 음식과 관련하여 나타난다.

불살생은 생명에 대한 존엄을 바탕으로 모든 생명을 해치지 않는 것을 말한다. 이는 어느 종교와 사회를 막론하고 해당 집단의 유지를 위한 구성원 간의 윤리로서 자리 잡았는데, 불교에서는 이를 계율로 규정함으로써 불교신자로서의 제1의 행위규범이자 출가자들에게는 이를 어길 시 승단에서 방출되는 기준으로 적용하였다.[755] 특히 재가신도들이 지켜야 하는 계율인 오계(五戒)에서 불살생의 조항이 제1항에 위치지워졌다는 점은 이것이 출가계의 제1항인 불음계(不婬戒)와 견주어지는 가장 중요한 계임과 동시에 불교신자로서의 정체성을 보여주는 기본적인 덕목임을 말해준다. 이러한 배경 속에서 성덕왕은 재위 4년에 살생금지를 하교하였다.[756] 이는 성덕왕대 이전 불교의 홍포 내지 전쟁기라는 상황 속에서 살생에 대해 유연하게 인식된 신라 불교계를 단속하는 의미로 볼 수 있는데, 성덕왕대가 재이(災異)의 시대로 불릴 만큼 자연재해에 의한 민심의 동요가 있었던 시기인 까닭에 이의 극복을 위해 계율을 강조함으로써 불교적 권위를 빌리고자 하였던 것으로 보인다.[757] 이러한 불살생의 강조가 음식에도 반영되었다고 생각된다.

755 平川彰 著, 이호근 譯, 『인도불교의 역사(상)』, 민족사, 2004, pp.141-157.
756 『삼국사기』 권8 신라본기8 성덕왕 4년, "九月 下敎 禁殺生".

한편 앞서 j) 사료를 3월 3일, 즉 삼짇날의 사례로 해석한 견해가 있어 주목된다.[758] 동일한 「가락국기」조에는 건무 18년(42) 3월 계욕지일(禊浴之日)에 북쪽의 구지봉에서 이상한 기운이 있고 이삼백명이 모여서 구지가를 부르고 나서 김수로가 나타났다고 되어 있다.[759] 이 기록을 통해 3월 초 목욕을 하는 풍습이 있었고 이때 시조들이 나타난 것을 알 수 있어, j) 사료의 하교가 3월에 내려진 것은 바로 김수로왕이 나타난 계욕지일, 즉 3월 3일을 가리킨다는 것이다. 삼짇날은 상사(上巳), 원사(元巳), 중삼(重三), 상제(上除) 등으로 불리는데, 상사나 원사는 12지 중 처음으로 드는 뱀의 날이므로 붙은 이름이다. 한편 계욕일은 액을 없애기 위해 이른 아침 해가 뜰 무렵에 시내나 계곡에 가서 목욕을 하는 의례 때문에 생긴 이름인데, j) 사료를 통해 이 두 특별한 날이 시조 탄생과 얽혀 세시 풍속화된 것이다. 이렇게 본다면 「가락국기」조 역시 앞서의 사례와 같이 명절의 연원이 기록되어 있는 조목으로서 의미를 가진다고 할 수 있다.

5. 맺음말

지금까지 『삼국유사』에 보이는 명절, 제의와 음식에 대해 살펴보았다. 음식에 초점을 맞추고자 하였지만 기록의 소략함으로 더 깊은 이

757 신선혜, 「신라 성덕왕대 금살생 하교의 배경과 의미」, 『한국고대사연구』 83, 2016.
758 박태성, 「삼월삼진날의 생성의미와 원형성」, 『단산학지』 10, 2015.
759 『삼국유사』 권2 기이2 가락국기, "屬後漢世祖光正帝建正十八年壬寅三月禊浴之日 所居北龜旨 有殊常聲氣呼喚 衆庶二三百人集會於此 有如人音隱其形而發其音曰 此有人否 九干等云 吾徒在 又曰 吾所在為何 對云 龜旨也".

해가 어려웠다. 그러나 오기일, 중양일 등이 제의성을 가지고 시작되었지만, 점차 그 성격이 탈각, 약화되면서 세시풍속으로 정착되어가는 과정을 살필 수 있는 계기를 마련하였다는 점에서 본 고의 의의를 찾고자 한다.

본고에서는 먼저 대표적인 명절인 정월대보름의 연원 및 음식에 대해 「사금갑」조의 오기일과 나반의 기사를 중심으로 살펴보았다. 흔히 현재의 약식과 같은 형태로 오기일의 찰밥을 해석하곤 하였지만, 문헌에 보이는 변화과정을 살펴 나반과 약반, 그리고 향반의 차이점을 확인해 보았다. 아울러 「충담사」조를 통해 중양절의 연원과 차 공양의 사례를 살펴보고, 이것이 불교 명절화되는 과정과 다례의 연원과도 관련하여 본 조목을 이해해 보았다. 마지막으로는 제사 음식의 종류를 알 수 있는 「가락국기」조의 기사를 통해 신라 당시의 생활모습을 구체적으로 짐작해보고자 하였다.

한편 앞서 거득공(車得公)의 기사에 '단오(端午)'의 표현이 보이는 점에 착안하여 이를 명절인 단오와 연결시키는 견해들도 있어 소개한다. 이 기사에는 일연이 "세속에 단오를 차의(車衣)라고 한다"는 세주를 달았다. 이때 차의는 한자로 수레 '차'에 옷 '의'자이고 보면 '수리'에서 온 말이고 수리는 '술의', 즉 '술의초(戌衣草)'에서 온 말이라고 한다. 이것이 바로 단오에 먹는 수리취떡과 관련된다는 것이다.[760] 음운학적 접근이 신중할 필요가 있고, 좀더 정치한 분석과 방증자료가 필요하다고 판단되어 구체적으로 다루지는 않았지만 『삼국유사』의 기사를 다양한 시각으로 접근할 수 있음을 보여주므로 추후의 연구에 참고되었으면 한

760 배영동, 앞의 논문, 2019, pp.217-218.

다. 명절, 제의 음식뿐만 아니라 『삼국유사』에 보이는 음식 관련 기사들을 모두 살펴 신라의 식생활을 복원해보는 작업은 본고를 바탕으로 하여 후고에서 진행하고자 한다.

제2장

『삼국유사』의 동물과 식물

– 고대 한국인들의 불교적 자연관과 생명관을 중심으로 –

민태영

1. 서론

본 연구는 『삼국유사』에 수록된 동물과 식물의 전수조사를 하고 동 자료에 담긴 의미를 불교의 자연관과 생명관이 관점에서 정리하고자 한다.

동물과 식물은 자연과학적 측면에서 동시대 동 지역의 식생 환경을 파악할 수 있는 존재이다.

그리고 인문철학적 관점에서는 식물과 동물의 수록 양상은 곧 동시대인들의 의식 속에 내재된 인식 특히 역사관과 생명관 그리고 자연에 관한 관점을 보여주는 지표이기도 하다.

책의 저자 또는 찬술자로서는 종교를 비롯하여 역사적, 사회문화적으로 가장 친근한 생물들을 비유와 은유, 직유의 방식을 통해 전달의 효과를 극대화하고자 한다. 그리고 그 생물들을 중심으로 벌어지는 현상들을 열거함으로써 후대에 경계로 삼고자 하는데 여기서 동 생명체(동식물)에 대한 대중적 이해와 관련 지식이 필수적이다.

『삼국유사』에 수록된 동물과 식물연구의 관점과 그 적용에 관해서는 『삼국유사』가 2022년 11월 26일 유네스코 세계기록유산(Memory of the World) 아시아태평양 지역 목록으로 최종 등재되었다는 사실에서 그 의미를 찾고자 한다.

국가를 대표하는 자료로 승인되었다는 것은 곧 『삼국유사』가 '한반도의 고대 신화와 역사, 종교, 생활, 문학 등을 포함하는 종합서이며 당시 동아시아 지역에 '자국 중심의 주체적 역사관'이 형성되었음을 증언하는 기록물'이라는 평가를 받은 것임을 의미하기 때문이다.

그런데 역사관이란 통일된 이념에 기반한 역사적 고찰이자 과거의 사실 가운데 어떤 사실을 선택할 때의 기준이며 해석의 원리이자 가치관을 일컫는 단어이다.

동식물이라는 자연 요소에는 공통으로 경험한 역사도 담겨 있고 신념은 물론 문화와 환경도 담겨 있으므로 동식물의 수록 양상 또한 한국인의 역사관을 조망할 수 있는 요소 가운데 하나가 될 수 있다고 할 수 있다.

무엇보다도 수록 요소인 동식물의 중요성은 『삼국유사』만의 특징과 차별성에서도 찾을 수 있다. 『삼국유사』는 합리성이라는 이름으로 배제되었던 비현실적인 사실들에도 가치를 부여하고 있으며 그 비현실적인 사실을 광범위하게 체계적으로 배치하였다.

그 과정에서 고대 한국인의 사상 속에 담겨 있는 자연과의 연결점과 통로를 자연스럽게 녹여냄으로써 수록 요소로서 동물과 식물, 돌, 바람 등 자연 요소들이 다양한 모습으로 등장하게 되었으며 그들은 절대자로 선지자로 그리고 불법으로 그 불법의 수행 또는 수행자 등 다양한 역할을 할 수 있었다.

『삼국유사』의 불교 사서 여부에 관한 논란과 다양한 관점의 해석이 있을 수 있다. 그러나 본 연구에서는 수록된 동물과 식물들의 존재는 곧 동시대를 살았던 사람들의 관념과 사상에 기반하고 있다는 점에 근거하여 동식물의 다수 수록된 동식물에 담긴 의미를 정리하고 불교의 수용 이후 『삼국유사』에 수록된 동물과 식물의 수록 양상 또한 변화하여 불교적 정립을 거듭하고 있는 점에 대해 중점적으로 살펴보고자 한다.

2. 선정 기준

1) 동물의 선정 기준

동물 수록의 범위를 정하기 위해 몇 가지 전제 조건이 있다. 특정되지 않은 동물에서도 민속적, 불교적 관점에서 생명관이나 자연관이 드러날 수 있으나 본 연구에서는 실체가 분명한 동물들을 논의의 대상으로 하여 다수 수록된 동물에 대해 정리하고자 한다.

<u>수록 동물에서 제외되는 예를 정리하면 다음과 같다.</u>

1) 위치명 또는 장소명에 동물(곤충)명이 있을 경우는 제외시킨다. 주체가 아닌 수식 요소이기 때문이다.[761]
2) 용어, 단어 속의 동물(곤충) 일 경우이다. 정월보름을 까마귀 제삿

날이라고 부르는 예로 「기이1」편 〈사금갑〉 조에 수록되어 있다.[762]

3) 특정할 수 없는 생물종의 경우로 물고기, 곤충들, 산새 등이 이에 속한다. 「기이1」편 〈고구려〉 조와 〈신라시조 혁거세왕〉 등 다수 수록되어 있다.[763]

4) 비유와 수식 속의 동물(곤충)도 제외되며 「탑상4」편 〈대산오만진신〉에서와 같이 "혹은 금 봉황 모양으로, 혹은 금 까마귀 모양으로…"를 예로 들 수 있다.[764]

5) 단 이 원칙에서 예외를 두었다. 그 동물은 용이다. 용은 상상 속의 동물이어서 수록 동물의 수에서 제외되어야 하지만 용왕을 포함한 다양한 종류의 용은 동물의 수에 포함하였다.

왜냐하면 용의 경우 『삼국유사』 전편에 걸쳐 조목의 중심이 되는 소재이기도 하고 『삼국유사』 전편을 관통하는 '신이함, 하늘의 뜻, 하늘과의 소통'의 대표적 사례이기도 하기 때문이다.

특히 용은 동물 수록에서 세 조목 이상 수록된 동물(곤충)이 16종에 지나지 않았던데 반해 무려 34개 조목에 등장하고 있다.

수록 횟수에서 바로 뒤를 잇는 말과 소가 각각 13개 조목과 12개 조목에 수록된 것과 비교해서도 상당한 비중을 점하고 있음을 볼 수 있어[765] 용은 내용 전체적 맥락에서 빠질 수 없는 존재이며 용에 대해서는

761 「의해5」〈의상전교〉, "上有鳳巢 登視之…, 봉황의 둥지"

762 「기이1」〈사금갑〉, "十五日爲烏忌之日 以糯飯祭之"

763 「기이1」〈고구려〉, "於是魚鼈成橋 得渡而橋解…": 「기이1」〈신라시조혁거세왕〉, "身生光彩 鳥獸率舞…"

764 「탑상4」〈대산 오만진신〉, "或作金鳳形 或作金烏形…"

765 용이 수록된 조목은 「기이1」〈신라시조 혁거세왕〉(계룡), 〈북부여〉, 〈제4탈해왕〉, 〈서왈〉, 「기이2」〈문무왕법민〉, 〈만파식적〉, 〈수로부인〉, 〈원성대왕〉, 〈처용랑망해사〉, 〈진성여대왕거타지〉, 〈남부여 전백제, 북부여〉, 〈무왕〉, 〈후백제 견훤〉, 〈가락국기〉, 「흥법3」〈원종흥법염촉멸신〉, 〈법왕금살〉, 〈보장봉로 보덕

다음 장에서 별도로 다루고자 한다.

2) 식물의 선정 기준

식물 수록의 범위 선정 기준 또한 동물과 같다. 식물의 예 또한 특정되지 않은 식물은 제외하고 실체가 분명한 식물들을 논의의 대상으로 하여 다수 수록된 식물을 정리하고자 한다.

수록 식물에서 제외되는 예를 정리하면 다음과 같다.

1) 식물의 경우도 위치와 장소명, 특정할 수 없는 생물종(풀들, 꽃들 등)은 수록 숫자의 산정에서 제외된다.

2) 특히 『삼국유사』에 수록된 식물 가운데는 노방수(路傍樹)와 사여수(似如樹, 인여수(印如樹))[766], 동노수(冬老樹)[767], 지식수(知識樹)[768]와 같이 실체가 분명하지 않은 식물이 등장하는데 이들 식물명은 음사된 명칭이거나 역사나 종교적 상징의 대상으로 추정되어 제외하였다.

3) 식물명이지만 상징적인 표현일 경우도 제외하였다. 여기에는 「기이2」 〈후백제 견훤〉의 양경괴류(兩更槐柳), 「효선9」 〈대성효이세부모〉의 괴정(槐廷)이 이에 속한다.[769] 또 비슷한 예로 「기이2」

이암〉, 「탑상4」 〈어산불영〉, 〈전후소장사리〉, 〈사불산굴불산만불산〉, 〈분황사9층탑〉, 〈가섭불연좌석〉, 〈흥륜사벽서보현〉, 〈낙산이대성관음정취조신〉, 〈대산오만진신〉, 「의해5」 〈보양이목〉, 〈자장정률〉, 〈원효불기〉, 〈사복불언〉, 〈진표전간〉, 「신주6」 〈혜통항룡〉, 〈명랑신인〉, 「감통7」 〈선도성모수희불사〉, 「피은8」 〈낭지승운 보현수〉 등이다.

766 「탑상4」 〈미륵선화 미시랑 진자사〉, "靈妙寺之東北 路傍樹下, 婆娑而遊…此彌勒仙花也…路傍樹至今名 見郎, 又俚言 似如樹."

767 「기이1」 〈지철로왕〉, "使至牟梁部 冬老樹下…"

768 「의해5」 〈자장정률〉, "…使門人植樹如其數, 以旌厥異, 因号知識樹."

〈진성여대왕 거타지〉 조의 부상(扶桑)[770]도 들 수 있다.

4) 단, 동물의 사례에서와 같이 예외를 두었다. 「흥법3」〈원종흥법 염촉멸신〉 조 등에 하늘의 꽃인 천화[771]가 등장하는데 수록 식물에도 산정하였으며 불교적 요소로서의 중요성을 감안해 수록 조목과 내용에 대해 다루고자 한다.[772]

3. 동물과 식물의 특성

1) 동물의 분류와 특성

(1) 동물 수록의 분류적 특성

① 편목별 특성

가장 많은 동물이 수록된 편목은 「기이2」이다. 곤충 3종을 포함해 29종이 수록되어 있었으며 뒤이어 「기이1」(20종), 「탑상4」(16종, 곤충 2종 포함)와 「의해5」(16종, 곤충 1종)편이 뒤를 잇고 있었다. 정리하면 〈표 1〉과 같다.

769 「기이2」〈후백제 견훤〉, "兩更槐柳…2년의 세월", 「효선9」〈대성효이세부모〉, "槐廷…조정, 재상"

770 부상(扶桑)은 (1) 중국 고대 신화에서 동쪽 바다에 있는 신령스러운 나무 (2) 해가 돋는 동쪽 바다 (3) 동쪽 바다 속에 있다는 상상의 나라(부상국) (4) 일본을 달리 일컫는 말 등의 해석이 있다.

771 「흥법3」〈원종흥법 염촉멸신〉, "天四黯黲 斜景爲之晦明 地六震動 雨花爲之飄落, 사방의 하늘이 깜깜해지더니 비낀 햇살마저 빛을 감추었고 온 땅이 진동하였으며 꽃비가 떨어졌다."

772 「흥법3」〈아도기라〉 조, 〈원종흥법 염촉멸신〉 조, 「신주6」〈밀본최사〉 조에 수록되어 있다.

〈표 1〉 편목별 동물 수록

편목명	수록 종 수	동물	곤충
기이1	20	20	0
기이2	29	26	3
흥법3	11	11	0
탑상4	16	14	2
의해5	16	15	1
신주6	5	5	0
감통7	9	9	0
피은8	5	4	4
효선9	1	4	0

② 조목별 특성

『삼국유사』에는 모두 58종의 동물(곤충 6종 포함)이 수록되어 있었다. 세 조목 이상 수록된 동물(곤충)은 상상 속 동물인 용(34조목)을 비롯하여 말(13조목), 소(송아지, 암소 포함) 12조목, 개와 호랑이 11조목, 암탉을 포함한 닭과 매가 7조목, 자라는 6조목에 수록되어 있었다.

그리고 돼지와 참새, 여우가 5조목, 새매와 이리 4조목, 개구리와 까치, 거북 등 16종이 3조목에 걸쳐 수록되어 있었다.

두 조목에 수록된 동물(곤충)은 곰, 구렁이, 까마귀, 꿩, 뱀, 범, 앵무새, 쥐, 벌 등 9종이며 나머지 33종의 동물(곤충)은 한 조목에만 수록되어 있었다. 총 58종의 동물(곤충) 가운데 1조목 이상 수록된 사례는 25종이다.

단 한 종이 수록된 경우를 제외하고 두 조목 이상 수록된 동물의 수와 해당 조목을 표로 정리하면 〈표 2〉와 같다.

용을 제외하면 주변에서 흔히 볼 수 있는 소, 말, 닭 등의 동물들이 여러 조목에 걸쳐 수록되어 있었으며 신이한 동물로 널리 알려진 호랑이도 다수 수록된 동물이었다. 벌은 곤충 가운데 유일하게 두 조목에 걸쳐 수록되었다.

〈표 2〉 두 조목 이상 수록된 동물

동물, 곤충명	기이1	기이2	흥법3	탑상4	의해5	신주6	감통7	피은8	효선9	편목계	조목
*용	0	0	0	0	0	0	0	0		8	34
말	0	0		0	0		0			5	13
소[773]	0	0		0	0		0			5	12
개[774]	0	0		0	0					4	11
호랑이	0	0	0		0		0			5	11
닭[775]	0				0		0			4	7
매		0	0	0	0		0			5	7
자라		0	0		0					3	6
돼지	0		0							2	5
여우	0	0			0	0				4	5
참새	0	0		0						3	5
새매[776]		0	0		0					3	4
이리[777]		0			0	0				3	4

773 암소와 송아지를 포함하였다.

774 강아지를 포함하였다.

775 암탉을 포함하였다.

776 새매(*Accipiter nisus*)는 수릿과의 동물로 크기는 까치와 비슷하다. 참새의 대표적인 천적으로 이름 또한 여기에 빗대어 붙여진 것이다. 1982년 천연기념물로 지정되었으며 2012년 멸종위기 야생생물 2급으로 지정되어 보호받고 있다. 참고로 매(*Falco peregrinus*)는 매과의 동물이다.

777 학명은 *Canis lupus lupus*이다. 늑대의 가장 큰 아종이다. 한국에서 가장 많이 분포했던 아종은 크게 두 가지인데 남한 지역을 중심으로 분포하며 늑대라고 불리던 *Canis lupus chanco*와 북한 북부에서 서식하며 이리(삼림이리, 말승냥이) 라고 불렸던 *Canis lupus lupus* 두 종이 있다. 다만 한반도에 서식했던 늑대 아종의 분류와 한국 특산 아종 *Canis lupus coreanus*의 존재 여부에 대해서는 논란이 있다. 이리와 늑대는 아종의 차이로 알려져 있다.

동물, 곤충명	기이1	기이2	흥법3	탑상4	의해5	신주6	감통7	피은8	효선9	편목계	조목
개구리	0									1	3
거북	0	0								2	3
까치	0	0			0					3	3
곰	0								0	2	2
구렁이				0	0					2	2
까마귀	0							0		2	2
꿩	0			0						2	2
뱀	0	0								2	2
범							0	0		2	2
앵무새		0		0						2	2
쥐	0				0					2	2
벌		0		0						2	2

(2) 주요 동물의 의미적 특성

동물의 수록 요인은 편찬자가 대중화된 동물을 통해 전하고자 하는 의미를 설명하여 논지의 설득력을 강화하고 이를 통해 고대 한국인의 의식 특히 당시 대중문화와 사상의 근간이었던 불교에 담긴 자연에 관한 인식을 엿볼 수 있다는 점을 들 수 있다.

이 장에서는 전 장에서 제시한 수록 동물들의 수록 양상을 고대 한국인들의 인식과의 관계에서 고찰하고자 하며 단순히 생물체인 동물로서 수록된 경우는 논의에서 제외하고 다수 수록된 동물 몇 종을 대상으로 정리하고자 한다.

① 용(龍)

인간은 오랜 역사를 거치면서 다양한 상상의 동물들을 만들어냈는데 이 동물들은 인간의 한계를 훨씬 능가하는 초자연적인 힘을 지니고 있었다. 인간은 이 동물들을 창조하면서 이들을 우주 질서의 조화를 담당하는 신의 영역으로까지 확대하여 인간의 한계성을 극복하고자 하였는데 다양한 상상의 동물 중에서도 용은 우리나라를 비롯한 동아시아의 역사, 문화, 종교에 지대한 영향력을 끼쳐 왔다.

고대 농경사회에서 용은 용과 물, 그리고 고대사회에서 인간의 능력으로 조절할 수 없었던 비와 연결된 '수신'(水神)으로 인식되었으며 고대 농경사회의 사람들은 이러한 용의 능력 때문에 자연스럽게 용을 중요한 신으로 섬겼다.

용은 물에 살며 하늘을 날 수도 있는 강력한 존재로 인식되면서 땅위의 일은 산신령이, 하늘과 바다는 용이 지배한다고 생각했다.

용의 이미지는 시대의 흐름에 따라 윤색되기도 하고 다른 요소들이 덧붙여지기도 하면서 많은 신앙을 파생시켰으며 모든 동물 가운데 최고의 존재로 확립되었다.[778]

한편 용은 우주 질서의 관장자일 뿐만 아니라 정치권력과 결부되어 왕의 상징으로도 사용되었다. 하늘의 용신(龍神)으로 바다의 용왕(龍王)으로 신격화된 용은 『삼국유사』 속에서도 다양한 모습으로 등장하고 있다.[779]

하늘과 연관 지어 건국 설화에서 권위를 상징하는 존재로 「기이1」 〈북부여〉 조에 천제가 다섯 마리 용이 끄는 수레를 타고 왔다는 기록이 있으며 왕의 탄생 설화와 관련하여 〈신라시조 혁거세왕〉 조와 「흥법3」 〈법왕금살〉 조의 예가 있다.[780]

---

778 이장혁, 「불교 경전에 나타난 용의 상징성 연구」, 위덕대학교 석사학위논문, 2008, p.27.

779 『삼국유사』에는 계룡(鷄龍), 적룡(赤龍), 해룡(海龍), 황룡(黃龍), 어룡(魚龍), 독룡(毒龍), 청룡(靑龍), 교룡(蛟龍) 등 다양한 용들이 등장한다.

건국 신화에서 왕의 출생을 상징하던 용의 성격은 불교에서 호법(護法), 호국룡(護國龍)의 모습으로 바뀌기도 하였다.

「탑상4」〈황룡사 구층탑〉 조에 황룡사 호법룡[781]의 기록이 있으며 같은 「탑상4」에는 여러 조에 걸쳐 불탑의 조성과 관련된 호법룡이 등장하는데[782] 「의해5」〈자장정률〉[783]과 〈원효불기〉 조[784], 「감통7」〈선도성모 수희불사〉 조[785]도 같은 예이다.

특히 「탑상4」〈어산불영〉 조에서 독룡은 기상이변과 재앙의 이미지로 그려지고 있는데 다섯 명의 나찰녀(羅刹女)와 독룡으로 인해 천재지변이 계속되었으나 붓다의 설법을 듣고 불교의 오계를 지켜 해결되었다는 내용을 담고 있다.[786]

또한 용이 벽사(辟邪)의 의미로 사용된 예로 「기이2」〈처용랑 망해사〉 조를 들 수 있다.[787] 「기이2」〈만파식적〉 조에서는 왕이 죽어 나라를 지키는 용이 되고[788] 죽은 왕 또한 용이 되어 왜구로부터 백성을 지켜 준다고 믿기도 하였다.[789]

---

780 「흥법3」〈법왕금살〉, "… 武王是貧母 與池龍 通交而所生…"

781 「탑상4」〈황룡사 구층탑〉, "神曰, 皇龍寺護法龍 是吾長子 受梵王之命 來護是寺…成九層塔於寺中…"

782 「탑상4」〈전후소장사리〉, "寺有龍王堂 頗多靈異 乃當時隨經 而來止者也 至今猶存…況是神龍穩一場…: 〈낙산이대성 관음정취조신〉, "東海龍亦獻 如意寶珠一顆": 〈가선불연좌석〉, "…築新宮於月城東 有皇龍現其地."

783 「의해5」〈자장정률〉, "并大和龍所獻木鴨枕 與釋尊由衣等 合在通度寺."

784 「의해5」〈원효불기〉, "…亦因海龍之誘 承詔於路上 撰三昧經疏…"

785 「감통7」〈선도성모수희불사〉, "本朝屈弗池龍 託夢於帝請於靈鷲山 長開藥師道場…"

786 「탑상4」〈어산불영〉, "…萬魚山有五羅刹女 往來交通 故時降電雨 歷四年 五穀不成 王呪禁不能 稽首請佛說法 然後羅刹女受五戒 而無後害."

787 「기이2」〈처용랑 망해사〉, "…因此 國人門帖處容之形 以僻邪進慶…"

788 「기이2」〈만파식적〉, "聖考今爲海龍 鎭護三韓."

789 「기이2」〈문무왕 법민〉, "朕身後願爲護國大龍 崇奉佛法 守護邦家 (法師曰) 龍爲

이처럼 상상 속 동물인 용은 민간 신앙과 불교를 망라하여 범접할 수 없는 경외의 대상으로 고대 한국인의 생활 전반에 영향을 끼친 존재였다.

② 말

말은 「기이1」 〈위만조선〉[790] 조와 〈내물왕 김제상〉 조와 같이 대부분 이동 수단으로서 수록되어 있다.[791] 「기이1」 〈태종춘추공〉 조에 제물로서 말이 수록되어 있고[792] 신이한 사례로서 말은 「기이1」 〈고구려〉 조 주몽의 탄생 설화에서 소와 말이 모두 버려진 알을 피해 다녔고 말이 젓을 먹여 키웠다[793]는 내용을 들 수 있다.

③ 소

소의 경우 「감통7」 〈욱면비염불서승〉 조에서 축생도에 떨어져 부석사(浮石寺)의 소가 되었다가 불경을 등에 싣게 된 공덕으로 아간 귀진의 집 여종인 욱면으로 태어났다[794]는 내용과 「의해4」 〈원효불기〉 조에서 경전의 집필이 소달구지에서 이뤄졌다는 내용에서 보듯 소는 다른 동

畜報何…"

790 「기이1」 〈위만조선〉, "天子爲兩將軍未有利 乃使衛山 因兵威往諭右渠 右渠請降遣太子獻馬."

791 「기이1」 〈위만조선〉, 〈미추왕죽엽군〉, 〈내물왕 김제상〉, 〈신라시조 혁거세왕〉, 「기이2」 〈김부대왕〉, 〈후백제견훤〉, 〈가락국기〉, 「탑상4」 〈삼소관음중생사〉, 〈민장사〉, 「의해5」 〈원광서학〉, 「감통7」 〈김현감호〉에 수록되어 있다.

792 「기이1」 〈태종춘추공〉, "王親統大兵, 幸熊津城, 會假王扶餘隆作壇, 刑白馬而盟, 先祀天神及 山川之靈."

793 「기이1」 〈고구려〉, "又棄之路 牛馬避之…棄欄則馬乳 而得不死"

794 「감통7」 〈욱면비염불서승〉, "…彼勞力中知事者 不獲戒 墮畜生道 爲浮石寺牛 嘗馱經而行 賴經力 轉爲阿干貴珍家婢 名郁面"

물에 비해 불교와의 관련성이 적지 않다.[795]

④ 돼지

「기이1」〈고구려〉조에서 돼지는 주몽이 든 알을 말과 함께 피해 다니고 부여왕 설화에서는 돼지가 아기인 부여왕(동명왕)에 입김을 불어넣어 살렸다는 내용이 수록되어 있다.[796] 돼지는 하늘에 바치는 신성한 제물로 이를 위해 돼지만을 전담해 키우는 관리가 있었을 정도로 수도와 왕비를 점지하는 신의 뜻을 전달하는 존재로도 인식되었던 것으로 보인다.[797]

⑤ 개

돼지나 말과 마찬가지로 『삼국유사』에서 개의 존재는 크게 부각되지 않는다. 「기이1」〈고구려〉조에 금와왕이 주몽이 든 알을 버려 개와 돼지에게 주었지만 모두 먹지 않았다.[798]는 내용이 수록되어 있을 뿐이다. 다만 「의해5」〈원광서학〉에 육재일(六齋日)과 봄, 여름에는 생물을 죽이지 않는 등 시기를 가리며 말, 소, 닭, 개 등은 죽이지 않아야 한다고 적고 있어[799] 개는 살생하지 않아야 할 대표적 동물로 인식하고 있었음을 알 수 있다.

---

795 「의해4」〈원효불기〉, "撰三昧經疏, 置筆硯於牛之兩角上, 因謂之角乘. 亦表本始二覺之微旨也.

796 「기이1」〈고구려〉, "大五升許 王棄之與犬猪 皆不食……謂爲不祥 捐圈則猪噓 …"

797 김종대, 「돼지를 둘러싼 민속상징, 긍정과 부정의 모습」, 『중앙민속학』 30, 2008, p.63.

798 「기이1」〈고구려〉, "大五升許 王棄之與犬猪 皆不食"

799 「의해5」〈원광서학〉, "光日 …今有世俗五戒…五日殺生有擇 若等行之無忽…所謂殺生有擇 特未曉也. 光日 六齋日春夏月不殺 是擇時也. 不殺使畜 謂馬牛雞犬…"

⑥ 호랑이

호랑이는 「기이1」 〈고조선〉 조에 첫 등장하는데 신령스러운 동물로서의 호랑이는 「기이2」 〈후백제 견훤〉 에 등장한다.[800]

비슷한 예로 「흥법3」 〈아도기라〉 조에 담시를 해하기 위해 북쪽 동산에서 기르던 호랑이에게 물게 하였으나 호랑이도 가까이 가려 하지 않았다는 내용이 수록되어 있다.'[801]

호랑이는 전통적으로 벽사와 길상의 의미가 강한 동물이다. 호랑이의 이미지는 신화 속의 친숙함에서 역사 시기로 접어들면서 맹수의 대표로 등장하고 있다.[802] 이후 불교 수용기에는 「의해5」 〈김현감호〉 의 예처럼 부부가 되기도 하고 희생도 하는 존재로까지 그려지고 있음을 볼 수 있다.[803]

2) 식물의 분류와 특성

(1) 식물 수록의 분류적 특성

① 편목별 특성

가장 많은 식물이 수록된 편목은 「탑상4」이다. 동물의 경우 「기이1」과 「기이2」에 수록된 동물이 가장 많았던 반면 식물은 〈표 3〉 에서 보듯 「기이1」, 「기이2」는 물론 상대적으로 「탑상4」와 「의해5」에 식물이

800 「기이1」 〈후백제 견훤〉, "初萱生孺褓時 父耕于野 母餉之 以兒置于林下 虎來乳之."

801 「흥법3」 〈아도기라〉, "太平之末 始方知曇將化時至 乃以元會之日 忽杖錫到宮門 曇聞令斬之 屢不傷曇自斬之 亦無傷 飼北園所養虎 亦不敢近."

802 이의강, 「佛教의 動物에 대한 認識과 그 形象 - 『三國遺事』 所載 動物을 중심으로 -」, 『동방한문학』 62, 2015, p.23.

803 「의해5」 〈김현감호〉, "詳觀事之終始, 感人於旋遶佛寺中, 天唱徵惡, 以自代之, 傳神方以救人, 置精廬講佛戒, 非徒獸之性仁者也. 蓋大聖應物之多方, 感現公之能致精於旋遶, 欲報冥益耳, 宜其當時能受禧佑乎."

집중적으로 수록되어 있음을 볼 수 있다.

물론 「기이1」, 「기이2」와 「탑상4」의 많은 조목 수가 동식물의 수록 사례가 많을 조건이 되긴 하나 식물이 유독 「탑상4」와 「의해5」에 집중된 것은 불탑의 조성과 승려들과 관련된 내용들이 주로 다뤄지면서 민간 신앙적 요소보다는 불교와 관련해 연꽃과 경전에 수록된 식물 등이 수록된 것에서 요인을 찾을 수 있다.

〈표 3〉 편목별 식물 수록

편목명	수록 종 수[804]
기이1	10
기이2	17
흥법3	6
탑상4	23
의해5	16
신주6	6
감통7	9
피은8	8
효선9	2

② 조목별 특징

『삼국유사』에는 천화를 포함하여 55종의 식물이 수록되어 있는데 최다 조목에 걸쳐 수록된 식물은 벼와 갱미(粳米)를 포함한 쌀(13조목)[805]

804 「기이2」, 「탑상4」, 「의해5」, 「피은8」에 수록된 연꽃, 수련, 청련은 생물학적으로 다른 종이므로 별도 산정하였다.

805 「기이1」 〈太宗春秋公〉, 「기이2」 〈孝昭王代 竹旨郎〉, 〈聖德王〉, 〈惠恭王〉, 「탑상4」 〈靈妙寺丈六〉, 〈三所觀音衆生寺〉, 〈洛山 二大聖 觀音 正趣 調信〉, 〈伯嚴寺 石塔 舍利〉, 「의해5」 〈眞表傳簡〉, 〈關東楓岳鉢淵藪石記〉, 「효선9」 〈眞定師孝善雙美〉, 〈向得舍知 割股供親〉, 〈貧女養母〉

이며 대나무(8조목) 등이다. 연꽃 종류[806]는 연 4조목, 청련 3조목, 청수련 두 조목으로 곡식의 의미로만 수록된 쌀을 제외하면 연꽃의 종류가 『삼국유사』의 최다 수록 식물이라고 할 수 있다. 그리고 국내에서는 자생하지 않는 경전 속의 식물도 다수 수록되어 있다.

〈표 4〉와 같이 수록 식물 가운데 세 조목 이상 수록된 식물은 13종이고 두 조목에 등장하는 식물은 천화를 포함하여 9종으로 한 종만 수록된 조목이 34조목에 이른다.

〈표 4〉 두 조목 이상 수록된 식물

식물명	기이1	기이2	흥법3	탑상4	의해5	신주6	감통7	피은8	효선9	편목계	조목
벼, 쌀	0	0		0	0				0	5	13
대나무	0	0	0	0				0		5	8
소나무	0			0	0		0	0		5	5
띠		0	0	0	0			0		5	5
삼	0			0	0		0			4	4
연		0		0	0			0		4	4
청련				0				0		2	3
잣나무		0	0					0		3	3
복사나무		0			0	0				3	3
칡				0	0		0			3	3
박	0				0					2	3
사라수, 학수				0	0					2	3
차나무		0					0			2	3
청수련				0						1	2
수양버들				0		0				2	2

806 연꽃은 「기이2」〈惠恭王〉, 「탑상4」〈四佛山 掘佛山 萬佛山〉, 「의해5」〈二惠同塵〉, 「피은8」〈惠現求靜〉, 청련은 「탑상4」〈臺山五萬眞身〉, 〈溟州五臺山寶叱徒太子傳記〉, 「피은8」〈緣會逃名文殊岾〉, 청수련은 「탑상4」〈魚山佛影〉, 〈臺山五萬眞身〉에 수록되어 있었다.

식물명	기이1	기이2	흥법3	탑상4	의해5	신주6	감통7	피은8	효선9	편목계	조목
배나무		0			0					2	2
밤나무				0	0					2	2
향나무								0	0	2	2
*천화			0			0				2	2
침향, 가라수				0	0					2	2
보춘화				0						1	2
첨복, 황화수				0						1	2

(2) 주요 식물의 의미적 특성

① 하늘의 꽃, 천화

「흥법3」〈아도기라〉조에 법사가 강연을 하니 때때로 하늘의 꽃이 땅으로 떨어지기도 하였다고 수록하고 있다.[807] 같은 편목〈원종흥법 염촉멸신〉에는 염촉의 순교와 관련하여 꽃비가 떨어졌다는 내용을 본문과 찬가를 통해 담고 있다.[808]

또 「신주6」〈밀본최사〉조에는 향로를 받들어 향을 피우고 주문을 외었더니 잠시 뒤에 오색구름이 그의 머리 위를 돌았고 하늘의 꽃이 흩어져 떨어졌다는 천화 관련 내용이 수록되어 있다.[809]

『비화경』(悲華經) 등 여러 경전에서 천화가 내리는 이유에 대해 설명하고 있으며[810] 고승(高僧)이 강경(講經)할 때 천화가 떨어진다는 사서의

---

807 「흥법3」〈아도기라〉, "俗方質儉 編茅葺屋 住而講演 時或天花落地."

808 「흥법3」〈원종흥법 염촉멸신〉 "天四黯黲 斜景爲之晦明 地六震動 雨花 爲之飄落", "徇義輕生已足驚 天花白乳更多情."

809 「신주6」〈밀본최사〉, "乃奉爐呪香 俄頃五色雲旋遶頂上 天花散落."

810 『비화경』(T3), 0214c, "…向寶月佛，合掌恭敬 而白佛言：『世尊！何因緣故，六種震動，有大光明，雨種種華？』 爾時，彼佛告二菩薩：『善男子！西方去此如一恒河沙等，彼有世界名刪提嵐……是時大悲菩薩在於佛前，右膝著地聽佛授記，彼佛世尊即便微笑，以是因緣令此十方如一佛剎微塵數等諸世界地，六種震動，放大光明，雨種種華，惺悟一切諸菩薩等，亦復示現諸菩薩道…』."

기록이 자주 등장하고 있는데 경전과 사서에서 보이는 천화의 역할은 차이가 없다.

② 연꽃, 수련

『삼국유사』에 수록된 연꽃은 미래를 예측하는 신묘한 개체로서 수행 자체 또는 수행자로 의인화기도 하고 붓다의 진리 곧 불법(佛法)을 투영시키기도 한다.

『삼국유사』에서 전하고자 하는 연꽃의 메시지는 불교적 수행의 방향성에 대해 연꽃의 속성과 비교해 정리해 놓은 '연화십유'(蓮華十喩)[811]의 내용 자체이다.

미래를 예측하는 신묘한 개체로 수록된 예는 「기이2」 〈혜공왕〉 조이며 여기서 연꽃은 불길한 예감과 징후를 암시하는 존재이다.[812]

「기이2」 이후에 수록된 연꽃은 신이한 선지자보다는 불교와의 연관성이 강조되는 양상을 보인다.

수행 자체, 수행자로서 연꽃은 먼저 「탑상4」 〈사불산 굴불산 만불산〉 조이다. 대승사를 창건하여 법화경을 외우는 승려를 맞아 주지로 삼았고 그 승려의 사후 무덤 위에 연꽃이 피어났다는 내용이다.[813] 진리의 본체로서 연꽃으로 볼 수도 있으며 수행자의 궁극을 그린 결정체로 볼 수 있다.

---

811 離諸染汚,不與惡俱, 戒香充滿, 本體清淨, 面相喜怡, 柔軟不澁, 見者皆吉, 開敷具足, 成熟淸淨, 生已有想 등 10개 항목.

812 「기이2」 〈혜공왕〉, "至二年丁未 又天狗墜於東樓南 頭如瓮 尾三尺許 色如烈火 天地亦振…先是宮北厠圊中二莖生 又奉聖寺田中生蓮."

813 「탑상4」 〈사불산 굴불산 만불산〉, "…大乘寺 請比丘亡名 誦蓮經者主寺 洒掃供石香火不 廢號曰亦德山 或曰四佛山比丘 卒旣葬塚上生蓮."

또 수행자로서 두 번째 예는 「탑상4」〈대산오만진신〉 조에서 찾을 수 있는데 여기서 푸른 연꽃은 속세를 떠난 수행, 수행자의 이미지를 투영시키고 있다.[814] 수행자, 수행을 그린 세 번째 예로 「의해5」〈이혜동진〉 조에서의 연꽃을 들 수 있다. 찬미의 글에서 '… 신발 한 짝 남기고 공중에 떠서 어디를 갔는가. 한 쌍의 보배로운 불 속에 핀 연꽃이라.'[815]고 하였는데 수행자의 사후 남겨진 것이 짚신 한 짝이며 '불 속의 연꽃'이라는 내용 속에는 소욕지족과 처염상정의 본분을 알았던 수행자들의 모습을 떠올려 볼 수 있다.

불법을 외호하는 존재로서의 연꽃(청련)은 「피은8」〈연회도명 문수점〉 조의 연꽃(청련)을 들 수 있다. 고승 연회가 항상 『법화경』을 읽어 보현보살의 관행법(觀行法)을 닦았고 뜰의 연못에는 늘 연꽃 두세 송이가 피어 사시사철 시들지 않았다는 부분인데 이 대목은 붓다의 첫 설법지의 이미지를 떠올릴 수 있다.[816] 붓다가 『법화경』을 설한 장소가 바로 영축산이며 보현보살의 관행법은 곧 『법화경』과 관련된 수행법이기 때문이다.

「피은8」〈혜현구정〉 조에서는 연꽃이 붓다의 법 또는 진리에 비유되고 있다. 찬가에서 '…세속의 역사에 이름을 오래도록 남겼으니 죽어서도 붉은 연꽃처럼 혀는 향기로웠다네.'라는 내용을 전한다.[817]

혜현은 생전 기도하여 복을 청하면 붓다의 영험한 감응이 많아 따르

814 「탑상4」〈대산오만진신〉, "二太子到山中 靑蓮忽開地上 兄太子結庵而止住…向東北 行六百餘步 北臺南麓 亦有靑蓮開處 弟太子孝明 又結庵而止 各懃修業."

815 「의해5」〈이혜동진〉, "讃曰 草原縱獵床頭臥 酒肆狂歌井底眠 隻履浮空何處 去一雙 珍重火中蓮"

816 「피은8」〈연회도명 문수점〉, "高僧緣會 嘗隱居靈鷲 每讀蓮經 修普賢觀行 庭池常有蓮數朶 四時不萎"

817 「피은8」〈혜현구정〉, "釋惠現百濟人…讃曰…靑史名流遠火後 紅蓮舌帶芳."

는 자가 많았다고 서술된 점으로 미루어 붉은 연꽃은 곧 혜현이 전한 부처님의 법이라는 것을 알 수 있다.

③ 대나무

『삼국유사』에서 대나무가 수록된 조목은 8개 조목이며 벼(쌀) 그리고 연꽃(수련)에 이어 많은 조목에 수록되어 있다. 줄기가 곧게 뻗어나며 마디가 뚜렷한 대나무는 역사와 문화 속에서 우직함과 충정, 지조의 상징이었다. 절개와 청정심으로 천지의 도를 행할 군자가 본받을 품성을 지녔다 하여 선인들로부터 사랑받는 존재였으며 『삼국유사』도 이러한 관점에서 크게 벗어나지 않는다.

먼저 「기이1」 〈미추왕과 죽엽군〉 조에 대나무 잎을 귀에 꽂은 군사들의 도움을 받아 힘을 합쳐 이서국(伊西國)을 물리쳤는데 선왕인 미추왕의 음덕이었음을 알게 되었다고 적고 있다. 적을 물리치고자 하는 선왕의 염원이 대나무라는 존재를 통해 발현되었다는 것은 대나무가 영적 세계와의 통로라는 의미이기도 하며 충정의 이미지로도 그려져 있다고 할 수 있다. 신라인들에게 대나무는 그들의 의협심과 단결심을 투영시킨 존재였음을 알 수 있다.[818]

「기이2」 〈만파식적〉 조에 수록된 대나무는 평화와 안식 그리고 단결의 의미를 전한다. 신문왕이 이견대(利見臺)에 행차하여 그 산을 바라보니 그 모습이 마치 거북이 머리 같았고 그 위에는 한 줄기의 대나무가 있었으며 낮에는 둘이 되었다가 밤에는 하나로 합해졌다.

---

818 「기이1」 〈미추왕과 죽엽군〉, "第十四儒理王代 伊西國人 來攻金城 我大擧禦久不能抗 忽有異兵來助 皆珥竹葉 與我軍并力 擊賊破之 軍退後 不知所歸 但見竹葉積於 未鄒陵前 乃知先王陰騭有功 因呼竹現陵."

그리고 왕이 용에게 그 연유를 묻자 용은 그 대나무도 서로 합해진 후 소리가 난다는 것을 알려주며 피리를 만들어서 불면 천하가 평화로워질 것임을 알려준다.[819]

'둘이 합쳐져야 소리를 내는 대나무'는 문무대왕이 이룬 통일된 신라 사회를 이끌어갈 국민적 합심과 평화가 절실하였던 시기에 필요한 화합과 조화의 정치, 민의를 살피는 정치 등 바른 정치의 이념이 투영된 것으로 볼 수 있다. 그리고 하늘이 그러한 신물을 내려 통일된 신라를 외호하고 있다는 자부심을 표현한 것이기도 할 것이다.

곧은 심성과 절개의 상징은 「기이2」 〈48대 경문대왕〉 조에 당나귀 귀를 가진 왕의 비밀을 죽는 순간까지 간직하려는 복두장의 이야기인데 아무도 없는 대밭에 들어가서야 자신만의 비밀을 털어놓았다는 점에서 대쪽 같은 복두쟁이의 성정과 대밭의 이미지가 중첩된다.[820]

또 「흥법3」 〈원종흥법 염촉멸신〉 조에서 염촉의 곧은 성정에 대해 '죽백같은 곧은 자질'이라고 묘사한다거나[821] 「피은8」 〈물계자〉 조에서 물계자가 대나무의 곧은 성질이 병이 되는 현실을 슬퍼하면서 숨어 다시는 세상에 나타나지 않았다는 내용에서도 찾을 수 있다.[822]

④ 경전에 수록된 식물

「탑상4」, 「의해5」 등에 수록된 식물이 특정한 목적과 의도를 내포한

819 「기이2」 〈만파식적〉, "駕幸利見臺 望其山 遣使審之 山勢如龜頭 上有一竿竹 晝爲二 夜合一…問曰 此山與竹 或判或合如何 龍曰比如一手拍之無聲二手拍則有聲 此竹之爲物 合之然後有聲 聖王以聲理天下之瑞也 王取此竹 作笛吹之天下和平."

820 「기이2」 〈48대 경문대왕〉, "入道林寺竹林中無人處 向竹唱云 吾君耳如驢耳其後風 吹則竹聲云 吾君耳 如驢耳 王惡之 乃伐竹而植山茱萸."

821 「흥법3」 〈원종흥법 염촉멸신〉, "挺竹栢而爲質 抱水鏡而爲志 積善曾孫."

822 「피은8」 〈물계자〉, "悲竹樹之性病…扣琴制曲 隱居不復現世."

예는 불교와의 관련성에서 찾을 수 있다. 전법이라는 특수한 목적을 내포한 위 두 편목에 수록된 외국의 식물 즉 경전에서 볼 수 있는 식물 5종에 대해 그 수록의 면면을 살펴보고자 한다.

Ⓐ 침향(沈香, 침단목)[823]

침향은 천화의 하나로 향공양의 대상으로 경전에 자주 등장한다. 인도가 원산지인 향나무이며 불교용품을 만드는 데 많이 이용하는데 일상에서도 차와 선향, 합장주로 익숙한 식물이다. 「탑상4」 〈사불산 굴불산 만불산〉 조[824]와 「의해5」 〈진표전간〉 조[825]에 수록되어 있다.

「탑상4」 〈사불산 굴불산 만불산〉 조에는 당나라 대종황제(代宗皇帝)에게 바칠 모형 산인 만불산이 등장하는데 근간을 이루는 중심 구조물을 침단목으로 하였음을 볼 수 있다.

「의해5」 〈진표전간〉 조에서는 미륵보살이 『점찰경』(占察經) 두 권과 함께 준 간자(簡子) 가운데 미륵의 손가락뼈로 만든 두 개의 간자를 제외한 나머지를 모두 침단목으로 만들었다고 하였으니 침향(침단목)의 가치와 위상을 짐작할 수 있다.[826]

Ⓑ 망고(菴羅)[827]

망고는 「탑상4」 〈사불산 굴불산 만불산〉 조 만불산의 묘사 중 등장

823 학명은 *Aquilaria agallocha*(팥꽃나무과)이며 aloeswood, agilawood라 부른다.
824 「탑상4」 〈사불산굴불산만불산〉, "王又聞唐代宗皇帝優崇釋氏 命工作五色氍毹 又彫沈檀木 與明珠美玉 爲假山…"
825 「탑상4」 〈진표전간〉, "餘皆沈檀木造…"
826 국사편찬위원회 우리역사넷. http://contents.history.go.kr.
827 망고의 학명은 *Mangifera indica*이며 옻나무과의 식물이다.

한다.[828] 만불산은 침단목 조각 위에 …망고와 첨복꽃, 꽃과 과일로 장엄하게 꾸민다고 묘사하고 있다. 망고는 불교의 대표적 학림수이며 경전에는 '암라(菴羅)'라고 수록되어 있다.

Ⓒ 첨복화(薝葍花)[829]

첨복은 「탑상4」 〈사불산 굴불산 만불산〉조 만불산의 묘사 중 망고 등과 함께 등장한다.[830] 첨복이란 campaka의 음사이며 황화수(黃華樹), 금색화수(金色華樹)라고도 부른다. 두 번째로 첨복이 수록된 조목은 「탑상4」 〈어산불영〉 조이며 부처님이 고선산(古仙山)의 첨복화림(薝葍花林) 독룡의 옆이며 나찰혈(羅刹穴) 가운데 있는 아나사산(阿那斯山) 남쪽에 이르셨다는 대목에 수록되어 있다.[831]

Ⓓ 사라수(鶴樹, 沙羅樹)[832]

사라수는 「탑상4」 〈전후소장사리〉 조에 '학수'(鶴樹)라는 이름으로 수록되어 있다. 부처님 열반에 드신 지 이천 년인데 동방으로 전해오니 진실로 축하할 일이며 우리나라와 인도가 한 세상이 되었다는 대목에서 붓다의 초전설법은 '녹원'으로, 열반은 '학수' 즉 열반수인 사라수로 의미 치환하고 있다.[833]

---

828 「탑상4」 〈사불산굴불산만불산〉, "更鏤金玉爲流蘇幡蓋 菴羅 薝葍花果 莊嚴…"
829 첨복의 학명은 *Magnolia champaca*이며 목련과의 식물이다.
830 「탑상4」 〈사불산굴불산만불산〉, "更鏤金玉爲流蘇幡蓋 菴羅 薝葍花果 莊嚴…"
831 「탑상4」 〈어산불영〉, "佛到 耶乾訶羅國 古仙山 薝葍花林 毒龍之側…"
832 사라수의 학명은 *Shorea robusta*이며 이엽시과(二葉柿科)의 식물이다. 현재도 인도 수목 중 14%를 점할 정도로 흔한 수종이다.
833 「탑상4」 〈전후소장사리〉, "讚曰 華月夷風尙隔烟 鹿園鶴樹二千年. 流傳海外眞堪賀 東震西乾共一天."

사라수의 꽃은 크고 단단한 나무에 유백색의 잔잔한 꽃들이 무수히 달려 있어 마치 학들이 나무 위에 군집한 것처럼 보일 수 있다.

또한 사라수는 「의해5」의 〈사복불언〉 조에도 석가모니 부처님께서 사라수(娑羅樹) 사이에서 열반에 드셨다는 내용의 게송 속에 수록되어 있다.[834]

마지막으로 「의해5」 〈원효불기〉 조에 원효의 탄생수로 사라수가 수록되어 있는데 사라수가 국내에서 자생하지 못하는 나무임에도 불구하고 열반이라는 대승의 궁극점으로 묘사된 사라수의 명칭을 사용한 것은 사라수의 상징성에 비추어볼 때 〈원효불기〉 조에 수록된 사라수의 실체 역시 원효라는 훌륭한 인물의 탄생이었기 때문에 붓다의 열반수를 차용한 명칭이었으리라는 추측이 가능하다.[835]

Ⓔ 패협(패엽, 패다라수)[836]

패엽은 신라 승려로서 인도에까지 이른 아리나발마(阿離那跋摩)와 또 다른 구법승들에 대한 기록인 「의해5」 〈귀축제사〉 조에 수록되어 있다.[837] 나란타사(那爛陀寺)에 머물며 율장과 논장을 많이 열람하고 패협(貝莢)에 베껴 썼다고 수록하고 있는데 동 내용처럼 패협은 경전을 새겨

834 「의해5」 〈사복불언〉, "福乃作偈曰 往昔釋迦牟尼佛 娑羅樹間入涅槃"

835 「의해5」 〈원효불기〉, "佛地村北 栗谷娑羅樹下, …忽分産 而倉皇不能歸家 且以夫衣掛樹 而寢處其中 因號樹曰 娑羅樹."
너무 급해서 집에 가지 못하고 남편의 옷을 나무에 걸고 그 속에 누워 아기를 낳았기 때문에 사라수라고 한다는 설명이 있지만 사라수는 국내에서 자생할 수 없는 나무여서 경전 속에 수록된 붓다의 열반수인 사라수일 가능성은 크지 않다.

836 민태영, 『마음을 밝히는 붓다의 식물 108가지』, 운주사, 2014, pp.82-85, "학명은 *Borassus flabellifer*이며 (야자과)의 식물로 palmyra palm이라 부른다. 패엽경의 원료가 되는 나무는 이 나무 외에도 Gebang palm(*Corypha utan*)이 있다."

837 「의해5」 〈귀축제사〉, "多閱律論 抄寫貝莢…"

넣었다는 패엽경의 재료인 야자수의 잎을 말한다. 한역명은 다라수(多羅樹)이다.

4. 동식물 수록과 불교

민속신앙에서 불교로 변화해 가면서 고대 한국인들의 생명 인식, 자연에 대한 관념 등도 변화하며 구체화 되었는데 자신의 과보에 의해 자신의 존재가 결정된다는 윤리적, 도덕적 자각을 촉구하면서 샤머니즘 대신 불교적 윤리관이 자리하게 되었다.[838] 불교의 생명관에 따라 연기와 업의 논리하에 모두가 동등한 생명체라는 결론에 이르게 되었고 여기에 불살생의 논리까지 더해지면서 실천 방안까지 마련하기에 이른다. 본 장에서는 이러한 의식의 변화를 바탕으로 동식물의 역할과의 관련성에 대해 정리하고자 한다.

1) 동물 수록과 불교

『삼국유사』에서 축생과 인간 그리고 천신들은 등가의 생명의 가치를 가진다. 그 대표적 사례가 수록 동물의 상당 부분을 차지하고 있는 용의 존재일 것이다.

생명 중시 및 수평적 생명관은 『삼국유사』에서 인간은 인과응보에 따라 축생, 천신으로 윤회하거나 원귀가 되어 한을 풀기도 한다. 심지어 자유롭게 축생과도 사통할 수도 있었다.

838 윤종갑, 「신라불교의 신체관과 영혼관-『삼국유사』와 『삼국사기』를 중심으로-」, 『한국철학논집』 15, 2004, p.290.

불교가 도입되어 통일기에 이르기까지 불교의 근본이념이 이어져 온 예는 『삼국유사』 곳곳에서 발견할 수 있다.

먼저 「의해5」 〈자장정률〉 조에 의하면 자장은 그의 아버지가 삼보에 귀의하여 천부관음(千部觀音)에게 나아가 아들 하나 낳기를 바라며 축원하여 태어나게 되었다.[839]

생사의 관장자가 천신이 아닌 관음보살이라는 점은 동시기에 이미 불교적 생사관 내지 생명관이 깊숙이 자리잡고 있음을 알 수 있다.

자장대사가 활동을 한 법흥왕과 진평왕 시기는 통일신라 이전 불교 수용이 활발히 진행되던 시기이다. 그 시기에 이미 생명 존중 사상, 정법을 위한 순교, 살생 금지, 육식에 대한 경계 등 불교적 생명관이 자리를 잡기 시작했던 것으로 보이는 사례는 아래와 같다.

「흥법3」 〈원종흥법 염촉멸신〉 조에서 법흥왕은 염촉의 순교를 반대하면서 생명의 중요성에 있어서 인간과 축생이 차이가 없다는 평등적 생명관을 제시하고 있다. 이에 염촉은 모든 버리기 어려운 것들 가운데도 생명보다 더한 것은 없다는 말로 '생명의 소중함'을 말하면서도 불법을 향한 희생을 보살행으로 여기고 있다.[840]

「의해5」 〈이혜동진〉 조에 승려 혜숙(惠宿)이 국선 구담공(瞿旵公)에게 살육과 살생은 불가하다는 점과 육식 역시 어진 행동이 아니라는 것을 공에게 전하고자 자신의 살을 직접 베는 모습까지 보임으로서 살생하지 않는다거나 육식을 부정하는 불교적 사유를 보여주고 있음을 알 수 있다.[841]

---

839 「의해5」 〈자장정률〉, "乃歸心三寶 造于千部觀音 希生…"

840 「흥법3」 〈원종흥법 염촉멸신〉, "王日 …何殺無罪 汝雖作功德 不如避罪 舍人日 一切難捨 不過身命 然小臣夕死 大敎朝行 佛日再中 聖主長安…"

841 「의해5」 〈이혜동진〉, "始吾謂公仁人也 能恕己通物也 故從之爾 今察公所好 唯殺

「신주6」〈혜통항룡〉조는 승려 혜통이 출가 전 죽인 수달의 뼈가 자신의 굴 속으로 돌아가서 다섯 마리의 새끼를 안고 웅크리고 있는 모습을 보고 속세를 버리고 출가하여 이름을 혜통으로 바꾸었다는 내용으로 살생의 무거움 그리고 참회라는 불교적 생명 인식을 보여주고 있다.[842]

「홍법3」〈법왕금살〉조에서 백제29대 법왕(재위, 599~600)은 원년에 살생을 금하는 법을 발표하여 사냥에 쓰던 매와 새매를 놓아주고 고기 잡는 도구도 거두어 태워버렸다고 적고 있다.[843]

그리고 200년이 지난 신라 애장왕(재위, 800~809)때 사문 정수는 길가에 얼어 죽게 된 거지 여인의 아이를 구한 공덕으로 국사로 임명되었다[844]고 하였으니 불교의 도입 이후 전쟁과 통일기 그리고 후대에 이르기까지 생명 존중의 사상이 삶 속에 깊이 자리하고 있었음을 알 수 있다.

또「탑상4」〈대산월정사오류성중〉조에서 고기를 구하러 다닌 신효거사에게 학으로 나타나 인간과 짐승이 서로 다르지 않다는 점을 일깨워준 내용도 불교적 불살생관을 전하는 대목이다.[845]

한편「기이2」〈문무왕법민〉조에서 문무대왕은 동해 가운데 큰 바위

戮之耽篤 害彼自養 而已豈仁人君子之所爲 非吾徒也."

842 「신주6」〈혜통항룡〉, "一日遊舍東溪上 捕一獺屠之 棄骨園中 詰旦亡其骨 跡血尋之 骨還舊穴 抱五兒而蹲 郎望見 驚異久之 感嘆躕躇 便棄俗出家."

843 「홍법3」〈법왕금살〉, "百濟第二十九主 法王諱宣 或云孝順 開皇十九年己未即位是 年冬下 詔禁殺生 放民家所養鷹鸇之類 焚漁獵之具 一切禁止."

844 「감통7」〈정수사구빙녀〉, "第四十哀莊王代 有沙門正秀 …有一乞女産兒 凍臥濱死 師見而憫之 就抱良久氣蘇 乃脫衣以覆之 裸走本寺…皇龍寺沙門 正秀 宜封王師 急使人檢之 具事升聞 上備威儀 迎入大內 册爲國師."

845 「탑상4」〈대산월정사오류성중〉, "家在公州 養母純孝 母非肉不食 士求肉 出行山野 路見五鶴射之 有一鶴落一羽而去 士執其羽 遮眼而見人 人皆是畜生."

위에 장사하라고 유언하였다. 왕이 평상시에 지의법사에게 말하기를 "내가 죽은 뒤에는 원컨대 나라를 수호하는 큰 용이 되어 불교를 떠받들고 국가를 보위하리라"라고 하였다.[846]

문무왕이 용왕으로 서원 왕생한다는 것으로 국민들을 보호하기 위해 능동적인 인과응보를 선택하는 모습을 보여주는 사례로 불교의 생명관을 수용하기만 한 것이 아니라 적극적으로 현실의 삶에 적용했음을 볼 수 있다.

그리고 「감통7」 〈욱면비염불서승〉에서는 전생에 부석사의 소로 경전을 싣고 다닌 바 있던 공덕으로 사람으로 환생한 욱면비의 이야기가 있으며[847] 「감통7」 〈김현감호〉 조에서 원성왕대 김현은 호랑이와 사통하는 예도 보인다.[848]

공을 쌓은 소의 환생이나 축생과의 사통이라는 설정은 윤회라는 불교의 대원칙하에 축생과 인간의 생명을 등가로 여기고 있었음을 알 수 있다.

생명을 경시한 것이 아니라 인과응보에 기인한 윤회사상을 발전시켜 생명을 중시하면서도 생명의 시간성과 가치를 부여하여 더 나은 윤회를 위한 죽음이 가능하도록 그 근거를 자연스럽게 마련해가고 있다는 것을 보여준 사례라고 하겠다.[849]

삼국 간의 전쟁 시기에 호국불교라는 이름으로 불교의 생명관에 변

846 「기이2」 〈문무왕법민〉, "大王御國二十一年 以永隆二年辛巳崩 遺詔葬於東海中大巖上 王平時常謂智 義法師日 朕身後願爲 護國大龍 崇奉佛法 守護邦家."

847 「감통7」 〈욱면비염불서승〉, "一勞力 一精修 彼勞力中知事者 不獲戒 墮畜生道 爲浮石寺牛 嘗馱經而行 賴經力 轉爲阿干貴珍家婢 名郁面."

848 「감통7」 〈김현감호〉, "念佛隨遶 相感而目送之 遶畢 引入屏處通焉."

849 하도겸, 「『삼국유사』에 반영된 신라불교의 생명관」, 『한국사학사학보』28, 2013, p.5.

용의 가능성도 없지 않았으나 일련의 내용들을 통해 생명 존중이라는 불교의 가치관은 변함없이 이어져 오고 있음을 볼 수 있다.

2) 식물 수록과 불교

『삼국유사』에 수록된 식물의 면면 또한 불교와의 관련성이 적지 않다. 동물의 사례에서와 마찬가지로 여러 조목에서 불교의 발상지와 신라를 하나의 불국토로 연결 짓고자 하는 의도가 엿보이고 있었으며 다양한 의미를 함축하고 있는 식물은 인간과 동등하거나 그 이상의 능력을 지닌 무언의 메시지 전달자로서 여겨지고 있었다.

『삼국유사』에서의 자연은 불교라는 핵심 용어를 통해 삼국 시대 사람들과 끊임없는 의사소통을 해왔다.[850]

다양한 조목의 여러 동물을 통해 불교의 교학과 수용의 역사를 볼 수 있다면 식물에서는 이러한 사례가 연꽃으로 거의 집중되어 있음을 볼 수 있다.

대나무나 소나무, 향나무 등 우리나라에서 흔히 볼 수 있는 나무들이 승려들의 법력에 반응하는 신이한 내용이 자주 등장하는 것이 인간을 둘러싼 환경이나 자연물, 초목들이 인간 이상으로 불교적 위신력을 갖추고 있다는 점을 보여주고 있지만 연꽃은 그 자체가 불교이며 불교의 사상, 행의 근본 모두를 의미하는 식물이라는 점에서 연꽃의 존재는 절대적이다.

『삼국유사』의 대나무는 「기이1」 〈미추왕과 죽엽군〉 조에서 신령스러운 힘 또는 그 통로, 평화와 단결의 상징, 신성성을 담은 「기이2」 〈만

850 유호선, 『불교사상의 생태학적 이해』, 동국대학교 출판부, 2006, p.519.

파식적〉 조와 의협심과 절개를 담은 「기이2」 〈48대 경문왕〉 조, 「흥법3」 〈원종흥법 염촉멸신〉 조의 사례 등 인간으로서의 행동과 바른 자세를 의미하기도 하면서 또 그들을 이끌어 가는 요소로서 역할을 한다. 불교 자체보다는 신이함의 대상으로 다수 그려지고 있는데 다만 낙산사의 창건 유래에서 솟은 대나무[851]의 이야기를 담은 「탑상4」 〈낙산이대성 관음정취조신〉의 예에서는 불교적인 신이한 징표로 그려지고 있다.

따라서 대나무와 불교의 관계를 살펴보면 우리나라의 대나무[852]란 「탑상4」 〈남백월이성 노힐부득과 달달박박〉 조에서 거론되었듯[853] 대부분 잣나무 숲과 소나무 숲도 함께 사찰을 찾으면 만나는 존재이다.

붓다의 탄생지에서 대나무[854]는 빠른 성장이 문제가 될 만큼 대나무가 흔하게 숲을 이루는 지역이며 대나무의 서늘한 기운 때문에 설법지로서 최적의 조건을 갖춘 존재이니 불교에서의 대나무는 여기서 의미를 찾을 수 있을 것이다.

소나무는 「의해5」 〈원효불기〉 조의 원효와 관련한 소나무 백 그루의

851 「탑상4」 〈낙산이대성 관음정취조신〉, "… 於座上山頂 雙竹湧生 當其地作殿宜矣 師聞之出崛 果有竹從地湧出 乃作金堂."

852 민태영, 앞의 책, p.76, "한국에는 왕대속(Phyllostachys), 해장죽속(Arundinaria) 및 조릿대속(Sasa)의 3속 15종의 대나무가 자라고 있다."

853 「탑상4」 〈남백월이성 노힐부득과 달달박박〉, "(因投一偈日 日暮千山路 行行絕四隣) 竹松陰轉邃 溪洞響猶新 乞宿非迷路 尊師欲指津, …소나무 대나무 그늘은 더욱 그윽해지고 골짜기 시냇물 소리 오히려 새롭게 들리네. 잠잘 곳 청함은 길 잃어서 아니요. 스님에게 길을 가르쳐 주려 함이네."

854 민태영, 위의 책, p.75. "인도의 대나무는 우리나라의 그것과는 종이 다르다. 우리나라의 왕대는 왕대속의 *Phyllostachys bambusoides*라는 학명의 대나무이지만 인도의 주종인 대나무는 *Bambusa arundinacea*라는 학명을 가진 Indian Thorny Bamboo일 가능성이 높다."

전설과 「의해5」〈진표전간〉조에 진표율사의 사후 무덤에 난 푸른 소나무 등에 등장한다.

소나무의 기존 이미지 즉 군자, 절개, 민족의 기상 등 이미지가 고승의 발자취와 연결하여 그 위대함을 보여주고자 하는 역할을 하여 불교적 신이함의 대상으로 그려지고 있다.

한편 연꽃은 불교와 힌두교를 비롯한 인도 유래의 종교에서 생명의 탄생과 정토(淨土)의 세계를 상징하는 꽃으로 고대 인도 신화에 나타난 '세계연화(世界蓮花)사상'에서도 연꽃은 창조와 생성의 의미를 지닌 꽃으로 인식하였다.[855]

연꽃은 예지자인 신묘한 개체로 수록된 「기이2」〈혜공왕〉(惠恭王)조를 제외하면 「탑상4」편 이후에 집중적으로 수록되어 있었다.

「탑상4」이후 불교, 사찰, 수행승과 관련된 내용들에 집중되어 있다는 의미여서 불교와 연꽃의 관계를 짐작할 수 있으며 신라시대 불교가 민중 속으로 깊이 전파되면서 대표적 상징 요소인 연꽃의 수록 횟수가 증가하는 양상을 보인다는 것을 알 수 있다.

연꽃은 교리, 불교적 수행, 탐 · 진 · 치를 떠나 열반의 경지에 든 모습 등 다양한 양상을 통해 불교 자체로 그려지고 있다.

또한 『삼국유사』에는 경전에 수록된 식물들이 다수 등장하여 불국토로서 신라와 불교의 발상지 인도의 이미지를 일체화시키거나 구법승, 신이승들의 활동상과 함께 전하는 전하고 있는 점도 다른 사서에서 발견할 수 없는 특이점이라고 할 수 있다.

855 민태영, 「佛敎 經典에 나타난 植物 硏究－大乘佛典의 植物觀을 중심으로－」, 동국대 박사학위논문, 2017, p.207.

5. 결론

본론에서는 『삼국유사』에 수록된 동식물의 수록 양상과 그 의미를 탐구하고 불교적 관점에서도 짚어보았다.

동물의 경우는 움직이는 생물체이기 때문에 상호 관계성과 행위가 더 두드러진다. 반면에 식물이라는 존재는 일방의 행위가 가능한 수동적 존재이다. 그러나 동물의 수록 사례에 비해 수동적 요소인 식물이 오히려 범접하기 어려운 절대적인 요소로 묘사된 사례가 더 많았다. 용 이외의 동물들이 대부분 생물로서의 동물의 모습이었다면 식물에 있어서는 연꽃의 종류를 비롯해 대나무, 소나무 등에 신성성과 상징성을 담아내고 있었다는 점에서 동식물의 수록 양상은 다소 차이가 있었다.

『삼국유사』에 수록된 58종의 동물(곤충 6종 포함)은 「기이2」에 가장 많이 수록되어 있었다. 이후 「기이1」, 「탑상4」과 「의해5」의 순이었는데 조목으로는 용이 가장 최다 수록 동물로 용은 34개의 조목에 등장하고 있었다. 용 이외의 동물은 신이한 예이거나 영적인 존재보다는 대부분 생물체로서 동물의 모습으로 수록된 경향을 보였다.

식물은 모두 55종이 수록되어 있었는데 「탑상4」에 가장 많은 식물이 수록되어 있었다. 특이점은 불교에 관한 내용이 집중된 편목에 식물이 집중되어 있다는 점인데 여기에는 불교의 전파 과정에서 불교의 꽃, 경전 속의 식물이 다수 등장한 것이 요인이 되었다.

벼와 쌀이 최다 수록되긴 하였으나 생물체의 의미로만 수록된 사례가 많아 최다 수록 식물은 연꽃과 수련의 종류로 볼 수 있었으며 동물에 비해 몇몇 식물에 집중화되는 경향이 더 두드러졌다.

동식물의 수록과 그 의미를 탐구한 본 연구에서 아쉬운 점은 특정할 수 없는 종의 문제이다. 인문학적으로 특히 불교적 관점에서 생명관을 포함한 자연 인식을 좀 더 면밀하게 살펴보기 위해서 '실체를 알 수 없는' 혹은 '이름을 특정할 수 없는 일반적인' 생물들도 수록 대상에 포함된 연구가 필요하다.

「의해5」〈관동풍악발연수석기〉의 예에서 보듯 율사의 길을 물고기와 자라 등이 나와 육지처럼 이어주는 동일한 역할을 하는데 자라는 수록 동물로 산정할 수 있으나 물고기는 생물종으로서의 어류를 지칭하므로 산정하지 못한 아쉬움이 있었다.

향후 연구의 범위를 확대하여 상징화된 나무, 풀과 꽃, 동물과 물고기 등 또한 포함시키면『삼국유사』에 드러난 동식물의 의미를 좀 더 다양한 관점에서 탐구할 수 있을 것으로 판단된다.

한편 본 연구에서는 실제 동식물이 아님에도 불구하고 수록 요소로 산정한 용과 천화가 있는데 이들의 수록의 범위가 넓고 유의미한 존재여서 함께 정리하였다.

『삼국유사』에서 동식물의 수록에서 공통점은 자연에 대한 경외심 나아가 평등적 사고가 내재되어 있었다는 점이었다.

고대의 자연 숭배와 불교 간 분리와 습합의 경계가 모호하긴 하지만 동물과 식물 모두 신성한 공간, 불법의 수호자, 불교적인 징조와 경험의 대상으로 그려지고 있었다.

연기와 업설에 근거한 동물과 인간 간의 윤회전생, 주변의 초목에도 신성함과 초월적 힘을 부여한 점 모두 모든 존재와의 평등함을 보여주는 사례였다. 그리고 불교가 추구하는 깨달음과 자리이타의 모습이 인간 이외 중생들을 통해 완성된 모습이기도 했다.

『삼국유사』의 동물과 식물의 수록을 통해 발견할 수 있었던 이러한 시선은 그 의미를 확장해 보면 생태와 환경파괴, 자연의 훼손과 이상 기후, 종 다양성의 위기 등 오늘날 현대 사회가 직면한 문제를 해결하는 이론적 토대가 될 수 있다.

왜냐하면 『삼국유사』 속의 시선은 인간뿐 아니라 동식물 등을 망라한 자연물의 생명 활동까지도 모두 포용할 수 있는 친생명적 관점이기 때문이다.

따라서 『삼국유사』에 수록된 동식물의 역할, 나아가 자연 요소에 대한 역할을 탐구하는 과정은 현대의 문제를 해결해 나갈 수 있는 '과거를 통해 보는 미래'가 될 여지가 충분하다.

제3장

육당 최남선의 『삼국유사』 인식과 「삼국유사 해제」

고영섭

1. 문제와 구상

육당 최남선(六堂 崔南善, 1890~1957)[856]은 벽초 홍명희(壁初 洪命憙, 1888~1968)와 춘원 이광수(春園 李光洙, 1892~1950)와 함께 '동경으로 유학 갔던 세 명의 천재' 즉 '동경 삼재'로 널리 알려져 왔다. 또 그는 자학(字學)의 최남선, 작문(作文)의 정인보(1893~1950), 해석(解釋)의 권상로(1879~1965)와 함께 '삼대 석학'으로 불려지기도 했다.[857] 최남선은 우리 문화사에

856 고려대 아세아문제연구소가 편집한 『육당최남선전집』은 현암사(1973~1975)에서 친일 논설을 삭제하여 전15책으로 간행한 이래 역락(2003)에서 전14책으로, 동방문화사(2008)에서 전15책으로 다시 간행하였다.

857 이병주, 「퇴경 권상로 선생과 퇴경당 전서」, 『대중불교』, 남산 대원사, 1990.8, p.77.

서 '판도라의 상자'[858] 또는 근대 해석의 열쇠코드를 가지고 있는 '지식인의 도사공' 혹은 '지식의 거간꾼'[859]으로 평가받을 만큼 당대의 문제적 인물이었다. 그는 상업에 종사했던 중인 계층의 집안 출신으로서 학문적 편견이 비교적 없어서 일찍부터 불교와 유교 뿐만 아니라 서양 문명에 대해서도 손쉽게 접할 수 있었다.

어린 시절부터 고전과 서양문물을 접하였던 최남선은 일본 유학 이전부터 단군에 대한 지식과 인식이 있었던 것으로 보인다.[860] 이후 그는 일본 유학을 통해 우리 역사에 대한 심층적인 인식이 생겨나면서 단군을 재발견하게 되었다. 그 과정에서 최남선은 단군의 천착과 단군의 이야기를 담고 있는 일연의 『삼국유사』에 깊이 몰입하게 되었다.[861] 일연의 『삼국유사』에 대한 최남선의 인식을 망라하고 있는 「삼국유사해제」[862]는 그의 『불함문화론』과 함께 조선사 인식, 조선불교 인식, 단군

858 류시현, 『최남선평전』, 한겨레출판사, 2011.

859 표정옥, 「최남선의 『三國遺事解題』에 나타난 記憶의 문화적 욕망과 신화의 정치적 전략 연구」, 『Comparative Korean Studies』, 21권 3호, 국제비교학회, 2013, p.380.

860 이영화, 「최남선 단군론의 그 전개와 변화」, 『한국사학사학보』 제5집, 한국사학사학회, 2002; 김동환, 「육당 최남선과 大倧教」, 『국학연구』 제10집, 국학연구원, 2005. 대종교는 1909년에 나철에 의해 창시되었고, 최남선이 조선광문회를 시작하면서 접한 대부분의 국학 관련 인물들이 대종교 인사들이었다. 그 중에서도 金教獻과 柳瑾은 그의 정신적 학문적 스승 역할을 했던 인물이며 최남선의 글 속에서도 대종교에 대한 관심과 애착이 있었음을 알 수 있다. 다만 단군 관련 그의 글들은 유학 이전에는 발표되지 않았고 그 이후에 발표되었다.

861 최남선은 단군에 대한 지식과 인식은 『삼국유사』를 만나기 전부터 있었을 것으로 추정된다. 그리고 그는 『삼국유사』의 '고조선' 조목을 통해 단군에 대한 인식을 더욱 심화 확장시킨 것으로 이해된다.

862 최남선 編, 『啓明』 제18호(계명구락부, 1927); 『訂正 三國遺事』, 삼중당, 1944; 『增補 三國遺事』, 삼중당, 1957; 『增補 三國遺事』, 민중서관, 1971; 『三國遺事』, 서문문화사, 1990; 최남선전집간행위원회, 『육당최남선전집』 제8책, 현암사, 1973, pp.9-167(11종 부록 포함).

인식, 가락국 인식, 신라 향가 인식 등 그의 사상적 지형을 보여주는 가장 중요한 글이다. 최남선은 『삼국유사』를 통해 조선인들이 중국인과 일본인에 견주어 보다 뛰어난 문화민족임을 만천하에 선포하기를 열망하였다. 이처럼 일연의 원천 텍스트인 『삼국유사』에 담긴 총체적 의미망을 최남선처럼 기억으로서의 문화적 욕망과 신화로서의 정치적 전략을 적절히 활용한 이는 거의 없었다.

최남선이 우리의 많은 고전 중에서 유독 『삼국유사』에 집중하였던 것은 이 텍스트가 머금고 있는 민족의식과 문화의식 및 단군의 기록과 신화의 원천 때문이었다. 그는 이들 민족의식과 문화의식을 대립의식으로 제고시켰고, 단군의 기록과 각국의 신화를 일제에 맞서는 정치적 전략으로 활용하였다. 최남선의 고대사에 관한 일련의 집필은 일제의 문화정치에 맞서는 전략이었고 민족의식을 고취시키기 위한 전술이었다. 하지만 그 역시 그 전략과 전술에 휘둘린 감이 없지 않았다. 결국 그는 근대주의와 민족주의의 대립구도가 제국주의의 길항구도 속으로 편입되자 친일로 기울어졌고 스스로 친일행위를 정당화하는 입장을 견지하였다.

최남선은 임란 때 일본으로 건너가 토쿠가와(德川) 가문에 보존되다 동경대에서 간행된 『삼국유사』를 유학 시절에 입수하여 국내에 새롭게 소개하였다. 이후 그는 이 텍스트를 통해 단군을 발견하고 민족의식과 문화의식을 재구성하였다. 그리하여 일제의 한반도 강점에 대해 그 특유의 저항의 길로 나아갔다. 이 글에서는 이 텍스트가 그에게 어떤 의미로 존재하였으며 그는 어떤 방식으로 이해하고자 했는지에 대해 구명해 볼 것이다. 선행 연구[863]의 검토 위에서 최남선의 『삼국유사』 인식과 「삼국유사해제」를 분석하면서 이후 여타의 「삼국유사해제」에 미친 영향에 대해 살펴보기로 한다.

2. 일본 유학과 고대사 인식

최남선은 1890년 4월 26일에 서울에서 최헌규(崔獻圭)의 차남으로 태어났다. 중인 집안에서 태어난 최헌규는 관상감(觀象監, 觀象所로 개칭)에서 지리학을 공부하고 지금의 기술고시에 해당하는 잡과(雜科) 중 음양과(陰陽科)에 합격하여 관직에 입문하였다. 이후 그는 관상소에서 대궐이나 능의 터와 형세를 살피는 상지관(相地官)으로 일하였으며 1906년에는 종2품 기사에까지 올랐다. 최헌규는 서울의 을지로 일대에서 중국 상인들과 약재 즉 당초재(唐草材) 무역을 통해 상당한 자산을 모았다. 또 그는 지금의 달력에 해당하는 책력 출판사업을 벌여 서울 시내 곳곳에 80여 채의 가옥과 많은 전답을 소유하였다.[864]

---

863 石智英, 「육당 최남선의 역사인식－고대사 연구를 중심으로－」, 『이대사원』 제27집, 이대사학회, 1994; 김광식, 「최남선의 『조선불교』와 범태평양불교청년회의」, 『새불교운동의 전개』, 도피안사, 2002; 류시현, 「여행과 기행문을 통한 민족·민족사의 재인식: 최남선의 사례를 중심으로」, 『사총』 제64권, 고려대 역사연구소, 2007; 류시현, 「한말·일제시대 최남선의 문명· 문화론」, 『동방학지』 제143호, 연세대 국학연구원, 2008; 박수연, 「문명과 문화의 갈림길－최남선과 김기림을 중심으로－」, 『Comparative Korean Studies』, 16권 2호, 국제비교학회, 2008; 윤승준, 「육당 최남선의 '단군론' 연구」, 『인문학연구』 제37집, 조선대 인문학연구소, 2009; 조남호, 「최남선의 불함문화론」, 『선도문화』 제11권, 국제뇌교육종합대학원 국학연구원, 2011; 김광식, 「최남선의 '조선불교' 정체성 인식」, 『불교와 국가』, 국학자료원, 2013; 표정옥, 「최남선의 『三國遺事解題』에 나타난 記憶의 문화적 욕망과 신화의 정치적 전략 연구」, 『Comparative Korean Studies』, 21권 3호, 국제비교학회, 2013.

864 박진영, 「창립 무렵의 신문관」, 『사이間SAI』 제7호, 2009, pp.12-13; 류시현, 『최남선평전』, 한겨레출판, 2011, p.22.

평소에 최헌규는 아들이 중인 출신으로서 널리 이름이 나 있던 유대치(劉大致, 1814~1884)와 오경석(吳慶錫, 1831~1879)처럼 그의 가문을 빛내줄 것을 크게 기대하고 언제나 격려하였다. 때문에 최남선에게 아버지는 가장 강력한 후원자였다.[865] 그리고 그의 조부는 갑신혁명 운동의 흑막(黑幕) 지도자였던 유대치(劉大致) 선생을 깊이 숭모하였다. 그의 모친은 독서를 좋아하여 책이라면 무엇이고 탐송(耽誦)하였다[866].

최남선은 일찍부터 조부와 모친의 영향 아래 불교에 대한 친연성(親緣性)과 불교 서적들에 대한 향모성(嚮慕性)을 지니며 자랐다. 6~7세경에 그는 한글을 배워 기독교의 교리서와 『천로역정』 등을 통해 서양문물을 받아들였다. 또 7~8세경부터 그는 한문을 배우며 중국에서 간행된 서적을 통해 서양문명에 노출되었다. 13세경에 최남선은 경성학당에 다니면서 신학문과 일본어를 배웠다. 이 과정을 통해 최남선은 『황성신문』, 『만국공보』, 『대관조일신문』 등을 접하며 신문명을 받아들였다. 하지만 그가 접한 유년 시절의 서양 이해는 아직 초보적인 수준에 머물러 있었다.

최남선이 본격적으로 서양문명 및 서구의 근대학문과 일본문물을 이해하게 된 것은 일본유학을 통해서였다. 1904년 10월에 그는 황실유학생으로 선발되어 일본유학의 길에 올랐다. 최남선은 최린(崔麟) 등의 동급생과 함께 동경부립 제일중학교에 입학하였다.

> 일본에 이르러 보니, 문화의 발달과 서적의 풍부함이 상상 밖이오, 전일의 국문 예수교 서류와 한문 번역 서류만을 보던 때에 비하면 대통

865 宋建鎬, 「최남선」, 『한국현대인물사론』, 한길사, 1984, p.380.

866 최남선, 「妙觀世音」, 『불교』 제50 · 51합호, 불교사, 1928.9, pp.62-63.

으로 보던 하늘을, 두 눈을 크게 뜨고 보는 것과 같은 느낌이었다. 나는 그런 책이라는 것은 다 좋아서 보고 보고 또 한옆으로 번역까지 하는 버릇이 일본에 가서 더욱 활발해졌다. 그때는 이런 공부로 밤잠도 자지 않고 여기에 정신을 썼었다.[867]

최남선의 눈에 띈 것은 특히 일본 문화의 발달과 서적의 풍부함이었다. 누구보다도 책을 좋아하였던 그는 신지식에 대한 호기심으로 밤잠도 자지 않고 정신을 집중하였다. 심지어 일본어 원문 옆에 번역까지 하는 버릇이 생길 정도로 몰입하였다. 하지만 그는 동료 유학생들의 방탕한 생활에 견디다 못하여 1905년 1월에 모친이 위독하다는 것을 핑계로 3개월 만에 학교를 자퇴하고 귀국하였다.[868]

1906년 4월에 최남선은 다시 일본에 건너가 와세다(早稻田)대학[869] 고사부(高師部) 지리역사과(地理歷史科)에 입학하면서 홍명희와 이광수와 교류하였다. 그런데 이즈음 학교의 모의국회에서 '조선왕 내조(來朝)에 관한 건'이 채택되자 이에 항의하던 조선 유학생들이 총 퇴학하는 사건이 발생하였다. 그들과 함께 퇴학한 최남선은 그곳에 약 1년을 더 머물다 1908년 6월에 귀국하였다. 결국 최남선의 정규교육과정도 12개월 만에 끝이 났고 그의 2차 유학도 끝을 맺게 되었다. 하지만 1~2차 유학기간을 포함하여 약 2년 3개월간 일본에 체류하면서 그는 신학문과 서구 및 일본의 문물을 체험할 수 있었다. 이때의 체험은 이후 최남

---

867 최남선, 「書齋閑談」, 『새벽』, 새벽사, 1954년 12월호; 『육당최남선전집』 제5책, p.440.

868 趙容萬, 『육당 최남선』, 삼중당, 1964, pp.57-58.

869 六堂이 와세다대학에 입학한 이후 无涯 梁柱東이 영문과에 입학하여 졸업하였다. 이후 육당은 중앙불교전문학교 불교학과 외래교수를 하였고 무애도 동국대학교 국문학과 교수로 재직하였다.

선이 추진한 조선학 연구의 방향과 불교에 대한 인식에 큰 영향을 끼쳤다.

일본에서 돌아온 그는 1907년에 집안의 막대한 재산을 투입하여 출판사 신문관(新文館)을 세우고,[870] 1908년에는 우리나라 잡지의 효시로 알려진 『소년』을 창간하면서 신문화운동을 전개하였다. 1909년에는 청년학우회 설립위원이 되어 안창호와 함께 전국을 순회하여 소년 명사(名士)로서 이름을 떨쳤다. 1910년에 그는 문헌 보존과 고문화 선양을 위해 조선광문회를 조직하여 고전의 수집과 복간 작업을 주도하였다. 장지연(張志淵), 유근(柳瑾), 이도영(李道榮), 김교헌(金敎獻) 등이 광문회의 주요 간부로 활동하였다.[871]

당시 신지식인들의 아지트였던 광문회에서는 날마다 세계의 소식을 접하면서 난상토론이 이루어졌다. 1918년 3월 10일에 그가 설립한 출판사 신문관에서 이능화의 『조선불교통사』[872]가 간행되었다. 이에 최남선은 자신이 바라보는 조선불교사 인식을 「조선불교의 대관」'이라는 장편의 논문을 써서 『조선불교총보』와 『매일신보』에 기고하였다.[873] 이 해(1918)에는 미국의 윌슨 대통령의 민족자결주의가 전해지면

870 최학주, 『나의 할아버지 육당 최남선』, 나남, 2011, pp.138-139.

871 조용만, 위의 책, p.113.

872 『조선불교통사』는 상하 2책의 3부로 간행되었다. 최근 동국대학교 출판부에서 총8책으로 된 역주본이 나왔다.

873 최남선, 「朝鮮佛敎의 大觀으로부터 『朝鮮佛敎通史』에 及함」, 『조선불교총보』 제11호(1918.5); 『매일신보』(1918.6~8월의 총10회). 『조선불교총보』의 논설에는 9개의 주제가 제시되어 있다. 1. 朝鮮文化의 及한 불교의 영향, 2. 東西交流史에 對한 朝鮮佛敎의 關係, 3. 佛敎流通史에서 朝鮮의 地位, 4. 佛敎 義解上에서 朝鮮의 貢獻, 5. (생략), 6. 朝鮮民性에 對한 佛敎의 三大影響, 7. 佛敎徒야 먼저 歷史的 自覺을 有하라, 8. 外方人의 朝鮮佛敎에 對한 無識, 9. 日本史와 朝鮮史, 더욱 그 佛敎史의 關係. 김광식, 「최남선의 '조선불교' 정체성 인식」, 『불교와 국가』, 국학자료원, 2013에는 이 글이 요약되어 실려 있다.

서 대한의 독립문제가 거론되기 시작하였다. 최남선은 최린(崔麟), 송진우(宋鎭禹), 현상윤(玄相允) 등과 밀의를 거듭하면서 1919년 2월 하순에 「독립선언서」를 작성하여 3.1운동에 가담하였다. 3월 3일에 그는 일본 경찰에 체포되어 서대문 감옥에 수감되었다. 이러한 과정을 통해 만나게 된 우리 고대사와 우리 불교에 대해 그는 다음과 같이 적고 있다.

> 일본 유학중에 시세(時勢)에 감분(感奮)함이 있어 책을 팽개치고 고국(故國)의 정신운동(精神運動)을 위하여 작은 힘을 다하려고 돌아올새 국민정신의 환기와 통일에 대한 이상적 교과서 특히 역사 및 지리의 그것을 조선적 정(正) 지위에서 편찬함이 급무(急務)일 것을 생각하고 스스로 편찬의 임(任)에 당하여 불교와의 교섭(交涉)은 생각하든이 보담 크게 심밀(深密)한 것이 있어 매우 깊이 불교적 교양을 가짐이 아니면 조선의 문화를 이해치 못할 것을 알았으며 더욱 국조(國祖) 난군(檀君)에 관한 소전(所傳)이 불교중 저술에 있어서 종종(種種)의 문학상 의현(疑眩)을 야기함으로 이 정체를 알기 위하여는 아무것보담 저 불교지식을 수양해야 할 필요에 몰리게 되었습니다. 그리하여 단군기 중심으로 불교의 명상적 고찰을 시험하기 비롯하여 차차 들어가매 저절로 의리적(義理的) 부면(部面)으로 먼저 나가지 아니치도 못하여 얼마 지낸 뒤에는 부지불식(不知不識)하는 동안에 불교해상(佛教海上)에 제 몸이 둥둥 뜬 것을 스스로 발견하게 되었습니다. 그러나 엄밀히 말하면 이때까지도 지식중심(知識中心), 취미본위(趣味本位)라 할 것이었지 신(信) 그것이라고는 말씀하지 못할 것이었습니다.[874]

874 최남선, 「妙觀世音」, 앞의 책, p.64.

최남선은 일본 유학을 통해 '시세'(時勢) 즉 세계정세(世界政勢)를 접하고 큰 충격을 받게 되었다. 이 충격의 결과 그는 '고국의 정신운동' 즉 '국민정신의 환기'와 '통일에 대한 이상적 교과서'인 역사 및 지리의 편찬을 위해 헌신하겠다고 다짐하였다. 이 과정에서 최남선은 국조인 단군에 대한 기록이 불교 속의 저술에 있음을 알게 되었다. 특히 그는 단군의 정체를 알기 위하여 불교지식을 수양해야할 필요를 느끼고 『단군기』 중심의 명상적 고찰을 시험하고자 하였다.

최남선은 우리 고대사 속에서 중국과 일본을 능가하는 한민족의 기백과 자존에 접하면서 크게 고무되었다. 단군의 발견은 그의 독자적 입론인 『불함문화론』으로 이어졌으며 동시에 불교와의 만남으로 확장되었다. 하지만 그의 불교에 대한 인식은 의리적 부면으로 나아가기는 했지만 불교의 바다 속에서 그냥 둥둥 떠 다녔을 뿐이었다. 동시에 그는 여전히 지식 중심, 취미 본위에 머물렀을 뿐 불교에 대한 믿음에 이르지는 못하였다.[875]

최남선은 조선을 정(正) 지위에 둔 역사와 지리의 편찬에 헌신하면서 그의 고대사 인식은 국조 단군에 대한 탐구로 기울어갔다. 그 과정에서 그는 불교사의 보물창고인 일연의 『삼국유사』와 깊이 만나게 되었다. 최남선이 만난 『삼국유사』에는 일연의 문제의식과 그의 문제의식이 만나는 지점과 통로가 있었다.

875 말년에 그는 평생을 신행하던 불교를 떠나 카톨릭(세례명 崔 베드로 南善, 부인 玄 마리아 永埰)으로 개종하여 크리스천이 되었다.

3. 『삼국유사』와 단군의 발견

13세기를 살았던 고려시대 일연은 나라가 몽골의 말발굽에 짓밟히는 현실에 직면하면서 민족의 재건과 문화의 계승에 대해 깊이 고뇌하였다. 그는 불교와 민간에 남겨진 삼국의 이야기를 통하여 민중의 민족의식 함양을 모색하였다. 그 과정에서 일연은 연표를 만들고 이야기를 수집하면서 단군으로부터 비롯된 한민족사를 씨줄로 엮고 날줄로 세웠다. 20세기를 살았던 최남선 역시 나라가 일본의 군화발에 짓밟히는 현실에 직면하면서 민족과 문화의 재건과 계승에 대해 깊이 고뇌하였다. 그는 「계고차존」(稽古箚存, 1918)에서 단군에 대한 생각을 정리하여 한민족의 역사를 재구성하였다. 특히 한민족과 중국과 일본의 대결의식을 부각시킴으로써 우리 민족의 존재감을 확충하였다.

최남선은 1919년 3월 1일의 독립운동에서 주동으로 참여하여 「독립선언서」를 작성하였고, 민족대표 47인 중의 1인으로 체포되어 2년 8개월간 복역하였다. 복역 후 그는 1922년 8월에 『동명』지를 창간하고 민족적 자각, 민족적 인식을 제고시키기 위해 헌신하였다. 최남선은 1923년 6월에 『동명』지를 폐간한 뒤, 1924년에는 『시대일보』를 창간하여 사장에 취임하였다. 하지만 그는 자금난으로 곧 사임하고 저술, 연구 활동에 전념하였다.

이후 최남선은 한국사 연구에 심혈을 기울여 『불함문화론』(不咸文化論, 1925), 「단군론」(1926), 「아시조선」(兒時朝鮮, 1927), 「삼국유사해제」(1927), 『살만교차기』(薩滿教箚記, 1927) 등 한민족의 정체성을 확립하는 주요한 논설을 발표하였다. 동시에 그는 대한시대 최초의 창작시조집인 『백팔번뇌』(1926), 역대시조집인 『시조유취』(時調類聚, 1928)를 간행하여 시조 부흥운동에 앞장섰다. 나아가 최남선은 조선심(朝鮮心)을 고취시키고 민족문화를 소개하기 위해 『심춘순례』(1925), 『금강예찬』(1926), 『풍악유기』(1926), 『백두산근참기』(1926) 등을 발표하였다. 1928년에는 함흥 이원에서 진흥왕 순수비 중 하나인 「마운령비」를 발견하여 학계에 보고하였다.[876] 이들 많은 논저들 중 『불함문화론』은 그의 역사인식을 보여주는 대표작이라고 할 수 있다.

> 이들의 증적(證迹)을 무시하고 단군(檀君)을 후세의 날조에 돌리거나, 또는 수목(樹木) 숭배의 한낱 오래된 전설이라 하며, 그리하여 말살의 이유를 중국의 문헌에 그 전함이 없음에 두려고 하는 등은 실로 학문적 불성실이라 하지 않을 수 없다. 비록 단군이 역사적으로 하나의 몽롱한 존재[一朦朧體]라고 하더라도, 그 종교적 방면에서의 오랜 근거는 도저히 움직일 수 없을 것이다.[877]

당시 일본인 학자 나가 키치요는 "단군을 승도(僧徒)의 날조에서 나온 망탄(妄誕)이다"[878]고 하였고, 시라토리 쿠라키치는 『삼국유사』의 「고기」에 나오는 단목(檀木)이 불교의 우두전단이란 나무에 근거한 가공의 이야기이고, 단군전설은 장수왕대 이후에 만들어졌다[879]고 하였다.

876 1928년 10월에 최남선은 총독부 소속 朝鮮史編修會의 위원이 되면서 공개적인 친일행각을 시작하였다. 1933년 10월부터는 李相協의 권유로 총복부 기관지격인 『每日新報』에 장기 집필을 시작하였고, 1938년에는 만주국이 들어서면서 일제가 만든 『滿洲日報』의 고문으로 취임하였다. 1939년에는 만주국 건국대학 교수로 취임하여 滿蒙文化史를 강의하였다.

877 최남선, 『불함문화론』, 정재승 · 이주현 역주, 우리역사연구재단, 2008, p.119.

878 那珂通世, 「조선고사고」, 신종원 편, 『일본인들의 단군연구』, 민속원, 2009, p. 166.

879 시라토리 쿠라키치, 「단군고」, 신종원 편, 위의 책, pp.15-27.

특히 시라토리는 일본어와 한국어의 유사성을 주장하고, 종교성을 강조하였다. 최남선은 한국어와 일본어의 유사성과 종교성을 강조하는 그에게 큰 영향을 받았지만 시라토리의 단군부정론에 대응하여 단군의 역사적 실재와 보편성을 주장하였다. 그리하여 그는 시라토리의 업적을 계승하면서도 그것을 역으로 이용하고자 하였다.

최남선은 '신'(神)을 뜻하는 '밝'과 '천'(天) 즉 단군을 의미하는 '탱그리'를 모두 '밝문명'이라 하여 이들 어원을 우랄알타이 계통에 공통되는 것으로 파악하였다. 그런데 '밝'과 '탱그리'로 대표되는 선도(仙道)문화는 오랫동안 동아시아에서 천신도로 불리어 왔다. 한국의 천신도는 중국의 신선도, 일본의 수신도와 공통되는 것이다. 하지만 이들은 주로 무속에 관련된 내용일 뿐 수련과 관계된 사상은 보이지 않는다. 이런 맥락에서 본다면 최남선이 일본인 학자들의 이론을 역이용 하려한 것은 그들을 비판하는 계기도 되었지만, 그들의 이론을 스스로 뛰어넘지 못하는 한계도 되었다.[880]

> 동방문화의 정점으로 삼는 중국의 고대 문화가 실은 불함문화(不咸文化)로서 대부분의 내용을 이루고 있는 점으로 볼 때, 불함문화에 대한 학자의 태도와 관념은 앞으로 많이 개정되어야 할 줄로 생각한다. 다시 말해서, 조선인이건, 일본인이건 자기들의 문화 내지 역사의 동기와 본질을 고찰할 경우에, 무턱대고 중국 본위로 모색함을 지양하고 자기 본래의 면목을 자주적으로 관찰해야 할 것이며, 한 발 더 나아가 중국문화의 성립에 대한 각자의 공동 활동의 자취를 찾아서 동

880 조남호, 앞의 글, 앞의 책, p.55 참고; 『육당최남선전집』 제2책, p.60하.

방문화의 올바른 유래를 밝히는 것이 앞으로 노력해야할 방침이어야 할 것이다.[881]

최남선은 종래의 중국 본위의 연구에서 벗어나 '자기 본래의 면목을 자주적으로 관찰해야 할 것'이며, 중국문화의 성립에 대한 각자의 공동 활동의 자취를 찾아서 '동방문화의 올바른 유래를 밝히는 것'이 앞으로 노력해야 할 방향이라고 명확하게 제시하고 있다. 그는 동방문화를 탐구하기 위해서는 무엇보다도 단군을 연구해야 한다고 강조하였다.

최남선은 단군을 우리 민족의 시조이자 우리 고유의 것이라며 단군의 존재를 긍정하고 단군론을 학문적으로 수립하고자 노력하였다. 그는 『불함문화론』을 제시하면서 단군을 한국의 시조만이 아니라 한국을 중심으로 하는 불함문화권 전체에 존재하는 지도자로서의 모습으로 확장하였다. 나아가 최남선은 단군신화를 신화부와 역사부의 이중구조로 이해하고 신화부에서 단군은 '동북아세아 공동의 건국신화를 답습한 것'[882]이라고 하였다. 이렇게 되자 단군은 동북아시아 전체에서 나타나는 존재가 되었다. 하지만 단군의 외연이 넓어지면서 구심이 점차 엷어져 단군이 가지고 있는 민족 고유의 성격은 축소되는 결과를 초래하였다.

또 역사부에서 최남선은 지리학적 고찰에 의하면 단군신화의 중심지는 평양 부근이며 따라서 그 영역이 반도내로 축소되어버리는 문제가 있지만, 사실 단군은 역사적으로보다 문화적으로 더 가치가 있다고

881 최남선, 『불함문화론』, 앞의 책, pp.121-122.
882 최남선, 「檀君小考」, 『조선』 18호, 1930년 11월; 『육당최남선전집』 제2책, p.346.

하였다. 그 결과 그는 단군을 역사적 실존이 아니라 하나의 문화현상으로 파악함으로써 단군의 역사성을 모호하게 하였다.[883] 이처럼 최남선의 단군 인식에는 문제가 없지 않았다. 하지만 그의 인생에서 1920년대는 가장 절정의 시기였다. 그는 일련의 「단군론」[884] 집필을 통해 조선의 문화의식을 형성하고 문화민족을 구축하고자 하였으며 그 나름대로 커다란 성과를 얻었다.[885, 886]

883 석지영, 앞의 글, 앞의 책, p.133.

884 최남선은 「稽古箚存」과 「不咸文化論」에 이어 「檀君 否認의 妄」; 「檀君論」; 「兒時朝鮮」; 「壇君神典의 古義」; 「壇君神典에 들어 있는 歷史素」; 「壇君 及 其硏究」; 「壇君과 三皇五帝」; 「民俗學上으로 보는 壇君王儉」; 「壇君小考」 등에서 볼 수 있는 것처럼 그는 다수의 단군 관련 논설을 연구하였다. 그가 제시한 단군 샤면론, 『삼국유사』의 사료적 가치 논증, 단군 기사의 역사부와 신화부의 구분, 단군 기사의 토테미즘적 해석은 지금도 단군 연구의 기본틀로 원용되고 있다.

885 하지만 최남선은 1920년대 말부터 民族主義者에서 親日派로 돌아섰다. 그는 해방 이후의 자기 삶의 전환점에 서면서 짧게 서술한 「自列書」에서 1) 조선사편수위원의 수임, 2) 박물관설비위원, 3) 고적보물천연기념물보존위원, 4) 역사교과서편정위원 수촉, 5) 중추원참의 수촉, 6) 만주국립 건국대학 교수 초빙, 7) 전시체제에 조선인 학병을 권유한 계기 등 1920년대 후반부터 1945년 해방에 이르기까지의 일련의 친일행위에 대해 그의 행적을 해명하는 이유와 논리를 보여주고 있지만 보다 근원적인 이유에 대해서 그의 속내와 의도를 자세히 밝히고 있지 않다.

886 최남선, 「自列書」, 『육당최남선전집』 제10책, pp.530-533. "民族의 一員으로서 反民族의 指目을 받음은, 終世에 씻기 어려운 大恥辱이다. 내 이제 指彈을 받고, 또 거기 理由가 없지 아니하니, 마땅히 恐懼히 省하기에 겨를치 못하려든, 다시 무슨 口舌을 놀려 감히 文過飾非의 罪를 거듭하랴. 解放 이래로 衆謗이 하늘을 찌르고 構誣가 半에 지나되 이를 忍受하고 결코 탄하지 아니함은, 진실로 어떠한 매라도 맞는 것이 혹시 自悔 自責의 誠(意)을 나타내는 一端이 될까 하는 생각이 있기 때문이었다. (중략) 反民法이 물론 法 그것으로도 尊重해야 할 것이다. 그러나 나는 다만 威力 가진 法이기 때문에 이를 무서워함이 아니라, 이 法의 뒤에 國民大衆이 있음을 알며, 그네의 批判과 요구가 이 法을 통하여 表現되는 것임을 알기 때문에, 이 法에 이 法文 이상의 絕對한 權威를 感念하는 者몸이다. 까마득하던 祖國이 光復이 뜻밖에 얼른 실현하여, 이제 民族正氣의 號令이 굉장히 이 江山을 뒤흔드니, 누가 이 肅然히 正襟치 않을 者에이냐. 하물며 몸에 所犯이 있어 惕然히 無膺自縮할 者야, 오직 공손히 이 法의 처단에 모든 것을 맡기고, 그 呵叱鞭楚를 감수함으로써 조금 만큼이라도 國民 大衆에 대한 惶懼慙謝의 衷情 表示를 삼는 것 외에

이 시기에 최남선은 그의 표현대로 "우리의 조선 상대(上代)를 혼자 담당하는 문헌"[887]이라고 높게 평가한 『삼국유사』를 본격적으로 만났다. 당시 『삼국유사』는 임진왜란 때에 가토 키요마사[加藤淸正]에 의해 탈취당한 뒤 도쿠가와 집안에 모셔져 있다가 도쿄제국대학 국사학과 교수 츠보이 쿠메조(坪井九馬三, 1858~1936)에게 전해졌다. 츠보이는 독일 유학을 마치고 모교의 교수로 재직하면서 『삼국사기』의 '해제'(1892)[888]와 『삼국유사』의 '해제'(1900)[889]를 썼다. 그 뒤 『삼국유사』는 도쿄제국대학 문과대학사지총서(6권)로 간행(1904)되었다.[890] 최남선은 일본 도쿄 유학시절에 이 책을 구입해 왔다. 이 책과의 만남은 그의 인생에서 커다란 전기가 되었다.

이후 최남선은 『삼국유사』 연구에 오랜 시간을 할애하였다. 그는 유학에서 돌아와 고전에 대해 숙고하면서 민족과 문화에 대해 깊이 천착하였다. 이 과정에서 최남선은 "민족은 작고 문화는 크다. 역사는 짧고 문화는 길다"[891]는 인식이 깊어졌다. 그는 상당히 긴 시간 동안 뜸을 들이며 『삼국유사』를 탐구해간 것으로 짐작된다. 이와 동시에 그는 우선 「불함

다른 것이 있을 수 없다. 삼가 前後 過戾를 自列하여 嚴正한 裁斷을 기다린다. 1949, 2. 12. 麻布刑務所拘置中에서. 反民族行爲 特別調査委員會長 前. 1949년 3월 10일 自由新聞)

887 최남선, 「삼국유사 해제」 6. 範圍, 『최남선전집』 제8책.

888 坪井九馬三, 「三國史記 解題」, 『史學會雜誌』 제35호, 1892년(明治 25) 5월, pp. 69-73. '新羅高句麗百濟三國史 50권'에 대해 사학회 회원이자 문학박사인 그는 金富軾의 出資와 한국 고대의 몇몇 사서 소개를 중심으로 간략한 해제를 쓰고 있다.

889 坪井九馬三, 「三國遺事 解題」, 『史學會雜誌』 제11편 제9호, 1900년(明治 33), pp. 59-72. 츠보이 쿠메조는 비교적 긴 해제를 쓰고 있다. 그는 찬자 一然에 대해 간략히 기술한 이래 고려의 지리 역사를 기술한 뒤 1. 신라인의 敬神 民俗, 신라의 修驗道, 신라인의 敵愾心, 신라인의 歌謠, 신라의 두드러진 風俗(鵄述嶺 神母, 郁面碑) 등에 대해 기술하고 있다.

890 고운기, 『도쿠가와가 사랑한 책』, 현암사, 2009 참조.

891 최남선, 「조선문화의 본질」, 『육당최남선전집』 제9책, 현암사, 1993, p.32.

문화론」과 「단군론」에 몰입하면서 일련의 글을 발표해 나갔다.[892]

당시 신채호, 이능화 등의 많은 학자들은 『삼국유사』의 가치를 인정하면서도 단군을 부정하는 일본의 단군 부정의 논의에 대해 역사적 정치적 측면에서 비판하고 민족적 단군론을 세웠다. 이와 달리 최남선은 언어가 민족의 정신을 반영한다는 문화적인 사상을 입론하여 '밝'과 '당굴'의 어휘를 추적하여 『불함문화론』을 쓴 뒤 단군에 대한 이야기를 적고 있는 『삼국유사』에 깊은 관심을 갖기 시작하였다.

최남선에게 『삼국유사』는 「단군론」과 『불함문화론』과 분리할 수 없는 것이었다. 그는 『삼국유사』를 통해서 「단군론」과 『불함문화론』을 제시하였고 「단군론」과 『불함문화론』을 통하여 『삼국유사』를 반추하였다. 이 과정에서 장문의 「해제」가 탄생되었다.

4. 『삼국유사』의 이해와 「해제」

최남선은 1927년에 계명구락부에서 간행하는 잡지 『계명』에 『삼국유사』 전문과 '해제'를 실었다.[893] 무릇 '해제'란 해당 책을 어떻게 읽어

892 최남선, 「조선의 신화」, 1930. 여기에서 그는 "신화는 곧 원시종교요 철학이요 과학이요 예술이요 역사"라고 파악하고 이들이 따로 따로 분리되지 않고 인류 지식 전체의 최고 표현임을 강조하였다.

893 최남선, 「新訂 三國遺事 叙」(1946), 『육당최남선전집』 제8책, p.12. '叙'에서 그는 "往年에 三國遺事 보급판을 啓明俱樂部로부터 간행하여 好評을 얻고 더욱 解題가 世의 謬許를 입었으나 印本이 많지 못하여 江湖의 수요에 周應치 못함이 유감이었다. 爾來 再刊을 종용하는 소리가 높되 생각하는 바이 있어 이를 주저하더니, 輓近에 이르러 坊人의 請이 더욱 간절하기로 그 勤意를 뿌리치기 어려워서 이에 약간 舛錯을 바로 잡고 고쳐 手民에게 내어 주었다. 前刊本의 解題는 본디 一時의 走草이던 것이매 마땅히 전면적 檢訂을 더 해야 할 것이로되, 마침 신변이 倥偬하여 이

야 하는지에 대한 '길잡이'이자 먼 길을 떠나는 이들에게 갈 길을 알려 주는 '이정표'라고 할 수 있다. 해서 '해제' 속에는 글쓴이의 철학과 사상이 배어 들어갈 수밖에 없다. 마찬가지로 최남선의 「삼국유사해제」에는 원저자인 일연의 의식과 해제자인 최남선의 인식 사이에 일정한 접점과 통로가 형성될 수밖에 없었다.[894]

이들 두 사람은 몽고가 쳐들어온 '국난'과 일제가 탈취해간 '국망'의 시대를 살았다. 때문에 일연과 최남선 두 사람에게는 역사 이전의 신

에 暇及치 못하며, 겨우 三國 關係의 古文獻에서 〈遺事〉의 遺事일 것을 얼마 鈔出 附錄하여, 애오라지 써 歉然한 마음을 自慰하고자 한다"라고 하였다. 「增補 三國遺事 叙」(1954)에서는 "그리고 今般 다시 刊行함에 있어서 역시 全般的인 改訂은 못하였으나 附錄으로 최근에 發見된 百濟斷碑와 新羅帳籍零簡을 더 加하고, 또 索引을 붙임으로 增補 三國遺事라고 題하였"다고 하였다.

894 최남선, 「삼국유사해제」 14. 撰成年代. 육당은 "一然師에게는 그 撰述의 龍骨이라 할 권제3의 이하가 대개 일연(1206~1289)이 70세 이후 76세까지 약 6, 7년간의 鉛槧임을 짐작하"겠다고 하였다. 그는 그 근거를 '迦葉佛宴坐石'조의 "自釋尊下至于今至元十八年辛巳歲, 已得二千二百二十年矣"와 '前後所將舍利'조의 "元宗 庚午의 記事인" 又至庚午出都之亂, 顚沛之甚, 過於壬辰, 十員殿監主禪師心鑑亡身佩持, 獲免於賊難, 達於大內, 大賞其功, 移授名刹, 今住氷山寺"라고 한 것에 1281년을 주장한다. 여기에 근거해 본다면 『삼국유사』는 1275년 이후부터 6, 7년 동안 작성하여 1281년에 완성한 것으로 이해된다. 반면 일연이 『삼국유사』의 찬자라는 근거는 다만 제5권 첫머리에 실린 "國尊迦智山下麟角寺住持圓鏡冲照大禪師一然 撰"이라는 24자의 구절에 기인한다. 一然이 충렬왕 9년(1283) 3월에 國尊에 책봉되고, 1284년에 麟角寺를 下山所 로 삼았으므로 이 구절이 성립하기 위해서는 1284년 이후의 사실이어야 한다. 그런데 제3권 '前後所將舍利'조와 4권의 '關東楓岳鉢淵藪石記'조를 보면 찬자로서 無極이 보인다. 混丘가 無極이라고 自號하기 시작한 것은 1306년 경의 일이다. 이럴 경우 현행본 『삼국유사』의 성립은 1304~1306년 경을 소급하기 어렵게 된다는 주장도 제기되어 있다. 남동신, 「『三國遺事』의 史書로서의 특성」, 『불교학연구』 제16호, 불교학연구회, 2007 참고. 하지만 六堂은 '無極記'에 대해 "대개 無極이 그 師의 不逮를 補足하려는 婆心에 出한 것이오, 또 그런 것에는 반드시 緣由와 名字를 具署라야 그 責의 存한 바를 밝혔으니 이런 것으로써 後人의 攙入改竄이 많을 줄을 揣摩함은 不當하"다고 하였다. 육당은 단지 무극이 "일연사의 불체를 보족하려는 노파심에서 (자신을) 드러낸 것"이라고 분명히 파악함으로써 일연의 초고의 완성이 1281년임을 역설하고 있다.

화에 대한 독자적인 인식이 있었다. 이들 두 사람은 모두 한민족의 시원이자 고조선의 통치자인 '단군'에 대해 지대한 관심을 지녔다. 일연은 단군의 역사를 '고조선'의 조목을 통해 복원하였고, 최남선은 일인 학자들의 단군말살론을 바로 잡기 위해 본격적으로 「단군론」 정립에 뛰어들었다. 그에게 역사는 민족적 자각을 유발하고 진실한 자존심을 조장하고, 확실한 자주력을 수립하기 위한 가장 유력한 것이었다.

> 민족적 자각을 유발하고 나아가서 자각의 내용을 충실케 하여 진실한 자존심을 조장하고, 확실한 자주력을 수립케 하기론 아무러한 시편(詩篇)보다도, 철학설(哲學說)보다도, 가장 유력한 것이 역사이다.[895]

하나의 민족에게 역사에 대한 정당한 이해, 역사에 대한 올바른 인식은 민족적 자각을 위한 디딤돌이 된다. 역사는 민족에 대한 올바른 이해에서 출발하기 때문이다. 최남선은 민족의 형성은 상대가 되는 대립 대상에 대한 대립의 의식이 있어야만 저절로 생기는 것으로 이해한다.

> 나의 생각으로는 '민족'은 본질적으로 필요한 것도 아니며, 당연히 있어도 안 될 것이요, 다만 '대립'의 의식으로만 성립된 것이라고 보게 되었다. 이것은 나의 일종의 자가변(自家辯)이기도 하다. 도대체 민족이라는 것이 인간사회에서 나온 것은 그리 오래지 않다. … 그래서 나는 '민족'은 하나의 '대립의식'이라고 생각했다.[896]

895 최남선, 「朝鮮歷史通俗講話」, 『東明』 제3호, 동명사, 1922.9.17, p.11.
896 최남선, 「眞實精神」, 『육당최남선전집』 제10책, p.251.

최남선은 우수한 문화를 자랑했던 중국의 문화는 자기보다 못하다고 생각되는 부족이나 자기와는 다른 문화를 가진 부족을 오랑캐로 지칭하면서 모멸하고 천시하였다고 보았다. 그 과정에서 그들이 가진 문화적 우월감이나 민족적 긍지도 생겨날 수 있었다. 그리고 그것은 주변의 열등한 민족에 대한 대결의식이었다고 하였다. 최남선은 일연의 『삼국유사』 역시 좁게는 유교적 사유체제를 보여주고 있는 『삼국사기』에 대한 대결의식에서 시작한 대립적 민족의식의 신화서라고 보았다. 그리하여 그는 우리의 민족 형성의 기틀을 특히 고조선을 계승한 고(구)려에서 찾으려 하였다.[897]

최남선이 우리의 민족 형성을 기틀을 고조선에서 찾지 않고 고(구)려로 잡은 것은 몽고의 침략으로 유린된 (본조) 고려와 일제의 침략으로 유린된 대한의 난경을 고(구)려를 통해 극복하려 했기 때문으로 이해된다. 여기서 '고(구)려'는 말 그대로 '고구려'로 해독해야 할 것이다.[898] 왜냐하면 그는 자신의 대표적 통사인 『조선역사강화』(朝鮮歷史講和, 1930) 제2편 중고(中古)에서 '우리 역사에서 문약(文弱)의 시대를 초래한 것은 바로 고려의 중국화(中國化)의 길 때문이었다' 서술하고 있기 때문이다.

이러한 역사 인식[899] 아래 최남선은 단군에 대한 비교적 기록을 상세

---

897 당시 육당의 역사인식은 『삼국유사』가 그 題名 그대로 '『삼국사기』에서 빠진 내용을 보충한 사서' 혹은 고려시대 '당시 유통되고 있던 삼국 및 통일신라 역사서에서 '빠뜨린 일들'을 수집 정리한 것으로 '『삼국사기』에 대한 遺事的 성격을 지닌다'는 題名적 인식으로는 미흡하다고 파악한 것으로 짐작된다.

898 고려인이었던 一然은 『삼국유사』에서 '高句麗'('句高麗', '句麗)를 '高麗'로 표현한 반면 자신의 나라 '高麗'는 '本朝'라고 표기하고 있다.

899 李康來, 「『삼국유사』의 史書的 성격」, 『한국고대사연구』 제40호, 한국고대사학회, 2005. 『삼국유사』는 『삼국사기』를 인용하면서 온전하게 『삼국사기』로 표기하거나, 혹은 허다한 대목에서 『국사』나 『삼국사』 등으로 불러 인용하였고, 인용의 대체적인 맥락은 『삼국사기』와는 다른 정보를 담은 자료와의 對校에 있었다.

히 담고 있는 『삼국유사』에 대한 장문의 '해제'를 집필하였다. 이것은 일인 학자들의 단군부정론에 대한 대응이었을 뿐만 아니라 중국과 대등한 우리의 역사를 복원하려는 시도였다. 조선의 유교적 사대주의와는 다르게 고려시대 일연의 『삼국유사』에는 최남선이 주목했던 민족의 개념을 규정할 수 있는 민족문화의 대결의식이 분명하게 드러난다.[900] 일연과 최남선이 만나는 접점 역시 바로 이 대목이다.

일연의 『삼국유사』「기이」편 서문은 중국을 사대적으로 떠받든 고려 김부식의 『삼국사기』의 사상적 기조와 조선의 사대적 민족관과는 사뭇 다른 주체적 민족의식이었다. 최남선 역시 일체 치하의 대결구도에서 민족의식을 고양하기 위해 『삼국유사』에 주목하였다.[901] 그는 『삼국유사』의 해제에서 개제, 편목, 찬자, 성질, 가치, 범위, 평의, 인용서, 고기, 승전, 향가, 민속과 설화, 위서, 찬성연대, 각간, 유포, 번각의 례 등 17가지의 항목을 통해 이 책을 다양하게 분석하였다.

반면 신채호는 "김부식은 『삼국사기』를 편찬한 뒤 일체의 사료를 궁중에 비장하여 다른 사람이 열람할 길을 끊음으로써 박학자(博學者)란 자신의 명예를 보전하는 동시에 국풍파(國風派)의 사상 전파를 금지하는 방법으로 삼았다"[902]고 하였다. 하지만 신채호는 김부식에 의해 『삼국사기』만이 고대사의 유일한 고전이 된 것을 개탄하면서도, 『삼국유

전체적으로 보아 『삼국유사』 작업 시에 이루어진 對校의 결과는 『삼국사기』에 크게 신뢰를 부여하는 형태로 나타나고 있다. 이것은 무엇보다도 『삼국유사』 찬자에게 있어 『삼국사기』는 삼국의 根本史書였기 때문이다. 하지만 육당은 '하나의 대립의식'을 통해 민족을 드러내는 것이 당시의 시대정신이라고 파악한 것으로 이해된다.

900 표정옥, 앞의 글, 앞의 책, p.383.

901 표정옥, 앞의 글, 앞의 책, p.383.

902 신채호, 『조선사연구초』, 범우사, 2004.

사』를 주요한 역사서로 인정하지 않았다.

이와 달리 최남선은 『삼국유사』에 대해 "일연이 현재의 신문의 잡보(雜報)나 사건의 만록(漫錄)과 같이 삼국에서 빠진 이야기들을 자세히 적고 있으며, 왕과 귀족 중심의 정사보다는 민중이 살아간 실제의 이야기에 집중하였다"고 평가하였다. 이러한 그의 관점은 「삼국유사해제」에 고스란히 반영되어 있다. 그리하여 최남선의 「해제」는 이후 『삼국유사』 번역본 「해제」의 지남이 되었다. 그의 「해제」 17항목의 내용을 요약해보면 다음과 같다.

제1의 '개제'(開題)에서는 제목을 열게 된 시말에 대해 기술하고 있다. 삼국의 유문(遺聞) 일사(軼事)를 채철(採綴)한 『삼국유사』는 『삼국사기』와 한가지로 조선 현존 고사(古史)의 쌍벽이다. '유사'는 정사에 빠져있는 번잡한 사실을 의미하며 이전의 '잡록(雜錄)', '신어'(新語), '잡사'(雜事), '만록'(漫錄), '구문'(舊聞), '쇄문'(瑣聞) 등과 마찬가지로 일사의 세고(細故)를 기재하는 자의 예칭(例稱)이라 기술하고 있다.

제2의 '편목'(篇目)에서는 5권 9편 138조목에 대한 편차와 목차에 대해 서술하고 있다. 최남선은 중종 정덕본(正德本)과 이마니시 류[今西龍] 씨의 판본을 대조하여 제3의 「흥법」 끝의 '동경흥륜사금당십성'(東京興輪寺金堂十聖)과 '가섭불연좌석'(迦葉佛宴坐石) 사이에 있던 '탑상 제4'(塔像第四)를 독립시키지 않고 「흥법」(興法)에 포함된 조목으로 보고 있다.

제3의 '찬자'(撰者)에서는 저자 일연의 출자와 그의 살림살이와 사고방식에 대해 기술하고 있다. 저자 일연 회연(一然晦然)과 제자인 혼구 무극(混丘無極)의 생평을 통한 살림살이와 저술을 통한 사고방식에 대해 설명하고 있다.

제4의 '성질'(性質)에서는 이 책의 체재(體裁)와 구성(構成)에 대해 서술하고 있다. 찬자의 출자와 신분, 성장지 등을 통해 신라(新羅) 중심, 경주(慶州) 일원 중심, 불교(佛敎) 중심, 왕대(王代) 중심이 되게 된 연유에 대해 설명하고 있다.

제5의 '가치'(價値)에서는 이 저술이 "뜻하지 않은 한 잉여의 일[一餘業]이요 한 여한의 일[一閒事]이었을지 모르나 오늘날에는 역설적이게도 이 찬술(撰述)이야말로 일연이 세상에서 이룬 제일 큰 일[出世大業]이었다"고 서술하고 있다.

> 『삼국유사』는 보각국존(普覺國尊)에게 있어서는 도리어 일여업(一餘業)요 일한사(一閒事)이었겠지마는, 그러나 시방 와서는 이 불용의(不用意)한 일찬술(一撰述)이야말로 사(師)의 출세대업(出世大業)을 짓게 되었도다. 다른 찬술(撰述)이 설사 모두 천성(千聖)의 비지(秘旨)를 전(傳)하고, 백부(百部)의 묘전(妙典)을 작(作)하는 것이라 하여도, 그 인몰(湮沒) 잔망(殘亡)이 그리 구극(究極)히 원통할 것 없으되, 만일(萬一)에 이 『삼국유사』가 한 가지 침일(沈逸)하였더라 하면 어쩔뻔 하였나 할진대, 과연 아슬아슬한 생각을 금(禁)할 수 없느니라. (중략)[903]

이처럼 최남선은 일연에게 『삼국유사』는 뜻하지 않은[不用意] 한 잉여의 일[一餘業]이요 한 여한의 일[一閒事]이었을지 모르나 오늘날에는 역설적이게도 이 찬술이야말로 그가 세상에 나온 제일 큰 일[出世大業]이었다고 치켜세우고 있다. 그는 만일 이 책이 사라져 우리 고대사를 다시 복원할 수 없게 되었다면 어떻게 되었을까라는 생각을 금할 수 없을

903 최남선, 「삼국유사 해제」 5. '價値'.

만큼 주요한 가치를 지닌 서물임을 거듭 재천명하고 있다. 또 최남선은 “『삼국사기』의 주관적 자고(自錮)와 무단적 천폐(擅廢)에 반하여 『고기』의 유주(遺珠)를 원형대로 수철(收綴)하야 박고(博古)와 아울러 전기(傳奇)의 자(資)를 삼으려 한 『삼국유사』는 이 두 가지 모두를 지님으로써 오히려 우리 역사를 온전히 볼 수 있게 되었다”고 하였다. 나아가 그는 “『삼국유사』에는 본사(本史)에서 빠진 옛 기록이 많이 채입(採入)되고, 또 그것이 대개 원형대로 수록되어 사실 뿐 아니라 명물(名物)과 칭위(稱謂)까지 그대로 충실히 전하고 있어 불후(不朽)의 가치를 지니고 있다” 역설하고 있다. 이러한 평가를 통해 최남선은 김부식이 누락한 단군(檀君)의 복원과 가야(伽倻)의 수록을 통해 김부식의 유교적 사대주의에 대한 일연의 문화적 대결의식이라고 파악하고 있다.

제6의 ‘범위’(範圍)에서는 조선의 생활과 문화의 원두(源頭)와 고형(古形)을 보여주는 『삼국유사』가 ‘조선 상대(上代)를 혼자서 담당(擔當)하는 문헌’이라고 하였다. 특히 이 저술의 고조선(古朝鮮) 조목에 수록된 단군(壇君)에 대한 기록은 “『유사』의 공이 다만 조선(朝鮮) 일사(一史)에만 그치지 않는다”고 하였다. 『삼국유사』의 범위는 조선 고대에 관한 신전(神典), 예기(禮記), 신통지(神統志), 내지 신화(神話) 및 전설집(傳說集), 민속지(民俗誌), 사회지(社會誌), 고어휘(古語彙), 성씨록(姓氏錄), 지명기원론(地名起原論), 시가집(詩歌集), 사상사실(思想事實), 신앙(信仰) 즉 불교사재료(佛敎史材料), 일사집(逸事集) 등에 이르고 있으니 이 책은 조선고대사의 최고원천이며 일대 백과전림(百科典林)으로 일연의 공은 서방의 ‘헤로도투스’에 견줄 것이다. 『삼국유사』는 조선의 신학(神學), 조선의 신화학(神話學), 국민(國民) 및 고사신화학(古史神話學), 조선의 사회력(社會力) 및 그 발달사(發達史), 고어학(古語學), 지명학(地名學), 씨족학(氏族

學), 사상사(思想史), 종교사(宗敎史)를 말할 수 있으랴.『삼국유사』는 조선고사(朝鮮古史)의 전거(典據)인 동시에 불함문화고사학(不咸文化古史學)의 전거이다고 하였다.

제7의 '평의'(評議)에서는『삼국유사』를 비판하는 유자들이 비판하는 '탄괴'(誕怪)성이 오히려 신화적 신문(信文)이요 전설적 원형(原形)임을 드러내는 것이며, 신라의 사회력과 종교와의 상관을 고형(古形) 그대로 요연하게 보여주고 있다고 하였다.

제8의 '인용서'에서는『삼국유사』에 인용된 대부분의 고문(古文, 金石及載籍)의 인용과 극소분의 문견(聞見) 수록(隨錄)을 보여주고 있다. 일연이 참고 인용한 한자문화권의 '경'(經), '사'(史), '자'(子), '전'(傳), '기'(記), '록'(錄), '사지'(寺誌), '비갈'(碑碣), '안독'(案牘) 등의 고문적과 각 나라의 역사기록 및 동류의 이전(異傳) 등에 대해 자세히 기술하고 있다.

제9의 '고기'(古記)에서는 일연이 인용한 고기(古記) 혹은 유서(類書) 등에 대해『삼국사기』와 고비(古秘)의 문(文),『동국이상국집』(東國李相國集), 최치원(崔致遠)의『시문집』(詩文集),『제왕년대력』(帝王年代曆),『신라수이전』(新羅殊異傳) 및 기타, 김대문(金大問)의『고승전』(高僧傳) 및『화랑세기』(花郎世紀) 등의 글, 최승우(崔承祐)의『호본집』(餬本集), 홍관(洪灌)의『편년통록속편』(編年通錄續編) 등의 글,『삼국유사』권1의「왕력」, 기타 풍류(風流) 국선(國仙)에 관한 사문(事文) 등에 대해 자세히 서술하고 있다. 나아가 "『삼국유사』는 실로 일구(一句)의 중(中)과 일자(一字)의 말(末)에도 왕왕 중대(重大)한 배경(背景)과 내용(內容)이 있음을 짐작할지니라"고 강조하였다.

제10의 '승전'(僧傳)에서는『삼국유사』에 인용된 불가의 전적인『승전』,『해동승전』,『고승전』의 출전 용례를 자세히 고찰하여 김대문의

『고승전』과 각훈(覺訓)의 『해동고승전』(海東高僧傳) 및 혜교(慧皎)의 『고승전』(高僧傳)에서 인용하였을 것으로 추정하고 있다. 다만 일연은 각훈은 교학(教學) 사자사문(賜紫沙門)이오, 『해동고승전』은 왕의 명을 받들어 찬술하였으니[奉宣撰] 필시 당시에 권위로써 산문(山門)에 신행(信行)되던 것이었겠지만 자신은 그것을 그리 중시하지 아니한 양하야 일(事)과 문(文)에 그것을 전의(專依)한 것은 거의 없고 가끔 대조(對照)나 변석(辨析)에 인출하였을 뿐임을 밝히고 있다. 그 이유를 『해동고승전』은 '문장은 수승하나 사건은 드물며'[文勝事鮮], 상고하여 밝힘[考覈]도 정치하지 않기 때문이라고 보았다.

제11의 '향가'(鄕歌)에서는 『삼국사기』에는 신라의 가사(歌詞)에 대한 적고 있지만 그 사의(辭意)를 직전(直傳)하는 것은 하나도 없다. 하지만 『삼국유사』에는 14수의 신라의 가사의 기원과 종류를 보여주고 있을 뿐만 아니라 그 귀중한 실물 등을 전하여 실로 조선고문학의 겨우 남은[僅存] 유주(遺珠)로 고어문의 절등(絕等)한 보물을 짓고 있다. 모두 당시 이래로 널리 듣고 익혀 외운 것이며 저 대구화상(大矩和尙)의 『삼대목』(三代目)이 전해지지 않지만 오히려 그 편린(片鱗)을 여기에서 보여주고 있다고 하였다.

제12의 '민속(民俗)과 설화'(說話)에서는 『삼국유사』에는 고대국가의 토템의 흔적(熊, 白馬, 鵲, 白鷄), 타부의 풍운(艾蒜忌, 烏忌/午忌─怛忉), 매직의 형해(海歌, 龜家), 신성 기호(天符三印, 天賜玉帶), 마나(諸山川求嗣, 細紨), 풰티쉬(石鐘), 마세바(大石), 거석 구조(石塚), 천왕 신시(天王神市)의 제례(制禮), 신라의 알천회의(閼川會議) 및 사령지(四靈地) 사실, 가락의 삼월계욕(三月禊浴)에 담긴 정교일치(政教一致)인 고사회의 권력관념(權力觀念), 노례왕(努禮王)의 왕통체질원리(王統遞迭原理) 및 원성대왕(元聖大王),

경문대왕(景文大王)에 보인 왕위획득실례(王位獲得實例) 등에 신비(神秘) 본위(本位)인 원시공화제의 혁명방략(革命方略) 등 진역(震域) 고대의 인류학, 종교학, 사회학, 민속학적 중요 사실이 수두룩하다. 특히 『삼국유사』가 담고 있는 향토색과 고원형은 진역(震域)의 원형적 고전설(古傳說)을 엿볼 수 있는 원천이다. 진역 신화학에 대한 『삼국유사』의 지위는 산란(散亂) 영소(零少)한 채로 저 희랍에 있는 '헤시오도쓰'와 '호메로쓰'를 겸한 것이라 말할 수 있으니 신통(神統)과 신사(神史)를 고형(古形) 가깝게 전해주는 것은 오직 『삼국유사』 뿐이라고 서술하고 있다.

제13의 '위서'(魏書)에서는 '단군사실'(壇君事實)에 대한 '위서운'(魏書云)이라는 문장에서 현존한 위서에 보이지 않는다는 것과 '고기운'(古記云)이란 것도 무엇인지 모를 허구(虛構)의 것이라 하는 일본학자의 주장에 대해 최남선은 네 가지로 그 주장을 반박하고 있다. 1) 위서는 반드시 금본(今本)인 위수(魏收)의 찬뿐 아니라 이전으로는 등연(鄧淵)과 최호(崔浩) 이하의 편년(編年)과 이표(李彪)와 형만(邢巒) 이하의 기전(紀傳) 등이 있고 이후로는 위담(魏澹)의 갱찬(更撰)과 장태소(張太素)의 별찬(別撰)이 있어 『태평어람』(太平御覽)에 인용한 것만 해도 제가(諸家)를 병수(并收)하였으니 위수의 찬만을 위서로 인정할 것이 아니다. 2) 설사 위수의 책만으로 인정할지라도 현행하는 『위서』는 송(宋)에 있어 유서(劉恕)와 범조우(范祖禹)의 교정과 또 중흥서목(中興書目)에 보이는 것같이 다시 후인의 보철(補綴)을 거친 것인 즉 『위서』의 면목을 다만 현본(現本)으로 논할 것이 아니다. 3) 『위서』가 또한 탁발(拓跋) 『위사』의 전면이 아니라 시방 『삼국지』 중의 『위지』도 본디 『위서』라 칭하여 『위서』를 『후위서』라 함이 이미 이와 견별(甄別)할 필요에서 나온 것이니 『위서』를 반드시 위수 기타의 탁발씨 역사로만 볼 것이 아니다. 4) 진방(震邦)에서 당(唐)이니 한(漢)이니 하는 것이 이당(李唐)이나 염한(炎漢)을 가리키는 것만 아니라 한은 한에서 시작하고 당은 당에서 시작하여 그 멸망한 지 오랜 시방까지도 지나(支那)를 범칭하는 언어 습관이 되었거니와 이제 이 『위서』도 일반적이랄 수는 없으되 탁발위(拓拔魏)와 고구려와는 관계가 밀접할 뿐만 아니라 특히 불법(佛法)의 동류(東流)는 위(魏)로부터 비롯하였다 함은 진방(震邦) 고래의 전신(傳信)임이 『고승전』 내지 본서에도 실린 것과 같고, 또 범어에 관한 경론의 주(註)와 『음의』(音義)의 해(解)에는 '위언'(魏言)으로 어찌어찌라고 하여 적어도 위자(魏字)가 승도(僧徒)에게 있어서는 한당(漢唐)과 견줄만치 지나(支那)의 대명(代名)으로 이목(耳目)에 익은 것인즉 '위서'라고 범칭한 것이 널리 어느 지나의 문적을 부른 것으로 실상 전후의 양위서(兩魏書)에만 한(限)하는 것이 아니라고 생각할 수 있는 것이라 대개 『삼국유사』의 『위서』를 다만 금본인 『후위서』(後魏書)만으로 표준하려 함이 반드시 정견(正見)이 아님을 먼저 생각할 것이다고 하였다.

제14의 '찬성연대'(撰成年代)에서는 일연이 『삼국유사』 각 조목의 기록을 통해 『삼국유사』를 찬성한 연대를 추정하고 있다. 최남선은 '전후소장사리'(1232~1236), '황룡사구층탑'(皇龍寺九層塔, 1238), '낙산이성'(洛山二聖, 1258), '가섭불연좌석'(1281) 등의 기록을 통해 "일연사(一然師)에게는 그 찬술의 용골(龍骨)이라 할 권제3의 이하가 대개 70세 이후 76세까지 약 6, 7년간의 연참(鉛槧)임을 짐작할지라. 이런 것들로서 통량(通量)하건대 『삼국유사』(혹은 그 主要部라 할 것)는 일연의 70세 이후로 경사(京師)의 부름을 입어[被召]하야 국존(國尊)으로 책봉(冊封)되기까지 운문사(雲門寺)에서 견한(遣閒)한 업적이오, 그 중에서도 그 속사(俗事)의 부(部)인 「왕력」과 「기이」 양편은 아직 송명(宋命)이 있을 그 전기(前期)의 찬성(撰成)일 것"으로 추정하고 있다.

제15의 '간각'(刊刻)에서는 『삼국유사』의 고려 판각본이 있었을 것으로 추정하지만, 조선 중종 임신 년간(1512)에 이계복(李繼福)에 의해 재간된 현금본(現今本)인 중간본에는 서발(序跋)과 목차(目次)가 없고 찬자의 서명조차 권5의 머리에 실려 있지만, 고려 고각(古刻)의 풍모를 엿볼 수 있는 각판(刻板)이라고 서술하고 있다. 이후 중간본은 한말까지 유전되었다가 사라졌던 것으로 추정하고 있다. 이어 안정복 구장본(舊藏本)과 조선광문회장본(朝鮮光文會藏本)을 대교(對校)하여 그 차이를 밝히고 있다.

제16의 '유포'(流布)에서는 『삼국유사』의 간행 유포 이후 조선의 유자들은 이 책을 모두 인용하면서도 '그 설이 황탄하다'거나 '황탄하여 따를 수 없다'고 하였다. 뒤에 순암 안(정복)씨의 수택본(手澤本)이란 것이 나와서 아이치[愛知], 이마니시 류[今西龍]씨의 손에 들어가니 대개 중종 7년(正德, 壬申)의 개간본으로서 5권이 구존(具存)하야 대정 10년에 경도제국대학문학부총서 제6으로 파리판(玻璃板)에 영인하여 축소 인쇄되었고, 소화 7년에 경성의 고전간행회에서 원형대로 다시 영인되었으며, 한편 소화 3년에는 조선사학회의 이름으로 이마니시 류씨의 교정에 말미암은 활자본이 간행되니라 하였다. 일본에는 처음 언제 유입하였든지 모르거니와 임진난(壬辰亂)에 취득한 자가 시방 오와리[尾張]의 도쿠가와[德川]씨와 동경의 간다 다카히라[神田孝平, 1830~1898]씨에게 각 1본이 전하는데 「王曆」의 수(首) 2엽(葉)과 기타 수처에 낙장(落張)과 결자(缺字)가 있는 것을 타서(他書)로써 약간 보입(補入)하야 명치 37년(1904)에 (동경)문과대학사지총서의 1서로 활인(活印)하니 경도본이 있기까지 학자의 의거가 된 것이로대 결락 이외에도 구두 기타의 비류(紕

謬)가 많으며 후에 개정을 더하여 『일본속장경』에 넣었으나 탈(脫)자는 물론이오 구두(句讀)도 오히려 득의(得宜)하다 할 수 없나니라고 하였다.

간다씨 본에는 안양원(安養院) 장서인(藏書印)이 있으니 안양원이란 것은 도쿠가와 막부의 의원인 곡직뢰 쇼린[曲直瀨正林]의 당호(堂號)이라. 쇼린이 성품이 염정(恬靜)하고 서적을 사랑하니 일즉 임진란의 저 한 장수이던 부전수가(浮田秀家)의 처(妻)의 난질(難疾)을 다스려주매 수가가 대희(大喜)하여 일즉 난중(亂中)에 취해온 조선서적 천권으로써 그 공로를 갚으니 이 때문에 조선서적의 부장(富藏)으로 국중(國中)에 들린 것이다. 대개 『삼국유사』도 수가(秀家) 소증(所贈)의 하나일지니라 하였다.

제17의 '번각의례'(飜刻儀例)에서는 이본대교(異本對校)와 원거핵구(原據覈究)와 본문비평(本文批評)으로 『삼국유사』의 정본을 작성함이 필요하다. 우선 활판 인쇄 보급판을 계명구락부로부터 간행하였으나 속도와 편리를 위주로 하다보니 판식(板式)과 자양(字樣)을 돌아보지 않아 오류가 적지 않았다. 다행히 재간의 기회를 얻어 순암수택본의 영인건(影印件)과 조선광문회소장 원서(原書) 하권(권제3, 4, 5) 3종과 송석하(宋錫夏)씨 소장의 권제1을 대본(臺本)으로 하여 9가지의 번각의례를 제시하고 있다. 그리고 해제 끝에는 일연선사의 비문 「고려국의흥화산조계종인각사가지산하보각국존비명병서」(高麗國義興華山曹溪宗麟角寺迦智山下普覺國尊碑銘并序)를 구초(舊鈔)에 의하여 덧붙이고 있다.

살펴본 것처럼 최남선의 「삼국유사 해제」에는 몇 가지 특징이 있다. 당시 그는 『삼국유사』의 「해제」가 전무한 상황에서 이 글을 작성하였다.[904] 최남선은 제1~4항목의 개제, 편목, 찬자, 성질에서 『삼국유사』의

904 최남선은 츠보이 쿠메조의 『삼국유사』 '해제'(1900)를 보았다. 육당은 자신의 '해제' 14. 撰成年代 말미에 그의 '해제'를 참고했음을 '細注'로 밝히고 있다. 하지만 츠

제명과 편명, 성격과 찬자 해명을 통하여 이 서지의 '신문의 잡보나 사건의 만록 같은 것을 모은 서류'로 규정하고 찬자의 생평에 대해 자세히 풀이하고 있다. 제5~7항목의 가치, 범위, 평의에서는『삼국유사』가 지닌 역사적 의의와 평가에 대하여 기술하고 있다. 제8~13항목의 인용서, 고기, 승전, 향가, 민속과 설화, 위서에서는『삼국유사』의 내용과 참고자료 전반에 대해 서술하고 있다. 제14~15항목의 찬성연대와 각판에서는『삼국유사』의 찬술연대와 간행 판각에 대해 기술하고 있다. 제16~제17항목의 유포와 번각의례에서는『삼국유사』의 유포와 번각 전반에 대해 서술하고 있다.

최남선은 이「해제」를 통하여 고판본과 현존본에 이르기까지 우리가 접한『삼국유사』의 전말을 촘촘히 전해주고 있다. 그의「해제」는 해당 책을 어떻게 읽어야 하는지에 대한 '길잡이'이자 먼 길을 떠나는 이들에게 갈 길을 알려주는 '이정표'로서의 역할을 톡톡히 해내고 있다. 이처럼 최남선의「해제」는 이후 번역본에도 일정한 영향을 끼쳤다.

5.『삼국유사』'해제'의 전범

『삼국유사』에 대한 최남선의 장문의「해제」는 이후『삼국유사』'해제'의 한 전범이 되었다.『삼국유사』번역자들은 저마다 육당의「해제」

보이가 자신의 '해제' 작성에 큰 영향을 미친 것으로 보이지는 않는다. 그는 츠보이가 '慈藏定律'조에서 강릉군(명주)이라고 한 것은 江陵府의 잘못이라는 지적과, '元曉不羈'조 押梁郡南(章山)을 慶山이라 주석한 것 등에 대해서 인용할 뿐이다. 이외에 그의 '해제'가 육당의 '해제'와 맞닿아 겹치는 내용은 거의 보이지 않는다.

를 의식하지 않을 수 없었다. 최남선 이후의 '해제'는 이것보다 더 길게 쓰거나 또는 더 잘 써야 한다는 강박관념 혹은 그 「해제」에 전거를 대면서 그에게 위임하려는 태도까지 생겨났다. 결국 번역자들의 해제는 『삼국유사』의 전모를 한 눈으로 또렷하게 엿볼 수 있도록 전달해야만 하였다. 그러다 보니 '해제' 간에 상호 영향이 있을 수밖에 없었다.

1927년에 최남선의 「해제」가 나온 이후 이루어진 『삼국유사』 번역본들은 사서연역회가 번역한 『삼국유사』[905]와 고전연역회가 번역한 『완역삼국유사』[906] 그리고 북한으로 건너간 리상호의 『삼국유사』 역주본이 대표적인 번역물이다. 반면 대표적인 번역서로 평가받으면서도 최남선(1890~1957)의 정정(訂正)본 보다 한참 뒤에 간행된 권상로(1879~1965)의 『삼국유사역강』(三國遺事譯講, 三國遺事詮譯[907])이 언제 이루어진 것인지 확인하기 어렵다.[908]

최남선은 대한시대(1897~현재)에 『삼국유사』를 재발견하여 우리 사회에 널리 보급한 주역이다. 때문에 그가 1920년에 펼친 신문화운동의 연장선에서 볼 때 그의 「해제」보다 빠른 '해제'를 찾기는 쉽지 않다. 권상로 역시 이미 1920년대에 『불교』 잡지의 사장으로서 불교 개혁에 깊

905 사서연역회, 『삼국유사』, 고려문화사, 1946.

906 古典衍譯會, 『완역삼국유사』, 학우사, 1954.

907 退耕堂權相老博士全書간행위원회, 『退耕堂全書』권7, 이화문화사, 1998, p.514. 여기에서 李丙疇는 『三國遺事詮譯』이라고 적고 있다. 두 차례 간행한 동서문화사본(1975; 2007)에는 '權相老 譯解'로 나와 있다.

908 退耕堂權相老博士全書간행위원회, 위의 책, p.1103. "위의 번역(『三國遺事譯講』과 『觀音禮文講義』)은 퇴경 권상로 선생의 강술을 녹음해 두었다가 진작에 정리한 것이고, 「보현십원가」의 풀이는 무애 양주동 선생의 석사를 바탕으로 부연한 것임을 경건히 밝혀, 각각 그 기록을 아로새겨 經緯와 더불어 年紀까지 매겨 표한다. 이는 오로지 잘못을 도맡기 위한 나의 짐짓이다." 1965년 5월 1일 門生 李丙疇 謹識.

이 관여하여 많은 논설을 썼다. 하지만 당시 그의 논저들에서 『삼국유사』의 번역과 해제의 흔적은 보이지 않는다. 또 당시 최남선의 「해제」 작업에 권상로가 함께 했는지 여부에 대해서는 자세히 알 수 없다.[909]

이병주(1921~2010)의 글에 의해 추적해 보면 현존본 권상로의 번역본 『삼국유사』의 원형(녹취본)은 1965년 이전에 이루어진 것으로 추정된다. 하지만 최남선의 「해제」가 나온 1927년과는 상당한 시차가 있다.[910] 그렇다면 현존하는 권상로 역해본(1978[911]; 2007[912])의 「해제」는 최남선의 것을 참고하여 후학들이 덧붙인 것임이 분명해 보인다. 그렇지 않다면 최남선의 「해제」와 이렇게 동일할 수가 없을 것이다.

아래의 〈표 1〉를 통해 비교해 보면 권상로 번역본의 해제는 최남선의 해제를 수용하면서 일부 변형한 것으로 짐작된다. 그 변형의 주체는 권상로가 아니라 그의 제자인 이병주 등의 제자들로 추정된다.

909 1920년대에 간행된 누카리야 카이텐(忽滑谷快天)의 『朝鮮禪教史』 간행에 권상로가 깊이 관여한 적이 있다.

910 권상로의 제자였던 동국대 국문과 김태준 명예교수는 "1960년대 초에 퇴경선생의 왕십리 자택을 찾아가 일주일에 세 번에 걸쳐 약 두 시간씩 강의를 들었으며, 당시 서재를 가득 채웠던 원고는 『退耕堂全書』(12책, 1998)에 모두 수록하지 못한 채 나머지 원고들은 선생의 장남에 의해 인사동 고서점가에 팔려나갔다"고 전하고 있다. 평소 『삼국유사』에 대한 그의 남다른 관심에 의거해 보면 관련 원고들이 있었을 가능성이 있다.(2014년 6월 3일 목요일 국문과 김상일 교수 전언)

911 1978년 권상로 번역본(동서문화사)에는 상단의 번역문과 하단의 원문 및 육당의 「해제」를 쉽게 푼 '해제'만 있을 뿐 註釋이 없었다.

912 2007년 권상로 번역본은 韓定燮이 권상로 번역본에 '註釋'을 덧붙여 낸 『삼국유사』에서 脚註를 빌려와 재편집한 것으로 추정된다.

〈표 1〉『삼국유사』 해제 비교표

<table>
<tr><th>번호</th><th colspan="2">최남선 해제(1927)</th><th>권상로 번역본 해제
(1965년 녹취;
1978; 2007)</th><th>리상호 해제
(1959)</th></tr>
<tr><td>1</td><td>開題</td><td>삼국유사 제명의 풀이</td><td rowspan="4">1. 『삼국유사』와
저자 일연</td><td rowspan="17">내용과 표제,
대상 자료,
편찬 체계,
서술 방향,
인용 서지,
저자 일연,
고간본 정덕본의
권차와 편차,
근대 복각 유통본</td></tr>
<tr><td>2</td><td>篇目</td><td>삼국유사 편명의 풀이</td></tr>
<tr><td>3</td><td>撰者</td><td>찬자 일연의 생평</td></tr>
<tr><td>4</td><td>性質</td><td>삼국유사의 특성과 형질</td></tr>
<tr><td>5</td><td>價値</td><td>삼국유사의 문화적 가치</td><td rowspan="3">3. 역사적 의의와
평가</td></tr>
<tr><td>6</td><td>範圍</td><td>삼국유사의 사료적 범위</td></tr>
<tr><td>7</td><td>評議</td><td>삼국유사의 역사적 평가</td></tr>
<tr><td>8</td><td>引用書</td><td>삼국유사의 인용서지</td><td rowspan="6">4. 내용과 참고자료
1) 인용서 2) 고기
3) 승전 4) 향가
5) 민속과 설화
6) 위서</td></tr>
<tr><td>9</td><td>古記</td><td>삼국유사 인용 古記(類書)</td></tr>
<tr><td>10</td><td>僧傳</td><td>고승전류로서의 성격</td></tr>
<tr><td>11</td><td>鄕歌</td><td>신라 가요의 문학적 위상</td></tr>
<tr><td>12</td><td>民俗과說話</td><td>민속적 가치와 설화적 지위</td></tr>
<tr><td>13</td><td>魏書</td><td>위서의 용례와 인용 문제</td></tr>
<tr><td>14</td><td>撰成年代</td><td>삼국유사 찬술 완성 연대</td><td rowspan="2">2. 찬술연대와 간행</td></tr>
<tr><td>15</td><td>刊刻</td><td>삼국유사 판각과 인간</td></tr>
<tr><td>16</td><td>流布</td><td>삼국유사의 유포 전말</td><td rowspan="2">5. 『삼국유사』의
유포와 번각</td></tr>
<tr><td>17</td><td>飜刊義例</td><td>이본 대교와 전거 비평</td></tr>
</table>

권상로 번역본의 '해제'는 최남선의 「해제」 17항목을 크게 5항목으로 통합하였다. 육당의 제1~4항목은 『삼국유사』와 저자 일연으로, 제5~7항목은 역사적 의의와 평가로, 제8~13항목의 6개 항목을 통합하여 내용과 참고자료로, 제14~15항목은 찬술연대와 간행으로, 제16~17항목은 『삼국유사』의 유포와 번각으로 묶고 있다. 내용상으로는 최남선의 고투(古套) 문장을 현대적으로 풀고, 지나친 부연과 주석은 축약하거나 생략하였다.

반면 리상호[913]는 1960년에 북한에서 간행한 『삼국유사』 역시 장문의 「해제」를 쓰고 있지만 최남선처럼 항목으로 구분하지 않았다. 다만 「해제」 속에는 내용과 표제, 대상 자료, 편찬 체계, 서술 방향, 인용 서지, 저자 일연, 고간본 정덕본 권차와 편차, 근대 복각 유통본 등에 대개 기술하고 있다. 마지막 부분에 근대에 복각된 유통본들인 1) 일본 동경문과대학 사학총서 활자본(1907년), 2) 경도제국대학 문부총서 영인본(1921년), 3) 경성 계명구락부간 『계명』 제18호 특집(1927년), 4) 조선사학회 활자본(1928년), 5) 경성 고전간행회 영인본(1932년), 6) 경성 삼중당 활자본(1944년)을 소개하고 있다.

이 밖에도 최남선의 「해제」 간행 이후 일본의 삼국유사연구회가 1975~1995년에 완성한 전5책의 『삼국유사고증』[914]이 있다. 이 모임은 미시마 아키히데[三品彰英, 1902~1971]에 의해서 1959년에 창립된 이래 근 40년에 걸쳐 『삼국유사』를 간행하였다. 원문 교감은 물론 번역문의 서너 배에 이르는 상세한 주석은 『삼국유사』가 지닌 의미가 어디에 있는지를 잘 시사해 주고 있다. 지금은 그의 제자뻘인 와카야마(和歌山) 대학의 무라카미 요시오[村上四男, 1914~] 교수가 이끌고 있다. 이들의 작업이 최남선의 『삼국유사』 인식과 「해제」와 무관하게 이루어진 것은 아니지만 한일 두 나라 사이에서 이루어진 『삼국유사』 연구사를 보여주고 있다는 점에서 시사하는 점이 적지 않다.

대한시대(1897~현재) 이래 최남선에서 시작된 『삼국유사』(교감본[915]; 증

---

913 리상호는 1959년 11월 10일에 해제를 썼고 그의 역주본은 1960년에 북한 과학원 고전연구실이름으로 간행되었다. 이 책은 1990년에 한국의 신서원에서 『국역삼국유사』로 영인되었으며, 1999년에는 조운찬의 교열을 거쳐 까치출판사에서 강운구의 사진을 덧붙여 『사진과 함께 읽는 삼국유사』로 재간행되었다.

914 三品彰英 · 村上四男, 『삼국유사고증』, 塙書房, 1975~1995. 여기에는 村上四男이 쓴 짧은 「삼국유사해제」가 실려 있다. 최재목 외 역주, 『삼국유사고증』(미간행).

915 최남선 교감, 『삼국유사』, 계명구락부, 1927.

보본[916])의 인식과 '해제' 기술은 사서연역회, 고전연역회, 리상호에 이어 이후 이병도(1956; 1977; 2000[917]), 권상로(1965 녹취; 1978; 2007), 이재호(1967: 1997[918]), 이민수(1975; 2013[919]), 이가원(1991[920]), 허경진(2000[921]), 한중연본(2003[922]), 김영태(2009[923]), 김원중(2001[924]; 2010[925]), 최광식 · 박대재(2014[926]) 역주본으로 이어지고 있다. 이들에 붙어있는 '해제' 혹은 '서언' 또는 '서문' 등은 대부분 최남선의 「해제」를 원용하거나 의거하여 요약해 기술하고 있다. 이처럼 최남선의 「삼국유사 해제」는 『삼국유사』 '해제'의 '전범'이자 '전형'이 되고 있다.

최남선은 이 '해제'를 통해서 단군을 복원하려 했고, 역사를 복원하려 하였다. 그는 『삼국유사』를 통해 민족의식과 문화의식을 대립의식으로 제고시켰고, 단군의 기록과 건국의 신화를 일제에 맞서는 정치적 전략으로 활용하였다. 그 전략은 성공적이었고 그 전술은 효과적이었다. 우리는 1945년에 자율적 독립이 아니라 타율적 해방을 맞이하였다. 그리하여 1948년에 각기 정부를 수립한 뒤 분단 66년을 맞이하고 있다. 그렇다면 이 분단의 시대에 남북을 관통하는 통로는 무엇으로 열어갈 수 있을까?

단군(상)이 특정 종교인들에 의해 배제되는 현실에서 우리 민족과 역

916 최남선 증보, 『訂正삼국유사』, 삼중당, 1944; 서문문화사, 1990.
917 이병도 옮김, 『삼국유사』, 명문당, 1956; 1977; 2000.
918 이재호 옮김, 『삼국유사』, 광문출판사, 1967; 솔, 1999.
919 이민수 옮김, 『삼국유사』, 을유문화사, 1975; 2013.
920 이가원 감수, 『삼국유사新釋』, 태학사, 1991.
921 허경진 옮김, 『삼국유사』, 한길사, 2000.
922 정구복 외 4인, 『역주삼국유사』 1~5, 이회문화사, 2003.
923 김영태, 『자세히 살펴본 삼국유사』 1, 도피안사, 2009.
924 김원중 옮김, 『삼국유사』, 을유문화사, 2001.
925 김원중 옮김, 『삼국유사』, 민음사, 2010.
926 최광식 · 박대재 옮김, 『삼국유사』, 고려대출판부, 2014.

사를 펠 수 있는 기제는 과연 무엇일까. 논자는 바로 『삼국유사』가 우리를 하나로 엮을 수 있는 기제라고 생각한다. 논자는 우리 모두가 이렇게 인식하고 실천할 때 『삼국유사』가 머금고 있는 역사공동체와 민족공동체 공간의 회복이 가능할 것으로 보고 있다.

6. 정리와 맺음

육당 최남선은 어린 시절부터 고전과 서양문물을 접하였다. 그는 일본 유학 이전부터 단군에 대한 지식과 인식이 있었고, 일본 유학 이후에는 『삼국유사』를 재발견하여 단군을 복원하고 역사를 복원하였다. 최남선의 민족의식과 문화의식은 일련의 「단군론」 기술과 『삼국유사』에 대한 장문의 「해제」 서술로 이어졌다. 최남선의 「해제」는 그의 「단군론」과 『불함문화론』을 뒷받침하는 주요한 논설이며, 이후 『삼국유사』 '해제'의 '전범'이자 '전형'이 되었다. 그는 『삼국유사』의 재발견을 통하여 단군을 복원하고 역사를 복원하여 불함문화권을 확충하려 하였다.

최남선이 단군을 우리 역사의 구심으로 삼은 것은 매우 큰 의의가 있다고 할 수 있다. 반면 그가 단군을 불함문화권의 원심으로 확산시킨 것은 단군의 초점을 흐리게 한 근거이기도 하였다. 최남선은 우리의 많은 고전 중에서 특히 『삼국유사』에 집중하였다. 그것은 이 텍스트가 머금고 있는 민족의식과 문화의식 및 단군의 기록과 신화의 원천 때문이었다. 그는 이들 민족의식과 문화의식을 대립의식으로 제고시켰고, 단군의 기록과 각국의 신화를 일제에 맞서는 정치적 전략으로 활용하였다. 최남선의 고대사에 관한 일련의 집필은 일제의 문화정치에 맞서는 전략이었고 민족의식을 고취시키기 위한 전술이었다. 하지만 그 역시 그 전략과 전술에 휘둘린 감이 없지 않았다. 결국 그는 근대주의와 민족주의의 대립구도가 제국주의의 길항구도 속으로 편입되자 친일로 기울어졌고 스스로 친일행위를 정당화하는 입장을 견지하였다.

최남선의 역사 복원과 문화 민족의 열망은 『삼국유사』를 통해서 표출되었다. 그리고 여러 편의 「단군론」과 『불함문화론』의 입론을 통해 확장되었다. 그는 대립의식을 통해 문화민족을 자각하려 하였고 역사의식을 통해 신화를 넘어서고자 하였다. 최남선의 민족의식이 수립될 수 있었던 것은 『삼국유사』와 단군과 가야의 발견에 의해서였다. 이 발견을 계기로 그가 쓴 『삼국유사』에 대한 장문의 「해제」는 이후 『삼국유사』 「해제」의 한 모범이 되었다. 그 이후 『삼국유사』 번역자들은 저마다 육당의 「해제」를 의식하지 않을 수 없었다. 번역자들은 육당의 「해제」보다 더 길게 쓰거나 또는 더 잘 써야 한다는 강박관념 혹은 그 「해제」에 전거를 대면서 그에게 위임하려는 태도까지 생겨났다. 결국 번역자들은 『삼국유사』의 전모를 한 눈으로 또렷하게 엿볼 수 있도록 「해제」를 작성해야만 했다. 그러다 보니 '해제' 간에 상호 영향이 있을 수밖에 없었다.

최남선은 『삼국유사』에 대해 "조선 상대를 혼자 담당하는 문헌"이며 "조선의 생활과 문화의 근원(源頭)과 고형(古形)을 보여주는 것은 오직 이 책이 있을 따름이다"고 하였다. 그의 말처럼 『삼국유사』는 우리 민족의 유전인자를 고스란히 간직한 보물 창고이다. 여기에는 민족 동질성의 인자인 언어 문자와 역사 문화로부터 철학 사상 및 예술 과학이 담겨 있다. 이처럼 최남선은 『삼국유사』가 민족공동체와 역사공동체의 근간이자 민족과 역사의 회복으로 나아가는 이정표이자 길잡이로 인식하고 있었다. 그리하여 그는『삼국유사』의 핵심과 특장을「해제」속에 잘 정리하여 한민족의 정체성을 수립하고 인식틀을 확보해 놓았다.

참고문헌

제1부 신화와 역사

제1장 신이 서사와 영이 서사의 대립과 견제

고운기 옮김, 『삼국유사』, 홍익출판사, 2001.
김경미, 「가부장적 서사장치의 강화, 〈김현감호〉의 플롯 연구」, 『한국고전연구』 45, 한국고전연구학회, 2019.
金相鉉, 「萬波息笛 說話의 形成과 意義」, 『한국사연구』 34, 한국사연구회, 1981.
김종철, 「서사문학사에서 본 초기소설의 성립문제」, 『다곡이수봉선생화갑기념논총』, 1988.
박희병, 「한국고전소설의 발생 및 발전단계를 둘러싼 몇몇 문제에 대하여」, 『관악어문연구』 17, 관악어문학회, 1992.
송효섭, 「三國遺事의 幻想的 이야기에 대한 記號學的 硏究」, 서강대학교 박사학위논문, 1989.
연덕희, 「商代부터 공자까지 '命'론의 발전사 및 커뮤니케이션의 구조－운명론, 초기 · 후기 천명론의 구조와 구성요소를 중심으로－」, 『한국철학논집』 76, 한국철학회, 2023.
임재해, 「說話의 現場論的 硏究」, 영남대학교 박사학위논문, 1986.
임형택, 「羅末麗初의 '傳奇' 文學」, 『한국한문학연구』 5, 한국한문학회, 1980.
정출헌, 「삼국의 여성을 읽는 두 '남성'의 시각」, 『동양한문학연구』 19, 동양한문학회, 2004.
조동일, 『삼국유사 설화의 뜻풀이』, 집문당, 1990.
조현설, 「웅녀 · 유화 신화의 행방과 사회적 차별의 체계」, 『구비문학연구』 9, 한국구비문학회, 1999.
______, 「동아시아 신화학의 여명과 근대적 심상지리의 형성」, 『민족문학사연구』 16, 민족문학사연구소, 2000.
______, 『동아시아 건국 신화의 역사와 논리』, 문학과지성사, 2003.
______, 「세 신화 세 현실」, 『겨레어문학』 33, 겨레어문학회, 2004.
______, 「무불의 접화와 화해의 서사」, 『민족문학사연구』 50, 민족문학사연구소, 2012.

______, 『신화의 언어』, 한겨레출판, 2020.
롤랑 바르트, 이화여자대학교 기호학연구소 옮김, 『현대의 신화』, 동문선, 1997.
브루스 링컨, 김윤성 외 옮김, 『신화 이론화하기』, 이학사, 2009.
이반 스트렌스키, 이용주 옮김, 『20세기 신화 이론』, 이학사, 2008.
田兆元, 『神話敍事與社會發展研究』, 西安: 陝西師範大學出版總社, 2019.

제2장 『삼국유사』의 고승과 성사

天台, 『摩訶止觀』 권5의 2.
天台, 『法華文句』(20권).
김부식, 『三國史記』(50권).
일연, 『三國遺事』(5권).
『高麗史』 「世家」 10.
「伽倻山 普願寺 法印國師碑」.
「億政寺 大智國師 粲英碑」.

불광사전편찬위원회, 『불광대사전』 제6책, 대만: 불광산사, 1988.
慈怡 編著, 『불광대사전』 제12책, 북경: 북경도서관출판사, 2004.

김영태, 『한국불교사』, 서울: 경서원, 1997.
______, 『자세히 살펴본 삼국유사』, 서울: 도피안사, 2009.
______, 『한국 고대 왕조사 탐색』, 서울: 동국대학교출판부, 2013.
최영성 역주, 『역주 최치원전집』 1, 아세아문화사, 1999.
高榮燮, 『한국불교사』, 강의안, 2006; 2018.
______, 『한국불교사연구』, 서울: 한국학술정보, 2002.
______, 『한국불교사탐구』, 서울: 박문사, 2015.
______, 『삼국유사 인문학 유행』, 서울: 박문사, 2015.

장일규, 「최치원의 삼교융합상과 그 의미」, 『신라사학보』 제4집.
윤선태, 「『三國遺事』의 後人夾註에 대한 再檢討」, 『한국고대사연구』 제78호, 한국고대사학회, 2015.6.
주보돈, 「『삼국유사』를 통해본 일연의 역사 인식」, 『영남학』 제63호, 영남학연구원, 2017.
최영성, 「최치원의 '난랑비서'를 통해 본 韓國上古思想－풍류사상의 재해석을 중심으로－」, 『2013 유쾌한 인문학: 제1탄 한국의 사상』 자료집, 한바탕 전주, 전주시평생학습센터, 2013.

高榮燮, 「탄허 택성의 삼현학과 불교학」, 『한국불교학』 제64집, 한국불교학회, 2014.
______, 「삼국유사 흥법편과 의해편의 성격과 특징」, 『신라문화제학술논문집』 제35집, 경주시 · 신라문화선양회 · 동국대 신라문화연구소, 2014.
______, 「삼국유사 흥법편 '아도기라'조 연구」, 『신라문화제학술논문집』 제35집, 경주시 · 신라문화선양회 · 동국대 신라문화연구소, 2014.

제2부 인물과 신행

제1장 『삼국유사』의 원효와 의상

元曉, 『梵網經菩薩戒本私記』(『한불전』 제1책, p.584중).
金富軾, 『三國史記』 50권.
李奎報, 『동국이상국집』 권19.
一然, 『三國遺事』, 「紀異」, '新羅始祖 朴赫居世'.
林椿, 『西河集』.
李荇 등, 『新增東國輿地勝覽』, 1530.
최남선, 「삼국유사해제」, 『新訂三國遺事』, 서울: 삼중당, 1943 · 1946.
권상로, 「『삼국유사』를 읽는 이들에게」, 一然 · 권상로 역해, 『삼국유사』, 서울: 동서문화사, 1978; 2010.
高翊晉, 「의상의 화엄사상」, 『한국의 불교사상』, 서울: 동국대출판부, 1987.
김두진, 「의상, 그 생애와 사상」, 『의상』, 서울: 민음사, 1998.
채상식, 『일연, 그의 생애와 사상』, 서울: 혜안, 2019.
高榮燮, 『원효탐색』, 서울: 연기사, 2002; 2005.
______, 『분황 원효의 생애와 사상』, 서울: 운주사, 2016.
______, 『붓다와 원효의 철학』, 서울: 동국대학교출판문화원, 2021.
______, 『한국의 불교사상』, 서울: 박이정, 2022.

金煐泰, 「전기와 설화를 통해 본 원효의 생애」, 『불교학보』 제22집, 동국대 불교문화연구원, 1978.
최병헌, 「고려 불교계에서의 원효 이해-의천과 일연을 중심으로」, 『원효연구논총』, 국토통일원조사연구실, 1987.
金相鉉, 「고려시대의 원효 인식」. 『정신문화연구』, 한국학중앙연구원, 1993.
진성규, 「조선시대의 원효 인식」, 『중앙사학』 제10집, 중앙대 사학연구소, 1995.
정병삼, 「의상, 시대적 삶과 실천」. 『철학사상』 제31집, 서울대 철학사상연구소,

2009.
高榮燮(a), 「원효의 화엄학 : 광엄과 보법의 긴장과 탄력」, 『원효학연구』 제5집, 원효학연구원, 2000.
______(b), 「의상 화엄은 성기사상이 아닌가」, 『동아시아불교문화』 제38집, 동아시아불교문화학회, 2021.12.
______(c), 「분황 원효와 인각 일연의 화엄학과 선학 이해 : '角乘 가풍'과 '莖草 선풍'을 중심으로」, 『불교철학』 제12집, 동국대학교 세계불교학연구소, 2023.4.
______(d), 「일연 『삼국유사』「의해」편의 중심 내용과 주요 특징 - '鄕歌' 계승 의지와 '讚詩' 창작 수록과 관련하여 - 」, 『문학 사학 철학』 제73호, 대발해동양학한국학연구원 한국불교사연구소, 2023.6.
______(e), 「분황 원효 『금강삼매경론』의 주요 내용과 특징, 『불교철학』 제6집, 동국대학교 세계불교학연구소, 2020.4.
석길암, 「史實의 記述과 이미지의 記述 - '元曉不羈'조 읽기의 한 방법」, 『신라문화제학술논문집』 제33집, 경주시 · 신라문화선양회; 동국대학교 신라문화연구소, 2012.

제2장 『삼국유사』의 가족과 여성

권상로 역, 『三國遺事』, 서울: 동서 문화사, 1978.
이가원 역, 『三國遺事新譯』, 서울: 태학사, 1991.
리상호 역, 『北譯 三國遺事』, 서울: 신서원, 1990.
삼국유사: https://db.history.go.kr(국사편찬위원회, 한국사 데이터베이스)
삼국사기: https://db.history.go.kr(국사편찬위원회, 한국사 데이터베이스)

고영섭, 『삼국유사 인문학 유행』, 서울: 박문사, 2015.
길태숙 외 2명 등, 『삼국유사와 여성』, 서울: 이회문화사, 2003.
김병모, 『김수로왕비 허황옥』, 서울: 조선일보사, 1994.
김열규 편, 『삼국유사와 한국문학』, 서울: 학연사, 1983.
______ · 신동욱 편, 『삼국유사의 문예적 가치 해명』, 서울: 새문사, 1982.
김일명 외 4명, 『결혼과 가족의 이해』, 서울: 신정 출판사, 2002.
김정란, 『꿈꾸는 삼국유사』, 서울: 도서출판 한길사, 2023.
동북아세아 연구회 편저, 『삼국유사의 연구』, 서울: 중앙출판, 1982.
민족문화 연구회편, 『삼국유사 연구 (上)』, 경산: 영남대 출판부, 1983.
박혜현, 「신라 경덕왕 대의 외척세력」, 『한국 고대사회의 지방지배』, 서울: 신서원, 1987.
박혜인, 『한국의 전통 혼례 연구』, 서울: 고려대학교 민족문제 연구소, 1988.

서정목, 『가락국기－너와 나의 뿌리를 찾아서』, 서울: 글누림, 2021.
손진태, 『조선민족문화의 연구』, 서울: 을유문화사, 1948.
이어령, 『이어령의 삼국유사 이야기』, 서울: 서정시학, 2006.
임재해, 『민족 설화의 논리와 의식』. 서울: 지식산업사, 1992.
조동일, 『삼국시대 설화의 뜻풀이』, 서울: 집문당, 1991.
조은, 「모성, 성, 신분제」, 『사회와 역사』 통권제 51집, 서울: 문학과 지성사, 1997.
중앙승가대학 불교사학 연구소 편, 『일연과 삼국유사』 총 17권, 서울: 아름출판사, 1992.
최광식, 『삼국유사의 신화 이야기』, 서울: 세창출판사. 2018
최재석(a), 『한국 가족 제도사 연구』, 서울: 일지사, 1983.
______(b), 『한국 고대 사회사 연구』, 서울: 일지사, 1990.
______(c), 『한국 고대사 방법론』, 서울: 일지사, 1987.
허경회, 『한국 씨족 설화 연구』, 광주: 전남대학교 출판부, 1994.

김경화, 「유화의 기원」, 인하대학교 대학원 석사 확위 논문, 2010.
김영태, 「삼국유사의 체제와 그 성격」, 『동국대 논문집』 13, 1974.
김용만, 「풍산 류씨 차경당의 경제관과 경제활동」, 『안동학 연구』 제7집, 2008.
김일명(a), 「삼국유사에 나타난 가족윤리에 관한 연구」, 동국대학교 대학원 박사 학위 논문, 1995.
______ · 이정덕, 「삼국유사에 나타난 부모－자녀 간 윤리에 관한 연구」, 『한국가족관계 학회지』1, 1996.
______(b), 「불교적 가족관－혈연에서 인연으로, 돌봄과 관계의 가족 생태계」, 『불교 사회복지 연구』 제3호, 2007.
______(c) 「삼국유사 결혼을 디자인하다 1－내가 있고, 네가 있다」, 『문학 · 사학 · 철학』 창간호(통권 8호), 2007.
______(d), 「삼국유사 결혼을 디자인하다 2－문희, 춘추와 불안을 거래하다－」, 『문학 · 사학 · 철학』 제12호, 2008.
김혜진, 「향가 창작 동인으로서의 아름다움과 신라인의 미의식」, 『고전문학과 교육』 15, 2008.
김홍철, 「도화녀 · 비형랑 설화 考」, 『교육과학연구』, 11(3), 1998.
명계환, 「삼국유사의 불교 관련 문헌과 과제」, 『불교철학』 제9집, 2021.
신선혜, 「삼국유사 효선 편의 내용과 특징」, 『역사학연구』 88, 2022.
이승남, 「수로부인은 어떻게 아름다웠나」, 『한국문학연구』 37, 2009.
진단학회, 「삼국유사에 대한 종합적 검토」, 『진단학보』 36, 1973.
채수영, 「색채와 헌화가」, 『한국문학연구』 10, 1987.

홍기삼, 「수로부인 연구」, 『도남학보』 13, 1991.

제3장 『삼국유사』의 경전과 경문

원전의 약호표기
HD : 『韓國佛敎全書』
T : 『大正新修大藏經』

[원전]
一然, 『三國遺事』, (HD6).
『金光明最勝王經』, 第6卷(T16).
『大方廣佛華嚴經』, 第16卷 「昇須彌山頂品第十三」(T10)
______________, 第13卷 「光明覺品第九」(T9.)
______________, 第6卷 「賢首菩薩品第八」(T9).
______________, 第34卷 「十地品第二十六之一」(T10)
______________, 第54卷 「入法界品第三十四之十一」(T9)
『大智度論』, 第14卷 (T25).
『長阿含經』, 第1卷 「第一分初大本經第一」(T1).
『占察善惡業報經 卷 上』, 第1卷 (T17).
『朝鮮金石總覽』 卷 上.

[단행본]
고영섭, 『三國遺事 인문학 遊行』, 서울: 박문사, 2015.
권상로 역해, 『삼국유사』, 서울: 동서문화사, 2012.
김두진, 『삼국유사의 사학 사적 연구』, 서울: 일조각, 2014.
대한불교조계종 불교중앙박물관, 『인각사와 삼국유사』, 2013.
대한불교조계종 · 역주 가산지관, 『한국전통사상총서 · 불교편 12_ 精選 韓國高僧碑文』, 서울: 대한불교조계종 한국전통사상서 간행위원회 출판부, 2011.
박진태 · 정호완 · 이동근 · 김복순 · 이강옥 · 조수동, 『삼국유사의 종합적 연구』, 서울: 박이정, 2002.
정진원, 『삼국유사 여인과 걷다』, 서울: 맑은소리 맑은 나라, 2015.
최남선 편, 「삼국유사 해제」, 『삼국유사』, 서문문화사, 1973.

[논 문]
김두진, 「『삼국유사』의 인용문과 그 성격」, 『史學硏究』 76, 한국사학회, 2004.
______, 「일연의 心存禪觀사상과 그 불교사적 위치」, 『한국학논총』 25, 국민대 한

국학연구소, 2003.
______,「일연의 생애와 저술」,『전남사학회』19, 역사학연구, 2002.
김복순,「『三國遺事』 勝詮髑髏條의 吟味」,『신라문화제학술발표논문집』 vol.34, 동국대학교 신라문화연구소, 2013.
______,「삼국유사』속의『삼국사기』-국내외서적 인용서적을 중심으로-」,『동국사학』 Vol.62, 동국역사문화연구소, 2017.
김상영,「삼국유사의 연구 현황과 과제」,『삼국유사 문화콘텐츠세미나』,『삼국유사』사업추진위원회, 2009.
金相鉉,「三國遺事에 나타난 一然의 佛敎史觀」,『한국사연구』 20, 1978.
______,「三國遺事에 보이는 一然의 歷史認識에 對하여」,『경희사학』 Vol.5, 경희사학회, 1974.
김은령,「삼국유사의 佛法傳書적 이해」, 영남대학교 대학원 박사학위논문, 2014.
명계환,「보각국사(普覺國師) 일연(一然)의 사상(思想) 일고(一考)」,『정토학연구』 32, 한국정토학회, 2019.
朴南守,「金大城의 佛國寺 造營과 그 經濟的 背景」,『신라문화제학술발표논문집』 Vol.18, 新羅文化宣揚會, 1997
오경후,「조선후기『三國遺事』 인식과 그 가치」,『佛教學報』 Vol.81, 동국대학교 불교문화연구원, 2017.
오대혁,「一然의 禪思想과『三國遺事』의 상관성」,『한국어문학연구』 Vol.60, 한국어문학연구회, 2013.
채상식,「일연 연구의 현황과 과제」,『동양한문학연구』 23, 동양한문학회, 2006.

제4장 『삼국유사』의 신앙과 수행

『유가사지론』 권25(T.30, p.422a13)
「대승기신론소기회본」 권6,『한국불교전서』.
『삼국유사』(https://db.history.go.kr)
『삼국사기』(https://db.history.go.kr)

고영섭,『삼국유사 인문학 유행』, 서울, 박문사, 2016.
고익진,「初期密教의 發展과 純密의 受容」,『韓國古代佛教思想史』, 서울, 동국대학교출판부, 1989.
김덕환,「신라 진지왕대의 왕권 강화와 미륵신앙」,『사학연구』76, 한국사학회, 2004.
김보민,「고려시대 수구다라니의 유형과 활용 양상」,『미술사학연구』30, 한국미술사학회, 2021.

김성순, 「신라 하대의 화엄경신앙결사」, 『한국불교학』76, 한국불교학회, 2015.
김영미, 「『삼국유사』 「남월산」 조와 감산사 미륵 · 아미타상 조상기의 재검토」, 『신라문화제학술발표논문집』36, 동국대학교 신라문화연구소, 2015.
______, 「『삼국유사』 감통편 〈광덕엄장〉 조와 아미타신앙」, 『신라문화제학술발표논문집』 32, 동국대학교 신라문화연구소, 2011.
김지현, 「『三國遺事』 義解 「良志使錫」條를 통해 본 良志의 작품과 활동 시기」, 『신라문화제학술발표논문집』 33, 동국대학교 신라문화연구소, 2012.
남동신, 「羅末麗初 華嚴宗團의 대응과 《(華嚴)神衆経》의 성립」, 『외대사학』 5, 한국외국어대학교사학연구소, 1993.
문상련, 「「화엄경 약찬게」와 『신중경』의 성립과 전개」, 『한국불교학』 105집, 한국불교학회, 2023.
박미선, 「진표 점찰법회의 성립과 성격」, 『한국고대사학연구』 49, 한국고대사학회, 2008.
______, 「신라 점찰법회와 밀교」, 『동방학지』 155, 연세대학교 국학연구원, 2011.
박인희, 「『삼국유사』 신주편 연구」, 『석당논총』 52, 동아대학교 석당학술원, 2012.
박진태 외 5명, 『삼국유사의 종합적 연구』, 서울: 도서출판 박이정, 2002.
배금란, 「신라 관음신앙 연구: 관음성현의 구조와 기능을 중심으로」, 서울대학교 박사학위논문, 2020.
신동하, 『新羅 五臺山信仰의 구조』, 『인문과학연구』 3, 동덕여자대학교 인문과학연구소, 1997.
양영순, 「인도 고행론의 맥락에서 본 불교의 두타행(頭陀行)」, 『선문화연구』 32, 한국불교선리연구원, 2022.
오광혁, 「경전신앙의 성립에 관한 일고찰」, 『중앙승가대학논문집』 5, 중앙승가대학교, 1996.
옥나영, 「고대~고려시대 佛頂尊勝陀羅尼 신앙 경향과 성격」, 『신라문화』 57, 동국대학교 신라문화연구소, 2020.
염중섭, 「「월명사도솔가」속 〈제망매가〉의 배경과 내포 의미 검토」, 『동아시아불교문화』 41, 동아시아불교문화학회, 2020.
______, 「자장, 계율사상의 한국불교적인 특징」, 『한국불교학』 65, 한국불교학회, 2013.
이경화, 「법상종에서 미륵정토와 아미타정토의 융합」, 『韓國古代史研究』 56, 한국고대사학회, 2009.
장미란, 「신라 오대산 신앙체계의 변용배경과 의미」, 『동아시아불교문화』 44, 동아시아불교문화학회, 2020.
장휘옥, 「신라 미타신앙의 고찰」, 『백련불교논집』 1, 성철사상연구원, 1991.

정성준, 「신라 약사신앙 연구」, 『불교대학원 논총』 1, 동국대학교 불교대학원, 1993.
허남진 외 7명, 『삼국과 통일신라의 불교사상』, 서울: 서울대학교 출판문화원, 2005.

제5장 『삼국유사』의 사찰과 분포

강인구 외, 『역주삼국유사(1~4)』, 한국학중앙연구원, 2003.
박방룡, 「신라 왕경의 사찰조영」, 『미술사학』 13, 1999.
박용운, 『고구려계승에 대한 종합적 검토』, 일지사, 2006.
이병도, 『역주원문삼국유사』, 명문당, 2000.
정구복, 「고구려의 고려 국호 개칭」, 『호서사학』 19 · 20, 1992.
______, 「일연과 삼국유사」, 『한국중세사학사』, 집문당, 1999.
조경철, 「궁예: 역사가 숨긴 궁예, 역사가 숨긴 나라이름 '고려'」, 『동서양고전인물지』, 점필재, 2017.
______, 「역사계승의식과 정체성의 경계 – '고려국호'를 중심으로」, 『정체성의 경계를 넘어서』, 경인출판사, 2012.
______, 「이차돈의 순교 연대에 대한 재검토」, 『한국고대사탐구』 20, 2015.
______, 「공주 대통사와 동아시아불교」, 『백제문화』 58, 2018.
진성규 · 이인철, 『신라의 불교사원』, 백산자료원, 2002.

제3부 주체와 의례

제1장 『삼국유사』의 은사와 일사

『金光明經』 권4, 「捨身品」; 『金光明最勝王經』 권4, 「捨身品」.
世親, 『攝大乘論釋』(『대정장』 제31책).
慧皎, 『高僧傳』
道宣, 『續高僧傳』
贊寧, 『宋高僧傳』
金富軾, 『三國史記』
一然, 『三國遺事』

閔漬, 「普覺國師碑銘」, 이지관 편, 『교감역주 역대고승비문: 고려편 4』, 서울: 가산문고, 1997.

高榮燮, 『삼국유사 인문학 유행』, 서울: 박문사, 2015.

김영태, 「신라 白月山 二聖說話의 연구」, 『효성조명기박사화갑기념 불교사논총』, 1965.
閔泳珪, 「삼국유사」, 동아일보사, 『한국의 古典百選』.
宋孝燮, 「삼국유사 피은편의 문화 기호학적 이해」, 『비교민속학』 제11집, 비교민속학회, 1994.
金秀炫, 「삼국유사 피은편의 검토」, 『동국사학』 제40집, 동국사학회, 2004.
김나영, 「삼국유사 피은편의 이해」, 『돈암어문학』 제21집, 돈암어문학회, 2008.
김상현, 「『삼국유사』 피은편의 의미」.
朱甫暾, 「『삼국유사』 '염불사'조의 음미」.
박윤진, 「『삼국유사』 피은편의 의미와 '영여사' · '포천산 오비구'」.
곽승훈, 「연회의 보현관행과 피은」, 이상 『신라문화선양회논문집』, 신라문화선양회, 2012.
김수태, 「『삼국유사』 피은편의 저술과 일연」, 『신라문화』 제49집, 2017.2.
高榮燮, 「용산 현광의 법화삼매 사상」, 『한국사상사』, 서울: 씨아이알, 2016.
______, 「『삼국유사』의 고승과 성사 이해」, 『한국불교사연구』 제13호, 한국불교사학회 한국불교사연구소, 2018.6.
______, 「『삼국유사』의 원효와 의상」, 『한국불교사연구』 제23호, 한국불교사학회 한국불교사연구소, 2023.6.
______, 「『삼국유사』 「의해」편의 중심 내용과 주요 특징」, 『문학 사학 철학』 제73호, 대발해동양학한국학연구원 한국불교사연구소, 2023.6.

제2장 『삼국유사』의 불탑과 장례

『삼국유사』 『삼국사기』 『무구정광대다라니경』 『수서』.

김두진, 『삼국유사의 사학사적 연구』, 일조각, 2014.
김영미, 『신라불교 사상사연구』, 민족사, 1992.

고영섭, 「삼국유사 흥법과 탑상의 성격과 특징」, 『신라문화제학술발표논문집 35 – 삼국의 초전불교와 그 특징』, 2014.
김호상 · 김재현, 「신라왕경 소재 화장묘의 구조와 출토인골분석」, 『신라문화제학술논문집 26 – 국읍에서 도성으로』, 2005.
남동신, 「삼국유사의 사서로서의 특성」, 『불교학연구』 16, 2007.
석병철, 「경주지역 신라 화장묘에 대하여」, 『신라사학보』 9, 2007.

손병국, 「통일신라시대 화장묘 연구」, 동아대 석사학위논문, 2015.
엄기표, 「신라 승려들의 장례법과 석조부도」, 『문화사학』 18, 2002.
원선희, 「신라하대 무구정탑의 건립과 『무구정광대다라니경』 신앙」, 『한국학논총』 30, 국민대, 2008.
이거룡, 「파사석탑(婆娑石塔)의 유래와 조성과정에 관한 연구」, 『동아시아불교문화』 36, 2018.
이근직, 「신라의 상장례와 능원제도」, 『신라문화제학술논문집 28－신라 왕경인의 삶』, 2007.
정길자, 「한불승의 전통장법연구」, 『숭실사학』 4, 1989.
정형철, 「고려시대 화장에 대한 재검토」, 동아대 석사학위논문, 2002.
조경철, 「『삼국유사』 「진표전간」의 진표행적에 대한 비판적 검토」, 『신라문화제학술논문집 34－삼국유사 의해편 2』, 2013.
차순철, 「통일신라시대의 화장과 불교와의 상호관련성에 대한 고찰－조사 · 조탑 신앙과의 관련성을 중심으로」, 『문화재』 41, 2008.
최응천, 「삼국유사에 보이는 미술사 자료의 분석과 검토」, 『미술사학』 42, 2021
홍보식, 「신라 화장묘 수용과 전개」, 『한국상고사학보』 58, 2007

제3장 『삼국유사』의 불상과 신성

鳩摩羅什譯, 『妙法蓮華經』, T.9.
義淨, 『南海寄歸內法傳』, T.54.
一然, 『三國遺事』, H.6.

고영섭, 「『삼국유사』 「흥법」과 「탑상」의 성격과 특징」, 『신라문화제학술연구논문집』 Vol.35, 동국대학교 신라문화연구소, 2014.
권오민, 「인도불교사 연구 단상(斷想)」, 『문학 · 사학 · 철학』 Vol.10, 대발해동양학한국학연구원 한국불교사연구소, 2007.
문명대, 『한국불교미술사』, 서울: 한국언론자료간행회, 1997.
______, 「인도, 중국 불복장(佛腹藏)의 기원과 한국 불복장의 전개」, 『강좌미술사』 Vol.44, 한국불교미술사학회, 2015.
이주형, 「한국 고대 불교미술의 상(像)에 대한 의식(意識)과 경험」, 『미술사와 시각문화』 Vol.1, 미술사와 시각문화학회, 2002.
______, 「간다라 佛像과 舍利 奉安」, 『중앙아시아연구』 Vol.4, 중앙아시아학회, 2004.
______, 「불교미술에서 보는 붓다관(觀)」, 『불교와 사회』 Vol.1, 중앙승가대학교 불교학연구원, 2009.

장미란, 「한국 사리신앙의 전래와 성격」, 『한국불교학』 Vol.67, 한국불교학회, 2013.
Bechert, H, 'Mahāyānā Literature in Sri Lanka', *Prajñāpāramitā and related systems*, Berkeley: University of California, 1977.
Benjamin, W, 최성만譯, 『기술복제시대의 예술작품 / 사진의 작은 역사 외』, 서울: 길, 2007.
Cole, A, *Text as father*, Los Angels: University of California Press, 2005.
Hirakawa Akira(平川彰), 『初期大乘佛教の研究 I』, 東京: 春秋社, 1989.
Nitta Tomomichi(新田智通), 원영상譯, 「대승의 붓다의 연원」, 『붓다와 정토』, 서울: 씨아이알, 2017[2013].
Okada Yukihiro(岡田行弘), 김천학, 김경남譯. 「『법화경』의 탄생과 전개」, 『지혜 · 세계 · 언어』, 서울: 씨아이알, 2017[2013].
Schopen, G, 임은정譯, 『대승불교 흥기시대 인도의 사원생활』, 서울: 운주사, 2021[2018].
Shimada akira(島田明), 김재권譯, 「불탑에서 불상으로」, 『대승불교의 실천』, 서울: 씨아이알, 2016[2011].
Shimoda Masahiro(下田正弘), 이자랑譯, 『열반경 연구』, 서울: 씨아이알, 2018 [1997].

제4장 『삼국유사』의 시가와 향가

일연, 『삼국유사』.
한국브리태니커사, 『브리티니커』 25, 웅진출판사.
김원중, 『삼국유사』, 을유문화사, 2002.
나경수, 『한국시가의 원형을 찾아서－향가의 해부』, 민속원, 2004.
로담, 『韓國의 詩僧－삼국』, 불교문예, 2007.
문경현, 『역주 삼국유사』, 민속원, 2015.
양희철, 『삼국유사 향가연구』, 태학사, 1997.
이상희, 『꽃으로 보는 한국문화 · 1』, 넥서스, 1998.
______, 『꽃으로 보는 한국문화 · 3』, 넥서스, 1998.
崔喆 · 孫鍾欽, 『古典詩歌講讀』, 방송통신대학 출판부, 1998.
고운기, 「佛讚詩의 성격과 敍事上의 기능에 대하여－〈삼국유사〉의 讚을 중심으로」, 『전통문화연구』 4집, 용인학교전통문화연구회, 2005.
권기현, 「불교예술에 나타난 연꽃의 상징성 연구」, 『밀교학보』, 위덕대학교 밀교문화연구원, 2006.
문두근, 「한국시에 나타난 꽃의 樣相」, 『국어문학』, 전국대학교 국어국문학회,

1986.
장진희, 「꽃그림의 象徵性에 關한 硏究-한시를 중심으로」, 홍익대학교 석사학위 논문, 2009.
한예원, 「三國遺事 所載 讚의 硏究―一然의 文學과 思想의 一考察」, 성균관대학교 석사학위 논문, 1986.

제5장 『삼국유사』의 음악과 악기

『三國遺事』.
『三國史記』.
『樂學軌範』.

[단행본]
김성혜, 『신라음악사 연구』, 서울: 민속원, 2006.
______, 『삼국시대 음악사 연구』, 서울: 민속원, 2009.
무함마드 깐수(정수일), 『신라 · 서역교류사』, 서울: 단국대학교출판부, 1991.
윤소희, 『범패의 역사와 지역별 특징』, 민속원, 2017.
______, 『한중 불교의례와 범패』, 서울: 민속원, 2023.
______, 『한일 불교의례와 쇼묘』, 서울: 민속원, 2023.
이민수 역, 『삼국유사』, 서울: 을유문화사, 1991.
장사훈, 『한국악기대관』, 서울: 서울대학교출판부, 1986.
______, 『한국음악사』, 서울: 세광음악출판사, 1986.

[논문]
강신항, 「處容의 語義」, 『대동문화연구』 別輯1, 서울: 성균관대학교, 1972.
남상숙, 「삼국사기 및 삼국유사의 음악기사 점검」, 『한국공연예술연구논문선집』 2, 한국예술종합학교 전통예술원, 2000.
안승철, 「고문헌 속 음악기사와 불교음악에 대한 검토-『삼국유사』 및 『삼국사기』를 통하여」, 『불교음악문화』 5, 서울: 한국음악학회, 2023.
윤소희, 「월명사의 성범에 관한 연구, 『국악원논문집』 31, 서울: 국립국악원, 2015.
______, 「『화엄경』 「입법계품」의 音과 字에 대한 고찰」, 『한국불교학』 76, 서울: 한국불교학회, 2015.
______, 「향풍범패의 장르적 규명과 실체」, 『동아시아불교문화』 39, 부산: 동아시아불교문화학회, 2019.
이용식, 「신라시대 불교음악에 관한 연구」, 『신라문화』 52, 서울: 동국대학교 신라문화연구소, 2018.

______, 「고대음악사 서술의 제 문제－『삼국사기』 인물 해석과 악기 서술을 중심으로－」, 『한국음악연구』 71, 서울:한국국악학회, 2022.

[기타 자료]
윤소희, 「서역 수피들과 처용의 정체」, 『법보신문』, 2023.2.13.
______, 「쿠시나메를 통해보는 불교음악관」, 『법보신문』, 2023.4.10.
네이버 블로그, https://blog.naver.com/wany61/223094836572. 검색 2023. 10.15.

제4부 음식과 생명

제1장 『삼국유사』 속 명절 제의와 음식

『三國遺事』『三國史記』『高麗史』『高麗史節要』『續東文選』『東國歲時記』『牧隱詩藁』『牧民心書』『慵齋叢話』.
『隋書』『舊唐書』『舊五代史』.
『四分律』『維摩經』.

배영동, 『농경생활의 문화읽기』, 민속원, 2000.
신종원, 『삼국유사 새로읽기(1)－기이편』, 일지사, 2004.
이석호 역, 『조선세시기』, 동문선, 1991.
平川彰 著, 이호근 譯, 『인도불교의 역사(상)』, 민족사, 2004.

張宏庸 編纂, 『茶的禮俗』, 茶學文學出版社, 1987.

강은해, 「〈사금갑〉 설화 연구」, 『어문학』 58, 1996.
金子浩昌 · 안재호 · 서영남, 「늑도주거지 출토 유물유체 개요」, 『가야통신』19 · 20, 1990.
김상보, 「통일신라시대의 식생활문화」, 『신라문화제학술발표논문집』 28, 2007.
김영준, 「신라 오기일 축국의 양상과 성격」, 『한국학연구』 55, 2019.
나희라, 「사금갑설화와 신라의 왕권의례」, 『역사문화연구』 37, 2010.
민태영, 「『삼국유사』의 동물과 식물」, 『한국불교사연구』 23, 2023.
박태성, 「삼월삼짇날의 생성의미와 원형성」, 『단산학지』 10, 2015.
배근희, 「신라시대 차문화 연구」, 원광대 석사학위논문, 2009.
배영동, 「신라의 세시음식에 대한 추론적 접근」, 『실천민속학연구』 34, 2019.
신선혜, 「신라 성덕왕대 금살생 하교의 배경과 의미」, 『한국고대사연구』 83, 2016.

양지원, 「『삼국유사』에 나타난 '문화적 상징'의 교육적 의미－식물의 상징성을 중심으로」, 『교육문화연구』 25-3, 2019.
윤서석, 「삼국시대 음식의 연구」, 『삼국유사의 신연구』, 1980.
윤성재, 「고려시대 식품의 생산과 소비」, 숙명여대 박사학위논문, 2009.
이자랑, 「『선원청규』로부터 본 총림의 식생활－율장과의 비교를 중심으로」, 『동아시아불교문화』 32, 2017.
이경희, 「사금갑설화 연구－제의적 의미를 중심으로－」, 전북대 석사학위논문, 2005.
______, 「한국 차문화 전승 연구」, 목포대 박사학위논문, 2008.
이의강, 「불교의 동물에 대한 인식과 그 형상－『삼국유사』 소재 동물을 중심으로」, 『동방한문학』 62, 2015.
정영선, 「茶禮祭祀의 연원과 전개 및 그 특성에 관한 연구」, 성균관대 박사학위논문, 2005.
최광식, 「문헌상으로 본 신라의 세시풍속」, 『신라사학보』 47, 2019.
황경순, 「경주지역 세시풍속의 현재적 양상」, 『불교고고학』 4, 2004.

제2장 『삼국유사』의 동물과 식물

『三國遺事』(T49).
『悲華經』(T3).
고영섭, 『삼국유사 인문학 유행』, 박문사, 2015.
김종대, 「돼지를 둘러싼 민속상징, 긍정과 부정의 모습」, 『중앙민속학』 30, 2008.
민태영, 『마음을 밝히는 붓다의 식물 108가지』, 운주사, 2014.
______, 「佛教 經典에 나타난 植物 研究－大乘佛典의 植物觀을 중심으로－」, 동국대학교 박사학위논문, 2017.
신태영 역, 『원문과 함께 읽는 삼국유사』, 한국인문고전연구소, 2012.
유호선, 「『삼국유사』의 불교생태학적 함의에 관한 고찰」, 『한국불교학』 36, 2004.
윤종갑, 「한국 고대불교의 생명관－신라불교를 중심으로」, 『한국민족문화』 24, 2004.
______, 「신라불교의 신체관과 영혼관, 『삼국유사』와 『삼국사기』를 중심으 로」, 『한국철학논집』 15, 2004.
이의강, 「佛教의 動物에 대한 認識과 그 形象－『三國遺事』 所載 動物을 중 심으로－」, 『동방한문학』 62, 2015.
이장혁, 「불교 경전에 나타난 용의 상징성 연구」, 위덕대학교 석사학위논문, 2008.
하도겸, 「『삼국유사』에 반영된 신라불교의 생명관」, 『한국사학사학보』 28, 2013.
和久博隆 編著, 『佛教植物辭典』, 東京: 國書刊行會, 1979.

全佛編辑部 編, 『佛教的植物』, 北京: 中国社会科学出版社, 2003.
국사편찬위원회 우리역사넷. http://contents.history.go.kr
한국학중앙연구원 한국학도서관 https://lib.aks.ac.kr/index.ax
국가생물종지식정보시스템(Korea Biodiversity Information System)
http://www.nature.go.kr
미국 국립 생물정보센터 NCBI, https://www.ncbi.nlm.nih.gov
Kew Garden(Royal Botanic Garden), https://powo.science.kew.org
IPNI(International Plant Names Index), https://www.ipni.org
Cologne Digital Sanskrit Dictionaries,
http://www.sanskrit－lexicon.uni－koeln.de
Apte Sanskrit Dictionary Search, http://www.aa.tufs.ac.jp/~tjun/sktdic

제3장 육당 최남선의 『삼국유사』 인식과 「삼국유사 해제」

고려대 아세아문제연구소 편집, 『육당최남선전집』 1~15책, 현암사, 1973-1975.
최남선, 『삼국유사』, 서문문화사, 1990.
_____, 『불함문화론』, 정재승 · 이주현 역주, 우리역사연구재단, 2008.
이영화, 『최남선의 역사학』, 경인문화사, 2003.
류시현, 『최남선연구』, 역사비평사, 2009.
_____, 『최남선평전』, 한겨레출판사, 2011.
최학주, 『나의 할아버지 육당 최남선』, 나남, 2011.
石智英, 「육당 최남선의 역사인식－고대사 연구를 중심으로－」, 『이대사원』 제27집, 이대사학회, 1994.
김광식, 「최남선의 『조선불교』와 범태평양불교청년회의」, 『새불교운동의 전개』, 도피안사, 2002.
류시현, 「여행과 기행문을 통한 민족 · 민족사의 재인식: 최남선의 사례를 중심으로」, 『사총』 제64권, 고려대 역사연구소, 2007.
_____, 「한말 · 일제시대 최남선의 문명 · 문화론」, 『동방학지』 제143호, 연세대 국학연구원, 2008.
박수연, 「문명과 문화의 갈림길－최남선과 김기림을 중심으로－」, 『Comparative Korean Studies』, 16권 2호, 국제비교학회, 2008.
윤승준, 「육당 최남선의 '단군론' 연구」, 『인문학연구』 제37집, 조선대 인문학연구소, 2009.
조남호, 「최남선의 불함문화론」, 『선도문화』 제11권, 국제뇌교육종합대학원 국학연구원, 2011.
김광식, 「최남선의 '조선불교' 정체성 인식」, 『불교와 국가』, 국학자료원, 2013.

표정옥, 「최남선의 『三國遺事解題』에 나타난 記憶의 문화적 욕망과 신화의 정치적 전략 연구」, 『Comparative Korean Studies』, 21권 3호, 국제비교학회, 2013.
이영화, 「최남선 단군론의 그 전개와 변화」, 『한국사학사학보』 제5집, 한국사학사학회, 2002; 김동환, 「육당 최남선과 大倧敎」, 『국학연구』 제10집, 국학연구원, 2005.

찾아보기

ㄱ

ㅅ

ㅇ

ㅈ

ㅊ

ㅌ

ㅍ

ㅎ

기타

편자 약력

고영섭 동국대 불교학과 교수(한국불교사 전공)

한국불교사학회 한국불교사연구소 소장
동국대학교 세계불교학연구소 소장
(사) 한국불교학회 이사장 겸 회장 역임
『한국사상사』, 『한국불학사』 1.2.3, 『한국불교사궁구』 1.2,
『한국불교사탐구』, 『삼국유사 인문학 유행』 외 논저 다수

저자 약력

고영섭 동국대 불교학과 교수

김은령 영남대 한국학과 외래교수

김일명 동국대 사회복지학과 대우교수

명계환 동국대 불교학부 외래교수

민태영 동국대 불교학부 외래교수

박미선 명지대 사학과 객원교수

배금란 서울대 인문학연구원 연구교수

서정원 한림대 철학과 외래교수

신선혜 호남대 교양학부 교수

윤소희 동국대 한국음악과 초빙교수

조경철 연세대 사학과 객원교수

조현설 서울대 국문과 교수

삼국유사 인문학 탐구

초판1쇄 인쇄 2025년 2월 27일
초판1쇄 발행 2025년 3월 12일

편 자 한국불교사학회 한국불교사연구소 고영섭
저 자 고영섭 · 김은령 · 김일명 · 명계환 · 민태영 · 박미선
배금란 · 서정원 · 신선혜 · 윤소희 · 조경철 · 조현설

발 행 인 윤석현
발 행 처 박문사
등 록 제2009-11호
주 소 서울시 도봉구 우이천로 353
전 화 (02)992-3253(대)
전 송 (02)991-1285
전자우편 bakmunsa@daum.net
책임편집 최인노

ISBN 979-11-92365-88-6 93150 **정가** 43,000원